교사를 위한

Strategies and Models
for Teachers
*Teaching Content and Thinking Skills*

제6판

# 교사를 위한 수업전략

Paul D. Eggen, Donald P. Kauchak 지음 | 임청환, 강영하, 권성기 옮김

Σ 시그마프레스

# 교사를 위한 수업전략, 제6판

발행일 | 2014년 1월 24일 1쇄 발행

저자 | Paul D. Eggen, Donald P. Kauchak
역자 | 임청환, 강영하, 권성기
발행인 | 강학경
발행처 | ㈜시그마프레스
편집 | 송현주
교정·교열 | 류미숙

등록번호 | 제10-2642호
주소 | 서울특별시 영등포구 양평로 22길 21 선유도코오롱디지털타워 A401~403호
전자우편 | sigma@spress.co.kr
홈페이지 | http://www.sigmapress.co.kr
전화 | (02)323-4845, (02)2062-5184~8
팩스 | (02)323-4197
ISBN | 978-89-6866-062-7

## Strategies and Models for Teachers:
### Teaching Content and Thinking Skills, 6th edition

* 책값은 뒤표지에 있습니다.
* 이 도서의 국립중앙도서관 출판시 도서목록(CIP)은 서지정보유통지원시스템 홈페이지 (http://seoji.nl.go.kr)와 국가자료공동목록시스템(http://www.nl.go.kr/kolisnet)에서 이용하실 수 있습니다. (CIP제어번호 : CIP2014001807)

중 학교와 고등학교 그리고 대학에서 학생들을 가르치는 일에 30여 년을 종사해 왔는 데도 수업에 임하기 전에는 언제나 불안하고 떨린다. 오히려 교직 생활 초창기 때가 더 자신감이 있었던 것 같은 느낌이 든다. 그 이유는 학생들을 가르치는 수업이라는 것이 매우 복잡하고 난해한 활동으로, 하면 할수록 그 복잡성과 난해함이 더해진다고 보기 때문일 것이다.

수업을 교사가 학생들에게 지식이나 기능을 가르쳐 주는 전달자의 입장으로 생각하면, 수업이라는 것이 단순하고 쉬운 활동으로 생각할 수도 있다. 그러나 교사는 단순한 지식이나 기능 전달자가 아니기에 복잡하고 난해한 활동인 수업의 효과를 극대화하기 위해서 다양한 전략과 모형을 도입하게 된다. 최근에 공통적으로 인정되고 있는 좋은 수업을 위한 전략과 모형은 교사가 학생들이 공부하는 주제에 대해서 깊은 이해를 구성하도록 학습자를 도와주어야 하고, 동시에 비판적인 사고능력을 발달시키는 것에 초점을 맞추어야 한다는 것이다. 즉, 과거의 효과적인 지식전달에서 학습자의 지식에 대한 능동적인 이해 구성과 비판적 사고능력 발달로 질적인 전환이 되었다.

이 책은 Paul D. Eggen과 Donald P. Kauchak(2012)의 *Strategies and Models for Teachers: Teaching Content and Thinking Skills, Sixth Edition*을 번역한 것이다.

이 책은 수업에 대한 모형적 접근(models approach)을 사용한 교수전략(teaching strategy)에 관한 것이다. 효율적인 수업을 위해서 학생들이 어떻게 학습하는가에 대한 인지학습, 동기이론, 교실수업에 대한 연구 등을 다루고 있다. 또한 다양한 수업모형을 제시하여 각각의 수업모형에 대한 현장교사의 구체적인 예시와 각 단계별 평가를 제시하여 수업모형에 대한 이론과 실제를 매우 체계적이고 종합적으로 정리하고 있다. 이것이 좋은 수업을 지향하는 현장교사와 수업전략에 관심 있는 연구자에게 다양한 관점의 연구문제를 제공하고 있다.

역자들은 이 책이 좋은 수업을 지향하는 다양한 수준의 초등학교와 중등학교의 현직 선생님들과 교육대학과 사범대학의 학부 및 대학원생들에게 매우 유용한 자료가 될 것이라고 확신한다. 이런 확신이 이 책을 번역하게 된 동기가 되었다. 그러나 번역이라는 것이

그리 쉬운 일이 아닌지라 거의 2년여 동안 번역과 수정과 고민을 거듭하며 출판하게 되었
다. 원 저자의 의도를 분명하고 정확하게 우리말로 번역하기가 쉽지 않았고 왜곡하는 부분
이 있을 것 같음을 부인할 수 없다. 앞으로 더욱 정진하여 잘못된 부분에 대한 독자들의
지적과 편달을 겸허히 수용하고 수정하고 보완하는 데 노력을 게을리 하지 않을 것이다.

이 책이 좋은 수업을 지향하는 모든 선생님에게 진심으로 도움이 되기를 소망한다.

2014년 1월
임청환, 강영하, 권성기

가족 다음으로 학생들의 학습과 발달에 영향을 미치는 사람은 바로 여러분, 교사이다. 이 분야의 많은 연구는 교사가 교육과정, 기술, 교실, 조직, 동료, 재정, 학교와 교실의 규모, 혹은 교장보다도 훨씬 중요하다고 제시한다. 사실 훌륭한 교수(good teaching)에 대한 요구가 강하게 대두되면서 2010년 3월 7일 뉴욕타임지에 '더 훌륭한 교사 만들기(Building a Better Teacher)'라는 장문의 기사를 게재하였고, 뉴스위크지도 3월 15일에 훌륭한 교수의 필요성에 대한 특집기사를 게재하였다. 우리는 또한 다양한 교수전략을 가진 교사가 그렇지 못한 교사보다 훨씬 더 학습에 효과적이라는 것을 알고 있다. 이것이 바로 이 책을 집필하게 된 첫 번째 이유이다.

이 책으로 공부하는 대부분의 사람들은 이미 훌륭한 교사이다. 그러나 가장 훌륭한 골프 선수나 테니스 선수가 부단히 노력하는 것과 마찬가지로, 교실에서 가장 훌륭한 교사는 언제나 지금보다 더 나아지는 방법을 찾는다. 우리는 이 책이 교사의 그와 같은 성장에 기여하리라 믿고 있다.

이 책은 수업에 대한 모형적 접근(models approach)을 사용한 교수전략(teaching strategy)에 관한 것이다. 모형적 접근을 사용할 때, 교사는 주의 깊게 학습목적을 검토한 후에 학생들이 학습목적에 도달하는 데 도움이 되는 가장 효과적인 모형을 선택한다. 모형은 일련의 연속적인 단계로 실행이 되고 학습목적과 부합이 될 때 실행은 끝나게 된다. 우리는 실제 학급의 수업상황에서 인용한 각각의 모형의 실행에 대한 사례연구를 예시로 들고 모형에 대해서 자세하게 토의했다.

이 모형들이 좀 더 의미 있어지도록 제6판에는 다음과 같은 여러 가지 새로운 특색 있는 내용을 포함시켰다.

## 제6판에 새로워진 것들

- 각 장을 소개하는 많은 실제적인 사례연구가 있다. 이것은 실제 학급의 수업상황에 대한 것을 알 수 있게 해주는 것으로서 다른 어떤 책에서도 제시하지 않은 것이다.

■ 제6판에 제시된 모든 사례연구는 실제 수업상황에서 모형을 계획하고 실행하는 데 구체적이고 특별한 예시를 제공해 준다.

■ 이 책의 모든 장에 있는 내용은 계속적으로 수정 보완되어서 훨씬 읽기 쉬워졌다.

■ 새로운 특색 있는 주제인 공학과 교수(Technology and Teaching)가 추가되어 공학을 모형과 전략에 어떻게 통합할 것인가를 기술하였다. 이것은 공학을 활용하여 좀 더 효과적이고 효율적으로 모형을 사용할 수 있도록 하기 위한 것이다.

■ 새로운 특색 있는 주제인 다양성 탐색(Exploring Diversity)을 제시하여 실제 학급에서 부딪히는 다양성에 모형을 적용하기 위한 전략을 기술하였다.

■ 발달수준에 적절한 실행(Developmentally Appropriate Practice) 또한 새롭게 추가된 주제로서 다양한 연령과 발달수준의 학생들을 위해 모형을 적용하기 위해서 도입되었다.

■ 모형을 위한 목표와 수업계획이 주 교육기준(state standard)과 연결되어 있어서 교사가 어떻게 학생들의 학습계획을 세워야 되는지를 예시하였다.

■ 각 장의 맨 앞은 개요와 학습목표가 일대일로 조직화되어 제시되어 있고, 각 장의 말미에는 내용에 대한 이해를 평가할 수 있으며, 요약이 제시되어 있다.

이런 새로운 특색 있는 주제가 제6판에 추가되어 대단히 유용하고 실용적이다. 우리는 여러분이 이 책을 가지고 공부를 한다면 여러분의 전문성 신장을 지속시키는 자료로서 계속 사용할 수 있을 것이라고 생각한다.

전판과 마찬가지로 인지학습, 동기이론, 교실수업에 대한 연구 등을 계속적으로 활용하고 있다. 실제 수업에서의 학생들과 함께 연구하는 교사들이 가장 가치 있는 전문성 경험을 제공해 주었고 이런 경험들이 이 책에 반영되었다. 우리는 비록 이론과 연구에 대한 이해가 전문적인 수업에 필수적이라는 것을 알지만, 수업상황이 다양하고 그런 학습상황에 적용하기 위해서 교사들은 끊임없이 수많은 의사결정을 하여야 한다는 것을 깨달았다. 비록 모형의 구조에 의해서 안내된다 해도 교사들은 특별한 상황하에서 최선의 행동방침에 대한 수많은 결정을 해야 한다. 이것이 바로 가르치는 것이 도전의식도 북돋우고 보람도 느끼게 하는 점이다.

이 책은 크게 두 부분으로 되어 있다. 제1장에서 제3장까지는 학습과 동기에 대한 이해의 기초를 제공해 줄 뿐만 아니라 모든 교수를 지원하는 핵심적인 교수전략에 대해 기술하였다. 제4장부터 제10장까지는 실제 학급상황에서 경험할 수 있는 다양한 수업상황에 적용 가능한 여러 교수모형을 기술하였다. 우리의 목적은 교수에 대한 다양한 접근방법을 확장하는 것으로서 교사의 전문성 신장에 기여하는 것이다.

# 차례

# 7   통합적 수업모형

## 10 강의-토의 모형

# 교수모형과 교사 전문성 발달

| 개요 | 학습목표 |
|---|---|
| **교사가 만드는 차이** | 1. 수업과 학습 간의 관계를 보여주는 연구결과들을 기술할 수 있다. |
| **다양한 수업전략의 필요성**<br>■ 전략과 모형<br>■ 인지적 학습목표 | 2. 다양한 수업방법의 필요성 그리고 교수전략과 교수모형 간의 관계를 설명할 수 있다. |
| **오늘날의 교수-학습**<br>■ 표준 교육과정과 수업 다양화 필요성<br>■ 전문단체의 표준 교육과정 : 교사의 지식과 능력<br>■ 공통중핵교육과정 표준안<br>■ 다양성 탐색 : 오늘날 학교의 학습자 다양성<br>■ 공학과 교수 : 교수와 학습에 대한 공학의 영향 | 3. 학습자의 다양성과 공학 발달이 교수방법의 변화에 미치는 영향을 설명할 수 있다. |
| **의사결정과 반성적 실천**<br>■ 반성적 실천과 교수모형 | 4. 반성이 교수에 미치는 영향을 기술할 수 있다. |

이 책에서는 다양한 수업방법이 소개된다. 다양한 방식으로 수업하는 교사가 한 방법만 고수하는 교사보다 전문성이 높고, 학생의 학습을 더 촉진한다는 사실은 널리 인정되어 왔다. 이런 믿음은 여러 연구에서 입증되고 있으며(Good & Brophy, 2008), 교육관련 전문단체들도 다양한 수업방법의 필요성을 강조하고 있다(Interstate New Teacher Assessment and Support Consortium, 2009; National Board for Professional Teaching Standards, 2006).

수업방법들을 구체적으로 알아보기 위해, 가르치는 내용과 담당학년이 각기 다른 네 교사의 수업사례들을 간단히 살펴보자.

---

고등학교 역사교사인 Bob Duchene는 칠판에 동남아시아 지역 지도와 베트남 전쟁에 관한 핵심사항들에 대한 개요를 제시했다. 선생님은 학생들이 베트남 전쟁의 도화선이 된 사건들에 관한 사실적 정보들을 알고, 이들이 어떻게 전쟁을 촉발했는지에 대해 이해하길 원했다.

선생님은 당시의 세계정세에 관한 정보, 즉 공산주의에 대한 미국 국민의 공포, 베트남이 공산화되면 캄보디아, 태국, 말레이시아, 심지어 인도까지 공산화될 수 있다는 도미노 이론(domino theory) 같은 정보를 학생들에게 설명하였다. 이런 우려는 참전 여부에 대한 격렬한 논쟁을 불러일으켰으며, 미국은 결국 패배를 안겨준 베트남 전쟁에 개입하였다.

---

고등학교 3학년 지리교사인 Judy Holmquist는 지리적 특성이 경제에 미치는 영향을 학생들이 이해하길 원했다.

선생님은 학생들에게 인터넷을 비롯한 자료들을 이용하여 4개 주인 알래스카, 캘리포니아, 뉴욕 및 플로리다의 지리와 경제에 관한 정보를 수집하여 교실 앞면에 게시하게 하였다.

이 활동이 마무리되자, 선생님은 둘씩 짝을 지어 4개 주의 지리적 특성과 경제의 공통점과 차이점, 그리고 이들 간의 관계에 대한 일반적인 진술문을 작성하게 하였다. 마지막으로, 선생님은 이 결과를 적용하여 다른 2개 주의 경제에 관한 결론을 도출하도록 하였다.

중학교 1학년 생활과학교사인 Richard Nelms는 학생들이 편충, 촌충 및 회충의 특징을 이해하기 원했다. 그는 칠판에 기생충 사진들을 붙이고 나서, 플라나리아 같은 일부 충류는 자생동물로 손상된 부위를 스스로 재생하는 놀라운 능력이 있으며 촌충 같은 편충류는 기생한다는 것을 설명했다. 그는 한 학생에게 줄의 한쪽 끝을 잡게 하고 나서 빙 둘러선 학생 모두가 30m 길이의 줄을 잡을 때까지 한 번에 1m씩 재어 갔다. 그는 이 정도 길이의 촌충이 인간의 소화기관에 살 수 있다고 했다.

그는 이어서 충류의 예로 4인치 정도의 지렁이를 학생들에게 보여주면서 빨리 축축한 흙에 두지 않으면 바로 죽을 것이라 하였다. 선생님은 이 세상에는 1mm도 되지 않는 아주 작은 것에서부터 20ft가 넘는 것까지 1,500종 이상의 충들이 있다고 하였다.

선생님은 계속하여 선형동물은 양쪽 끝으로 갈수록 점점 가늘어진다는 사실과 대부분은 자생하지만 요충이나 삼사상충 같이 기생하는 것들도 있다는 사실을 소개했다.

초등학교 5학년 담임교사인 Laura Hunter는 모양이 불규칙한 도형의 면적을 구하는 방법을 가르치려 한다. 선생님은 아래 그림과 같은 불규칙한 모양의 카펫 면적을 구할 때 사용할 수 있는 설계도를 제공했다.

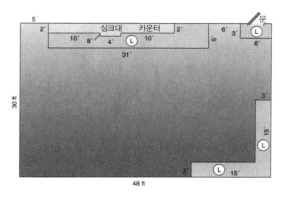

학생들은 먼저 싱크대, 카운터 그리고 벤치 같은 것이 있어 카펫이 깔려 있지 않은 부분의 면적과 교실 전체의 면적을 구하였다. 이어서 학생들은 교실 면적에서 카펫이 깔리지 않은 부분의 면적을 빼서 카펫의 면적을 구했다.

위의 네 가지 수업사례의 학습목표가 서로 다르고, 따라서 이들의 수업방법도 다르다. Bob 선생님은 강의에 가까운 수업을 한 반면, Judy 선생님은 그 반대에 가까운 방식으로 수업했다. Richard 선생님의 수업방법은 이 두 접근의 중간쯤에 위치하며, Laura 선생님은 특정 형식의 내용보다는 과정-문제해결 중심전략을 채택하였다.

이제 교사에 대한 논의부터 하자. 학생의 학습에 대한 교사의 영향을 먼저 살펴보자.

## 교사가 만드는 차이

교사는 가족 다음으로 학생의 학습에 영향을 미치는 중요한 요인이다. 교수는 교육과정, 공학, 학급조직, 동년배, 재정지원, 학교 및 학급당 학생 수나 학교장보다 훨씬 중요하다 (Hattie, 2003). 실제로, 2010년 3월 15자 *Newsweek*에서 훌륭한 교사의 필요성이 특집으로 다루어진 바 있으며(Thomas & Winger, 2010), 2010년 3월 7일에는 *New York Times*가 보다 우수한 교사 양성하기라는 장문의 기사(Green, 2010)를 게재할 정도로 교수는 중요한 문제이다.

교수의 중요성은 많은 연구를 통하여 일관성 있게 지지되어 왔다(Good & Brophy, 2008; Kukla-Acevedo, 2009; Song & Felch, 2009). 교수 전문성이 학습 성취도의 30% 정도를 설명하는 것으로 밝혀졌다(Hattie, 2003). 이보다 설명력이 높은 요인은 학생의 특성 – 즉, 학생의 능력, 동기 및 가정환경 –뿐이라는 점에서, 이 결과는 매우 인상적이다.

이런 연구결과는 교육에 관한 의사결정에는 전문적 지식이나 능력이 필요없다고 가정하고, 소위 말하는 상식적 해결책들(idiot-proof solutions)이 넘쳐나는 지금의 현실과는 반대되는 결과이다. 이에 따라 구체적인 사항이 엄격하게 규정된 교육과정들이 제안되고 있으며, 더 나아가 학생들의 인생에 크게 영향을 미칠 수 있는 대학수학능력시험 같은 중요한 시험(high-stakes tests)에서 좋은 성적을 받을 수 있도록 도와주는 교수행위가 처방되기에 이르렀다.

교수 전문성과 교수 경험 그 자체 간에는 큰 차이가 있다는 사실이 여러 연구에서 확인되었고, 이에 따라 교수 경험 그 자체가 교수 전문성 발달로 이어질 것이라는 가정도 의심받게 되었다. 교수 능력은 첫 5년 동안 급격히 발달되고, 이후에는 발달되지 않는 경향이 있다. 실제로, 20년 경력의 교사나 5년 경력의 교사의 수업효과성에 차이가 없는 경우도 많다(Song & Felch, 2009).

전문성이 높은 교사들은 경력만 많은 교사들보다 전문 지식이 많다. 이들은 가르치는 내용을 깊이 이해하여 학생들이 이해할 수 있는 방식으로 내용을 조직하여 제시하고, 학생들이 학습목표에 도달할 수 있도록 도와주는 다양한 교수전략들을 사용한다.

이 책은 교사들이 교수 전문성에서 중요한 요소인 교수전략들을 습득하여 활용할 수 있도록 돕는 것이 목적이다. 이제 이 주제로 들어가자.

# 다양한 수업전략의 필요성

앞에 소개된 수업사례들에서 교사들은 서로 다른 학습목표를 가지고 있으며, 서로 다른 방식으로 학생들이 목표에 도달할 수 있도록 도우려 하고 있다. 예를 들어, Bob Duchene 선생님은 학생들이 베트남 전쟁에 관한 역사적 정보를 이해하길 원해서 설명식 수업방법을 사용하였다. Judy Holmquist 선생님의 수업은 비교적 학생 중심적이다. 그녀의 학습목표는 Bob 선생님의 목표와 달랐고, 따라서 선생님은 다른 수업전략을 선택했다.

　Richard Nelms 선생님과 Laura Hunter 선생님의 경우도 상황이 비슷하다. Richard 선생님은 학생들이 기생충의 종류에 대해 학습하길 원했고, 이에 대해 설명했다. Laura 선생님의 목표는 전혀 달랐다. 그녀는 학생들이 복잡한 문제를 설정하고 해결하는 능력을 발달시키려 했기 때문에 문제중심학습(problem-based learning)을 채택했다. 교수에 대한 서로 다른 접근들은 이렇게 서로 다른 목표를 달성하기 위해 필요하다. 이제 이에 대해 살펴보자.

## 전략과 모형

전략(strategies), 수업전략(instructional strategies), 수업접근(instructional approaches), 그리고 수업모형(instructional models)이란 말들은 유사한 의미로 사용되어 왔다. 여기에서는 전략과 모형 두 개념에 초점을 맞추어 이들의 의미를 보다 상세하게 살펴볼 것이다.

**전략**　**전략**이란 다양한 내용영역에 적용되고 다양한 학습목표 달성을 위해 사용되는 수업의 일반적 접근이다. 예를 들어, 학생들이 최대한 학습하도록 하려면 이들을 참여시키는 능력이 반드시 필요하다. 발문은 학생들을 참여시키는 가장 효과적인 방법일 것이며, 모든 교수모형에서 교사는 질문을 활용할 것이다. 발문은 교수전략이다. 또 다른 예를 들면, 학생들에게 전시학습 내용을 상기시키는 것도 모든 교수모형에서 중요하다. 마찬가지로, 숙제에 대한 피드백 제공도 중요하다. 전시학습 상기나 피드백 제공은 모두 **교수전략**이다.

　이런 전략들은 일반적이고 모든 학년과 내용 영역 그리고 주제에 적용된다. 예를 들어, 1학년 교사는 혼성어(letter blends) 발음을 이해시키기 위해 질문하고, 고등학교 교사는 화학식에서부터 Howthorne의 소설 *The Scarlet Letter*의 등장인물들에 이르기까지 다양한 주제들을 이해시키기 위해 질문할 것이다.(제3장에서 일반적 교수전략을 상세히 살펴볼 것이다.)

**교수모형**　**교수모형**은 전략과 달리 수업에 대한 구체적 접근으로 세 가지 특징이 있다.

| **그림 1.1** | 교수모형의 특징

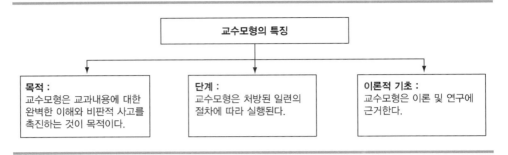

교수모형의 특징

**목적 :**
교수모형은 교과내용에 대한 완벽한 이해와 비판적 사고를 촉진하는 것이 목적이다.

**단계 :**
교수모형은 처방된 일련의 절차에 따라 실행된다.

**이론적 기초 :**
교수모형은 이론 및 연구에 근거한다.

- **목표** : 교수모형은 학생들이 비판적 사고능력을 발달시키고 학습내용을 깊이 이해할 수 있도록 돕기 위해 설계된다.
- **단계** : 교수모형에는 학생들이 특정 학습목표에 도달할 수 있도록 돕기 위한 일련의 절차—종종 단계라고도 함—가 포함된다.
- **이론적 기초** : 교수모형은 학습과 동기에 대한 이론 및 연구에 의해 지지된다.

교수모형의 특징이 그림 1.1에 요약, 제시되어 있다.

교수전략들은 각각의 모형에 통합된다. 예컨대, 발문은 앞으로 소개될 모든 교수모형의 성공적 수행을 위한 필수요소이며, 체계적인 차시 조직, 피드백 및 여타 전략들도 역시 필수요소이다.

교수모형을 활용하는 교사의 역할은 엔지니어의 역할에 비유될 수 있을 것이다. 엔지니어는 프로젝트를 계획할 때 교각, 건물, 도로 같은 구조물의 유형을 먼저 확인한다. 프로젝트가 선정되면, 적절한 설계도나 청사진이 만들어진다. 청사진에는 엔지니어가 취할 조치와 건설될 구조물의 종류 등이 상세하게 제시된다. 교수모형을 활용하려는 교사도 먼저 학습목표가 무엇인지 확인하고, 이어서 학습목표 달성에 도움이 될 모형을 선정한다. 모형에는 교사가 취할 조치가 들어 있다. 예를 들어, Bob Dechene 선생님의 학습목표는 학생들이 베트남 전쟁에 관한 정보를 이해하는 것이었다. 학생들이 다양한 경로로 정보를 얻는 것이 학습목표이고 다른 방법으로는 그 정보를 얻기 어려울 때는 강의식 수업이 유용할 수 있다. 반면에, Judy Holmquist 선생님의 목표는 학생들이 패턴을 확인하고 인과관계를 밝히는 것이었다. 그래서 선생님은 다른 모형을 선택했다.(Judy 선생님의 수업 안은 제7장에서 자세히 소개된다.) Richard Nelms 선생님과 Laura Hunter 선생님의 경우도 마찬가지이다.(Laura선생님의 수업 안은 제8장에서 자세히 소개된다.) 선생님들은 가장 효과적으로 학습목표에 도달할 수 있는 모형을 선택했다.

수업모형은 교수를 위한 청사진이다. 청사진이 엔지니어에게 구조와 방향을 제공하는 것처럼 수업모형은 교사에게 구조와 방향을 제시한다. 그렇지만 엔지니어가 취할 모든 조치가 청사진에 들어 있지 않은 것처럼 수업모형에도 교사가 취할 모든 조치가 들어 있지는 않다. 청사진이 기본적인 기술을 대체할 수는 없으며, 교수모형도 기본적인 교수기능을 대체할 수 없다. 교수모형은 전문지식, 학생에 대한 민감성, 애매한 상황에서의 의사결정 능력과 같이 유능한 교사가 가져야 하는 자질을 대신할 수는 없다. 대신에 교수모형은 교사가 체계적이고 효율적인 수업을 할 수 있도록 돕기 위해 설계된 도구이다.

엔지니어가 실제 건축에서 창의성을 발휘하는 것과 마찬가지로 교수모형은 교사가 창의성을 충분히 발휘할 수 있을 정도로 융통성이 있다. 또 교수모형은 교사가 기능(skills)과 통찰(insights)을 자유롭게 활용할 수 있는 교수설계이다.

학습목표는 매우 다양하여 한 권의 책에서 깊게 논의하는 것은 거의 불가능하다. 이 책에 소개된 교수모형들은 인지학습이론에 기초하고 있으며 인지적 목표의 달성을 위해 설계되었다.(인지학습이론의 원리는 제2장에서 논의된다.) 이제 학습의 인지적 목표를 살펴보자.

## 인지적 학습목표

이 책에서 인지라는 용어는 다양한 형식의 사고들을 의미한다. 이런 사고는 전화번호를 기억하는 것 같이 아주 단순한 것일 수도 있고, 어떤 영역의 복잡한 문제를 해결하는 것과 같이 복합적인 것일 수도 있다. **인지적 영역**(cognitive domain)이란 지식과 인지기능에 초점을 둔 학습영역을 말한다. 그렇지만 다른 영역의 목표들도 있으며, 이들도 전반적인 학습과정에서 중요하다.

**학습영역**  인지적 영역과는 대조적으로, **정의적 영역**(affective domain)은 태도, 동기, 자발적 참여, 학습내용에 대한 가치 부여, 그리고 궁극적으로는 이런 것들을 일상생활에서 구체화하는 것과 관계된 영역이다. 정의적 영역은 효과적인 학습을 위해 반드시 필요한 요소지만 학교 교육과정에서는 명시적으로 다루어지지 않는 경우가 많다. 예를 들어, 교사는 학생들이 자발적으로 수업에 참여하고, 숙제하며, 대수 I 이나 기하를 이수하고 난 다음에 대수 II를 선택하는 것 같이 상위과정을 기꺼이 선택하여 이수하길 원한다. 학업성취도 향상을 위해서는 동기가 필수적이며, 동기에는 정의적 영역의 많은 요소들이 들어 있다. 학습동기에 대한 논의에서 이에 대해 자세히 살펴볼 것이다.

**심동적 영역**(psychomotor domain)은 일정 수준의 정확성, 유연성, 민첩성 혹은 일정 강도의 활동 수행과 관계있다. 학교에서는 과학의 실험수업, 직업수업, 체육수업, 기능수업, 그리고 예술수업 같은 영역에서 심동적 학습이 이루어진다. 심동적 영역은 배구, 축구, 야구 같은 스포츠에서 특히 강조된다.

**인간관계 영역**(interpersonal domain)은 사회적 기술 그리고 사람들과 효과적으로 상호작용하는 능력과 관계있다. 정보를 요구하고 수용하기, 다른 사람의 아이디어를 정교화하기, 다른 사람의 관점을 고려하기(조망수용), 그리고 불쾌감을 주지 않으면서 이견 제시하기 등이 여기에 속한다.

인지적 영역은 핵심적인 학습영역이며, 다른 세 영역에도 인지적 요소가 일부 반영된다. 예컨대, 어떤 주제나 내용영역에 대한 이해가 깊어질수록(인지적 영역), 그에 대한 흥미가 높아지는 경향(정의적 영역)이 있다(Schunk, Pintrich, & Meece, 2008). 동기가 학습의 필수요소이기 때문에 모든 교수모형의 동기에 대한 논의가 포함될 것이다.

마찬가지로, 학습자가 농구의 점프 슛과 같은 심동적 기능을 수행하기 위해서는 먼저 그 기능을 이해해야 한다. 예를 들어, 효과적인 점프 슛을 위해 학습자는 양 팔꿈치 앞으로 향하기, 손목 뒤로 젖히기, 손가락 끝에 공두기 같은 특징들을 이해해야 한다. 농구 선수들 중에는 동작이 매끄럽지 않아도 점프 슛을 꽤 잘하는 선수들도 분명히 있다. 그러나 이들도 좋지 않은 슛 습관이 들기 전에 기능을 더 깊이 이해(인지적 요소)했다면 슛을 훨씬 잘했을 것이다. 이 책의 수업모형들은 학생들이 심동적 영역의 목표를 성취하는 데 유용한 지식을 발달시키기 위해 활용될 수도 있다. 이와 마찬가지로, 다른 사람의 관점 이해하기(조망 수용)와 같은 사회적 기술에도 인지적 요소가 포함되어 있으며, 다른 사람과 효과적으로 상호작용하는 학생은 그렇지 못한 학생보다 효과적으로 학습한다. 교사와 학생 그리고 학생들 간의 사회적 상호작용은 매우 중요하기 때문에, 이 책의 모형 각각에서는 사회적 상호작용 과정이 크게 강조된다.

인지적 학습결과는 학교에서는 물론 표준 교육과정에서도 강조되기 때문에, 이 책에서는 인지적 영역에 초점을 맞춘 논의가 중점적으로 이루어진다. 그렇지만 동기나 사회적 상호작용 같은 다른 영역의 목표도 반드시 필요하며, 모든 모형에 이들이 포함되어야 한다.

이제 인지적 목표를 살펴보자.

**인지적 목표의 수준**  인지적 목표가 모두 같진 않다. 예컨대, 전화번호를 기억하는 것과 복잡한 문제를 해결하는 것은 둘 다 인지적 활동이긴 하지만, 요구되는 사고의 측면에서 보면 이들은 전혀 다르다. Benjamin Bloom은 일단의 교육심리학자들과 함께 사고수준의 차이를 보다 깊이 이해할 수 있도록 돕기 위해 학습에서 중시되는 지적 행동수준을 분류하는 체계를 개발하였다(Bloom, Englehart, Furst, Hill, & Krathwohl, 1956). 그 결과가 바로 유명한 'Bloom의 교육목표 분류'이다. 교육목표 분류에서는 사고가 다음과 같은 여섯 수준으로 분류되었다.

- 지식(Knowledge) : 국가의 수도를 아는 것처럼 사실과 정의를 아는 것
- 이해(Comprehension) : 직유와 은유의 예를 찾아내는 것처럼 의미와 해석을 이해하는 것
- 적용(Application) : 수학에서 문장제를 해결하는 것처럼 한 맥락에서 이해한 것을 다른 맥락에서 사용하는 것
- 분석(Analysis) : 논리적 오류를 인식하는 것처럼 그 구조를 이해하기 위해 아이디어를 부분으로 분리하는 것
- 종합(Synthesis) : 독창적인 논설문을 작성하는 것처럼 다양한 요소로부터 구조나 패턴을 구성하는 것
- 평가(Evaluation) : 문제를 해결하기 위해 효율적인 전략을 선택하는 것처럼 아이디어나 자료의 가치를 판단하는 것

Bloom의 교육목표 분류는 교육에서 반세기 이상 활용될 정도로 널리 알려져 있다. 교육목표 분류의 가장 큰 공헌은 학생들이 지식보다 높은 수준의 사고를 하도록 해야 한다는 것을 상기시킨 것이다. 지금까지는 가장 낮은 지식수준의 사고를 요구하는 평가문항이 압도적으로 많았다(Miller, Linn, & Gronlund, 2009).

지금은 교육목표 분류가 처음 출판되었던 20세기 중반에 비해 학습과 교수에 대한 지식이 크게 증가하였으며, 인지학습이론이 교육에 막대한 영향을 미치고 있다. 이런 경향을 반영하여, 1956년에 출간된 교육목표 분류가 근래에 개정되었다(Anderson & Krathwohl, 2001). 이 개정판에는 네 유형의 지식과 여섯 인지과정이 교차되는 24칸으로 구성된 행렬표가 소개되어 있다. 이 행렬표(표 1.1)는 학습목표와 평가문항을 분류하는 데 유용하다.

교육목표 분류의 기능을 알아보기 위하여 앞에 소개된 교사들의 사례를 다시 살펴보자. 교사들은 모두 구체적인 인지적 목표를 설정하고 있다. 예를 들면,

- Bob Duchene 선생님은 학생들이 베트남 전쟁을 일으킨 사건들에 관한 정보에 대해 알고, 이들이 어떻게 전쟁을 촉발시켰는지도 이해하길 원했다.
- Judy Holmqist 선생님의 목표는 학생들이 미국 4개주의 지리적 여건과 경제 간의 관계에 대한 이해를 여타 주의 경제에 대한 이해에 적용하는 것이었다.
- Richard Nelms 선생님은 학생들이 선충, 편충, 촌충의 특징을 이해하길 원했다.

**| 표 1.1 | 학습, 교수 및 평가를 위한 교육목표 분류**

| 지식차원 | 인지차원 | | | | | |
|---|---|---|---|---|---|---|
| | 1.<br>기억 | 2.<br>이해 | 3.<br>적용 | 4.<br>분석 | 5.<br>평가 | 6.<br>창조 |
| A. 사실적 지식 | | | | | | |
| B. 개념적 지식 | | | | | | |
| C. 절차적 지식 | | | | | | |
| D. 메타 인지적 지식 | | | | | | |

출처 : Lorin W. Anderson & David R. Krathwohl A Taxonomy For Learning, Teaching, and Assessing Published by Allyn and Bacon, Boston, MA. Copyright ⓒ 2001 by Pearson Education. 발행자의 허락 받음

■ Laura Hunter 선생님의 목표는 학생들이 교실에서 카펫이 깔린 부분의 면적을 구하는 전략을 발달시키기 위해 설계도를 활용하는 것이었다.

이제 이 목표들이 교육목표 분류에 따라 어떻게 분류되는지 살펴보자. Bob 선생님의 첫 번째 목표는 베트남 전쟁에 이르게 한 사실적 사건들을 학생들이 아는 것이므로 **사실적 지식과 기억**이 교차하는 칸으로 분류된다. 이 사건들이 어떻게 전쟁을 촉발했는지 이해하는 것은 보다 높은 수준의 사고이며, 이 목표는 **사실적 지식과 분석**이 교차하는 칸으로 분류된다. 여러 사건이 어떻게 전쟁발발에 기여했는지를 파악하기 위해 사건들을 연결시키기 위해서는 정교한 분석이 필요하다.

Judy 선생님은 학생들이 경제와 지리 간의 관계를 여러 주의 경제상황에 적용할 수 있길 바랐다. 경제와 지리는 모두 개념이므로 이 선생님의 목표는 **개념적 지식과 적용**이 교차하는 칸으로 분류된다.

선충, 편충, 촌충도 모두 개념이다. 그러므로 Richard 선생님의 학습목표도 **개념적 지식과 이해**가 교차되는 칸으로 분류된다. 이 선생님도 학생들이 기생충들의 특징을 이해하길 바랐기 때문이다.

마지막으로, Laura 선생님은 5학년 학생들에게는 쉽지 않은 목표인 교실의 카펫이 깔린 부분의 면적을 구하는 전략을 찾길 바랐다. 문제해결을 위한 전략을 설계하는 데는 절차가 포함되어 있으므로 이 선생님의 목표는 **절차적 지식과 창조**가 교차되는 칸으로 분류된다.

학습목표의 분류보다 더 중요한 것은 Bob 선생님의 첫 번째 목표를 제외한 모든 목표

가 사실적 지식의 기억보다 높은 수준의 목표라는 사실이다. 이 책의 모형들은 모두 기본적인 학습수준보다 높은 수준의 사고를 촉진하기 위해 설계되었다.

학습과 교수는 서로 분리되지 않을 뿐 아니라 관념적으로 적용되는 것도 아니라는 것은 말할 필요도 없다. 오히려 학습과 교수는 현재라는 맥락에서 이루어진다. 이제 현재 상황을 살펴보자.

## 오늘날의 교수-학습

오늘날의 교수-학습은 극적으로 변하고 있다. 다음은 가장 눈에 띄는 변화이다.

- 교육과정 표준화와 교사의 책무성 강조
- 학생 다양화
- 공학의 발달

### 표준 교육과정과 수업 다양화 필요성

학습이 끝난 후에 학생들이 알거나 할 수 있어야 하는 것을 진술한 문서인 **표준 교육과정**(standards)이란 말은 교육에서 빠질 수 없는 전문용어가 되었다(McComb, 2005). 학생들의 지식과 기능이 충분치 않다는 우려가 높아지면서 표준 교육과정의 영향력은 점차 커지고 있다. 예컨대, 절반이 넘는 고등학생들이 2차 대전 당시의 연합국에 소련이 아니라 독일, 일본 혹은 이탈리아가 가담한 것으로 잘못 알고 있는 것으로 조사되었고, 고등학교 3학년 학생 중 2/3 정도가 입구에 유색인 출입구라는 팻말이 붙어 있는 옛날 극장 사진을 설명할 수 없는 것으로 조사되었다(Bauerlein, 2008). 더 나아가, 18세에서 24세 국민을 대상으로 실시된 조사에서는 열 명 중 여섯 명이 중동지역 지도에서 이라크를 찾지 못한 것으로 나타났다(Manzo, 2006). 이와 유사한 우려는 국제비교에서 미국 학생들이 다른 국가의 학생들보다 학업성취도가 뒤떨어지는 것으로 밝혀진 수학과 과학에서도 제기되었다(Gonzales et al.; 2004; Lemke et al., 2004). 이런 인식은 표준 교육과정을 만들려는 노력으로 이어졌다.

**표준 교육과정 개발 노력** 표준 교육과정은 지난 20여년에 걸쳐 학교 교육에 영향을 미쳐 왔으며, 그 장점과 단점이 밝혀지고 있다. 표준 교육과정 개발 노력의 기원은 National Commission on Excellence in Education(1983)이 출간한 *A Nation at Risk : The Imperative for Educational Reform*이다. 이 문서에는 다음과 같은 유명한 구절이 있다.

외부 적대세력이 오늘날 같이 형편없는 교육을 미국에 강요했다면, 미국은 그것을 전쟁행위로 간주했을 것이다. 그 동안 우리 스스로 이런 상황까지 이르도록 교육을 방치해 왔다. 우리는 스푸트니크 위기에 대한 의식의 결과로 이룩했던 학생성취도 향상마저도 탕진하였다. 더욱이, 우리는 그런 성취를 이루는 데 도움을 주었던 핵심적인 지원체제마저도 서서히 폐기시켜 왔다. 실제로 우리는 사려 깊지 못하게도 일방적으로 교육적 무장해제 행위를 저질렀다(National Commission on Excellence in Education, 1983, p.9).

이 보고서는 독일과 일본 같은 국가들이 산업과 교육 분야에서 미국을 앞지르기 시작한 시기에 출간되었고, 미국 지도자들이 국제 경쟁력을 확보하려면 학교를 개혁해야 한다는 것을 깨닫게 하였다.

1983년부터 *A Nation at Risk*에서 제기된 문제점들에 대처하기 위하여 여러 개혁 조치들이 법제화되었다. 2001년 George W. Bush 행정부의 연방 초 · 중등 교육법(federal Elementary and Secondary Education Act, ESEA) 개정안 비준이 가장 의미 있는 조치의 하나이다. 아동낙오방지(NCLB)법으로 개명된 이 법안에서 학교는 교육의 성공 여부를 학생들이 표준 교육과정의 교육목표 달성 정도로 기술하도록 규정하고 있다. NCLB법에 대한 반대도 있긴 하지만, 표준 교육과정을 개발하려는 노력은 여전히 계속되고 있다. 2000~2001학년도 이후, 모든 주가 다양한 내용영역의 표준 교육과정을 개발하였고, 오바마 행정부에서도 이에 대한 강조가 누그러질 기미는 보이지 않는다.

**현행 표준 교육과정**  읽기, 쓰기, 수학, 과학 같은 전통적인 교과에서부터 다음과 같은 교과에 이르기까지 다양한 내용영역에서 표준 교육과정이 개발되고 있다.

- 체육
- 미술
- 경제
- 농업
- 경영
- 기술
- 상업
- 스페인어 및 제2언어로서의 영어

이외에도 아주 많은 내용영역에서 표준 교육과정들이 개발되고 있다.

전국 수학교사 협의회(National Council of Teachers of Mathematics, 2008), 전국 영어교사 협의회(National Council of Teachers of English)(International Reading Association and

National Council of Teachers of English, 2008)와 과학, 사회, 취학 전 유아교육, 특수교육, 예술교육과 건강교육 그리고 이중 언어교육 단체 같은 여러 전문직 단체들이 표준 교육과정을 제안하고 있다. 대부분 주의 표준 교육과정은 이런 전문직 단체들이 제안한 표준 교육과정에 근거하고 있다. 몇 가지 사례를 살펴보자.

표준 교육과정은 '필수 지식과 기능(Essential Knowledge and Skills)'(Texas Education Agency, 2008a), '학습 표준(Learning Standards)'(Illinois State Board of Education, 2008a), '내용 표준(Content Standards)'(California State Board of Education, 2008), '태양 주 표준 교육과정(Sunshine State Standards)'(Florida Department of Education, 2007)과 같이 주에 따라 달리 명명되어 있다. 그 명칭이 어떻건, 각 주의 표준 교육과정에는 학생들이 알거나 할 수 있어야 하는 지식과 기능이 진술되어 있다.

지면관계상 모든 주의 사례를 소개할 수 없으므로, 여기서는 대표적인 몇 사례만 소개한다. http://www.education-world.com/standards/state/index.shtml에 접속하여 내려 받기를 선택한 다음 관심 주를 선택하면 해당 주의 표준 교육과정을 볼 수 있다.

진술 방식도 주에 따라 다르다. 다음은 텍사스 주의 수학과 4학년 표준 교육과정이 진술 된 예이다.

(4.2) 수, 연산 및 수량 추론하기. 학생들은 전체 대상 혹은 일단의 대상들에 대한 분수를 기술하고 비교한다.
학생은 다음을 할 수 있을 것으로 기대된다 :
(A) 구체물과 그림모형을 이용하여 동치분수를 구한다(Texas Education Agency, 2008b).

괄호 안의 숫자(4.2)는 이 표준이 수학과 4학년의 두 번째 표준임을 나타낸 것이고, 문자 (A)는 학생이 할 수 있을 것으로 기대되는 목록의 첫 항목임을 보여주는 것이다. 표준을 부호화하는 방식은 주에 따라 다르지만, 이는 교사와 학생을 위한 학습과 평가목표를 진술하기 위한 것이다.

또 한 가지 예를 들면, 다음은 일리노이 주의 중학교 과학의 표준이다.

일리노이 주 평가체제
표준 12F-천문학(7학년)
12.7.91 태양계 내에 있는 행성은 거의 대부분이 규칙적이고 예측 가능한 운동을 한다. 이 운동이 날, 해, 달의 주기 및 일식과 월식 같은 현상을 설명한다는 사실을 안다(Illinois State Board of Education, 2008b).

일리노이 주 표준과 텍사스 주 표준이 부호화 방식이 서로 다르지만, 공통적으로 학생들이 알거나 할 수 있어야 하는 것을 진술하고 있다.

세 번째 예로 플로리다 주의 다음 항목을 보자.

> 학생은 장르들의 공통점을 이해한다(LA.E.1.4).
> 1. 장르를 구분하는 특징을 찾을 수 있다.
> 2. 일부 문학작품이 고전으로 분류된 이유를 이해한다.
> (Florida Department of Education, 2009)

지금까지 표준 교육과정을 논의한 이유는 무엇인가? 그 이유는 두 가지이다. 첫째, 이미 알겠지만, 교사는 학생들이 표준 교육과정의 표준에 도달할 수 있도록 도와줄 것으로 기대되고, 또 교사와 학생들은 이에 도달할 책임이 있다. 둘째, 표준 교육과정을 논의하는 더 중요한 이유는 학생들이 각 표준에 도달할 수 있도록 도와주려 할 때, 교사들은 획일적인 수업접근을 하지 않을 것이기 때문이다. 각각의 표준에 적합한 수업접근을 채택해야 한다는 것은 이 절의 제목 '표준 교육과정과 수업 다양화 필요성'과도 일치한다. 예를 들어, 텍사스 주 4학년 표준은 "학생들은 전체 대상 또는 일단의 대상들을 분수로 기술하고 비교한다."와 "구체물과 그림모형을 활용하여 동치분수를 만든다."이다. 교사는 단순히 학생들에게 동치분수의 개념을 설명할 수도 있고, 아래에 보는 것처럼 학생들에게 동치분수를 구하는 방법을 보여줄 수도 있다.

$$\frac{(3)1}{(3)4} = \frac{3}{12}$$

이 과정은 1/4이 3/12과 같다는 것을 보여주고 있다.

교사는 학생들에게 아래와 같은 그림을 보여줄 수 있을 것이다. 여기에서 학생들은 상단 그림의 1/4인 면적은 하단 그림의 3/12인 면적과 같다는 것을 알 수 있다. 이 단순한 그림은 1/4과 3/12가 같다는 것을 보여주는 동시에 학생들이 동치분수의 개념을 보다 쉽게 이해할 수 있게 한다. 두 번째 수업접근이 학생들에게 보다 의미 있고 표준 교육과정의 진술과 더 잘 맞는다.

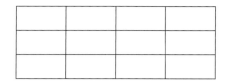

한편, 일리노이 주 표준 교육과정에 진술된 '날, 해, 달의 주기 및 일식과 월식과 같은 현상 이해하기'를 위해서는 다른 수업전략이 필요하다. 예를 들어, 학생들에게 그림으로 날이나 해를 보여주는 것은 효과적인 접근이 아닐 것이다. 보다 효과적인 접근은 지구와 달의 플래시라이트 모형으로 이런 현상을 실제로 시연해 보이는 것이다. 그리고 '어떤 문학작품이 고전으로 분류되는 이유'를 이해하기 위해서는 또 다른 수업접근이 효과적일 것이다. 학생들은 토론수업에서 교사의 지도를 받아 가면서 특정 작품들이 고전으로 간주되는 이유를 점진적으로 이해하게 될 것이다.

교직단체들도 다양한 수업의 필요성을 강조하고 있다. 이에 대해 살펴보자.

### 전문단체의 표준 교육과정 : 교사의 지식과 능력

20세기 중반쯤에, 학습을 보는 관점이 크게 달라졌다. 즉, 강조점이 관찰 가능한 구체적 행동에서 내적 정신과정으로 변화되었다. 학습에 대한 새로운 관점의 대두는 일반적으로 '인지혁명'이라 일컬어지며, 교사의 지식과 사고의 중요성에 대한 강조로 이어지고 있다 (Royer, 2005; Sawyer, 2006).

다양한 분야의 연구를 통하여, 전문성 발달에서 지식이 중요하다는 사실이 확인되고 있으며(Bruning, Schraw, Norby, & Ronning, 2004), 이는 교육 전문성 발달에 있어서도 마찬가지이다. "활용 가능하고 구조화된 지식이 풍부한 전문가는 전문적 사고와 행동을 효과적으로 수행한다. 전문성에 대한 이런 이해로 교육 연구자들도 교사의 지식과 그 조직에 더 관심을 갖게 되었다."(Borke & Putnam, 1996, p.674)

지식의 필요성은 주요 교직단체들이 제안한 교사 자질기준과 표준 교육과정에 반영되어 있다. 여기에서는 세 가지 제안을 살펴볼 것이다. 먼저 교사 자질기준과 관련된 두 제안, 즉 **교사 핵심자질 기준모형**(The Model Core Teaching Standards)과 **우수교사 선정기준 개발위원회**(The National Board for Professional Teaching Standards)의 기준을 살펴보고, 이어서 학생을 위한 표준 교육과정인 **공통중핵교육과정 표준안**(The Common Core State Standards Initiative)이다.

### 교사 핵심자질 기준모형

교수에서 전문지식이 점점 강조되면서, 여러 주와 컬럼비아 특별구, 국방부 및 공립학교를 지도 감독하는 행정가 단체인 전국 교육행정가 협의회(Council of Chief State School Officers, CCSSO)는 모든 학생의 학습을 보장하기 위해 모든 교사들이 가져야 하는 필수적인 지식, 수행 및 성향을 정리한 **교사 핵심자질 기준모형**을 개발하였다(Council of Chief State School Officers, 2010). 이 기준모형은 '교사의 눈을 통해 효과적인 교수와 학습의 모습을 정교하게 그리려는 노력'이다(CCSSO, 2010, p.4).

이 모형에서는 교사 핵심자질이 다음과 같은 네 범주로 제시되었다.

- 학습자와 학습 : 교사는 학생, 개인차 및 학습방법을 이해해야 한다.
- 내용 : 교사는 가르치는 내용과 그것을 학생들에게 이해시키는 방법을 깊이 이해해야 한다.
- 수업실천 : 교사는 모든 학생의 학습을 조장하는 수업의 계획, 실행 및 평가를 이해하고 내면화해야 한다.
- 전문적 책무성 : 교사는 반성과 동료와의 협력을 통해 자신의 업무수행을 정기적으로 검토해야 한다.

표 1.2에서 보는 바와 같이, 이 범주들을 중심으로 10개 기준이 제시되었다.

**우수교사 선정기준 개발위원회** **우수교사 선정기준 개발위원회**는 풍부한 전문지식을 가진 우수한 현직교사를 선발하기 위한 기준을 만들기 위해 자발적으로 구성된 전문조직이다. 우수교사 선정기준 개발위원회도 전국 교육행정가 협의회와 마찬가지로 1987년에 조직되었으며, 주로 현직교사로 구성되었으나 교원노조 대표, 경영인 단체 대표와 교수들도 포함되어 있다(NBPTS, 2006). 우수교사 선정기준 개발위원회는 교직의 전문성을 높이기 위해 노력하고 있으며, 우수교사 인증서 수여, 금전적 보상, 책무 부여 및 의사결정 과정에서의 역할 증대를 통하여 모범적인 교사들의 공헌을 인정함으로써 교육의 질을 높이기 위해 노력하고 있다.

우수교사 인증은 위원회의 정책문서인 *What Teachers Should Know and Be Able to Do*(NBPTS, 2002)의 제안에 기초하고 있다. 위원회는 이 보고서에서 논의된 전문직 판단 기준을 기초로 우수교사의 유능성을 다섯 가지 핵심 명제로 요약하고 있다. 핵심 명제와 이들이 실제에서 어떻게 발현되는지에 대한 개괄적인 설명이 표 1.3에 제시되어 있다.

지금까지 광범위한 전문지식과 교수전략을 가진 교사의 필요성의 실례로 전국 교육행정가 협의회의 교사 핵심기준과 우수교사 선정기준 개발위원회의 명제들을 살펴보았다.

**| 표 1.2 | 교사 핵심자질 기준모형**

| 범주와 기준 | 설명 |
|---|---|
| **학습자와 학습** | |
| 1<br>학습자 발달 | 교사는 학생의 학습과 발달특성을 이해하고 발달수준에 적합한 도전적인 학습경험을 설계한다. |
| 2<br>학습의 개인차 | 교사는 학습자들의 다양성을 이해하고 활용하여 통합적인 학습환경을 구성함으로써 모든 학습자가 자신의 잠재력을 충분히 발휘할 수 있도록 노력한다. |
| 3<br>학습환경 | 교사는 학생과 협력하여 개별학습은 물론 긍정적인 사회적 상호작용을 조장하는 협력학습과 자기 동기화를 지원하는 학습환경을 조성하기 위해 노력한다. |
| **내용** | |
| 4<br>내용지식 | 교사는 가르치는 내용을 이해하고 학생이 유의미하게 학습하고 이해할 수 있도록 조직한다. |
| 5<br>지식의 혁신적 적용 | 교사는 개념들을 연결시키고 다양한 관점들을 활용하는 방법을 이해하여 학습자가 비판적으로 또 창의적으로 사고하고 서로 협력하여 문제를 해결하도록 돕는다. |
| **수업실천** | |
| 6<br>사정 | 교사는 학습 향상도를 문서화하고 수업계획과 실제 수업을 위한 정보로 활용하기 위해 다양한 형식의 사정을 이해하고 활용한다. |
| 7<br>수업계획 | 교사는 내용, 학습자 및 교육학에 관한 지식에 기초하여 모든 학생이 목표에 도달할 수 있는 수업을 계획한다. |
| 8<br>수업전략 | 교사는 모든 학습자가 내용영역과 이들 간의 관련성을 깊이 이해할 수 있도록 하기 위해 다양한 수업전략을 이해하고 활용한다. |
| **전문적 책무성** | |
| 9<br>성찰과 계속적 성장 | 교사는 증거에 기초하여 자신의 실천을 평가하고 각 학생의 요구에 부응하기 위해 실천을 고쳐 나가는 반성적 실천자이다. |
| 10<br>협력 | 교사는 학생의 학습과 발달에 대한 책임을 공유하기 위해 학생, 가족, 동료, 기타 전문가 및 지역사회 구성원과 협력한다. |

Council of Chief State School Officers.(2010. July). Interstate Teacher Assessment and Support Consortium(InTASC), Model core teaching strategies; A resource for state dialogue(Draft for public comment).Retrieved from http://www.ccsso.org/Documents/2010/Model-Core-Teachingm-Standards-DRAFT-FOR-PUBLIC-COMMENT-2010.pdf

| 표 1.3 | 우수교사 선정기준 개발위원회의 핵심명제

| 명제 | 설명 |
|---|---|
| 1<br>우수교사는 학생과 그들의 학습에 헌신한다. | ■ 우수교사는 모든 학생이 이해할 수 있도록 지식을 제공하기 위해 노력한다. 우수교사는 모든 학생이 학습할 수 있다는 것을 믿는다.<br>■ 우수교사는 학생들을 공평하게 대한다. 우수교사는 학생들 간의 개인차를 인정하고 실제에서 고려한다.<br>■ 우수교사는 학생의 학습과 발달양상을 깊이 이해한다.<br>■ 우수교사는 학생의 문화적 · 가족적 배경의 차이를 존중한다.<br>■ 우수교사는 학생의 자기개념, 동기 및 동년배 관계에 대한 학습의 영향에 관심을 갖는다.<br>■ 우수교사는 학생의 인격과 책임감 발달에도 관심을 기울인다. |
| 2<br>우수교사는 교과내용에 정통하고 그것을 효과적으로 가르치는 방법을 안다. | ■ 우수교사는 자신의 교과에 정통하다. 우수교사는 자신의 교과의 역사, 구조 및 실생활 적용에 대해 완벽하게 이해하고 있다.<br>■ 우수교사는 풍부한 교과수업 기술과 경험을 가지고 있으며, 학생들 간의 기능 차이와 선입관을 잘 파악한다.<br>■ 우수교사는 학생이 교과내용을 깊이 이해할 수 있도록 도와주기 위해 다양한 수업전략을 활용한다.<br>■ 우수교사는 효과적으로 수업한다. 이들은 학생을 동기화시키고 참여시키고 집중시키기 위해 다양한 수업기술을 유연하게 활용한다. |
| 3<br>우수교사는 학생의 학습을 관리하고 점검하는 책임을 진다. | ■ 우수교사는 질서 정연한 학습환경을 조성하기 위해 학생들을 수업에 참여시키는 방법과 수업목표를 달성하기 위해 수업을 조직화하는 방법을 안다.<br>■ 우수교사는 학급 전체는 물론 학생 개개인의 향상을 사정(査定)하는 방법을 안다.<br>■ 우수교사는 다양한 방법으로 학생의 성장과 이해를 측정하고 그 결과를 학부모에게 분명하게 설명한다. |
| 4<br>우수교사는 자신의 실천에 대해 체계적으로 생각하고 경험을 통해 학습한다. | ■ 우수교사는 사표(師表)가 된다. 이들은 많이 읽고, 질문하고, 창의적이며, 기꺼이 새로운 시도를 한다.<br>■ 우수교사는 학습이론과 수업전략에 대해 잘 알며 미국 교육의 쟁점에도 정통하다.<br>■ 우수교사는 심오한 지식을 발달시키고, 기능들을 확장시키며, 새로 발견된 사실들을 자신의 실천에 통합시키기 위해 정기적으로 성찰한다. |
| 5<br>우수교사는 학습사회의 일원이다. | ■ 우수교사는 학생의 학습을 증진하기 위해 많은 사람과 협력한다.<br>■ 우수교사는 리더이며 지역사회 인사 및 사업체와 동반관계를 구축하는 방법을 잘 안다.<br>■ 우수교사는 수업정책, 교육과정 개발과 업무수행 능력 발달 분야의 전문가들과 협력한다.<br>■ 우수교사는 학교의 발전과 주와 지역의 교육목표 달성에 필요한 자원을 효과적으로 평가한다.<br>■ 우수교사는 학부모를 학교 사업에 생산적으로 참여시키기 위해 이들과 협력하는 방법을 잘 안다. |

예를 들어, 교사 핵심자질 기준 5에 "교사는 개념들을 연결시키고 다양한 관점들을 활용하는 방법을 이해하여 학습자가 비판적으로 또 창의적으로 사고하고 서로 협력하여 문제를 해결하도록 돕는다."고 진술되어 있다. 또 우수교사 선정기준의 명제 2에 "우수교사는 학생이 교과내용을 깊이 이해할 수 있도록 도와주기 위해 다양한 수업전략을 활용한다."고 진술되어 있으며, 명제 3에는 "우수교사는 질서 정연한 학습환경을 조성하기 위해 학생들을 수업에 참여시키는 방법과 수업목표를 달성하기 위해 수업을 조직화하는 방법을 안다."고 되어 있다.

이 책의 전략과 모형들은 두 단체가 공통적으로 제시한 기준인 효과적인 수업방법을 습득할 수 있도록 도와줄 것이다. 또 이들 모형과 전략에서는 전국 교육행정가 협의회가 교사 핵심자질로 강조한 비판적 사고와 문제해결은 물론 두 단체가 모두 중시하고 있는 학습동기 증진을 위한 요인도 강조된다.(학습자의 동기는 제2장에서 그리고 비판적 사고는 제3장에서 깊이 논의된다.)

## 공통중핵교육과정 표준안

*A Nation at Risk*가 출간된 이래 '표준 교육과정 개발 움직임'이 활발하게 이루어져 왔음에도 불구하고, 미국 학생들은 여전히 학업성취도와 졸업 후의 성공적 생활을 위한 준비에서 다른 국가의 학생들보다 뒤떨어져 있다(Ginsberg, Leinwand, & Decker, 2009). 교육과정이 주에 따라 다르고, 일부 주는 *No Child Left Behind Act*에 규정된 기준을 충족시키기 위해 표준을 낮추고 있다는 비판도 제기되었다.

모든 주가 공유하고 자발적으로 채택할 수 있는 영어와 수학의 표준 교육과정을 설정하기 위한 노력인 **공통중핵교육과정 표준안**은 이런 현실에 대응하기 위한 노력으로 2009년에 시작되었다(Common Core State Standard Initiative, 2010a). 최상의 교육을 위한 주지사 협의회(National Governors Association Center for Best Practice, NGA Center)와 전국 교육행정가 협의회가 공통중핵교육과정 표준안을 개발하고 보급하는 데 앞장섰다. 알래스카 주와 텍사스 주를 제외한 모든 주가 공통중핵교육과정 표준안을 채택하고 있으며, 버진아일랜드, 푸에르토리코, 컬럼비아 특별구 및 오바마 행정부도 승인하였다. 이 교육과정은 고등학교 졸업자들이 대학에 진학하거나 취업할 준비가 되었다는 것 그리고 학부모, 교사, 및 학생들이 자신들에게 기대되는 것이 무엇인지를 분명하게 이해하도록 도와주기 위해 설계되었다. 또 이 교육과정 표준안은 세계시장에서 미국 학생들의 경쟁력을 담보하기 위해 국제적인 기준과도 연동되도록 되어 있다(Ginsberg, Leinwand, & Decker, 2009; Lee & Spratley, 2010).

다음은 수학과 1학년 공통중핵교육과정 표준안의 일부이다.

1학년 :
수-연산과 문제해결. 학생들은
덧셈과 **뺄셈**을 할 수 있다.

1. 덧셈의 속성을 이해한다.
   a. 덧셈은 교환이 가능하다. 예를 들어, 3개의 컵에 8개의 컵을 더하면 전체 컵의 수는 8개의 컵에 3개의 컵을 더하는 것과 같다. 즉, 8+3=3+8
   b. 덧셈은 결합적이다. 예를 들어, 4+3+2는 먼저 4+3=7을 계산하고 나서 7+2=9를 계산하거나, 먼저 3+2=5를 계산하고 나서 4+5를 계산해도 된다.
   c. 0은 항등원(additive identity)이다.
2. 예컨대 물체, 그림 및 이야기 맥락 같은 표상을 사용하여 덧셈과 뺄셈의 속성을 설명하고 정당화할 수 있다.
   a. 합산에서 가수의 순서는 두 가수를 가진 합수 안에서 변화된다.
   b. 0은 한 수에 더해진다.
   c. 한 수는 그 자체로부터 제거된다.
   d. 합수에서 하나의 가수는 1씩 증가되고 다른 가수는 1씩 감소된다.
      두 가수에 한정(Common Core State Standards Initiative, 2010b, p.13)

다음은 중학교와 고등학교 작문 공통중핵교육과정 표준안의 일부이다.

역사/사회 및 과학 6~12학년 작문 표준
9~10학년 학생 :

1. 역사적 사건에 대한 서술이나 과학적 절차/실험에 대한 서술을 비롯하여 서술/ 설명 글을 작성한다. 설명글을 작성할 때 학생들은
   a. 주제를 소개하고 핵심 아이디어들 간의 연관성과 차이점을 분명히 제시하면서 개념이나 범주를 중심으로 정보를 조직하고, 아이디어를 명료화하기 위해 형식에 따른 배열이나 그래픽(예 : 제목, 그림, 표, 그래프, 범례)을 활용한다.
   b. 잘 선택되고 적합하며, 충분한 사실, 자료, 세부사항, 인용, 예, 확장된 정의나 여타 정보를 사용하여 역사적으로나 과학적으로 의의 있는 주제를 개발한다.
   c. 응집된 글을 쓰고, 정보와 아이디어를 명료화하며, 글의 주요 부분들을 연결짓기 위해 다양한 변형 표현과 문장구조를 활용한다.
   d. 해당 전문가는 물론 일반 독자들에게 특정 학문과 맥락에 적합한 표현법을 전달하기 위해 정확한 언어와 영역-한정적 어휘를 사용한다.
   e. 논리적으로 제공된 정보나 설명에 따르고 주제의 시사점이나 의의를 정교화한 결론을 제시한다(공통중핵교육과정 표준안, 2010c. p.60).

보다시피, 공통중핵교육과정 표준안은 여러 가지 점에서 현행 표준과정과 유사하다. 공통중핵교육과정 표준안의 의의는 이 표준안이 주들 간에 그리고 국제적으로 통일된 표준 교육과정을 제시했다는 것이다.

공통중핵교육과정 표준안에 대한 논란이 있다. 이 교육과정을 지지하는 사람들은 광범위한 연구자료와 국제 비교를 통하여 이 교육과정이 개발되었다는 점을 부각시킨다. 반면, 일부 비판자들은 교육과정에 포함된 내용이 직업준비에 공헌하는지에 의문을 제기하고, 또 다른 비판자들은 기능학습에 필요한 기본내용이 충분히 포함되지 않고 비판적 사고 같은 기능만 포함되었다고 비판한다. 물론 전반적으로 대다수 전문가 집단이 이 교육과정의 가치를 인정하고 있다(Gewertz, 2010). 일반적으로 표준 교육과정은 교직에서 중요한 화두가 되었으며, 앞으로도 계속될 것이 분명하다. 앞으로는 공통중핵교육과정 표준안이 중요한 화두가 될 것이다.

## 다양성 탐색 : 오늘날 학교의 학습자 다양성

DeVonne Lampkin은 Abbess Park 초등학교 5학년 교사이다. 이 학교는 대도시의 중산층 주거지역에 있다. 그녀가 맡고 있는 학급에는 22명의 학생이 있으며, 이들 중 6명은 아프리카계이고 3명은 아시아계이다. 또 이 학급에는 부모가 사우디아라비아 출신의 정통 이슬람교도인 Hajaar 학생도 있다.

Hajaar는 교리 때문에 남학생 옆에 앉거나, 남학생 뒤에 줄을 서거나, 같이 과제를 해결하는 것도 금지된다. DeVonne 선생님은 이 사실을 지적하면서 교실의 다른 학생들이 Hajaar와 선생님을 돕는 것이 얼마나 도움이 되는 일인지를 설명한다. 선생님은 한 학생이 "선생님, Hajaar는 내 옆에 설 수 없어요."라고 말했던 예를 들어 주고, Hajaar에게 필요한 것에 대해 즐겁게 얘기하는 학생들을 보면서 미소 짓는다.

DeVonne 선생님의 경험은 미국 학교에서 비교적 일반적인 일이 되고 있다. 학생들의 출신 배경이 점점 다양해지고 있다. 소수문화 인구가 전체 인구의 1/3이며, 2000년 인구조사에서는 처음으로 'Garcia'와 'Rodriguez' 같은 성을 쓰는 히스패닉이 가장 일반적 성씨가 되었고, 'Moore'와 'Tayler' 같은 유럽계 성씨의 자리를 대체하고 있는 것으로 나타났다(Roberts, 2007).

이런 경향은 유치원에서/2학년까지 학령인구 중에 10명 중 4명 이상이 소수문화 출신인 교실에도 그대로 반영되어 있다. 현재 6개 주ー캘리포니아, 하와이, 루이지애나, 미시시피, 뉴멕시코, 텍사스ー의 공립학교에서 유색인종 학생이 다수를 차지하고 있으며, 6개 주요 도시ー디트로이트, 뉴욕, 컬럼비아 특별구, 시카고, LA, 볼티모어ー학령인구의 90% 이상을 차지하고 있다(Short & Echevarria, 2005; Padilla, 2006).

1900년대 초기에는 대다수 이민자가 유럽에서 왔으나, 근래에는 대부분이 중앙아메리카(약 40%), 아시아(25%)와 카리브해 지역(10%) 출신이며, 유럽 출신은 14% 정도에 불과하다(U.S.Bureau of Census, 2004). 이런 인구변화는 소수문화 학생비율의 급격한 증가로 이어졌으며(U.S. Department of Education, 2005), 이는 DeVonne 선생님 학급 학생들의 출신 배경이 이렇게 다양한 이유를 이해하는 데 도움이 된다.

2020년까지 학령인구는 더 크게 변화될 것이다. 전문가들은 백인과 비히스패닉계 이외의 학령인구 비율이 더 크게 증가될 것으로 예측하고 있다. 이 기간 동안에 백인학생의 비율은 전체 학령인구의 60% 이상에서 절반을 조금 넘는 수준으로 감소될 것이다(U.S. Breau of Cences, 2003). 2050년까지는 어떤 한 문화집단이 성인의 주류를 형성할 수 없을 것이다.

**언어 다양성** 미국 학생 5명 중 1명−약 1,400만 명−은 부모가 이민자이며, 이 때문에 이들의 사용 언어도 다양해지고 있다(Kober, 2006; Padilla, 2006). 영어가 모국어가 아닌 학생 수는 1992년에서 2002년 사이에 72%가 증가한 것으로 추산된다(Short & Echevarria, 2005; Padilla, 2006). 사용 언어가 서로 다른 학생들이 학교에 오면서, 이들의 영어 유창성 정도도 크게 차이난다(Abedi, Hofstetter, & Lord, 2004).

**영어 학습자**(English Language Learners, ELLs)란 모국어 또는 가정에서 사용하는 언어가 영어가 아닌 학생을 말한다. 이민과 이민자의 높은 출산율로 영어를 사용하지 않거나 사용에 어려움이 있는 학생 수는 지난 30년 동안 극적으로 증가하였다(Gray & Fleischman, 2005). 캘리포니아 주 경우만 보더라도 영어 학습자가 전체 학생의 1/4인 1,400만 명이다(Bielenberg & Fillmore, 2005). 2015년경에는 미국 학생의 절반 이상이 영어를 제1언어로 사용하지 않을 것으로 전망된다(Gray & Fleischman, 2005). 이는 놀라운 일이다. 학교에서 사용되는 영어 이외에 스페인어가 가장 많이 사용되긴 하나 450가지가 넘는 언어가 학교에서 사용되고 있다(Abedi et al., 2004; Kinder, 2002).

## 학습자 발달

---

자원 보조교사가 1학년 학생 2명과 공부하고 있는데 '아래'라는 단어가 나왔다. 자원교사가 학생에게 '아래(under)'의 뜻을 물었다. 교사가 교실에 있는 물건들 중에서 다른 물건 아래에 있는 여러 물건의 예를 보여주자 남학생인 Tran이 아주 당당하게 셔츠를 걷어 올리고 'Underwear'라고 소리치면서 디즈니 캐릭터가 새겨진 underwear를 내보인다. 여학생은 킥킥거리며 웃는다. underwear를 내보이는 것을 다른 사람이 볼까 봐 걱정된 교사가 "Tran, 셔츠 내려. 네가 underwear를 내보이는 것을 교장 선생님이 보면 뭐라겠니?"라고 했다. 잠시 후, Tran이 "칭찬 스티커를 주실 거예요."라고 대답한다.

---

교실의 학생들을 잠깐이라도 본 사람은 어린 아동이 나이 든 아동과는 다른 방식으로 세상을 보고, 행동하고, 생각하며, 교사 질문에 대답하는 것도 다르다는 것을 알 것이다.

이러한 차이에는 성숙과 경험의 결과로 일어나는 신체, 인지, 정서, 사회성의 변화인 **발달**이 반영되어 있다. 이 책에서는 주로 아동이 성숙하고 경험을 습득하면서 일어나는 사고의 변화인 **인지발달**에 초점을 맞춘다. Tran의 경우에서 보듯이, 어린 아동은 나이 든 아동과는 다른 방식으로 세상에 대해 생각하며, 이러한 차이는 교수에 큰 영향을 미칠 수 있다.

이런 차이 때문에 이 책에서 논의되는 전략과 모형들은 학생의 사고에 맞도록 조정될 필요가 있다. 이런 필요성을 반영하여, 전략이나 모형을 발달수준에 적합하게 조정하는 데 도움을 주기 위한 발달수준별 전략실행방안이 제시된다.

**특수요구를 가진 학습자** 특수요구를 가진 학습자란 잠재력을 충분히 발현하기 위해서는 특별한 도움과 자원이 필요한 학생을 말한다(Kauffman, McGee, & Brigham, 2004). 6백만 명의 특수요구를 가진 학생들이 특수교육 프로그램에 등록하고 있으며, 이 중에서 2/3 정도는 경미한 학습문제를 가지고 있다(Hardman, Drew, Egan, 2008). 일반적인 학교에서 10%가 조금 안 되는 학생들이 특수교육 서비스를 받고 있으며, 이들이 가진 장애는 경중 학습장애에서부터 청각이나 시각장애 같은 신체장애까지 다양하다(U.S. Department of Education, 2008).

특수요구를 가진 학생의 거의 절반은 읽기, 쓰기, 추론, 듣기 혹은 수학 능력을 습득하고 사용하는 것이 어려운 **학습장애**(특정 학습장애라고도 한다.)를 가지고 있다(National Joint Committee on Learning Disabilities, 1994). 읽기, 쓰기 및 듣기장애가 가장 일반적이지만(Shaywitz & Shaywitz, 2004), 수학과 관련된 장애도 주목받고 있다(Hanich, Jordan, Kaplan, & Dick, 2001). 학습장애 학생은 다음과 같은 증상 모두 또는 일부를 보인다.

- 집중하지 못하고 쉽게 산만해짐
- 과제를 끝까지 수행하지 못함
- 특정 분야에서는 수행은 아주 잘하나 다른 분야의 수행은 극히 저조함

읽기에 문제가 있는 학생은 유창하게 읽지 못하거나, 단어를 뒤바꾸어 읽거나 그 위치를 찾지 못한다. 쓰기에 문제가 있는 학생은 철자를 제대로 쓰지 못하거나, 줄을 맞추기가 어렵거나, 과제수행 속도가 늦다. 수학 학습장애 학생은 기본셈을 기억하는 데 어려움이 많고, 문장제에서 많은 어려움을 겪는다.

일부 학습장애 증상은 일반적인 학습문제나 미성숙 증상과 유사하다. 그러나 학습장애가 가진 문제는 발달지체와 달리 시간이 지나면서 문제가 더 심각해진다. 학습 성취도가 떨어지고, 문제행동은 증가되며, 자기 존중감이 낮아진다(Heward, 2009).

나머지 반 정도의 특수요구를 학생들은 의사소통장애, 행동장애, 경중 지적장애 같이 학습에 영향을 미칠 수 있는 다양한 문제들을 가지고 있다. 이러한 문제에 대처하는 방법

은 학습장애 학생을 지도하는 방법과 유사하므로 이 책에서는 같은 범주로 다루어진다.

**학생의 다양성에 대처하기**  교사는 문화적 배경이 서로 다른 학생들이나 영어가 모국어가 아닌 학생들을 만났거나 만나게 될 것이다. 학생의 인지발달 수준도 각기 다를 것이며, 학급에 특수요구를 가진 학생도 있을 가능성이 높다. 배경이 각기 다른 학생들을 가르치는 것은 교수에서 중요한 의미를 가지고 있기 때문에 '다양성 탐색'이 각 장의 특수교육 부분에 포함되었다. 여기에서는 학생의 다양성이 수업모형의 성공적 실행에 주는 시사점과 교수모형 활용에서 고려되어야 할 수정방안이 검토된다. 이 절의 목적은 교수모형을 학생들의 요구에 보다 잘 맞도록 활용할 수 있도록 돕는 것이다.

### 공학과 교수 : 교수와 학습에 대한 공학의 영향

공학이 우리 생활의 필수적인 요소가 되었다는 것은 더 말할 필요가 없을 것이다. 이동 전화 같은 제품과 페이스북, 트위터 같은 온라인 소셜 네트워크가 의사소통 방식을 획기적으로 바꾸었다. 구글, 도그파일, 야후 같은 인터넷 탐색 엔진도 정보수집 방식을 획기적으로 변화시켰다. 백과사전은 시대에 뒤떨어진 것이 되었으며, 사전도 역시 마찬가지가 되었다. 사람들은 이제 더 이상 특정 장소를 찾을 때 지도책을 보지 않으며, 그 자리를 mapquest.com 같은 사이트가 대신하고 있다. 자동차에도 목적지까지 가는 경로를 바로 알려주는 내비게이션이 장착되어 있다. 공학적 소양(technological literacy)이 읽기, 쓰기, 셈하기 바로 다음으로 중요한 기초기능이 되었다.

앞에서 표준 교육과정이 교직생활의 일부가 되었다고 밝힌 바 있는데, 교사를 위한 공학 분야 기준과 학생을 위한 공학 분야 표준 교육과정도 개발되었다(International Society for Technology in Education, 2007, 2008). 여기에는 공학 활용과 관련하여 교사와 학생이 알고 할 수 있어야 할 사항이 구체적으로 진술되어 있다. 교사를 위한 기준과 학생을 위한 공학 표준 교육과정이 표 1.4와 표 1.5에 제시되어 있다.

공학은 교실 안팎 모두에서 생활의 일부가 되었기 때문에, 이 책의 여러 장에 공학과 교수모형을 통합하는 방법을 논의한 '공학과 교수'라는 절이 포함되었다.

공학에 관한 논의는 '공학은 학생들이 학습목표에 도달할 수 있도록 도와주기 위한 도구이지 결코 공학 그 자체가 목적이 아니다.'라는 중요한 가정에 근거하고 있다(Cenamo, Ross, & Ertmer, 2010). 이 말이 무슨 뜻인가? 근래에 교육에서 공학 활용이 크게 강조되고 있기 때문에 교사들은 학생의 학습을 증진시키는지의 여부와 관계없이 공학을 활용해야 하는 것으로 생각하는 경우가 있다. **공학 활용 그 자체가 목적이 된 것이다.** 이는 공학을 제대로 활용하는 것이 아니다(Cenamo et al., 2010).

| 표 1.4 | 교사를 위한 국가 교육공학 기준

| 기준 | 수행 지표 |
|---|---|
| **1**<br>학생의 학습과 창의성을 촉진하고 고무하기 | 교사는 면대면 및 가상환경 모두에서 학생의 학습, 창의성 및 기술혁신을 증진하는 경험을 촉진하기 위해 교과, 교수와 학습 그리고 공학에 대한 지식을 활용한다.<br>　a. 교사는 창의적이고 혁신적인 사고와 발명정신을 조장하고, 격려하고, 모범을 보인다.<br>　b. 교사는 학생들이 디지털 기기와 자원을 활용하여 실생활과 관련된 쟁점들을 탐색하고 실제 문제를 해결하도록 한다.<br>　c. 교사는 학생들이 협력을 통하여 반추하도록 조장함으로써 자신의 개념적 이해와 사고과정, 계획과정 및 창발과정을 보이고 명료화하도록 한다.<br>　d. 교사는 면대면 환경과 가상환경 모두에서 학생, 동료 및 기타 인사들과 함께 학습함으로써 협력을 통한 지식구성의 모범을 보인다. |
| **2**<br>디지털 시대의 학습경험과 평가를 설계하고 개발하기 | 교사는 실제 맥락에서 내용학습을 극대화하고 NETS•S가 제시한 지식, 기능 및 태도를 발달시키기 위해 현대 기기와 자원을 통합하여 참 학습경험과 평가를 설계하고, 개발하고, 실시한다.<br>　a. 교사는 학생의 학습과 창의성을 조장하기 위하여 디지털 기기와 자원을 통합한 적절한 학습경험을 설계하고 선정한다.<br>　b. 교사는 모든 학생이 개인적 호기심을 충족하고, 자신의 교육목표를 설정하고, 학습을 관리하고, 진전 정도를 평가하는 상황에 능동적으로 참여하는 학습자가 될 수 있도록 도와주는 공학적 학습환경을 개발한다.<br>　c. 교사는 디지털 기기와 자원을 활용하여 학생들의 다양한 학습 스타일, 수행전략 및 능력에 맞는 학습활동을 조성하고 개별화한다.<br>　d. 교사는 학생들에게 교과별 표준 교육과정과 공학 표준 교육과정에 따른 다양한 형성평가와 총괄평가를 실시하고 그 결과를 학습과 교수 실제 개선을 위한 정보로 활용한다. |
| **3**<br>디지털 시대의 일과 학습의 모범 보이기 | 교사는 국제화, 디지털 사회에서 혁신 전문가의 표상이 되는 지식, 기능 및 작업과정을 학생들에게 보여준다.<br>　a. 교사는 공학체제에 정통하고, 현재 지식을 새로운 공학과 상황에 전이시키는 능력을 몸소 보여준다.<br>　b. 교사는 디지털 기기와 자원을 활용하여 학생, 동료, 부모 및 지역사회 인사와 협력함으로써 학생의 성공과 혁신을 지원한다.<br>　c. 다양한 디지털 기기와 자원을 활용하여 학생, 동료 및 학부모들과 정보 및 아이디어를 효과적으로 소통한다.<br>　d. 연구와 학습을 지원하기 위해 정보자원을 배치, 분석, 평가하고 활용하기 위해 현재는 물론 미래의 디지털 도구를 효과적으로 사용하는 모범을 보이고 촉진한다. |
| **4**<br>디지털 시대의 시민상과 책임감을 조장하고 모범 보이기 | 교사는 끊임없이 변화하는 디지털 문화에서 지역사회와 범세계적인 사회문제와 책무를 이해하고 자신의 직업 실제에서 준법과 윤리적 행동의 모범이 된다.<br>　a. 교사는 저작권, 지적 재산권, 전거의 명시(documentation of sources)를 포함하여 디지털 정보와 공학의 안전하고, 적법하고, 윤리적인 사용을 주장하고, 모범이 되고, 가르친다.<br>　b. 교사는 모든 학습자가 적합한 디지털 기기와 자원에 접근할 수 있는 학습자 중심 전략을 활용함으로써 학습자의 다양한 욕구를 충족시킨다.<br>　c. 교사는 공학 및 정보 활용과 관련된 디지털 에티켓과 책임 있는 사회적 상호작용을 조장하고 모범을 보인다. |

(계속)

| **| 표 1.4 |** 교사를 위한 국가 교육공학 기준 (계속) | |
|---|---|
| | d. 교사는 디지털 시대의 의사소통 기기와 제휴기기를 활용하여 다른 문화권의 동료 및 학생과 교류함으로써 문화적 이해와 세계화 의식을 발달시키고 모범을 보인다. |
| 5<br>전문적 성장과 지도성 계발하기 | 교사는 디지털 기기와 자원의 효과적 활용을 조장하고 모범을 보여 교직의 전문성을 발달시키고, 평생학습의 모범을 보이며, 지도성을 발휘한다.<br>a. 교사는 학생의 학습을 증진시키기 위해 공학을 창의적으로 적용하는 방안을 찾기 위해 지역 및 세계적 학습사회에 참여한다.<br>b. 교사는 공학 투입(technology infusion)을 시범해 보이고, 공동 의사결정과 커뮤니티 구축에 참여하고, 다른 사람의 리더십과 공학기술을 개발함으로써 리더십을 발휘한다.<br>c. 교사는 학생의 학습지원에서 기존은 물론 새롭게 출현하는 디지털 기기와 자원을 효과적으로 활용하기 위해 정기적으로 최신 연구와 전문적 실천을 평가하고 성찰한다.<br>d. 교사는 교육계, 학교, 지역사회의 효율성 제고, 활성화 및 자기갱신을 위해 노력한다. |

　　공학이 다른 수단보다 학생의 학습목표 달성에 도움이 될 때, 공학은 적절하게 활용되는 것이다. 예를 들어, 주제가 시범이나 그림 같은 전통적인 방식보다는 공학 기기를 이용하여 제시되는 것이 더 좋다면 그것을 활용해야 할 것이다. 예컨대, 유충이 나비로 변태되는 과정을 학생들에게 보여주려는 경우를 생각해 보자. 변태는 장기간에 거쳐 이루어지는 과정이기 때문에 직접 관찰하기가 쉽지 않다. 컴퓨터나 네트워크에 연결된 웹캠을 이용하면, 변태과정을—일주일 동안 30분 간격으로—촬영할 수 있다. 유충발달이 마지막 단계로 진입하면 촬영 간격을 짧게 하여 분단위로 변태과정을 촬영할 수도 있을 것이다. 이를 활용하면 학생들은 몇 분 이내에 성충을 관찰하고 나서 그 결과를 토론할 수 있을 것이다. 이런 경우는 공학이 적절하게 효과적으로 활용되는 것이다.

　　반면에, 전통적인 실물교수가 그 주제를 더 잘 표현한다면, 공학 기기가 신기술이고 '세련되어' 보이더라도 전통적 실물교수가 활용되어야 할 것이다. 예컨대, 이동하는 물체는 외부로부터 어떤 힘의 영향을 받지 않는 한 일직선으로 계속 이동한다(뉴턴의 관성의 법칙)는 것을 보여주려 한다면, 컴퓨터를 활용한 시뮬레이션보다 테니스공을 바닥에 굴리는 것 같은 실물교수를 하는 것이 더 좋을 것이다.

　　수업효과를 높이기 위해 실물교수와 공학과 결합되는 경우도 많다. 가령, 테니스공을 활용한 간단한 실물교수와 성경에 나온 유명한 다윗과 골리앗 이야기에 있는 것과 같이 투석기에서 날아 오른 바위가 직선으로 날아가는 것을 보여주는 영상 시뮬레이션과 결합되면 학생들에게 더 유의미할 수 있다. 공학을 이렇게 활용하는 것이 표 1.4와 표 1.5에 제시된 교사를 위한 기준이나 학생을 위한 공학 표준 교육과정에 부합하는 것이다.

| 표 1.5 | 공학 표준 교육과정

| 1<br>창의성과 혁신 | 학생은 공학을 활용하여 비판적으로 사고하고, 지식을 구성하며, 혁신적인 산출물과 과정을 개발한다. 학생은 :<br>a. 새로운 아이디어, 산물이나 과정의 생산에 기존 지식을 적용한다.<br>b. 개인 혹은 집단의 표현수단으로 독창적 작품을 만든다.<br>c. 모형이나 시뮬레이션을 활용하여 복잡한 체제와 쟁점을 탐구한다.<br>d. 현재의 트렌드를 인식하고 미래 흐름을 예측한다. |
|---|---|
| 2<br>소통과 협력 | 학생은 소통하고, 협력하고, 학습을 지원하며, 다른 사람의 학습에 기여하기 위해 디지털 매체와 환경을 활용한다. 학생은 :<br>a. 다양한 디지털 환경과 매체를 사용하여 동료, 전문가 및 기타 인사와 상호작용하고, 협력하며, 아이디어를 발표한다.<br>b. 다양한 매체와 형식을 활용하여 정보와 아이디어를 많은 사람과 서로 교환한다.<br>c. 다른 문화의 학습자와 교류함으로써 문화적 이해와 세계화 의식을 발달시킨다.<br>d. 독창적인 작품을 만들거나 문제를 해결하기 위해 프로젝트 팀에 기여한다. |
| 3<br>연구와 정보 유창성 | 학생은 정보를 수집 · 평가하고 사용하기 위해 디지털 기기를 활용한다. 학생은 :<br>a. 정보탐색 전략을 계획한다.<br>b. 다양한 자료와 매체를 사용하여 정보를 수집, 조직, 분석, 평가, 종합하고 윤리적으로 활용한다.<br>c. 과제의 성격에 준거하여 정보출처와 디지털 기기를 평가하고 선정한다.<br>d. 자료를 처리하고 결과를 보고한다. |
| 4<br>비판적 사고, 문제해결<br>및 의사결정 | 학생은 연구를 계획 · 수행하고, 프로젝트를 관리하며, 문제해결을 위해 비판적으로 사고하며, 적합한 디지털 기기와 자원을 활용하여 합리적으로 의사를 결정한다. 학생은 :<br>a. 실생활 문제와 유의미한 조사거리를 확인하고 정의한다.<br>b. 해결방안을 개발하거나 프로젝트를 완성하기 위한 활동을 계획하고 관리한다.<br>c. 해결방안을 확인하거나 합리적 의사결정을 위해 자료를 수집하고 분석한다.<br>d. 다양한 해결방안들을 탐색하기 위해 다양한 과정과 관점들을 활용한다. |
| 5<br>디지털 시민정신 | 학생은 공학과 관련된 인간, 문화, 사회의 쟁점을 이해하며, 적법하고 윤리적인 행동을 실천한다. 학생은 :<br>a. 정보와 공학을 안전하고, 적법하며, 책임 있게 활용할 것을 주장하고 실천한다.<br>b. 협동, 학습 및 생산성을 지원하는 기술 활용에 긍정적인 태도를 보인다.<br>c. 평생학습을 몸소 실천한다.<br>d. 디지털 시민정신을 위한 지도성을 발휘한다. |
| 6<br>공학 조작과 개념 | 학생은 기술의 개념, 체제 및 조작에 대한 올바른 이해를 보인다. 학생은 :<br>a. 공학체계를 이해하고 활용한다.<br>b. 어플리케이션을 효과적으로 그리고 생산적으로 이용한다.<br>c. 시스템과 어플리케이션을 수리한다.<br>d. 현재의 지식을 새로운 공학의 학습에 전이시킨다. |

## 의사결정과 반성적 실천

교수는 복합적이고 분명하게 정의되지 않는 과정이며, 교사의 모든 행위를 안내해 주는 왕도도 없다. 유능한 교사는 효과적인 의사결정자이며 수업에서 빈번하게 일어나는 불확실한 상황에서도 불안해하지 않기 때문에, 어떤 환경에서도 수업을 성공적으로 실천한다. 한 베테랑 교사는 "우리가 하는 것에 대한 쉬운 답은 없다……. 그렇지만 무엇이 도전적인 것이고……, 성공했을 때 어떤 보상이 따르는지는 알 수 있다."(V. A. Barnhart, 개인적 대화, 2009년 11월 16일)

교사가 의사결정을 해야 하는 경우가 아주 많다. 오래전에 수행된 한 연구에 따르면, 교사는 하루에 800번 정도 의사결정을 하는 것으로 밝혀졌다(Jackson, 1968). 그리고 어느 누구도 교사의 의사결정을 도울 수 없으며, 교사 자신이 혼자서 의사를 결정해야 한다. 그렇지만 교사는 지식과 경험이 쌓이면서 일상적으로 그리고 효율적으로 의사결정을 할 수 있게 된다(Berliner, 1994, 2000).

교사가 내리는 전문적 의사결정은 학습자의 학습과 발달을 증진하기 위한 것이다. 그러므로 의사결정 과정은 하나의 단순한 질문, "이 결정이 학습에 도움이 되는가?"로 모아진다. 그렇다면 이 질문에 대한 대답이 긍정적이면 그 결정은 바람직한 것이고, 그렇지 않다면 이 결정은 수정되어야 한다.

이 질문에 대답하는 것이 단순해 보이지만 답하기는 쉽지 않다. 왜냐하면, 의사결정에 대한 피드백이 제공되는 경우가 거의 없기 때문이다. 수업은 기껏해야 1년에 몇 번 공개되며, 학생이나 학부모로부터 받는 피드백도 모호하고 개략적인 경우가 많다. 동료교사의 피드백이 제공되는 경우도 거의 없거나 극히 드물다. 교사가 전문교사로 성장하기 위해서는 자신의 교실수행을 평가하여 이 질문에 대답할 수 있어야 한다.

이런 자기평가를 수행하는 능력은 계발될 수 있으나, 이를 위해서는 자신의 행위를 기꺼이 비판적으로 검토할 수 있어야 한다. 이것이 자신의 교수에 대한 비판적 자기점검 과정인 **반성적 실천**이라는 아이디어의 정수이다. 반성적 실천이라는 아이디어는 1983년에 출간된 D. A. Schon의 널리 알려진 저서 반성하는 실천가에서 소개되었다. 이후 이 개념은 더욱 상세히 논의되고 폭넓은 관심을 받아 왔으며, 지금은 직전교육과 현직교육 프로그램에서 아주 중요한 부분이 되었다(Clark, 2006). 반성적 실천은 학생의 개인차에 보다 민감할 수 있게 도와주고, 학습에 대한 수업의 영향을 보다 잘 인식할 수 있게 한다(Gimbel, 2008). 앞에서 개인적 대화가 인용되었던 교사인 Vicki Barnhart는 학생들과 가졌던 토론수업에 대하여 "생각해 보니, 어떤 때는 수업이 너무 빨리 진행되었고, 또 어떤 때는 학생들이 지루할 정도로 너무 오래 끌었다는 것을 깨달았다. …… 그래서 다음 수업에서는 바꾸었다."고 하였다. 이 말은 반성이 무엇인지 그리고 이런 반성이 이 선생님에게 어떤 영향을 주었는지를 구체적으로 보여주고 있다.

반성을 통해 자신의 실천을 개선하는 능력은 경험과 전문적 지식에 달려 있다(Helsing, 2007). 이 책은 다양한 교수모형을 제공함으로써 현직교사는 물론 예비교사들이 전문지식을 습득하도록 돕기 위한 것이다.

반성적 실천의 중요성은 교사 핵심자질 기준과 우수교사 선정기준에서도 강조되고 있다. 예를 들어, 표 1.2에 "교사는 증거에 기초하여 자신의 실천을 평가하고 각 학생의 요구에 부응하기 위해 실천을 고쳐 나가는 반성적 실천자이다."는 진술이 있다. 또 표 1.3에 "우수교사는 심오한 지식을 발달시키고, 기능들을 확장시키며, 새로 발견된 사실들을 자신의 실천에 통합시키기 위해 정기적으로 성찰한다."는 진술이 있다. 이들은 반성적 실천이 유능한 전문가로 성장하는 지름길임을 보여주고 있다.

## 반성적 실천과 교수모형

앞에서, 교수모형은 교수를 위한 청사진이지만, "교사가 취할 모든 조치를 상세하게 제공할 수는 없다."는 것과 "교수모형은 기본적인 교수기능의 대체물이 아니다."라고 언급된 바 있다. 이 책에 교수모형을 성공적으로 실천하기 위한 구체적인 절차들이 제안되어 있긴 하지만, 실제상황은 다를 수 있다. 교사는 수업맥락에서 수많은 의사결정을 해야 하고, 내려야 할 결정을 모두 제공하는 것은 교수모형의 범위를 넘어선 것이다. 교사가 내려야 할 의사결정에는 다음과 같은 사항들이 포함될 수 있다.

- 수업을 학생들의 발달수준에 어떻게 맞출 것인가?
- 수업을 학생들의 출신배경의 다양성에 어떻게 맞출 것인가?
- 공학을 수업에서 활용한다면 어떻게 활용할 것인가?
- 구체적인 학습목표는 무엇인가?
- 학생의 학습동기를 높이기 위해 어떤 조치를 취할 것인가?
- 학습내용을 어떻게 제시할 것인가?
- 학생에게 무엇을 언제 하도록 할 것인가?
- 어떤 질문을 할 것인가?
- 학생들이 대답하지 못하거나 틀린 대답을 할 때 어떻게 암시를 할 것인가?
- 수업 진행속도를 어느 정도로 할 것인가?
- 수업을 어떻게 마무리할 것인가?

어느 누구도 완벽하게 가르칠 수는 없으며, 반성적 실천은 실제로 한 일을 검토하여 앞으로 더 잘하기 위해 해야 할 것에 대해 생각하기 위한 한 방법이다. 반성과정에서는 다음과 같은 질문을 할 수 있을 것이다.

- 학생의 요구에 가장 부합되는 수업모형이 적절하게 사용되었는가?
- 수업목표는 분명하였는가?
- 수업내용은 효과적으로 제시되었는가?
- 학생의 주의와 흥미를 더 잘 유지하기 위해 어떻게 할 수 있었는가?
- 평가는 학습목표 및 학습활동과 일관되었는가?
- 학습과 관련 없는 정보가 제공되지는 않았는가?
- 학생들은 최대한 학습하였는가?

자신에게 이런 질문들을 하는 것이 자신을 끊임없이 개선하고 전문교사로 성장하는 데 도움이 된다.

## 요약

### 교사가 만드는 차이

- 학생 요인을 제외하면, 교사 요인이 학습에 가장 중요한 영향을 미치는 요인이다.
- 효과적 교사는 가르치는 내용에 정통하고, 학생들이 내용을 이해할 수 있도록 설명한다.
- 효과적 교사는 학생들이 학습목표를 달성하도록 도와주기 위해 다양한 교수전략을 활용한다.

### 다양한 수업전략의 필요성

- 교수전략이란 수업에 대한 일반적인 접근방법으로, 모든 내용영역과 주제 그리고 모든 발달수준의 학생에게 적용할 수 있다.
- 교수모형은 수업에 대한 구체적 접근으로, 여기에는 학생들이 비판적 사고능력을 발달시키고 특정 유형의 내용을 깊이 이해할 수 있도록

도와주기 위해 설계된 구체적인 일단의 단계가 포함된다.
- 인지적 영역은 지식과 지적기능에 초점을 맞춘 학습영역이다. 인지적 요소는 정의적 영역, 심동적 영역 및 인간관계 영역과도 관련된다.

### 오늘날의 교수-학습

- 표준 교육과정은 오늘날의 수업에서 중요한 학습목표의 원천이며, 학생들이 제안된 준거를 달성하도록 돕기 위해서는 수업에 대한 다양한 접근이 필요하다.
- 여러 교직단체가 다양한 수업방법의 필요성을 인식하고, 교사자질에 관한 기준과 제안에 구체적으로 제시하고 있다.
- 학생들의 문화적·언어적 배경이 그 어느 때보

다 다양해지고 있다.
- 모든 학급에는 특수한 요구를 가진 학생들이 있다.
- 특수한 요구를 가진 학생의 요구에 부응하는 것과 함께, 문화적·언어적 다양성에 대처하기 위해서는 이에 부응하는 수업접근이 요구된다.
- 오늘날의 세계는 공학의 영향을 크게 받고 있으며, 공학은 학습을 증진시키는 강력한 도구가 될 수 있다. 그러나 공학은 하나의 도구일 뿐이며 그 자체가 목적으로 활용되어서는 안 된다.

**의사결정과 반성적 실천**

- 모호한 상황에서 의사결정을 하는 것이 교수의 한 부분이며, 어떤 교수모형도 교사가 내려야 할 모든 의사결정을 상세하게 제시하진 않는다.
- 반성적 실천과정은 교사가 자신의 결정을 검토하고 모든 학생의 학습을 증진시킬 수 있는 변화에 대한 사고에 도움을 줄 수 있다.
- 반성적 실천은 교사가 학생의 요구에 최대한 부합하는 교수모형과 전략을 채택하는 데도 도움이 된다.

## 주요 개념

공통중핵교육과정 표준안(Common core state standards initiative)

교사자격 평가 및 지원 협의회(Interstate New Teacher Assessment and Support Consortium, INTASC)

대인관계 영역(Interpersonal domain)

모형(Model)

반성적 실천(Reflective practice)

발달(Development)

심체적 영역(Psychomotor domain)

영어사용학습자(English language learner)

우수교사 선정기준 개발위원회(National Board for Professional Teaching Standards, NBPTS)

웹캠(Webcam)

인지발달(Cognitive development)

전략(Strategy)

정의적 영역(Affective domain)

표준 교육과정(Standard)

학습장애(Learning disability)

## 토론 문제

1. 교사자격 평가 및 지원 협의회의 교사기준과 우수교사 선정기준 개발위원회의 명제는 모두 교수에 대한 다양한 접근을 강조하고 있다. 교육 전문 단체가 이렇게 다양한 수업을 강조하는 이유는 무엇인가?

2. 교사 자격기준으로 수업 다양화의 필요성은 더 높아졌는가 아니면 낮아졌는가? 당신의 입장을 밝히고 설명하라.

3. 과학과 국어 또는 수학과 사회 중에서 한 교과를 택하여 각 영역의 내용이 교수모형 선택에 어떤 영향을 미치는지 밝혀라.

4. 자신의 수업목표를 진술하고 이것이 교수방법 선택에 어떻게 영향을 주는지 밝혀라.

5. 학생의 연령이나 능력이 교수전략 선택에 어떤 영향을 미치는가? 세 수준의 학급(보충, 보통, 심화)에 동일한 기본내용을 가르치는 상황을 상상하라. 교수방법을 어떤 식으로 달리하겠는가?

6. 지금 가르치고 있는 학급을 위한 세 가지 학습목표를 설정하고 표 1.1 교육목표 분류표를 이용하여 분류하라.

7. 반성적 실천과정과 관련하여 논란이 다소 있다. 비판론자들은 교사발달 프로그램에서 반성적 실천을 강조하는 것은 전문지식을 무시하는 것이라 주장한다. 이 주장에 대한 당신의 견해를 밝혀라.

| 개요 | 학습목표 |
|---|---|

**학급분위기의 중요성**
- 긍정적 학급분위기 조성
- 다양성 탐색 : 학습자 다양성과 학급분위기 조성

1. 긍정적인 학급분위기가 학생의 학습과 동기를 어떻게 증진시키는지 설명할 수 있다.

**인지학습이론**
- 인지학습이론의 학습원리
- 주의집중과 지각
- 기억과 교실학습
- 발달수준에 적절한 실행 : 인지학습에서의 발달차

2. 학습 증진을 위해 인지학습이론을 적용하는 방법을 설명할 수 있다.

**학습동기**
- 동기와 학습
- 외재적 동기와 내재적 동기
- 학습동기
- 학습동기 증진
- 공학과 교수 : 학습동기 유발을 위한 공학 활용

3. 학습동기 유발요인을 찾을 수 있다.

---

5학년 교사인 DeVonne Lampkin은 쓰기수업을 하고 있다. 선생님은 학생들에게 문단쓰기를 연습시키고 나서 세 가지 기준에 따라 자기평가를 시킬 계획이다. 그녀는 학생들에게 투명지와 펜을 나누어 주면서 "오늘은 좋은 글 쓰는 방법을 좀 더 연습할 거예요."라고 한다. 선생님은 학생들과 지난 시간에 학습한 좋은 글의 특징을 상기시키고 나서 두 예시 글을 제시한다.

---

컴퓨터의 크기와 모양은 매우 다양하다. 초기의 UNIVAC이라는 컴퓨터는 방안을 가득 채울 정도로 컸다. 지금은 일부 대형 컴퓨터는 냉장고 정도의 크기이다. 책 크기인 것도 있다. 일부 컴퓨터는 호주머니에 들어갈 정도로 작은 것도 있다.

---

Ann네는 컬러 TV를 새로 샀다. 이 TV는 54인치이다. TV는 색상과 밝기를 조정할 수 있다. Ann은 경찰 이야기를 좋아한다. TV는 음량과 음조도 조정할 수 있다.

---

학생들은 잠시 토론한 후에 앞의 예시 글은 작성기준에 부합하나, 두 번째 예시 글은 그렇지 않다는 결론을 내린다. 이어서 선생님은 "각자 주제를 정하고, 그에 관한 글을 투명지에 쓰세요. 모두 쓰고 나면 성적을 매길 거예요."라고 한다. DeVonne 선생님은 학생들이 "우~"하는 소리를 들으면서 미소 짓는다.

학생들이 글을 완성하자 선생님은 "좋아요, 이제 여러분이 쓴 글에 점수를 매겨 봅시다."고 말한다. 선생님은 학생들에게 세 기준을 다시 살피게 하고 나서, "좋아요, 누가 먼저 발표할까요?"라고 한다.

여러 학생이 "저요!" 하고 외친다.

선생님은 미소 지으며 "이럴 줄 알았어요. 좋아요, Tu가 앞으로 나와 발표하세요."라고 한다.

Tu는 자신의 글을 화상기로 비추면서 큰 소리로 읽는다.

학생들이 Tu가 발표한 글에 대해 토론하고 점수를 매긴다. 이어서 여러 학생이 "다음은 제가 할게요! 제가 할게요!" 하면서 발표하려 한다.

선생님은 Justin에게 발표하도록 한다.

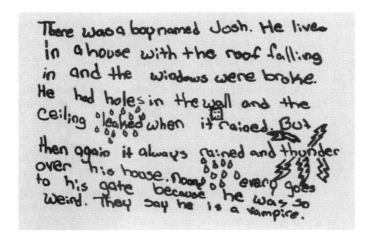

Justine의 글에 대한 평가가 끝나자마자 또 여러 학생이 "저요, 저요! 제가 발표할게요."라고 소리친다.

선생님은 Seleina에게 발표시키고 평가한다. 그리고 선생님은 "좋아요, 이제 한 사람만 더해요. Joshua!"라고 한다.

학생들은 "안 돼요! 안 돼요!" 항의하면서 자신이 발표하려 한다.

마음이 약해진 선생님은 미소 지으며 "좋아요, Joshua 다음에 한 사람만 더 하기로 해요."라고 한다.

학생들은 Joshua의 글을 평가하고 나서 다음에 발표한 학생의 글도 평가한다. 그리고 수업을 마치기 바로 직전에 여러 학생이 "선생님, 내일도 하면 안 돼요?"라고 한다.

DeVonne 선생님은 미소 지으며 내일 나머지 학생들의 글도 발표하자고 약속한다.

이 사례는 중요한 의문, 즉 왜 학생들이 이렇게 적극적으로 발표하고 평가받으려는지에 대한 의문이 들게 한다. 종종 작품을 공개적으로 평가하는 것은 학생들에게 위협적일 수 있으며, 교사는 가급적 공개적 평가를 삼가야 한다는 주장도 많다. DeVonne 선생님의 수업에서는 전혀 문제가 되지 않는 것 같다. 이 현상은 어떻게 설명될까?

이 장에서는 이 질문을 비롯하여 여타 질문에 대답할 것이다.

## 학급분위기의 중요성

DeVonne 선생님의 수업에서 학생들이 하는 행동에서 한 가지 분명한 사실은 학생들이 수업을 아주 안전하고 편안하게 느끼고 있다는 것이다. 학생들이 편안하지 않거나 어떤 방식으로든 위협을 느꼈다면 이렇게 열심히 발표하려 하지 않을 것이며, 더더욱 다른 학생들의 평가를 받지 않으려 했을 것이다.

학생들의 이런 반응은, 적어도 부분적으로는, DeVonne 선생님이 학생들과 수업하면서 조성한 긍정적인 학급분위기 때문일 수 있을 것이다. **학급분위기**(classroom climate)란 교실의 물리적 환경, 안전하고 정돈된 정도, 그리고 정서적 분위기를 말한다. 긍정적 학급분위기는 학습의 필수조건이다. 학급분위기가 부정적이면 그 어떤 교수전략이나 교수모형도 결코 효과적일 수 없으며, 학급관리에서 문제가 발생할 가능성이 높다(Weinstein, 2002).

긍정적 학급분위기의 교실은 물리적 환경도 쾌적할 것이다. 벽에는 매력적인 그림이나 "내가 주인이다(The Key Is Me).", "들어오면 공부할 준비를 한다(As I Enter These Doors, I am Prepared to Learn).", "탁월성을 지향하자(Anchored in Excellence).", "절제는 성공의 어머니(Discipline is the Bridge Between the Goals and Achievement)"와 같은 슬로건들이 게시되어 있고, 학생들의 작품이 게시판에 전시되어 있다. 좌석도 주기적으로 재배치하여 교실 뒤편 구석이나 교사와 멀리 떨어진 자리에만 계속 앉는 학생도 없을 것이다. 교실은 밝고 청결하며, 학생들이 버린 종이나 음식물 포장지, 기타 쓰레기들도 널려 있지 않을 것이다.

학급분위기가 긍정적일 때, 학습에만 초점이 맞추어지고, 질서정연하며, 모든 학생이 자신은 학급에 꼭 필요하며 언제나 환영받는다는 느낌을 갖는다. "학생들이 자신은 학급에 꼭 필요하며 환영받는다는 느낌을 갖기 위해서는 정서적인 상처를 감당할 여유가 있고, 자신의 취약성이 다른 학생에 대한 친절과 배려행위로 확장될 수 있는 학교와 학급분위기가 필요하다."(Nucci, 2006, p.716) 이런 분위기에서 정서적 연대감이 형성되고, 더 나아가 인간의 기본욕구인 애정과 존경의 욕구가 충족된다(Ryan & Deci, 2000).

DeVonne 선생님 학급의 학생들은 자신이 쓴 글을 발표하는 모험을 기꺼이 감수하고, 공개적으로 평가받는 것을 두려워하지도 않는다. 이런 분위기는 분명히 긍정적이다. 선생님은 어떻게 긍정적인 학급분위기를 조성했을까? 다음 절에서 이 질문에 대답한다.

## 긍정적 학급분위기 조성

학급분위기의 많은 정의적 영역과 관계 있어서 직접 조성하기는 쉽지 않다. 그렇지만 교사는 행동과 교수와 학습에 대한 신념을 통하여 긍정적인 학급분위기 조성에 크게 기여할 수 있다. 긍정적 학급분위기를 조성하기 위해서는 다음의 네 가지 요인이 특히 중요하다.

- 모델링
- 배려
- 긍정적 기대
- 교수 효능감

이제 이에 대해 살펴보자.

**모델링** 모델링(modeling)이란 다른 사람에게서 관찰한 행동을 모방하려는 경향성을 말한다. 교사의 모델링은 학급에서 가장 강력한 효과를 발휘하는 요인이며, 긍정적 학급분위기 조성을 위해 반드시 필요하다. 교사는 학생들과의 상호작용을 통하여 학급분위기를 조성한다. 교사가 존중하는 마음으로 학생들을 정중하게 대하면 학생들도 똑같은 태도로 교사를 대할 것이다. 교사는 학생들에게 자신들의 의견이 환영받고 소중하게 여겨진다는 것 그리고 서로 비하하거나 욕보이는 것은 용납되지 않는다는 것을 분명하게 또 일관성 있게 전달해야 한다. 또한 교사는 항상 미소를 잊지 않으려고 노력해야 하며, 때로는 학생들과 '짓궂은 장난'도 칠 수 있어야 한다. 교사가 가르치는 주제 그리고 학생을 한 인간으로 진정한 관심을 가지고 있다는 것을 보인다면 학생들도 그런 행동을 보일 것이다.

**배려**

- 1학년 교사가 매일 아침마다 '포옹'이나 '하이파이브'로 학생들을 맞이한다.
- 5학년 교사는 학생이 숙제를 해오지 않거나 이틀 연속 결석하면 곧바로 학부모에게 연락한다.
- 수학교사는 학기 시작 첫 주에 자신이 담당하는 다섯 개 반 학생들의 이름을 모두 외우고, 학습에 곤란을 겪는 학생들을 도와주기 위해 점심시간에도 교실을 떠나지

않는다.

이 교사들은 학생에 대한 보호와 발달에 헌신하고 공감하는 것을 의미하는(Noddings, 2001; Perry, Turner, & Meyer, 2006) **배려**(caring)를 구체적으로 보여주고 있다. 학생들을 배려하는 교사는 학생들이 환영받고 학급에 소속되어 있다는 느낌을 갖도록 도와주고, 이는 긍정적 학급분위기 조성에 매우 중요하다.

배려의 중요성은 여러 연구에서 지지되고 있다. "교사의 배려를 받고 있는 것으로 지각하는 학생은 친사회적 책임의식과 목표, 학업에 대한 열의, 내적 통제신념 같은 긍정적 동기 특성을 보인다. 학생들은 교사가 자신을 학생으로서 그리고 한 인간으로서 배려해주길 바란다."(Perry et al., 2006) 또 학생들은 교사가 자신을 좋아하고 요구를 들어주는 것으로 지각할 때 수업에 보다 적극적으로 참여한다(Osterman, 2000).

**배려심 전달** 먼저 DeVonne 선생님이 한 동료교사와 나누는 대화를 보자.

---

아침 7시 15분에 동료인 Karla Utley 선생님이 DeVonne 선생님에게 "선생님, 일찍 나오셨네요!"라고 한다.
　　DeVonne 선생님은 "아이들을 맞이하려고요. 어제 쓰기수업을 했는데 학생들과 몇 학생의 글을 평가했어요. Tu나 Seleina는 잘했는데 …… 몇 애는 좀 뒤처져요. 그래서 Justin, Picey, Rosa에게 일찍 오라고 했어요. 쓰기연습을 조금 더 시킬 참이에요. 이 애들의 성적이 지금은 그리 좋지 않지만 앞으로 많이 좋아질 거예요. 이 애들은 성적이 좀 낮긴 하지만 아주 착해요."라고 대답한다.
　　7시 45분에 기다리던 Justin, Picey, Rosa가 오자 선생님은 "자, 쓰기연습을 좀 더 해요. 선생님은 여러분이 쓰기를 더 잘할 수 있다는 걸 알고 있어요. 선생님도 연습을 거듭해서 글을 잘 쓰게 되었어요. 여러분도 마찬가지예요. 이제 여러분이 쓴 글을 다시 볼까요?"라고 한다.
　　DeVonne 선생님은 Justin이 쓴 글(이 글은 2일 전 전체 수업시간에 평가되었다.)을 실물화상기로 제시하고 "더 좋은 글로 만들기 위해 어떻게 고치면 좋겠다고 했었죠?"라고 묻는다.
　　선생님은 학생들과 제시된 글에 대해 토론하고, 또 Picey의 글과 Rosa의 글도 검토한다. 이어서 선생님은 학생들에게 글을 다시 쓰도록 한다. 선생님은 세 학생이 쓴 글을 모두 검토하고 나서 웃으면서 "많이들 좋아졌네요. 여러분은 곧 글을 잘 쓸 수 있게 될 거예요. 내일도 7시 45분에 나오도록 해요."라고 말한다.

---

DeVonne 선생님은 학생들을 좀 더 도와주기 위해 일찍 오게 함으로써 자신이 학생과 이들의 학습에 관심이 있다는 것을 전달하고 있다. 이렇게 하는 것이 배려한다는 것을 전달하는 가장 효과적인 방법이라는 것은 두말할 필요도 없다. 하루는 24시간이고, 이 시간을 어떻게 활용할 것인지를 결정하는 것은 우선권을 어디에 두는지를 가장 확실하게 보여주는 것이다. DeVonne 선생님은 자신의 시간을 Justin, Picey, Rosa에게 투자하기로 결정함으로써 이들과 이들의 학습이 자신에게 중요하다는 것을 전달하고 있다. 방과 후에 학생의 과제수행을 돕거나 학부모에게 전화하는 것도 마찬가지다. 또 새로운 헤어스

타일을 칭찬하거나 어린 동생의 안부를 묻는 것도 공부를 떠나 한 인간으로서의 학생에 대한 관심을 전달하는 것이다.

다음과 같은 방식을 통해서도 관심을 갖고 배려한다는 것을 학생들에게 보여줄 수 있다(Adler, 2002; Osterman, 2000).

- 빠른 시간 안에 학생의 이름을 기억하고 부르기
- 수업시간에 모든 학생들을 골고루 지명하기
- 매일 학생들을 맞이하고 그들과 개인적으로 접촉하기
- 대화할 때 눈 맞추고, 미소 짓고, 기대는 것 같은 편안한 몸짓언어 보이기
- 학급활동이나 과제에 대해 언급할 때 '우리가' 또는 '우리의'와 같은 말을 사용하기
- 학생을 한 인간으로 존중한다는 것을 보이기

마지막에 언급된 학생들을 한 인간으로 존중하기는 특히 강조되어야 한다. 학생을 존중한다는 것은 다양한 방식으로 보여줄 수 있지만, 가장 중요한 방법의 하나는 높은 수준의 수행을 요구하는 것이다.

학생을 존중한다는 것을 보여주는 가장 좋은 방법의 하나는 성의가 없거나 생각 없이 수행했거나 완벽하지 않은 수행을 용납하지 않고, 모호한 진술을 명료화하도록 하고, 포기하지 않도록 격려하고, 진정한 노력이 보이지 않는 수행을 칭찬하지 않는 방법 등을 통하여 높은 수준의 수행을 하도록 격려하는 것이다. 수준이 높지 않는 수행을 인정하는 것과 같이 학생의 자기 존중감 보호를 위한 교사 반응은 관심이나 인내 또는 배려가 없다는 것을 학생들에게 전달한다(Stipek, 2002, p.157).

이 주장은 관련연구를 통하여 지지되고 있다. "선생님이 당신을 보살피고 배려한다는 것을 어떻게 아는가?"라는 질문에 고등학생들은 교사가 자신을 한 인간으로 관심을 가질 때라고 대답했지만, 더 놀라운 것은 학생에게 관심을 가지고 배려하는 교사는 학생의 학습에 헌신하고 높은 수준의 수행을 요구한다고 생각한다는 사실이다(Wilson & Corbett, 2001).

높은 수준의 수행 요구와 배려 간의 관계는 형식적인 수업 이상의 것이다. 다른 예도 많지만, 2009년 시즌을 끝으로 은퇴한 플로리다주립대학교의 미식축구 수비 코치인 Mickey Andrews에 대한 찬사를 한 예로 들 수 있다. 그와 같이 근무했던 한 코치는 "나는 그가 선수들을 얼마나 열심히 가르칠 수 있는지를 보여준 점을 매우 존경하며, 선수들은 여전히 그를 좋아한다."고 했다. 또 이전에 그의 지도를 받았던 불우가정 출신의 선수들은 그를 아버지처럼 생각했다. 겉으로는 강압적이고 무뚝뚝해 보이지만 Andrews만큼 인간

을 사랑한 사람은 없을 것이다. 그렇지만 Andrews와 같은 팀에 있었던 사람 중에서 그에 대해 좋지 않은 말을 하는 사람을 찾는 것은 그의 공격저지 작전에 대한 혹평을 찾는 것만큼이나 어려울 것이다(Carter, 2009, p.1). Andrews는 분명히 높은 수준의 기량을 계속 요구했고 선수들은 이를 자신들에 대한 배려로 지각했다. 이는 모든 사람들에게 적용된다.

**긍정적 기대**  기대에 관한 수많은 연구에서 교사의 긍정적 기대가 학생의 동기 및 성취도 향상과 관련 있다는 사실이 일관되게 보고되어 왔다(Brophy, 2006; Stipek, 2002). 그러면 기대와 동기가 어떻게 연관되는지 살펴보자. 다음에 제시된 사례를 보자.

---

"이것은 새로운 아이디어예요. 이해하기가 쉽진 않겠지만, 열심히 공부하면 충분히 이해할 수 있어요. 이 아이디어가 여러분 마음에 생생하게 남아 있는 지금 바로 시작해요. 내가 교실을 돌아다닐 테니까 질문 있으면 언제든지 손을 들고 질문하세요."

---

이 내용은 어렵지만 이제 공부를 시작할 거예요. 여러분 중에 몇 사람은 이해하기가 어려울 거예요. 내가 일을 마치면 곧바로 교실을 돌아다닐 거예요. 그때까지 딴 짓하면 안 돼요."

---

처음 사례에서 교사는 과제가 쉽지 않다는 것을 인정하면서도 학생들이 성공적으로 해결할 수 있을 것으로 기대한다는 것을 전달하였다. 뒤의 사례에서 교사는 "여러분 중에 몇 사람은 이해하기 어려울 거예요."라고 함으로써 처음 사례의 교사와는 반대되는 기대를 학생들에게 전달하였다. 악의 없는 이런 말은 학생 전체의 동기와 성취에 영향을 미치기 때문에 수업분위기에 좋지 않은 영향을 미칠 수 있다.

기대는 학생 개개인과 교사 간의 상호작용에도 영향을 미친다. 다시 말하면, 교사들은 성적이 좋은 것으로 지각되는 학생을 대할 때와 낮은 것으로 지각되는 학생을 대할 때 행동이 다르다(Weinstein, 2002). 학생의 성적에 대한 지각에 따른 교사행동의 차이는 일반적으로 다음의 네 영역에서 나타난다(Good & Brophy, 2008).

- 정서적 지원 : 교사들은 성적이 좋은 것으로 지각된 학생과 더 많이 상호작용한다. 상호작용도 더 긍정적 이다. 이들은 이런 학생과 더 많이 눈을 맞추며, 가까이 앉고, 몸의 방향도 이들에게 더 많이 향한다. 교사들은 이런 학생들을 자신의 책상과 가까운 교실 앞자리에 앉도록 한다.
- 교사의 노력과 요구 : 교사는 성적이 좋은 것으로 지각된 학생에게 더 자세히 설명하고, 더 열정적으로 가르치며, 추후질문도 더 많이 하고, 보다 완벽하고 정확한 대답을

요구한다.

- 발문 : 교사는 성적이 좋은 학생에게 더 많이 질문하고, 대답할 시간도 더 길게 주며, 이들이 질문에 대답하지 못할 때도 더 많은 단서를 제공한다.
- 피드백 제공과 평가 : 교사는 성적이 좋은 학생을 더 많이 칭찬하고, 덜 비난한다. 교사는 이런 학생에게 보다 완벽하고 자세한 피드백과 평가를 제공한다.

위에서 "교사들은 성적이 좋은 것으로 지각되는 학생을 대할 때와 낮은 것으로 지각되는 학생을 대할 때 행동이 일관되게 다르다."고 하였다. 교사의 행동 패턴은 학생의 동기 및 성취 그리고 수업분위기에 강력한 영향을 미치기 때문에 교사가 이래서는 절대 안 된다. 극단적인 경우에, 학생에 대한 교사의 기대는 자신의 능력에 대한 믿음에 따라 수행이 달라지는 현상인 **자기 충족적 예언**(self-fulfilling prophecies)이 된다(Weinstein, 2002). 교사가 긍정적 기대를 전달하면 학생들은 성공할 것이라고 생각한다. 반대로 교사의 기대가 낮다는 것이 전달되면 학생들은 잘 수행하지 못할 것으로 예측하고 덜 노력하며 궁극적으로는 잘 수행하지 않음으로써 자신의 예측을 증명하고, 이는 긍정적인 수업분위기 조성에 방해된다.

모든 학생은 교사의 기대를 알아차린다(Stipek, 2002). "아주 어린 아동도 교사의 행동을 보거나 말을 듣고 10초 정도가 지나면 교사의 말이 우수한 학생에 관해 것인지 아니면 무능한 학생에 관한 것인지 또는 이 중에 누구와 이야기하는지를 간파할 수 있으며 학생이 교사의 사랑을 받는 정도를 결정할 수 있다."(Babad, Bernieri, & Rosenthal, 1991, p.230)

이 절의 목적은 교사의 기대가 동기, 성취 및 수업분위기에 미치는 영향을 밝히는 것이다. 기대는 일반적으로 의식되지 않으며, 기대가 다르기 때문에 학생을 달리 대하는 것도 무의식적인 것이며 그런 사실은 인지되지 않는다.

또 다른 함정도 있다. 학생에 대한 기대를 높게 가지라는 것이 매우 강조되고 대중매체에서도 논의되기 때문에, 교사들은 가끔 '기대 고양하기'라는 이름으로 단지 학생에게 더 많은 과제를 부과할 때가 있다. 이는 방향이 잘못된 것이다. 예를 들어, 학생에게 10문제를 풀어보도록 하는 것으로 학습정도를 충분히 평가할 수 있는데 20문제를 풀도록 하는 것은 기대를 높인 것이 아니다. 이렇게 하는 것은 오히려 학생을 괴롭히는 것이다. 기대가 높다는 것을 보여주기 위해서는 단순히 더 많이 학습하도록 하는 것이 아니라, 학생들을 지적으로 자극하고, 학습주제에 대해 더 비판적으로 사고하고 깊이 이해할 것을 요구해야 한다.

## 교수 효능감

Jim Barton은 토요일 오후에 열심히 카드보드를 만들고 있는 아내이자 4학년 교사인 Shirley에게 "뭘 그렇게 열심히 해요?"라고 묻는다.

Shirley는 카드보드를 손에 든 채 "같은 값의 분수 찾기와 분모가 다른 분수의 덧셈을 가르칠 자료를 만들고 있어요. 어떻게 생각해요? …… 당신 피자와 팬케이크 좋아하죠?"라고 대답한다.

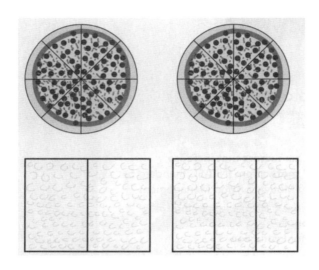

감동받은 Jim은 "정말 좋아하죠."라고 대답한다.

"주가 주관한 시험의 분수 문제에서 작년에 내가 가르친 반 아이들 점수가 기대했던 만큼 좋지 않았어요."

"지금 아이들은 작년 아이들보다 능력이 낮은 것 같다고 했죠? 그래도 상관없어요. 이번에는 학생들이 더 열심히 공부하도록 할 거예요. 작년에 더 잘할 수 있었는데……. 그래서 이번에는 더 철저히 준비해서 가르칠 작정이에요."

Jim은 11살짜리 애들을 가르치는 것이 결코 쉬운 일이 아니라는 생각에 웃으며 다시 거실로 돌아온다.

Shirley 선생님은 교수 효능감(teaching efficacy)이 높다. **교수 효능감**이란 출신배경이나 가정환경, 학교환경과는 관계없이 모든 학생을 성공시키고 학습시킬 수 있는 능력에 대한 교사의 믿음이다(Woolfolk Hoy, Davis, & Pape, 2006). "상관없어요. 이번에는 학생들이 더 열심히 하도록 할 거예요. 작년에 더 잘할 수 있었는데……. 그래서 이번에는 더 철저히 준비해서 가르칠 작정이에요."라는 Shirley 선생님의 말에서 보는 것처럼 교수 효능감이 높은 교사는 수업의 성공과 실패에 대해 책임진다(Lee, 2000). Shirley 선생님은 지금 학생들이 작년에 가르쳤던 학생들보다 능력이 떨어진다는 사실이 올해는 덜 노력해도 된다는 구실이 되지 않는다고 믿고 있다. 그녀는 그 반대의 믿음을 가지고 있다. 그녀는 배 이상으로 더 노력하면 학생들이 성공적으로 학습할 수 있도록 도울 수 있을 것이라 믿고 있다.

  교수 효능감이 높은 교사는 학생에게 온당한 요구를 한다. 이런 교사는 수업에 투입하는 시간을 극대화하고, 학생의 학습향상을 칭찬하며, 학생의 수행이 만족스럽지 않아도 화내지 않고 참는다(Ware & Kitsantas, 2007). 이와 달리, 교수 효능감이 낮은 교사는 학생의 성취도가 낮은 것을 지능, 가정환경, 학교 행정가 등 외적 요인의 탓으로 돌릴 가능성이 높다. 이런 교사는 학생에 대한 기대가 낮으며, 학습활동에 시간을 덜 투자하고, 성취도가 낮은 학생을 '포기'하며, 학생이 실패했을 때 더 많이 비난한다(Brouwers & Tomic, 2001). 교수 효능감이 낮은 교사는 효능감이 높은 교사보다 더 통제적이며 학생의 자율성에 가치를 덜 두게 된다(Henson et al., 2001). 낮은 자기 효능감은 교사의 부정적 정서, 높은 스트레스나 신경쇠약을 불러오기도 한다(Caprara, Barbaranelli, & Steca, 2003). 교사의 자기 효능감이 높을 때 수업분위기가 더 긍정적이 되며, 학생의 학습동기와 성취도가 높아지는 것은 당연하다(Tschannen-Moran, Woolfolk Hoy, & Hoy, 1998).

  지금까지의 논의는 수업에 많은 시사점을 제공한다. 교사는 학생들을 가르치면서 마음속으로 다음 질문들을 해야 한다.

- 나는 학생들이 모방해도 좋을 바람직한 행동을 하고 있는가?
- 나는 학생들을 학습자로서 그리고 한 인간으로 진정으로 배려하고 있는가?
- 모든 학생들에게 적합한 높은 기대를 하고 있는가?
- 학생들의 학습을 도울 수 있을 정도로 충분히 노력하고 있는가?

이 질문들 각각에 '예'라고 대답할 수 있는 교사는 자신의 능력을 최대한 발휘하여 학생을 지도하고 있는 것이다.

## 다양성 탐색 : 학습자 다양성과 학급분위기 조성

긍정적 학급분위기는 모든 학생에게 중요하지만, 특히 사회적 약자에게는 결정적이다. 이런 학생들은 자신이 학급에서 환영받지 못하는 것으로 믿을 때가 많으며, 그래서 이들은 학습활동에 참여하길 주저하고 파괴적인 행동을 할 수도 있다. 또 이들은 교사가 자신을 차별한다고 생각할 수도 있으며, 어떤 경우에는 이게 사실일 수도 있다. 사회적 약자 학생에 대한 훈육이나 처벌에 차별이 있다(Gay, 2006). 예를 들어, 아프리카계 학생의 문제행동 비율이 다른 학생들보다 높은 것으로 인식되고, 이들이 더 심한 처벌을 받는다(Skiba, Micae, Ardo, & Peterson, 200).

  더 나아가, 유럽계 학생들은 흡연, 무단 조퇴나 불손한 행동과 같이 객관적으로 기술될 수 있는 행동에 대한 지도를 많이 받는다. 이와 대조적으로, 아프리카계 학생들은 불경, 반항 또는 수업방해와 같이 달리 해석될 수도 있는 행동에 대한 지도를 더 많이 받는다.

그리고 그에 대한 처벌도 아프리카계 학생에게 더 혹독하다(Skiba et al., 2002).

대부분의 교사가 중산층이고 여자이며, 유럽계이기 때문에 교사와 사회적 약자 학생들 간의 잘못된 의사소통이 더 많이 생긴다는 연구도 있다. 예를 들어,

두려움이 [유색인종 학생에게] 지나치게 관심을 갖도록 하는지도 모른다. 아프리카계 남자 청소년은 위협적이나 위험한 학생이라는 고정관념을 가질 가능성이 높은 교사는, 특히 불안과 상호작용의 문화적 규준에 대한 오해와 결합되는 경우, 권위에 대한 사소한 도전에도 과잉반응을 보일 것이다(Skiba et al., p.336).

수업분위기에 대한 잠재적 위협에 대처하는 방법으로는 세 가지가 있다. 첫째, 학급관리와 관련된 규칙 등의 시행에서 일관성을 유지하기 위해 노력한다. 학생들은 일반적으로, 그리고 사회적 약자 학생들은 특히 차별대우에 매우 민감하며, 이런 차별이 존재한다고 믿는다면, 학급분위기에 부정적인 영향을 미친다.

둘째, 좌석 배치도를 만들고 사회적 약자 학생들이 어느 한 곳에 몰려 앉지 않도록 하며, 특히 교실 뒤쪽에 모여 앉지 않도록 유의한다. 일부 학생에게는 물리적으로 멀리 떨어져 있는 것이 차별받는 증거로 인식될 수도 있다.

셋째, 가능하면 모든 학생들의 이름을 공평하게 부른다. 이는 간단한 전략이지만, 행동으로 옮기기는 쉽지 않으며 많은 노력이 필요하다. 학생들이 그들 모두가—사회적 약자 학생이건 아니건, 남자건 여자건, 특수아건 아니건—모두 공평하게 지명된다고 지각할 때, 그리고 교사가 수용 가능한 대답을 할 수 있도록 단서를 제공하려고 노력한다는 것을 알 때 수업분위기가 극적으로 좋아진다.

사회적 약자 학생들과 생활하는 목표는 모든 학생이 환영받고 있으며, 학급의 일원이고, 유능한 학습자로 인정받는다는 것을 행동으로 보여주는 것이다.

## 인지학습이론

20세기 중반경에, 학습을 관찰 가능한 구체적인 행동의 변화로 보는 **행동주의**(behaviorism)에서 즉각적인 행동변화로 나타나지 않을 수도 있는 학습자의 사고과정에 초점을 맞추는 **인지학습이론**(cognitive learning theory)으로 학습에 대한 관점이 변하였다. 인지학습이론은 학교와 일상생활 모두에서 학습의 복잡성을 더 잘 이해할 수 있도록 도와주었다. 또 인지학습이론으로 '갑자기' 아이디어가 떠오르는 과정이나 올바른 개념이 설명된 경우에도 여전히

오개념(misconception)에 집착하는 이유와 같은 현상도 설명할 수 있게 되었다. 한 예로 DeVonne 선생님의 수업사례로 다시 돌아가 보자.

---

DeVonne 선생님은 과학과 표준 교육과정의 B와 관련된 내용에 대한 수업을 전개하고 있다.

(6) 힘, 운동 및 에너지. 힘이 변화의 원인이라는 사실과 에너지는 여러 형태로 존재한다는 사실을 안다.
(A) 일상생활에서 볼 수 있는 역학적 에너지, 빛 에너지, 소리 에너지 및 열/온도 에너지와 같은 다양한 형태의 에너지를 찾는다.
(B) 일(work)이 행해지고 있다는 것을 보여주기 위해 진자, 공, 도르래 및 수레와 같은 물건을 밀거나 당김으로써 위치와 운동이 어떻게 변화될 수 있는지를 시범해 보이고 관찰한다.

선생님은 학생들이 일의 개념을 이해하고, 일은 밀기나 끌기(힘)의 결과로 생기는 운동이라는 것을 이해하길 바라고 있다.
DeVone 선생님은 힘의 개념을 정의하고 나서 판자 밀기, 문고리 당기기, 마주 보고 서로의 손 밀기와 같은 여러 가지 활동을 그 예로 제공한다.
선생님은 일의 개념을 정의하고, 그 예를 보여주기 위해 Tu에게 Seleina가 앉아 있는 의자를 교실 앞쪽으로 끌어오도록 하고, 모든 학생에게 책상 위의 책을 옆 책상으로 밀도록 한다. 선생님은 Tu가 Seleina의 의자에 힘을 가하고 있다는 것과 의자와 Seleina가 움직이고 있으며, 따라서 Tu가 일을 하고 있다는 것을 알려준다. 또 선생님은 학생들이 책을 밀어(힘을 가함) 책이 움직이면 일을 하고 있다는 것을 설명한다.
DeVonne 선생님은 교실 앞쪽의 의자를 들어올려서 움직이지 않은 채로 "지금 내가 어떤 일을 하고 있나요?"라고 질문한다.
Rosa가 확신에 찬 목소리로 "네."라고 대답한다.
선생님은 "왜 내가 일을 하고 있다고 생각해요?"라고 질문한다.
"계속 그렇게 하고 있으면 선생님은 피곤해질 거예요."
"움직이는 것이 있어요?"
Rosa가 "아니요."라고 대답한다.
선생님은 다시 "내가 어떤 일을 하고 있어요?"라고 질문한다.
Rosa가 다시 "네."라고 대답한다. "엄마가 아빠를 위해 물건을 들고 있을 때, 엄마가 '제발 빨리해요. 정말 힘들어요.'라고 했어요."

---

이 수업에서 DeVonne 선생님은 일의 개념을 자세히 설명하고, Tu에게 Seleina를 끌어당기도록 하는 것과 학생들에게 책상 위의 책을 옆 책상으로 밀도록 하는 것 같은 분명한 예를 제시하고 있다. 교사의 설명과 예시에도 불구하고 Rosa는 여전히 선생님이 의자를 들고 그대로 있을 때 선생님은 일을 하고 있다고 믿고 있다. 이런 Rosa의 생각은 어떻게 설명될 수 있을까?
다음 절에서 인지학습이론의 원리를 논의하면서 이 질문에 대답이 제공될 것이다.

## 인지학습이론의 학습원리

인지학습이론은 반세기 이상 수업의 방향을 제시하는 체제를 제공해 왔고, 이 시기에 학습과 인간의 사고에 대한 많은 사실이 밝혀졌다. 인지학습이론은 다음과 같은 학습원리에 기초하고 있다.

- 학습과 발달은 학습자의 경험에 의해 이루어진다.
- 인간은 자신의 경험을 이해하려 한다.
- 인간은 자신의 경험을 이해하기 위해 지식을 구성한다.
- 학습자가 구성하는 지식은 사전지식과 경험에 의존한다.
- 사회적 상호작용과 언어 사용이 지식구성을 촉진한다.
- 학습을 위해서는 연습과 피드백이 필요하다.
- 학습경험이 실생활과 연관될 때 학습이 증진된다.

**학습과 발달은 학습자의 경험에 의해 이루어진다**  먼저 다음 예를 보자.

---

당신은 자동 변속기 차량 운전방법을 배워서 다양한 상황에서 편안하게 운전할 수 있다. 어느 날, 친구가 이사를 도와달라고 부탁한다. 그 친구는 이삿짐 트럭을 운전하는데 그 차를 운전해달라고 부탁한다. 그런데 그 차는 수동 변속기 차량이고 당신은 그 차량을 운전하는 것이 어려워 계속 엔진이 멈춘다. 차가 덜컹거리긴 했지만, 마침내 당신은 목적지까지 갈 수 있다. 그 트럭을 몇 번 더 운전하고 나니 당신의 운전 실력은 크게 나아졌고 결국은 수동 변속기 차량을 아주 편안하게 운전할 수 있게 된다.

---

당신은 처음에 자동 변속기 차량을 운전한 경험만 있었다. 그러나 이후에 당신은 어쩔 수 없이 수동 변속기 차량 운전을 경험했다. 그 결과 당신의 운전 능력은 보다 완전하게 발달되었고. 이제 당신은 자동 변속기 차량은 물론 수동 변속기 차량도 편안하게 운전할 수 있게 되었다. 이 새로운 경험이 없었다면 당신의 운전 실력은 발전되지 않았을 것이다.

　이 사례는 모든 학습에 적용될 수 있다. 예컨대, 읽기경험이 많을수록 읽기 능력은 향상될 것이고, 수학의 문장제 풀기경험을 많이 하면 할수록 문장제를 더 잘 해결할 것이다. DeVonne 선생님이 학생들에게 글쓰기를 시킨 것은 글쓰기 경험을 제공한 것이고, 일이라는 개념의 예를 보여준 것도 경험을 제공한 것이다.

　교사의 역할은 유의미한 학습목표를 설정하고, 학생들이 달성하는 데 필요한 경험을 제공하는 것이다.

**인간은 자신의 경험을 이해하려 한다**  누군가 인지학습에서 가장 중요한 기본원리를 묻는다면, 당신은 틀림없이 "사람들은 자신의 경험을 이해하려 한다."라는 원리라고 대답할 것이다. 당신이 사람들과 하는 대화나 TV 혹은 영화에서 본 토론을 떠올려 보라. 또 사람들이 "그건 이해되지 않아요.", "네, 이해돼요." 또는 이와 유사한 표현을 얼마나 많이 하는지 생각해 보라.

사람들은 자신의 경험을 이해하려 한다는 것은 인지학습의 가장 중요한 기본원리로 볼 수 있으며, 수업은 학생들이 자신의 경험을 이해할 수 있도록 도와주는 과정으로 볼 수 있다.

그러면 사람들은 자신의 경험을 이해하기 위해 어떤 일을 하는가? 다음에 이 질문에 대답할 것이다.

**인간은 자신의 경험을 이해하기 위해 지식을 구성한다** DeVonne 선생님이 학생들과 한 일 그리고 Rosa의 생각에 대해 생각해 보자. 선생님은 일이란 개념을 설명했고, 학생들은 두 가지의 분명한 예를 경험했다. 그렇지만 Rosa는 선생님이 의자를 들고 가만히 있을 때 선생님은 일을 하고 있다고 여전히 주장했다. Rosa는 "노력은 일과 같은 것이다."라는 아이디어를 구성했다. 왜냐하면 Rosa는 이 아이디어가 이해되었기 때문이다. 사실 선생님의 설명과 예보다 이것이 더 잘 이해되었고, 그래서 Rosa는 이 아이디어를 바꾸지 않은 것이다.

일반적으로는 사람들, 특히 학생들은 정보를 제시된 그대로 습득하거나 기억에 저장하는 녹음기와 같이 행동하지 않는다. 오히려 사람들은 정신적으로 정보에 의미가 부여되는 방식으로 조직하고 저장한다(Greeno, Collins, & Resnick, 1996; Mayer, 2002). 이런 사실은 다음과 같은 학생들의 말을 이해하는 데 도움을 준다(아래에 소개된 내용은 학생들이 실제로 한 말이다.).

- 여름에는 태양이 더 가까이 있기 때문에 겨울보다 따뜻하다.
- 코트가 불처럼 열을 내서 사람들을 따뜻하게 한다.
- 프랑스에서는 대부분의 집이 석고로 지어졌다.
- 바지의 위쪽은 단수이고 아래는 복수이기 때문에 Trouser라는 단어는 불규칙 명사이다.
- 한 각의 크기가 135도인 삼각형은 역삼각형이다.

"프랑스에서는 대부분의 집이 석고로 지어졌다."와 같이 재치 있는 주장도 있으며, '특이'하게 보일 수도 있을 것이다. 그러나 대부분의 학생은 웃기기 위해 이런 말을 한 것이 아니다. 이들에게는 이런 말이 의미 있으며, 이해가 되기 때문에 하는 것이다.

**학습자가 구성하는 지식은 사전지식과 경험에 의존한다**  먼저 Rosa의 생각과 학생들의 진술한 예를 다시 보자. Rosa는 엄마가 아빠를 도와줄 때 "어서 해요. 힘들어요."라고 하는 것을 들었기 때문에 DeVonne 선생님이 일하고 있다고 고집했다. Rosa가 선생님이 의자를 들고 있는 동안 일하고 있다는 결론을 내린 것은 자신의 사전지식에 기초하고 있음을 보여주는 것이다.

이와 유사하게, 우리 모두는 손을 뜨거운 난로 가까이 가져가거나 불가에 가까이 섰던 경험이 있을 것이다. 난로나 불가에 가까이 다가갈수록 더 따뜻하게 느끼며, 그래서 겨울보다 여름에 태양이 지구에 더 가까이 접근한다는 것은 충분히 있을 수 있는 결론이다.

"프랑스에서는 대부분의 집이 석고로 지어졌다."와 같은 예도 학생의 사전지식과 경험을 고려할 때 충분히 이해될 수 있다. 학생들은 석고를 가지고 논 경험이 있고, 프랑스에 관한 지식도 다소 가지고 있을 것이다. 그래서 학생들은 자신의 경험을 이해하기 위한 노력으로 프랑스에서 집이 석고로 지어진다는 결론을 구성한 것이다.

교사가 할 일은 학생들에게 양질의 경험을 제공하고, 지식구성 과정에서 타당하고 학생들이 이해할 수 있는 결론을 내릴 수 있도록 안내하는 것이다. 이런 아이디어는 다음의 원리로 연결된다.

**사회적 상호작용과 언어 사용이 지식구성을 촉진한다**  바로 앞에서, 교사가 할 일은 학생들에게 양질의 경험을 제공하고 지식구성 과정에서 학생들을 안내하는 것이라 하였다. 학생들이 힘의 개념을 이해할 수 있도록 도와주기 위한 DeVonne 선생님의 노력에서 보듯이, 설명만으로는 원하는 효과를 거두지 못할 수도 있다. 선생님은 개념을 분명하게 설명했고, 또 분명한 경험(예)도 제공했지만, 이 설명이 힘에 대한 직관적 사고만큼 설득력이 없었기 때문에, 다른 학생들도 마찬가지일 수 있지만, Rosa는 여전히 이해를 하지 못했다. 이것이 사회적 상호작용이 중요한 이유이다. 사회적 상호작용의 효과를 이해하기 위해, 학생들이 개념을 이해할 수 있도록 도와주기 위한 선생님의 노력을 다시 살펴보자. Rosa가 다음과 같이 말한다.

---

"엄마가 아빠를 위해 물건을 들고 있을 때, 엄마가 '제발 빨리해요. 정말 힘들어요.'라고 했어요."

DeVonne 선생님은 들고 있던 의자를 바닥에 내려놓았다가 다시 천천히 들어올린다. 학생들은 의자가 움직이는 것을 눈으로 볼 수 있다.

"내가 어떤 일을 하고 있어요? …… Tamika?"

"네."

"왜 그렇게 생각하는지 설명해 봐요."

"선생님이 의자를 들어올리고 있는데…… 그것은 힘이고, 의자가 위로 올라가요."

선생님은 의자를 그대로 잡고 움직이지 않으면서 "지금은 내가 일을 하고 있어요? …… Tu?"라고 한다.

"아니요."

"왜 아니죠?"

"의자가 움직이지 않고 있어요. 일이 행해진다는 것은 무엇인가가 움직여야 해요."

"그러면 내가 어떤 일을 하지 않아도 피곤해질 수 있을까요? …… Seleina?"

"네."

선생님은 "좋아요……. 내가 이렇게 의자를 들고 있을 때 나는 노력하는 것이고, 내가 일을 하지 않아도 노력은 날 피곤하게 만들 수 있어요."라고 한다.

이어서 선생님은 Damien을 자리에서 일어나게 한 다음, 줄다리기 하듯이 손을 서로 맞잡는다. 선생님은 Damien에게 손을 끌어당기되 움직이지는 못하게 한다.

"우리가 무얼 하고 있지요? …… Maria?"

Maria는 힘이란 용어 대신에 노력이라는 용어가 사용됐던 것을 기억하고 "…… 노력하고 있어요."라고 한다.

"내가 계속 이러면 피곤해지겠어요?"

"네."

"내가 일을 하고 있어요? …… Rosa?"

"…… 아니요."

"어떻게 알았지요?"

"두 사람 중 누구도 움직이지 않아요."

---

위의 대화는 학습을 조장하기 위해 사회적 상호작용과 언어의 활용이 중요하다는 사실을 잘 보여준다. Tu가 "의자는 움직이지 않고 있어요, 일을 하면 무엇인가 움직여야 해요."라고 말하는 것과 Maria가 "선생님이 노력하고 있어요."라고 반응하는 것, 그리고 마지막으로 Rosa가 "누구도 움직이지 않았어요."라고 설명한 것은 모두 학습을 위해 반드시 필요한 것이다. 학생들이 언어를 많이 사용할수록 이들의 이해도 더 깊어진다(Eggen & Kauchak, 2010; Roth & Lee, 2007). 만일 교사가 말을 하면, 학생들이 이해했을 수도 있고 못했을 수도 있지만, 학생들이 말한다면 실제로 이해했을 가능성이 매우 높다는 말은 아주 유용한 지침이다.

**학습을 위해서는 연습과 피드백이 필요하다** DeVonne 선생님의 수업을 다시 보자. Rosa는 선생님이 들고 있는 의자가 움직이지 않았기 때문에 선생님은 일을 하지 않았다는 결론을 내렸다.

---

DeVonne 선생님은 계속하여 "좋은 생각이에요, Rosa. 이제, 각자가 여러분의 일상생활에서 일의 예를 세 가지 쓰세요. 그리고 힘은 있지만 일은 하지 않는 예도 세 가지 쓰세요. 10분 줄 거예요. 모두 쓰고 나면 토론할 거예요. 10분 안에 모두 마쳐야 해요."라고 한다.

---

DeVonne 선생님은 Rosa가 결론을 내렸을 때, 심지어는 학생들이 토론한 아이디어를

요약하였을 때도 수업을 끝내지 않았다. Rosa가 선생님이 의자를 들고 있는 동안에는 일을 하지 않았다는 결론을 내린 다음에 선생님은 일이 있는 예와 일이 없는 예를 들도록 하였다. 학생들이 내용을 확실하게 이해하기 위해서는 체계적으로(그리고 개념적으로) 그 내용을 연습해야 한다. 이는 학생들이 농구경기를 학습할 때도 마찬가지다. 학생들은 단순히 농구경기를 하는 것으로 농구기술을 학습하지 않는다. 학생들은 드리블하기, 슛하기, 패스하기 등을 체계적으로 연습해야 하고, 궁극적으로는 실제 경기에서 연습해야 한다.

이와 유사하게, 학생들이 글을 잘 쓰기 위해서는 작문연습을 많이 해야 한다. 작가들은 좋은 글을 쓰기 위해 아주 오랜 기간에 걸쳐 글쓰기를 연습하고 연습량이 많아질수록 쓰기 실력은 향상된다.

이는 모든 교과영역에서 마찬가지다. 이 인지학습의 원리는 수업을 마치는 것으로 교사의 일이 끝나는 것이 아니라는 것을 시사한다. 교사는 학생들이 수업에서 학습한 내용들을 확실하게 이해하고 서로 연결시킬 수 있도록 광범위한 연습기회를 제공해야 한다.

**학습경험이 실생활과 연결될 때 학습이 증진된다**  앞에서 DeVonne 선생님이 학생들에게 일상생활에서 볼 수 있는 힘과 일의 다른 예들을 생각하도록 요구하는 것을 보았다. 학생들은 경험으로부터 많은 것을 얻고, 이런 경험은 이해를 위한 원재료를 제공한다. 어떤 경험이 가장 효과적인가? DeVonne 선생님의 수업에 답이 있다. 선생님은 학생들에게 힘과 일의 개념에 대해 연습시켰을 뿐 아니라 실생활에서 일어나는 구체적인 사건과 관련시키도록 하였다. 이 장을 시작할 때 보았던 DeVonne 선생님의 수업도 이와 유사하다. 여기에서 선생님이 학생들에게 글쓰기를 시킬 때, 학생들이 선택한 주제에 대해 쓰도록 하였다. 학생들이 학습경험을 실생활에 필요한 주제나 사고기능과 연결시킬 수 있을 때 학습은 가장 효과적으로 이루어진다(Putnam & Borko, 2000).

아래에 이와 관련된 몇 가지 사례가 더 제시되어 있다.

- 수학시간에 선생님이 학생들에게 면적과 둘레의 유사점과 차이점을 쓰도록 하여 교실에 깔린 카펫의 면적과 이 두 개념을 관련시킨다.
- 국어시간에 선생님이 형용사와 부사의 개념을 가르치기 위해 각 개념의 예가 많이 포함된 학교에 관한 글을 학생들에게 제시한다.
- 과학시간에 선생님이 대칭(symmetry) 개념을 신체의 좌우대칭(lateral symmetry)과 연관시키고 좌우대칭형 동물이 방사대칭(radial symmetry)형 동물이나 비대칭형 동물보다 많이 유리하다는 토론을 한다.
- 역사시간에 선생님이 제1차 세계대전 이전의 국수주의 발달을 애교심과 애향심, 학

생들이 사용하는 비속어 그리고 좋아하는 교외활동에 비유하여 설명한다.

각각의 경우에서 교사는 실례나 비유를 통하여 실생활과 관련시킴으로써 추상적인 주제를 보다 구체화하려고 하고 있다. 이러한 시도는 학년이나 주제에 상관없이 정보를 학생들에게 보다 의미 있게 만든다.

## 주의집중과 지각

앞에서 본 바와 같이, 학습과 발달은 학습자의 경험에 의존한다는 것이 인지학습이론의 첫 번째 원리였다. 경험은 보거나, 듣거나, 만지거나, 맛보거나, 냄새 맡은 모든 것을 통하여 수집된다. 그러나 **의식적으로 자극에 집중하는 과정인 주의집중**이 안 되면 경험의 도움을 받지 못한다. 예를 들어, 냉방기가 운전 중이라는 사실을 인식하지 못하면, 그 소리에 '주의를 기울이지' 않을 것이다. 주의집중은 중요하지 않은 정보를 걸러내는 필터와 같은 역할을 한다.

모든 학습은 주의집중으로 시작되고, 학습을 위해서는 주의가 집중되고 유지되어야 한다. 이 사실은 학생들의 주의를 집중시키기 위해 의식적인 노력에서부터 수업이 시작되어야 한다는 것을 시사한다. DeVonne 선생님의 수업에서 본 각각의 예—널판지 밀기, 문고리 당기기, 학생들 서로가 밀기, Tu에게 Seleina가 앉아 있는 책상을 끌도록 하는 것—는 두 가지 목적을 위한 것이다. 이 예들은 힘과 일 개념의 구체적인 예를 보여주는 것이지만, 동시에 학생들의 주의를 집중시키기 위한 것이기도 하다. 모든 수업에서 학생의 주의를 끄는 것이 반드시 필요하다.

**주의집중의 특징** 주의집중은 두 가지 특징이 중요하다. 첫째, 개인차가 있긴 하지만, 주의집중 용량과 시간은 한정되어 있다(Zhou, Hofer, & Eisenberg, 2007). 따라서 학생들은 교사의 설명 중에서 일부에는 주의를 기울이지만 다른 부분에는 주의를 기울이지 않을 수 있다. 주의집중의 이런 특징은 사회적 상호작용이 왜 그렇게 중요한지를 이해하는 데 도움이 된다. 학생들은 설명을 수동적으로 듣기만 할 때보다 상호작용할 때 더 주의를 집중할 가능성이 높다.

둘째, 주의는 한 자극에서 다른 자극으로 쉽게 옮겨간다. 일반적으로는 사람, 특히 학생들은 쉽게 주의가 분산된다(Zhou et al., 2007). 이런 사실은 학생들이 집중해야 할 설명에 주의를 덜 기울이는 것처럼 보이는 이유를 이해하는 데 도움이 된다. 교실에는 학생의 휘파람, 교실 밖의 소음, 복도를 오가는 사람과 같이 주의를 분산시키는 요인들이 무수히 많다. 이런 주의분산 요인들은 학생들이 교사가 설명하는 내용의 일부를 놓치게 하는 원인이 될 수 있다.

| 표 2.1 | 주의집중 전략

| | |
|---|---|
| 특이 사건 | 평소에는 정장을 하던 세계사교사가 고대 그리스에 대한 수업을 위해 얇은 흰옷을 입고 가벼운 샌달을 신고, 왕관을 쓰고 교실에 들어온다. |
| 차트 | 보건교사가 학생들이 좋아하는 음식에 고지방 원료가 많이 들어 있음을 보여주는 차트를 제시한다. |
| 사진 | 국어교사가 20세기 미국 소설을 소개할 때 턱수염을 기른 Ernest Hemingway의 사진을 보여준다. |
| 문제 | 수학교사가 "토요일에 록 콘서트에 갔으면 좋겠지만 안 되겠어요. 입장권이 45달러이고 교통비가 20달러 그리고 먹을 것도 필요해요. 우리가 아르바이트를 하면 한 시간에 5달러 50센트를 받아요. 콘서트에 가기 위해서는 몇 시간 일해야 할까요?"라고 말한다. |
| 사고-유발 발문 | 역사교사가 "독일과 일본이 전쟁에서 제2차 세계대전에서 승리했다고 생각해 보세요. 그랬다면 세계는 어떻게 되었을까요?"라는 질문으로 토론을 시작한다. |
| 강조 | 교사가 "이제 집중하세요. 다음 두 가지는 매우 중요해요."라고 한다. |
| 호명 | 교사가 학급토론에서 질문을 하고 잠시 멈췄다가 학생 이름을 부르고 대답하도록 한다. |

**주의집중과 유지**  학습은 주의집중에서 시작되므로 학생의 주의를 끌고 유지하는 것이 반드시 필요하다(Curtidale, Laurie-Rose, & Bennett-Mruphy, 2007). 효과적인 교사는 학생들이 수업내용에는 주의집중하고 다른 자극은 무시하도록 수업을 계획한다. 예를 들어, 갑각류에 대한 수업을 도입할 때 냉장고에서 살아 있는 게를 꺼낸다면, 관심이 거의 없는 학생이라도 잠깐은 주의를 집중할 가능성이 높다.

앞에서 DeVonne 선생님이 학생의 주의를 끄는 방법이 소개되었다. 또 다른 예들이 표 2.1에 있다. 그 중요성 때문에 이름 부르기(호명)는 특히 강조되어야 한다. 이름을 부르는 것은 가장 강력한 주의집중 방법의 하나이며, 전체 학생에게 질문하는 대신 한 학생에게 질문할 것을 적극 권장한다. 이름 부르기가 일상화되면 주의집중과 학업성취도는 크게 높아질 것이다(Eggen & Kauchak, 2006; McDougall & Granby, 1996).

**지각**  다음의 두 평행선을 보자. 위의 선이 더 길어 보이는가? 언뜻 보면, 그렇게 보일 것이다(두 선의 길이는 같다.). 이 고전적인 실험은 자극에 의미를 부여할 때 사용되는 **지각**(perception)의 본질을 보여주고 있다. 대부분의 사람들이 가지고 있는 의미, 즉 지각은 위의 선이 아래의 선보다 길다는 것이다.

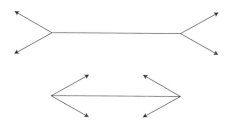

　지각은 대상이나 사건을 해석하는 방식이라 할 수도 있다. 이것이 일상생활에서 일반적으로 지각이 사용되는 방식이기도 하며(Way, Reddy, & Rhodes, 2007), 이는 학습자의 성향과 기대 같은 요인에 의해 달라진다(Huan, Yeo, & Ang, 2006). 예를 들어, 다음의 사례를 살펴보자.

---

"오늘 면접 어땠니?" 학교에 취업하려는 Lenore가 같은 학교에 지원한 친구인 Kelly에게 물었다.

　Kelly가 "말도 마. 엉망이었어. 면접관이 어떻게 가르칠 것인지 구체적으로 말하라는 질문과 두 학생이 수업을 방해하는 경우에 어떻게 대처할 것이냐는 질문을 했어. 면접관은 마치 나를 아무것도 모르는 사람처럼 취급했어. 이 학교에 근무하는 친구인 Brenna가 그 사람에 대해 얘기해줬어. 넌 어땠니?"라고 했다.

　Lenore는 "난 괜찮았어. 그가 나한테도 같은 질문을 했는데, 난 그가 가르치는 일에 대해 어떻게 생각하는지 알려고 한다고 생각했어."라고 대답했다.

---

Kelly와 Lenore는 면접을 전혀 다르게 해석하였다. Kelly는 면접을 아주 어렵다고 생각했지만, Lenore는 면접관이 자신의 생각을 알아보려고 했을 뿐이라고 느꼈다. Kelly의 해석은 친구인 Brenna의 영향을 받았는데 친구의 말은 그녀에게 일단의 기대를 갖게 하였다.

　지각은 구성되며, 학생들의 사전경험은 서로 다르므로 제공되는 사례와 토론에 대한 이들의 지각도 서로 다를 것이다. 학생들이 초점을 맞추는 대상이나 사건의 측면은 서로 다를 것이다. 또 학생들은 토론에서 제공된 정보도 서로 다르게 해석할 것이다.

　개인적인 해석의 중요성은 Rosa의 사고에서도 잘 볼 수 있다. DeVonne 선생님이 제시한 예와 설명에도 불구하고 그녀는 처음에 선생님이 의자를 잡고 있는 것을 일하는 것으로 해석했다. 뒤이은 토론이 없었다면, Rosa는 여전히 그렇게 지각할 가능성이 높고, 장기적인 오개념으로 이어질 수 있었을 것이다. 학생의 지각은 기억에 저장되어 있는 것이기 때문에, 정확한 지각이 교실학습에서 매우 중요하다.

　학생들이 제시된 정보를 정확하게 지각하는지를 알아보는 유일한 방법은 질문해 보는 것이다. 예를 들어, 중동국가의 경제에 관해 토론한다면 "경제라는 말이 무슨 뜻이지?"라는 질문을 하여 학생의 지각을 점검할 수 있다. 학생들은 일반적으로 숙제와 시험문제도 잘못 지각하는데, 이것이 바로 시험이 끝난 다음에 학생들과 같이 문제를 다시 검토하는 것이 아주 중요한 이유이다.

## 기억과 교실학습

위에서 지각은 학생의 기억에 저장된다고 말하였다. 그러나 기억에 대해 어떤 것이 알려져 있는가? 기억의 두 구성요소가 특히 중요하다.

- 경험을 이해하고 이해를 구성하기 위해 활용되는 기억인 의식적 기억 혹은 **작업기억**(working memory)은 매우 한정적이다.
- 영구 정보 저장고인 **장기기억**(long-term memory)에 있는 정보는 다른 정보와 연결되었을 때 가장 잘 기억된다.

이에 대해 보다 상세하게 자세히 살펴보자.

**작업기억**  "정신이 과부하되어서 힘들어."라고 말한 적이 있는가? 이 말은 작업기억에 대해 언급하고 있는 것이다. 앞서 언급된 바와 같이, 작업기억의 용량은 한정되어 있다. 의식적인 사고가 작업기억에서 이루어지기 때문에, 작업기억의 이 특징은 매우 중요하다. 작업기억에는 한 번에 7개의 정보만 저장된다. 예를 들어, 전화번호가 (지역번호를 제외하면) 7자리 숫자인 이유가 바로 이 때문이다. 정보의 선택과 조직을 위해서도 작업기억 공간이 활용되며, 그런 점에서 "정보를 단순히 보유하고 있는 것을 넘어서 처리하라는 요구를 받았을 때 정보에 포함된 2~3항목만 처리할 수 있을 것이다."(Sweller et al., 1998, p.252)

학생의 작업기억이 한정되어 있다는 사실은 교수에 중요한 시사점을 제공한다. 예를 들어, 가르치는 주제에 대해 상세하게 설명하면 학생의 작업기억이 과부하되어 일부 학생은 내용의 일부를 놓치게 될 수도 있을 것이다. 이런 사실은 설명에 뒤이어 곧바로 학생들에게 설명과 관련된 질문을 해야 하는 이유를 이해하는 데 도움이 된다. 주의집중의 결여도 한 요인이 될 수 있지만, 기억 과부하도 그 이유일 수 있을 것이다. 학생들이 주의집중하지 않으면 질문에 잘 대답할 수 없을 것이다.

작업기억 과부하를 피하는 가장 효과적인 방법은 "사회적 상호작용과 언어 활용이 기억구성을 촉진한다."는 인지학습원리를 적용하는 것이다. 강의 대신에 학생들과 상호작용한다면, 기억이 과부하된 학생은 질문에 대답하지 못할 것이다. 이런 경우에는 학생들이 정보를 처리할 수 있는 것보다 빠른 속도로 수업을 진행시키지 못할 것이다.

**장기기억**  많은 사람이 TV 퀴즈 프로그램인 *Jeopardy*를 좋아한다. 이 퀴즈 프로그램 참가

| **그림 2.1** | 힘, 일 그리고 운동 간의 관계

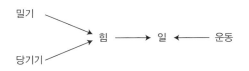

자는 제시어들을 단서로 질문을 예상하고 그에 대한 정답을 말해야 한다. 프로그램 제작자는 제시되는 정보가 기억에 저장되어 있는 정보와 연결되었을 때 옳은 질문이 구성될 수 있다는 사실을 염두에 두고 이런 식의 프로그램을 제작하였다. 예를 들어, "이 주의 주도는 노스플래터와 사우스플래터 중간에 있다."는 문장이 제시어의 하나로 제공하고 주도를 찾도록 하는 문제가 나온 적이 있다. 이 문제를 해결하기 위해서는 플래터라는 말에서 플랫 강을 떠올리고, 플랫 강이 네브라스카에 있다는 것을 상기한 다음 이 둘을 연결시켜야 한다. 이 정답은 네브라스카의 링컨이다. 여기에서 플래터와 플랫 강이 연결되었고, 또 이 둘은 링컨과 연결되었다.

　*Jeopardy*가 퀴즈 쇼 프로그램에 불과하지만, 이 예는 수업에 시사점을 제공하고 있다. 한 정보가 다른 정보와 연결되면 그 정보는 기억에 더 잘 저장되고 회상된다. 단편적인 정보는 일반적으로 빨리 망각된다. 예를 들어, 힘, 일 그리고 운동 간의 관계를 보여주는 그림 2.1을 보자. 그림에서 보듯이, 일이란 개념이 밀기, 당기기 및 운동과 연결될 때, 단편적인 정보로 제시되었을 때보다 유의미할 것이다. 이는 모든 학습에 적용될 수 있으며, 바로 이 때문에 각각의 정보들을 단편적으로 가르치지 말고 서로 연결시켜 가르쳐야 한다.

　학생들이 정보를 서로 연결시키도록 도와주는 가장 효과적인 방법은―앞에서 논의되었던 인지학습원리에서 시사되었던 바와 같이―수업내용과 실생활 사례를 연결시키는 것이다. 예를 들어, 움직이는 물체는 계속 움직이려는 경향이 있다는 관성 개념을 안전띠를 착용해야 하는 이유와 연결시킨다면, 학생들은 단순히 관성의 개념만 설명할 때보다 훨씬 잘 이해할 것이다. 자동차가 갑자기 멈추는 경우에 몸의 관성은 계속 움직이려 하지만, 안전띠가 몸을 잡아서 부상 가능성을 극적으로 감소시킨다.

　인지학습원리는 주의집중의 취약성, 정보를 잘못 지각할 가능성 그리고 인간기억의 한계에 대한 대처방안 마련에 유용하다. 이 책의 교수모형들은 이러한 인지학습원리에 근거하고 있다.

## 발달수준에 적절한 실행 : 인지학습에서의 발달차

인지학습원리들은 모든 연령의 학습자에게 적용된다. 예를 들어, 유치원 유아도 1, 2학년 학생과 마찬가지로 지식을 구성한다. 그렇지만 이들의 발달에서 보이는 몇 가지 차이는 수업에 중요한 시사점을 제공한다. 예를 들어, "학습자가 구성하는 지식은 사전지식과 경험에 의존한다."는 인지학습원리를 생각해 보자. 나이 많은 학생은 어린 아동보다 사전지식과 경험이 풍부하고 광범위하기 때문에, 이들의 지식구성 능력은 어린 아동보다 훨씬 높을 것이다.

나이가 같은 학생들도 경험이 서로 다를 수 있을 것이며, 이런 차이는 구성되는 지식에 영향을 미칠 것이다. 한 예를 보자.

---

1학년 교사가 음료수 컵을 뒤집어서 어항에 담그고 나서 컵에 물이 가득 차지 않는 이유를 학생들에게 묻는다. 한 아동은 수막이 물이 들어오는 것을 막기 때문이라 대답한 반면에 같은 나이의 다른 한 아동은 아버지와 갔던 수영장에서 유사한 예를 경험했었기 때문에, 공기가 물을 막고 있다는 것을 인식한다.

---

이 사례에서 교사는 학생의 발달을 조장하는 양질의 경험을 제공하였다. 이런 경험을 제공하는 것이 교사의 중요한 임무 중 하나이다.

기억에도 발달차가 있다. 나이 많은 학생은 어린 아동보다 경험이 많기 때문에 작업기억 용량의 한계에 더 효과적으로 대처할 수 있다(Gathercole, Pickering, Ambridge, & Wearing, 2004). 예를 들어, 이들은 정확한 구두점 찍기, 철자쓰기 또는 바른 문법 사용하기 같은 과제를 거의 의식하지 않고도 잘 수행할 수 있을 것이다. 그 결과 이들은 어린 아동보다 글쓰기 같은 복잡한 과제를 더 잘 수행할 수 있다(Luna, Urban, Lazar, & Sweeny, 2004).

또 나이 많은 학생들은 경험이 많기 때문에 보다 광범위하고 깊은 사전지식을 기억에 저장하고 있으며, 그 결과 이들은 새로운 정보와 이미 기억에 저장된 정보를 연결시키는 능력도 높다.

이러한 요인들 각각은 언어와 깊이 관련되어 있다. 예를 들어, 언어장애 아동은 같은 나이의 정상 아동보다 작동기억 효율성 및 정보처리 속도가 떨어진다(Conti-Ramsden & Durkin, 2007; Leonard, Weismer, & Miller, 2007). 이러한 차이는—모든 연령의—학생들에게 이해한 바를 말하도록 격려하고 도와주어야 한다는 것을 시사한다. 학생들이 언어 사용 연습을 많이 하면 할수록 학습은 더 효율적으로 이루어진다.

주의집중과 지각에도 발달차가 존재한다(Nelson, Thomas, & Da Haan, 2006). 가장 중요한 발달차의 하나는 **주의집중**에서 나타난다. 나이 많은 학생은 주의집중을 더 잘 유지할

수 있으며, 무관 자극에 의한 주의분산을 덜 하고, 이들의 주의집중은 보다 유목적적이
된다(Dempster & Corkill, 1999).

지각의 발달차는 일차적으로 경험과 관련 있으며, 나이 많은 학생은 어린 아동보다
경험이 많기 때문에 이들의 지각이 정확할 가능성이 더 높다. 이러한 사실은 학생의 지
각을 점검하는 것이 특히 어린 아동을 가르치는 교사에게 훨씬 더 중요하다는 것을 시사
한다.

# 학습동기

먼저, 가장 먼저 소개되었던 Devonne 선생님의 수업사례를 다시 보자. 대부분의 학생이
발표하고 평가받길 간절히 원하였다. 이를 통하여, 학생들이 **목표지향 행동을 촉발하고 방향
지으며 유지하는 힘**인 **동기**가 매우 높다고 결론내릴 수 있다(Schunk, Pintrich, & Meece,
2008). 이유를 이해하기 위해서는 동기와 학습 간의 관계를 살펴볼 필요가 있다.

## 동기와 학습

동기와 학습 간에는 상관이 높다(McDermott, Mordell, & Stoltzfus, 2001). "아동의 학습동
기는 학교교육의 성공여부를 결정짓는 가장 핵심적인 요인이다. 급속한 공학의 발전, 계
속 변화하는 지식기반 및 직업세계의 요구 변화 등을 고려할 때, 학습하려는 동기의 지속
은 개인의 성공을 보장하는 보증서가 될 것이다."(Weinstein, 1998, p.81) 일반적으로, 동
기화된 학생은 :

- 정보를 심층적으로 처리하고 교실학습 경험에서 뛰어나다.
- 어려운 과제를 계속 수행하고 문제행동을 거의 하지 않는다.
- 학교에 대해 긍정적인 태도를 보이며 학교생활에 만족한다(Stipek, 1996).

동기가 높은 학생은 당연히 교사에게 직업 만족감을 제공하는 일차적인 원천이다.

## 외재적 동기와 내재적 동기

동기에는 두 유형이 있다. **외재적 동기**는 목적을 위한 수단으로 활동을 수행하는 동기를 일컫
는 반면에, **내재적 동기**는 활동 그 자체에 가치를 두고 활동을 수행하는 동기이다(Schunk et
al., 2008). 예를 들어, 외재적으로 동기화된 학습자는 공부를 하면 높은 점수를 받거나
교사의 칭찬을 받을 것으로 믿기 때문에 공부한다. 반면에 내재적으로 동기화된 학습자

는 내용에 정통하길 원하거나 학습 그 자체를 가치 있는 것으로 보기 때문에 열심히 공부한다.

외재적 동기와 내재적 동기를 연속선상의 양극단에 위치되는 것으로(외재적 동기가 강하면 내재적 동기는 약하고 반대로 내재적 동기가 강하면 외재적 동기가 약하다는 의미로) 간주되기도 하지만 실제로 이 둘은 서로 분리된 연속체이다(Schunk et al., 2008). 예컨대, 학습하는 주제가 재미있어서, 또 좋은 점수를 받으려고 열심히 공부하는 학생이 있을 수 있다. 반면에, 오직 좋은 점수를 받기 위해서만 열심히 공부하는 학생도 있다. 전자의 학생은 내재적 동기와 외재적 동기가 모두 높은 학생인 반면 후자의 학생은 외재적 동기는 높지만 내재적 동기는 낮은 학생이다. 당연히, 학습과 이해에 중점을 둔다는 점에서 내재적 동기가 더 바람직하다(Brophy, 2004).

동기는 상황에 따라 달라지고 시간에 따라서도 변화된다(Wigfield et al., 2004). 예를 들어, DeVonne 선생님 반 학생들은 자신의 글을 발표하고자 하는 높은 내재적 동기를 보여준다. 개개인이 크게 강조되지 않는 맥락에서는 이들의 동기가 급격하게 낮아질 가능성도 있다.

내재적 동기는 다음과 같은 활동들을 통하여 증진될 수 있다.

- **도전감 있는 과제 제공** : 도전감은 목표달성이 용이하지 않고 성공이 반드시 보장되지 않을 때 생긴다. 도전감 있는 목표의 성취는 정서적으로도 만족감을 제공한다(Ryan & Deci, 2000; Stipek, 2002).
- **학습자의 자율감 장려** : 학습에 자기가 영향을 미친다고 느낄 때 학습자는 더 동기화된다(Perry, 1998; Ryan & Deci, 2000).
- **호기심 유발** : 새롭거나 놀랍거나 모순된 경험은 내재적 동기를 유발시킬 수 있다(Brophy, 2004).
- **창의성과 상상력 요구과제 제공** : 창의적인 학습과제는 학습자들이 상상력을 활용하여 학습내용을 개인화할 수 있게 한다(Lipper & Hodell, 1989).
- **개인적 투자 제공** : 경험 많은 교사는 학습활동에 대한 학생의 관심을 불러일으키는 것이 가장 중요한 동기유발 방법의 하나라고 하며(Schraw & Lehman, 2001), 학생들은 자기와 관련된 주제를 학습할 때 자율감을 갖는다(Iyengar & Hodell, 1999).

이외에도—정서적 반응을 유발하는 미(아름다움)와 관련된—심미적 경험도 내재적 동기를 유발할 수 있다(Ryan & Deci, 2000). DeVonne 선생님의 사례에서는 위에 제시된 내재적 동기유발 활동 중에서 적어도 세 가지 방법이 활용되고 있다. 첫째, 선생님은 학생들이 스스로 선택한 주제에 관한 글을 쓸 수 있도록 허용하였는데, 이는 학생들이 자율감을 가질 수 있게 한다. 둘째, 이미 두 학생이 발표한 글에서 보았듯이, 적어도 몇 학생은 상상력이 포함된 주제에 대한 글을 썼다. 셋째, 학생들은 활동에 분명히 개인적은 투자를 하였다. 투자된 것은 발표되고, 토론되고, 평가되고 있는 학생의 글이다.

내재적 동기유발이 분명히 바람직하긴 하지만, 그것만 강조하는 것은 비현실적이다. 이러한 내재적 동기의 한계를 고려할 때, 학습에 대한 동기, 즉 학습동기에 관심을 가져야 할 것이다.

## 학습동기

많은 교사는 학생들이 내재적으로 동기화되길 원하고, 또 수업은 학생들을 내재적으로 동기화를 유발할 수 있을 정도로 자극적이어야 한다고 잘못 생각하는 경우가 가끔 있다. 이런 생각이 이상적이긴 하지만, 모든 또는 대부분의 학습에서 이는 현실적으로 불가능하다. 그 이유는 다음과 같은 학교교육의 성격에 기인한다(Brophy, 2010).

- 출석이 강제적이고, 학습내용에 학생의 자발적 선택보다 사회의 요구가 더 많이 반영되는 경향이 있다.
- 한 교사가 많은 학생을 가르치기 때문에 학생의 개인적 요구에 부응하는 데 한계가 있다.
- 학생의 수행이 평가되어 부모와 기타 보호자에게 통보된다. 따라서 학생들은 자신의 경험에서 도출된 개인적 이득보다는 외부 요구에 부응하는 데 중점을 둔다.

Jere Brophy(2010)는 내재적 동기에 대한 합리적 대안을 제시하였다.

내재적 동기가 이상적이긴 하지만, 항상 학생들의 내재적 동기를 유발하는 것이 실현 불가능하다면, 보다 현실적인 목표는 무엇이어야 하는가? 학업활동에서 의의와 보람을 찾고 의도한 이득을 얻으려는 경향성인 학생의 **학습동기**를 학업활동에서 개발하고 유지하는 것이 현실적이다(p.11).

학습동기가 높은 학생은 학습내용에 대한 공부에서 흥미나 재미를 찾았건 못 찾았건 이해하기 위해 노력한다. 이들은 학습내용에 대한 이해를 통하여 자신에게 의미 있고 가치 있는 결과를 얻을 수 있다고 믿기 때문에 계속 노력한다. 수업모형과 전략에 대한 논의에서 **학습동기**에도 초점을 맞출 것이며, 이 과정에서 내재적 동기도 증진된다면 더더욱 좋을 것이다.

| 그림 2.2 | 학습동기 증진하기

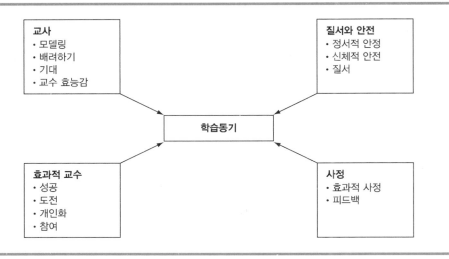

## 학습동기 증진

학습동기는 모든 학생에게 바람직한 목표이다. 여기에서는 이 책에서 논의될 모든 교수 모형에 적용되는 학습동기 증진방안이 논의된다. 그림 2.2에 개요가 제시되어 있으며, 이어서 이들 각각이 상세히 설명된다.

**교사 : 교사의 행동과 신념** 수업분위기에 대한 논의에서, 교사가 학생들이 모방하기를 바라는 방식으로 행동하는 정도(모델링), 학습자로서의 학생과 인간으로서의 학생에 대한 배려, 모든 학생에 대한 높은 기대, 그리고 높은 교수 효능감 같은 교사의 개인적 특성이 긍정적 수업분위기 조성에 기여한다고 하였다. 이러한 개인적 특성들은 학생의 학습동기 증진에도 도움이 된다. 교사의 이런 특성들이 학습동기 증진에서 매우 중요하기 때문에 가장 먼저 이에 대해 논의하였다.

**질서와 안전** 수업분위기에서 교사의 행동과 신념이 중점적으로 논의된 바 있다. 안전하고 질서 있는 학급도 수업분위기와 학습동기 모두를 위해서 매우 중요하다. 학습자가 신체적·정서적 위협으로부터 안전하다고 생각할 때, 한정된 작동기억 공간을 학습주제에 대한 이해에 집중시킬 가능성이 높다. 빈정거림과 비웃음은 결코 교사나 학생 모두에게 바람직하지 않으며, 학생들이 다른 학생을 학대하지 않도록 해야 한다. 교사가 학생을 존중하면 학생도 교사를 존중할 것이며, 학생들이 서로 존중하고 정중하게 대하도록 함으로써 학습이 증진되고 학습동기도 높일 수 있다.

이 책은 학급관리에 관한 서적이 아니므로 여기에서는 학급 규칙과 절차의 규정에 대해서는 논의하지 않을 것이나, 성공적인 수업전략과 모형의 수행을 위해서는 교실의 안전과 질서가 강조되어야 한다. 효과적인 수업과 학급관리는 상호 의존적이기 때문에 효과적인 수업이 이루어지지 않으면 교실의 질서를 유지하는 것이 사실상 불가능하며, 그역도 마찬가지이다. 이 책의 수업모형이 효과적으로 실행되면 될수록, 학급관리 문제들은 줄어들 것이다. 다음 절에서 학습동기를 증진하는 수업의 특징이 논의된다.

**효과적 교수** 앞에서 동기는 상황에 따라 달라진다고 하였고, DeVonne 선생님이 글쓰기 활동에서 학생들의 동기를 증진시킨 방법도 살펴보았다. 학습동기 증진을 위해 상황요인을 다양한 방식으로 활용할 수 있다. 아래에 몇 가지 방법이 제시되어 있다.

- 학생의 성공 돕기
- 도전감 조성하기
- 개인화된 예시 제공하기
- 학생 참여시키기
- 철저한 사정과 피드백 제공하기

이에 대해 더 구체적으로 살펴보자.

**학생의 성공 돕기** 학습동기 증진을 위해서는 성공이 필요하다는 것은 두말할 필요도 없다. 계속적인 실패에도 버티는 사람은 극히 드물 것이며, 학생은 더욱 그럴 것이다. 불행하게도, 모든 학생이 학습에 성공하는 것은 아니지만, 대부분의 학생의 성공 가능성을 다양한 방식으로 높일 수 있다.

- 개방형 발문으로 수업을 시작하라. "뭘 관찰했지?" 또는 "어떻게 비교하지?" 같은 질문에 대한 정답은 다양하여 학생들에게 성공기회를 많이 제공한다(이에 대한 상세한 논의는 제3장 참조).
- 발문 중심 수업을 전개하고, 학생이 대답을 어려워하면 단서를 제공한다.
- 개별과제를 주기에 앞서 교사와 함께 연습할 기회를 제공한다.
- 사정을 철저히 실시하고 학습 진전상황에 대한 상세한 피드백을 제공한다.

교수와 학습의 대부분의 측면이 그렇듯이, 학생의 성공을 돕는 것이 생각만큼 간단하지 않다. 성공경험은 도전감과 균형을 이루어야 한다.

**도전감 조성하기** 성공뿐만 아니라 도전감도 필요하다. 앞에서 보았듯이, 도전감은 내재적으로 동기화된 활동의 특징이며(Ryan & Deci, 2000), 도전적 과제의 성공적인 수행은 적어도 세 가지 점에서 학습동기의 증진에 기여한다.

- 유능감을 발달시킨다. 학생을 비롯한 모든 사람은 '영리하다'는 느낌을 원하고, 도전적인 것으로 지각된 과제에서 성공하는 것은 영리하다는 느낌을 갖는 데 도움이 된다(Ryan & Deci, 2000).
- 자율감 발달에 힘쓴다. 학생들은 도전적인 과제에서 성공했을 때 자신의 운명을 자기가 통제한다는 믿음을 갖게 된다(Baron, 1998).
- 안정감을 갖도록 한다. 사람은 세상이 질서 있고 예측 가능한 것으로 느끼고 이해가 될 때 안정감을 갖게 된다(Piaget, 1959). 학생들은 도전적인 과제에서 성공했을 때 세상은 질서 있고 예측 가능한 것으로 생각한다.

학생들이 하잘것없게 생각하는 과제에서는 성공한다 해도 이런 특성들이 발달되지 않는다.

교사는 학생들에게 학습주제 간의 관계를 파악하도록 격려하고, 내린 결론의 증거를 제시하도록 하는 것과 같은 인지적 활동을 요구하는 과제를 수행하도록 함으로써 도전적인 과제가 가진 동기유발 효과를 극대화시킬 수 있다. 한 예로, DeVonne 선생님과 학생들 간의 대화를 다시 살펴보자.

| | |
|---|---|
| **교사** | 지금 내가 어떤 일을 하고 있나요, Tu? |
| **Tu** | 아니요. |
| **교사** | 왜 아니죠? |
| **Tu** | 의자가 움직이고 않고 있고, 무언가에 일을 하면 움직여야 해요. |
| **교사** | [자신과 Damien이 당기기 게임을 하는 것처럼 서로 잡고 있지만 움직이진 않으며] 지금 우리가 뭘 하고 있죠? |
| **Maria** | 노력하고 있어요. |
| **교사** | 난 일을 하지 않고 있나요, Rosa? |
| **Rosa** | 네. |
| **교사** | 어떻게 알았어요? |
| **Rosa** | 두 사람 모두 움직이지 않았어요. |

DeVonne 선생님은 두 학생에게 결론에 대한 증거를 제시하라고 하였고, 증거를 제시할 수 있다는 것은 학생들이 자신이 유능하고 스스로 이해할 수 있다는 생각을 갖도록

해준다. 토론을 단편적인 무의미한 사실에 한정시키는 것은 반대의 결과를 가져온다. 학생들이 과제가 어렵다고 불평할 때는 쉬운 과제를 주기보다는 성공할 수 있도록 지원해 주어야 한다. 학생들이 불평한 경우라도, 과제를 성공적으로 마치면 인지적으로나 정서적으로 만족감을 경험한다. 하잘것없는 과제에서 성공했을 때보다 도전적인 과제에 직면했을 때 보상 및 희열과 관련된 뇌 부위가 더 활성화된다는 것을 시사하는 연구들도 있다. 이 책의 수업모형들은 학생들에게 도전감을 주고 성공할 수 있다는 신념을 갖도록 도와주기 위한 것이다.

**개인화된 예시 제공하기** 먼저, DeVonne 선생님의 사례를 다시 보자. 학생들이 글쓰기에 개인적인 투자를 한 것이 발표를 강력하게 원하는 이유일 수 있다. 공개적으로 평가받는 부담은 이들의 발표 열망을 조금도 손상시키기 않았다.

동기유발을 위해 개인화된 사례를 제공한 다른 두 교사의 사례를 더 살펴보자.

---

Matthew Gilbert 중학교 역사교사인 Kartrina Cardoza 선생님은 아래의 짧을 글을 제시하면서 제1차 세계대전의 원인에 대한 토론수업을 시작한다.

---

Matthew Gilbert 중학교 학생들은 애교심이 매우 강하다. 다른 학교 학생들이 학교생활에 대해 물으면 "우린 우리학교의 생활에 대해 얘기하지 않아."라고 대응한다. 이들은 "우린 같은 교회를 다니고 주말도 같이 지낸다."는 식의 말을 하곤 한다.

이들은 "우리는 Gilbert인이다. 우린 영원한 Gilbert인이길 바라고, 다른 사람들이 우리에게 무엇을 하라, 마라 하길 원하지 않는다."라고도 말하곤 한다.

Mandarin 중학교 학생들도 비슷한 생각을 가지고 있다. 이 학교 일부 학생들은 흥분된 어조로 "Gilbert 중학교 애들이 하는 게 마음에 안 들어. 그들은 학교가 끝난 후에도 어울려 돌아다니는데, 우린 몰에 가기 원해. 난 거기서 우리에게 뭘 할 것인지 말하길 바라지 않아."라고 말한다.

또한 "우린 Mandarin인이고 영원한 Mandarin인이고 싶어."라는 말을 하기도 한다.

---

이어서 Katrina 선생님은 학생들이 Matthew Gilbert 학생과 Madarin 학생 모두 애교심이 강하고 자신들의 언어와 학교 문화에 긍지를 가지고 있다는 것을 깨달을 때까지 이에 대해 토론하도록 이끈다. 선생님은 학생들이 국수주의 개념을 이해할 수 있도록 도와주기 위해 이 정보를 활용한다.

---

과학교사인 Chris Emery 선생님은 "Reanne, 네 눈동자는 무슨 색이지?"라는 질문으로 유전에 대한 수업을 시작한다.

Reanne가 "파란색이요."라고 대답한다.

선생님은 "Eddie, 네 눈동자는?"라고 질문한다.

"녹색이에요."라고 Eddie가 대답한다.

선생님은 "재미있네, 수업을 마치고 나면 Reanne의 눈동자는 파란색이고 Eddie의 눈동자는 녹색인 이유와 이와 관련된 많은 내용을 이해하게 될 거예요."라고 미소 지으며 말한다.

---

Katrina 선생님과 Chris 선생님은 모두 가르칠 내용을 개인화하여 학생들의 흥미를 끌고 있다. Katrina 선생님은 국수주의 개념에 대한 비유로 애교심을 이용했고, Chris 선생님은 유전에 대한 토론을 시작하기 위해 학생의 눈동자 색깔에 대해 질문했다. 또 이 장 도입부에서 수학교사는 면적과 둘레 개념을 교실에 깔린 카펫의 면적과 관련시키고, 국어교사는 학생들에게 형용사와 부사 개념을 이해시키기 위해 각 개념의 예가 많이 들어 있는 학교에 관한 글을 제시하였으며, 과학교사는 대칭 개념을 우리 몸의 좌우대칭과 연결시킨 사례를 보았다. 이런 활동들은 구체적인 실생활 과제가 학습을 증진한다는 인지학습원리에 부합되는 것은 물론이고 학습동기도 효과적으로 증진시킨다.

마지막으로, DeVonne 선생님이 Tu에게 Seleina의 책상을 끌어당기도록 한 것도 개인화된 구체적인 예를 활용한 사례이다. 이것은 분명하면서도 간단하며 두 학생을 활용한 예를 사용한 것은 개인화 방법을 이용한 것이다.

경력교사 대상의 한 조사에서는 개인화가 널리 적용될 수 있으며, 학습에 대한 흥미를 높이는 것으로 밝혀졌다(Zahorik, 1996). 실례의 활용은 이 책의 거의 모든 교수모형의 주요 구성요소이며, 제5장에서 다른 유형의 예들이 제시될 것이다. 이 책에서 주제와 관련된 실제사례가 제시된 것도 이러한 실제사례들이 학습과 동기에서 매우 중요하기 때문이다.

**학생 참여시키기**  친구와 같이 점심을 먹거나 파티를 했던 경험을 떠올려 보라. 주변을 맴돌 때보다 이야기를 하거나 경청할 때 대화에 더 집중했을 것이다. 교실에서도 마찬가지다. 학생들이 학습활동에 적극적으로 참여하는 정도인 **참여**는 흥미와 학습의 증진으로 이어진다(Lutz, Guthrie, & Davis, 2006). 인지(정신)활동은 유의미 학습의 필수조건이며, 학생들이 인지적으로 능동적 역할을 하게 하기 위해서는 참여시키는 것이 중요하다(Blunenfeld, Kempler, & Krajcik, 2006). 학생에게 적극적인 역할을 하도록 하는 것은 수업을 개인화하는 한 방법이라는 것도 시사되었다(Schraw & Lehman, 2001). 앞에서 다양한 대답이 가능한 개방형 발문이 학생의 성공을 도와주는 효과적인 방법이라고 언급하였다. 개방형 발문은 짧은 시간에 여러 학생에게 질문하고 대답할 수 있도록 하므로 참여를 촉진하는 데도 효과적이다.

직접 체험활동도 참여를 촉진하고 학생의 관심을 높이는 한 방법이다(Zahorik, 1996). 예를 들어, 학생들이 수학과 과학에서 구체물을 가지고 학습하거나, 지리에서 지도나 지구본을 활용하거나, 국어에서 컴퓨터를 이용하여 학습하는 경우에 이들의 흥미가 크게 높아진다. DeVonne 선생님 수업에서 학생들이 직접 글을 쓸 때 학생의 참여가 높았고, 발표하도록 했을 때는 더더욱 높아졌다는 사실을 기억하라.

**철저한 사정과 피드백 제공하기**  사정이 시험이나 성적 매기기와 같은 의미로 받아들여지는 경우가 많다. 성적 매기기가 사정의 한 기능이긴 하지만, 사정의 기능은 이보다 훨씬 많다. 사정과 피드백의 가장 중요한 기능은 학생들에게 학습 진전상황을 제공하는 것이고, 이 정보를 얻는 것은 학습자 동기의 중요한 원천이다. 학생들은 선천적으로 자신의 수행에 관심을 가지며, 상세한 피드백과 결합된 사정은 바로 이런 정보를 제공한다(Hattie & Timerley, 2007). 사정과 피드백을 위한 시간 투자는 바람직하다.

피드백의 유형도 중요하다(Hattie & Timperley, 2007). 피드백을 통해 학습 진전상황 정보가 제공될 때 동기는 증진된다. 반면에, 상대적으로 비교되거나 점수에 중점을 둔 피드백은 학습동기를 손상시킬 수 있다(Brophy, 2004; Schunck et al., 2007).

사정은 효과적인 교수의 중요한 요소이기 때문에, 이 장을 비롯한 각 장의 마지막 부분에 이해정도 사정하기가 있다. 또 이 책의 수업모형 각각과 연결된 사정도 논의된다.

## 공학과 교수 : 학습동기 유발을 위한 공학 활용

지난 20여 년의 연구에서 공학 활용이 학습자 동기를 크게 높일 수 있다는 사실이 밝혀져 왔고(Sivin-Kachala & Bialo, 1994), 교사의 경험을 통해서도 일관되게 확인되고 있다.

공학을 활용하는 교사에 대한 기사를 쓸 때마다 불가피하게 학생의 동기가 언급되는 것 같다. 미술교사 한 분에게 수업에서 디지털 매체를 활용하는 것이 학생의 참여에 효과적인지 물었을 때 "농담해요?"라던 그분의 대답에 그의 생각을 잘 나타나 있다고 생각한다(Bushweller, 2010, p.1).

교사들은 공학 활용에 대해 다음과 같은 말도 하고 있다.

- 인기 없는 아이도 스타가 될 수 있다.
- 아이들은 즉각적인 결과를 좋아한다. 즉각적인 결과는 컴퓨터 말고는 어디서도 볼 수 없다.
- 공학은 학생들에게 당근과 같다. 공학은 학생들이 정통하길 원하는 것이다. 공학 활용을 학습하는 것은 자기 존중감을 높이고 학교에 오는 것을 아주 좋아하게 만든다.
- 컴퓨터는 학생의 능력을 높이는 도구이다. 공학에서는 모든 학생에게 발언권이 있으며, 어떤 사람의 발언권이 다른 사람보다 강하거나 약하지 않다. 모두의 발언권이 동등하다. 이는 아주 긍정적이다. 공학을 활용하려는 학생들의 동기는 아주 높다.

교사들은 다양한 관점에서 동기와 공학 간의 관계에 대해 언급하고 있다. 어떤 교사는 컴퓨터가 학생들이 특정 교과나 기능의 학습에 자발적으로 참여하게 한다는 점을 강조한다. 다른 교사는 컴퓨터에 의해 제공되는 즉각적인 피드백에 대한 학생들의 만족감과 공학을 통한 학습에서 얻은 성취감과 유능감 같은 보다 일반적인 효과를 언급한다(Bshweller, 2010).

공학은 창의성을 발휘하도록 할 수도 있다. 예를 들어, 과거에는 영화 제작을 위해서 값비싼 장비와 소프트웨어, 편집을 위한 시간 및 전문 강좌에서만 배울 수 있는 기술이 필요했다. 그러나 사용자 친화적 영상 편집 프로그램을 이용하면 누구라도 컴퓨터를 이용하여 단기간에 거의 전문가 수준에 가까운 영화를 제작할 수 있다(Ash, 2008).

공학의 동기유발 효과는 이 절에 제시된 정보를 통하여 쉽게 이해됐을 것이다. 예를 들어, 공학을 이용하여 학습할 때 참여도가 더 높아지고, 과제도 더 개인화된다. 공학의 창의적 측면은 학교에서 하는 그 어떤 경험보다 높은 도전감을 제공하며, 성공적인 수행은 유능감을 발달시킨다.

공학과 관련된 또 하나의 요인은 오늘날의 현실과 관계있다. 오늘날 학생들은 공학에 익숙해 있다. 거의 모든 학생이 인터넷, 이동전화 및 문자를 널리 사용하고 있으며, 많은 학생들은 트위터와 페이스북과 같은 소셜 미디어를 이용한다. 그 결과 수업에서 공학을 이용하지 않는 교사는 학생과 단절될 가능성도 배제할 수 없다. 일부 교사는 학교에서 이동전화 사용이나 비디오 게임을 금지시키는 것은 교육을 학생들이 좋아하는 것과 경쟁을 시키는 것이며, 교사가 결코 이길 수 없는 전쟁이라고 주장하기도 한다. 이들은 공학을 교육에 통합하여 교사와 학생 간의 단절 가능성을 막는 것이 보다 효과적인 접근이라고도 주장한다. 학생들의 관심을 인정하고 이용함으로써 교사-학생 관계가 좋아질 수 있다(Bushweller, 2010).

마지막으로, 공학 이용에서 한 가지 경고를 명심해야 한다. 교수와 학습의 모든 측면이 그렇듯이, 공학도 항상 긍정적인 측면만 있는 것은 아니다. 예컨대, 공학이 주의집중을 방해할 수 있으며, 다른 사람에게 상처를 주거나 곤경에 빠트리기 위해 인터넷, 이동전화 또는 문자나 영상을 보내거나 게시하는 장비를 이용하는 사이버 폭력과 같은 파괴적인 목적으로 이용될 수도 있다(Hinduja & Patchin, 2009). 공학이 학생의 학습에 대한 효과가 확실하지 않다는 점도 염두에 두어야 한다. 한편에서는 공학이 학습을 증진시킨다고 하지만 다른 쪽에서는 공학이 성취에 전혀 영향을 미치지 않는다고 주장하고 있다.

모든 학습이 그렇듯이, 공학의 효과는 교사의 현명한 의사결정에 달려 있다. 공학 자체를 위한 공학 활용은 효과가 거의 없다. 공학은 적절히 활용될 때 학습동기를 크게 증진시킬 것이며, 동기와 학습은 서로 밀접하게 관련되어 있으므로 학습도 증진시킬 것이다.

# 요약

## 학급분위기의 중요성

- 학급분위기란 교실의 물리적 환경, 안전하고 질서가 있는 정도, 그리고 정서적 분위기를 말한다.
- 긍정적 학급분위기는 학습의 필수요소이다. 학급분위기가 부정적이면 어떤 교수전략이나 모형도 효과가 없을 것이다.
- 교사가 학생들이 모방하길 바라는 행동의 모범을 보이고, 학생을 학습자로 그리고 한 인간으로 배려하고 있다는 것을 보이며, 학생의 학습과 행동에 긍정적인 기대를 가지고, 학생의 문화적 배경이나 학교의 조건에 관계없이 모든 학생의 학습을 도와줄 수 있다는 신념을 보일 때, 긍정적 학급분위기가 조성된다.
- 긍정적 학급분위기는 모든 학생에게 중요하지만 사회적 약자, 즉 문화적 소수학생이나 장애학생에게 더욱 필요한 필수요소이다.

## 인지학습이론

- 인지학습이론은 구체적인 행동 변화에 초점을 맞추는 대신에 행동의 즉각적인 변화로 나타날 수도 또 나타나지 않을 수도 있는 학습자의 사고과정에 초점을 맞춘다.
- 인지학습이론은 학습과 발달이 학습자의 경험에 의존하고, 사람은 자신의 경험을 이해하길 원하며, 경험을 이해하기 위해 지식을 구성하고, 구성되는 지식은 사전지식과 경험에 의존하며, 사회적 상호작용과 언어 사용이 지식구성을 촉진하고, 학습경험이 실생활과 연결될

때 학습이 증진된다고 주장한다.
- 모든 학습은 주의집중으로부터 시작되고 학생들이 수업에 집중하지 않으면 어떤 전략이나 모형도 효과가 없다.
- 지각된 것이 궁극적으로 기억에 저장되므로 학생은 자신의 경험을 정확하게 지각해야 한다.
- 학생의 작업기억-이해를 저장하기 위해 사용되는 기억-은 한정적이며 쉽게 과부하된다.
- 정보는 관련된 다른 정보와 연결될 때 가장 효과적으로 장기기억에 저장된다.

## 학습동기

- 동기는 목표지향 행동을 촉발하고, 방향 짓고, 유지하는 힘이다.
- 내재적 동기는 과제 그 자체에 가치를 두고 과제를 수행하는 동기인 반면에 외재적 동기는 목표달성을 위한 수단으로 과제를 수행하는 동기이다.
- 학습동기는 교과학습활동이 유의미하고 가치 있다는 것을 알고, 이를 통하여 바라는 것을 얻기 위해 노력하는 경향성이다.
- 긍정적 학급분위기 조성에 도움을 주는 교사 특성이 학생의 학습동기도 증진시킨다.
- 안전하고 질서 있는 교실은 학습동기 유발에도 도움이 된다.
- 학생이 성공할 수 있도록 도와주고, 도전감을 조성하며, 개인화된 예를 제공하고, 학생을 참여시키며, 철저히 사정하고 구체적인 피드백을 제공함으로써 학습동기를 증진시킬 수 있다.

## 주요 개념

교수 효능감(Teaching efficacy)

내재적 동기(Intrinsic motivation)

동기(Motivation)

모델링(Modeling)

배려(Caring)

외재적 동기(Extrinsic motivation)

인지학습이론(Congnitive learning theory)

자기 충족적 예언(Self-fulfilling prophecy)

작업기억(Working memory)

장기기억(Long-term memory)

주의집중(Attention)

지각(Perception)

참여(Involvement)

학급분위기(Classroom climate)

학습동기(Motivation to learn)

## 자기 평가

1. 다음 사례를 읽고 질문에 답하라.

Ridgeview 중학교 영어교사인 Kevin Lageman은 표준영어의 5개 차시를 가르치고 있다.

그는 월요일 첫 시간에 학생들과 대명사 단원 수업을 시작한다. 9시 8분경에 학생들이 교실로 들어온다. 선생님은 문 앞에 서서 이들을 맞이하면서 "서두르자, 수업 시작 2분 전이야. 늦은 사람은 방과 후에 남길 거야."라고 한다.

Kevin 선생님은 학생들이 모두 자리에 앉고 9시 10분에 수업 시작종이 울리자 교실 출입문 밖에 쪽지를 붙인다.

시작 종소리가 그치자 선생님은 "자, 여러분 잘 들어요. 오늘은 대명사에 대해 공부할 거예요. 모두 교과서 484쪽을 펴세요."라고 한다.

선생님은 학생들이 교과서를 펼 때까지 잠시 기다린다.

선생님은 이어서 "글을 쓸 때 표준영어를 사

용할 수 있어야 하는데 사람들이 많이 혼동하기 때문에 오늘 내용은 중요해요. 오늘 공부를 마치면 여러분은 글을 쓸 때 대명사를 정확하게 사용할 수 있을 거예요."라고 말한다.

이어서, 선생님은 다음 내용을 화면에 제시한다.

---

대명사가 주어이고 기명을 기술할 때는 주격 대명사를 사용한다.

대명사가 직접 목적어이거나 간접 목적어일 때 또는 전치사의 목적어일 때는 목적격을 사용한다.

---

Kevin 선생님은 계속하여 "이제 다시 보자. 직접 목적어와 간접 목적어가 모두 들어 있는 문장을 말해 볼 사람 있어요?"라고 질문한다.

Leroy가 "Lageman 선생님은 우리에게 숙제

를 너무 많이 내요."라고 하여 학생들이 모두 웃는다.

선생님은 웃으며 그 문장을 칠판에 적는다. 그리고 계속하여 "좋아요. 사실은 아니지만 훌륭한 문장이에요. 난 숙제를 많이 내지 않아요. 이 문장에서 주어가 무엇이지요?"라고 묻는다.

"……"

"Lorey 대답해 봐요."

"아, …… 어, Lageman이요."

선생님은 문장의 Lageman에 밑줄을 치는 것으로 대답을 대신한다.

"그러면 직접 목적어는 뭘까요, Joanne?"

"…… 숙제요."

"맞았어요. 좋아요. 그러면 간접 목적어는요, Anya?"

"…… 우리에게요."

"모두 훌륭해요."

Kevin 선생님은 주격 대명사와 전치사의 목적어를 다시 상기시키고 나서 "이제 몇 가지 예를 더 살펴보도록 할까요."라고 하면서 아래와 같이 네 문장을 먼저 제시한다.

---

1. Did you get the card from Kelley and (I, me)?
2. Will Antonio and (she, her) run the concession stand?
3. They treat (whoever, whomever) they hire very well.
4. I look for someone (who, whom) could give me directions to the theater.

---

선생님은 "첫 번째 문장을 볼까요. 어느 것

이 맞아요, Omar?"라고 한다.

"*Me*요."

"Omar, 잘했어요. 두 번째 문장에서는 어느 게 맞아요, Lonnie?"

"*Her*가 맞아요."

Kevin 선생님이 "아니에요. 이 문장은 조금 까다로워요. 이 문장에서는 주격 대명사를 넣어야 해요."라고 한다.

선생님은 세 번째 문장을 가리키면서 "세 번째 문장에서는 어때요, Cheny?"라고 말한다.

"모르겠어요. *Whomever* 같아요."

"아주 잘했어요, Cheny. 그래요, *Whomever*가 맞아요."

Kevin 선생님은 나머지 문장에 대해서도 같은 방식으로 수업을 진행하고 나서 교과서에 있는 유사한 연습 문제를 숙제로 낸다.

Kevin 선생님은 화, 수, 목에 대명사-선행사 일치(pronoun-antecedent agreement, 대명사는 선행사에 성과 수가 일치해야 한다.) 규칙과 인칭 대명사—anybody, either, each, one, someone—의 선행사는 부정 대명사를 사용해야 한다는 규칙에 대해 가르친다. 선생님은 수업을 마치기 전에 학생들에게 예시 문제를 풀도록 한다.

금요일에 선생님은 격에 관한 문제 10개, 선행사에 관한 문제 10개, 그리고 부정 대명사에 관한 10개, 총 30문제로 구성된 시험을 실시한다. 다음은 시험 문항의 일부이다.

---

다음에 제시된 문장에서 대명사 격이 맞으면 A로, 맞지 않으면 B로 답안지에 표시하시오. 대명사의 격이 틀렸으면 맞는 격으로 고치시오.

1. Be careful who you tell.
2. Will Rence and I be in the outfields?
3. My brother and me like waterskiing.

---

Kevin 선생님 옆 교실에서 학생을 가르치는 Suzanne Nelson 선생님은 명랑한 모습으로 "빨리들 와요. 오늘은 할 일이 많아요."라고 하면서 학생들을 맞이한다. 선생님은 수업 시작 종소리가 끝나자 바로 출석 점검을 마친다. 학생들이 자리에 앉자 선생님은 교실 앞으로 걸어가서 "우리는 학교신문에 실을 사설을 쓰고 있어요. 여러분이 지난 금요일에 제출한 사설들을 봤는데 점점 좋아지고 있어요. 하지만 더 좋은 글을 만들기 위해 오늘도 여러분의 글을 수정할 거예요."라고 말한다. 선생님은 다음 글을 제시한다.

---

Kartrina and Simone were talking. "Did you get the information from Kelly and me?" Simone asked.

"No, I didn't," Katrina responded.

"What was it about?"

"Kelly wanted to know if it's okay that Molly and she run the concession stand on Friday night at the game."

"Sure, that's fine with me," Katrina responded. "The teacher treat whoever works there very well, so everything will be fine. By the way, to whom do I give list of people who are working that night?"

---

Suzanne 선생님은 이 글 아래에 다음 글을 제시한다.

---

Kartrina와 Simone were talking. "Did you get the information from Kelly and I?" Simone asked.

"No, I didn't," Katrina responded.

"What was it about?"

"Kelly wanted to know if it's okay that Molly and her run the concession stand on Friday night at the game."

"Sure, that's fine with me," Katrina responded. "The teacher treat whomever works there very well, so everything will be fine. By the way, to who do I give list of people who are working that night?"

---

선생님은 두 글을 읽을 시간을 잠시 주고 나서, "짝과 같이 이 두 글에서 다른 점을 모두 찾아내요. 2분 주겠어요."라고 말한다.

2분 후에 선생님은 학생들을 불러 모으고 나서 "좋아요. 두 글에서 다른 것이 뭐예요, Davon?"이라고 한다.

Davon이 "(위에 제시된 글을 가리키면서) 이 글에는 *me*인데 (아래 글을 가리키면서) 이 글에는 *I*예요."라고 대답한다.

선생님이 미소 지으며 "좋아요. 또 있어요, Tonya?"라고 한다.

Tonya가 "두 글 모두에 *Kelly*가 있어요."라고 대답한다.

"좋아요. 또 있어요, Carlo?"

"*from*이요."

"*from*이 어떻다는 거죠?"

"두 글 모두에 이탤릭체로 된 *from*이 있어요."

"맞아요. 잘 찾았어요. 여러분 이제 위의 글을 다시 한 번 보세요. Andrew, from은 무슨 품사죠?"

"음, …… 전치사예요."

"그래요. Andrew, 아주 잘했어요. 전치사예요. 그러면 여기를 보세요." 선생님은 아래쪽에 제시된 글을 치우고 다음 글을 제시한다.

---

대명사가 주어이고 기명을 기술할 때는 주격 대명사를 사용한다.

대명사가 직접 목적어이거나 간접 목적어일 때 또는 전치사의 목적어일 때는 목적격을 사용한다.

---

선생님은 학생들이 이 규칙을 읽을 시간을 몇 초 정도 주고 나서, 계속하여 "다시 짝과 함께 이 규칙에 근거하여 두 글 중에 어느 글이 문법에 맞는 글인지 결정해 보세요. 2분 주겠어요."라고 한다.

2분이 되자 선생님은 "'from Kelly and me'와 'from Kelly and I'중에 어느 것이 맞아요, Jon?"이라고 질문한다.

"'from Kelly and I'가 맞다고 생각해요."

"왜 그렇게 생각하죠?"

"그게 듣기가 좋아요."

"내가 말하는 것을 들어 보고 어느 것이 듣기 좋은지 말해 보세요. 'Kelly and me got some soft drink'와 'Kelly and I got some soft drink' 중 어떤 게 듣기 좋아요?"

"Kelly and I요."

"좋아요. 그럼 다시 'from Kelly and me'와 'from Kelly and I' 중에 어떤 게 듣기 좋아요, Katrina?"

Katrina가 주저하며 "'from Kelly and me'라고 해야 할 것 같아요."라고 대답한다.

"왜 그렇게 생각하죠?"

"음, 주어가 아니에요. 그런데 *I*는 주어일 때 사용돼요. 그래서, *me*여야 돼요.

"그래요. 맞는 말이죠? Kelly and I는 문장의 어떤 부분이에요, April?"

"…… 주어예요."

"그래요. 잘했어요. 주어예요. 그러면 다른 예들을 볼까요? 어느 게 맞아요?"

Suzanne 선생님은 수업 종료 20분 전까지 계속 토론을 이어간다. 학생들은 학습한 정보에 근거하여 자신이 작성한 글을 수정한다.

화요일과 수요일에도 선생님은 학생들에게 두 편의 글을 더 작성하도록 하고 그에 대해 토론한다. 그리고 목요일에 선생님은 쓰기과제물을 학생들에게 되돌려 주고 대명사, 선행사 및 부정 대명사에 대한 토론을 마무리짓는다.

선생님은 금요일에 퀴즈시험으로 학생들에게 글을 한 편 쓰도록 한다. 학생들은 대명사, 대명사와 선행사 및 부정 대명사의 예가 최소 두 가지 씩을 글에 포함시켜야 한다. 선생님은 학생들이 서로의 글을 읽으면서 학습한 내용을 점검하도록 한다.

**1a.** Kevin과 Suzanne, 두 선생님의 학급분위기를 평가하라. 평가의 증거를 사례에서 찾아 제시하라.

**1b.** 어느 수업이 인지학습이론의 원리를 잘 반영하고 있는가? 사례에서 증거를 찾아 제시하라.

**1c.** 이 장에서 제시된 동기에 대한 논의의 관점에서 Kevin 선생님의 수업을 평가하라. 평가에는 이 수업에 적용된 요인을 가능한 한 많이 포함시켜라.

**1d.** 이 장에서 제시된 동기에 대한 논의의 관점에서 Suzanne 선생님의 수업을 평가하라. 평가에는 이 수업에 적용된 요인을 가능한 한 많이 포함시켜라.

## 토론 문제

1. 교사에게 가장 중요한 인지학습원리는 어느 것인가?
2. 수업에서 가장 많이 간과되거나 무시되는 인지학습원리는 어느 것인가?
3. 교사가 주로 강의를 하는 경우에도 학생들은 지식을 구성할 수 있는가? 왜 그렇게 생각하는가?
4. 학습자가 지식을 구성한다는 인지학습원리를 인정한다면, 학습자를 녹음기로 간주할 때보다 사정이 더 중시되어야 하는가 아니면 덜 중시되어야 하는가?
5. "교사가 할 일은 학습 촉진을 위한 계획을 세우는 것이다. 동기는 학생의 몫이다."는 주장에 대한 견해를 밝혀라.
6. 교사는 학교에서 따돌림당하는 학생이나 학교에 관심이 없는 학생의 동기증진도 책임져야 하는가? 왜 그렇게 생각하는가?

# 필수 교수전략과 사고 교수

| 개요 | 학습목표 |
|---|---|
| **수업계획 : 필수 교수전략**<br>■ 학생들이 학습해야 할 주요내용은 무엇인가<br>■ 학생들이 무엇을 알거나 할 수 있길 바라는가<br>■ 학생들이 학습목표에 도달하도록 어떻게 도울 것인가<br>■ 학생들의 학습목표 도달여부를 어떻게 알아볼 것인가<br>■ 학습활동과 사정이 학습목표와 논리적으로 연계되는가 | 1. 수업계획에 반드시 포함되어야 할 사항들을 진술할 수 있다. |
| **학습활동 : 필수 교수전략 실행**<br>■ 교사의 행동과 신념<br>■ 수업 체계화<br>■ 의사소통<br>■ 초점화<br>■ 피드백<br>■ 모니터링<br>■ 발문<br>■ 회고 및 정리<br>■ 다양성 탐색 : 사회적 약자 학생을 위한 필수 교수전략 | 2. 실제 수업상황에서 필수 교수전략의 예를 찾을 수 있다. |
| **필수 교수전략과 사고기능 교수**<br>■ 비판적 사고의 도전<br>■ 비판적 사고 촉진<br>■ 고등 사고기능<br>■ 사고기능 교수 : 학습자 동기 증진<br>■ 비판적 사고 분위기 조성<br>■ 사고 경향성 | 3. 수업활동에 비판적 사고를 어떻게 통합시킬지 설명할 수 있다. |

교실 뒤편 눈에 띄지 않는 자리에 앉아 있는 학생을 떠올려 보라. 이런 학생은 경력이 많은 교사가 1학년에게 수학을 가르치는 교실, 1년차 과학교사가 기생충의 유형을 가르치는 중학교 교실, 또는 2년차 국어교사가 Shakespeare의 작품에 대해 토론하는 고등학교 교실 등 어느 교실에서나 볼 수 있을 것이다.

교사의 어떤 행동은 다른 행동보다 그 교사의 인성, 배경이나 경험 또는 학년이나 학습주제와 상관없이 학습을 촉진한다. 이런 행동을 필수 교수전략이라 한다. **필수 교수전략**(essential teaching strategies)은 모든 학생의 학습을 보장하기 위한 교사행동, 신념 및 기능이다. 필수 교수전략은 오랜 연구를 통하여 추출된 것으로 성공적인 생활을 위하여 반드시 필요한 읽기, 쓰기 및 셈하기 기능과 같은 기초기능과 유사한 것으로 수업의 기초기능이라 할 수 있다.

먼저, 7학년 과학교사인 Scott Sowell 선생님의 수업사례에서 필수 교수전략을 살펴보자.

Scott 선생님은 토요일 오후에 다음 주 수업계획을 세우면서, 교과서와 중학교 과학과 표준 교육과정을 분석한다. 과학과 표준 교육과정에는 다음의 내용이 있다.

학생들은 한 물체에 하나 이상의 힘이 작용하면 방향과 크기에 따라 강해지거나 상쇄된다는 것을 안다(Florida Department of Education, 2007, p.2).

선생님은 수업을 계획하면서 이전에 이 주제를 가르친 경험을 떠올리고, 항공기의 비행을 설명하는 Bernoulli 원리에 대한 수업과 연계시키기로 결정한다. 항공기 날개 윗부분의 공기 속도는 날개의 곡선에 의해 빨라진다. 그래서 날개 윗부분의 공기의 힘은 감소되고 날개 아랫부분의 힘은 비행기를 끌어올리는 것을 도와준다. 선생님은 "이 내용이 학생들에게 흥미가 있었고, 생활에 많이 적용되어서 학생들이 좋아했다."는 것을 기억하고 있다.

선생님은 "아이들이 힘은 밀거나 끄는 것이란 것을 먼저 알 필요가 있어."라고 중얼거리며 여러 가지 힘의 간단한 예를 찾아낸다. 이어서 그는 "물체는 힘이 큰 방향으로 움직인다는 것을 보여주는 것이 '힘은 그 방향과 크기에 따라 서로 강화되거나 감소된다.'는 것을 이해하는 데 도움이 될 거야. 한 학생과 당기기 게임을 해야지. 그 아이에게 나를 잡아당기게 해서 그의 힘이 크기 때문에 내가 그쪽으로 움직인다는 것을 보여주어야지."라는 생각하면서 혼자 미소 짓는다.

마지막으로, 그는 화요일과 수요일에 Bernoulli 원리를 가르치고 목요일에 복습한 다음 금요일에는 쪽지시험을 실시하기로 마음먹는다.

## 수업계획 : 필수 교수전략

효과적인 교사들은 모두 미리 수업계획을 세운다. 그러므로 수업계획은 필수 교수전략으로 볼 수 있다. 그러나 수업계획에서 무엇을 할 것인가? 그에 대해 살펴보자.

수업계획은 교사가 스스로 일련의 질문을 하는 활동으로 볼 수 있다. 이에 대한 개요가 그림 3.1에 제시되어 있으며, 이어서 이들에 대해 구체적으로 논의할 것이다.

### 학생들이 학습해야 할 주요내용은 무엇인가

"학습에서 무엇이 중요한가?"라는 질문이 수업을 계획할 때 자문해야 할 첫 번째 질문이다(L. Anderson & Krathwohl, 2001). 교과서, 교육과정 편성지침 또는 Scott 선생님이 이용한 표준 교육과정 등이 이에 대한 대답에 도움이 될 것이다(Reys, Reys, & Chavez, 2004). 교사의 철학, 주제에 대한 학생의 관심과 흥미, 실생활 적용 등도 자원이 될 수 있다. 예를 들어, Scott 선생님은 Bernoulli 원리가 과학의 기본 개념인 힘과 관련되어 있고, 학생들이 항공기가 비행하는 것과 같은 실생활을 이해하는 데 도움이 되기 때문에 중요하다고 보았다.

주요 학습내용을 자신이 결정하지 않고 교과서나 교육과정 지침을 그대로 따라 가르치

| 그림 3.1 | 수업계획

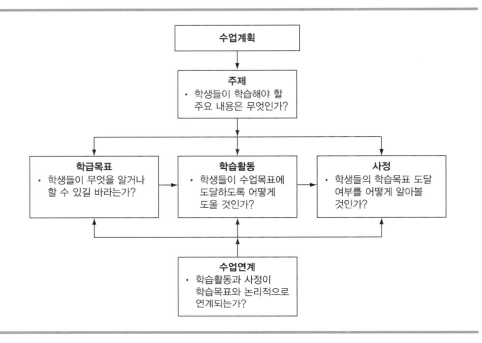

는 교사도 있다(Marzano, 2003). 교과서에는 일반적으로 심도 있게 학습할 수 있는 것보다 많은 내용이 실려 있기 때문에 이렇게 하는 것은 문제가 될 수 있다. Scott 선생님의 물리학에 대한 이해에서 보듯이, 주제에 대한 깊은 이해는 그것을 수업에서 다룰 가치가 있는지를 판단하는 데 도움이 된다는 점에서 특히 중요하다(Bereiter & Scardamalia, 2006; Darling-Hammond & Bransford, 2005).

**학생들이 무엇을 알거나 할 수 있길 바라는가**

이 질문에 대한 대답은 학생들이 주제와 관련하여 알거나 할 수 있기를 바라는 것인 **학습목표**의 진술을 통하여 이루어진다. Scott 선생님은 학생들이 (항공기 날개와 같은) 표면의 공기 속도가 증가하면 그 압력은 감소한다는 것을 이해하길 바란다. 이는 Beroulli 원리에 대한 구체적인 진술이다.

분명한 학습목표는 수업계획의 이후 과정의 지침이 되기 때문에 필수적인 것이다. 학습목표가 불분명하면 수업을 망칠 수 있다.

학습목표가 '분명해야' 한다는 것은 반드시 문서로 진술해야 한다는 것이 아니라 확실하게 인식하고 있어야 한다는 것이다. 예를 들어, Scott 선생님은 학습목표를 문서로 작성하지 않았으나, 위 사례에서 보듯이 학생들이 이해하길 바라는 것을 확실하게 인식하고 있다.

## 학생들이 학습목표에 도달하도록 어떻게 도울 것인가

이 질문에 대한 대답은 학습활동을 통하여 이루어진다. **학습활동**(learning activities)은 학생들이 학습목표에 도달할 수 있도록 도와주는 일련의 사상(events)이다. 학습활동은 수업모형에 따라 전개되며, 이 장의 논의 주제인 필수 교수전략과도 관련된다. 예를 들어, Scott 선생님은 제5장에 소개될 '안내된 발견모형'을 교수모형으로 활용하였고, 관련 사례 영상자료에서 확인할 수 있듯 필수 교수전략들을 학습활동에 통합시켰다.

## 학생들의 학습목표 도달여부를 어떻게 알아볼 것인가

학생의 학습 진전 상황에 관한 정보를 수집하고 의사결정을 내리는 과정인 **사정**(assesment)이 이에 대한 대답이다. 사정에는 학생의 학습 성과물에 대한 관찰, 질문에 대한 학생의 답변에 반응, 퀴즈나 시험 답안지 등이 포함된다.

　시험이나 퀴즈 같은 형식적 사정이 일반적으로 학습활동이 끝난 후 이루어지기 때문에, 사정방법에 대한 결정도 학습활동이 수행된 이후에 이루어지는 것으로 생각하는 경우가 많으나 그렇지 않다. 수업계획에서 사정계획도 세워야 한다(Jalongo et al., 2007).

　이 책의 교수모형에 대한 논의도 이 순서로 이루어진다. 먼저 모형을 활용한 수업계획이 기술되고, 이어서 모형 전개방법(학습활동)이 기술된다. 마지막으로, 교수모형에 따른 학습사정 방법이 논의된다.

## 학습활동과 사정이 학습목표와 논리적으로 연계되는가

위의 질문에 '예'라고 대답하기 위해서는 학습목표, 학습활동 그리고 사정을 서로 연결시키는 **수업연계**(instructional alignment)가 필요하다(Bransford, Brown, & Cocking, 2000; Martone & Sereci, 2009).

　이 수업연계가 이루어지지 않으면, 학습하고 있는 내용을 파악하기 어렵다. 학생들이 유익한 정보를 학습하고 있더라도, 학습내용과 사정 간 수업연계가 이루어지지 않는다면 유익한 학습을 하고 있다고 말할 수 없다. 마찬가지로, 교과과정과 사정이 학습목표와 연계되지 않으면 학생들은 유용하지 않은 학습을 하는 것일 수도 있다(Bransford et al., 2000, pp.151-152).

　수업연계가 생각만큼 쉽지는 않다. 예를 들어, 수업목표는 "학생들이 효과적으로 글을

| **그림 3.2** | Scott 선생님의 수업계획

**주제 :**

Bernoulli 원리

**학습목표 :**

학생들은 어떤 표면 위의 공기 속도가 증가하면 압력은 감소한다는 것을 이해한다.

**학습활동 :**

1. 복습을 위해 힘의 예를 들어준다.
2. "물체는 힘이 큰 방향으로 움직인다."는 원리의 복습을 위해 물체를 밀고 당긴다.
3. 학생들에게 종이의 위쪽을 불고 관찰하도록 하고, 종이가 위로 올라가는 것을 관찰하도록 유도하기 위해 발문한다.
4. 학생들에게 두 장의 종이 사이를 불도록 하고 두 종이가 서로 붙는 것을 관찰하도록 한다.
5. 학생들에게 탁구공을 깔때기 안에 넣은 다음에 깔때기의 목 부분을 불게 하고, 공이 깔때기 안에 그대로 있는 것을 관찰하도록 한다.
6. 칠판에 예들을 보여주는 그림들을 그려주고 학생들에게 각 경우에서 힘이 더 큰 쪽이 어디인지 찾도록 한다. 학생들이 종이 아래쪽, 두 장의 종이의 바깥쪽, 그리고 탁구공 앞쪽이 힘이 종이 위쪽, 두 장의 종이의 사이, 그리고 탁구공 뒤쪽의 힘보다 크다는 결론을 내리도록 유도한다.
7. 학생들에게 각각 그림에서 공기의 속도가 빠른 쪽을 찾도록 한다.
8. 학생들이 공기의 속도가 빠른 쪽의 힘이 작다(반대쪽의 힘이 크다.)는 결론을 내리도록 유도한다. 이 관계가 'Bernoulli 원리'라는 것을 알려준다.

**사정 :**

1. 학생들에게 각 사례의 표면의 공기 흐름을 간단히 그리도록 하고 속도와 힘의 관계를 쓰도록 한다.
2. 학생들에게 Bernoulli 원리에 근거하여 비행기가 비행하는 이유를 설명하게 한다.

쓸 수 있다."지만 단편적인 맞춤법 숙달에 중점을 둔 학습활동이 주가 된 수업은 연계가 이루어지지 않은 것이다. 이와 유사하게, 학습목표는 "학생들이 수학 개념을 실생활에 적용한다."로 설정되었지만, 학습활동에서는 계산문제 연습을 하도록 한 수업도 연계가 이루어지지 않은 것이다.

Scott 선생님의 수업은 연계가 잘 이루어진 수업이다. 선생님의 학습목표는 "학생들이 힘의 개념 그리고 힘과 운동 간의 관계에 관한 원리를 이해한다."였다. 수업이 잘 연계된 Scott 선생님의 개괄적인 수업계획이 그림 3.2에 제시되어 있다.

## 학습활동 : 필수 교수전략 실행

앞에서, Scott 선생님이 수업을 계획할 때 염두에 둔 사항들을 살펴보았다. 이제 선생님이 학습활동에서 실행한 필수 교수전략들을 살펴보자. 필수 교수전략과 Scott 선생님 사례가 그림 3.3에 제시되어 있다.

| **그림 3.3** | 필수 교수전략

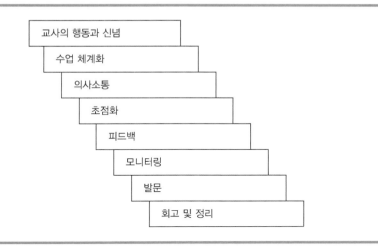

교사의 행동과 신념

수업 체계화

의사소통

초점화

피드백

모니터링

발문

회고 및 정리

Scott 선생님의 수업을 보자. 선생님은 월요일에 힘의 개념과 물체는 힘이 큰 방향으로 움직인다는 원리를 가르쳤다. 그림에 소개된 수업은 화요일에 실시된 수업이다.

Scott 선생님은 시작종 소리가 끝나자 바로 "어제 배운 것을 복습할까요. 힘이란 무엇이죠? …… Shantae?"라는 질문으로 수업을 시작한다.

Shantae는 잠시 생각한 후 "…… 밀거나 당기는 것이요."라고 대답한다.

선생님은 미소 지으며 "잘했어요, Shantae."라고 말하고 나서 칠판을 밀고 책상 위에 있는 물건들을 입으로 불어 보이면서 힘의 개념을 다시 설명하고, 학생들에게 이런 것이 힘인 이유를 설명하게 한다.

선생님은 계속하여 물체는 힘이 큰 방향으로 움직인다는 것을 복습하기 위해 책상 위에 있는 스테이플러를 들어올리고 Damien에게 빼앗아 보라고 한다.

선생님은 "자, 지금까지 복습한 내용을 잘 기억해 두세요, 이제 공기의 흐름이 힘에 어떤 영향을 미치는지 알아볼 거예요."라고 한다. 선생님은 학생들에게 종이를 두 장씩 나눠 주고 나서, 한 장을 그림처럼 들어올려서 입으로 부는 시범을 보인다.

Scott 선생님은 학생들에게 따라 하도록 시키고 나서 "종이 위쪽을 불었을 때 어떻게 됐어요, David?"이라

고 질문한다.

"종이가 움직였어요."

"어떻게 움직였어요? 다시 불어 보세요."

David은 종이 위쪽을 다시 불었고, 선생님은 "종이가 어떻게 되었어요?"라고 다시 질문한다.

"위쪽으로 올라갔어요."

"그래요, 종이를 불었을 때 위로 올라갔어요."라고 큰 소리로 말한다.

이어서 선생님은 학생들에게 종이 두 장을 겹쳐 잡도록 하고 아래 그림에서 보는 것 같이 그 사이를 입으로 부는 방법을 보여준다.

선생님은 학생들이 모두 마친 후에 "종이들이 어떻게 됐어요? …… Sharon?"이라고 질문한다.

"종이들이 서로 붙었어요."

선생님은 "좋아요. 잘 기억해 두도록 해요. 조금 있다가 다시 이야기할 거예요. …… 여기 깔때기와 탁구공이 보이죠?"라고 한다. Scott 선생님은 "깔때기를 불면 Tristan 머리에 맞을지도 몰라요."라고 농담한다.

선생님은 깔때기 목 부분에 입을 대고 불었는데 탁구공이 깔때기 안에 그대로 있는 것을 본 학생들은 신기해한다.

Scott 선생님은 학생들에게 자신이 한 것처럼 하면 어떻게 되는지 관찰하게 하고 나서, 지금까지 시범해 보였던 것을 단순화한 그림을 칠판에 그리고 나서 "여길 보세요."라고 한다.

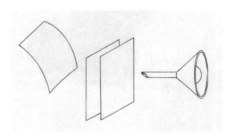

선생님은 첫 번째 그림을 가리키면서 "내가 종이 위를 불었나요? 아래를 불었나요? …… Rachel?"하고 질문한다.

"위요."

"종이가 어떻게 됐어요? …… Heather?"

"위로 올라갔어요."

선생님은 두 번째 그림을 가리키면서 "여기서는 어떻게 했죠? …… Shantae?"

"두 종이 사이를 불었어요."

"어떻게 됐죠? …… Ricky?"

"서로 붙었어요."

Scott 선생님은 세 번째 그림을 보여주면서도 지금까지 했던 것과 유사하게 수업을 진행하고 나서 "그럼 이제 힘에 대해 생각해 봐요. 종이에 어떤 힘이 작용했을까요? …… Collin?"

"중력이요."라고 Collin이 대답한다.

선생님이 "그러면 중력이 종이를 어느 방향으로 끌어당겼을까?"라고 질문한다.

"아래쪽으로요."라고 한 학생이 대답한다.

선생님은 중력을 나타내기 위해 아래 방향의 화살표를 그린다.

이어서 선생님은 "종이에 또 어떤 힘이 작용할까요? …… William?"이라고 질문한다.

William은 위쪽을 가리키면서 "공기요."라고 대답한다.

"어떻게 밀어 올린다는 걸 알았어요?"

"종이가 위로 올라갔어요."

"맞아요. 물체는 힘이 큰 쪽으로 움직이기 때문에 밀어 올리는 힘이 있는 것이고, 종이가 위로 올라갔어요."

Scott 선생님은 두 번째 그림과 세 번째 그림에 대해서도 같은 방식으로 지도하여 학생들이 종이 두 장이 서로 겹치게 하는 힘이 떨어지게 하는 힘보다 크다는 결론과 공을 깔때기 안으로 밀어 넣는 힘이 밖으로 밀어내는 힘보다 크다는 결론을 내리도록 지도한다.

선생님은 다시 첫 번째 그림을 가리키면서 "힘과 우리가 불었던 부분을 살펴보도록 해요. 그림들을 자세히 살펴보고 둘 사이에 어떤 관계가 있는지 생각해 보세요."라고 한다.

조금 있다, Heather가 "불 때마다 반대쪽 힘이 더 커지는 것 같아요."라고 한다.

수업이 끝날 때가 거의 됐다는 것을 안 선생님은 "Heather가 정확하게 말했어요. 훌륭해요. Bernoulli라는 사람이 표면의 공기 속도가 빨라지면 힘은 줄어든다는 사실을 발견했어요. (종이 한 장을 집어 들고) 그래서 내가 종이 표면의 공기 속도를 높였을 때 힘은 약해지고 (밀어 올리는 힘을 보여주기 위해 종이 아래쪽으로 손가락을 가져가면서) 이 힘이 위쪽에 작용하는 힘보다 커지는 거예요."라고 말한다.

Scott 선생님은 같은 방식으로 나머지 두 예를 요약하고 수업 종료 종이 울리기 바로 직전에 수업을 마친다.

---

Scott 선생님은 수업에서 그림 3.1에 제시된 필수 교수전략을 모두 사용했다. 지금부터 필수 교수전략들을 하나씩 살펴볼 것이다. 교수전략들을 이렇게 분리하여 살펴보는 것은 단지 설명을 위한 것일 뿐이며, 실제로는 이들이 상호의존적이며, 서로 연결될 때 훨씬 효과적이다.

### 교사의 행동과 신념

엄밀히 말하면, 교사의 행동, 특히 신념은 기능이 아니지만, 긍정적 수업분위기 조성이나 학습자 동기 향상에서와 마찬가지로 학습을 촉진하는 데 있어서도 매우 중요하다. 긍정적 수업분위기, 동기 및 효과적인 수업은 상호의존적이라는 점에서 이 말은 이해가 되며, 모델링과 열정, 배려, 높은 기대 그리고 교사의 교수 효능감도 모두 긍정적인 수업분위기 조성, 동기 증진 및 학습 촉진을 위해 반드시 필요한 필수요소이다(Brophy, 2004; Bruning, Schraw, Norby, & Ronning, 2004).

사례에서 보았듯이, Scott 선생님은 수업에서 이런 태도들을 보여주었다. 선생님은 힘이 넘치고 정열적이었으며, 학생들을 존중하는 행동을 통하여 배려를 보여주었고, 그의 발문은 학생들이 수업에 참여하고 학습하길 기대하고 있음을 보여주었다. 그리고 그는 학생들이 모방할 가능성이 높은 방식으로 행동하였다. 이런 행동들은 모든 교사들이 보여주길 바라는 특징이다.

## 수업 체계화

누구나 "체계적이지 않아." 또는 "체계적으로 해야겠어."라고 불평했던 경험이 더러 있을 것이다. 일상생활에서 체계화하는 것이 중요하다는 것은 쉽게 이해될 것이며, 수업에서도 마찬가지이다. 체계적으로 수업하는 교사는 그렇지 않은 교사보다 학습을 촉진한다(Bohn, Roehrig, & Pressley, 2004). 수업을 체계적으로 전개하는 데 필요한 사항들이 표 3.1에 제시되어 있다. 이들은 수업시간을 최대한 활용할 수 있게 도와준다. 예를 들어, 정시에 바로 수업을 시작하는 것, 미리 수업자료를 준비하는 것, 수업을 시작할 때 워밍업 하는 것, 별도 지시가 없어도 일상적인 과정을 수행하도록 하는 것 등은 수업시간을 최대한 확보할 수 있게 한다. 효과적인 교사는 수업시간을 효과적으로 활용한다.

Scott 선생님은 수업을 체계적으로 전개하였다. 그는 종이 울리자마자 바로 수업을 시작했고, 학생들에게 나누어 줄 종이, 탁구공과 깔때기를 미리 준비하였으며, 신속하면서도 자연스럽게 전시학습 상기활동으로 넘어갔다. Scott 선생님이 수업을 이렇게 체계적으

| **표 3.1** | 체계적 수업의 특징

| 특징 | 설명 |
|---|---|
| 정시에 수업 개시 | 정시에 수업을 시작하고, 역할분담이나 학습지 배부 같은 활동에서 허비하는 시간을 최소화한다. |
| 수업자료 준비 | 시청각 자료나 파워포인트 자료를 미리 준비하고, 필요할 때 바로 사용할 수 있도록 준비한다. |
| 일상적 과정수행 규칙설정 | 학습지 배부, 연필 깎기 등과 같은 일상적 과정이 자동적으로 이루어지도록 하여 별도로 설명하거나 지시하는 데 시간이 허비되지 않도록 한다. |

로 전개할 수 있었던 것은 수업계획이 체계적으로 세워진 결과이다.

## 의사소통

효과적인 의사소통, 학생의 성취, 학습의 수업 만족도 간의 관계에 관한 연구들이 많이 있다(Good & Brophy, 2008; I. Weiss & Pasley, 2004). 다음과 같은 의사소통 요소가 학습 과 동기에서 중요하다.

- 정확한 언어 사용
- 주제중심 강의
- 활동 전환신호
- 강조

**정확한 언어 사용**(precise language)이란 설명할 때나 학생의 질문에 대답할 때 ('아마도', '보통 은'과 같은) 모호한 말을 사용하지 않는 의사소통을 말한다. 예를 들어, "필수 교수전략은 무엇 입니까?"라는 질문에 "훌륭한 교사들이 일반적으로 사용하는 전략이다."라고 대답한다 면, 여전히 필수 교수전략이 무엇인지 이해되지 않을 것이다. 이와 반대로, 같은 질문에 대답이 "학년이나 주제와 관계없이 모든 교사들이 수업에서 보이는 능력이다."라고 하면 필수 교수전략이 분명하게 이해될 것이다. 분명한 언어는 학생의 성취도를 높인다.

**주제중심 강의**(connected discourse)란 주제가 분명하고 요점으로 이끄는 수업을 말한다. 주 제가 분명치 않거나, 진행이 부적절하거나, 주제와 관련 없는 내용이 중간에 끼어든다면, 수업내용이 서로 연결되지 않거나 뒤죽박죽될 것이다. 수업은 궤도를 벗어나지 않아야 하며, 주제와 관련이 없는 일에 소비하는 시간을 최소화해야 한다.

**활동 전환신호**(transition signals)란 어떤 주제나 아이디어에 대한 설명이 끝나고 다음 주제나 내 용에 대한 설명이 시작된다는 것을 알려주는 언어적 진술이다. 예를 들어, Scott 선생님이 전시 학습 내용인 힘의 개념을 상기하고 복습하고 나서 "자, 잘 기억해 두도록 하세요."라고 말하고, 이어서 "이제 공기의 흐름이 어떻게 힘에 영향을 주는지 살펴볼 거예요."라고 말한 것은 수업이 전시 학습 상기에서 본시 학습으로 전환된다는 것을 학생들에게 알려 주는 것이다. 수업시간에 모든 학생이 같은 생각을 하진 않을 것이다. 활동 전환신호는 학생들에게 다른 내용이나 주제로 넘어간다는 사실을 일깨워 주어서 학생들이 그에 대비 하도록 한다.

**강조**(emphasis)는 학생들에게 중요한 정보라는 것을 알려주는 언어 · 음성 단서이다(Jetton & Alexander, 1997). 예를 들어, Scott 선생님은 전시 학습 상기에서 본시 학습으로 전환하면 서 큰소리―일종의 음성적 강조―로 "잘 기억하도록 하세요."라고 말한다. "모두 기억하세요. 중요해요."라고 하거나 "집중해서 들으세요."라고 하는 것 등도 언어적 강조를 활용하는 것이다.

중요 내용을 강조하는 것도 일종의 강조이다. 가령, "이 문제들의 공통점이 무엇이죠?"라는 질문은 문제들의 주요 특징을 강조하는 것이고, 학생들이 새 정보를 기존 정보와 연결시킬 수 있게 도와준다. 추상적인 규칙, 원리나 개념을 개관할 때는 말을 반복하는 것이 특히 중요하다(Brophy & Good, 1986; Sheill, 1996).

주제가 충분히 이해되었을 때, 수업이 주제중심으로 이루어지고 수업내용이 서로 연결될 가능성이 높다는 점에서 내용에 대한 지식은 분명한 의사소통을 위한 필수요소이다(Brophy, 2006a). 내용에 대한 지식이 많으면 많을수록 학생들의 아이디어에 반응하면서도 학습목표에 초점을 맞추기가 용이할 것이다(Staples, 2007). 이런 점에서 수업을 계획할 때 주제를 철저히 연구해야 한다.

### 초점화

모든 학습은 주의집중에서 시작되므로, 학습을 위해서는 학생의 주의를 끌고 유지해야 한다. 구체물, 사진, 모형, 웹캠 등을 이용한 자료 제시, 판서에 이르기까지 학습활동 동안에 주의집중을 위해 사용될 수 있는 모든 것을 활용하는 **초점화**(focus)가 이런 기능을 한다.

Scott 선생님 사례에서는 시범을 통해 초점이 제공되었다. 선생님이 시범을 보임으로써, 학생들이 모두 수업에 집중하였다. 학생들이 수업에 집중하는 것은 선생님이 초점을 효과적으로 제공한 결과이다.

개념이나 원리의 예와 구체적인 묘사를 제시하는 것은 초점을 제공하는 효과적인 방법의 하나이다. 좋은 예를 중심으로 수업을 전개하는 것은 학생들의 지식구성에 필요한 정보를 제공하는 것은 물론 주의집중에도 도움이 된다.

### 피드백

학습자에게 자신의 언어적 반응이나 수행결과의 정확성이나 적합성에 대한 정보를 제공하는 **피드백**(feedback)의 효과성은 많은 연구에서 일관되게 확인되어 왔으며(Hattie & Timperley, 2007), "학습은 연습과 피드백에 의존한다."는 학습원리도 있다. 피드백은 학습자가 사전지식의 정확성을 사정할 수 있게 하고, 학습자에게 구성된 지식의 타당성에 관한 정보를 제공하며, 기존지식을 정교화하도록 도와준다. 피드백은 학습자의 능력 향상에 대한 정보를 제공하고 학습 진전 정도를 이해하려는 욕구를 만족시켜 주기 때문에 동기유발을 위해서도 중요하다(Brophy, 2004).

피드백의 목적은 기존지식과 학습목표 간의 간극을 좁히는 것이다(Hattie & Timperley,

2007).

효과적인 피드백은 세 가지 특징이 있다.

- 구체적 정보 제공
- 수행 기초
- 긍정적인 정서적 분위기

대수식을 단순화하는 방법을 가르치는 선생님의 수업사례를 보자. 선생님은 다음 식을 칠판에 제시한다.

---

$$4+3(6-2)-5$$

선생님이 "이 식을 단순화하려면 무엇부터 해야 하죠?" …… Leon?이라고 질문한다.
  "4와 3을 더해요."
  "조금 잘못 생각한 것 같아요, Leon. 누가 도와줄래요?"

---

이 사례에서, 선생님이 수행에 따른 피드백을 제공하긴 했지만, Leon은 자신의 답이 틀렸다는 사실만 알았다. 그는 구체적인 정보나 교정적인 피드백을 받지 못했다. 이와 대조적으로 다음 대화를 보자.

---

선생님이 "이 식을 단순화하려면 무엇부터 해야 하죠?" …… Emilio?라고 질문한다.
  "4와 3을 더해요."
  "Emilio, 다시 생각해 봐요. 4와 3을 먼저 더하면, 괄호 속의 수에 7을 곱하게 돼요. 이 식은 무엇을 암시하고 있어요?"
  "…… 괄호 안의 수에 3을 세 번 곱하는 거요."

---

두 번째 사례에서, 교사는 Emilio의 대답(수행)에 기초하여 구체적으로 반응하였고, 맞게 대답하도록 도와주는 정보를 제공했다. 피드백은 Emilio가 자신의 첫 대답이 틀린 이유를 이해하도록 도와주었고, 또 옳은 대답을 할 수 있는 기회를 제공했다. Leon의 수행에 대한 피드백은 그렇지 않았다. 피드백의 정서적 분위기도 중요하다. 학생들이 최대한 학습하려면, 바보처럼 보일 것이라는 두려움 없이 자기 자신과 생각을 표현해도 안전하다는 생각을 가져야 한다. 비난, 비웃음 또는 조롱이 수반되는 피드백은 이런 안전감, 동기유발 및 학습을 저해한다(Schunk et al., 2008).

즉시성이 효과적 피드백의 특징에 포함되지 않은 것에 의문이 들 것이다. 발문-응답 활동에서는 즉각적인 피드백이 정말로 중요하다. 그렇지만 퀴즈나 숙제 같은 필기자료에 대한 피드백은 다소 지연될 때 효과적이라는 연구가 있다(Shuell, 1996). 예를 들어, 퀴즈에 대한 피드백은 실시 당일보다 하루 후에 제공하는 것이 더 효과적이다. 피드백이 너무 늦어서는 안 된다는 사실은 분명하다. 실시 다음날 피드백을 제공하는 것이 바람직하다.

**칭찬**  칭찬은 가장 일반적이면서도 융통성 있게 사용할 수 있는 피드백의 한 유형일 것이다. 칭찬의 활용과 관련하여, 다소 흥미로운 양상이 밝혀졌다.

- 칭찬빈도가 학급당 5회 미만으로 교사들의 생각보다 적다.
- 교사가 바람직한 행동을 칭찬하는 경우는 매우 드물다. 초등학교의 경우에 두세 시간에 한 번 정도 행동을 칭찬하고 상급학교로 갈수록 그 빈도가 줄어든다.
- 교사들은 반응의 질에 근거하여 칭찬을 달리하지만 학생의 유형(예 : 성적이 좋은 학생, 품행이 좋은 학생, 주의집중 학생)에 따라 달리하는 경향이 있다.
- 교사들은 실제로 들은 대답에 기초하여 칭찬하기도 하지만, 듣기를 기대하는 대답에 근거하여 칭찬한다.

효과적인 칭찬은 생각보다 복잡하다. 예를 들어, 어린 아동은 과도한 칭찬도 있는 그대로 받아들이는 반면 나이 많은 학생은 칭찬의 타당성을 평가하고 자신의 능력에 대한 평가를 전달하는 것으로 지각하는 경향이 있다. 어린 아동은 공개적으로 칭찬 받을 때 행복감을 느끼지만 청소년들은 조용히 개인적으로 칭찬 받는 것을 더 좋아하는 경향이 있다(Stipek, 2002). 나이 많은 학생의 경우에는 진정한 성취를 칭찬해야 하고 자연스러운 목소리로 간단하면서도 직접적으로 해야 한다(Good & Brophy, 2008). 불안감이 높거나 사회경제적 지위가 낮은 가정의 학생은 자신감이 있거나 유복한 가정의 학생보다 칭찬에 더 긍정적으로 반응하는 경향이 있다(Good & Brophy, 2008).

마지막으로, 일반적인 칭찬보다 구체적인 칭찬이 더 효과적이긴 하지만, 바람직한 대답 모두를 구체적으로 칭찬하는 것은 딱딱하고 부자연스러울 수 있으며 원활한 수업 진행을 방해할 수도 있을 것이다. 대답이 맞긴 하지만 모호한 경우에는 확인을 시켜 주는 정보를 부가적으로 제공해야 하고, 자신 있게 대답한 경우에는 간단하고 일반적인 칭찬을 한다(Rosenshine, 1987).

**필기 피드백**  피드백은 수업 동안에 많이 제공되지만, 교사들은 학생의 성과물에 대한 간단한 메모나 코멘트를 적어 주는 방식으로 유용한 피드백을 제공하기도 한다. 상세하게 코멘트를 적어 주기 위해서는 많은 시간이 필요하기 때문에, 필기 피드백은 간단하고 개략적인 경우가 많아 학생들에게 유용한 정보를 거의 제공하지 못한다.

이 문제를 해결하는 한 가지 방법은 모범답안을 제공하는 것이다. 예컨대, 학생들이 진술형 문항에 대한 자신의 답의 스스로 평가할 수 있도록 도와주기 위하여 모범답안을 학생들에게 제공하여 둘의 답안을 비교하도록 할 수 있다. 모범답안을 제시하고 학생들과 토론하고 나서 개인별 피드백을 간단히 제공한다면 교사가 충분히 감당하면서도 학생들에게 유용한 피드백 제공이 가능할 것이다.

## 모니터링

**모니터링**(monitoring)이란 학습 진전에 대한 증거 수집을 위하여 학생의 언어적 행동과 비언어적 행동을 계속 확인하는 과정이다. 모든 학습활동에서 모니터링이 중요하지만, 학생들이 같은 실수를 반복할 수도 있는 자습활동 동안에 특히 중요하다. 학생들을 면밀하게 모니터링하면 학생의 주의가 분산될 때 즉시 다가가거나 호명하여 수업에 참여하도록 할 수 있을 것이다. 또 학생의 곤혹스러운 표정과 같은 비언어적 행동을 알아차려서 "방금 내가 말한 것을 말해 보겠니?"와 같은 질문을 던져야 한다. 덜 효과적인 교사는 곤혹스러운 표정이나 주의분산에 주목하지 않는 것 같다. 적절한 질문에 뒤이은 면밀한 모니터링은 긍정적 수업분위기 조성에 크게 기여하는 동시에 행동과 학습 모두에 대한 기대가 높다는 것을 학생들에게 전달한다.

## 발문

"사회적 상호작용이 지식구성을 촉진한다."는 인지학습이론의 한 원리이며, 노련한 교사는 학생들을 적극적으로 가르친다는 사실은 교수와 관련된 수많은 연구에서 계속 시사되어 왔다(Brophy, 2006a; Odem, Stoddard, & LaNasa, 2007).

> 학생의 학업성취도 향상에 크게 기여하는 교사는 학생들을 적극적으로 가르치는 데 많은 시간을 보낸다. 이들은 수업에서 교사와 학생 간의 담화가 이루어지는 상호작용에 보다 많은 시간을 할애하고, 자습에 할애하는 시간은 비교적 짧다. 이들의 수업 대부분은 일방적인 강의시간보다는 학생과 상호작용하는 담화 동안에 이루어진다(Brophy, 2006a, p.764).

사회적 상호작용을 유발하는 방법으로 가장 널리 적용할 수 있는 효과적인 방법이 발문이다(Leinhardt & Steele, 2005). 노련한 발문의 효과는 매우 강력하다. 노련한 발문을 통하여 학습하는 아이디어와 실생활을 관련시킴으로써 학생들이 둘 간의 관련성을 파악할 수 있도록 도와줄 수 있다(Eggen & Kauchak, 2010). 또 발문은 (1) 계속 주의집중하도록 도와주고, (2) 부끄럼을 잘 타는 학생이나 망설이는 학생을 수업에 참여시키며, (3)

발문을 반복함으로써 강조 사항임을 전달하고, (4) 학생의 이해 정도를 평가할 수도 있다.

발문에서는 다음과 같은 여러 가지 사항이 동시에 고려되어야 하므로 노련한 질문은 복잡한 일이기도 하다.

- 수업목표 기억
- 학생의 언어적·비언어적 행동 모니터링
- 자연스러운 수업 전개
- 후속 발문 준비
- 지명할 학생 선정

많은 교사들은 연습을 통하여 발문 전문가가 되며, 누구라도 연습하면 그렇게 될 수 있다 (Kauchak & Eggen, 2007; Weiss & Pasley, 2004). 작업기억이 과부하되지 않도록 하기 위해서는 **특별하게 주의를 기울이지 않고도 행위를 수행할 수 있을** 정도로 **자동화**될 때까지 발문전략들을 연습해야 한다. 자동화의 예로는 타자나 운전을 들 수 있다. 대부분의 사람은 타자를 칠 때 손가락이 위치한 자판은 생각하지 않고 말하고자 하는 것을 친다. 운전의 경우에도 마찬가지이다. 운전하면서 처리할 일에 대해 생각하거나, 통화하거나, 화장하거나, 면도하는 것이 현명한 행동이 아니며 어떤 경우에는 불법이라는 것을 알면서도 이런 일들을 할 수 있을 것이다.

하여간 수업에서 자동화는 중요하며, 강력한 영향을 미친다. 발문기술을 자동화 수준까지 발달시키면 시킬수록 한정되어 있는 작업기억 공간을 학생들의 사고와 행동을 모니터하고 학습 진전을 평가하는 데 더 많이 사용할 수 있다(Feldon, 2007). 따라서 사실상 의식하지 않고도 발문할 수 있을 정도로 반복하여 연습해야 한다. 또 단순히 주제를 설명하는 것보다 학생들이 이해하도록 유도하는 것이 더 효과적이다. 학생들이 이해한 것을 자신의 말로 표현할 수 있을 때 보이는 학생들의 기쁜 표정을 보는 것은 수업에서 받을 수 있는 가장 큰 보상 중의 하나일 것이다. 노련한 발문을 통하여 이런 일이 가능하도록 할 수 있다.

효과적 발문의 특징이 표 3.2에 간략히 제시되어 있으며, 이어서 이들을 자세히 살펴본다.

**빈번한 발문**　**빈번한 발문**(questioning frequency)이란 말 그대로 **학습활동 동안에 교사가 자주 발문하는 것**을 말하며, Scott 선생님의 수업사례에서 구체적으로 확인할 수 있다. 선생님은 계속적인 발문을 통하여 수업을 진행하였다. 발문은 학생의 수업 참여도를 높이며, 높은 수업 참여도는 성취도를 향상시킨다. 또 높은 참여도는 내재적 동기에 필수적인 학습자

| 표 3.2 | 효과적인 발문의 특징

| 특징 | 설명 |
| --- | --- |
| 빈번한 발문 | 많이 질문하기. 효과적인 교사는 발문을 통해 학습을 유도한다. |
| 고른 지명 | 모든 학생을 균등하게 지명하기. 효과적인 교사는 가능하면 학생의 성취도, 민족, 성별이나 장애 여부에 상관없이 균등하게 지명하여 대답하도록 한다. |
| 암시 | 학생에게 단서 제공하기. 효과적인 교사는 학생들이 대답하지 못하거나 잘못 대답했을 때 단서를 제공하거나 추가 발문을 한다. |
| 대기시간 제공 | 학생들에게 대답할 시간 주기. 효과적인 교사는 개입하거나 다른 학생을 지명하기 전에 생각할 시간을 충분히 준다. |

의 자율감도 높인다(Ryan & Deci, 2000). 효과적인 교사는 다른 교사보다 발문을 많이 하고, 발문은 학습목표에 맞추어져 있다(Leinhardt & Steele, 2005).

**고른 지명** 일반적으로 수업에서 어떤 학생이 지명되는가? 성취도가 높거나 적극적인 학생이 지명된다. **고른 지명**(equitable distribution)이란 가능한 한 모든 학생을 균등하게 지명하는 과정이다(Kerman, 1979). Scott 선생님 수업사례의 일부 대화를 통하여 구체적으로 살펴보자.

> **교사** [종이 한 장을 사용한 그림을 보여주면서] 내가 종이 위를 불었어요, 아래를 불었어요? …… Rachel?
>
> **Rachel** 위쪽이요.
>
> **교사** 어떻게 되었어요? …… Heather?
>
> **Heather** 위로 올라갔어요.
>
> **교사** [종이 두 장을 사용한 그림을 보여주면서] 이때는 어떻게 했어요? …… Shantae?
>
> **Shantae** 가운데를 불었어요.
>
> **교사** 그랬더니 어떻게 됐어요? …… Ricky?
>
> **Ricky** 둘이 서로 붙었어요.

이 사례에서 선생님은 네 명의 학생에게 질문을 했으며, 먼저 질문하고 나서 학생을 호명했다. 이런 순서로 하는 것은 모든 학생이 대답을 생각하도록 만들고, 또 누구라도 지명될 수 있으므로 주의집중하도록 한다(Good & Brophy, 2008).

학생들은 언어적 의사소통 기술을 연습하는 기회를 얻으며, 대답 기회를 골고루 주는 것은 학생들이 계속 집중하고 책임을 지도록 하는 데 도움을 준다. 또한 주로 적극적인(그리고 일반적으로 성취도가 높은) 일부 학생들과만 상호작용하는 교사는 학생들에게 바람직하지 않은 기대를 전달할 가능성이 높으며, 일반적으로 덜 민감하고 덜 효과적인 교사가 될 가능성이 높다 (Good & Brophy, 2008, p.322).

고른 지명은 쉬워 보이지만, 학생들을 면밀하게 모니터해야 하고 많은 에너지가 요구되기 때문에 실천에는 많은 노력이 필요하다. 이것이 바로 발문이 자동화될 때까지 연습해야 하는 또 다른 이유이다.

**암시** 모든 학생을 균등하게 지명하려 할 때, '지명된 학생이 대답을 못하거나 잘못 대답하면 어떻게 하나?'하고 걱정할 수도 있을 것이다. 이에 대한 한 가지 답은 학생이 정확한 대답을 하지 못한 경우에 적절한 답을 할 수 있도록 추가 질문이나 진술을 활용하는 **암시**(prompting)이다. 학습과 동기에 대한 암시의 효과는 여러 문헌에서 널리 인정되어 왔다(Brophy, 2006a; Shuell, 1996).

암시의 구체적 예로 Scott 선생님의 수업사례의 대화 한 부분을 살펴보자.

**교사** 종이 위쪽을 불었을 때 종이가 어떻게 되었어요? ······ David?
**David** 종이가 움직였어요.
**교사** 종이가 어떻게 움직였어요? 다시 해봐요.
[David이 다시 종이의 표면을 분다.]
**교사** 종이가 어떻게 되었어요?
**David** 위로 올라갔나?

David이 처음에 힘과 종이의 운동 간의 관계를 이해하는 데 필요한 대답을 하지 못했기 때문에 선생님이 그에게 다시 해보도록 한 것은 일종의 암시이다.

또 다른 예로 국어교사인 Fredo Rodriguez 선생님의 발문을 보자.

선생님은 다음 문장을 실물화상기 프로젝터에 제시한다.

그 소녀는 운동을 아주 잘했었다.(The girl was very athletic.)

선생님은 발문으로 수업을 시작한다.

**교사** 이 문장에서 형용사를 찾을 수 있어요? ······ Selena?

| **Selena** | …… |
|---|---|
| **교사** | 소녀에 대해 아는 게 뭐예요? |
| **Selena** | 운동을 잘했어요. |

Selena에게서 수용 가능한 대답을 이끌어낸 Fredo 선생님의 암시는 Selena가 계속 활동에 참여하여 성공을 경험하도록 하였다. 처음에 Selena는 Fredo 선생님이 원하는 대답을 하지 못했으나 선생님의 발문은 그녀가 정신적 활동을 계속하도록 하였고, 그래서 그녀는 학습을 계속해 나갔다. 이 사례에는 "사회적 상호작용과 언어사용은 지식구성을 촉진한다."는 인지학습원리가 적용된 것이다.

암시는 전략적으로 해야 한다. 예를 들어, 발문이 "7곱하기 8은 얼마예요?" 또는 "남북전쟁 때 대통령은 누구였지요?"와 같이 사실적 지식을 요구하는 것이고 학생이 대답을 못하는 경우에는 암시가 유용하지 않다. 학생들은 사실을 알거나 알지 못하거나 둘 중 하나이다. 그러나 학생이 대답하기 위해 개념지식, 절차지식 및 메타인지지식의 학습이나 상위의 인지과정이 필요한 발문의 경우에는 암시가 효과적이다(L. Anderson & Krathwohl, 2001).

**대기시간 제공** 발문이 효과를 내기 위해서는 학생에게 생각할 시간을 주어야 한다. 효과적인 교사는 질문하고 나서 학생을 지명하기 전에—모든 학생이 지명될 수 있다는 것을 알리면서—조금 기다리며, 이어서 학생들에게 생각할 시간을 주기 위해 몇 초 정도 더 기다린다. 학생을 지명하기 전과 후의 침묵기(period of silence)를 **대기시간**(Wait-time)이라 한다. 대부분의 수업에서 대기시간은 1초도 안 될 정도로 너무 짧다(Rowe, 1974, 1986; Stahl, DeMasi, Gehrke, Guy, & Skown, 2005).

기다림은 모든 학생에게—지명받은 학생은 물론 다른 학생에게도—생각할 시간을 준다는 점에서, 대기시간을 '사고시간(think-time)'이라고도 할 수 있을 것이다. 대기시간을 늘리는 것은—이상적으로는 3~5초—모든 학생이 대답하길 기대한다는 것을 전달하고, 보다 자세하고 바람직한 대답을 하도록 하며, 긍정적 수업분위기 조성에도 기여한다(Kastens & Liben, 2007; Rowe, 1974, 1986).

암시와 마찬가지로 대기시간 제공도 전략적으로 실행되어야 한다. 예컨대, 발문이 곱셈하기 같은 기본기능에 관한 것이라면, 신속한 대답이 바람직하고 대기시간도 짧게 제공해야 한다(Good & Brophy, 2008). 또 학생이 어려워하는 것 같으면 신속하게 개입하여야 할 것이다. 그렇지만 학생들이 적용, 분석 또는 평가 같은 인지과정을 활용할 것을 기대하는 경우에는 대기시간을 길게 제공하여야 하고, 경험에 비추어 볼 때 3~5초 이상을 기다려야 할 것이다.

**발문의 인지수준**  발문수준도 학습에 영향을 미치며, 낮은 수준 발문과 높은 수준 발문의 상대적 장점에 관한 연구도 많다. 낮은 수준 발문과 높은 수준 발문 모두가 성취도와 정적 상관이 있으며, 상관의 정도는 교수 상황에 따라 다르다(Good & Brophy, 2008).

발문수준의 적정성은 수업목표에 따라 다르며, 단발적인 발문보다는 연속하여 질문하는 연속 발문이 바람직하다. 이런 방식의 발문의 구체적인 예를 Scott 선생님의 수업에서 볼 수 있다. 그는 시범하고 나서, 먼저 학생들에게 종이와 공이 어떻게 되었는지를 질문하고, 뒤이어 공기의 속도와 물체에 작용하는 힘 간의 관계를 확인하는 질문을 하였다.

수업에서는 학습목표에 초점을 맞추어야지 발문수준 그 자체에 초점을 맞추어서는 안된다. 학습목표가 분명하면 적절한 수준의 발문이 자연스럽게 이루어질 것이다.

## 회고 및 정리

**회고**(Review)란 학생들이 사전지식과 후속 학습활동을 연결시킬 수 있도록 도와주는 요약이다. 회고는 일반적으로 수업 시작과 끝 부분에서 이루어지긴 하지만 수업 중 어느 때라도 이루어질 수 있다.

수업 도입부의 회고는 본시 학습내용을 이해하는 데 필요한 사전지식을 활성화시키는 것을 도와준다. Scott 선생님이 화요일 수업에서 도입을 위한 효과적인 회고를 아주 잘 보여 주었다. 그는 학생들에게 힘의 정의를 회상할 것을 직접 요구하는 대신에 서로 반대 방향으로 작용하는 두 힘과 운동을 관련시킨 원리를 회상하도록 하였다. 그는 두 아이디어를 보여주는 추가적인 예도 제공하였다. 선생님은 월요일 수업에서 예를 들어 주어서 또 들어주는 것을 망설이는 것 같긴 하지만, 예를 다시 들어 주어야 하는 경우도 종종 있다. 회고 동안에 구체적인 예를 들어 주는 것은 새로 학습한 내용과 이미 장기기억에 들어 있는 내용을 다시 한 번 연결시켜 줌으로써 학습효과를 높인다.

Scott 선생님의 회고는 Bernoulli의 원리를 이해하기 위해서는 힘을 이해하고 운동 방향과 힘의 상대적 크기를 관련시키는 원리를 이해해야 한다는 점에서도 중요하다. 유의미한 수업을 위해서는 회고가 반드시 필요했다.

**정리**(closure)란 수업을 마칠 때 이루어지는 회고이다. 정리의 목적은 학생들이 학습한 것을 유의미한 아이디어로 조직화함으로써 장기기억에 더 잘 저장할 수 있도록 돕는 것이다. 정리는 주제의 여러 측면을 연결시키고 수업의 종료를 알린다. 학생들이 높은 수준의 학습을 할 때 효과적으로 정리하는 방법은 학습한 것을 새로운 상황에 적용하도록 하는 것이다.

필수적인 교수전략은 전체 그림의 일부일 뿐이다. 이제 우리는 교수와 학습의 이런 중요한 면을 토의한다.

## 다양성 탐색 : 사회적 약자 학생을 위한 필수 교수전략

필수 교수기능은 수업맥락에 관계없이 모든 학생의 학습을 증진시키지만, 사회적 약자 학생을 위한 수업에서 특히 중요하다. 이런 학생을 위한 수업에서는 다음 세 가지 사항이 특히 중요하다.

- 교사의 행동과 신념
- 발문
- 피드백

**교사의 행동과 신념**  교사의 신념은 학생을 지도하는 방식에 영향을 미치며, 다문화 가정 학생과 같은 사회적 약자 학생의 능력에 대한 부정적 고정관념은 특히 치명적일 수 있다. "이런 고정관념은 비인간적일 뿐 아니라, 다문화 가정, 사물 및 지역을 생각하는 순간에 떠오르는 이미지이기 때문에 불식시키기도 어렵다."(Goldstein, 2004, p.45) 고정관념의 효과는 파괴적일 수 있으며, 교수 효능감, 모델링, 배려 및 긍정적 기대 같은 교사의 행동과 신념이 매우 중요한 이유이기도 하다.

배려적인 교사가 조성하는 소속감이 사회적 약자 학생의 탄력성을 촉진하는 데 있어서 중요한 요인이다(Judson, 2004). 인간에게는 소속되고 다른 사람과 관계를 맺으려는 욕구가 있으며, 이 욕구는 학교에서 배척되고 사랑받지 못한다고 느끼는 사회적 약자 학생의 경우에 특히 강하다. 학생을 한 인간으로 인정하는 배려적인 교사는 이들이 소속감을 느끼도록 돕는 일을 많이 할 수 있다.

긍정적 교사태도라는 말이 교사는 천성적으로 낙천적이어야 한다는 의미는 아니다. 사회적 약자 학생들은 다른 학생들보다 더 많이 위험에 노출될 수 있다. "학생을 믿는다."는 말이 빈민지역 학생이 'A'급 학생이 되고, 표준화 시험에서 좋은 성적을 받아야 한다는 것은 아니다. 이렇게 되기 위해서는 많은 노력이 필요하고, 학생생활의 다른 측면에 대한 세심한 이해도 필요하다(Goldstein, 2004, p.46). 도시 빈민지역의 학교에서 성공을 거두기 위해서 배려가 필요하며, 이런 배려는 학생의 성공을 격려하고, 더 나아가 성공을 요구하는 교수로 이어져야 한다.

**발문**  교사들은 어려운 환경에서 학생을 가르칠 때 학생을 강력하게 통제하는 수업전략으로 되돌아가는 경향이 있다. 그 결과, 강의나 자습 같은 수동적 학습활동이 비정상적으로 많아진다(Duke, 2000; Eggen, 1998). 오히려 반대가 되어야 한다.

많은 연구에서 학생들이 성취를 향상시키기 위해서는 홀로 공부하는 것보다 교사로부터 적극적인 수업을 받아야 한다는 것이 시사되고 있다(Brophy, 2004, p.155).

위의 인용은 학생 전체를 염두에 둔 것이지만, 빈민지역 환경에서 생활하거나 일하는 사회적 약자 학생들에게 더욱 중요하다. 발문은 학생들이 이해한 것을 자신의 말로 표현하도록 하며, 발문에 대답하는 것은 학생들이 이런 능력을 발달시키는 가장 효과적인 방법이다.

"학생이 응답하게 하기 위해 노력했는데 학생들이 대답할 수 없거나 하지 않아요."라고 말하는 교사가 많이 있다. 이 점에서 개방형 발문과 암시가 아주 중요하다. 처음에는 학생들이 학교에서 사용되는 용어를 사용한 경험이 한정되어 있기 때문에 어려움을 겪을 수 있다. 그렇지만 이런 학생들도 적절한 도움과 격려를 받으면서 점진적으로 나아질 것이며, 나아가 학습동기도 높아지고 학습도 향상될 것이다.

마지막으로, 면밀히 살피면서 고르게 지명하는 것도 사회적 약자 학생에게 반드시 필요하다. 고르게 지명하는 것이 다른 어떤 방법보다도 모든 학생이 학습에 성공할 수 있으며 할 것으로 기대한다는 것을 가장 효과적으로 전달하는 방법이다.

**피드백** 피드백도 교사태도 및 발문과 마찬가지로 사회적 약자 학생에게 매우 중요하다. 경험과 사전지식의 큰 차이로 말미암아 이들이 구성하는 지식은 일반 학생과 크게 다를 가능성이 높다. 따라서 사회적 약자 학생에게는 자습, 숙제 및 퀴즈에 대한 자세한 설명이 반드시 필요하다. 피드백을 통하여 학생과 연결될 수 있으며, 학생들이 지식을 구성할 수 있도록 도울 수 있다.

앞에서 밝힌 것처럼, 필수 교수전략은 발달수준이나 주제 또는 배경경험에 관계없이 모든 학생에게 효과적이기 때문에 반드시 필요하다. 사회적 약자 학생을 가르칠 때는 교사의 행동과 신념, 발문 및 피드백이 더욱 중요하다.

## 필수 교수전략과 사고기능 교수

앞에서 수업분위기, 학습동기 그리고 학습은 상호의존적이라고 밝힌 바 있다. 예를 들어, 학습을 많이 하면 할수록 학생의 동기와 수업분위기도 좋아질 것이며, 그 반대도 성립될 것이다.

학습과 사고의 경우도 마찬가지이다. 사고기능이 발달되면 될수록 학습자는 더 많이 학습하고, 학습을 많이 할수록 비판적 사고를 더 잘할 것이다. 사고에 대한 논의 없이는 학습에 대한 논의를 마무리지을 수 없다.

> 학습은 사고의 결과이다. 파지, 이해 및 지식의 적극적 활용은 학습자의 사고경험과 학습하고
> 있는 것에 대한 사고에 의해서만 가능하다(Perkins, 1992, p.8).

내용을 깊이 이해하는 것이 목적이라면, 사고에 대한 강조도 목표가 되어야 한다. 이 책
의 제4장에서 제10장까지 제시된 교수모형들은 상호의존적인 이 두 목표를 달성하기 위
해 설계되었다.

**비판적 사고**(critical thinking)에 대한 정의는 다양하지만, 대부분의 정의에는 증거에 기초
하여 결론을 내리고 평가하는 개인의 능력과 경향성이 포함되어 있다(van Gelder, 2005; Willingham,
2007). 비판적 사고는 항상 면밀하게 살펴야 하는 광고, 의도적인 왜곡, 심지어는 선동까
지 넘치는 오늘날 더욱 중요해지고 있다. 예를 들어, 한 화장수 광고에서 아름다운 젊은
여성이 매력적인 젊은 남성을 그윽하게 바라보는 장면이 나온다. 광고주는 남성 시청자
들이 이 화장수를 바르면 자신도 아름다운 여성에게 매력적으로 보일 것으로 믿길 바라
며, 여성용품을 팔려는 광고주도 이와 유사하게 호소할 것이다. 또 왜곡, 맥락을 배제한
진술 그리고 '증세주의 민주당' 또는 '냉정한 공화당'과 같이 사실인 것처럼 수용되는 낙
인으로 상대를 공격하는 정치인들도 있다. 이것이 오늘의 세상이다.

## 비판적 사고의 도전

학교에서 학생의 사고에 관심을 가진 것은 오래되었다. John Goodlad(1984)는 지금까지
수행된 미국 학교에 관한 연구 중에서 가장 종합적이고 널리 알려진 한 연구에서 다음과
같이 결론지었다.

> (읽기와 수학) 수업이 정보의 단순한 습득을 훨씬 뛰어넘어 그 의미에 대한 이해까지 나아가
> 고, 그것을 적용하거나 적용 가능성을 탐색하는 수준에 이를 가능성이 있다는 것을 시사하는
> 증거를 거의 찾을 수 없었다. 또 학생의 호기심을 유발하거나 교사가 제시하지 않거나 교과서
> 에 있지 않은 문제해결 방안을 찾게 할 가능성이 높은 활동들도 볼 수 없었다.
>   그리고 이렇게 낮은 수준의 지적 과정에 집중된 이런 현상은 사회와 과학에서도 마찬가지였
> 다. 학습주제나 사용된 자료에 대한 분석에서도 학생들이 인간의 적응과 탐구가 사실의 학습
> 에 그친다는 인상을 받았다(p.236).

더욱이, 증거에 기초하여 결론을 내리거나 평가하는 것은 보기보다 어려우며, 대부분
의 사람들은 잘하지 못한다(Willingham, 2007). 예를 들어, 어떤 견해를 정당화하라는 요

구를 받았을 때,

즉, 지지하는 증거를 제시하라고 했을 때 조사 대상의 절반 이상이 어찌할 바를 몰라 했다. 문제는 이들이 증거라는 개념을 파악하지 못하고 있으며, 자신의 견해를 지지하는 증거를 적절하게 파악하지 못한다는 것이다(van Gelder, 2005, p.42).

인간이 천성적으로 비판적으로 사고하려는 경향이 있으며, 성취도가 높은 사람이 낮은 사람보다 더 비판적으로 사고하는 것도 아닌 경우가 많다(Shermer, 2002). 인간은 경험을 이해하길 바라며, 타당한 것처럼 보이는 근거를 찾으면 더 관심을 갖지 않는 경향이 있다(Shermer, 2002). 다른 방법을 찾기보다 신념을 지지하는 증거를 찾으려는 경향성인 **신념고수**(belief preservation)는 상황을 더 어렵게 한다(Douglas, 2000). 인간은 한 아이디어를 강하게 믿거나 진실이길 원하면 그 신념을 지지하는 증거를 찾고 그에 반하는 증거는 피하거나 무시하며, 지지하는 최소한의 증거라도 있으면 모순되는 증거가 압도적으로 많은 경우에도 신념을 유지하려는 경향이 있다. 인지학습원리는 이런 경향성을 이해하는 데 도움을 준다. 가령, "인간은 경험을 이해하길 원한다."는 원리와 "사람은 자신의 경험을 이해하기 위해 지식을 구성한다."는 원리가 있다. 인간은 경험이 환상이거나 왜곡된 경우에도 이해되면 그것으로 만족하고 더 이상 문제 삼으려 하지 않는다.

더 나아가, 인간은 기존 신념에 안주하려는 경향도 있다. 신념을 바꾸는 것은 자신의 지능이 낮거나 의지가 약하다는 것을 보여주는 것으로 간주되며, 따라서 신념 수정은 자기 가치감(sense of self-worth)을 위협한다(Lennenbrink & Pintrich, 2003). 또 신념은 문화나 종교와 통합되는 경우도 있다. 이런 도전에 대처하는 것이 비판적 사고를 조장하기 위한 수업의 핵심이며, 비판적 사고가 정규 교육과정에 통합되어야 하는 이유이다(Burke, Williams, & Skinner, 2007; Willingham, 2007). 이제 그 방법을 살펴보자.

## 비판적 사고 촉진

독자 중에는 이 절을 읽으면서 자신을 돌아보고 "도달해야 할 교육과정 표준이 있고, 이외에도 해야 할 일이 많은데, 이제 사고기능까지 가르치라고!" 하면서 회의에 빠질지도 모르겠다. 교수가 부담이 큰일임은 분명하지만, 다행인 것은 별도의 노력을 거의 들이지 않고도 수업과 연계시켜 비판적 사고를 촉진할 수 있다는 것이다. 예를 들어, Scott 선생님의 수업을 다시 살펴보자. 학생들은 시범을 보였고, 선생님은 칠판에 아래와 같은 그림을 제시하고, 종이 한 장을 들어 보인다.

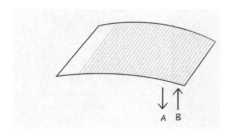

이제 선생님과 학생들 간의 대화를 보자.

**교사**　　자, 이 경우의 힘에 대해 생각해 보세요…….
　　　　　어떤 힘이 종이에 작용하고 있죠? …… Colin?

**Colin**　중력이요.

**교사**　　중력이 어느 쪽으로 당기고 있죠?

**Colin**　아래로요.
　　　　　[선생님 중력을 표시하기 위해 아래 방향의 화살표를 그린다.]

**교사**　　종이에 또 어떤 힘이 작용하고 있나요? …… William?

**William**　[위쪽을 가리키며] 공기요.

**교사**　　어떻게 알았어요?

**William**　종이가 위로 휘었어요.

**교사**　　맞아요. 물체는 힘이 큰 방향으로 움직이고, 종이는 위로 휘어졌기 때문에 밀
　　　　　어 올리는 힘이 있다는 걸 알았어요.

이 대화에서 Scott 선생님은 별도로 노력하지 않고도 비판적 사고를 조성하고 있다. William은 (결론을 말로 하진 못하지만) 공기가 종이를 밀어 올리고 있다는 결론을 내렸다. "밀어 올린다는 것을 어떻게 알았죠?"라는 질문을 통하여 Scott 선생님은 William에게 결론에 대한 증거를 제시하도록 하였고, William은 "종이가 위로 움직였어요."라는 대답으로 증거를 제시하였다. "어떻게 알았지?", "왜 그렇게 말했니?", "증거가 있니?" 같은 질문을 할 기회는 생각보다 많고, 비판적 사고를 촉진하기 위해서는 이런 기회를 알아차리고 이용하는 것이 필요하다.

　Scott 선생님의 수업은 과학이었지만, 증거에 기초하여 결론내리는 연습은 거의 모든 내용영역에서 가능하다. 예를 보자.

Carol Lopez 선생님은 국어시간에 형용사와 부사에 대해 가르치고 있으며, 오늘은 형용사를 집중적으로 다루고 있다. 그녀는 다음 문장을 제시하였다.

John은 갈색머리가 바람에 날리는 Karen과 함께 낡은 차를 운전하여 축구경기를 보러 갔다. 이들은 입구 근처의 커다란 문 앞에서 가장 친한 친구인 Latoya와 Mechael을 만났다. 경기는 정말 극적이었고, 팀의 런닝 게임이 불꽃 튀었기 때문에 홈 팀이 간발의 차로 승리했다.

Carol 선생님은 학생들에게 위의 글을 읽도록 하고 나서 "우린 명사에 대해 공부했어요. 여러분이 얼마나 기억하는지 알아볼까요. 이 글에서 명사를 찾아보세요. …… Bharat?"

Bharat가 "John과 Karan이요."라고 대답한다.

선생님은 학생들이 명사를 모두 찾아낼 때까지 계속 질문하고 나서, 형용사를 찾도록 한다.

학생들은 '갈색의, 낡은, 가장, 큰, 겨우, 달리는(running)' 및 '연고(home)'를 형용사라 하였고, 선생님은 칠판에 이 단어들을 적는다.

Carol 선생님이 "이 단어들이 형용사라는 걸 어떻게 알았어요? …… Duk?"하고 질문한다.

Duk이 "명사 앞에 나와요."라고 대답한다.

선생님이 머리를 끄덕이며 "맞았어요. 그런데 형용사의 핵심적인 특징이 뭐예요? …… Lakesha?"라고 다시 질문한다.

"형용사는 명사를 꾸미는 말이에요."

"아주 잘했어요, Lakesha! 이제 모두 잘 보세요. 우리가 찾아내지 못한 형용사가 더 있나요?"

몇 초가 지나고 나서, Adams가 "'극적인'이요."라고 말한다.

선생님이 "그게 형용사란 걸 어떻게 알았어요?"라고 다시 질문한다.

"…… '극적인'이라는 말이 명사인 '경기'라는 말을 묘사하고 있어요. 경기가 극적이었다는 것을 말해 주고 있어요."

"그러면 '연고(home)'는 왜 형용사죠? 명사 같은데? …… Duk?"

Duk이 잠시 생각하고 나서 "…… '연고'라는 말이 '팀'을 묘사해요. 그것은 연고팀이에요."라고 대답한다.

Carol 선생님의 비판적 사고에 대한 강조에는 세 가지 중요한 특징이 있다. 첫째, 선생님이 학생들에게 결론에 대한 증거를 제시하도록 한 것은 단순한 언어활동에서 비판적 사고를 연습할 수 있는 기회를 제공하고 있다. 둘째, 선생님의 활동은 사고와 학습의 상호의존성을 구체적으로 보여주고 있다. Duk은 형용사는 명사 앞에 있는 단어라는 형용사에 대한 오개념(misconception)을 가지고 있었다. 선생님이 학습활동에서 사고를 강조했기 때문에, 연고가 명사처럼 보이는데도 형용사인 이유를 묻는 질문에 "'연고'는 '팀'을 묘사해요. 그것은 연고팀이에요."라고 말한 데서 보듯이 Duk은 형용사에 대한 자신의 오개념을 불식시킬 수 있었다. 선생님이 학습활동에서 사고를 강조하지 않았다면, Duk은 여전히 오개념을 가지고 있었을 것이다.

셋째, 선생님의 입장에서 보면, 사고를 강조하기 위해 별도의 노력을 한 것도 아니다. 선생님은 기회가 있을 때 "그게 형용사란 걸 어떻게 알았어요?", "연고가 왜 형용사죠?"라는 질문을 했을 뿐이다. 선생님의 입장에서는 별도로 준비하거나 노력을 들이지 않고 자연스럽게 학습활동과 사고수업을 연계시켰다. 사고와 학습을 연계시키기 위해 해야 할 일은 "어떻게 알았지?", "왜?"와 같은 질문 기회를 잘 포착하고, 학생들이 비판적 사고를 연습할 기회를 많이 갖도록 하는 것이다.

## 고등 사고기능

앞에서, 비판적 사고는 개인의 능력이며, 증거에 기초하여 결론을 내리고 평가하는 경향성이라 했으며, 학생들이 단순하면서도 간단한 학습활동에서 비판적 사고를 연습할 수 있도록 도울 수 있는 방법을 살펴보았다.

그렇지만 증거에 기초하여 결론을 내리고 평가하는 것이 이렇게 간단한 것만은 아니다. 예를 들어, 다음은 증거의 활용에 수반되는 고차적인 정보처리이다.

- 명시되어 있지 않은 기본 가정 확인
- 과도한 일반화와 과소한 일반화 인식
- 적절한 정보와 부적절한 정보 확인
- 편견, 고정관념, 상투성 및 선동 확인

예를 들어, 결론이 명시적인 가정에 기초하고 있지 않은 경우에는 증거가 반드시 필요하진 않을 것이다. 또 과도한 일반화는 증거 없이 다른 사례에까지 적용한다는 의미이다. 그리고 더 치명적일 수 있는 것은 선동이 전략으로 이용될 때, 그걸 이용하는 사람은 다른 사람들이 적합한 증거에 기초하지 않은 결론을 내리길 바란다는 것이다.

Scott 선생님과 Carol 선생님의 사례에서 보았듯이, 학생들에게 증거에 기초한 결론 도출을 연습할 기회를 제공하는 것은 모든 학습활동에서 가능하고 내용학습과 연계시켜 자연스럽게 이루어질 수 있다. 그렇지만 앞에서 본 바와 같이, 모든 학습활동에 고차적 사고를 연습할 기회가 있는 것은 아니기 때문에 기회가 있을 때 최대한 활용할 수 있어야 한다. 그리고 어떤 영역에서는 이렇게 하는 것이 다른 영역보다 용이할 수 있다. 예를 들어, 선동 확인은 수학이나 과학에서보다 사회에서 연습하기가 용이하다. 반면에 부적절한 정보 파악은 그 반대일 것이다.

고등학교 1학년에게 미국의 식민지 시대를 가르치는 역사교사의 수업사례를 통하여 고등 사고능력의 실제를 알아보자.

---

선생님이 "먼저, 내가 보여주는 두 글을 보세요. 자세히 읽고 두 글에 있는 공통점을 찾아보세요."라고 말하고 나서 다음의 두 글을 제시한다.

1600년대 중반, 영국에서 담배가 재배되지 않았기 때문에 식민지인 미국 국민들에게 재배하도록 권장하였다. 식민지인들은 프랑스를 비롯한 여러 나라에 담배를 판매하려 했지만 금지되었다. 식민지인들은 담배를 판매한 대가로 영국으로부터 섬유를 수입할 수 있었지만 제조는 금지되었다. 모든 재료는 영국 선박을 이용하여 운송해야 했다.

프랑스 출신의 초기 이주자들은 사냥을 통하여 모피를 구하고 판매하였다. 그런데 이들이 모피 의류를 만들어 스페인과 영국을 비롯한 여러 나라에 판매하려고 하면서 프랑스 왕실과 분쟁하였다. 프랑스 왕실은 프랑스에서 의류를 제작하여 수출할 것을 요구하였다. 또 왕실은 덫과 총도 프랑스에서 수입해야 한다고 했다. Jean Forge는 왕실의 요구를 따랐지만 모피를 독일 선박으로 Nice에 보내자 벌금형을 받았다.

Teri 선생님은 "자, 이제 살펴볼까요. 두 사례의 공통점이 무엇이죠? …… Ann?"이라고 말한다.
"두 예 모두 식민지에 관한 글이에요."
"좋아요. 또 다른 것은? …… Rasheed?"
"문제가 생긴 것 같아요."
"무슨 말이에요?"
"식민지 주민들이 하려는 것을 영국과 프랑스가 금지시켰어요."
Teri 선생님은 두 사례를 살피고 비교하도록 학생들을 계속 유도하여, 결국 두 사례가 중상주의와 관계있다는 결론을 내리도록 이끌었다. 중상주의는 식민지 경제정책으로 식민지 주민에게 원자재를 생산토록 하고, 자국에서 가공하여 상품을 제조한 후, 그것을 자국의 선박으로 운송하여 다시 식민지에 판매하는 방법으로 수익을 얻은 통상정책이다.
선생님은 잠시 멈췄다가 "영국과 프랑스 외에 어떤 나라들이 중상주의 범죄를 저질렀어요?"
이어서 벨기에와 네덜란드 같은 국가의 예들을 더 분석하고, 이 나라들의 중상주의 정책에 대한 토론이 진행된다.
선생님은 계속하여 "'영국과 프랑스 외에 어떤 나라들이 중상주의 범죄를 저질렀어요.'라고 했던 내 질문을 다시 생각해 봐요. 이 질문에는 어떤 가정이 있어요?"
Anthony가 주저하면서 "…… 선생님은 중상주의가 나쁘다는 것을 암시하는 것 같아요."라고 한다.
Teri 선생님은 웃으면서 "아주 좋아요. 바로 내가 암시한 거예요. 이제 중상주의는 분명히 잘못된 것이었지만, 그 말에는 가정이 숨어 있어요. 진술되지 않은 가정을 인식하는 것은 사고과정의 중요한 측면이고 그것을 인식할 필요가 있어요. 그리고 범죄라는 말을 들으면 어떤 생각이 들어요?"
Erin이 "부정적으로 들리고 부정적인 생각이 들어요."라고 한다.
"정확해요. 내가 중상주의 범죄라는 말을 계속 사용한다면, 어떤 입장에 대한 선호 태도에 영향을 미치려는 의사소통의 한 유형인 선동을 하는 거예요. 내가 범죄라는 말을 계속 사용하는 것은 여러분이 중상주의는 정말 나쁜 정책이라고 믿게 하려는 것일 수 있어요."
Teri 선생님은 토론을 계속하고 학생들이 중상주의의 구체적인 예들을 파악할 있도록 다른 나라들의 정책을 살펴보도록 한다.

이 사례에서 Teri 선생님이 중상주의 개념을 이해할 수 있도록 도와주면서 진술되지 않은 가정과 선동의 예를 구체적으로 보여주는 방법을 보았다. 그리고 Scott 선생님이나 Carol 선생님의 경우와 마찬가지로, Teri 선생님도 비판적 사고를 내용목표와 자연스럽게 연계시켰다. 이 사례는 매우 노련한 수업이지만, 분명하게 인식하고 연습한다면 누구나 실천할 수 있을 것이다. 인식이 필수적인 첫 단계이다. 예를 들어, 부적절한 정보나 과도한 일반화에 민감해진다면, 가능할 때 기회를 최대한 이용하여 학생들이 그것을 인식하도록 도울 가능성이 높다. 학생들은 이런 경험을 하면서 이들을 인식할 것이며, 이럴 때 학생들의 동기도 극적으로 높아질 수 있다. 왜 그런지 살펴보자.

## 사고기능 교수 : 학습자 동기 증진

모든 사람은 '똑똑하다'고 느끼기를 원한다. 사람들이 어떤 주제에 대해 많이 알고 어떤 기능을 잘 수행한다는 것을 보여주려고 얼마나 노력하는지 생각해 보라. 동기이론에 따르면, 인간에게는 천성적으로 유능하게 보이고자 하는 욕구가 있다(Ryan & Deci, 2000).

학생들도 마찬가지다. (이들은 유능하게 보이는 것에 관심 없는 것처럼 가장하지만, 이는 단지 자기 존중감을 보호하려는 것일 뿐이다. 유능감은 이들에게도 중요하다.) 사고기능을 가르치는 것은 학생들이 유능감을 갖도록 도와주고, 결과적으로 학습동기를 증진시키는 효과적인 방법의 하나이다. 학생들이 사고과정에 익숙해지면 자동적으로 자신의 결론에 대한 증거를 제시하고 즐긴다는 것은 경험을 통하여 알 것이다. 그리고 사고능력이 발달되면서 이들은 과일반화, 상투성 또는 부적절한 정보 같은 사고의 결함을 찾는 것을 더욱 즐기게 된다. 앞에서 학습은 사고의 결과이고, 동기도 마찬가지라고 밝힌 바있다. 교수에서 사고가 강조되면 될수록 학생의 동기도 증진될 것이다.

## 비판적 사고 분위기 조성

교수의 다른 측면과 마찬가지로, 사고를 위한 교수에서도 긍정적이고 지원적인 수업분위기가 필요하다. 구체적으로 살펴보기 위해, 다시 Scott, Carol 그리고 Teri 세 선생님의 공통점을 보자.

- 선생님들은 학생들에게 정보를 제공하고, 개방적이고 위협적이지 않은 방식으로 수업을 시작했다.
- 모든 학생의 발표가 환영받았고 가치가 인정되었다.
- 경쟁보다는 협동이 조장되었으며 학생 간의 비교가 지양되었다.
- 선생님들은 성적과 수행 대신에 학습과 이해를 강조하였다.

그 결과, 각 사례에서 학생들은 비난이나 조롱을 두려워하지 않고 자신의 생각이나 아이디어를 기꺼이 피력하였다. 이런 수업분위기가 사고, 학습 및 동기를 위한 필수요소이다(Nucci, 2006).

## 사고 경향성

앞에서, 비판적 사고란 증거에 기초하여 결론내리고 평가하는 능력과 경향성이라고 하였다. 사고 경향성이 비판적 사고의 가장 중요한 측면이기 때문에, 이에 대하여 좀 더 자세히 살펴볼 것이다. 예를 들어, 학습자가 증거가 요구된다는 사실을 끊임없이 상기해야 한다면, 증거 사용 경향성은 제한받을 것이다. 목적은 학생들이 궁극적으로 스스로 증거를 사용하려고 하는 것이다. 이런 경향성은 교사가 학생들에게 시범을 보이고, 학생들에게 연습할 기회가 주어진다면, 시간이 지나면서 발달될 것이다. 다음의 간단한 예는 이런 경향성이 일상생활에서 어떻게 작용하는지를 구체적으로 보여주고 있다.

---

Terry와 Tabatha가 강당으로 내려가는 길에 Andrea를 만났다.
 Terry와 Tabatha가 동시에 "안녕, Andrea."하고 인사했다.
 Andrea는 두 사람을 힐끗 쳐다보고 그냥 지나갔다.
 Terry가 "저 앤 건방져, 뭐야?"라고 투덜거렸다.
 Tabatha가 "저 애가 건방진지 아닌지는 알 수 없지. 기분이 좋지 않거나 아침에 무슨 일이 있었는지도 몰라."라고 했다.

---

이 사례에서, Tabatha는 개방적인 마음으로 판단을 유보하는 경향성을 보여주고 있다.
 수업에서 이런 경향성을 조장하고 촉진할 기회는 많으며, 그 가능성을 인식하고 있으면 이를 이용할 수 있다. 비판적 사고와 연관이 있는 여러 태도와 경향성이 확인되어 왔다. 이들은 다음과 같다.

- 증거를 듣고 찾으려는 욕구
- 개방적 태도와 건전한 회의
- 타인의 견해 존중
- 모호성 포용

학생들은 교실 학습활동에서 교사의 시범과 직접 경험을 통하여 이런 태도들을 학습할 것이다. 학생들은 이런 경향성들을 습득하고 비판적 사고기능을 발달시켜 감에 따라 학습능력과 바깥세상에서 효과적으로 기능을 수행하는 능력도 모두 증진될 것이다. 이것이 교육받았다는 의미의 핵심이다.

## 요약

### 수업계획 : 필수 교수전략

■ 수업계획에는 학습목표, 학생들이 목표에 도달할 수 있도록 도와줄 학습활동, 그리고 목표 달성 정도를 결정하는 사정계획이 포함된다.

■ 수업연계는 학습목표, 학습활동 그리고 사정을 일치시키는 것이다.

### 학습활동 : 필수 교수전략 실행

■ 필수 교수전략이란 학생의 학습을 최대화하기 위해 교사의 경험 정도, 담당 학년 수준, 가르치는 주제에 관계없이 모든 교사가 반드시 가져야 하는 능력이다.

■ 교사의 모델링과 열정, 기대, 배려 및 교수 효능감은 학습 촉진은 물론 학습자 동기 증진과 긍정적인 수업분위기 조성을 위한 필수요소이다.

■ 필수 교수전략에는 수업시간 활용을 극대화하기 위한 수업 체계화, 분명한 의사소통, 초점화, 피드백, 모니터링, 발문, 그리고 회고 및 정리가 있다.

### 필수 교수전략과 사고기능 교수

■ 비판적 사고는 증거에 기초하여 결론내리고 평가하는 능력과 경향성이다.

■ 비판적으로 사고하려는 경향성은 선천적이지 않기 때문에, 비판적 사고기능의 발달을 돕기 위해서는 많은 노력이 필요하다.

■ "어떻게 알았어요?", "왜 그렇지요?"와 같은 발문은 비판적 사고를 촉진한다. 이런 발문은 쉽게 내용학습과 관련하여 할 수 있다.

■ 교사는 정보의 적절성, 일반화 적정성, 편향성, 고정관념 및 선동 확인하기 같은 고등 사고를 인식하고 기회 있을 때마다 학습활동에 연계시켜야 한다.

■ 증거 제시는 유능감을 높이기 때문에 사고기능 교수는 학습동기도 증진시킨다.

■ 증거에 정통하려는 욕구, 증거를 찾으려는 경향성, 개방적 마음과 같은 사고 경향을 직접 가르치기가 어렵기 때문에 이런 성향을 시범하는 것이 중요하다.

## 주요 개념

강조(Emphasis)

고른 지명(Equitable distribution)

대기시간(Waiting time)

모니터링(Monitoring)

빈번한 발문(Questioning frequency)

사정(Assessment)

수업연계(Instructional alignment)

암시(Prompting)

자동화(Automaticity)

정리(Closure)

정확한 언어(Precise language)

주제중심담화(Connected discourse)

초점화(Focus)                              학습활동(Learning activity)

피드백(Feedback)                           활동 전환신호(Transition signal)

학습목표(Learning objective)                회고(Review)

## 자기 평가

**1.** 다음 수업사례를 읽고 질문에 답하라(참조를
위하여 사례의 각 문단에 번호가 부여되었다.)

1. Kathy Johnson 선생님은 절반 정도가 위기
   학생으로 분류되고, 이들 대부분은 가족의
   수입이 낮거나 중간 정도인 5학년 27명의 담
   임이다. 4명의 학생은 학습장애학생이고 2
   명은 행동장애로 분류된 학생이다. 경력이 7
   년의 노련한 교사인 Kathy는 보통 하루 일과
   를 다음과 같이 계획한다.

   8 : 15~9 : 15 수학

   9 : 15~10 : 45 언어

   10 : 45~11 : 00 휴식

   11 : 00~11 : 30 사회

   11 : 30~12 : 00 점심

   12 : 00~1 : 25 읽기

   1 : 25~1 : 35 휴식

   1 : 35~2 : 00 과학

   2 : 00~2 : 45 재량(미술, 음악, 체육, 컴퓨터)

2. Kathy 선생님은 사회시간에 남북전쟁 이전
   의 남부 주와 북부 주에 관한 단원을 수업해
   오고 있다.

3. 쉬는 시간이 끝나고 교실로 들어오자 학생들
   은 교실 앞면에 다음과 같은 내용의 큰 차트
   가 게시되어 있는 것을 본다.

|          | 주민        | 토지와 기후  | 경제        |
|----------|-------------|--------------|-------------|
| 북부지역 주 | 소도시      | 산림지역     | 당밀        |
|          | 신앙심이 강함 | 만년설       | 재목        |
|          | 교육을 중시  | 척박한 토지   | 선박 건조    |
|          | 협동적임     | 짧은 영농기   | 어업        |
|          |             | 추운 겨울    | 소규모 농장  |
| 남부지역 주 | 귀족적      | 비옥한 토지   | 대규모 농장  |
|          | 고립적       | 무더운 기후   | 담배        |
|          | 계급 구분    | 긴 영농기    | 목화        |
|          |             |              | 비숙련 노동자 |
|          |             |              | 하인과 노예  |

4. Kathy 선생님은 학생들이 교실로 들어오는 동안 문 앞에 서 있다. 선생님은 학생들이 지나갈 때마다 미소 지으며 농담하고, "교실 앞에 있는 차트를 잘 봐요." 그리고 "차트에서 흥미로운 것이 있는지를 보고 북부지역의 주와 남부지역의 주들이 어떻게 다른지 살펴봐요."와 같은 말을 하여 수업시간에 다룰 내용을 상기시킨다.

5. 11시 2분에 학생들은 사회 교과서를 책상 위에 꺼내 놓고, 선생님은 교실 앞으로 가서 "어제 북부지역의 주와 남부지역의 주에 관해 이야기 나누는 것으로 수업을 시작했어요. 무얼 기억하고 있는지 알아볼까요? 지금 우리가 사는 지역과 비교하여 그들이 사는 지역을 찾아볼까요? …… Lorenda?"라고 한다.

6. Lorenda가 팔을 오른쪽으로 움직이면서 "이 지역이에요."라고 대답한다.

7. 선생님은 교실 옆면에 걸려 있는 지도 쪽으로 재빨리 걸어가서 손으로 학생들이 사는 지역과 비교하여 당시 주들의 일반적인 위치를 확인하면서 "그래요. 당시에는 사람들이 일반적으로 동부에 살았어요."라고 말한다.

8. "우린 얼마나 오래전 이야기를 하고 있어요? 몇 년 전이에요, 아주 오래전이에요? …… Greg?"

9. "…… 아주 오래전이에요. 150년 이상 전 이야기일걸요."

10. 선생님은 웃으면서 "맞았어요. 우린 1800년 초반에서 중반에 이르는 시대의 이야기를 하고 있어요."라면서 고개를 끄덕인다.

11. 선생님은 계속하여 "우린 경제와 같이 중요한 이야기를 하고 있어요? 경제란 무엇이에요? …… Carol?"이라고 한다.

12. Carol이 자신 없이 "…… 이 지역 경제는 자동차 제작과 자동차 부품 생산과 제조업에 기반하고 있다고 말할 때처럼 경제는 돈을 버는 방법 같은 거예요."라고 대답한다.

13. 선생님이 끄덕이며 "잘 설명했어요. Carol은 자동차 제조를 경제의 중요한 부분이라 했는데 아주 좋은 예예요."라고 한다.

14. 선생님은 차트의 '경제' 칸을 가리키면서 "여기를 보세요. 두 지역의 주의 경제가 서로 많이 다르다는 것을 알 수 있어요. 오늘은 이들이 구체적으로 어떻게 다른지 그리고 왜 그렇게 다른지를 살펴볼 거예요. 그래서 수업을 진행하는 동안에 우리는 식민지 지역이 재화를 얻는 방법에 대한 이야기를 할 것이며, 또 지역에 따라 그 방법이 다른 이유를 찾아야 한다는 것을 꼭 기억하세요. 준비됐어요?"라고 묻는다. 선생님은 교실을 둘러보면서 "그럼 시작해요."라고 한다.

15. 선생님은 "두 지역의 경제에 어떤 차이가 있어요? …… Ann Marie?"라는 질문부터 시작한다.

16. "……"

17. "두 지역 주의 농장들 간에 어떤 차이가 있어요?"

18. "…… 남부 지역의 농장들이 북부지역의 농장들보다 커요."

19. Kathy 선생님이 크게 고개를 끄덕이며 "좋아요. 잘 보았어요."라고 한다. "그럼, 그 이유가 무얼까요? …… Jim?"

20. "……"

21. Jim이 질문을 듣지 못했다는 것을 알아차린

선생님이 "질문을 다시 할까요?"라고 묻는다.

22. Jim이 안도하는 얼굴로 재빨리 "예"라고 대답한다.

[Kathy 선생님이 질문을 다시 했고 Jim은 차트에 의하면 북부지역의 토지는 척박한 데 비해 남부지역의 토지는 비옥하기 때문이라고 대답한다. 선생님은 계속하여 학생들이 차트에 제시된 정보를 분석하도록 안내한다. 그 과정에서 학생들이 지리, 기후 및 경제 간의 관계를 찾아내도록 안내한다. 학생들이 대답을 못할 때는 선생님이 단서를 제공하여 대답할 수 있도록 도와준다. 이어서 선생님은 학생들에게 사는 도시의 경제가 현재와 같이 된 이유를 생각하도록 한다. 다시 선생님의 수업으로 돌아가 보자.]

23. 선생님은 미소를 보이며 엄지손가락을 치켜세우며 "모두 아주 잘했어요. 자, 이제 짝꿍과 같이 5분 동안 오늘 학습한 것을 두세 가지로 요약하세요. …… 그럼 시작해요."라고 한다. [학생들이 작업을 시작하고 각 짝의 한 학생은 요약한 내용을 쓴다. 일부 짝들은 요약하다가 멈추어 쓴 종이를 구겨서 버리고 다시 쓰기 시작한다. 학생들이 작업을 하는 동안 선생님은 학생들 사이를 돌아다니면서 작업을 격려하기도 하고 가끔 제안을 하기도 한다.]

24. 5분이 되자 선생님은 "1분 더 줄게요. 끝나면 여러분이 작성한 것을 모두 같이 살펴볼 거예요."라고 한다.

25. 1분이 지나자 선생님은 "좋아요. 여러분이 작성한 것을 볼까요? David, 너와 Linda는 어떻게 썼니?"라고 한다.

26. "우리는 날씨와 토지가 식민지들이 재화를 얻는 방법과 관계가 깊다고 썼어요."

27. "아주 잘했어요. 좋은 요약이에요. 다른 사람들은 어떻게 썼어요? Danielle, 너와 Tony는 어떻게 썼니?"

[Kathy 선생님은 다른 짝들도 요약한 것을 발표하도록 했고, 이어서 학생들은 전체 수업으로 요약문을 만들었다. 선생님은 학생들의 요약문을 걷는다.]

28. 11시 28분에 선생님은 "점심시간이 거의 다 되었네요. 책상을 정리하세요."라고 한다.

29. 학생들은 신속하게 책상 위의 교과서, 종이 및 연필을 치우고 쓰레기가 있는지 책상 주변을 살핀다. 그리고 11시 30분이 되자 학생들은 조용히 앉아 있다.

위 수업사례의 아래에 번호로 제시된 문단이나 일단의 문단에서 구체적으로 볼 수 있는 필수 교수전략을 제시하라. 각각의 사례에서 가능한 경우에는 전략과 하위전략 모두를 제시하라. 예를 들어, 조직화를 제시했다면 '정시에 수업 시작하기'나 '자료 미리 준비하기' 또는 '일상적 과정 수행 규칙 설정하기'를 포함시키는 것이 적절하다면 이들을 포함시킨다. 이런 경우에 답은 예를 들어, '조직화-일상적 과정 수행 규칙 설정하기'가 될 것이다.

각각의 경우에서 당신의 선택을 설명하라.

a. 2~5

b. 5~13

c. 14

d. 15~18

e. 23~27

    f. 5, 8, 11, 15, 19

    g. 7, 13, 19

2. 19번 문단에서 Kathy 선생님은 Jim이 (20번과 21번 문단에서 보는 바와 같이) 수업에 집중하지 않고 있다는 것을 알고 그를 지명했다. 이렇게 하는 것(집중하지 않는 학생을 지명하는 것)이 효과적인 교수전략인가? 왜 그렇게 생각하는가?

3. 15번 문단과 17번 문단에서 선생님의 질문 유형을 보라. 이 질문은 어떤 유형의 질문인가? 이런 질문들이 효과적인 이유를 세 가지 이상 제시하라.

4. 다음 중에서 Kathy 선생님이 비판적 사고를 격려하기 위해 한 질문의 가장 좋은 예는 어느 문단인가?

    a. 5

    b. 11

    c. 15

    d. 19

    e. 23

그 질문이 비판적 사고를 어떻게 촉진했는지 설명하되 당신의 선택을 지지하는 사례에서 나온 정보도 포함시켜라.

## 토론 문제

1. 수업실제를 검토한 연구에 따르면, 대부분의 수업이 지식/기억 수준에서 머물러 있다고 한다. 왜 이 주장이 사실이라고 생각하는가?

2. 이제 책무성과 평가는 대부분의 교사에게 중요한 문제이다. 교사가 학생들을 표준 교육과정의 목표에 도달시키면서 비판적 사고도 촉진할 수 있는가? 왜 그렇게 생각하고 왜 그렇게 생각하지 않는가?

3. 1980년대 초와 그 이전에는 범내용적(content-free) 사고기능, 다시 말하면 특정 내용에 대한 지식이 강조되지 않는 사고기능이 강조되었었다. 지금은 내용에 대한 깊은 이해와 조합된 사고기능의 발달이 강조되는 이유가 무엇인가?

4. 사고에 대한 강조가 교육과정 설계의 범위와 계열성에 어떤 시사를 하는가?

5. 작업기억 용량 한정성과 자동화 개념이 비판적 사고기능 교수에 주는 시사점은 무엇인가?

6. 교사는 학생을 위해 언제부터 사고기능에 초점을 맞추어야 한다고 생각하는가? 유치원부터 시작해야 하는가, 아니면 이후에 시작해야 하는가? 그 이유는 무엇인가?

7. 필수 교수전략이 다른 교수전략 학습의 기초로 기술되었다. 이 말은 신임교사가 필수 교수전략을 모두 알고 능숙하게 실행할 수 있어야 한다는 의미이다. 이게 현실적으로 가능한가? 왜 그래야 된다고, 아니면 아니라고 생각하는가?

| 개요 | 학습목표 |
|---|---|
| **모둠학습과 협동학습의 특징**<br>■ 학생-학생 상호작용의 이점 | 1. 효과적인 모둠학습 전략과 협동학습 전략의 필수요소를 안다. |
| **모둠학습 전략**<br>■ 모둠학습 계획과 전개<br>■ 모둠학습의 유형 | 2. 모둠학습을 계획하고 실행하는 방법을 진술할 수 있다. |
| **협동학습 전략**<br>■ 직소우 학습<br>■ 모둠별 성취 분담<br>■ 모둠학습과 협동학습에서의 사정<br>■ 다양성 탐색 : 모둠학습과 협동학습을 통한 대인관계 촉진<br>■ 모둠학습과 협동학습에 대한 비판 | 3. 직소우 학습과 모둠별 분담 학습을 계획하고 실행하는 방법을 진술할 수 있다. |
| **토론전략**<br>■ 토론계획<br>■ 토론실행<br>■ 토론전략에서의 사정 | 4. 토론전략을 계획하고 실행할 수 있다. |
| **다양한 학습환경에서의 협동학습과 토론**<br>■ 공학과 교수 : 사회적 상호작용 촉진을 위한 공학 활용<br>■ 발달수준에 적절한 실행 : 연령을 고려한 협동학습과 토론전개<br>■ 협동학습과 토론을 통한 학습동기 증진 | 5. 공학을 이용하여 사회성 발달을 촉진하고 학습자의 연령에 맞는 학생-학생 상호작용 전략을 실행할 수 있다. |

Lana Dopson 선생님은 교실을 돌아다니면서 4학년 학생들이 둘씩 짝지어 수학 학습지의 문제를 해결하는 것을 살피고 있다. 학생들은 수학 표준 교육과정의 한 기준인 'MA.4.A.6.3 : 동치분수를 만들고 약분한다 (Florida Department of Education, 2005)'를 달성하기 위해 약분을 연습하고 있다.

Lana 선생님은 학습지를 나누어 주기 전에 전체 학생에게 약분방법을 설명하면서 시범해 보였고, 몇 문제를 직접 해결하게 하고 토론도 하였다. 선생님이 옆자리 학생끼리 짝짓도록 했기 때문에 전체 학습에서 짝 학습으로 전환시키는 것은 어렵지 않았다.

학생들은 자신의 답을 짝의 답과 비교한다. 답이 서로 다르면, 학생들은 의논하여 맞는 답을 찾는다. 그래도 두 사람의 생각이 다르거나 혼동되면 손을 들어 선생님에게 도움을 요청한다. 이 활동은 수업종료 5분 전까지 계속된다. 짝 학습활동이 끝난 다음에 Lana 선생님은 전체 학생에게 학습한 내용을 다시 살피도록 한다. 선생님은 금요일에 퀴즈시험을 실시할 것이 예고한다.

Lana 선생님은 다른 교수모형들을 보완하기 위해 학생-학생 상호작용을 강조하는 수업전략인 **모둠학습**(groupwork)을 활용하고 있다. 예를 들어, 선생님은 학생과 교사 간의 상호작용이 주로 이루어지는 전형적인 수업방법으로 약분과정을 설명하고 시범 보이고 나서 학생-학생 의사소통이 주로 이루어지는 수업방법을 도입하였다. 이 사례에서 모둠학습은 '독립형' 전략이나 모형이 아니라 전체 수업을 보완하는 학습활동이었다.

학생들이 모둠에서 같이 학습하는 것을 일반적으로 **협동학습**(cooperative learning)이라 하며, 이 책에서도 이 용어를 사용한다. 그렇지만 대부분의 경우에 '협동학습'은 기본적으로 단순화된 모둠학습이다. 모둠학습과 협동학습 간에는 공통점이 많긴 하지만, 두 방법이 같은 것은 아니다. 그래서 이 책에서는 이 둘을 구분하였다. 두 방법의 공통점을 먼저 살펴보자.

## 모둠학습과 협동학습의 특징

연구자에 따라 다르긴 하지만, 대부분의 연구자들은 모둠학습과 협동학습에서는 모든 구성원이 부과된 과제에 참여할 수 있을 정도의 적은 학생들(일반적으로 2~5명)이 한 모둠에서 서로 협력하여 학습한다는 것에는 동의하고 있다(Slavin, 1995). 학생-학생 상호작용이 가장 중요한 필수요소이긴 하지만, 다음 세 요소도 중요하다(Johnson & Johnson, 2006).

■ 학습목표가 모둠활동의 방향을 결정한다.
■ 학생 개개인이 학습에 책임진다.
■ 학습자들은 학습목표 도달을 위해 서로 의지한다.

이 특징들은 Lana 선생님의 사례에 잘 나타나 있다. 첫째, 약분능력이 학습목표였으며, 이 목표가 모둠활동의 방향을 결정했다. 둘째, 답을 서로 비교하는 것과 같이, 학생들이 상호작용하였다. 셋째, Lana 선생님은 학습을 사정하기 위해 금요일에 퀴즈시험을 실시할 것이다.

마지막으로, 학생들은 교육목표에 도달하기 위해 서로 의지하였다. 학생들이 답에 합의할 수 없을 때만 교사에게 도움을 청했다. **긍정적 상호의존**(positive interdependence) (Johnson & Johnson, 2006) 또는 **상보적 상호의존**(reciprocal interdependence)(Cohn, 1994) 이라는 이 특징은 학생 간 협동의 역할을 강조한다는 점에서 중요하다. 이는 축구나 농구에서 선수들이 경기에서 서로 의존하는 것과 유사하다.

**책무성**(accountability)은 학생들이 학습목표에 집중하고, 활동목적이 학습임을 상기시키기 때문에 역시 중요하다(Antil et al., 1998). 개인적 책무성이 없으면, 모둠에서 가장 유능한 한 학생이 모두 하고, 다른 학생들은 무시되거나 '무임승차'하게 될 것이다.

## 학생-학생 상호작용의 이점

'교육받았다'는 의미를 생각할 때, 많은 사람들은 일반적으로 학생들이 습득한 역사, 문학이나 과학 지식, 그리고 글쓰기나 수학문제 해결 같은 기능들을 생각한다. 그렇지만 좀 더 깊이 생각해 보면 '교육받았다'는 것은 그 이상이다. 또 학교 밖 세상에서 다른 사람과 어울리고, 효과적으로 상호작용하는 것이 성공과 행복에 더 중요하다. 사회성 발달이 학교교육의 중요한 목적임은 더 말할 필요도 없다.

모든 발달은 경험에 의존한다. 예를 들어, 축구선수와 농구선수들은 연습하고 경기하면서 많은 경험을 습득하고, 학생들은 수업에서 학문적 경험을 습득한다. 사회성 발달도 마찬가지며, 이것이 모둠학습의 가장 중요한 장점이다. 학생들은 같이 학습하면서 다음과 같은 여러 가지 사회적 기술(social skills)을 경험한다.

- 경청하기
- 비언어적 단서 파악하기
- 의견차(외교적으로) 해소하기
- 자신의 생각 말하기
- 상대의 관점 이해하기
- 지지 발언하기
- 진심으로 칭찬하기

사회성 발달에는 많은 시간이 필요하며, 발언기회가 몇 번 되지 않는 전체 수업에서는 이런 경험 기회가 많지 않다. 또 전체 수업에서 학생들이 하는 발언도 교사의 발문에 대답하거나 질문하는 것이 대부분이다.

다양한 수업을 할 수 있다는 것이 모둠학습의 두 번째 장점이다. 다양한 수업을 하는 교사가 한 가지 수업방식으로만 가르치는 교사보다 효과적이다(이것이 다양한 교수전략과 모형에 관한 연구가 필요한 이유이다.). 그렇다고 모둠학습이 수업에 반드시 포함되어야 하는 것은 아니며, 활용 정도는 교사의 전문적 판단에 따라야 한다. 모둠학습을 수업의 한 부분으로 포함시키는 것은 학습활동에 흥미를 갖도록 돕는다.

마지막으로, 모둠학습은 인간의 본성과도 일치된다. 인간은 사회적 동물이며, 사회적 상호작용은 인간 본성의 핵심이다(Gazzaniga, 2008). 학습자는 혼자 할 때보다 집단 안에서 공동으로 학습할 때 강력한 지식을 구성한다(Hadjioannou, 2007; Li et al., 2007). 이런 사실은 역사를 통하여 직관적으로 수긍되는 아이디어인 "종잇장도 맞들면 낫다."는 속담의 정수이다.

다음 절에서는 모둠학습에 대해 상세히 논의하고, 협동학습 전략들을 살펴볼 것이다.

## 모둠학습 전략

앞에서 밝힌 것처럼, 모둠학습은 다른 수업모형을 보완하기 위해 학생-학생 상호작용을 강조하는 수업전략이다. 모둠학습은 그 자체가 독립된 하나의 수업모형이라기보다는 다른 수업모형이 활용될 때 학생-학생 상호작용을 통하여 수업참여를 증진하기 위한 전략이다. 예를 들어, Lana 선생님은 직접-수업모형을 보완하기 위해 모둠학습을 활용하였다. 제5장부터 제10장까지 소개될 다른 수업모형들을 보완하기 위해 모둠학습을 활용한 사례가 소개될 것이다.

모둠학습은 모든 수준의 학습목표 달성을 위해 활용될 수 있다. 즉, 모둠학습은 수학적 사실, 역사적 사건과 연대, 화학기호와 용어 등의 학습은 물론 문제해결과 같은 학습목표에 도달하기 위해서도 활용될 수 있다. 아래에 모둠학습을 통해 도달할 수 있는 상위 학습목표의 구체적인 예들이 제시되어 있다.

- 학생의 문제해결 능력 높이기
- 사회과에서 학생들이 인과관계를 이해할 수 있도록 도와주기
- 과학에서 학생들에게 실험설계 방법 가르치기
- 초고에 대한 피드백 제공하기

이제 모둠학습 전략을 계획하고 전개하는 절차를 살펴보자.

### 모둠학습 계획과 전개

학생들을 모둠으로 구성한다고 효과적인 학습활동이 보장되는 것은 아니므로 모둠활동을 면밀하게 계획해야 한다(Saleh, Lazonder, & Jong, 2007). 모둠활동을 계획하고 전개할 때는 일반적으로 두 가지 점을 유의해야 한다. 첫째, 모둠활동이 면밀하게 계획되지 않으면, 학생들은 모둠활동의 자유를 친구들과 장난하거나 잡담이 허용된 것으로 오해할 수 있으며, 심지어는 난폭하거나 파괴적 행동으로 이어질 수도 있다. 중학교나 고등학교에서 그 가능성이 특히 높다. 둘째, 교사의 설명을 듣는 데 익숙한 학생들은 모둠활동을 난처해할 수도 있다. 이 경우도 명심해야 한다.

**과제-무관 행동 예방**　다음과 같은 방법으로 과제-무관 행동을 예방할 수 있을 것이다.

- 전체활동에서 모둠활동으로, 또 모둠활동에서 전체활동으로 신속하게 이어질 수 있도록 옆자리나 가까운 자리 학생들을 한 모둠에 배정한다.

- 학습자료를 미리 준비하여 필요할 때 신속하게 배부되도록 한다.
- 모둠활동 과제를 분명하게 제시한다.
- 과제 수행시간을 분명하게 알려주고, 너무 길지 않아야 한다.
- 답안지 같은 구체적인 활동 결과물을 요구한다.
- 각 모둠의 활동을 면밀히 모니터한다.

학생들을 모둠에 배정하는 것이 중요하다. 친한 친구끼리 모둠을 구성하면, 학생들이 잡담할 가능성이 크게 높아진다. 고학년 학생들은 배정에 항의할 가능성도 있으나, 자율적으로 모둠을 구성하도록 하면 문제가 생길 가능성이 높다. 학생들은 친구들과 일상적으로 상호작용하므로, 사회성 발달을 촉진하기 위해서는 학교 밖에서는 잘 만나지 않는 학생들이 상호작용할 수 있도록 한 모둠에 배정한다.

가까운 자리의 학생들을 한 모둠에 배정하여 자리를 이동하거나 서로 부딪히지 않고 전체활동에서 소집단 활동으로, 소집단 활동에서 전체활동으로 신속하게 전환할 수 있도록 하는 것이 좋다. 활동자료를 신속하게 배부하여 낭비시간(dead time)을 최소화하고 발생할 수 있는 혼란도 예방한다.

모둠과제에 대한 지시도 분명해야 한다. "관련된 쟁점들을 논의하세요." 혹은 "서로 ⋯⋯에 대해 이야기를 나눠 보세요." 같은 지시는 과제-무관 행동을 유발하고, 시간이 낭비될 가능성이 아주 높다. Lana 선생님 사례에서는 지시가 아주 분명했다. 학생들은 학습지 문제를 풀어야 한다는 것을 확실하게 알았다. 문제를 해결하거나 일단의 구체적인 문제에 대답하는 과제는 분명하기 때문에 효과적이다.

모둠활동 시간을 분명하게 정하고 구체적인 결과물을 요구하는 것도 과제수행을 촉진한다. 학생들에게 구체적인 모둠활동 성과를 요구하는 것은 과제관련 행동을 촉진하는 가장 효과적인 전략이다.

마지막으로, 모둠활동 동안에 학생들을 면밀히 모니터하는 것도 반드시 필요하다. 교사가 모둠활동 과제만 제공하고 책상에 앉아 잡무를 처리하는 것은 학생들에게 그 과제가 중요하지 않다고 말하는 것이나 다름없다. 학생들이 교사가 중시하지 않는 과제를 열심히 수행할 이유는 없을 것이다. 면밀한 모니터링은 교사의 비언어적 의사소통에 민감한-잘 파악하는-고학년에서 특히 중요하다.

학생들이 모둠활동에 익숙해 있긴 했지만, Lana 선생님은 다음과 같은 방법으로 모둠활동의 효과를 높였다. 먼저, 선생님은 옆자리 학생끼리 짝을 짓도록 했고, 학습지를 신속하게 배부했으며, 모둠활동 과제는 수학문제를 해결하는 것이라고 분명하게 제시했고, 학생들의 모둠활동을 면밀하게 모니터하였으며, 학생들은 성과-답안지-를 만들어 내도록 하였다.

**상호작용 기술발달 촉진**  학생들을 모둠에 배정하는 것 그 자체로 효과적인 모둠활동이 보
장되는 것은 아니다. 간단한 팀 만들기(team-making) 연습으로 이 문제를 해결할 수 있으
며, 학생 서로가 동반자이자 협조자라는 것을 인식하고 팀 정체성을 발달시킬 수 있도록
도울 수 있다(Slavin, 1995). 상호 인터뷰는 학생들이 서로를 알고 라포(rapport)를 형성할
수 있도록 도와주는 효과적인 기법이다. 상호 인터뷰는 학년 초에 특히 효과적이며, 학생
들이 서로 이름을 익히는 데 유용하다. 상호 인터뷰의 대표적인 주제가 표 4.1에 제시되
어 있다.

앞에서 제시되었던 비언어적 단서 파악하기, 의견차(외교적으로) 해소하기, 자신의 생
각 말하기와 같은 사회적 기술들을 공식적으로 가르칠 수도 있다. 이런 사회적 기술들을
설명하고, 모의상황을 만들어 시범을 보임으로써 학생의 이해를 도울 수 있다. 또 학생들
의 활동을 모니터링하면서 실행방법을 제안하고 피드백을 제공할 수도 있다.

## 모둠학습의 유형

모둠학습에는 다양한 유형이 있으며, 학습목표, 집단의 크기와 구성방법 그리고 과제유
형에 따라 선택되는 유형이 달라질 수 있다. 가장 단순한 유형은 짝 학습(learning pairs)
이다. 수업에서 옆자리 학생끼리 한 짝이 되어 활동하도록 할 수 있으며, Lana 선생님
사례에서도 이 방법이 사용되었다.

모둠학습 전략들은 많으나, 여기서는 가장 널리 활용되는 네 가지 전략을 살펴보자.

- 사고공유 짝 학습
- 짝 점검
- 짝 합병

| 표 4.1 | 팀 구성 활동

| 활동 | 설명 |
| --- | --- |
| 취미 | 좋아하는 것－음식, 음악, 운동 등－에 대해 서로 대화한다. |
| 성장사 | 성장과정 등 자신의 일대기를 서로 이야기한다. |
| 장래 희망 | 장래 희망을 서로 이야기한다. |
| 관심 주제 | 관심 있는 다양한 주제에 대해 서로 이야기한다. |

■ 팀 동료 자문

**사고공유 짝 학습**  사고공유 짝 학습(thinking-pair-share)은 학생 각자에게 교사 발문에 대한 대답을 생각하도록 한 다음 답을 짝과 비교하도록 하는 모둠학습 전략이다(Kagan, 1994). 이 전략은 교사 주도 전체 수업에서 효과적으로 활용될 수 있다. 예를 들어, 세계사교사가 러시아 혁명(또는 볼셰비키 혁명)에 대해 수업하는 경우를 보자. 선생님은 "1917년에 일어난 러시아 혁명과 1789년에 일어난 프랑스 혁명의 공통점이나 사건을 찾아보세요."라는 발문 후에 곧바로 학생을 지명하지 않고 "각자가 찾은 답을 짝꿍과 비교해 보세요. 잠시 후에 여러분의 답에 대해 논의할 거예요."라고 한다. 이어서 선생님은 각각의 짝에서 한 학생을 지명하여 대답하도록 하여 전체 학생과 답을 공유한다.

사고공유 짝 학습은 세 가지 이유로 효과적이다.

- 모든 학생에게 대답을 요구함으로써 전체 학생이 인지적으로 적극적인 역할을 하도록 한다.
- 모든 학생이 참여할 것이기 때문에 모둠활동의 문제점으로 지적되는 '무임승차' 가능성이 적다.
- 계획하고 전개하기가 용이하다.

사고공유 짝 학습을 맥락과 목표에 맞게 변형하여 적용할 수도 있다. 예를 들어, 사고진술 공유 짝 학습(think-write-pair-share)은 답을 먼저 적은 다음에 짝꿍이 쓴 답과 비교하도록 하는 방법이다(Kagan, 1994). 이 방법은 학생들이 짝꿍에 의지하여 대답할 가능성을 줄여준다.

사고공유 4인 학습(think-pair-square)방법도 있다. 이 방법에서는 두 학생 대신에 4명의 학생이 한 모둠이 되어 답을 논의한다. 이 방법은 다양한 생각을 공유할 수 있는 기회를 제공하고, 관점의 다양성으로 대화가 풍성해질 수 있는 문학 분야에서 유용하게 활용될 수 있다.

그렇지만 사고진술 공유 짝 학습이나 사고공유 4인 학습은 모두 수업의 흐름을 끊을 수도 있기 때문에 매우 중요한 질문인 경우에만 활용하는 것이 좋을 것이다.

**짝 점검**  짝 점검(pair check)은 학생들이 짝을 지어 스스로 정답이 하나인 문제를 해결하는 모둠학습 전략이다. 이 전략은 특정 개념이나 기능을 가르친 후 사용되는 전략으로 학생들이 개념이나 기능을 연습하고 점검할 기회를 제공한다. Lana 선생님도 이 전략을 사용했다. 선생님 수업에서 각각의 짝에 속한 두 학생 모두 문제를 해결하고 둘이 같이 점검하고,

두 사람의 답이 서로 다를 때는 해소하기 위해 서로 논의하였다.

학생들이 문제를 해결하는 동안, 선생님은 학생들의 활동을 모니터하였고, 자신과 의논하기에 앞서 학생들이 답이 서로 다른 원인에 대해 논의하도록 하였다. 이런 과정을 통하여 학생들의 자율감을 증진시킬 수 있으며, 학생들은 자율감을 많이 느끼면 느낄수록 자신의 학습에 더 만족하는 경향이 있다(Schunk, Printrich, & Meece, 2008).

**짝 합병**  짝 합병(combining pairs)은 짝 학습을 기본으로 활용하지만, 각 짝의 답을 다른 짝과 공유하도록 하는 모둠학습 전략이다. 짝 합병은 자습시간에는 물론 전체 수업에서도 활용될 수 있다. 이 전략은 학생들이 보다 큰 집단에서 사회적 기술을 발달시킬 수 있도록 도우면서 학생들의 적극적 참여를 촉진할 수 있다는 장점이 있다.

전체 수업에서 이 전략을 사용할 때는 각각의 짝 그리고 합병될 두 짝을 모두 구체적으로 지정하고 같이 앉도록 좌석을 배치하여, 전체학습이 모둠학습으로 신속하게 전환되었다가 다시 전체학습으로 신속하고도 효율적으로 복귀되도록 한다. 짝 합병 모둠학습에서는 먼저 정답이 분명한 질문을 하거나 수학 문제 같이 정답이 하나인 문제를 제시한다. 이어서 모든 학생들에게 각자 문제를 해결하도록 한 다음, 세 명의 짝꿍들과 답을 점검하도록 한다. 이어서 각 모둠에서 한 명씩 지명하여 답을 설명하도록 한다.

자습에도 이와 유사한 전략을 적용할 수 있다. 먼저 소통을 촉진하기 위해 학생들을 가까이 앉도록 한다. 이어서 해결할 문제들을 제공하여 해결하도록 한 다음 답을 서로 비교하도록 한다. 답이 같거나 학생들 스스로 정답을 찾을 수 있으면 계속 문제를 풀어가도록 한다. 정답을 찾지 못하면 모둠의 짝꿍들과 답을 비교하고 논의한다. 교사는 4명의 의견차가 해소되지 않는 경우에만 개입한다.

**팀 동료 자문**  팀 동료 자문(teammates consult)은 학생들로 하여금 답안을 작성하기 전에 짝꿍과 해결방안을 논의하도록 하는 모둠학습 전략이다. 이 전략에서는 4명으로 구성된 모둠에게 정답이 하나인 문제로 구성된 학습지나 과제를 제공한다. 학생들은 문제해결을 시작하기 전에 모둠별로 문제해결방법을 논의하여 합의한 다음 각자가 문제를 해결한다.

이 전략에서는 모둠 학생들이 돌아가면서 자신의 해결방안을 제안하고 서로 논의하도록 한다. 이런 방식을 통하여 성적 좋은 학생만 해결방안을 제안하고 논의를 주도하는 것을 막을 수 있다.

이외에도 다양한 모둠학습 전략들이 있으며, 지금까지 제시된 전략을 변형하여 사용할 수도 있다. 앞에서 말한 것처럼, 모둠학습 전략이 기본 수업모형이 되어서는 안 된다. 모둠학습 전략은 다른 전략이나 모형을 보완하기 위해 설계되었음을 명심해야 한다.

## 협동학습 전략

지금까지 모둠학습을 살펴보았다. 지금부터 학생-학생 상호작용을 강조하는 동시에 구조화된 역할을 제공하는 교수전략인 **협동학습**(cooperative learning)을 살펴보자. 앞에서 밝힌 바와 같이, 협동학습과 모둠학습은 서로 유사하긴 하지만 동일하진 않으며, 구조화 정도에서 크게 다르다. 협동학습 전략은 모둠학습보다 구조화되고 학생의 구체적인 역할이 정해 진다.

이 절에서는 널리 알려진 협동학습 형태인 직소우 학습과 모둠별 분담 학습을 살펴본 다. 먼저 직소우를 살펴보자.

### 직소우 학습

중학교 세계지리 교사인 Kevin Garnett 선생님은 종전과 다른 방식으로 다음 단원인 중앙아메리카 수업을 하기로 마음먹는다. 그는 학생들을 네 모둠으로 조직하고, 각 모둠에서 학생들이 학습할 내용을 분담하여 같은 모둠의 학생들을 충분히 가르칠 수 있을 정도로 공부하도록 한다. 예를 들어, 코스타리카 학습에서, 각각의 모둠에서 한 학생은 지리, 또 한 학생은 경제, 세 번째 학생은 역사, 네 번째 학생은 문화를 분담한다. 이들은 분담한 학습내용의 전문가로 지정된다. 전문가는 같은 모둠의 다른 학생들에게 해당 내용을 가르칠 책임이 있다. 활동이 끝나면 전체 학생을 대상으로 퀴즈시험이 실시된다.

Kevin 선생님은 각각의 학생이 자신이 맡은 주제의 전문가가 되어 같은 모둠의 다른 학생을 가르 치는 협동학습 전략인 **직소우 학습**(jigsaw)을 사용했다. 모둠학습 및 여타 협동학습 전략과 마찬가지로 직소우 학습의 강점은 학생-학생 상호작용을 촉진한다는 것이다.

**직소우 학습의 특징**  직소우 학습의 핵심적인 특징은 두 가지이다. 첫째, 조직화된 지식들 을 가르치기 위해 설계되었다. 둘째, 과제 전문화라는 요소가 포함된다.

**지식체**  이 장 첫 부분의 Lana Dopson 선생님 수업사례에서 학생들은 분수를 가장 작은 수로 약분하는 문제를 해결하고 있었다. 학생들이 과학의 일과 힘 또는 지리의 **경도와 위도** 같은 개념을 이해하기 바라는 경우도 있을 것이다. 이런 주제는 분명하게 정의되어 있다. 이와 대조적으로, Kevin 선생님의 수업 주제인 코스타리카의 지리, 문화, 역사 및 경제는 사실, 개념, 일반화 및 이들 간의 관계가 결합된 주제인 **지식체**(organized bodies of knowledge)이 다. 사회과의 독립전쟁과 산업혁명, 과학과의 인간 호흡기와 양서류 혹은 국어과의 특정 소설이나 작가가 이러한 지식체의 예들이다.(제7장과 제10장에서 지식체와 이를 위해 설 계된 수업모형을 자세히 논의할 것이다.)

**과제 전문화**　Kevin 선생님이 단원과 학생의 역할을 구조화한 방법을 다시 살펴보자. 선생님은 학생들이 학습목표에 도달하기 위해 전문가 역할을 분담하는 것이 요구되는 **과제 전문화**(task specialization)라는 과정을 채택했다. 직소우 학습에서 학생들은 학습과제의 특정 부분에 대한 전문가가 되고, 그 부분을 같은 모둠의 다른 학생들을 가르칠 때 전문성을 발휘한다. 예컨대, Kevin 선생님은 학생들에게 중앙아메리카 국가들의 지리, 역사, 경제, 문화를 각각 한 사람이 분담하여 집중적으로 학습하도록 하였다. 학생들이 모둠에서 학습할 때, 각 학생은 직소우라는 말의 기원인 지식 조각(piece of knowledge puzzle)의 한 부분을 담당한다. 직소우 전략의 성공여부는 모둠 구성원들 간의 상호의존성에 달려 있다. 학생들은 서로 의존하여 학습해야 한다.

　직소우는 교과서 같은 기존 출판자료의 학습에 사용될 수 있으며, 또 다른 교수전략들을 보완하기 위해 활용될 수도 있다. 예컨대, 사회과에서 핵에너지 같은 쟁점의 배경정보를 제공하기 위해 직소우가 활용될 수 있다. 일부 학생들은 핵에너지의 역사, 다른 학생들은 핵기술, 또 다른 학생들은 핵에너지의 경제성과 생태에 미치는 영향을 공부할 것이다. 학생들은 전체학습 전에 자기 모둠에서 이들에 대한 전문성을 공유한다.

　또 다른 예를 들면, 시 단원에서 학생들이 각운, 운율, 상징성 그리고 작자의 삶을 학생들이 분담하여 학습한다. 시를 분석할 때 학생들은 분담한 부분의 관점을 제시함으로써 학습에 공헌한다.

**직소우 활동계획**　직소우 활동계획은 그림 4.1에 제시된 4단계로 진행된다. 이들을 살펴보자.

**학습목표 상세화**　학습활동 계획에서 가장 먼저 꼭 해야 할 일이 학습목표를 상세화하는 것이며, 직소우 학습을 계획할 때는 특히 학습목표 상세화가 중요하다. Kevin 선생님처럼 지식체에 대한 이해가 학습목표라면 직소우를 수업전략으로 이용할 수 있다.

　그렇지만 중앙아메리카 국가의 지리, 역사, 문화 및 경제를 이해하는 것만이 – 또는 주

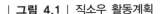

| **그림 4.1** | 직소우 활동계획

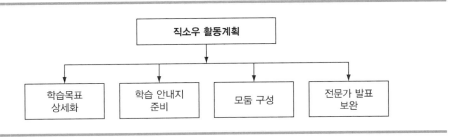

된—학습목표라면 선생님은 직소우 전략을 활용하지 않았을 것이다. 선생님은 오히려 통합모형이나 강의—토의모형 같은 다른 모형을 사용했을 것이다.(통합모형은 제7장에서 그리고 강의—토의모형은 제10장에서 설명된다.) 그 이유는 간단하다. 학생 '전문가'는 선생님만큼 학생들을 잘 가르치지 못할 것이다. 학생들이 교사만큼 잘 가르칠 수 있다면, 효과적인 교사가 되는 데 필요한 전문성을 습득하기 위한 4년 이상을 투자할 필요가 없을 것이다. 그리고 직소우 학습을 계획하고 실행하기 위해서는 많은 노력이 필요하다.

그러므로 수업전략으로 직소우를 선정했다면, 자기주도 학습능력의 습득이나 사회적 기술, 또는 의사소통 기술과 같은 학습목표도 내용목표 못지않게—혹은 더—중요한 목표일 것이다. 이러한 목표들이 학습계획에서 구체화되어야 한다.

**학습 안내지 준비** 학생들이 한 주제 또는 어떤 주제의 한 부분의 '전문가'가 되도록 하기 위해서는 관련 정보 탐색을 도와줄 학습 안내지가 필요하다. 교과서와 인터넷이 학생들이 사용할 수 있는 주된 정보원이라는 것을 염두에 두고 학습 안내지를 작성해야 한다. Kevin 선생님이 사용한 학습 안내지가 그림 4.2에 제시되어 있다.

**| 그림 4.2 |** '전문성' 발달을 위한 학습 안내지

**코스타리카의 지리**

위치 및 주변국 : _____

산과 강 : _____

기후 : _____

생태 및 국토 이용 : _____

**모둠 구성**　모둠 구성에서는 학습목표가 고려되어야 할 것이다. 문화 또는 가정배경, 가치관과 태도가 서로 다른 학생들이 같이 학습하는 데 필요한 사회적 기술의 발달이 학습목표라면, 학생의 배경을 고려하여 모둠을 구성해야 한다. 따라서 남학생과 여학생, 성적 좋은 학생과 나쁜 학생, 일반 학생과 사회적 약자 학생(학습장애 학생이나 주의력결핍과잉행동장애 학생이나 소수 문화 학생)이 한 모둠에 골고루 배정되어야 한다. 그리고 교사가 모둠을 구성하는 것이 좋다. 앞에서 말한 것처럼, 학생들에게 자율적으로 모둠을 구성하게 하면 문제가 생길 가능성이 높다. 모둠 구성 근거를 정확하게 설명하여 학생들의 불평을 최소화한다.

　모둠이 구성되면 구성원 간에 라포가 형성되도록 하는 것이 중요하다. 모둠 구성원 간 라포 형성을 위해 모둠학습에서 소개된 방법을 여기에서도 활용할 수 있다.

**전문가 발표 보완**　학생 '전문가'는 학습과 발표를 통하여 귀중한 경험을 하겠지만, 앞에서 말한 것처럼, 교사만큼 잘하지는 못할 것이다. 학생들이 학습목표에 도달할 수 있도록 학생 발표의 미진한 부분을 보완할 계획을 세워야 한다.

**직소우 활용 수업전개**　직소우 학습은 표 4.2에 소개된 단계로 진행된다(Slavin, 1995). 이

| 표 4.2 | 직소우 학습 전개단계

| 단계 | 목적 |
| --- | --- |
| **1단계 : 전문가 배정**<br>심도 있게 학습할 주제가 분담된다. | ■ '직소우'를 위한 체계를 만든다.<br>■ 사회적 협상을 연습할 기회를 제공한다. |
| **2단계 : 정보 수집**<br>학생 전문가가 배정받은 주제를 가능한 한 깊이 학습한다. | ■ 주제를 깊이 이해한다.<br>■ 정보를 수집하고 조직하는 경험을 제공한다.<br>■ 학생들이 자기주도 학습자가 되도록 한다. |
| **3단계 : 전문가 회합**<br>각 모둠의 전문가들이 만나서 같은 모둠의 학생들에게 발표할 자료를 준비한다. | ■ 수집된 정보를 비교하고 조직화한다.<br>■ 주제에 대한 심오한 지식을 습득한다.<br>■ 리더십과 사회적 기술을 발달시킨다. |
| **4단계 : 동료 수업**<br>학생 전문가가 학습한 주제를 모둠 학생들에게 발표한다. | ■ 모둠 학생의 주제 관련 지식을 발달시킨다.<br>■ 발표자료를 소통하는 경험을 제공한다. |
| **단계 5 : 회고 및 정리**<br>학습내용을 회고하고 요약한다. | ■ 주제의 핵심내용을 확인한다.<br>■ 학생이 이해하지 못한 내용을 보충한다. |

절에서는 이들을 살펴본다.

**전문가 배정**  학생 전문가 배정이 직소우 학습 전개의 첫 단계이다. 교사가 주제를 배정할 수도 있고, 학생들이 선택하게 할 수도 있다. 학생들에게 선택하도록 할 경우에는 모둠 학생들이 의논하여 결정하도록 한다.

이렇게 하면 좋은 점이 있다. 둘 이상의 학생이 같은 주제를 맡고 싶어 하는 경우에 학생들은 사회적 협상경험과 타협의 필요성을 경험한다. 예를 들어, 지리 전문가가 되길 원하는 학생이 둘 이상인 경우에 이번에는 한 학생이 지리 전문가가 되고 다른 나라 학습 에서는 나머지 한 학생이 지리 전문가가 되기로 합의할 수 있을 것이다. 이 과정은 사회 성 발달 목표달성에 도움이 된다. 직소우 학습은 많은 시간이 요구되기 때문에 효율적인 학습이 목적이라면 직소우를 사용하지 않는 것이 좋다.

**정보 수집**  학생 전문가들이 정해지면, 학생들은 모둠 학생들에게 발표하기 위해 배정받은 주제를 깊이 공부하기 시작한다. 활동계획에서 준비한 안내지가 이 단계에서 제공되며, 학생 전문가들은 활용 가능한 자원을 통하여 정보를 수집하고 발표자료를 조직한다. 앞 에서 말한 것과 같이, 교과서나 인터넷이 활용될 가능성이 가장 높겠지만, DVD나 다른 소장자료들도 활용될 수도 있다.

정보 수집 기간이나 시간은 주제에 따라 다를 것이다. 정보 수집을 위해 최소 두 시간 이 필요할 것이나, 필요한 실제 기간이나 시간은 교사의 전문적 판단에 달려 있다.

**전문가 회합**  학생 전문가들이 배정받은 주제를 학습하고 나면 주제별로 전문가 회합을 갖는다. 전문가 회합의 목적은 각 모둠의 학생 전문가들이 수집한 정보를 서로 비교하고 조직하도록 하여 발표를 준비시키는 것이다.

이 과정에서는 세심한 주의가 필요하다. 예를 들어, Kevin 선생님의 사례에서 보았듯 이, 수업에서 지리, 역사, 경제, 문화같이 네 주제를 다룬다면, 교사는 최소 네 번의 전문 가 회합에 참여해야 할 것이다. 직소우 도입 초기에는 학생들이 협력하여 수집정보를 비 교하고 조직한 경험이 많지 않아 교사의 도움이 필요할 것이다. 따라서 분야별 전문가 회합을 동시에 갖는 것은 불가능하다. 교사는 사실상 한 번에 한 회합이나 기껏해야 두 회합 정도에 참석할 수 있을 것이다. 그러므로 교사가 한 회합에 참석하는 동안 다른 학 생들은 자습하도록 한다. 중학교나 고등학교의 한 차시는 45분에서 50분 정도이므로 하 루는 두 개의 전문가 회합에 참석하고 다음 날은 나머지 두 전문가 회합에 참석할 수 있을 것이다.

학생들이 직소우 효과를 최대한 얻기 위해서는 전문가 회합이 고도로 구조화되어야

한다. 예를 들어, 회합을 원만히 진행하고, 참석자 모두가 참여하게 할 책임을 가진 리더
가 선정되어야 할 것이다. 회합을 이끄는 것은 사회성 발달을 촉진하는 귀중한 경험이므
로 학생 전문가들이 돌아가면서 리더 역할을 맡도록 하여 성적 좋은 학생이 독점하지 않
도록 한다. 성적이 낮은 학생이 회합을 진행하는 경우에는 회합 전이나 후에 지도할 필요
가 있다.

**동료 수업**  동료 수업 동안에 학생 전문가들이 모둠으로 돌아와 맡은 주제를 발표한다.
이 과정도 역시 세심하게 구조화되어야 한다. 예를 들어, 한 시간 수업시간이 50분이고
주제가 지리, 역사, 문화, 경제의 네 주제라면, 교사는 한 시간 안에 이 네 주제를 모두
발표할지 여부를 결정해야 한다.

  또 교사는 학생들에게 모든 내용에 대한 심층적 이해를 강조해야 한다. 교사는 학생들
에게 전문가 발표 필기를 하고 전문가의 질문에 대답할 준비를 하도록 한다. 학생들이
발표를 잘 듣도록 하기 위해 필기 안내지를 준비하여 학생들에게 나누어 주는 것도 좋을
것이다. **필기 안내지**(guided notes)란 학생들이 학생 전문가 발표내용을 필기하는 데 도움
을 주는 단서, 핵심 아이디어 그리고 이들 간의 관계를 적을 종이로 교사가 미리 제공한
학습지이다(Eggen & Kauckak, 2010). 필기 안내지는 그림 4.2에 제시된 예와 같이 전문성
발달을 위한 학습 안내지와 유사할 수도 있다.

**회고 및 정리**  회고 및 정리는 모든 전략이나 모형에서 중요하지만, 학생 전문가들이 돌아
가면서 발표하는 직소우에서 특히 중요하다. 직소우 활동계획에서 밝힌 것처럼, 학생 전
문가들의 발표 질에 차이가 나는 것은 불가피하다. 발표내용이 명료하지 않을 수 있으며,
일부 내용이 빠질 수도 있다. 이 말이 학생 전문가 발표가 시간낭비라는 의미는 아니다.
정보를 연구하고 조직하여 발표하는 경험을 갖는 것은 그 자체가 귀중한 학습목표이다.

  그렇지만 모든 학생이 내용목표를 달성하기 위해서는 학생 전문가 발표 간의 질적 차
이를 메꿀 수 있도록 도와주어야 한다. 회고단계에서 학생들에게 필기 안내지를 검토하
여 발표에서 누락된 부분을 보충하도록 할 수 있을 것이다. 이 단계에서도 세심한 주의가
필요하다. 학생들이 직소우의 마지막 단계에서 이루어지는 회고 활동을 통하여 내용을
충분히 학습할 수 있다는 생각이 들면, 학생 전문가의 발표에 주의집중하지 않을 수도
있다. 학생들에게 전문가가 발표한 모든 정보의 학습을 강조하는 것도 바로 이 때문이다.

  직소우는 많은 노력이 필요한 수업전략이다. 학생들의 학습을 최대한 보장하기 위해서
는 충분한 계획과 신중한 모니터링이 필요하다. 직소우 학습이 잘 계획되고 전개된다면,
정보를 수집하여 조직하고, 자기 주도적으로 학습하며, 협력하는 경험을 제공할 것이다.

학교 밖 세상에서는 이런 경험이 학습내용에 대한 경험보다 소중하다. 이것이 바로 다양한 수업전략과 모형을 살펴보는 이유이기도 한다.

## 모둠별 성취 분담

먼저 Lana Dopson 선생님의 4학년 수업사례를 다시 보자. 분수의 약분을 지도할 때, 선생님은 모둠학습을 활용하였다. 선생님은 학생들이 수업에 좀 더 적극적으로 참여하게 하기 위해 이번에는 단순한 모둠학습을 넘어 좀 더 보다 구조화된 협동학습을 전개하기로 결심한다. 다음 사례는 선생님의 동치분수 구하기와 분모가 다른 분수 덧셈하기의 수업사례이다. 이 수업의 학습목표는 앞에 제시된 선생님의 수업사례와 같다.

동치분수와 분모가 다른 분수의 덧셈 수업을 위해 Lana 선생님은 동치분수의 예를 제시하고, 동치분수 만들기와 분모가 다른 분수의 덧셈 방법을 시범해 보인다. 선생님은 학생들에게 동치분수의 예를 찾도록 하고, 학생들이 마치자 그것에 토론하고 피드백을 제공한다. 선생님은 두 가지 예를 더 든다.

이어서 Lana 선생님은 4명이 한 모둠이 되어 학습지를 풀도록 한다. 각 모둠의 학생들은 각자 문제를 해결하고 나서 짝꿍들과 답을 비교한다. 답이 서로 다르면 같은 모둠의 다른 짝들과 의논한다. 학생들이 모두 정답을 찾고 이해하면 다음 문제를 같은 방식으로 해결한다. 모둠학생 모두가 답을 찾지 못하거나 문제해결방법을 모를 경우에만 선생님의 도움을 받는다.

학생들은 금요일에 한 주 동안 학습한 내용에 대한 퀴즈시험을 치른다. 이번 퀴즈의 모둠 성적이 지난주 성적보다 높은 모둠에게는 모둠상이 수여되고, 학년 말 성적에 반영되는 보너스 점수가 학생 개개인에게 제공된다.

Lana 선생님은 학생들이 능력이 서로 다른 학생들로 구성된 모둠을 중심으로 기능을 연습하는 **모둠별 성취 분담**(Students Teams Achievement Divisions, STAD) 전략을 사용하고 있다 (Slavin, 1986, 1995). 예컨대, 학생들은 모둠을 중심으로 동치분수 찾기와 분모가 다른 분수의 덧셈을 연습했다.

모둠별 성취 분담 전략은 일반적으로 교사가 전체 학생에게 기능을 설명하고 시범을 보인 다음에 그 기능을 연습할 기회를 제공하기 위해 활용된다. 예를 들어, 선생님은 동치분수를 찾는 과정과 분모가 다른 분수의 덧셈 과정을 설명한 다음에 예를 제시하였다. 이어서 선생님은 예제를 주어 연습하도록 하고 학생들의 학습활동을 모니터하였다. 여기까지는 전통적인 수업방식과 유사하게 수업이 진행되었다. 그러나 이후의 과정은 일반적으로 학생들이 개별적으로 기능을 연습하는 전통적인 수업과 달랐다. Lana 선생님은 협동학습의 한 유형인 모둠별 성취 분담 전략을 전개하였다. 모둠별 성취 분담 전략에서는 학생들이 개별적으로 기능을 연습하지 않고 모둠을 중심으로 연습한다. 모둠은 단원이 끝날 때까지 비교적 장기간 유지되고, 학생들은 모둠을 중심으로 기능을 연습하고 피드백을 제공받는다. 모둠별 성취 분담 학습이 어떻게 이루어지는지 살펴보자.

**모둠별 성취 분담 전략계획**　모둠별 성취 분담 협동학습 전략을 활용한 수업계획은 다음과 같은 네 과정으로 이루어진다.

- 전체 수업계획
- 학습모둠 구성
- 모둠별 학습계획
- 기저점수 및 향상점수 산정

**전체 수업계획**　여타의 수업계획에서와 마찬가지로, 모둠별 성취 분담 협동학습 수업에서도 모둠에서 연습할 내용을 제시하기 위한 계획이 수립된다. 모둠별 성취 분담 협동학습 수업이 효과적으로 이루어지기 위해서는 학습목표를 분명하게 설정하는 것, 좋은 예를 준비하는 것 그리고 상호작용을 촉진하는 것이 반드시 필요하다.

**학습모둠 구성**　모둠별 성취 분담 전략을 효과적으로 수행하기 위해서는 직소우나 여타 협동학습 전략과 마찬가지로 학습모둠을 미리 구성해야 한다. 각 모둠에는 능력, 성 및 민족이 서로 다른 학생이 골고루 배정되도록 한다. 모둠별 성취 분담 협동학습을 제안한 Bob Slavin(1995)은 한 모둠의 크기는 4명이 가장 바람직하지만 5명도 가능하다고 하였다. 한 모둠에는 성적이 좋은 학생과 낮은 학생, 남학생과 여학생, 일반학생과 장애학생, 소수집단 학생과 소수집단 아닌 학생이 골고루 배정되어야 한다.

**모둠별 학습계획**　모둠별 성취 분담 전략의 성공여부는 모둠 구성원 간의 상호작용을 유도할 자료의 질에 달려 있다. 학습목표가 중요한 이유가 바로 여기에 있다. 학습목표 구체화를 통하여 전체 집단수업과 모둠별 학습이 학습목표와 긴밀하게 연결되도록 해야 한다.
　다양한 모둠 학습자료가 활용될 수 있다. 수학의 경우에는 Lana 선생님의 사례와 같이 해결할 문제가 사용될 수 있다. 국어의 경우에는 구두점 바르게 찍기나 맞춤법 교정자료가 사용될 수 있다. 지리에서는 경도와 위도가 교차하는 특정 지점과 가장 가까운 지역 찾기 연습지가 활용될 수 있을 것이다.
　모둠 학습자료는 분수 문제 풀기나 구두점 위치 찾기 같이 정답과 오답이 분명한 수렴적 반응을 요구하는 것이어야 한다. 학습자료가 수렴적 사고를 요구하는 내용이 아닌 경우에는 모둠별 성취 분담 전략은 효과적인 전략이 아니다.

**기저점수와 향상점수 산정**　모둠별 성취 분담 전략에서는 성공 기회를 균등하게 제공하는

| **표 4.3** | 성적을 기초로 기저점수 산정하기 |

| | |
|---|---|
| A | 90 |
| A⁻/B⁺ | 85 |
| B | 80 |
| B⁻/C⁺ | 75 |
| C | 70 |
| C⁻/D⁺ | 65 |
| D | 60 |
| F | 55 |

출처 : Kagan, 1992; Slavin, 1995

것이 필수이다. 균등한 성공 기회란 능력이나 배경에 상관없이 모든 학생이 자신의 노력을 인정받을 수 있을 것으로 기대할 수 있다는 의미이다. 균등한 성공 기회 제공은 시험이나 퀴즈에서 기저점수보다 높은 점수를 받은 사람에게 상을 주는 것으로 가능하다. **기저점수** (base score)는 과거의 시험이나 퀴즈에서 얻은 평균점수나 이전 학년이나 학기의 성적에 의해 결정된 점수이다. 이전 성적을 기초로 기저점수를 산정한 예가 표 4.3에 제시되어 있다. 학생 개개인의 기저점수는 학습을 시작하기 전에 결정되어야 한다.

향상점수(improvement points)는 시험이나 퀴즈에서 받는 점수를 기저점수와 비교하여 부여된다. 향상점수 부여를 위한 체계의 예가 표 4.4에 제시되어 있다. 표 4.4에 있는 체계는 임의적인 것으로 교사의 전문적 판단에 따라 얼마든지 바꿀 수 있다. 예를 들어, 기저점수와 비교하여 향상된 점수가 5점 이내이거나 떨어진 경우에도 일정 점수를 부여할 수 있을 것이다. 반면에 기저점수와 비교하여 12점, 15점 또는 그 이상이 높아진 경우

| **표 4.4** | 향상점수 부여체계의 예 | |
|---|---|
| 향상점수 | 시험이나 퀴즈 성적 |
| 0 | 기저점수 이하 |
| 10 | 기저점수보다 1~5점 높음 |
| 20 | 기저점수보다 6~10점 높음 |
| 30 | 기저점수보다 10점 이상 높거나 만점 |

에 향상점수로 30점을 부여할 수도 있을 것이다. 또 학생의 동기와 자신감이 증가함에 따라 향상점수 부여체계를 변경시킬 수도 있을 것이다. 또 특히 만성적 학습부진아의 경우에는 조금이라도 점수가 높아지면 향상점수를 부여하고 성취도가 높아짐에 따라 기준을 높일 수도 있다.

이외에도 다음 두 가지 사항이 특히 중요하다. 첫째, 만점을 받은 경우에는 기저점수에 관계없이 최고의 향상점수를 부여한다. 이렇게 하는 것은 성취도가 높은 학생들에게 중요하다. 예를 들어, 기저점수가 95점인 학생은 퀴즈나 시험에서 5점 이상을 높이기가 매우 어려울 것이다. 따라서 만점에 대한 향상점수가 부여되지 않는다면, 이런 학생의 동기는 낮아질 것이다.

둘째, 퀴즈의 난이도는 일정하지 않기 때문에 노력 부족 때문이 아니라 문제가 어렵기 때문에 점수가 향상되지 않을 수 있다. 예를 들어, 분모가 다른 분수의 덧셈이 포함된 문장제 문제는 분모가 같은 분수의 덧셈보다 어려울 것이다. 이런 차이를 조정하기 위해 향상점수를 다소 융통성 있게 부여할 필요가 있다. 기저점수와 비교하여, 예컨대 5점 이상 높지 않아도 향상점수(표 4.4 참조)를 받게 되면, 향상점수를 받으려는 동기가 유발될 것이고, 점수를 받은 학생은 기뻐할 것이다.

**모둠별 성취 분담을 활용한 수업전개**　모둠별 성취 분담 전략도 개념이나 기능의 학습을 위한 전체 수업전개와 유사하게 시작되어 전개된다. 전시 학습내용을 상기하고, 본시 학습을 도입한 다음 내용을 설명하고, 시범 보이고 나서, 학생들의 활동을 주의깊게 모니터하면서 연습하도록 할 것이다. 모둠별 성취 분담 전략을 활용한 수업에서는 전통적 수업에서 일반적으로 이루어지는 개별 연습 대신에 모둠 중심으로 연습이 이루어진다. 그렇지만, 일부 수업에서는 전체학습에서 모둠학습으로 자연스럽게 전환할 필요가 있을 것이다. 또 모둠학습 방법, 향상점수 부여방법, 모둠점수 부여방법을 설명할 필요도 있을 것이다. 이러한 단계가 표 4.5에 제시되어 있다.

**1단계 : 전체수업**　모둠별 성취 분담 전략도 도입단계에서는 특정 개념이나 기능을 가르치는 전형적인 전체 수업방식과 유사하다. 이 전략에서도 앞서 보았던 사례들과 같은 방식의 수업이 이루어질 것이다. Lana 선생님의 수업사례에서 그 단계들을 구체적으로 볼 수 있다. 선생님은 동치분수를 찾는 과정과 분모가 다른 분수를 더하는 과정을 자세하게 설명하면서 계산과정을 보여주고 나서 학생들이 개별적으로 연습하도록 하였다. 학생들이 이해한 것으로 판단되자 선생님은 모둠학습을 진행하였다.

**2단계 : 모둠학습으로 전환**　학생들은 모둠학습이나 협동학습과 마찬가지로 모둠에서 효과

| 표 4.5 | 모둠별 성취 분담 수업단계

| 단계 | 목적 |
| --- | --- |
| **1단계 : 전체수업**<br>전체수업 장면에서 기능이 설명되고 시범된다. | ■ 기능을 이해하기<br>■ 기능 사용 연습 제공하기 |
| **2단계 : 모둠학습으로 전환**<br>학생들이 전체수업을 마치고 모둠학습을 준비한다. | ■ 전체수업에서 모둠학습으로 전환하기<br>■ 능력과 배경이 서로 다른 모둠 동료들과 학습할 기회 제공하기<br>■ 개인별 향상점수 부여방법과 모둠별 점수 부여방법 설명하기 |
| **3단계 : 모둠학습**<br>모둠별로 기능을 연습한다. | ■ 기능 연습 기회 제공하기<br>■ 사회성 발달 촉진하기 |
| **4단계 : 성취 인증**<br>개인별 향상점수와 모둠별 점수가 부여된다. | ■ 성취 결과 인증하기<br>■ 학습동기 증진하기 |

적으로 공부하는 것을 배워야 한다. 모둠별 성취 분담 전략은 Lana 선생님의 경우에서 보듯이 모둠별 성취 분담 전략에서는 정답이 비교적 분명한 과제를 해결하므로 다른 모둠학습이나 협동학습보다는 논란이 단순하다. 그렇지만 몇 가지 다른 논란이 있다. 예를 들어, 한 모둠에 성적이 좋은 학생과 낮은 학생이 각각 두 명 있는 경우에, 성적이 낮은 학생들은 성적이 높은 학생들에게 문제해결을 맡길 가능성이 높다. 심지어 성적이 낮은 학생들은 높은 학생들이 문제를 해결할 때까지 기다렸다가 답을 베끼기만 할 수도 있다. 반면, 다른 학생보다 새로운 기능을 빨리 학습하는 성적이 좋은 학생은 성적이 낮은 학생들이 따라 오도록 도와주는 것을 싫어할 수도 있다.

이런 논란을 막기 위해서는 향상점수와 모둠점수 부여과정이 중요하다. 학생들이 같은 모둠에 속한 다른 학생들의 점수가 향상되면, 모두가 보상받는다는 것을 이해하면, 같이 학습하고 서로 도와주려는 동기가 높아질 것이다.

**3단계 : 모둠학습**  모둠학습은 학생들이 새로운 내용을 연습하고, 같은 모둠의 다른 학생들로부터 피드백을 받을 수 있는 기회를 제공한다. 이 단계에서는 앞에서 제기됐던 문제점을 예방하고 모둠학습과 협동학습활동의 목적인 사회성 발달을 촉진하기 위해 학생활동을 모니터하는 것이 반드시 필요하다. 교사는 모둠활동이 원만히 이루지지 않을 때 개입 시기를 판단해야 한다. 학생들에게는 자체적으로 견해차를 해소하는 경험이 필요하기 때문에, 너무 일찍 개입하는 것은 바람직하지 않을 때도 있다. 그렇지만 학생들이 서로 협

력하지 않거나, 한 학생에 의해 주도되는 경우, 또는 참여하지 않는 학생이 있는 경우에
는 개입해야 한다. 개입 시기는 교사가 판단해야 한다.

　　학습활동이 모범적으로 이루어지는 모둠을 모델로 활용하는 것이 좋을 때도 있다.
Lana 선생님의 구체적인 사례를 보자.

---

"여러분, 여길 보세요. 여러분이 열심히 하고 있는데 매우 중요한 점을 하나 말하겠어요. Cheetas 모둠이
협력을 잘하고 있어요. 친구 중에 한 사람이 문제를 해결하지 못하면 옆 친구가 '넌 할 수 있어. 좀 더 해봐.'라
고 말한 다음, 좀 기다리고 문제해결방법을 생각해 내면 '아주 좋은 생각이야'라고 또 다른 학생이 격려해
줘요. 서로가 친절하게 대하고, 다른 친구의 노력을 칭찬하는 것이 매우 중요해요. Cheetas 모둠이 매우 잘하
고 있어요."

---

　　이렇게 개입하는 것은 세 가지 점에서 효과적이다. 첫째, Cheetas 모둠의 협동이 칭찬
되고 있으며, 고등학생을 포함하여 학생들은 일반적으로 긍정적인 행동에 대해 칭찬받는
것을 좋아한다. 둘째, 칭찬받은 모둠은 타 모둠의 모델이 되므로 셋째, 부적절한 행동에
대한 경고나 질책을 하지 않아도 된다.

**4단계 : 성취 인증**　모둠별 성취 분담 전략에서도 평소와 같은 방식으로 학생의 수행을 사
정한다. 예를 들어, Lana 선생님은 매주 목요일에 수학 퀴즈시험을 실시하여 금요일에
시험지를 돌려주면서 피드백을 제공한다. 그러나 모둠별 성취 분담 전략에서는 사정 결
과가 향상점수 산정과 모둠별 시상에도 활용된다. 더 나아가, 퀴즈시험 점수는 다른 학생
들과 비교되지 않고 자신의 이전 점수와 비교되기 때문에 학생들을 동기화시키기도 한
다. 앞에서 보았듯이, 점수가 이전 점수와 비슷하면 낮은 향상점수가 주어지고 반면에
많이 높아지면 높은 향상점수가 부여된다.

**모둠별 점수 산정**　모둠별 점수 산정은 모둠 구성 학생 개개인의 향상에 기초하여 산정된
다. 예를 들어, Natacha, Tolitha, Stephen, Mary로 구성된 Cheetas 모둠의 경우를 보자.

| 성명 | 평균 | 퀴즈점수 |
|---|---|---|
| Natacha | 95 | 96 |
| Tolitha | 88 | 90 |
| Stephen | 75 | 84 |
| Mary | 69 | 80 |

　　모둠별 성취 분담 활동계획에서 제시된 향상점수 부여체계(표 4.4 참조)에 기초하여

Natacha와 Tolitha는 퀴즈점수가 기저점수(평균)보다 1점에서 5점 높아진 범위에 속하므로 이들에게는 향상점수 1점이 부여된다. 대조적으로 Stephen은 퀴즈점수가 기저점수보다 9점 높으므로 향상점수 20점을 받고, Mary는 10점이 높으므로 향상점수 30점을 받는다. 이 모둠에서 성적이 가장 낮은 Mary가 실제로 가장 높은 향상점수를 받는다. 향상점수 같은 강화자(reinforcer) 사용에 대한 논란이 있긴 하지만, 이런 체제가 동기에 긍정적인 효과가 있는 것으로 밝혀졌다(Slavin, 1995). 수업에서 이 체제를 어느 정도 사용할 것인가는 전문적 판단의 문제이다.

**모둠별 시상**  각 모둠의 향상 평균점수가 모둠별 점수가 되고, 이 점수에 따라 시상이 결정된다. 다음은 보상체제의 한 예이다.

| 준거<br>(평균 향상점수) | 시상 |
|---|---|
| 10 | 동상 |
| 15 | 은상 |
| 20 | 금상 |
| 25 | 최우수상 |

모둠별 시상은 다양한 방법으로 할 수 있다. 동기 향상에 효과적인 방법을 찾아 사용해야 한다. 예를 들어, 동상 모둠에게는 일어서도록 하여 전체 학생이 박수를 쳐주고, 은상 모둠에게는 보통의 성취 인증서를 수여하고, 금상 모둠에게는 더 화려한 인증서를 수여하며, 최우수 모둠의 경우는 모둠 단체 사진을 게시할 수 있을 것이다. 이외에 배지 시상, 학부모에 편지, 특혜 제공이나 리더 역할 주기 등이 있을 것이다.

**향상점수 성적 반영**  향상점수를 강화자로 사용하는 경우와 마찬가지로, 향상점수를 성적에 반영하는 것에 대한 논란이 있지만, 실제로 이를 시행하는 학교가 많이 있다. 예컨대, 퀴즈나 시험에서 15점 이상 향상된 학생의 성적은 B⁻에서 B로 또는 B에서 B⁺로 상향 조정된다.

많은 교사가 퀴즈나 시험점수 향상이 성적에 반영된다는 것을 아는 것이 동기 증진에 기여하는 것으로 생각하고 있긴 하나 이미 상위 성적에 속해 점수 향상이 어려운 학생들은 부당하게 불이익을 받는 것으로 생각한다. 향상점수가 학생의 실제 성취수준에 대한 왜곡된 이미지를 주기 때문에 향상점수에 기초한 성적 부여에 반대하는 전문가도 있다(Stings, 2005). 반면, 향상점수의 성적 반영이 효과적이라고 믿고, 학생의 성적이 과도하게 부풀려지지 않도록 유의한다면, 향상점수에 기초한 성적 부여가 나쁘진 않을 것이다.

학생들에게 모둠들이 서로 경쟁하는 것이 아니라 이전의 수행과만 경쟁하는 것을 명심하도록 해야 한다. 모둠의 학생들이 향상되면 모든 모둠이 최우수 모둠이 될 수 있다. 모둠 구성은 정기적으로 바꾼다.

직소우와 모둠별 성취 분담은 모두 많은 노력이 필요한 전략이다. 이 두 전략에서는 면밀한 계획이 필요하며, 특히 모둠별 성취 분담에서는 상당한 서류도 작성되어야 한다. 그렇지만 이 두 전략은 모두 학생들이 수학, 과학, 사회 및 여타 교과내용을 학습하면서 사회성, 자기주도 학습 및 의사소통 기술을 발달시킬 수 있도록 도와줄 수 있는 효과적인 전략일 수 있다. 이러한 사회 및 대인기능들은 학교 밖 생활에서도 중요하다.

## 모둠학습과 협동학습에서의 사정

모둠학습과 협동학습을 활용할 때, 학습 사정은 두 수준에서 이루어진다. 첫째 수준은 학생의 내용 목표달성 여부를 확인하는 수준이다. 둘째 수준은 모둠이 원활하게 작동되는지, 학생들이 협력하는지, 그리고 개인적 책임 수행을 학습하는지를 확인하는 수준이다.

**내용 이해에 대한 사정** 모둠학습과 협동학습에서 내용에 대한 이해를 사정하는 것도 여타 수업에서의 사정과 크게 다르지 않다. 예를 들어, Lana 선생님은 약분하기, 동치분수 구하기 및 분모가 다른 분수 더하기 능력을 전통적인 퀴즈 형식으로 사정했다. Kevin 선생님도 중앙아메리카 지역 국가들의 지리, 역사, 경제 및 문화에 대한 이해를 유사한 방식으로 사정했다. 선생님은 선다형 문항과 단답형 문항을 조합한 전통적인 평가방법을 활용했다.

**집단과정 사정** 집단과정에 대한 사정은 두 가지 이유로 내용 이해에 대한 사정과 많이 다르다. 첫째, 집단과정에 대한 사정은 덜 형식적일 것이다. 시험이나 퀴즈로 학생들 간의 협력 정도를 사정할 수는 없다. 둘째, 이 사정은 성적 부여를 위한 자료로 사용되지 않을 것이다. 이 사정이 통지표에 반영되는 경우에는 성적과는 별도로 행동발달 상황란에 '친구들을 잘 도와줌', '책임감이 강함'과 같이 진술될 것이다.

집단과정에 대한 사정에서는, 학생들의 책임감과 모둠에서의 생산적 역할 수행방법을 학습했는지가 알고 싶을 것이다. 여기에는 말하기, 듣기, 아이디어 공유하기 그리고 집단이 긍정적 방향으로 나아가도록 조력하기 등이 포함된다. 이는 직소우와 모둠별 성취 분담 모두에 적용된다. 다음은 집단과정 사정과 관련된 문항의 예들이다.

- 모둠의 모든 학생이 열심히 참여하였나요?
- 독단적인 사람이 있었나요?

- 모둠 학생 간의 상호작용은 긍정적이고 지원적이었나요?
- 남학생과 여학생이 동등하게 참여했나요?

직소우에서는 학생 전문가가 내용을 분명하게 설명한 정도 그리고 노트 필기와 조직화 기술도 평가될 것이다. 이러한 능력들에 대한 사정을 위하여 개인 메모, 체크 리스트, 평정표 등이 활용된다.

### 다양성 탐색 : 모둠학습과 협동학습을 통한 대인관계 촉진

사회적 상호작용이 지식구성에 중요하다 해도 항상 자연스럽게 이뤄지는 것은 아니다. 사람은 자신과 다른 부류의 사람을 경계하는 경향이 있다(Vedantam, 2010). 사회적 상황에서 일반적인 이 경향은 학습에서도 볼 수 있다. 일부 학생은 대부분의 시간을 자신과 문화적 배경이 같은 학생들과만 지내는 경향이 있으며, 이런 학생들은 모든 인간은 다른점보다는 공통점이 많다는 것을 학습하지 못한다(Juvonen, 2007).

교사가 배경이 서로 다른 학생들 간의 포용, 신뢰 및 우정을 강제할 수는 없다. 교사에게는 이런 태도를 학습시킬 수 있는 수단이 필요하며, 그 하나가 협동학습일 수 있다. 학생들은 협동학습을 통하여 사회적 기술을 발달시키고, 특수학생을 수용하며, 성적, 민족 그리고 성이 다른 학생과 친구가 되고, 이들에 대한 긍정적인 태도를 발달시킨다(Johnson & Johnson, 2006; Vaughn & Bos, 2006).

협동학습은 다음과 같은 특징이 있다.

- 배경이 서로 다른 학생들이 협력한다.
- 모둠 구성원들은 평등한 관계이다.
- 학생들은 서로의 개성을 안다.
- 교사는 협동의 가치를 강조한다.

학습자들은 서로 협력하면서 자신들이 공통점을 많이 가지고 있다는 사실을 아는 경우가 많다. 이제 8학년 수학교사인 Olivia Costa 선생님이 학생 간의 소통을 촉진한 방법을 보자.

---

Olivia 선생님은 학생들이 공부하는 것을 보면서 흐뭇하기도 하지만 편치 않다. 학생들의 수학 성적이 많이 좋아지긴 했지만, 다수집단 학생과 소수집단 학생들이 서로 어울리지 않는다. 선생님은 영어를 잘하지 못하는 6명의 중남아메리카 출신 학생과 매일 특수반에 가야 하는 4명의 특수아동들을 걱정하고 있다.

Olivia 선생님은 단결된 분위기를 조성하기 위해 성적을 고려하여 학생들을 4모둠으로 조직한다. 선생님은 민족과 성도 고려하고, 한 모둠에 영어가 제2언어인 학생과 특수학생이 1명 이상 배치되지 않도록 한다.

선생님은 월요일에 협동학습 방법을 학생들에게 설명한다. 선생님은 그 과정을 소개하기 위해 한 모둠과 같이 앉아서 협동하는 방법과 다른 학생들 도와주는 방법을 시범해 보인다.

　　Olivia 선생님은 전체수업에서 문제풀기 연습을 끝낸 다음에 모둠학습을 도입한다. 각 모둠의 학생들은 각자가 문제를 풀고 나서 같은 모둠의 다른 학생들과 답을 비교한다. 학생들이 문제를 해결할 수 없거나 답이 서로 다르면 선생님이 중재한다. 선생님은 학생들이 서로 의논하기 전에, 각자 문제를 해결하는지 주의깊게 살핀다.

　　모둠활동을 모니터링하기가 쉽진 않았지만, 첫 시도는 꽤 성공적이다. Olivia 선생님은 수업을 끝내면서, 결코 쉽진 않았지만, 학생들이 많이 좋아지는 것 같다는 생각이 든다.

---

　　Olivia 선생님의 노력을 보다 자세히 살펴보자. 먼저, 목표가 대인관계를 촉진하는 것이었기 때문에, 선생님은 학생들의 성적, 성, 출신 민족, 그리고 장애 등을 고려하여 모둠을 구성하였다. 초보교사들이 저지르는 가장 일반적인 실수의 하나는 모둠을 학생들이 정하도록 하는 것이다.

　　둘째, Olivia 선생님은 효과적인 상호작용을 위해서는 주도면밀한 계획과 실행이 필요하다는 것을 친구 도와주기, 듣기, 질문하기, 과제 수행하기 등의 시범을 통해 보여주었다. 학생들의 협동전략 학습을 돕기 위해 직접교수, 역할 연습, 비디오 자료 등이 활용될 수도 있다(Vaughn, Boss, Candace, & Schumm, 2006). 이런 기술들은 도움을 요청하거나 주는 것을 주저하는 경향이 있는 사회적 약자 학생들에게 특히 중요하다.

　　셋째, 선생님은 협력과 소통을 위하여 모둠별 성취 분담 전략을 수정하여 사용하였으며, 학생들의 모둠활동을 주의깊게 살폈다. 한 번의 훈련만으로 협동이 보장되지 않는다. 특히, 학생들이 어리거나 협동학습을 처음으로 도입했을 때는 모둠활동을 지속적으로 주의깊게 살피고 지원해야 한다(Vaughn et al., 2006). 모둠활동에 문제가 지속적으로 발생하면, 학생들을 다시 훈련시켜야 할 것이다.

## 모둠학습과 협동학습에 대한 비판

협동학습의 효과에 관한 연구들은 협동학습이 의사소통, 대인관계 기술, 그리고 수업 태도에 영향을 미친다는 것을 시사하고 있다. 또 협동학습은 문제해결능력과 일반적인 학업성취도 향상에도 효과적이다(Gao, Losh, Shen, Turner, & Yuan, 2007; Roseth et al., 2007). 반면에, 단순히 학생들을 모둠으로 구성하는 것만으로 학업성취도나 학습동기 증진이 보장되는 것은 아니다. 예를 들어, 모둠이 이질집단으로 편성되는 경우에 성적이 좋은 학생들은 자신이 착취당하고 있다고 생각할 수 있으며, 실제로 혼자 학습하는 것을 선호하는 경우도 많다(Su, 2007). 더 나아가, 성적이 높은 학생들이 집단 상호작용을 독점하는 경향이 있기 때문에, 성적이 보통인 학생들은 이질집단 편성의 덕을 보지 못하는 경우가 많다(Saleh et al., 2007).

이런 결과들은 두 가지 시사점을 제공한다. 첫째, 다른 전략이나 모형에서와 마찬가지로, 협동학습에서도 신중한 계획이 매우 중요하다. 예를 들어, 모둠 구성원 모두가 의견을 말하도록 하는 것 같은 협력방법을 명시적으로 가르칠 때, 상호작용이 증진된다(Saleh et al., 2007). 둘째, 모둠별 성적 부여-모둠의 모든 학생에게 동일한 성적으로 부여하는 것-는 피해야 한다. 개인별 책무성이 반드시 필요하다(Su, 2007).

다른 전략이나 모형과 마찬가지로 협동학습이 제대로 이루어지면 다양한 목표달성에 효과적일 수 있으며, 그 효과를 보장하기 위해서는 신중한 계획과 실행이 반드시 필요하다.

효과적인 모둠학습과 협동학습은 모두 전략에 지나지 않는다는 사실을 명심해야 한다. 다시 말해서, 두 전략은 학습목표 도달을 위한 수단이지, 결코 그 자체가 목적이 아니다. 예컨대, 학생들을 모둠으로 구성하는 것은 그 자체가 결코 목적이 아니며, 학생들의 사회적 기술 향상 도와주기 같은 학습 또는 발달 목적을 달성하기 위한 전략이다.

또 모둠학습과 협동학습은 모두 강점과 약점을 가지고 있다. 이들이 주된 수업방법이 되어서는 안 되며, 어떤 한 모형을 과도하게 사용하는 것이 비효과적인 것처럼, 이 두 모형을 과도하게 활용하는 것도 바람직하지 않다. 그렇지만 이 두 모형을 현명하고 사려 깊게 활용한다면 수업이 다양해지고, 학생의 흥미를 증진시키며, 교육의 중요한 목적의 하나인 학생의 사회적 기술을 증진시킬 수 있다.

## 토론전략

**토론**(discussion)은 학생들이 공통 주제에 관한 아이디어를 서로 공유하는 수업전략이다. 학생-학생 상호작용을 강조한다는 점에서 토론학습도 지금까지 살펴본 다른 전략과 유사하다. 또 토론은 모둠학습 및 협동학습과 결합되면 더욱 효과적일 수 있다.

먼저, 고등학교 영어교사인 Sue Southam 선생님의 수업사례를 보자.

Sue 선생님은 학생들이 책임감과 죄의식, 분노, 충성, 복수 같은 정서가 포함된 도덕적 딜레마 같이 끊임없이 제기되어 온 쟁점을 살펴보는 것을 도와주기 위해 Nathaniel Hawhtorne의 *The Scarlet Letter*를 수업자료로 선정한다. 1600년대 보스턴이 배경인 이 소설은 주인공(Hester Prynne)과 목사(Arthur Dimmesdale) 간의 비극적인 불륜을 그리고 있다. 소설 제목의 문자 'A'는 간통한 여자를 의미하는 것으로 청교도 사회가 간통에 대한 벌로 가슴에 주홍글자 'A'가 수놓인 옷을 입고 다니게 하였다. 지난 몇 시간에 걸쳐 이에 대한 토론이 있었고, 이 시간에는 Dimmesdale 목사의 성격을 살펴보고 있다.

선생님은 먼저 학생들에게 Dimmesdale의 성격을 묘사한 부분을 읽어주고 그 부분에 묘사된 주요 성격을 정리하라고 한다. 그녀는 "여러분이 그의 모습을 그린다면, 어떤 모습일 것 같아요? 가능한 한 구체적으로 생각해 보세요."라고 말한다.

선생님은 글을 읽고 학생들에게 그가 어떤 모습일지 생각하고, 소설을 영화로 만든다면 그 역을 누가 하면 좋을지를 묻고 대답을 적을 시간을 준다.

이어서, 선생님은 "우리가 행동을 통하여 Dimmesdale의 성격을 알 수 있는지 생각해 봐요. Dimmsdale이 Hester가 듣고 있는 자리에서 불륜 대상을 밝히라고 설교하는 부분을 읽을 테니 잘 들으세요."라고 한다.

선생님은 Dimmsdale의 설교를 읽고 나서 학생들을 'Dimmsdale' 편과 'Hester' 편으로 나누어 둘러앉도록 한다. 그리고 선생은 "'Dimmsdale' 편 학생들은 Dimmsdale이 설교하면서 어떤 생각을 할지, Hester 편 학생들은 Hester가 설교를 들으면서 무슨 생각을 할지를 정리해요. 인물들의 성격을 자신의 말로 정리하도록 하세요."라고 한다.

학생들에게 필기할 시간을 주고 나서, 선생님은 각 편의 학생이 두 명씩 배정한 모둠을 구성한다. 학생들이 자리를 잡고 앉자 선생님은 "각 모둠별로 설교의 첫 줄을 말하는 동안 Dimmsdale이 어떤 생각을 했는지부터 이야기를 시작해요. 그러고 나서 그에 대한 Hester의 반응을 말하도록 해요. 이런 것을 한 줄 한 줄씩 계속해요. 이제 시작해요."라고 한다.

5분 정도의 모둠활동이 끝나자 선생님은 전체활동을 도입한다. "좋아요, 잘 들어요. 'Dimmsdale' 편이 먼저 시작해요. 그는 설교하는 동안 무슨 생각을 했을까요? …… Mike?"라고 선생님이 묻는다.

Mike가 "내가 생각할 수 있었던 단 한 가지는 '신이시여, 도와주소서. 그녀가 아무 말도 않길 바랍니다. 사람들이 그가 나란 걸 알면 난 파멸하고 말 겁니다.'라고 할 것이란 생각만 들어요. 그리고 이때 Hester가 일어서서 강력하게 말할 것 같아요."라 결론지으면서 같은 모둠인 Nicole을 바라본다.

Nicole은 "Hester가 '왜 고백하지 않아요. 당신이 죄를 지었다는 걸 알잖아요. 난 내 사랑을 고백했는데 당신은 안 했잖아요. 왜 솔직하게 말하지 못해요.'라고 할 것 같아요."라고 한다.

"재미있는데 …… 또? Hester가 또 무슨 생각을 할까요? …… Sarah?"

Sarah가 "Hester가 '아니야, 말하면 안 돼. 난 지금도 그를 사랑해. 영원히 비밀을 지킬 거야.'라고 결심할 것이라 생각해요."라고 했다.

Sue 선생님은 잠시 멈추고 교실을 둘러보고 나서 "Hester에 대한 두 사람의 생각이 어떻게 다른지 잘 보세요. Nicole은 Hester가 매우 화난 것으로 그렸지만, Sarah는 Hester가 여전히 Dimmsdale를 사랑하는 것으로 생각하고 있어요."라고 말한다. 선생님은 학생들의 반응을 살피기 위해 잠시 쉰다. Karen이 손을 들었고 선생님은 그녀에게 고개를 끄덕인다. Karen이 "Hester가 아무 말도 하지 않은 이유는 Dimmsdale이 목사라서 아무도 자기 말을 믿지 않을 것이라 생각하기 때문이라고 봐요. 그녀는 자신이 그 자리에 있는 것만으로도 그의 죄를 상기시키기 때문에 복수하는 것이라 생각해요."라고 말한다.

"그렇지만 그녀가 그를 고발한다면 사람들은 그가 그걸 부인할 것으로 생각하지 않을까?"라고 Brad가 말한다.

Julie가 "아마 그는 그녀가 여전히 사랑하기 때문에 고발하지 않을 것으로 알고 있을지도 몰라."라고 말한다.

Jeff가 "잠깐만. 난 그가 그렇게 나쁜 사람이 아니라고 생각해. 그도 죄책감을 느끼지만 사람들 앞에서 고백할 용기가 없을 뿐이라 생각해."라고 반론을 편다.

"난 그가 자신의 말에서 진정으로 고백했지만 은밀하게 그녀에게 말하지 말라고 하고 있다고 생각해. 아마 그는 그녀에게는 진정으로 말하고 있지만 다른 사람들이 알아차리길 바라지는 않고 있어."라고 Caroline이 말한다.

학생들은 계속하여 설교에 들어 있는 의미에 대해 토론하고 Dimmsdale의 성격을 파악하려 노력한다.

수업을 마칠 때쯤 되자, Sue 선생님은 "좋은 생각들이에요. 지금까지 Dimmsdale의 성격을 살펴보았는데, 아직까지 그가 악인인지 아니면 단지 비극적인 인물인지는 파악할 수가 없어요. 내일 공부할 내용을 읽을 때는 이 문제를 생각하면서 읽도록 하세요. 내일은 Hester의 남편을 묘사하는 제4장을 공부할 거예요. 아마도 그의 성격을 알면 Dimmsdale과 Hester의 성격을 더 잘 파악할 수 있을 거예요."라고 말하면서 수업을 마친다.

| 그림 4.3 | 토론계획

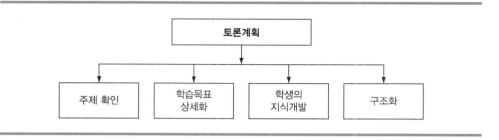

이제 토론전략의 계획과 전개과정을 살펴보자.

## 토론계획

얼핏 보면, 토론은 다른 전략과 모형들과는 달리 면밀하게 계획할 필요가 없어 보일 수도 있지만 그렇지가 않다. 면밀하게 계획되지 않은 토론은 무의미할 수 있으며, 시간 낭비에 그칠 수도 있다.

토론계획에는 그림 4.3에 제시되어 있는 4단계가 포함된다. 이제 이들을 살펴보자.

**주제 확인** 모든 전략 및 모형의 경우와 마찬가지로, 토론계획은 주제 선정에서부터 시작된다. 토론은 주제가 논란거리거나 해석에 차이가 있을 수 있는 것일 때 가장 효과적이다. 예를 들어, Sue 선생님은 학생들에게 Dimmsdale이 설교를 하는 동안 무슨 생각을 하고 있었는지 그리고 설교를 듣는 Hester는 무슨 생각을 할 것인지를 토론하도록 하였다. 그에 대한 답은 분명하지 않으며, 다양한 해석이 가능하기 때문에 이런 주제가 이상적인 토론 주제이다. 사회과의 국회의원의 중임 제한이나 과학과의 생명복제는 모두 논란이 되는 주제이다. Lana 선생님의 주제인 분수가 포함된 문제해결과 같이 기능의 활용이 포함된 주제는 토론거리로 적합하지 않다.

**학습목표 상세화** 학생들을 토론에 참여시킬 때는 세 유형의 목표가 있을 것이다. 첫째, 학생들이 단순히 읽을 때보다 주제에 대해 깊이 분석적으로 생각하도록 하는 것이다. 예를 들어, Sue 선생님은 학생들에게 *The Scarlet Letter*를 읽도록 했지만, 이럴 경우에 학생들은 Dimmsdale과 Hester의 성격에 대한 이해에 한계가 있을 가능성이 높다. 두 사람의 성격에 대해 토론하고 다양한 관점을 들음으로써 두 사람의 성격에 대한 학생들의 이해가 깊어진다.

둘째, 토론은 비판적 사고를 연습할 기회를 제공한다. 선생님은 학생의 견해에 대한 증거를 제시하도록 할 수 있다. 학생들은 경험과 더불어 근거 없는 의견이나 해석을 말하기 전에 잠시 멈추어 생각하는 것을 배울 수 있을 것이다. 이런 성향은 학생들이 학교 밖 생활에 많은 도움을 준다.

셋째, 토론은 학생의 사회성 발달에 크게 공헌한다. 학생들은 토론을 통하여 다음과 같은 중요한 사회적 기술들을 학습한다.

- 경청하기
- 견해차이 허용하기
- 차례 지키기
- 분명하고 간결하게 표현하기
- 다른 사람의 아이디어 정교화하기
- 비언어적 단서 읽기

여타 기술의 학습과 마찬가지로 사회적 기술의 발달을 위해서는 연습과 피드백이 필요하다. 예를 들어, 학생들은 경험과 더불어 점차적으로 동료학생들의 비언어적 피드백에 보다 민감해지고 적응한다. 발표하는 동안 몇 학생이 다른 곳을 쳐다보고 있으면, 학생들은 자신이 너무 길게 말하고 있으며, 내용도 분명치 않다는 것을 깨닫기 시작할 것이다. 학생들이 이러한 목표를 달성하길 바란다면 토론이 효과적인 전략일 수 있다.

**학생의 지식개발** 효과적인 토론이 이루어지기 위해서는 주제에 대한 광범위한 지식이 필요하다는 것은 말할 필요도 없다. 주제에 관해 아는 것이 없다면 누구도 토론할 수 없다는 것은 분명하다. 따라서 토론 전에 항상 주제와 관련된 지식과 이해를 위한 수업이 필요하다. 예를 들어, Sue 선생님은 학생들에게 *The Scarlet Letter*에서 Dimmsdale과 Hester의 성격과 이들이 서로 사랑하게 만든 사건을 묘사한 부분을 미리 읽도록 했다. 예를 하나 더 들면, 생명복제를 둘러싼 논란에 대한 토론을 위해서는 학생들이 생명복제와 관련된 사실, 복제의 역사, 1996년에 복제된 세계에서 가장 유명한 양인 Dolly와 같이 복제된 사례, 그리고 인간복제 가능성을 정확하게 이해할 필요가 있을 것이다.

사전지식의 부족이 토론이 성공하지 못하는 가장 중요한 이유일 것이다. 적절한 사전지식 없이 토론하는 것은 '집단무지(pooling ignorance)'로 빠질 수 있으며 귀중한 수업시간을 낭비하는 것일 수 있다.

**구조화** 표면적으로 토론수업은 체계적이지 못한 것처럼 보일 수 있다. 학생들이 토론만 할 뿐 얻는 것이 없는 것처럼 보일 수 있다. 그렇지 않다. 토론을 구조화하는 것이 얼마나 중요한지를 알아보기 위해, Sue 선생님의 수업을 살펴보자. 선생님은 자신의 수업을 세 가지 방법으로 구조화하였다. 첫째, 선생님은 소설에서 Dimmsdale을 묘사한 부분을 읽고 나서 "중요한 특징을 메모해요. 그의 초상화를 그린다면 어떤 모습일까요? 가능한 자세하게 그려 보세요."라고 말했다. 학생들에게 구체적인 과제가 주어졌고, 모든 학생이 토론을 시작하기 전에 과제를 마쳐야 했다.

둘째, 선생님은 학생들을 'Dimmsdale' 편과 'Hester' 편으로 나누고, 'Dimmsdale' 편 학생들에게는 그가 설교를 하는 동안에 생각한 것을 정리하도록 지시하였고 'Hester' 편 학생들에게는 설교를 듣는 동안 그녀가 가진 생각을 쓰도록 했다. 셋째, 선생님은 'Hester' 편 학생 두 명과 'Dimmsdale' 학생 두 명으로 구성된 모둠을 조직하고 정리한 내용을 서로 공유하도록 하였다.

Sue 선생님은 모둠활동을 마치고 나서야 학생들을 모아 전체 토론을 전개했다.

토론은 다양한 방식으로 구조화될 수 있다. Sue 선생님의 사례는 하나의 예이다. 교사는 다양한 방식으로 토론을 조직할 수 있다. 효과적인 토론은 고도로 조직화되고 구조화되어야 한다는 사실을 명심해야 한다. 학생들에게 어떤 주제에 대해 토론하라고만 해선 안 된다. 그러면 토론은 금방 무의미한 '헛소리로 가득한' 시간으로 변질될 것이다.

### 토론실행

토론은 세 단계로 전개된다. 이 단계들이 표 4.6에 개략적으로 제시되어 있다. 이들을 구체적으로 살펴보자.

| 표 4.6 | 토론 전개단계

| 단계 | 목적 |
|---|---|
| **1단계 : 도입**<br>교사가 토론 주제와 쟁점을 제시한다. | ▪ 주의 끌기<br>▪ 토론의 초점 제공하기<br>▪ 배경지식 활성화하기 |
| **2단계 : 탐색**<br>학생들이 주제를 탐색하고, 사고를 명료화하며, 입장을 정한다. | ▪ 학생의 참여 조장하기<br>▪ 주제에 대한 심오한 이해 촉진하기<br>▪ 비판적 사고를 발달시키고 사회성 발달 촉진하기 |
| **3단계 : 정리**<br>주요 토론점이 요약된다. | ▪ 합의점과 합의되지 않은 점 명료화하기 |

**1단계 : 도입**  토론이 성공하기 위해서는 학생의 주의를 끌어야 한다. Sue 선생님은 학생들에게 그녀가 글을 읽을 것이라는 것과 학생들은 그녀가 읽을 내용에 근거하여 Dimmsdale의 성격 특징을 기록해야 한다고 말하는 것으로 수업을 시작하였다. 이렇게 학생들에게 수행할 과제—기록하는 것—를 제공하는 것이 단순히 "내가 읽는 내용을 잘 들으세요."와 같이 인지적 측면에서 학생을 수동적으로 만들 수 있는 지시보다 효과적이다.

정리하도록 한 것은 Dimmsdale의 성격과 관련된 학생의 배경지식을 활성화하는 데도 도움이 된다. 학생들이 소설의 해당 부분을 읽었지만(적어도 선생님은 학생들이 그것을 읽었길 바랐지만), 발췌하여 읽어준 것은 학생들이 토론주제에 직접 집중하도록 도와주었다.

교사는 다양한 방식으로 학생의 주의를 집중시킬 수 있다. 예를 들어, 사회과 교사가 국회의원의 중임 제한에 대한 찬반토론을 실시하는 경우를 생각해 보자. 이 경우에 토론은 "의원의 임기는 두 번으로 제한되어야 하는가?"와 같은 간단한 질문으로부터 시작될 것이다.

특정 측면에 대해서만 토론해야 할 정도로 범위가 넓은 주제도 있을 수 있다. 예를 들어, 과학시간에 생물복제에 관해 토론한다고 가정해 보자. 이 토론과 관련하여 다음과 같은 다양한 질문이 제기될 수 있을 것이다.

- 생명복제가 윤리적인가?
- 생명복제에는 어떤 위험이 있는가?
- 생명복제가 식량문제 해결을 위한 방법이 될 수 있는가?
- 복제동물의 고기를 먹겠는가? 그 이유는?

이외에도 많은 질문이 제기될 수 있을 것이다. 이 중에서 한두 질문을 선정하여 관련된 내용에 집중하도록 하는 것은 그 자체로도 훌륭한 학습경험이 될 것이다.

**2단계 : 탐색**  탐색단계에서 학생들은 주제나 쟁점에 초점을 맞추고, 관점들을 서로 공유한다. 이 과정을 구체적으로 살펴보기 위해 Sue 선생님 수업에서 이루어진 대화의 예를 다시 보자.

| | |
|---|---|
| **Nicole** | 저는 "이봐요! 왜 고백하지 않았어요? 당신이 죄를 저질렀다는 걸 알잖아요. 나는 사랑을 고백했는데 당신은 고백하지 않았어요. 왜 당당하게 사랑한다고 하지 않아요?"라고 썼어요. |
| **교사** | 재미있는데 …… 또 뭐라고 썼어요? Hester에 대해서는 뭐라고 했어요? Sarah? |

**Sarah**    전 "아니야, 절대 말하지 않을 거야. 당신을 영원히 사랑할 거예요. 하지만 영원히 비밀을 지킬 거예요."라고 썼어요.

**교사**     Hester에 대한 두 사람의 생각의 차이에 주목하세요. Nicole은 그녀가 매우 화나 있는 것으로 묘사했는데, Sarah는 그녀가 여전히 그를 사랑한다고 생각했네요.

**Karen**    전 Hester가 아무 말도 하지 않은 것은 Dimmsdale이 목사이기 때문에 사람들이 자신의 말을 믿지 않을 것이라 믿었기 때문이라고 생각해요. 그녀는 거기에 있는 것만으로도 그에게 그의 죄를 상기시켰기 때문에 복수한 것이라 생각해요.

**Brad**     그렇지만 그녀가 그를 고발한다면 사람들이 그가 죄를 부정할 것으로 기대하지 않을까?

**Julie**    그는 그녀가 자신을 여전히 사랑한다는 것을 알기 때문에 그녀가 자신을 고발하지 않을 것이란 걸 알고 있을 거야.

**Jeff**     잠깐만. 난 그가 그렇게 나쁜 사람은 아니라고 생각해. 그는 그 모든 것에 죄책감을 느끼지만, 사람들 앞에서 그걸 고백할 용기가 없다고 생각해.

**Caroline** 난 그가 설교를 통하여 진정으로 자신의 죄를 인정하고 있지만 그녀에게는 은밀하게 말하지 말라고 한다는 생각이 들어. 그는 아마 Hester에게는 진심을 말하고 있지만 나머지 사람들이 알아차리길 바라진 않아.

이 대화에서 보듯이, 토론에서는 다양한 관점이 제기되는 것이 중요하며, 이는 토론계획에 대한 논의에서 소개된 목표들을 달성하는 데 도움이 된다.

교사는 토론을 유도할 때 두 가지 중요한 역할을 해야 한다. 첫째, 교사는 학생들이 토론 주제에서 벗어나지 않도록 해야 한다. 토론은 주로 학생들의 발표에 의해 운영되기 때문에 표류될 가능성이 항상 존재한다. 교사는 토론 방향을 면밀하게 주시하고, 학생들이 옆길로 빠지거나 막다른 골목으로 나가면 다시 주제에 초점을 맞추도록 해야 한다. 학생들이 성숙하고 주제에 관심이 있었을 뿐 아니라 선생님이 수업을 세심하게 구조화했기 때문에 Sue 선생님의 수업에서는 문제가 없었다. 그렇지만 이렇게 하는 것이 어려운 경우도 있을 수 있다.

둘째, 교사는 사회성 발달을 촉진하는 경험을 학생들에게 제공하기 위해 노력해야 한다. "Felicia가 Roberta의 견해를 보충한다는 것을 어떻게 알았어요?", "그래서 Eric의 생각에 동의하지 않나요? 분명히 그렇죠? 다른 생각이 있어요." 그리고 "좋아요. Maria, 잘들어요. 나는 네가 두 아이디어 간의 중요한 차이를 찾았다고 생각해."와 같은 언급을 하는 것은 학생들이 자신의 사회성 발달을 위해 사용할 수 있는 상호작용 기술의 구체적인 예들을 제공한다.

**토론 방해요인** 효과적인 토론이 이루어지지 않는 것은 일반적으로 세 가지 요인 중에서 하나 이상의 요인 때문이다. 첫째, 학생들의 사전지식 부족이다. 교사는 학생들이 충분한 배경지식을 가지고 있지 않은 주제로 토론을 진행하려 할 때가 있다. 학생들이 주제에 정통하지 않으면 토론을 할 수 없다. 앞에서 밝힌 바와 같이, 토론에 앞서 학생들이 토론에 필요한 지식을 습득하도록 도와주는 수업이 두세 시간 정도 진행되어야 한다.

둘째, 개방적이거나 공격적인 학생이 토론을 좌지우지하는 경향이 있으며, 수줍음이 많거나 자신에 대한 확신이 부족한 학생은 위축되거나 심지어는 토론에 집중하지 않는 경향까지 있다. 이런 가능성을 예방하기 위해 교사는 토론의 진행상황을 면밀히 살피고 필요하면 개입해야 한다. "Jackie, 잘 듣지 못했어요. 네가 하려는 말이 뭐지?"와 같은 말을 할 수도 있다. 수줍음이 많은 학생이나 확신이 서지 않는 학생도 이런 개방형 질문에는 쉽게 대답할 수 있을 것이다.

셋째, 지시가 분명하지 않는 것도 효과적인 토론에 장해가 될 수 있다. 예를 들어, "Dimmsdale의 성격에 대해 토론해요." 같은 지시는 효과적인 토론을 촉발할 정도로 구체적이지 못하다. 이와 대조적으로, Sue 선생님의 지시는 분명하고, 구체적이며, 초점이 명확하다. 선생님은 학생들에게 Dimmsdale의 설교 동안에 그와 Hester 두 사람이 가진 생각에 대해 말하도록 하였다.

**3단계 : 정리** 어떤 모형이나 전략을 활용하든, 수업을 마칠 때쯤 학습한 내용을 재음미하거나 요약하는 **정리**(closure)가 필요하다. 교사는 학생들이 그 시간에 무엇을 학습했는지를 확실하게 파악하지 않은 채 수업을 끝내지 않을 것이다.

서로 다른 견해와 해석을 검토하는 것이 토론의 목적이다. 그러므로 학생들은 분모가 다른 분수 덧셈하기와 같은 구체적인 개념이나 기능을 학습했을 때와 같은 방식으로 동일한 결론에 도달하지 않을 수 있다. 예를 들어, Sue 선생님은 "흥미로운 아이디어예요. 지금까지 Dimmsdale의 성격을 살펴보았어요. 그렇지만 그가 정말 나쁜 사람인지, 아니면 단지 비극적인 인물에 지나지 않는지는 아직 확실하지 않아요. 내일 공부할 부분을 읽을 때 이 문제를 생각하면서 읽으세요. 내일은 제4장을 공부할 텐데 거기에서 Hester의 남편을 만나게 될 거예요. 그의 성격을 통하여 Dimmsdale과 Hester의 성격을 이해할 수 있는 정보 몇 가지를 더 얻을 수 있을 거예요."라고 말하는 것으로 수업을 정리했다. 이 수업에서 선생님은 한 가지 결론으로 정리하지 않았다. 선생님의 진술은 학생들이 지금까지 토론된 주제가 무엇이고, 다음 시간 수업내용과 어떻게 연결되는지를 분명하게 이해할 수 있도록 도와주기 위한 것이었다. 이렇게 하는 것은 토론을 마치는 좋은 방법 중 하나이다.

### 토론전략에서의 사정

토론계획에 대한 논의에서, 토론은 세 유형의 목표달성에 효과적이라 하였다.

- *The Scarlet Letter*의 등장인물의 성격과 같은 특정 주제에 대한 보다 깊은 이해 발달시키기
- 학생의 비판적 사고력 발달시키기
- 사회성 발달 촉진하기

**내용에 대한 이해 및 비판적 사고력 사정** 주제에 대한 학생의 이해는 가장 일반적으로 사용되는 전통적 방식인 진술형 문항을 통하여 사정될 것이다. 진술형 문항은 내용에 대한 학생의 이해를 사정하는 동시에 비판적 사고력을 사정하는 데도 활용될 수 있다. 예를 들어, Sue 선생님은 다음과 같은 평가문항을 사용하였다.

---

*The Scarlet Letter*의 등장인물인 Dimmsdale의 성격을 (a) 자기도취적 악인, (b) 비극적 인물, 또는 (c) 시대 상황의 희생자라는 입장 중 한 입장을 택하여 당신의 관점을 기술하고 그 증거를 소설에서 찾아 제시하시오.

---

학생에게 "소설에서 증거를 찾아 제시하라."라는 요구를 통하여 두 가지 사정목표가 달성된다. 첫째, 학생들이 제시하는 증거에는 *The Scarlet Letter*의 등장인물과 사건 등 주제와 관련된 학생들의 이해 정도가 반영될 것이다. 둘째, 증거에 기초하여 결론을 내리거나 사정하는 것은 비판적 사고의 필수요소이다. 따라서 자신의 결론을 지지하기 위해 소설의 정보를 활용하도록 함으로써 학생들의 비판적 사고능력을 직접 측정할 수 있다.

활자화된 증거를 통하여 결론을 지지하는 것은 쉽지 않은 과제이기 때문에 학생들이 처음부터 잘하진 못할 것이다. 실망하여 '학생들은 할 수 없다.'고 단정지어서는 안 된다. 학생들에게 모범답안 형식의 피드백을 제공함으로써 학생들의 사고력을 크게 증진시킬 수 있다. 예를 들어, Sue 선생님은 Dimmsdale이 비극적 인물이라는 결론을 지지하는 다음과 같은 모범답안을 만들어서 학생들에게 제공하였다.

Hester와 딸은 어떻게 해서든 같이 살려 했고, 결국 그렇게 됐지만, Dimmsdale의 도움이 없었으면 그럴 수 없었다. 그가 자기도취적인 악인이라면 그들을 돕지 않고 완전히 등을 돌렸을 가능성이 높다. 또 그는 시대 상황의 희생자도 아니었다. 그는 Hester에게 농락당하지 않았으며, 그들이 환경 때문에 우연히 만난 것도 아니다. 그는 그녀와의 불륜을 스스로 선택했다. 또 그는 자신이 죄를 저질러 곤경에 빠졌다는 것을 알았고, 그 결과 건강이 악화되었다. 마침내 그는 불륜을 고백한 후 곧바로 사망했다.

이 모범답안에는 Dimmsdale이 비극적인 인물이라는 결론을 지지하는 구체적인 증거가 제시되어 있으며, 다른 두 결론을 반박하는 추가적인 정보도 제시되어 있다. 이런 사정에서는 결론의 옳고 그름이 핵심이 아니며, 다른 두 결론 각각을 지지하는 주장도 가능할 것이다. 증거를 가지고 주장을 방어하는 능력이 사정의 핵심요소이다.

학생들은 연습과 피드백을 통하여 이러한 답안을 작성하는 것을 학습할 수 있으며, 이런 경험은 이들의 비판적 사고력 발달에 크게 공헌할 수 있다.

**사회성 발달 사정** 모둠학습이나 협동학습의 경우와 마찬가지로 토론에서의 사회성 발달 사정도 비형식적이고 학생들의 상호작용에 대한 관찰 결과에 기초하여 이루어질 것이다. 수행 준거를 명세화하고 그에 기초하여 기록하는 **체계적 관찰**(systematic observation)이 가장 효과적인 사회성 발달 사정방법일 것이다. 예를 들어, 다음과 같은 효과적 토론의 준거가 설정되었다고 가정해 보자.

- 모든 학생이 거의 동등하게 참여한다.
- 학생들이 서로 지원하는 진술을 한다.
- 학생들이 자신의 주장을 지지하는 증거를 제시한다.

교사는 토론 동안에 학생들을 관찰하여 위의 준거와 관련된 사항을 체계적으로 기록하고, 토론이 끝난 다음에 학생들과 그에 대해 논의할 것이다. 예를 들어, 토론을 독점하는 학생은 의도적으로 그렇게 하지 않는 경우가 많으며, 일반적으로 자신이 그렇게 하고 있다는 사실까지도 알아차리지 못한다. 피드백을 통하여 학생들이 자신의 행동에 민감해지고, 이후의 토론에서는 변화될 수 있도록 도울 수 있다.

학교에서 학습기준과 책무성이 강조되면서, 사회성 발달에 관심을 덜 가져도 된다는 생각들이 있는 것 같다. 이는 잘못된 생각이다. 그리고 실제로 사회성 발달에 대한 효과적인 사정과 학생들의 사회적 기술에 관한 피드백 제공은 교사가 할 수 있는 가장 중요한 공헌일 수 있다.

## 다양한 학습환경에서의 협동학습과 토론

지금까지 전형적인 학습환경에서의 협동학습 및 토론계획과 실행에 관해 논의하였다. 그러나 이 전략들은 학습환경에 맞게 다양하게 변형될 수 있다. 여기에서는 이와 관련하여 다음과 같은 주제들에 대해 논의한다.

- 공학과 교수 : 사회적 상호작용 촉진을 위한 공학 활용
- 발달수준에 적절한 실행 : 연령을 고려한 협동학습과 토론전개
- 협동학습과 토론을 통한 학습동기 증진

### 공학과 교수 : 사회적 상호작용 촉진을 위한 공학 활용

인간은 본능적으로 사회적 존재이다(Gazzaniga, 2008; Vedantam, 2010). 이러한 인간의 본성은 "사회적 상호작용과 언어 사용이 지식 구성을 촉진한다."는 인지학습원리의 근거이며, 사회성 발달을 주요 목적으로 하는 학생–학생 상호작용을 강조하는 이 장의 기초이기도 하다.

학생–학생 상호작용에 관해 논의할 때는 일반적으로 협동학습이나 토론활동 상황에서 서로 대면하고 있는 학습자들의 모습이 떠오른다. 이런 면대면 의사소통은 특히 비언어적 단서의 파악과 사회적 상호작용과 관련된 즉각적인 피드백의 교환학습에 중요하다. 그러나 현대생활에서는 이메일, 텍스팅, 트위터, 페이스북 같은 전자 의사소통이 점점 중요해지고 있다. 그리고 경청하기 같은 사회적 기술이 면대면 의사소통에서 중요한 것과 마찬가지로 전자 의사소통에서도 일정한 사회적 기술과 관습이 존재하며 지켜져야 한다.

예를 들어, 사람을 만나면 먼저 "안녕하세요. 어떻게 지내세요?" 또는 "별일 없으시죠?"와 같은 말로 인사한다. 헤어질 때는 "다시 만나요.", "좋은 하루 돼요." 또는 간단히 "안녕히 가세요." 같은 인사를 한다.

이메일 의사소통은 이와 아주 다른 경우가 많다. 예컨대, 모월 21일 오전 10시의 회합 요청에 대한 다음과 같은 답장을 보자.

---

21일 오전 10시에 만날 수 있어.

---

위의 사례는 일반적인 이메일 형식이다. 여기에는 시작 인사도 마무리 인사도 없고, 메시지도 간결하다.

대조적으로 다음 예를 보자.

---

안녕, Janet—
　연락 고마워.
　21일 오전 10시에 만나는 것이 아주 좋아.
　그때 보자.
　고마워.
　Karen

---

다른 사람에 대한 우리의 많은 반응은 무의식적—즉, 우리가 특정 방식으로 반응한다는 사실을 의식하지 않는다—이다. 앞의 반응보다 뒤의 반응이 수신자에게 훨씬 긍정적인 인상을 준다. 뒤와 같은 반응 발신자가 따뜻하면서도 상냥하게 답변하기 위해 노력했다는 것을 상대에게 충분히 전달한다. 더 나아가, "안녕, Janet" 그리고 "고마워. Karen"이라는 말을 쓰는 데 거의 시간이 걸리지 않는다.

전자 의사소통에서는 즉각적인 언어적 피드백이 허용되지 않고 비언어적 피드백이 전혀 포함되지 않기 때문에 면대면 상호작용에서보다 첫인상이 더 중요하다.

두 번째 요인도 있다. 사람들은 전자 의사소통에서 익명성이 더 강하고 더 멀리 떨어져 있기 때문에, 온라인상으로는 면대면 의사소통에서 생각지도 못할 방식으로 의사소통할 수 있다. 최악의 상황은 전자 의사소통 동안에 **과장**(flaming), 적대, 선동, 축소 혹은 공격적인 진술의 과정으로 이어지거나(Alonzo & Aiken, 2004), 심지어는 다른 사람을 해치거나 곤경에 빠뜨릴 의도로 인터넷, 이동전화 또는 여타 기기를 이용하여 글이나 영상을 보내거나 게시하는 **사이버 집단 따돌림**(cyber-bullying)(Hinduja & Patchin, 2009)으로 이어질 수 있다는 것이다. 사이버 집단 따돌림은 단순히 더 이상 발신자와 접촉하고 싶지 않다고 하는 누군가에게 계속 이메일을 보내는 것에서부터 위협, 성적 비하, 증오적인 표현, 조롱의 대상으로 삼은 희생자를 집단적으로 공격하는 것, 그리고 한 개인을 욕보일 목적으로 잘못된 진술을 사실로 게시하는 것에 이르기까지 다양할 수 있다.

사이버 집단 따돌림은 지난 몇 년 동안 증가되어 왔고 다섯 명 중에 한 명이 경험한 적이 있는 것으로 보고되고 있다(Hinduja & Patchin, 2009).

사이버 집단 따돌림은 심각한 결과를 초래할 수 있다. 예를 들어, 희생자들은 자기 존중감이 낮아지며, 사이버 집단 따돌림을 지나치게 의식하여 친구나 활동을 회피하는 경향이 있다. 극단적으로는 사이버 집단 따돌림은 자살을 불러올 수도 있다(Hinduja & Patchin, 2009).

여러 주에서 사이버 집단 따돌림을 처벌하는 법안이 제정되고 있으며, 캘리포니아 주 의회는 직접 이 문제를 다루는 첫 번째 법안을 통과시켰다. 2009년 발효된 이 법률은 온라인이나 오프라인에서 다른 학생을 집단적으로 따돌리는 학생들을 훈육하는 권한을 학교 행정가에게 주었다(Surdin, 2009).

**효과적인 전자 의사소통을 위한 지침** 면대면 의사소통에서 경험과 더불어 학습자의 사회성 발달이 이루어지는 것과 마찬가지로 전자 의사소통과 관련해서도 적절한 경험을 통하여 사회성 발달을 촉진할 수 있다. 교사는 자신의 온라인 메시지에서 다음과 같은 지침을 지키는 모범을 보이고 학생들로 하여금 의사소통할 때 지침을 지키도록 격려한다.

- 전자 의사소통, 특히 이메일 같은 문서에 의한 의사소통은 짧게 요점만 전한다. 사람들은 길고 장황한 이메일은 대충 훑어보는 데 그치는 경향이 있으며 내용이 길면 길수록 의사소통이 잘못될 가능성이 커진다.
- 전자 의사소통의 논조에 유의한다. 메시지는 유쾌한 기분을 주고 지지적인 내용이 될 수 있도록 한다. 부정적인 어조의 이메일은 수신자에게 불쾌감을 유발할 수 있다.
- 이메일과 페이스북 같은 여타 전자 의사소통에서 정확한 문법, 구두점 그리고 맞춤법을 사용한다. 오류로 가득한 문구는 친구에게까지도 보낸 사람이 깔끔하지 못하거나, 버릇없거나, 부주의하거나, 지적이지 못하다는 인상까지도 줄 수 있다. 그리고 수신자는 별 생각 없이 예측할 수 없는 방식으로 받은 인상에 반응한다.

아마 가장 중요한 것은 선동과 사이버 집단 따돌림은 파괴적이고, 비도덕적이며, 위법이라는 사실을 상기시키는 것이다. 옛 서부의 결투예법에 '철천지원수라도 등 뒤에서 쏘지 마라'는 원칙이 있었다. 사이버 집단 따돌림은 누군가를 등 뒤에서 쏘는 전자형 무기이며, 가장 치졸한 비겁자만 그렇게 한다.

21세기의 사회성 발달은 그 어느 때보다 복잡하다. 교사가 할 일의 하나는 학생들이 사회성을 발달시킬 수 있게 돕는 것이다.

### 발달수준에 적절한 실행 : 연령을 고려한 협동학습과 토론전개

모둠학습, 협동학습 및 토론의 기본구조는 동일하다. 그러나 이런 전략들을 활용할 때는 학생의 발달수준에 맞게 변형시킬 필요가 있다.

**어린 아동을 위한 협동학습과 토론** 어린 아동을 대상으로 협동학습활동을 사용하는 경우에는 직소우나 집단별 성취 분담 전략보다는 간단한 모둠학습이 사용될 가능성이 아주 높다. 많은 교사들은 저학년에서 모둠학습을 많이 활용하고 있으며, 면밀하게 계획된 모둠학습은 효과적일 수 있다. 과제는 간단해야 하며, 지시는 아주 분명해야 한다. 자료도 구체적이어야 하고 쉽게 접근할 수 있는 것이어야 한다.

　　어린 아동을 대상으로 모둠학습을 실시하는 경우에는 공유하기와 차례 지키기 같은 사회적 기술이 강조될 것이다. 어린 아동들은 가끔 자료나 여타 과제를 거두는 특권을 누리기 위해 서로 다투기도 한다. 자기 차례를 기다리는 것을 학습하고 이럴 경우 다음 활동에서 특권을 누리는 보상이 주어진다는 것을 아는 것은 사회성 발달을 촉진할 수 있는 좋은 경험이다.

　　어린 아동들도 이야기를 듣고 일어난 사건이나 등장인물의 생각에 관해 이야기를 나누는 것과 같은 즉각적인 경험을 활용하는 간단한 토론은 가능할 것이다. 또 순서 지키기, 경청하기, 분명하게 표현하기 같은 학습경험은 사회성 발달을 촉진할 수 있다. 또한, 이야기 속 인물과 사건에 대한 토론은 주의 기울이기와 같은 인지적 발달도 조장한다. Lana 선생님의 초등학교 분수, Kevin 선생님의 중학교 지리수업 및 Sue 선생님의 고등학교 영어에서 수업 학년이 올라가면서 협동과제는 점차 복잡해지고, 토론도 보다 정교해진다.

## 협동학습과 토론을 통한 학습동기 증진

지금까지 인간은 선천적으로 사회적 존재이며, 협동학습과 토론은 학생의 사회적 본성을 이용한다고 했다. 교사들은 학생들이 일반적으로 상호작용하는 것을 즐긴다는 사실을 금방 안다. 혼자하면 싫증나는 과제도 집단 안에서는 수행이 증진된다(Schunk, Pintrich, & Meese, 2008)는 사실이 밝혀진 이래, 사회적 상호작용의 동기유발 효과에 대한 관심이 높아지고 있다. 두 가지 요인이 가장 중요하다. 첫째, 학생들은 일반적으로 집단활동에서 성공을 경험하며, 성공적 수행은 동기유발의 핵심요인이다. 둘째, 참여는 동기유발을 위한 주요 공헌자이며, 모둠학습, 협동학습 및 토론 참여도는 일반적으로 여타의 학습활동 참여도보다 높다.

　　이외에도 모둠학습, 협동학습과 토론은 학생의 유능성 욕구와 사회적 환경에서의 연대감 욕구와 같은 기본욕구를 충족시킨다(Ryan & Deci, 2000).

## 요약

### 모둠학습과 협동학습의 특징

- 모둠학습과 협동학습은 분명하게 배당된 과제에 모든 학생이 참여할 수 있을 정도의 모둠에서 협력하여 학습한다.

- 학습목표가 모둠활동의 방향을 결정하며, 교사는 학생 개개인이 자신의 학습에 책임지도록 하고, 학습자는 서로 의지하여 학습목표에 도달한다.

- 경청하기, 의견차 해소하기, 상대의 관점 이해하기 같은 사회적 기술의 발달이 모둠학습과 협동학습에서 얻을 수 있는 가장 중요한 이점이다.

## 모둠학습 전략

- 모둠학습은 여타 모형과 연계하여 활용되며, 학생-학생 상호작용을 통하여 학생의 참여를 증진시키기 위한 전략이다.
- 모둠학습 전략의 계획과 전개에는 모둠 구성원들을 한자리에 앉히기, 과제와 무관한 행동 예방을 위한 분명하게 지시하기와 구체적 산출물 요구하기 그리고 상호작용 기술발달을 위한 활동 구안하기에 대한 준비 등이 포함된다.
- 짝 학습은 가장 간단한 모둠학습의 한 형태이며, 사고공유 짝, 짝 점검, 짝 합병 및 팀 동료 자문 같은 전략이 있다.

## 협동학습 전략

- 협동학습은 학생-학생 상호작용을 강조하면서 구조화된 학생역할을 제공하는 일단의 교수전략이다.
- 직소우는 학생들이 주제와 관련된 내용을 나누어 분담하여 그 내용의 전문가가 되고 같은 모둠의 학생들을 가르친다.
- 직소우는 과제 전문화 과정을 통하여 지식체를 습득하도록 도와주기 위해 설계되었다. 직소우는 학습목표 도달을 위해 학생들이 맡은 영역을 집중적으로 공부하여 모둠에서 발표하도록 한다.
- 모둠별 성취 분담은 이질적인 학생으로 구성된 모둠을 중심으로 개념과 기능 연습을 제공하는

협동학습 전략이다.
- 모둠별 성취 분담은 일반적으로 직접수업과 같이 활용되지만, 전체수업의 최종단계에서 개인별 독자 연습 대신에 모둠별 연습을 하도록 한다.
- 모둠별 성취 분담은 학생들에게 수행 향상에 대한 개인별 향상점수와 모둠에 대한 보상을 제공함으로써 학습자의 동기를 증진한다.

## 토론전략

- 토론은 학생들이 공통주제에 대한 아이디어를 공유시키기 위한 전략이다.
- 토론은 학생-학생 상호작용을 강조한다는 점에서 모둠학습 및 협동학습과 유사하다.
- 토론은 협동학습 전략 및 여타 교수모형과 효율적으로 연계될 수 있다.
- 토론의 실패는 일반적으로 주제에 사전지식 결여, 개방적이거나 공격적 학생의 토론 주도 또는 분명하지 않은 지시 때문일 수 있다.

## 다양한 학습환경에서의 협동학습과 토론

- 경청하기 같은 사회적 기술이 면대면 의사소통에서 중요한 것과 마찬가지로, 전자 의사소통에도 특정 사회적 기술과 관습이 있으며 이는 지켜져야 한다.
- 효과적인 전자 의사소통을 위한 지침으로는 이메일같이 문서를 통한 의사소통은 간단하게 요점만 전하기, 유쾌하고 지지적인 어조 유지하기, 문법 및 맞춤법에 맞게 쓰기 그리고 선동이나 사이버 집단 따돌림 같은 공격적이고 파괴적인 의사소통 피하기 등이 있다.
- 면밀하게 조직되고, 분명하게 지시하고, 근래에

읽은 이야기 같은 익숙한 자료를 활용하면 어린 아동에게도 모둠학습, 협동학습 및 토론을 적용할 수 있다.

■ 모둠학습, 협동학습 및 토론은 사회적 상호작용과 참여의 동기화 효과를 이용함으로써 학생의 학습동기를 높인다.

## 주요 개념

과제 전문화(Task specialization)

기저점수(Base score)

동료 조언(Pairs check)

모둠별 성취 분담(Student Team Achievement Division, STAD)

모둠학습(Groupwork)

사고공유 짝(Think-pair share)

정리(Closure)

지식체(Organized bodies of knowledge)

직소우(Jigsaw)

짝 병합(Combining pairs)

짝 점검(Pairs check)

체계적 관찰(Systematic observation)

학습 안내지(Guided notes)

협동학습(Cooperative learning)

## 자기 평가

1. 단순한 모둠학습 전략과 협동학습 간의 본질적 차이를 기술하라.
2. 직소우와 모둠별 성취 분담의 유사점 한 가지와 차이점 두 가지를 제시하라.
3. 아래에 제시된 학습목표를 분석하고 직소우나 모둠별 성취 분담 중 어느 것이 가장 적절한지 기술하라.
   a. 2학년 교사는 학생들이 정수와 소수의 덧셈, 뺄셈, 곱셈과 나눗셈을 할 수 있길 바란다.
   b. 한 영어교사는 Faulkner, Fitzgerald 그리고 Hamingway를 비교하면서 학생들이 이 작가들의 유사점과 차이점을 이해하길 바란다.
   c. 보건교사는 학생들이 네 가지 주요 식품군을

알고 이해하기 원한다.
   d. 한 사회교사는 학생들이 전 세계의 유명한 도시와 육상 목표의 경도와 위도를 알길 바란다.

4. 아래의 네 비네트를 살펴보고 각 교사가 다음 중 어느 전략을 활용하는지 밝혀라.
   ■ 모둠학습
   ■ 직소우
   ■ 모둠별 성취 분담
   ■ 토론

---

Jim Felton's 중학교 학생들은 영양에 대해 학습하고 있으며, 아침식사에 대한 학급토론을 해왔다. 학생들은 여러 시리얼들

의 칼로리는 물론 설탕과 소금 함량을 조사하였다. 또 이들은 콜레스테롤, 염분, 포화지방산 함유 정도를 알아보기 위하여 와플, 달걀, 베이컨 및 햄과 같은 전통적인 아침식사용 음식도 조사하였다. 이제 학생들은 어떤 유형의 아침식사가 건강에 좋고 영양도 풍부한지를 결정하려고 한다. 이들은 다양한 의견을 내놓고 그 이유를 제시한다.

Isabelle Ortega 선생님은 학생들이 철자시간에 서로 돌아가면서 퀴즈를 푸는 동안 4학년 교실을 돌아다닌다. 선생님은 평소에 하던 대로 새로운 단어를 제시하고, 철자 패턴을 기술하고, 어원을 논의하고 뜻을 설명했다. 학생들은 함께 공부할 때 한 학생이 다른 학생에게 단어의 철자를 묻고, 같은 짝의 학생은 그 단어의 철자를 쓰고, 또 그 단어를 문장에서 사용한다. 학생들은 매일 15분 동안 철자쓰기 연습을 하며, 연습이 끝나면 학습지를 제출한다. 학생들이 연습하는 동안 선생님은 학생들 사이를 돌아다니며 간단한 제안을 하기도 하고 질문에 답하기도 한다. 선생님은 매주 말에 단어 철자와 뜻에 대한 퀴즈시험을 실시한다.

생물을 담당하는 Jesse Kantor 선생님은 학생들이 조용히 양서류 단원을 공부하는 것을 보고 있다. 학생들은 각자가 양서류의 특정 신체기관에 대한 학습지로 담당한 부분을 학습하고 있다. 어떤 학생들은 소화기관에 대해 공부하고, 다른 학생들은 호흡기관에 대해 공부하며, 또 다른 학생들은 신경기관에 대해 공부하고 있다. 다음 시간에는 학습지를 모아서 지식을 통합하고 비교 노트를 만든다. 그다음 시간에는 학생들이 돌아가면서 자신이 공부한 부분을 같은 모둠의 다른 학생들에게 가르친다. 이어서 주제의 모든 내용에 대한 학생들의 지식을 평가하기 위한 퀴즈시험이 실시된다.

## 토론 문제

1. 어떤 내용이나 수업모형이 모둠학습 전략과 연계시키기 쉽거나 어려운가? 그 이유는 무엇인가?

2. 두 협동학습 전략—직소우나 모둠별 성취 분담—중 어느 것을 전개하기가 용이한가? 왜 그런가? 발달의 관점에서 볼 때 어떤 순서로 도입하는 것이 좋은가?

3. 모둠학습과 협동학습은 인종 및 문화집단 간 편견을 없애는 데 효과적이라 한다. 두 전략의 어떤 점 때문에 편견 불식에 효과적인가?

4. 모둠학습, 협동학습 및 토론 중에서 적용 가능성이 가장 높은 전략은 무엇인가? 왜 그런가? 또 가능성이 가장 낮은 전략은 어느 것인가? 그 이유는 무엇인가?

5. 학생 사정에서 직소우, 모둠별 성취 분담 및 토론의 유사점과 차이점을 각각 한 가지 이상씩 제시하라.

6. 토론이 가장 유용한 교과영역은 어떤 영역인가? 또 토론이 가장 효과 없는 영역은 어느 영역인가? 그 이유는 무엇인가?

| 개요 | 학습목표 |
|---|---|
| **안내된 발견모형을 사용하여 가르치는 내용**<br>■ 개념 : 공통 속성을 가진 범주<br>■ 일반화 : 개념들 간의 관련성 | 1. 안내된 발견모형을 사용하여 효과적으로 가르칠 수 있는 내용의 유형을 확인할 수 있다. |
| **안내된 발견모형을 사용한 수업계획**<br>■ 주제 확인하기<br>■ 학습목표 상세화하기<br>■ 예시와 비예시 준비하기<br>■ 공학과 교수 : 우수한 예시를 만들기 위한 공학 활용 | 2. 안내된 발견모형을 사용한 수업을 계획할 수 있다. |
| **안내된 발견모형을 사용한 수업실행**<br>■ 1단계 : 도입<br>■ 2단계 : 확산단계<br>■ 3단계 : 수렴단계<br>■ 4단계 : 정리와 적용단계<br>■ 안내된 발견모형을 사용한 수업실행 : 사고와 이해 강조<br>■ 안내된 발견모형을 사용한 수업실행 : 학습동기 증진 | 3. 안내된 발견모형을 사용한 수업을 실행할 수 있다. |
| **다양한 학습환경에서의 안내된 발견모형 적용**<br>■ 발달수준에 적절한 실행 : 다른 연령대의 학습자들을 위한 안내된 발견모형<br>■ 다양성 탐색 : 문화 소수자를 위한 안내된 발견모형<br>■ 교수에서의 창의성<br>■ 자연스러운 안내된 발견 수업<br>■ 수업시간 | 4. 안내된 발견모형을 발달수준과 문화 소수자에게 적합하게 적용할 수 있다. |
| **학습평가**<br>■ 평가와 목표의 일치<br>■ 평가를 활용한 학습 촉진<br>■ 안내된 발견모형에 대한 비판 | 5. 안내된 발견모형으로 가르친 내용에 대한 학습자 이해를 사정할 수 있다. |

4학년 교사 Jenny Newhall 선생님은 학생들이 일본의 전통 단시(短時)인 하이쿠의 특징을 이해하길 원한다.

선생님은 수업을 준비하면서 '이번에는 지금까지와는 다른 방식의 수업을 해야겠어. 지난번에 가르칠 때 학생들이 분명히 좋아하는 것 같긴 한데 멍하니 앉아 있기만 했어. 학생들이 하이쿠의 특징을 이해하는 동시에 수업에도 적극적으로 참여하도록 할 수 있는 다른 방법을 시도할 필요가 있어.'라고 생각한다.

그래서 Jenny 선생님은 다른 수업전략을 시도하기로 한다. 선생님은 하이쿠에 대해 설명하는 대신에 하이쿠 시들을 만든다. 다음은 이 중에서 두 편의 시이다.

> *숲의 깊은 곳*
> *나뭇잎들이 떨리네.*
> *무서운가 봐.*
>
> *황무지에서*
> *새끼 부르는 동물*
> *영원한 사랑*

선생님은 하이쿠에 속하지 않는 시도 지었다.

> *강물은 매우 맑다*
> *눈과 바위와 물*
> *나를 기쁘게 하네.*

　Jenny 선생님은 학생들에게 이들을 살펴보고 비교하게 했다. 그리고 학생들이 하이쿠는 자연을 주제로 하고, 어떤 정서를 표현하며, 1행은 5음절, 2행은 7음절, 3행은 5음절로 구성된다는 결론을 내리도록 한다. 선생님은 수업을 마치고 나서, 전통적인 방식의 수업을 했을 때보다 학생들이 더 적극적으로 수업에 참여하였고 하이쿠의 특징을 더 이해한 것 같다고 생각한다.

---

　Jenny 선생님은 수업에서 안내된 발견모형을 사용하였다. **안내된 발견**(guided discovery)은 교사가 학생에게 특정 주제에 대한 예시를 보여주고 학생들이 그 주제에 대해 이해하도록 이끌어 주는 교수방법이다. 이 모형은 학생들이 명확한 주제에 대해 심층적 이해를 하도록 도와주면서 학생들의 참여와 동기도 촉진한다. 예를 들어, 하이쿠는 명확하고 구체적인 속성—자연을 주제로 하고, 어떤 정서를 표현하며, 1행은 5음절, 2행은 7음절, 3행은 5음절로 구성—이 있다.

　안내된 발견을 사용할 때, 교사는 학생들이 이해하기를 원하는 내용을 구체적으로 보여주는 예시들을 제시하고 학생들이 예시에서 필수정보를 확인하는 동안 그들의 사고를 이끌어 준다. Jenny 선생님은 하이쿠에 속하는 예시와 속하지 않는 예시(비예시)를 만들었고, 학생들이 예시에서 공통점을 찾아 비예시와 비교해 보고, 궁극적으로 하이쿠의 특징을 확인하도록 하였다.

　안내된 발견모형은 학습자가 이미 조직된 형태의 지식을 암기하는 것이 아니라 자신의 지식을 구성해 간다는 견해에 기반을 두었기 때문에, 이 모형을 사용하는 교사는 질문과 학생들의 사고를 유도하는 것에 능숙할 필요가 있다.

　이제, 안내된 발견모형을 사용하여 효과적으로 가르칠 수 있는 내용들을 살펴보자.

## 안내된 발견모형을 사용하여 가르치는 내용

교사가 가르칠 주제에 대해 생각해 보자. 초등학교 교사인 Jenny 선생님은 학생들이 하이 쿠의 속성을 이해하길 원했다. 초등학교 교사들은 학생들이 원, 직사각형, 오각형 등의 도형, 문법, 철자, 구두점의 규칙, 포유류, 곤충, 조류 등과 같은 동물의 분류, 가분수와 같은 중요 한 수학적 개념, 경도와 위도 같은 지리학의 주제를 이해하길 원한다. 중학교 교사들은 직 유, 은유, 의인화와 같은 수사적 표현, 과학에서 힘과 일과 같은 주제, 사회에서 상업주의와 같은 주제, 수학에서 실수와 허수, 그래프 표현과 같은 주제들을 각각 가르친다.

이러한 모든 주제를 안내된 발견모형을 통해 효과적으로 가르칠 수 있다. 왜냐하면 각 주제는 명확하고 구체적이기 때문이다. 그에 비해 학생들이 각각 다른 지역에서 지형과 기후가 어떻게 경제에 영향을 미치는지를 이해하기를 원하는 것은 명확한 특성이 아니므 로 안내된 발견모형을 사용하는 것은 적절하지 않다. 그래서 다른 모형이 사용되어야 한 다.(이러한 주제에 적합한 수업모형은 제7장과 제10장에서 논의될 것이다.)

이제, 안내된 발견모형을 통해 적절히 가르칠 수 있는 주제들에 대해 좀 더 자세히 조 사해 보도록 하자.

### 개념 : 공통 속성을 가진 범주

앞에서 서술된 주제들을 다시 살펴보자. 이들 각각은 **공통적 속성을 가진 범주, 집합 또는 계열** 인 **개념**이다. 학교 교육과정을 통해 가르치는 개념들은 매우 많다. 앞에서 예로 들었던 개념들 이외의 또 다른 예들이 표 5.1에 제시되어 있다. 음악에서 **장음계와 박자**, 미술에서 **관점과 균형**, 체육에서 **유산소 운동과 등장성 운동**(isotonic exercise)과 같이, 이외의 다른 분 야에서 유사한 목록이 작성될 수 있다. 게다가 **정직, 편견, 사랑, 내적 갈등**처럼 특정 내용영 역에 완벽히 들어맞지 않는 개념들도 많이 있다.

| 표 5.1 | 다른 내용영역의 개념

| 언어 | 사회 | 과학 | 수학 |
|---|---|---|---|
| 동사원형 | 문화 | 외떡잎식물 | 2차방정식 |
| 대명사 | 공화주의자(Republican) | 침엽수 | 각뿔 |
| 줄거리 | 자유주의 | 절지동물 | 삼각형 |
| 과장법 | 지역 개발 사업 | 일 | 나눗셈 |
| 간접 목적어 | 공동체 조력자 | 소화 | 동치분수 |

| **그림 5.1** | 직사각형

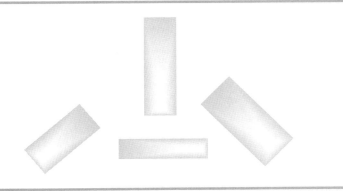

**속성** 개념의 속성이란 그 개념을 **정의하는 세부 특징**이다. 예를 들어, 하이쿠의 속성에는 다음 사항들이 포함된다.

- 1행은 5음절, 2행은 7음절, 3행은 5음절로 구성된 3개의 행
- 자연을 다룬 주제
- 정서의 표현

이제, 그림 5.1에 제시된 사각형들을 보자. 크기와 면적, 방향은 다양하지만 이것들은 모두 직사각형으로 분류된다. 우리는 이들이 모두 마주보는 변의 길이가 같고 평행이며 내각들이 90°이기 때문에 이들이 예시가 모두 직사각형임을 안다. 마주보는 변의 길이가 같고 **평행하며 내각이 모두 90°**인 것은 직사각형의 속성이다.

예시를 하나 더 들자면, **동쪽과 서쪽을 연결하는 평행한 선**, 적도의 북쪽과 남쪽의 거리를 측정하는 선은 위도라는 개념의 속성이다.

개념학습에 있어서 결정적 속성과 비결정적 속성을 구별하는 능력은 중요하다. 예를 들어, 마주보는 두 변이 평행하고 길이가 같다는 것과 내각이 모두 90°라는 것은 직사각형 개념의 결정적 속성인 반면, 크기와 방향은 비결정적 속성이다. 학생들은 사물의 속성을 관찰하여 개념들을 이해한다. 그러므로 교사는 개념을 가르칠 때 세심하게 주의를 기울여 속성을 나타내는 예시를 제시해야 한다(Medin, Proffitt, & Schwartz, 2000).

**어려운 개념 가르치기** 직사각형, 직유(simile), 분수 등과 같은 개념은 배우기도 쉽고 가르치기도 쉽다. 왜냐하면 이런 개념들은 명확하고 구체적인 속성이고, 그 속성의 개수가 많지 않기 때문이다. 그러나 어려운 개념들도 많다. 예를 들어, 공화주의자라는 개념을 생

각해 보자. 이 개념의 속성은 명확하지도 않고 구체적이지도 않다. 공화주의자와 같은 개념을 가르칠 때, 교사는 학생들에게 확인시킬 속성들을 먼저 결정해야 한다. 예를 들어, 정부 개입을 최소화한 자유시장 옹호주의, 강력한 국방, 작은 정부 등은 공화주의자의 결정적 속성이다. 그다음으로, 교사는 이 속성들을 학생들에게 어떻게 설명한 것인지를 결정해야 한다. (이 장의 끝에 제시된 연습 문제 1번은 당신이 공화주의자 개념을 설명하기 위한 예시를 만들게끔 요구할 것이다.) 명확하지 않은 추상적인 개념을 가르칠 때는 이 과정이 항상 동일하게 적용된다.

### 일반화 : 개념들 간의 관련성

개념을 가르치는 것은 학교 교육과정에서 중요한 부분이지만, 개념은 교사가 가르치는 주제 중의 하나에 불과하다. 예를 들어, 교사는 학생들이 문법, 철자, 구두점의 규칙뿐만 아니라, '움직이는 물체는 그것에 힘이 작용하지 않는 한 계속 직선운동을 할 것이다.'(뉴턴의 관성의 법칙 중 일부)는 법칙도 이해하길 원한다.

몇 가지 예를 더 보자.

- 자석의 같은 극끼리는 밀어내고 다른 극끼리는 끌어당긴다.
- 포화 지방이 많은 음식을 섭취하는 사람은 포화 지방이 낮은 음식을 섭취하는 사람보다 콜레스테롤 수치가 높은 경향이 있다.
- 두 개의 모음이 올 때, 첫 번째 모음은 '길게' 발음하고, 두 번째 모음은 묵음이다.

이들은 모두 **일반화**의 예이다. 일반화란 개념을 일반화된 패턴으로 서로 연결한 진술이다. 예를 들어, 첫 번째 진술은 극성과 끌어당기는 힘을 관련지었고, 두 번째 진술은 포화 지방과 콜레스테롤 수치를 관련지었으며, 세 번째 진술은 모음 구조와 발음을 관련지었다.

**같은 극끼리는 밀어내고 다른 극끼리는 끌어당긴다**와 같이, 모든 경우에 적용되는 일반화를 법칙 또는 원리라 한다. 그러나-문법, 철자, 구두점 규칙은 물론-이들도 모두 일반적 패턴을 필수 속성으로 기술하며, 교사는 학생들이 이러한 패턴들을 이해하길 바란다. 그러므로 이 모두를 일반화로 기술하는 것이 맞을 것이다.

그림 5.2에는 안내된 발견모형을 사용하여 가르칠 수 있는 내용이 예시되어 있다.

이제 안내된 발견모형을 활용하여 지금까지 설명된 내용을 가르치는 방법을 살펴보자.

| 그림 5.2 | 안내된 발견모형을 사용하여 가르치는 내용

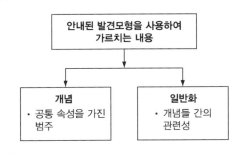

안내된 발견모형을 사용한 수업계획

안내된 발견모형을 사용한 수업계획은 그림 5.3에 제시된 3단계를 반드시 거친다. 이 단계에 대해 다음 부분에서 논의해 보자.

### 주제 확인하기

한 차시 또는 한 단원을 위한 수업을 계획한다고 가정해 보자. 어디서부터 시작할 것인가? 전형적인 교사라면 주제를 설정하는 것부터 시작할 것이다(Eggen & Kauchak, 2010). 예를 들어, Jenny 선생님의 수업 주제는 하이쿠였다. 주제는 표준 교육과정이나 교과서, 교육과정 지침, 또는 교사 자신을 포함하여 기타 여러 가지 출처로부터 나올 것이다. 만약 주제가 개념이나 일반화라면, 안내된 발견모형이 효과적으로 사용될 수 있다. 하이쿠는 개념이므로 안내된 발견모형을 활용하여 효과적으로 가르칠 수 있는 주제이다.

| 그림 5.3 | 안내된 발견모형을 사용한 수업계획

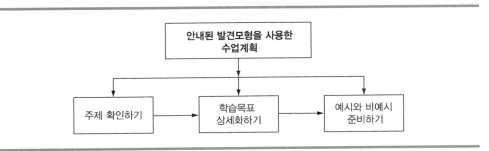

## 학습목표 상세화하기

주제를 확인하고 난 후, 교사는 학생들이 알기를 원하는 것이 무엇인지를 결정해야 한다. 이 결정은 교사의 학습목표를 확인하는 것이다. 학습목표란 주제와 관련하여 학생들이 알아야 하거나, 이해해야 하거나, 할 수 있어야 하는 것을 상세하게 진술한 것이다.

명확한 학습목표는 교사가 수업을 계획하고 실행하는 사고의 골격을 제공하기 때문에 필수적인 요소이다. 예를 들어, Jenny 선생님의 학습목표는 학생들이 하이쿠의 속성, 즉 1행은 5음절, 2행은 7음절, 3행은 5음절로 된 3행 구조, 자연에 관련된 주제, 감정 표현을 이해하는 것이었다. 개념 수업의 학습목표는 학생들이 개념의 속성을 확인할 수 있도록 하는 것이고, 일반화 수업의 학습목표는 학생들이 일반화에 들어 있는 개념들 간의 관계를 기술할 수 있도록 하는 것이다.

이제, 수업계획에서 가장 중요한 부분인 예시의 선택과정을 살펴보자.

예시를 선택하는 것은 학습목표를 명확히 하는 것으로서 학습계획 과정에서 가장 중요하다.

## 예시와 비예시 준비하기

학생들이 이해하거나 할 수 있길 바라는 것이 무엇인지를 확실히 결정했다면, 교사는 예시와 비예시를 만든다(또는 찾는다.). 밀접하게 관련된 개념을 가르치는 경우에는 비예시가 특히 중요하다. 예를 들어, 학생들이 곤충이라는 개념을 학습할 때, 학생들은 곤충처럼 생겼지만 사실은 다른 부류인 절지동물에 속하는 거미도 제시되어야 할 것이다. 곤충은 다리가 6개인데 거미는 다리가 8개인 것과 같이, 둘 사이의 차이점을 확인함으로써, 학습자들은 그 둘을 덜 혼동하게 된다. **곤충**과 **절지동물**, **직유**와 **은유**, **경도**와 **위도** 같은 개념들을 함께 가르치는 것처럼, 밀접하게 관련된 개념들을 같이 가르치는 것이 가장 효과적이라는 사실이 시사되고 있다(Tennyson & Cocchiarella, 1986). 절지동물의 예시는 곤충의 비예시로 또 곤충의 예시는 절지동물의 비예시로 활용될 수 있으며, 이는 직유와 은유 그리고 경도와 위도의 경우에도 동일하게 적용된다.

**예시의 질**   예시를 만들 때, 교사는 가능한 한 가장 효과적인 것을 사용하기를 원한다. 왜냐하면 예시는 학생들이 이해를 구성하는 것을 돕기 위해 교사가 수업 밖의 세상에서 수업으로 가지고 들어오는 경험이기 때문이다. 그렇다면 어떤 예시가 **우수한 예시**일까? 이상적으로, 학생들이 학습목표에 도달하는 데 필요한 모든 정보를 모두 담고 있는 예시가 좋은 예시이다(Eggen & Kauchak, 2010). 그 의미가 무엇인지 Jenny 선생님의 수업에서 살펴보자.

Jenny 선생님은 다음의 두 예시를 사용하였다.

*숲의 깊은 곳*
*나뭇잎이 떨리네.*
*무서운가 봐.*

*황무지에서*
*새끼 부르는 동물*
*영원한 사랑*

이 두 예시에는 학생들이 하이쿠 개념을 이해하기 위해 필요한 모든 정보가 들어 있다. 두 예시 모두 3행으로 구성되어 있고, 첫 행은 5음절, 둘째 행은 7음절, 셋째 행은 5음절로 되어 있다. 또한 두 예시 모두 자연을 주제로 했으며, 감정을 표현하였다. 이런 것이 우수한 예시라고 말할 수 있다.

　또 다른 예를 들면, 곤충이라는 개념을 가르치는 경우에 큰 메뚜기가 우수한 예시일 것이다. 학생들은 메뚜기의 몸이 3부분으로 되어 있고, 외골격이며, 관절로 연결된 3쌍의 다리가 있다는 것을 볼 수 있을 것이다. 이것은 곤충의 결정적 속성이다.

　학습자들의 배경지식이 서로 다른 경우가 많으며, 많은 학생들은 학습에 필요한 선행지식(prior knowledge) 없이 수업에 참여한다. 우수한 예시를 사용하는 것은 학생들 간의 선행지식 차이를 수용하는 가장 효과적인 도구이다. 만약 학습자들이 필요로 하는 정보가 예시에서 관찰 가능하다면, 모든 학생들은 학습목표에 도달할 기회를 갖게 될 것이다. 이러한 점에서 우수한 예시는 학생들에게 있어 '공평한 경쟁의 장' 역할을 한다. 우수한 예시가 없다면 배경지식이 풍부한 학생들만이 학습목표를 달성할 기회를 가질 것이다.

**예시의 다양성**　얼마나 많은 예시가 필요한가? 이 질문에 대한 명확한 답은 없다. 교사는 주제의 범위를 구체적으로 보여주는 예시를 가능한 한 많이 사용할 필요가 있다. 예를 들어, 교사가 **부사** 개념을 가르치고자 한다면, 동사를 수식하는 부사, 형용사를 수식하는 부사, 또 다른 부사를 수식하는 부사의 예시를 최소한 하나씩은 들어야 할 것이고, 비예시로서의 형용사도 필요할 것이다. 교사가 **파충류** 개념을 가르치고자 한다면, 악어, 뱀, 도마뱀, 거북, 바다거북 (그리하여 학생들이 바다거북을 물고기의 한 종류로 포함시키지 않도록 함)을 각각 예시의 하나로 들어야 할 필요가 있으며, 개구리(양서류)를 비예시로서 다룰 필요가 있다.

　또 한 사례로, 교사가 **형용사** 개념을 사용하기 위해 예시로 들고 있는 다음 글을 보자.

John과 Karen은 그의 **낡은** 차를 운전하여 **풋볼** 경기장으로 갔다. 그들은 곧 **가장 좋은** 친구들인 Latoya와 Michael을 입구 근처의 **큰** 문에서 만났다. 매우 **신나는** 경기였다. 왜냐하면 이 팀의 **러닝** 게임이 **최고조**였고, **홈**팀이 **근소한** 차이로 이겼기 때문이다.

첫째, 예시들은 우수하다. 왜냐하면 각 경우에서 학생들은 형용사가 명사를 수식하는 것을 볼 수 있기 때문이다. 둘째, 여기에는 다양한 예시들—낡은, 풋볼, 가장 좋은, 큰, 신나는, 러닝, 최고조, 홈, 근소한—이 포함되어 있다. 그리고 '신나는'은 특히 중요한 예시이다. 왜냐하면 이것은 수식하는 명사 뒤에 따라오기 때문이다. 이런 예시가 없다면, 학생들은 형용사는 항상 수식하고자 하는 명사 앞에 위치한다는 결론을 내릴 수도 있으며, 이 결론은 오개념이다.

**예시를 위한 맥락** 맥락은 주제가 실생활에 어떻게 적용되는지를 알게 도와준다는 점에서 학습에 있어 중요한 요소이다. 이 말의 의미를 더 구체적으로 알아보기 위해, 형용사 개념을 서술한 글을 다시 살펴보자.

John과 Karen은 그의 **낡은** 차를 운전하여 **풋볼** 경기장으로 갔다. 그들은 곧 **가장 좋은** 친구들인 Latoya와 Michael을 입구 근처의 **큰** 문에서 만났다. 매우 **신나는** 경기였다. 왜냐하면 이 팀의 **러닝** 게임이 **최고조**였고, **홈**팀이 **근소한** 차이로 이겼기 때문이다.

전형적인 맥락에서는 '러닝(running)'은 동사이고, '풋볼'과 '홈'은 명사이다. 그러나 이 글의 맥락에서는 이 말들이 모두 형용사이다. 실생활 맥락의 예시들이 제공되지 않으면, 학생들이 오개념을 갖게 될 가능성이 높다.

실생활 맥락은 다른 내용영역에서도 중요하다. 예를 들어, '움직이는 물체는 그것에 힘이 작용하지 않는 한 계속 직선운동을 한다.'는 일반화(또는 원리)가 간략히 논의된 바 있다. 이 원리는 안전벨트를 매야 하는 이유를 이해하는 데 도움이 된다. 만약 자동차가 갑자기 멈춘다면, 몸은 계속 앞으로 나가려 할 것이다. 따라서 안전벨트로 몸이 고정되지 않으면 부상당할 수 있을 것이다. 이 일반화를 추상적으로 논의하는 것보다 안전벨트를 매야 하는 실생활 맥락에서 논의하는 것이 학생들에게 훨씬 유의미할 것이다. 실생활과 관련된 예시를 제공하는 것은 모든 내용영역에서 반드시 필요하다.

**예시의 유형** 예시의 질, 다양성, 문맥을 논하였으니, 이번에는 예시의 유형들에 대해 알아보자.

**구체적 자료** 구체적 자료란 '실제 사물'이다. 구체적 자료는 가장 효과적인 예시이므로 가능한 널리 사용되어야 한다. 예를 들어, **절지동물**[곤충, 거미, 바다가재, 게, 새우와 같은 갑각류 동물을 포함하는 문(門)]의 이상적인 예시는 살아 있는 바다가재(해산물 가게에서 살 수 있는)일 것이다. 학생들은 바다가재의 딱딱한 껍질을 느낄 수 있고, 관절로 연결된 다리를 볼 수 있으며, 세 부분으로 구성된 몸을 볼 수 있을 것이다. 학생들은 절지동물 개념을 이해하는 데 필요한 모든 정보를 바다가재에서 관찰할 수 있다.

시범과 직접 체험활동(hands-on activity)도 구체적 예시의 다른 형태이다. 예를 들어, 학생들이 두 전선을 배터리에 연결하여 전구에 불이 들어오도록 할 때, 학생들은 실제적인 완전한 회로를 보게 된다.

**사진** 구체적 자료를 사용하는 것이 불가능할 때는, 사진이 적절한 자료가 될 수 있다. 가령, 새로 생성된 산맥과 오래된 산맥을 교실로 가져오거나 직접 관찰할 수 있는 장소로 학생들을 데려갈 수 없기 때문에 로키 산맥과 애팔래치아 산맥의 사진은 이 개념들 구체적으로 보여주는 효과적인 방법이 될 수 있다. 핵심은 예시를 가능한 한 실제에 가깝게 하는 것이다. 정교한 컬러사진이 흑백사진보다 더 효과적이고, 흑백사진은 스케치 그림보다 더 효과적이다.

**모형** 특히 과학에서 직접 관찰이 불가능한 내용이 있다. 이런 경우에는 **직접적으로 볼 수 없는 부분을 가시화하는 표현인 모형**이 효과적이다. 예를 들어, 학생들이 열이 증가할수록 분자의 운동 속도가 빨라진다는 원리를 이해하길 바라는 경우를 가정해 보자. 분자는 보이지 않기 때문에, 그림 5.4에 제시된 모형을 사용하여 원리를 실연해 보이는 것이 우수한 예시가 될 수 있다. 얼음이 들어 있는 비커, 실내 온도와 같은 온도의 물이 든 비커, 그리고 뜨거운 물이 든 비커 각각에 풍선을 넣고 학생들에게 관찰하도록 하는 것은 이 원리를 보여주는 효과적인 시연이 될 수 있다. 그리고 뜨거운 물이 든 비커에 있는 풍선모형 안의 화살표가 다른 풍선들 안의 화살표보다 더 길게 표현된 것은 학생들이 그 풍선 안의 분자들이 다른 두 풍선의 분자들보다 더 **빨리** 운동한다는 아이디어를 시각화할 수 있도록 돕는다.

**비네트** 먼저, 다음 예시를 살펴보자.

---

Mary의 꿈은 실현되었다. Mary가 언젠가 데이트를 하기를 원했던 소년 John이 그녀에게 영화를 보러 가자고 했다. 그러나 Mary는 그날 밤에 해야 하는 숙제에 대해 생각하며 그 과제의 기한이 금요일까지인 것을 기억해 냈다. Mary는 마지막 순간까지 이 과제를 미뤄 두고 있는 중이다. 그녀는 지금 어떻게 해야 할지를 모르겠다.

| **그림 5.4** | 다른 온도의 물 안에 있는 풍선에 대한 시범과 모형

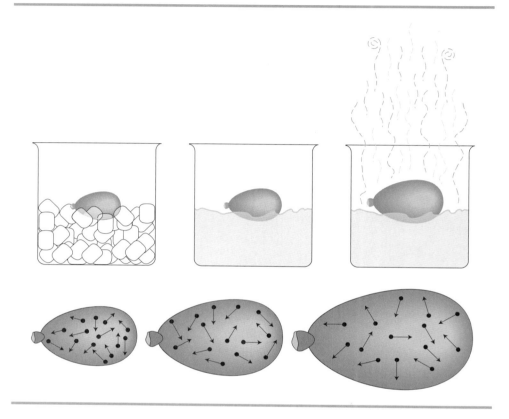

Johnny는 Bill의 답안을 봤더라면 시험을 잘 칠 수 있을 것임을 알았지만, 그럴 경우 죄책감을 느끼고 불만족스러울 것이라는 것도 알았다.

Lupe는 고향의 친구들과 가족들, 심지어 어렸을 때부터 살았던 그녀의 방조차도 떠나는 것을 싫어했음에도, 500마일이 떨어진 보스턴에 위치한 대학으로 가길 원했다.

이 예시들은 짧은 사례연구인 **비네트**(Vignettes)에 대한 예시이다. 각각의 경우에 주인공들은 긍정적이거나 부정적인 결과를 가진 두 선택과 마주하게 된다. 이 비네트들은 내적 갈등 개념에 대한 예시이다. 내적 갈등 개념은 묘사하기가 어렵고, "자신의 내면에서 불일치나 부조화 또는 모순을 경험하는 것"이라는 정의는 추상적이라서 초등학생들이 명확하게 이해하기는 힘들 것이다. 그러나 위의 비네트는 내적 갈등 개념의 속성을 분명하면서도 구체적으로 보여주고 있다. 비네트와 그보다 좀 더 긴 사례연구는 역사, 행정, 문학, 심리학과 같이 구체적 자료, 사진, 모형이 효과적이지 않은 내용영역의 추상적 개념을 설명하기 위해 일반적으로 사용된다. 그 효과가 높기 때문에 비네트와 사례연구가 널리 활용되고 있다.

**모의상황과 역할놀이**　비네트와 사례연구처럼, 모의상황(simulation)과 역할놀이도 다른 방법으로 개념을 설명하기 어려운 경우에 사용될 수 있다. 모의상황과 역할놀이에서는 학생들이 실제상황에 처하게 된다. 예를 들어, 학생들은 **차별**이라는 개념에 대해 굉장히 많이 듣지만, 대부분은 그 개념에 대한 경험이 거의 없다. 학생들이 눈이나 머리색 또는 다른 임의의 속성에 의해 차별받는 모의상황은 중요한 개념에 대한 강력한 예시가 될 수 있다. 사회교사는 사법제도, 입법과정, 일관작업직(assembly-line jobs)의 어려움을 구체적으로 예시하기 위해 모의상황을 활용할 수 있다.

## 공학과 교수 : 우수한 예시를 만들기 위한 공학 활용

주제 중에는 묘사하기 어렵고, 이 때문에 학습이 어려운 주제도 많이 있다. 이런 경우에, 공학이 효과적인 대안을 제공한다(Roblyer & Doering, 2010). 예를 들어, 교사는 모든 물체는 무게와 관계없이 같은 속도로 떨어지는 것을 보여주기 위해 무거운 물체와 가벼운 물체를 떨어뜨릴 수도 있을 것이나, 떨어지는 물체의 실제 가속을 보여주는 것은 사실상 불가능하다. 이때 공학이 효과적인 도구가 될 수 있다. 예를 들어, 그림 5.5는 일정한 시간 구간에 공이 떨어지는 위치를 나타내고 있다. 이 그림은 시간의 경과에 따라 물체 간의 간격이 점점 더 커지는 것을 보여주고 있는데, 이것은 공이 점점 더 빨리 떨어지고 있다는 것을 의미한다. 이러한 가속 개념의 예시는 공학을 사용하지 않고는 묘사가 불가능하다.

　모의상황의 장점을 이용하기 위해서도 컴퓨터 소프트웨어를 사용할 수 있다. 예를 들어, 과학에서 개구리를 실제로 해부하지 않고 개구리 해부 시뮬레이션 소프트웨어를 사용할 수 있을 것이다. 시뮬레이션은 학생들이 직접 실제 개구리를 가지고 활동하는 경험을 제공하지는 못하지만, 계속하여 반복적으로 사용할 수 있기 때문에 비용이 절감된다. 또한 컴퓨터 시뮬레이션은 '재조립'이 가능하기 때문에 더 융통성 있게 활용할 수 있고, 과학 실험을 위해 실제 개구리가 희생되는 것도 막을 수 있다(Roblyer & Doering, 2010). 소프트웨어가 우수해짐에 따라 묘사가 더 정교해지고, 시뮬레이션은 더 상호작용적이 되며, 나아가 학습자들의 학습동기와 이해를 증진시키게 될 것이다.

　인터넷도 안내된 발견모형 수업을 위한 정보를 무제한적으로 제공하고 있다. 사진, 도

**| 그림 5.5 |** 떨어지는 물체의 예시

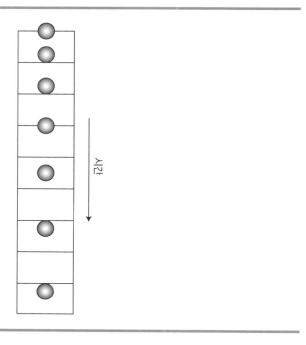

표, 그래프, 모형, 표 등등 이 모든 것은 다운로드 될 수 있고 다른 방법으로는 표현하기 어려운 주제를 나타내는 데 활용할 수 있다. 예를 들어, 예시의 유형을 논의할 때, 우리는 생성된 지 얼마 되지 않은 산맥과 오래된 산맥을 구체적으로 보여주기 위해 사진을 사용하는 것에 대해 이야기했다. 만약 교사가 '로키 산맥'과 '애팔래치아 산맥'을 단순히 검색한다면, 다채로운 사진들이 즉시 나타날 것이고, 오래된 산맥과 비교했을 때 생성된 지 얼마 되지 않은 산맥의 속성이 명확하게 나타날 것이다. 이 과정은 거의 힘들지 않다. 교사는 단순히 각각을 교실에서 바로 검색할 수 있고, 예시를 바로 준비할 수 있다.

## 안내된 발견모형을 사용한 수업실행

주제를 확인하고 목표를 상세화한 후, 예시를 선택하거나 만들었다면 이제 수업을 시작할 준비가 되었다. 안내된 발견모형을 사용한 수업실행은 4개의 상호 연관된 단계로 구성된다. 각 단계와 그에 대한 설명은 표 5.2에 간략히 서술되어 있다.

이 장을 시작할 때 당신은 Jenny 선생님 수업의 간략한 개요를 보았다. 우리는 Jenny

| 표 5.2 | 안내된 발견모형을 사용한 수업실행의 단계

| 단계 | 설명 |
|---|---|
| **1단계** : 도입 | 교사는 학생들의 주의를 환기하고 수업의 핵심을 설정한다. |
| **2단계** : 확산단계 | 교사는 학생들에게 예시를 제시하고 학생들이 예시를 관찰하고 비교하게 한다. |
| **3단계** : 수렴단계 | 교사는 학생들이 개념이나 일반화를 이해하는 것을 이끌기 위해 고안된 더 상세화된 질문을 한다. |
| **4단계** : 정리와 적용 단계 | 교사는 학생들이 개념이나 일반화 진술의 정의에 도달하도록 학생들을 이끌고, 학생들은 새로운 문맥 속에서 이해 내용을 적용해 본다. |

선생님의 수업으로 다시 돌아가 각 단계에 대해 더 상세한 설명을 제공할 것이다. Jenny 선생님의 수업계획은 그녀가 어떻게 수업을 준비하였고 그 수업을 실행한 의도가 무엇이었는지를 보여준다. 이 수업계획은 그림 5.6에 설명되어 있다.

| 그림 5.6 | Jenny 선생님의 수업계획

**주제 :**
하이쿠

**학습목표 :**
학생들은 하이쿠 시의 속성을 확인할 수 있다.

**학습활동 :**
1. 하이쿠의 예시 2개와 비예시 하나를 보여준다.
2. 학생들이 예시들의 패턴을 보고 비예시와 비교해 보게 한다.
3. 학생들에게 비교한 결과를 말하도록 하고 칠판에 적는다.
4. 학생들이 예시가 자연에 대한 주제를 포함하고 있다고 결론짓도록 안내한다.
5. 그러고 나서 학생들이 예시들은 세 문장으로 이루어져 있으며, 1행은 5음절, 2행은 7음절, 3행은 5음절로 이루어져 있다고 결론내리도록 안내한다. 학생들이 각 행의 음절수를 세도록 하여 예시들이 5-7-5 패턴을 포함하고 있다는 것을 확실히 알도록 한다.
6. 학생들이 하이쿠의 속성을 말로 진술하게 한다.
7. 학생들이 하이쿠의 예시를 만들어 보면서 이해를 적용해 보게 한다.

**평가 :**
1. 학생들에게 세 문장으로 구성된 시 몇 개를 주고, 그것들이 하이쿠의 속성을 설명하는지 그렇지 않은지를 확인하도록 하라.
2. 학생들이 하이쿠의 속성을 포함한 독창적인 예시를 만들어 보도록 하여라.

## 1단계 : 도입

교사는 전시학습을 상기하고 나서, 1단계로 수업을 시작한다. 1단계는 학생들의 관심을 환기하는 것과 무엇을 할 것인지에 대한 개념적 틀을 학생들에게 제공하는 것이 목적이다. 1단계는 다양한 방법으로 시작될 수 있으며, "오늘 선생님이 여러분에게 몇 가지 예시를 보여줄 거예요. 여러분이 예시들을 잘 관찰하고, 이 예시들 안에 어떤 패턴이 있는지 알아내려고 노력하면 좋겠어요.", "다음 예시들을 보고 공통적으로 가지고 있는 것이 무엇인지 봅시다." 또는 Jenny 선생님이 수업을 시작한 방식과 같은 단순한 몇 문장으로 시작될 수도 있다. 이제 시작해 보자.

---

Jenny 선생님은 "우리는 오늘 몇 개의 문제를 해결해 볼 거예요. 그래서 모둠활동을 하는 동안 내가 하는 말을 잘 들어야 해요. 여러분에게 내가 찾는 것이 무엇인지 정확하게 말해 주지 않을 거예요. 여러분이 선생님이 찾는 것을 찾아내야 해요. 생각하고, 서로서로 이야기하면서 찾아내야 해요."라는 말로 수업을 시작한다.

Jenny 선생님은 학생들을 몇 개의 모둠으로 조직하고, 하이쿠의 예시 3개와 비예시 하나가 함께 들어 있는 바구니를 나누어 주고 나서, 예시에서 어떤 패턴을 찾도록 한다.

---

도입이 끝난 후, 수업은 바로 2단계로 넘어간다.

## 2단계 : 확산단계

확산단계는 학생들의 참여를 촉진하고 성공 경험을 제공하기 위한 단계이다. 교사는 이 단계를 다양한 방법으로 시작할 수 있다.

- 교사는 예시를 제시하고 학생들이 패턴을 확인하도록 할 수 있다. 이 방법은 Jenny 선생님이 학생들에게 다음 예시들이 들어 있는 바구니를 나누어 주고 했던 방식이다.

  *숲의 깊은 곳*
  *나뭇잎이 떨리네.*
  *무서운가 봐.*

  *황무지에서*
  *새끼 부르는 동물*
  *영원한 사랑*

  비예시도 함께 제시한다.

  *강물은 매우 맑다*

*눈과 바위와 물*
*나를 기쁘게 하네.*

선생님은 예시 바구니를 제공하고 나서 모둠별로 패턴을 찾도록 했다.

■ 교사는 전체 수업상황에서 한 가지 예시를 제공하고 시에 대해 발표하게 할 수도 있다. 예를 들어, Jenny 선생님은 다음과 같은 예시를 제시하고 나서

*숲의 깊은 곳*
*나뭇잎이 떨리네.*
*무서운가 봐.*

"이 예시에서 무엇을 발견했나요?"와 같은 질문을 할 수 있다. 이 질문의 정답은 다양할 수 있기 때문에 교사는 많은 학생을 지명할 수 있을 것이며, 이를 통하여 학생들의 수업 참여도를 높일 수 있을 것이다.

■ 교사는 학생들에게 예시와 비예시를 제시하고 둘을 비교하도록 할 수도 있다.
■ 교사는 비예시를 먼저 제시하고 발표를 시킬 수도 있을 것이다. 예를 들어, 학생들이 외골격에 대해 이해하기를 바라는 교사가 골격은 내부기관이라는 것을 구체적으로 설명하기 위해 학생들에게 허벅지를 꽉 잡아 보게 하는 것으로 수업을 시작할 수도 있을 것이다.

어떤 선택을 하든, 수업은 다양한 대답이 정답으로 간주될 수 있는 **개방형 질문**과 그에 대한 학생의 반응을 중심으로 진행된다. 대표적인 개방형 질문의 예로는 "무엇을 알게 되었어요?", "이것들이 어떻게 비교되나요?", "유사점과 차이점은 무엇인가요?" 또는 "공통점은 무엇인가요?" 등을 들 수 있다.

Jenny 선생님을 이 단계를 어떻게 진행했는지 살펴보자.

---

학생들이 모둠활동을 마치자, Jenny 선생님은 학생들을 전체집단으로 모으고 "Brett, 우리 다 같이 네 생각을 들어 볼까?"라고 질문한다.

그가 "리듬이 있어요."라고 대답한다.

선생님은 고개를 끄덕이며 "예시들에 리듬이 있다는 말이구나."라고 하면서 칠판에 리듬이라고 적는다.

Antonio가 "생생한 단어"라고 자원하여 발표한다.

선생님은 "생생한 단어"라고 따라하며 칠판에 '생생한 단어'라고 적는다.

Jenny 선생님은 칠판에 아주 많은 목록이 만들어질 때까지 계속 학생들이 예시에서 찾은 것을 발표하도록 한다.

---

앞에서 보았듯이 '리듬'과 '생생한 단어'는 하이쿠의 속성과는 관련이 없다. 그렇지만 이런 반응들이 학생의 성공적 학습을 보장할 수 있다는 점에서 가치 있는 것이다. 두 학생의 반응이 보여주듯, Jenney 선생님의 질문에 대한 대답은 다양할 수 있다. 개방형 질문 없이는 가능한 한 많은 학생을 수업에 참여시키기가 매우 어렵다.

개방형 질문은 학생들이 바른 대답을 하도록 보증하는 것 외에도 최소한 두 가지의 장점이 더 있다.

- 개방형 질문에 대한 대답이 쉽기 때문에, 교사는 짧은 시간에 많은 학생들을 지목할 수 있다. 수업에서 질문을 많이 하는 것은 학생들의 주의집중과 참여를 촉진하며 성취를 증진시킨다(Good & Brophy, 2008). 그리고 수업참여는 학생들의 학습동기를 증진시키는 가장 효과적인 방법 중 하나이다(Ryan & Deci, 2000).
- 개방형 질문은 문화적 소수학생 및 영어 사용에 한계가 있는 학생의 수업참여를 증진한다(Peregoy & Boyle, 2008).

또 한 예로 형용사의 예시가 들어 있는 비네트를 다시 보자.

---

John과 Karen은 그의 **낡은** 차를 운전하여 **풋볼** 경기장으로 갔다. 그들은 곧 **가장 좋은** 친구들인 Latoya와 Michael을 입구 근처의 **큰** 문에서 만났다. 매우 **신나는** 경기였다. 왜냐하면 이 팀의 **러닝 게임**이 **최고조**였고, **홈**팀이 **근소한** 차이로 이겼기 때문이다.

---

학생들이 형용사를 이해하는 것이 목표이기 때문에, "이 글에서 형용사는 어떤 것인가요?" 또는 "우리는 John의 차에 대해 어떤 것을 알고 있나요?"와 같은 질문을 하는 교사들이 많이 있다. 이러한 질문들은 기술적으로는 문제가 없지만, 수용 가능한 대답이 많지 않으며, 학습부진 학생이나 소극적인 학생, 그리고 말이 없는 학생들의 참여를 증진시킬 기회는 줄어든다. 확산단계에서는 "이 글에서 무엇을 발견했나요?"와 같은 질문이 더 효과적일 것이다. 이 질문은 학생들이 문장에 대해 생각해 보고, 그들의 생각을 묘사해 보고, 아마도 가장 중요한, 오답의 두려움 없이 대답할 수 있는 기회를 제공한다.

교사들은 전형적으로 정해진 답변이 요구되는 질문을 하는 경향이 있기 때문에, 개방형 질문을 연습해야 한다. 그러나 교사들이 조금만 노력한다면, 개방형 질문에 익숙해질 수 있고, 이런 질문이 학생을 수업에 참여시키는 효과적인 방법이라는 것을 알게 될 것이다.

개방형 질문을 어느 정도 해야 되는지에 대해서는 정해진 바가 없다. 안내된 발견모형 사용 경험이 쌓이면서, 수업의 다음 단계로 나아갈 시기에 대한 전문적 판단능력이 생기게 될 것이다. 학생들의 행동이 교사의 판단에 도움을 줄 수 있다. 만약 학생들이 계속해서 예시를 묘사하고 비교하고 싶어 한다면, 교사는 이 단계를 좀 더 지속할 수 있다. 만약 학생들이 다음 단계로 넘어가고 싶어 한다면, 교사는 빠르게 3단계로 넘어갈 수 있다.

### 3단계 : 수렴단계

확산단계는 학생들의 성공을 보장하고 참여와 학습동기를 증진시키기 위해 고안되었다. 그러나 교사는 학생들이 도달하기를 바라는 특정 학습목표를 가지고 있다. 학생들이 학습목표에 도달하도록 하기 위해 교사는 학생 반응의 범위를 좁혀야 하고, 만약 개념을 가르치려 한다면 학생들이 필수적 속성을 확인하도록 도와야 하며, 일반화를 가르치려 할 때는 학생들이 관계성을 확인하도록 해야 한다. 교사가 학생들의 반응을 특정한 학습목표로 이끌기 때문에, 이 단계는 수렴단계라고 명명되고 이 단계에서 학생들은 개념이나 일반화에 대한 지식을 실제적으로 구성하게 된다.

　　Jenny 선생님이 이 단계를 어떻게 수행했는지 살펴보자.

---

Jenny 선생님은 학생들의 활동을 칭찬한 후, "선생님은 여러분이 잘 보고 생각해 보길 바라는 단어들에 동그라미를 그릴 거예요. 왜냐하면 우리가 찾고자 하는 속성 중 두 가지를 여러분이 거의 찾았기 때문이에요."라고 말한다.

　　선생님은 '황무지', '동물', '숲'에 동그라미를 치며 "한두 단어를 더 추가할 거예요."라고 하고 나서 칠판에 '나무'와 '강'을 쓴다.

　　선생님은 학생들에게 "이 단어들을 묘사하는 한 단어를 생각해 낼 수 있는 학생 있나요?"라고 묻는다. 몇몇 학생들이 동시에 "자연"이라고 대답한다.

　　"자연" Jenny 선생님은 강조하여 반복한다.

　　그리고 나서 선생님은 학생들이 시의 각 행의 음절수를 분석하도록 유도하기 시작한다. 그녀는 먼저 학생들이 예시의 각 행의 단어 수를 확인하게 하고 단어 수에서 일정한 패턴을 찾았는지 묻는다. 학생들은 몇 가지의 의견을 제시하지만 명확한 패턴은 발견하지 못한다.

　　그러자 Jenny 선생님은 학생들에게 각 시의 둘째 행의 단어 수가 반드시 다른 행들보다 많아야 하는 것이 아님에도 불구하고 왜 많은지 묻는다.

　　"어떻게 두 번째 문장이 더 길어진 것일까요? …… Blair?"

　　"선생님이 긴 단어들을 넣었어요." Blair가 대답한다.

　　"긴 단어" Jenny 선생님이 미소 짓는다. "이 단어들은 어떤가요? 만약 이 단어들을 작게 조각낸다면, 이것을 우리는 무엇이라고 부를까요? …… Drexel?"

　　"음절" Drexel이 대답한다.

　　"음절" Jenny 선생님이 반복한다. "이제 여러분에게 어려운 과제를 하나 제시하겠어요. 각 행의 음절들을 세고, 그 수를 행이 시작되는 부분에 적어 보세요."

　　Jenny 선생님은 학생들이 첫 번째 시의 각 행의 음절수를 세는 것을 보면서 "첫 행에는 몇 개가 있나요?"라고 묻는다.

　　선생님은 "5개요."라는 대답을 듣고 나서 "두 번째 행에는 몇 개가 있나요?"라고 질문한다.

　　"7개요." 학생들이 대답한다. 선생님은 세 번째 행에 대해서도 같은 질문을 하고 학생들은 "5개요."라고 대답한다.

"모두 5개, 7개, 5개가 나왔나요? 그렇지 않은 학생이 있다면 손을 들어 보세요."

아무도 손을 들지 않는 것을 확인하고, Jenny 선생님은 두 번째 시로 넘어갔고 학생들은 첫 행에는 5음절이 있는 것을 확인한다. 이어서 선생님은 "Lamont, 둘째 행에는 몇 개가 있나요?"라고 묻는다.

"3개요." Lamont는 틀리게 대답했다. 그러자 Jenny 선생님은 Lamont에게 "선생님과 같이 읽어 보자."는 말로 단서를 제공한다. 교사는 행을 읽으며 음절에 박수를 쳤고, Lamont는 웃으며 "7개요."라고 다시 대답한다.

"그리고 3행에서는 몇 개가 있나요, Suzy?"

"6개요." Suzy 역시 틀리게 대답한다. 선생님은 그 행을 다시 읽으며 음절마다 박수를 치고 Suzy에게 다시 말해보도록 한다.

"5개요." Suzy는 스스로 답을 수정한다. 그리고 나서 Jenny 선생님이 "우리는 첫 번째 시가 5-7-5음절을 가진 것을 보았고, 두 번째 시가 5-7-5음절을 가진 것을 보았어요. 그래서 우리는 세 번째 시가 어떤 것이라고 결론을 낼 수 있나요? …… Brett?"

"5-7-5음절일 거예요." Brett가 대답한다.

Jenny 선생님은 학생들이 비예시를 분석하게 하고, 비예시는 감정을 표현하고 자연주제를 다루지만, 5-7-5음절 구조를 가지지 않는다는 결론을 내리도록 유도한다.

---

다양한 방법을 활용하여 수렴단계로 이행할 수 있다. Jenny 선생님은 **황무지, 동물, 풀, 나무, 산**이라는 단어에 동그라미를 치면서 확산단계에서 수렴단계로 옮겨 갔다. 그리고 학생들에게 그 단어들의 공통점이 어떤 것인가를 물었다. 그러고 나서 교사는 학생들이 시의 구조 안에서 특정한 패턴을 찾도록 했고 각 음절의 수를 확인하도록 유도했다.

다른 예시로 고등학교 과학교사인 Sue Grant 선생님은 학생들이 "열이 증가하면 분자의 운동 속도가 빨라진다."라는 일반화를 이해하기를 원했다. 그녀는 그림 5.4에 제시되었던 모형을 이용하였고 학생들은 확산단계에서 다음과 같은 반응을 보였다.

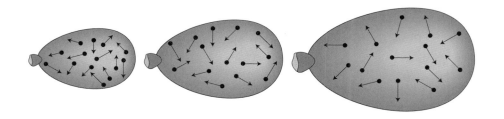

---

한 풍선은 얼음에, 또 한 풍선은 물에, 그리고 또 다른 풍선은 뜨거운 물에 있다.

뜨거운 물 안에 들어 있는 풍선은 다른 두 풍선보다 크기가 크다.

얼음 안에 들어 있는 풍선이 가장 크기가 작다.

풍선 그림에는 점과 화살표가 표시되어 있다.

Sue 선생님이 어떻게 수렴단계를 수행했는지 대화내용을 살펴보자.

| | |
|---|---|
| **교사** | 풍선의 그림을 다시 보세요. 풍선에서 무엇을 발견할 수 있나요? …… Mark? |
| **Mark** | 크기가 달라요. |
| **교사** | 좋아요. 각각의 풍선 안에서 어떤 것을 볼 수 있나요? …… Sonya? |
| **Sonya** | 점들과 화살표요. |
| **교사** | 잘했어요. 점들은 어떤 것을 표현한다고 가정해 볼 수 있을까요? …… Raphael? |
| **Raphael** | 잘 모르겠어요. |
| **교사** | 각 풍선 안에는 어떤 것이 들어 있나요? |
| **Raphael** | 공기요. |
| **교사** | 그렇다면 점이 표현하는 것은 어떤 것일까요? |
| **Raphael** | 공기 분자요. |
| **교사** | 매우 잘했어요. 그렇다면, 화살표는 어떤 것을 나타낸다고 가정해 볼 수 있을까요? …… Natalie? |
| **Natalie** | [확신을 가지지 못하며] 공기 분자는 어떻게 움직이는가에 대한 것이요? |
| **교사** | 매우 좋은 생각이에요. 그렇다면 각 풍선의 화살표의 길이를 보고 어떤 것을 알 수 있을까요? …… Soo? |
| **Soo** | [뜨거운 물에 있는 풍선의 그림을 가리키며] 여기 있는 것들이 더 길어요. |
| **교사** | 화살표의 길이가 더 길다는 것은 무엇을 의미할까요? …… 누가 대답할까요? |
| **Jeremy** | 그 풍선에서 더 멀리 움직인다는 것이요? |
| **교사** | 만약 더 멀리 움직인다면, 그 분자들이 어떻게 움직이고 있을까요? |
| **Janice** | 더 빠르게요. |
| **교사** | 좋아요. 이들이 더 빨리 움직여요. |

수렴단계의 수행은 학생들의 반응에 달려 있기 때문에, 대화는 지금 본 것과 꼭 같은 방식으로 전개되지 않을 수도 있다. 그러나 이 사례는 학생들이 개념(이 경우에는 일반화)에 도달할 때까지 Sue 선생님이 학생들의 사고를 어떻게 유도하며 일련의 질문들을 사용하는지를 보여준다.

확산단계에서 수렴단계로의 이행은 때로 그 경계가 모호해지기도 하는데, 이것은 문제가 되지 않는다. 그러나 학생들의 참여를 촉진하기 위해서는 확산단계부터 수업을 시작하는 것이 중요하다. 언제 수렴단계로 이행할지 여부는 교사의 전문적 판단에 달려 있다.

### 4단계 : 정리와 적용단계

학생들이 개념의 속성을 말로 진술할 수 있거나 일반화 사이에 존재하는 관련성을 묘사할 수 있게 되면 수업을 마무리짓는다.

Jenny 선생님이 정리단계에서 어떻게 학생들을 도왔는지 보도록 하자.

---

"하이쿠의 속성에 대해 말할 수 있는 사람 있나요? …… 어디 보자. 누가 오늘 발표를 많이 하지 않았지 …… T J?"

"17이요." T J가 대답한다.

"하이쿠는 총 17음절을 가지고 있지요. 첫 행에는 몇 개가 있나요?"

"5개요."

"다른 행은 어떤가요?"

"7개와 5개요."

"그렇다면 하이쿠는 5-7-5개로 나누어지는 17개의 음절을 가지고 있군요." Jenny 선생님이 반복한다.

"다른 속성에는 어떤 것들이 있을까요? …… Molly?" Jenny 선생님이 묻는다.

"자연과 관련되어 있습니다." Molly가 대답한다.

Suzy가 손드는 것을 보고 선생님이 "세 번째 특징은요? …… Suzy?" 묻는다.

"4단어를 가지고 있고 ……" Suzy는 자신 없어 하며 대답한다.

선생님이 "우리는 음절과 관련하여 단어를 보았어요." 첫 행에 5음절, 둘째 행에 7음절, 셋째 행에 5음절을 가지고 있지요. Suzy, 그리고 자연에 대한 시예요."라고 하여 Suzy에게 학습내용을 상기시킨다. 그러고 나서 교사는 칠판으로 다가서서 경이로움이란 단어를 가리키며 "Suzy, 여기를 보면 마지막 속성이 무엇인지와 관련하여 선생님이 주었던 약간의 힌트가 있어요."라고 한다. "두려움, 화, 조심성과 같은 단어도 공부했어요. 무엇을 묘사하기 위해 이 단어들을 사용했나요?"

"…… 감정이요." Suzy가 몇 초간 망설이다가 대답한다.

"감정." Jenny 선생님이 미소 짓는다. "그리고 감정을 표현하기 위해 우리가 사용하는 단어는 어떤 것이 있지요? …… Kidsey?"

"…… 정서요." Kidsey가 몇 초간 망설이다가 대답한다.

Jenny 선생님은 하이쿠의 속성들을 반복하여 설명한 후 학생들에게 하이쿠의 예시를 두 개 만들어 올 것을 과제로 제시한다.

---

Jenny 선생님의 경험에서 보았듯, 아무리 교사가 세심하고 주의깊게 학생들을 지도한다 할지라도, Suzy와 같이 개념의 속성에 대해 확신을 가지지 못하는 학생들이 있다. 사실상 Suzy는 음절에 대해 논의했던 내용을 잊어버렸고, 단어에 대해 생각하는 것으로 되돌아갔다. 학생들이 개념의 속성이나 일반화의 관련성을 언어로 진술할 수 있을 때까지 학생들을 이끌어야 하는지에 대한 이유를 보여주는 설명은 매우 중요하다. 명확한 결론 없이는, 몇몇 학생은 진짜 속성이 무엇인지 불확실한 채로 수업이 끝날 것이다.

Jenny 선생님은 그러고 나서 학생들이 하이쿠에 대한 자신의 예시를 만들면서 이해한 내용을 적용해 보도록 하였다.

다른 예시로서, Sue Grant 선생님이 학생들과 과학수업 활동을 했던 것을 다시 살펴보며 어떻게 학생들이 결론에 도달하도록 교사가 도왔는지를 살펴보자.

**교사**　[모형을 가리키며] 우리는 이 풍선 안의 분자들이 더 빨리 움직이는 것에 대해 이야기했어요. 또 어떤 것들을 알 수 있을까요? …… Tracey?

**Tracey**　그 풍선이 가장 큽니다.

**교사**　그렇죠. 세 풍선의 온도는 어땠나요? …… Alex?

**Alex**　[뜨거운 물 안에 들어 있는 풍선을 나타내는 모형을 가리키며] 이것이 가장 뜨거운 것입니다.

**교사**　아주 좋습니다. 그럼 이제 열과 분자의 운동 속도 사이의 관련성에 대해 설명해 봅시다. 누구든 좋아요.

**Leroy**　어떤 것에 열이 가해지면, 분자들은 더 빨리 운동합니다.

**교사**　좋습니다. 열은 분자의 운동 속도를 증가시켜요. [Leroy의 대답을 바꾸어 표현한 것]

이후 Sue 선생님은 학생들에게 교실 창가에 있는 유리컵 안의 물의 분자운동을 냉장고에 있는 컵 안의 물의 분자운동과 비교하는 것과 같은 문제에 대한 반응을 하게 한다. 이것은 일반화의 적용이 될 것이다.

학생들이 자신이 이해한 것을 말로 할 수 있도록 하는 것은 정리단계에서 중요하며, 교사가 설명해 주는 것보다 학생들이 (개념의) 속성이나 (일반화의) 관련성을 언어로 설명할 수 있다면 더욱 효과적이다.

일반적으로는 정리를 형식적으로 진술하는 것이 중요하긴 하지만, 예외적인 경우도 있다. 예를 들어, 위(above)라는 개념을 어린 학생들에게 가르친다고 가정해 보자. 이 개념은 "다른 것보다 어떤 물체가 더 높이 있는 위치"로 정의될 것이다.

확실히, 어린 학생들은 교사가 상당한 양의 학습 촉진을 유도함에도 불구하고, 이러한 문장을 만들어 내기는 쉽지 않다. 이러한 경우에 교사는 정리를 형식적으로 진술하는 대신에, 학생들로 하여금 이해한 것을 다른 상황에 적용해 보게끔 할 수 있다.

4단계는 학생들이 중요한 사고기능의 하나인 부적절 정보 인식능력을 발달시키도록 도와주는 기회도 제공한다. 예를 들어, 형용사를 설명하는 글의 내용은 중요하지 않다. 학생들이 꼭 필요하지 않은 정보의 예시를 평가하는 것은 어렵지 않다. 이 과정은 학생들이 중요한 사고기능에 집중하도록 한다.

적용단계에는 일반적으로 자습이나 과제가 포함된다. 그러나 개념이나 일반화를 세심하게 전개시킨 경우에도 적용을 위해서는 교사의 추가적인 도움이 필요한 경우가 많다.

적용단계에서 학생들이 처음으로 수행한 결과를 세심하게 관찰하고 논의하는 것은 학생들이 교사주도 학습활동과 학생 독자 연습 간의 간극을 메울 수 있도록 도와줌으로써 학습을 증강시킨다.

교사가 만족할 정도로 대부분의 학생이 스스로 정보를 적용할 수 있을 때는 더 많은 적용을 요구하는 어려운 과제를 학생들에게 제시할 수 있다. 대부분의 학생들이 각자 활동하는 동안, 아직 완벽히 개념을 이해하지 못했거나 그것을 스스로 적용할 준비가 되어 있지 않은 학생들을 도와줄 수 있다.

### 안내된 발견모형을 사용한 수업실행 : 사고와 이해 강조

안내된 발견모형을 사용하여 수업을 계획하고 실행했다면, 명백한 초점은 내용 학습목표에 있을 것이다. 그렇지만 학생들의 비판적 사고력을 개발하는 것도 이 과정의 필수적인 부분이다.

비판적 사고의 핵심은 결론의 증거를 제시하는 것이다. 예를 들어, 교사가 "어떻게 알았니?" 또는 "왜 그렇게 말했니?"와 같은 질문을 할 때, 교사는 학생들이 결론을 위한 예시를 제시하기를 요구하고 있는 것이다. 확산단계의 질문처럼, 사고를 촉진하는 질문을 하는 것은 노력이 필요하고 연습을 통해 익숙해져야 하는 일이다. 그리고 사고를 촉진하는 것은 실제 어떤 수업에서나 필수적인 부분이다.

예를 들어, Jenny 선생님의 주제를 다시 한 번 생각해 보자. 교사가 학생들로 하여금 비예시를 분석하게 하는 방법을 다시 한 번 보자.

> *강물은 매우 맑다*
> *눈과 바위와 물*
> *나를 기쁘게 하네.*

학생들의 비판적 사고를 촉진하기 위한 대화를 살펴보자.

**교사**     이것은 하이쿠의 예시인가요? 모두 생각해 보세요. 조금 있다가 선생님이 누군가를 지목하겠어요. Molly? [몇 초가 지난 후]

**Molly**    …… 아니요. 그것은 하이쿠의 예시가 아닙니다.

**교사**     그것이 예시가 아닌 것을 어떻게 알았죠?

**Molly**    각 행의 음절수가 맞지 않아요.

**교사**     Molly가 한 말의 의미를 설명해 보세요 …… Drexel?

**Drexel**    …… 첫 행에는 5음절이어야 하는데 이것은 7음절입니다.

이 간단한 대화를 통해, Molly와 Drexel은 이 시가 하이쿠의 예시가 아니라는 결론의 증거를 제시했다. 이러한 종류의 토론은 또 다른 이유로 중요하다. 학생들은 가장 구체적이고 명백한 예시의 속성에 집중하는 경향을 가진다. 그리고 일부 학생은 이 시가 자연에 대한 주제를 묘사하고 있으며 감정을 표현하고 있다는 점에 초점을 맞추어 이 시가 하이쿠의 예시라고 결론지을 수도 있다. 이 학생들은 각 행의 음절의 수는 무시한 것이다.

이 과정은 최소한 두 가지 측면에서 중요하다. 첫째, 내용에 대한 심층적 이해와 비판적 사고를 촉진하는 것은 상호의존적이라서 학생들이 비판적 사고를 연습하는 과정에서 내용에 대한 이해도 더욱 깊어진다. 이것이 학습은 사고의 결과라는 주장의 핵심이다.

둘째, 학생들에게 비판적 사고를 연습시키는 것이 수업시간을 크게 늘리거나 교사에게 과중한 부담이 되지 않는다. 표준 교육과정과 평가에 대한 압박감 때문에 학생들을 시험에 준비시키면서 사고력을 개발할 시간이 없다고 생각하는 교사가 있을지도 모른다. 이것은 진실이 아니다. 사고를 수업에 녹여내는 것은 거의 추가시간이 들지 않고, 학생들은 주제에 대한 이해도가 더 깊어졌기 때문에 시험에 더 잘 준비될 것이다.

조금만 연습하면 교사는 "어떻게 알았니?", "왜", 그리고 "만약 ~라면 어떤 일이 일어날까?" 같은 질문을 할 기회를 인식하게 될 것이다. 이러한 질문들은 사고 촉진에 유용하다. 교사는 연습과 더불어 이런 기회를 활용하는 것이 점점 용이해질 것이고, 궁극적으로는 적절한 시점에서 비판적 사고를 촉진하는 질문을 자연스럽게 할 수 있게 될 것이다. 그 결과로 추가적인 노력이나 수업시간을 거의 들이지 않고도, 학생들의 사고수준이 더 높아질 것이고 내용에 대한 이해수준이 더 깊어질 것이다.

## 안내된 발견모형을 사용한 수업실행 : 학습동기 증진

안내된 발견모형은 내용에 대한 심층적 이해와 비판적 사고의 발달을 촉진할 뿐만 아니라, 학생들의 동기 증진에도 효과적이다. 안내된 발견모형을 활용한 수업은 학생들의 수업 참여도를 높이고, 성공감과 무지감(sense of unknown)을 갖도록 하여 학습동기를 증진시킨다. 이 특징들을 좀 더 자세히 살펴보자.

**학생의 참여와 성공**    참여는 활동에 대한 내재적 흥미를 증진시키는 중요한 요인이다. 예를 들어, 두 사람과 대화할 때 당신이 적극적으로 참여하고 있다면, 당신의 흥미는 높은 상태로 유지되겠지만, 다른 두 사람이 대부분의 이야기를 주도한다면 당신의 흥미는 빠르게 줄어들 것이다. 학생들의 학습활동에서도 똑같이 적용된다. 참여가 더 활발할수록, 학생들의 흥미도 더 강해진다(Lutz, Guthrie, & Davis, 2006).

앞에서 참여 촉진이 확산단계의 중요한 기능이라는 것을 밝힌 바 있다. 첫째, 개방적 질문이 용이하기 때문에 교사들이 많은 학생을 빠르게 지목할 수 있다. 둘째, 사실상 성공이 보장되기 때문에, 학생들은 대답하려는 시도를 더 많이 하게 되고 이로 인해 학습에 더 참여하게 된다. 참여는 또한 학습자의 동기를 증진시키는 자율성과 조절 감각을 향상시킨다(Bruning et al., 2004).

**무지감**  인간은 호기심, 도전감 그리고 무지감을 불러일으키는 경험과 활동에 의해 내재적으로 동기화된다(Schunk, Pintrich, & Meece, 2008). 안내된 발견모형의 구조는 이러한 인간의 속성들을 활용한다. 이 모형에서는 교사가 정보를 제시하고 설명하는 대신에 학생들로 하여금 교사가 제시하는 예시에서 패턴을 찾도록 함으로써, 학생들의 호기심과 도전 의식을 불러일으킨다. 학생들이 패턴을 확인하고 (교사의 지도하에) 공인된 결론에 도달할 때, 학생들의 유능감이 향상된다. 그리고 동기이론에서는 유능감 욕구가 선천적임을 시사하고 있다(Ryan & Deci, 2000). 참여를 통해 증진된 흥미, 유능감과 자기 조절감, 그리고 개방형 질문에 따른 성공에 대한 확신들이 서로 결합되면 학생들의 동기를 상당히 크게 증진될 수 있다.

## 다양한 학습환경에서의 안내된 발견모형 적용

지금까지, 안내된 발견모형을 활용한 수업의 계획과 실행에 대해 논의하였다. 그러나 이 모형을 경험의 배경과 연령대가 다양한 학생들에게 적용하기 위해서는 유연성이 필요하다. 몇 가지 요소들을 고려해 보도록 하자.

### 발달수준에 적절한 실행 : 다른 연령대의 학습자들을 위한 안내된 발견모형

안내된 발견수업의 기본 구조는 발달수준과 관계없이 모든 학습자에게 적용된다. 그러나 학습자의 발달수준에 따라 모형을 어느 정도 수정하는 것도 필요할 것이다.

### 어린 학습자를 위한 안내된 발견수업  일반적으로, 학생이 어리거나 주제에 대한 경험이 적을수록, 구체적이고 우수한 예시를 사용해야 할 필요성이 커진다. 우수한 예시는 누구에게나 필요하지만, 어리고 경험이 부족한 학습자에게 있어서는 필수적으로 요구된다.

개념이 다소 추상이라도 구체적인 예시가 효과적으로 제시된다면, 나이 어린 아동도 충분히 이해할 수 있을 것이다. 다음 사례를 보자.

Sonia Martinez 선생님은 2학년 학생들이 밀도 개념을 이해하기를 원한다. Sonia 선생님은 플라스틱물 컵을 솜뭉치들로 채운 다음 학생들에게 아래 그림과 같이 들고 있도록 한다.

선생님이 "무엇을 발견했나요?"라고 묻는다.
학생들이 관찰을 하고 나자 "컵이 솜으로 가득 차 있나요?"
"네!" 아이들이 일제히 소리친다.
"그것은 무엇을 의미하나요?"
몇 번의 시도 끝에, 학생들은 컵 안의 모든 공간이 가득 차 있다는 결론을 내린다.
Sonia 선생님은 "이제 선생님이 하는 것을 잘 보세요."라고 말하며, 아래 그림과 같이 손으로 컵 속을 누른다.

"무엇을 보았나요? …… Sancha?"
"솜이 으깨졌습니다."
"맞아요." Sonia 선생님이 미소 짓는다. "그러면 솜이 컵에 가득 찼나요?"
"아니요!" 학생들은 대답한다.
"솜의 양은 어떤가요? 더 많아졌나요, 아니면 더 적어졌나요, 아니면 그대로인가요?"
"더 적어졌어요." Tanya가 망설이며 대답한다.
"선생님이 컵에서 솜뭉치를 빼냈나요?"
"…… 아니요." Tanya가 대답한다.
"그렇다면 솜의 양이 더 적어진 거예요?"
"아마 아닐 것 같아요."
"그렇다면 컵에 있는 솜의 양은 같아요. 그런데 솜이 차지하는 공간의 크기는 줄어들었어요. 이럴 때 솜의 밀도가 높아졌다라고 해요. 그러면 어떤 것이 눌려졌을 때, 뭐라고 할까요?"
여러 학생이 동시에 "더 높은 밀도!"라고 대답한다.
Sonia 선생님은 미소 지으며 "잘했어요. 여러분은 모두 매우 훌륭한 생각을 해냈어요."라고 한다.

Sonia 선생님의 현명한 예시는 수업이 성공하는 열쇠가 되었다. 학생들은 솜의 양이 변하지 않았다는 사실을 눈으로 볼 수 있었고, 또 선생님이 솜뭉치를 압축하자 솜이 차지하는 공간이 줄어들었다는 사실도 볼 수 있었다. 발달 특성을 고려할 때, 밀도와 같은 개념은 2학년 학생이 이해하기는 너무 어려운 개념으로 여겨졌다. 그러나 Sonia 선생님은 학생들이 이해할 수 있을 정도로 충분히 구체적으로 그 개념을 설명할 수 있었다.

어린 학생을 위한 수업에서 안내된 발견모형을 활용하는 경우에 확산단계가 매우 큰 효과를 발휘한다. 어린 학생들은 개방형 질문을 좋아하며, 그 과정에 익숙해지면 대답도 잘한다.

어린 학생들과 함께하는 수업시간은 일반적으로 나이가 많은 학생들과 하는 수업시간에 비해 짧을 것이다. 그리고 교사는 나이 많은 학생들과 함께하는 수업에서 보다 집단반응과 같은 요인이 허용되는 질문을 많이 해야 할 것이다.

**나이 많은 학생들과의 안내된 발견수업**  나이가 많은 학생들에게 안내된 발견모형을 적용하는 경우에도 약간의 변화가 필요하다. 예를 들어, 나이 많은 학생들은 오랫동안 정답이 하나인 구체적인 질문에 익숙해져 있다. 그래서 그들은 처음에는 확산단계에서 교사가 원하는 대답에 대한 확신 부족으로 질문에 대답하기를 주저할 수도 있을 것이다. 일부 학생들은 심지어 교사가 "난 어떤 특정 대답을 원하는 것이 아니야. 나는 단지 네가 무엇을 관찰했는지 알고 싶은 거란다."라고 물어보아도 "선생님께서 바라는 대답이 무엇인지 모르겠어요."라고 말하는 경우도 있을 것이다. 학생들은 교사가 말하는 것의 진정한 의미를 알게 되면서 점진적으로 이 과정에 익숙해지게 된다. 그렇지만 나이 많은 학생들은 일반적으로 확산단계에서 많은 대답을 하지 않으려는 경향이 있으므로 교사는 어린 학생들과 수업할 때보다 신속하게 수렴단계로 이동해야 할 것이다.

어린 학생들과 마찬가지로, 나이 많은 학생들도 종종 정리단계에서 이해한 내용을 말로 표현하는 것을 어려워할 수도 있기 때문에, 성숙한 학생이나 학업 성취도가 높은 학생인 경우에도 단서를 제공하거나 말로 도와줄 필요가 있을 것이다.

나이 많은 학생들이 어린 학생들보다 사전지식이 풍부하다고 할지라도, 우수한 예시는 여전히 필요하다. 몇몇 학생은 우수한 예시 제공 없이는 학습 주제를 깊이 이해하는 데 필요한 사전지식을 가지고 있지 않을 수 있다. 어린 학생들의 경우도 그렇지만 이들의 경우에도 우수한 예시의 제공은 '공정한 경쟁의 장'을 마련하는 데 필요하다.

### 다양성 탐색 : 문화 소수자를 위한 안내된 발견모형

몇몇의 문화 소수자 학생들은 자신이 학교로부터 환영받는다는 느낌을 받지 못한다. 그리고 학급 친구들이나 교사와 어울린다는 느낌 또한 받지 못한다(Goldstein, 2004; Gollnick & Chinn, 2009). 게다가 문화 소수자 학생들은 일반적으로 교실에서 이루어지는 빠른 속도의 질문과 응답 패턴에 어려움을 겪으며, 교사가 던지는 직접적 질문을 학습을 촉진하기 위한 시도라기보다는 일종의 위협으로 받아들인다(Heath, 1989; Howard, 2001).

안내된 발견모형, 특히 이 모형의 확산단계는 이런 문제를 해결하는 효과적인 수단이 될 수 있다. 개방형 질문은 질문의 공평분배를 촉진하는 데 효과적이며, 문화 소수자 학생들이 학급에서 다른 친구들과 같은 빈도로 지명되고 있다는 것과 자신의 대답도 인정받는다는 것을 알 때, 교사와 학급 친구들과의 유대감도 높아진다. 게다가 문화 소수자들은 하나의 답을 요구하는 직접적 질문보다 개방형 질문에 대답하는 것을 더 편하게 느낀다. 개방형 질문을 참여와 환영받는다는 느낌을 촉진하기 위한 전략으로 활용하는 것은 문화 소수자 학생들의 동기를 증진시키고, 이들이 수렴단계와 정리단계에 자발적으로 참여하도록 만들 가능성이 높다.

수용 가능한 대답을 할 수 있다는 것은 학생들이 유능감을 갖도록 해주며, 모든 사람에게는 유능감 욕구가 있다. 자신이 환영받는 존재이고 동료 및 교사와 유대감을 갖도록 도와주는 것과 높은 유능감을 갖도록 도와주는 것은 문화 소수자 학생의 동기를 크게 높일 수 있다. 안내된 발견모형은 특히 이 목표달성에 효과적이다.

## 교수에서의 창의성

우리는 모두 창의적인 교사에 대해 들어 본 적이 있다. 창의성이란 간단히 말해, 눈을 사로잡는 매력적이고 기발한 고품질 예시를 찾거나 준비하는 교사의 능력이다. '*Sesame Street*와 *Barney*'와 같은 아동용 텔레비전 프로그램은 창의성이 무엇인지를 구체적으로 보여주고 있다. 예를 들어, Muppet이 먼 곳으로 달려가서 "나는 지금 멀리 떨어져 있어."라고 말한 다음에 가까이 다가와서는 "이제 나는 가까이에 있어."라고 말하는 것은 먼이라는 개념과 가까운이라는 개념을 기발하고도 창의적으로 잘 보여주고 있다.

다른 예를 들면, Sonia 선생님도 밀도의 개념을 구체적으로 보여주기 위해 창의성을 발휘했다. 또 Sue 선생님이 보여준 서로 다른 온도의 물(그리고 얼음) 속에 있는 풍선도 그녀가 사용한 모형과 결합된 창의적인 예시이다. 이들은 학생들의 시선을 사로잡았고, 매우 효과적인 방법으로 학생들이 열이 분자운동의 속도를 증가시킨다는 일반화를 시각화할 수 있도록 도왔다.

교사가 수업을 계획할 때 가능한 한 최상의 예시를 찾거나 창안하는 데 사고를 집중한다면 창의성은 저절로 발휘될 것이다.

## 자연스러운 안내된 발견수업

안내된 발견수업을 자연스럽다고 묘사하는 것은 교사가 즉석에서 예시를 생성해 낼 수 있으며 학생들을 수업의 주제 이해에 대한 방향으로 이끌어 갈 수 있음을 의미한다. 교사가 이 모형에 전문가가 되어 갈수록, 학생들을 이끌어 감에 있어 의식적인 노력이 덜 필요할 것이고, 더 큰 주제의 문맥 속에서 작은 안내된 발견수업을 활용할 기회를 포착할 수 있게 될 것이다. 다음의 예시를 살펴보자.

---

중학교 토론수업 시간에, Sandy Clark 선생님의 학생 중 한 명이 손을 들고 말했다. "저는 0으로 나누는 것이 정의되지 않는다는 것을 이해하지 못하겠어요. '정의되지 않는다'라는 의미를 이해하지 못하겠어요."

Sandy 선생님은 잠시 멈춰 생각한 후 말했다. "좋아요. 여기를 보세요." 그녀는 칠판 위에 12를 적었다. "지금부터 선생님이 12를 각각의 숫자들로 나눌 거예요. 선생님이 이름을 부르면, 답을 말해 봅시다. Roy, 2로 나누어 보세요. Maria, 0.03으로 나누어 보세요. Karen, 0.01로 나누어 보세요. Jeff, 0.002로 나누어 보세요. Duk, 0.0004로 나누어 보세요. Raheem, 0.000006로 나누어 보세요. John, 0.000000002로 나누어 보세요. Donna, 0.0000000000003으로 나누어 보세요."

"표를 만들어 보도록 합시다."라고 교사가 말했다. 그리고 나서 교사는 학생들이 답을 부르면 받아 적는다.

| 나누는 수 | 답 |
|---|---|
| 2.0 | 6 |
| 0.03 | 400 |
| 0.01 | 1,200 |
| 0.002 | 6,000 |
| 0.0004 | 30,000 |
| 0.000006 | 2,000,000 |
| 0.000000002 | 6,000,000,000 |
| 0.0000000000003 | 40,000,000,000,000 |

Sandy 선생님이 "그러면 우리가 여기 적은 것의 패턴을 봅시다. 왼쪽 행에서 무엇을 보았나요? …… Terry?"라고 한다.

"숫자가 점점 작아지고 있습니다."

"좋아요. 그렇다면 이 숫자들에 대해 상상해 봅시다. 결국 우리는 어떤 수에 접근할까요? …… Leah?"

"무슨 말인지 모르겠어요."

"우리가 왼쪽 행에 더 많은 수를 적는다고 상상해 보세요." Sandy 선생님이 계속 이어간다. "그러면 그 수들은 점점 더 작아질 거예요. 결국 무엇에 가까워질까요?"

"…… 0입니다."

"바로 맞혔어요." 교사는 Leah를 보며 미소 짓는다.

"이번에는 오른쪽 행을 봅시다. 어떤 패턴이 보이나요? …… Rene?"

"숫자가 점점 더 커집니다."

"이번에는 왼쪽 행의 숫자가 굉장히 작아져서 상상하기 힘든 정도까지 작아졌다고 생각해 봅시다. 오른쪽 숫자는 어떻게 될까요?"

"아주 큰 수가 될 것입니다." Brent가 자원하여 발표한다.

"그리고 궁극적으로, 우리가 실제로 0에 도달한다고 가정했을 때, 오른쪽에는 어떤 일이 일어나게 될까요? 어떤 종류의 일이 일어날까요?" Sandy 선생님이 개방적인 포즈를 취한다.

"…… 수가 폭발하는 것이요?" Dennis가 자신 없는 목소리로 대답한다.

"맞아요. 정확해요." Sandy 선생님은 미소 짓는다. "그것이 '정의되지 않은'의 의미입니다."

---

이 수업에 중요한 점은 세 가지이다. 첫째, Sandy 선생님은 즉석에서 예시를 생성할 수 있는 통찰력을 가지고 있었다. (그리고 그녀의 예시는 창의적이었다.) 이런 통찰을 위해서는 교과에 대한 명확한 이해와 주제를 학생들에게 효과적으로 설명하기 위해 필요한 사항에 대한 인식이 필요하다. 이 수업사례는 선생님이 교과에 대한 지식이 풍부할 뿐 아니라 내용을 학생들이 이해할 수 있는 방식으로 설명할 수 있는 능력도 가지고 있다는 것을 구체적으로 보여주고 있다.

둘째, 학생들이 "어떤 수를 0으로 나눈 수는 무리수이다."를 이해하도록 돕는 데 많은 시간이 걸리지 않았다. 이것이 보다 큰 토론수업의 맥락 안에서 이루어지는 미니 안내된 발견수업(mini-Guided Discovery lessons)이다.

셋째, 아마도 가장 중요한 점으로, Sandy 선생님은 어떤 수를 0으로 나누는 것을 말로만 설명하려고 할 수도 있었고, 이렇게 했으면 시간도 덜 걸렸을 것이다. 하지만 그러한 추상적 설명이 학생들에게 의미 있는 것이 될 가능성은 희박했을 것이다. Sandy 선생님은 이렇게 하는 대신에 즉석에서 간단한 예시를 구상하여 학생들이 매우 추상적인 아이디어를 이해할 수 있도록 도왔다. 이런 것이 바로 자연스러운 교수의 본질이자 핵심이다.

### 수업시간

교사들이 "안내된 발견모형을 활용할 때 수업시간은 어느 정도가 적당한가요?"라고 묻는 경우가 많이 있다. 어떤 수업이든 이에 대한 대답은 한 가지, 즉 학생들이 학습목표에 도달할 때까지라는 것이다. 경우에 따라서는 수업시간이 좀 길어질 수도 있다. 예를 들어, Jenny 선생님의 수업에서 학생들은 하이쿠의 개념에 대한 이해를 심화하는 데 한 시간 이상이 걸렸고, 학생들이 시를 쓰는 데는 그보다 더 많은 시간이 걸렸다. 반면에 열이 분자운동을 가속시킨다는 사실을 학생들이 이해하도록 돕는 데는 20분이 채 걸리지 않았고, Sandy 선생님이 어떤 수를 0으로 나누면 무리수가 되는 이유를 학생들이 이해하도록 돕는 '자연스러운' 수업시간은 채 10분이 걸리지 않았다. 자연스러운 안내된 발견모형 활용수업은 이보다 더 짧을 수도 있는 반면에 복잡한 개념이나 일반화를 위한 수업은 여러 시간에 걸쳐 이루어질 수도 있다. 수업시간은 학습목표와 학생들이 목표에 도달하는 능력에 의해 결정된다.

## 학습평가

효과적인 학습환경은 평가 중심적이다(Stiggins, 2007). 이 말은 학생들의 이해에 대한 평가는 전체 교수–학습 과정의 필수적인 요소로 일련의 주제에 대한 수업을 마친 후 '덧붙이는' 어떤 것이 아니라는 의미이다.

안내된 발견모형을 사용한 수업의 내용적인 결과는 표준화된 지필평가에서부터 수행평가와 포트폴리오에 이르기까지 다양한 방법을 통해 측정될 수 있다.

### 평가와 목표의 일치

어떤 방식으로 측정하든 간에 학습목표, 학습활동, 그리고 평가는 일치되어야 한다. 이들을 일치시키는 것은 Jenny 선생님의 수업사례에서 보는 것처럼 간단할 때도 있다. 선생님은 수업시간 중에 하이쿠에 대한 학생들의 이해를 비형식적으로 평가했다. 예시 시에서 하이쿠의 속성을 확인할 수 있는 것 그리고 비예시 시가 하이쿠가 아닌 이유를 설명할 수 있는 것은 효과적인 비형식적 평가방법이었다. 그러고 나서 선생님은 학생들에게 하이쿠의 예시를 만들어 보도록 하는 간단한 수행평가를 통해 학생들의 이해도를 공식적으로 평가하였다.

학습목표와 학습활동, 평가를 일치시키는 것이 어려울 수도 있다. 실제로는 다른 것을 평가하고 있으면서 학생들의 이해도를 평가하고 있다고 착각할 수도 있다. 예를 들어, **절지동물** 개념에 대한 이해를 측정하기 위해 출제된 다음 문항을 살펴보자.

---

다음 중 절지동물에 해당하는 것에 모두 ○표 하시오.
   a. 악어
   b. 새우
   c. 굴
   d. 잠자리

---

학생들이 이 문제를 맞히기 위해서는 답지로 제시된 동물들의 특징이나 생김새를 알고 있어야 한다. 이런 것을 모를 경우에, 학생들은 개념을 이해하면서도 오답을 할 수도 있다. 이는 문항의 타당도를 저해하는 것이다. 이 문항은 학생들의 개념에 대한 이해도를 측정하기 위해 출제되었지만, 오히려 각각의 동물에 대한 학생들의 지식을 측정하는 문항에 가깝다. 결과적으로 이 문항은 학습목표와 일치되지 않은 문항이다.

이 문항의 경우에는 동물들의 그림이 보다 효과적인 대안이 될 수 있을 것이다. (동물들의 특징이 상세하게 보이는) 그림이 사용되었다면, 학생들은 동물의 이름을 몰라도 답을 맞힐 수 있었을 것이고 경험이 적은 학생도 다른 학생들에 비해 불리하지 않았을 것이다.

조금 힘들긴 하지만, 더 바람직한 것은 메뚜기와 조개를 보여주는 것 같이 두 개의 실제사례(또는 세밀한 모형)를 보여주고, 학생들로 하여금 메뚜기는 절지동물이고 조개는 절지동물이 아닌 이유를 글로 설명하도록 하는 것이다. 학생들이 글로 설명하기 위해서는 개념을 적용하는 능력이 필요하다. 그리고 교사는 이를 통하여 학생의 사고를 파악할 수 있을 것이다.

다른 예로, Sue 선생님이 "열은 공기가 팽창시켜 분자운동을 가속화한다."는 일반화에 대한 학생들의 이해를 평가하려는 경우를 생각해 보자. 이 경우 아래와 같은 문항이 바람직할 것이다.

---

오늘은 7월 15일이고 밖은 아주 덥다. 기온이 섭씨 23℃인 부엌에 250㎖ 공기로 채워져 있는 세 개의 밀폐용기가 부엌에 있다. (용기는 탄력이 있어서 압력이 변화되지 않아도 수축되고 팽창된다고 가정하시오.) 용기 A는 냉동실에, B는 냉장실에, 그리고 C는 실외에 둔다.

1. 1시간이 지난 후, 이 세 용기의 부피를 가장 잘 기술한 것은 어느 것입니까?
   a. 공기의 질량이 변하지 않기 때문에, 세 용기 속의 공기는 그대로 250㎖일 것이다.
   b. 세 용기 안의 공기 양은 모두 250㎖ 이상이 될 것이다.
   c. 용기 A 안의 공기 양은 250㎖보다 적어지고, 용기 B 안의 공기는 변화되지 않고, 용기 C 안의 공기 양은 250㎖보다 많아질 것이다.
   d. 용기 A와 용기 B 안의 공기 양은 250㎖보다 적어지고, 용기 C 안의 공기 양은 250㎖보다 많아질 것이다.
   e. 이 경우에는 공기의 양에 대한 결론을 내릴 수 없다.
2. 어느 용기의 공기 분자가 가장 빠르게 움직일까요? 이유를 설명하세요.

---

1번과 같은 문제를 만들기 위해서는 다소의 노력이 필요하다. 하지만 출제된 문제는 컴퓨터에 저장했다가 계속해서 사용할 수 있다. 그러므로 효과적인 평가 문항을 준비하는 것이 효율적일 수 있다.

### 평가를 활용한 학습 촉진

교사들은 평가를 주로 성적 부여를 위한 것으로 간주하는 경우가 가끔 있다. 하지만 그보다 더 중요한 것은, 평가는 학습 촉진과 동기유발을 위한 도구로 활용되어야 한다는 것이다(Stiggins & Chappuis, 2006). 이를 위해서는 두 가지 요소가 필요하다. 첫째, 평가 문항이나 과제는 지식과 정보의 회상, 그 이상의 것을 측정해야 한다. 둘째, 문제에 대한 세부적인 피드백과 토의가 반드시 필요하다. 학생들은 그들의 수행에 대해 관심이 높기 때문에, 피드백을 제공하는 데 소요되는 시간은 학습시간 중 가장 생산적인 시간이 될 수 있다.

학생들이 자신의 수행에 대해 관심이 낮은 경우에는 초기 학습활동에서의 학습보다 퀴즈 문제에 대한 설명과 토론에서 더 많이 학습할 수 있다.

Jenny 선생님은 그녀의 비형식적 평가의 한 부분으로, 학생들에게 하이쿠에 대한 예시를 만들어 보게 하는 과제를 부여했다. 그리고 나서 선생님은 몇몇 학생들의 예시를 복사하여 이름이 보이지 않도록 접은 후 화상기로 제시하고 학생들로 하여금 각각의 예시가 하이쿠의 특징을 잘 담고 있는지 분석하도록 했다. 학생들이 예시가 하이쿠의 특징을 담고 있는지 혹은 그렇지 않은지의 결론을 내리자 선생님은 학생들에게 근거를 제시하도록 하였다.

이러한 선생님의 활동에는 다음과 같은 네 가지 긍정적인 측면이 있다.

- 이 과정은 활동에 대한 피드백을 제공함으로써, 학생들이 주제(하이쿠)에 대해 심층적으로 이해하도록 촉진하였다.
- 이 과정은 비판적 사고를 촉진하였다. 학생들에게 결론을 지지하는 근거를 제시하도록 요구하는 것은 비판적 사고의 핵심이다.
- 이 과정은 간단했고 선생님의 노력이 거의 들지 않았다. 선생님은 단지 학생의 답안을 접어 제시했을 뿐이다. 미리 다른 준비를 할 필요가 없었다.

특히 세 번째 특징이 중요하다. 교사의 업무상황은 매우 힘들고, 학습을 희생하지 않으면서 그들의 업무를 줄여줄 수 있는 것은 모두 가치 있는 것이다.

## 안내된 발견모형에 대한 비판

모든 교수 접근법과 마찬가지로, 안내된 발견모형 역시 강점과 약점이 있다. 예를 들어, 학생들이 개방적 질문에 대답하는 데 어느 정도 시간이 필요하고 상호작용을 위해서도 시간이 필요하다는 것을 고려할 때, 안내된 발견수업을 활용한 수업을 위해서는 상당한 시간이 필요할 것으로 생각하는 교사들이 많다. 이러한 우려는 타당하다. 이 모형을 사용하는 것은 단순히 주제를 설명하는 것보다 더 많은 시간이 걸릴 가능성이 많기 때문이다. 그렇지만 단순히 설명하는 것은 종종 효과가 좋지 않은 경우가 많다. 학생들은 반드시 들어야 할 항목을 주의 깊게 듣지 않고, 종종 학습하는 주제에 대한 오개념을 발전시킨다. 높은 수준의 상호작용이 이루어지지 않는다면, 학생들이 오개념을 그대로 갖고 있을 가능성이 높다.

안내된 발견모형의 효과적 활용을 위해서는 교사의 상당한 전문성이 요구된다. 대부분의 교사는 강의와 설명은 잘 할 수 있지만, 학생들이 이해를 발달시켜 가도록 안내하기 위해서는 훨씬 많은 노력이 필요하다. 그렇지만 안내된 발견수업에 의한 이해가 강의와 설명에 의한 이해보다 일반적으로 훨씬 심층적이다(Mayer & Wittrock, 2006). "안내된 발견은 설명식 수업보다 다소 시간이 많이 걸리겠지만 설명식 수업에 비해 파지와 전이를 촉진하는 경향이 있다."(Mayer, 2002, p.68) 또한 교사들이 안내된 발견모형에 대해 능숙해지면, 안내된 발견모형을 활용한 수업에서 매우 큰 보상을 얻을 수 있다. 학생들이 이해를 발달시켜 나가도록 지도하는 것은 단순히 주제를 설명하는 것보다 훨씬 재미있다.

안내된 발견모형은 매우 신축성 있다. 예를 들면, Jenny 선생님은 하이쿠의 예시가 든 바구니를 나누어 주는 것으로 수업을 시작했고 모둠학습을 하였다. 선생님은 실물화상기를 이용하여 예시들을 제시하여 전체수업을 쉽게 진행할 수 있었다.

우리는 모든 개념이나 일반화를 안내된 발견 접근으로 가르치자고 주장하는 것이 아니다. 그러나 안내된 발견 접근은 주제에 대한 심층적 이해를 촉진하면서, 동시에 비판적 사고의 발달도 촉진시키기는 효과적인 방법일 수 있다.

## 요약

### 안내된 발견모형을 사용하여 가르치는 내용

- 안내된 발견모형은 개념(공통 속성으로 범주화되는 것)과 일반화(개념 간 관계)를 가르치기 위해 사용된다. 모든 경우에 참인 것으로 간주되는 일반화는 일반적으로 원리 또는 법칙이라고 부르고, 인간에 의해 임의로 규정된 일반화는 학문적 규칙이라고 부른다.
- 안내된 발견모형은 학생들의 비판적 사고능력 증진을 돕기 위해서 고안되었다.

### 안내된 발견모형을 사용한 수업계획

- 수업계획을 구성하는 동안, 교사는 주제를 설정하고, 정확한 학습목표를 형성하며, 우수한 예시를 만들거나 준비한다.
- 예시는 구체적 자료, 그림, 모형, 사례연구, 가

상의 상황설정, 역할놀이 등을 포함할 수 있다.
- 우수한 예시는 학생들이 주제를 이해하기에 필요한 모든 정보를 포함하고 있으며, 학습환경이 다른 학생들을 교사가 수용하기에 가장 효과적인 도구이다. 즉, 우수한 예시들은 학생들에게 '공평한 경쟁의 장'을 형성하는 역할을 한다.

### 안내된 발견모형을 사용한 수업실행

- 안내된 발견모형을 사용한 수업은 도입으로 시작하여, 학생들이 예시를 관찰하고 비교하도록 하는 확산단계로 이어진다.
- 확산단계 다음에는 수렴단계로 이어지는데, 이 단계 동안 교사는 학생들을 점진적으로 수업의 내용목표로 이끌어 간다.

- 수업은 학생들이 개념을 정의할 수 있거나 일반화 속의 관계를 진술할 수 있을 때, 그리고 주제를 새로운 상황(이상적으로는 현실세계)에 적용할 수 있을 때 종료된다.
- 주제에 대한 심층적 이해를 촉진하고 비판적 사고능력을 개발하는 것은 상호의존적이며 주로 교사의 질문전략을 통해 달성된다. "왜?", "우리가 어떻게 알 수 있지?", "만약 ~라면 어떻게 될까?"와 같은 질문은 사고와 이해 모두 촉진시킨다. 이러한 노력과 연습을 통해, 교사가 질문을 활용하는 능력은 거의 자동화가 될 것이다.
- 안내된 발견모형은 본질적으로 학생 참여의 동기유발과 호기심을 활용한다. 개방형 질문에 특히 강조점을 두는 확산단계는, 모형에서 유일하게 활발한 참여를 촉진할 수 있는데, 이는 흥미와 자율성과 통제에 대한 인식 모두 증진시킨다. 교사에 의해 명시적으로 진술되지 않은 패턴을 찾으려는 시도로 수업이 시작되기 때문에, 호기심과 도전의식이 유도된다. 도전이 성공하면 학습자들의 능력에 대한 인식이 증진된다.

### 다양한 학습환경에 안내된 발견모형 적용

- 안내되 발견모형은 다양한 연령대의 학생들에게 쉽게 적용될 수 있다. 이 모형을 어린 학생들에게 사용할 때, 반드시 구체적인 예시들을 사용해야 한다.
- 어린 학생들은 안내된 발견수업의 확산단계에 우호적으로 반응한다. 따라서 교사들은 이 단계를 어느 정도의 시간을 할애하여 지속할 것인지를 판단해야 한다. 어린 학생들과 함께하는 안내된 발견수업은 나이가 많은 학생들과 하는 수업에 비해 짧을 가능성이 높다.
- 나이가 많은 학생들에게 안내된 발견모형을 사용할 때도, 우수한 예시는 여전히 필수적이다. 나이 많은 학생들은 한 가지 답을 가진 특정한 질문에 대답하는 것에 익숙해져 있기 때문에, 확산단계는 연습이 필요하다.
- 교사는 다양하고 창의적으로 예시를 준비하고 사용할 수 있고, 교사의 전문성이 증진됨에 따라 이 모형을 자연스럽게 사용하는 법을 알게 될 것이다.

### 학습평가

- 효과적인 평가는 교사의 학습목표와 일관성을 유지시켜 주는 것이다.
- 지필평가와 수행평가 모두 학생들의 이해를 측정하기 위해 사용될 수 있다.
- 실생활 적용을 활용하고 그에 따른 자세한 피드백을 포함한 평가는 학습을 증진하기 위한 교사의 가장 강력한 도구이다.

## 주요 개념

개념(Concept)

개방형 질문(Open-ended questions)

모형(Model)

비네트(Vignettes)

속성(Characteristics)
안내된 발견(Guided discovery)

우수한 예시(High-quality examples)
일반화(Generalizations)

# 연습 문제

1. 이 장의 처음에 우리는 공화주의자 개념에 대해 논의했고, 이 개념의 특징은 **정부 개입을 최소화한 자유시장 옹호주의, 강력한 국방, 작은 정부**였다. 이 개념을 설명할 예시와 비예시를 들어 보시오.

2. 다음 일반화를 각각 검토하시오.
   a. 사람들은 경제적 이유 때문에 이주를 한다.
   b. 문장의 주어와 술어는 각각 수가 일치한다.
   c. 포화 지방이 높은 식단은 인간의 콜레스테롤 수치를 높인다.
   d. 같은 자석의 극은 서로 밀어내고, 다른 자석의 극은 서로 끌어당긴다.
   각각의 일반화와 관련된 개념을 제시하시오.

3. 문제 2번의 각각의 일반화를 보고, 효과적으로 일반화를 설명하기 위해 사용될 수 있는 예시를 1개 이상 설명하시오.

# 토론 문제

1. Jenny Newhall 선생님의 수업에서 동기를 유발할 만한 특징을 생각해 보아라. 무슨 방법으로 동기부여를 하였는가? 어떻게 학생들은 각각의 경우에서 동기가 증진되었는가?

2. 교사는 명백히, 교육과정에 존재하는 모든 개념과 일반화에 안내된 발견수업을 적용할 만한 시간이 없다. 무슨 개념과 관련성을 선택해야 할지, 교사는 어떻게 결정할 수 있을까?

3. 안내된 발견모형을 사용하여 가르치기에 좋은 어떤 개념이나 일반화가 있는가? 만약 있다면, 그들이 공통적으로 가진 속성은 무엇인가?

4. 개념이나 일반화를 가르치기 위해 말로 하는 예시가 충분한 경우가 있는가? 만약 그렇다면 그 경우는 어떤 것인가?

5. 안내된 발견모형의 주요한 장점은 무엇인가? 주요한 단점은 무엇인가?

6. 우리는 다른 연령대의 학생들에게 안내된 발견모형을 사용할 때 고려해야 할 내용에 대해 간단히 살펴보았다. 어린 학생들에게 이 모형을 사용할 때 고려해야 할 다른 요소로는 어떤 것이 있을까? 학업 성적이 우수한 고등학생에게 적용할 때 고려해야 할 다른 요소는 어떤 것이 있을까?

7. 안내된 발견모형을 사용한 수업은 학습할 내용을 거의 포함하지 않거나 전혀 포함하지 않은 도입으로 시작할 수 있다. 이러한 방법으로 수업을 시작할 때의 장점과 단점은 무엇이 있을까?

| 개요 | 학습목표 |
|---|---|
| **개념획득 모형의 학습목표**<br>■ 개념발전 및 정교화<br>■ 비판적 사고능력 개발 | 1. 개념획득 모형을 이용하여 효과적으로 도달할 수 있는 학습목표를 확인할 수 있다. |
| **개념획득 모형을 이용한 수업계획**<br>■ 주제 확인하기<br>■ 학습목표 상세화하기<br>■ 예시와 비예시 선택하기<br>■ 예시와 비예시 계열화하기 | 2. 개념획득 모형을 활용한 수업을 계획할 수 있다. |
| **개념획득 모형을 사용한 수업실행**<br>■ 1단계 : 도입<br>■ 2단계 : 예시와 가설설정단계<br>■ 3단계 : 분석 순환과정단계<br>■ 4단계 : 정리 및 적용단계<br>■ 개념획득 수업 : 비판적 사고와 과학적 방법<br>■ 개념획득 모형을 통한 학습동기 증진<br>■ 개념획득 모형을 사용한 자기조절 증진 | 3. 개념획득 모형을 활용한 수업을 실행할 수 있다. |
| **다양한 학습환경에서의 개념획득 모형 적용**<br>■ 발달수준에 적합한 실행 : 어린 학생들을 위한 개념획득 수업<br>■ 다양성 탐색 : 문화 소수자를 위한 개념획득 활동<br>■ 개념획득 Ⅱ모형<br>■ 개념획득 Ⅲ모형<br>■ 공학과 교수 : 컴퓨터 프로그램을 활용한 개념획득 활동 수행 | 4. 개념획득 모형을 다양한 학습맥락에 적용할 수 있다. |
| **개념획득 활동의 학습평가**<br>■ 개념에 대한 이해도 평가<br>■ 비판적 사고능력 평가 | 5. 학생들의 학습결과를 평가할 수 있다. |

중학교 영어교사인 Jeff Weathers 선생님은 학생들에게 수사적 표현의 특징들을 가르치고 있다. 선생님은 복습시간인 금요일의 6차시에는 종전과 다른 수업방식을 시도해 보기로 마음먹는다. 선생님은 이 수업에서 학생들이 은유적 표현을 찾아내고 다른 수사적 표현들과 대조할 수 있길 바란다. Jeff 선생님은 학생들에게 은유, 직유, 과장, 의인화, 의성어에 대해 정의하게 하는 대신에 이들 수사적 표현들을 구체적으로 보여주는 문장들을 준비한다. 선생님은 은유적 표현은 예시임을 나타내는 (Y)로 명명하고 다른 표현법들은 비예시를 나타내는 (N)으로 명명한다. 예시들은 모두 은유적 표현이고 비사례들은 단순한 진술이거나 이외의 수사적 표현이다.

   Jeff 선생님은 은유의 한 예를 제시하고, 학생들에게 이 예는 자신이 생각하고 있는 개념의 한 예라고 말하고 비예시도 제시한다. 이어서 선생님은 학생들에게 이들 예시와 비예시에 근거하여 자신이 생각하고 있는 개념을 알아맞혀보라고 한다. 선생님은 자신이 생각하는 것을 타당하게 추론하기 위해서는 예시는 그것을 구체적으로 보여주지만 비예시는 그것을 구체적으로 보여줄 수 없어야 한다는 사실을 학생들에게 상기시킨다.

학생들은 여러 답을 제안하고, 선생님은 그 제안들을 칠판에 적는다. 이어서 Jeff 선생님은 예시와 비예시들을 추가적으로 제시한다. 선생님은 예시와 비예시를 하나씩 제시해 가면서 학생들로 하여금 추가적으로 제시되는 예시(그리고 비예시)에 근거할 때도 처음에 생각했던 답이 여전히 타당한지 분석하도록 한다. Jeff 선생님이 생각하고 있는 개념이 은유라는 것을 학생들이 알아차릴 때까지 계속된다. 선생님은 이어서 학생들에게 또 다른 사례들을 검토하여 그것이 은유의 예시인지 아닌지 판단하도록 한다.

Jeff 선생님은 수업에서 모든 연령대의 학생들이 개념에 대한 이해를 정교화하고 강화하는 것을 도와주면서 비판적 사고를 연습할 수 있도록 설계된 교수모형인 **개념획득 모형**(Concept Attainment Model)을 사용하였다. 개념학습(concept-learning)에 관한 연구(Bruner, 1990; Klausmeier, 1992)에 기초하여 개발된 이 모형에서는 교사가 자신이 생각하는 개념의 예시와 비예시를 제시하면, 학생들은 그 개념이 무엇일지에 대해 가설을 세우고, 추가적으로 제시되는 예시와 비예시들에 근거하여 그 가설을 분석하여 궁극적으로 그 개념을 파악하게 된다. 가설에 대한 분석은 모든 예시는 반드시 개념을 설명해야 하고 모든 비예시는 개념을 설명해서는 안 된다는 단순한 원칙에 따른다.

개념획득 모형은 학생들이 과학 이외의 다른 영역에서는 경험하기 어려운 과학적 방법과 특히 가설검증 경험도 효과적으로 제공한다.

이 장이 전개되면서 Jeff 선생님의 수업이 더 상세하게 소개될 것이나, 먼저 개념획득 모형을 통하여 달성하려는 학습목표부터 살펴보자.

## 개념획득 모형의 학습목표

개념획득 모형은 학생들이 다음과 같은 두 유형의 학습목표에 도달하도록 돕기 위해 고안되었다.

- 개념발전 및 정교화
- 비판적 사고능력 개발
- 이 두 유형의 목표를 자세히 살펴보자.

### 개념발전 및 정교화

Jeff 선생님의 첫 번째 목표는 학생들이 은유 개념에 대한 이해를 정교화하고 발전시켜 나가도록 돕는 것이었다. ~과 같은(like) 또는 ~처럼(as)과 같은 말의 사용 없이 두 아이디어 간의 비교가 이루어지는 수사적 표현인 모든 진술은 은유로서 범주화될 수 있으며,

따라서 은유는 공통의 속성을 가진 개념, 범주, 집합 또는 부류이다.

수업사례에서 보듯이, Jeff 선생님은 복습의 한 방법으로 개념획득 모형을 활용하고 있었다. 학생들은 은유를 비롯한 여타 수사적 표현들을 이미 경험했었기 때문에 은유 개념을 처음 배우는 것은 아니었다. 오히려 이들은 이전에 보지 못했던 은유의 예시들을 검토하고 직유, 의인화, 의성어와 같은 여타의 수사적 표현과 비교함으로써 은유에 대한 이해를 정교화하고 발전시켜 나가고 있다.

### 비판적 사고능력 개발

Jeff 선생님의 두 번째 목표는 학생들이 비판적 사고능력을 기르고 발전시키는 것이었다. 비판적 사고능력을 기르는 것은 이 책의 모든 모형에서 다루고 있지만, 개념획득 모형을 사용할 때 이것은 주요한 목표가 된다. 이 책에서는 **비판적 사고**가 증거에 입각하여 **결론**을 내리고 평가하는 능력과 경향성으로 정의되었으며, 개념획득 모형은 학생들에게 결론을 내리고 평가하는 연습을 제공하기 위해 설계된 유일한 모형이다. 수업실행에 대한 논의에서 이 과정이 상세히 논의될 것이다.


## 개념획득 모형을 이용한 수업계획

개념획득 모형을 사용한 수업을 계획하는 과정은 네 가지 필수단계로 구성되어 있다. 그림 6.1에 개요가 제시되어 있으며, 이어서 이들에 대해 상세히 설명해 보도록 한다.

### 주제 확인하기

대부분 교사들은 학생들이 이해해야 할 것으로 믿는 중요한 주제를 확인하는 것으로부터

| **그림 6.1** | 개념획득 모형의 수업계획

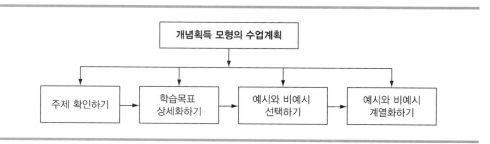

수업계획에 착수한다. 어떤 수업모형이 선정되든 간에 이를 출발점으로 삼는 것은 바람직하다. 앞에서 보았듯이, 개념획득 수업의 주제 선정에서 고려되어야 할 요인의 하나는 학생들의 사전경험이다. 개념획득 모형이 효과적이기 위해서는 학생들이 그 주제는 물론 관련된 다른 주제에 대해서도 어느 정도 알고 있어야 한다. Jeff 선생님 반 학생들은 은유 개념 그리고 직유, 의인화, 의성어와 같은 관련 주제들에 대해서도 어느 정도 알고 있었다.

## 학습목표 상세화하기

앞 절에서 보았듯이, 개념획득 모형의 목표는 학생들이 가설을 설정하고 검증함으로써 비판적 사고를 연습할 기회를 제공하는 것은 물론 개념 그리고 개념 간의 관계에 대한 이해를 정교화하고 발전시키도록 도와주는 것이다.

수업을 계획할 때 학습목표가 분명해야 한다. 왜냐하면 교사가 예시를 선정할 때 사고의 방향을 정하기 때문이다. 예를 들어, 초등학교 교사가 학생들이 과일 개념을 이해하길 바라고, 또 과일은 먹는 부분에 씨가 있는 식물이라는 것을 학생들이 이해하기를 원한다고 가정해 보자. 그는 먹는 부분에서 씨를 쉽게 관찰할 수 있는 사과와 귤 같은 일반적인 예시를 사용하여 그 개념을 구체적으로 설명할 것이다. 생물학 교사의 목표는 씨방이 확장되고 익은 것이 과일이며 개화기와 수분 다음 단계라는 것을 학생들이 이해하는 것일 가능성이 높다. 따라서 생물학 교사는 그 개념을 초등학교 교사와는 다른 방식으로 설명할 것이다.

Jeff 선생님의 경우도 마찬가지였다. 그는 '~과 같은('like')이나 ~처럼(as) 같은 단어를 사용하지 않는 비문언적 대조'를 은유의 속성으로 규정했다. 그래서 그는 이 속성을 보여주는 예시들을 선정했다.

Jeff 선생님은 학생들이 가설검증 형식으로 비판적 사고를 연습하도록 하려는 의도도 분명하였다. 비판적 사고가 중요한 목표가 아니었다면, 선생님은 다른 수업모형을 활용했을 것이다.

## 예시와 비예시 선택하기

개념획득 수업은 예시와 비예시를 중심으로 전개되기 때문에, 예시와 비예시의 선정은 수업계획에서 매우 중요하다. 먼저 예시의 선정부터 살펴보자.

**예시 선정하기** 개념을 가르치기 위한 예시 선정 원칙들은 사용되는 모형과는 상관없이 동일하다. 개념의 속성을 가장 잘 보여주는 예시를 선정하는 것이 가장 중요하다. 예를 들어, 초등학교 교사가 과일 개념을 가르치는 경우에, 효과적인 예시로는 사과, 토마토,

아보카도, 호박, 복숭아, 귤 등일 것이다. 왜냐하면 각각의 예시를 통해서 학생들은 과일 개념의 본질적 속성—식물의 먹는 부분에 있는 씨—을 볼 수 있기 때문이다. 이 경우에 과일 사진이 아닌 실제 과일이라는 것이 중요하다. 실제 사물은 학생들의 관심을 더 유발할 것이고, 필수적 속성—과일의 먹는 부분에 들어 있는 씨—을 더 쉽게 관찰할 것이다.

토마토나 호박은 과일이지만 일반적으로 채소로 간주된다는 점에서 이들을 예시로 선정된 것 또한 아주 전략적이다. 이것은 개념발전과 정교화가 개념획득 모형의 목표로 진술된 이유를 이해하는 데 도움이 된다. 학생들은 과일에 대한 경험이 있고 사과나 귤과 같이 익숙한 것은 과일로 인식하는 반면에 토마토와 호박은 과일이 아니라고 인식할 가능성이 높다. 이 활동의 결과, 학생들의 과일에 대한 이해는 더 발전되고 정교화되었다.

이제 Jeff 선생님이 은유의 개념을 묘사하기 위해 선택한 사례를 살펴보자.

- Jeff 선생님의 Volkswagen Jetta는 레몬이다.
- Mrs. Augilar의 Lexus는 보배이다.
- 할머니의 모자는 정원의 데이지 꽃이다.
- 가을의 낙엽은 나이와 더불어 주름져 가는 나무의 피부이다.
- 당신은 한밤중에 커튼을 젖히고 내 창문을 통해 떠다니는 달빛이다.

이 예시들 각각은 '~과 같은(like)'이나 '~처럼(as)'이란 말을 사용하지 않은 비문언적 비교를 구체적으로 묘사하고 있다. 그러므로 이 예시들을 통해 은유의 결정적 속성을 관찰할 수 있다.

**비예시 선정하기** 비예시도 개념에 대한 학생들의 이해를 발전시키고 정교화시키는 데 유용하며, 비예시를 선택하는 것은 개념획득 모형을 사용한 수업계획에서 매우 중요하다. 예를 들어, 은유도 과장법, 직유, 의인화, 의성어와 마찬가지로 수사적 표현 중의 하나이다. Jeff 선생님은 밀접하게 관련된 개념들과 대조하는 것이 은유 개념에 대한 학생들의 이해에 도움이 될 것으로 생각했기 때문에 은유 이외의 수사적 표현들을 비예시로 사용했다.

아래에는 선생님이 선정한 비예시들이 제시되어 있다. 앞의 두 비예시는 수업을 시작하기 위해 선정된 것이다. 나머지 비예시들은 학생들이 은유를 분명하게 이해할 수 있도록 돕기 위해 활용된 수사적 표현들이다.

- 허리케인 카트리나는 뉴올리언스에 아주 막대한 피해를 입혔다.
- 나의 침실은 녹색이다.
- 어젯밤 나는 숙제로 책 1,000,000페이지를 읽었다.(과장법)

- 지금까지 내 삶은 마치 표기되지 않은 칠판과도 같았다.(직유법)
- 그는 태양이 장미를 스치듯 그녀의 **뺨**을 어루만졌다.(직유법)
- 빈 종이는 내 책상에 비스듬히 누워 내가 연필로 그어주기를 기다리는 눈빛으로 나를 응시했다.(의인화)
- 전투가 몇 시간째 격렬해지자 총은 우두둑거렸고, 총알은 깩깩 울어댔다.(의성어)

수업계획에서 다음 할 일은 선정된 예시와 비예시들을 계열화하는 것이다.

## 예시와 비예시 계열화하기

개념획득 모형에서는 비판적 사고, 가설검증 능력의 발달이 중요한 목적이므로 학생들이 이 과정을 많이 연습해 볼 수 있도록 예시들이 배열되어야 한다. 처음부터 매우 분명한 예시들을 제시하여 곧바로 학습할 개념으로 나간다면, 학생들은 비판적 사고나 가설검증을 연습할 기회를 갖지 못할 것이며, 학생들의 도전의식이 떨어져서 학습동기도 덜 유발될 것이다. Jeff 선생님이 예시들을 계열화한 방법을 살펴보자. 뒤에 (Y)가 표시된 문장들은 예시들이고 (N)이 표시된 문장들은 비예시이다.

1. Jeff 선생님의 Volkswagen Jetta는 멍청이이다.(Y)
2. 허리케인 카트리나는 뉴올리언스에 아주 막대한 피해를 입혔다.(N)
3. Mrs. Augilar의 Lexus는 보배이다.(Y)
4. 할머니의 모자는 정원의 데이지 꽃이다.(Y)
5. 네 침실은 녹색이다.(N)
6. 가을의 낙엽은 나이와 더불어 주름져 가는 나무의 주름진 피부이다.(Y)
7. 어젯밤 나는 숙제로 책 1,000,000페이지를 읽었다.(N)
8. 당신은 한밤중에 커튼을 젖히고 내 창문을 통해 떠다니는 달빛이다.(Y)
9. 지금까지 내 삶은 마치 표기되지 않은 칠판과도 같았다.(N)
10. 그는 태양이 장미를 스치듯 그녀의 **뺨**을 어루만졌다.(N)
11. 빈 종이는 내 책상에 비스듬히 누워 내가 연필로 그어주기를 기다리는 눈빛으로 나를 응시했다.(N)
12. 전투가 몇 시간째 격렬해지자 총은 우두둑거렸고 총알은 깩깩 울어댔다. (N)

예를 들어, Jeff 선생님은 의도적으로 학생들이 처음의 두 예시에 근거하여 타당한 가설로 차, 소유격, 현재시제, 연결동사를 제안할 수도 있게 예시를 배열하였다. 수업이 진행됨에 따라 이 가설들은 결국 기각될 것이다. 이런 방법을 통하여 학생들은 가설분석을 연습할 기회를 많이 갖게 된다.

교사가 반드시 예시와 비예시를 번갈아 제시할 필요는 없다. 긍정적인 예시가 연달아서 두 개 혹은 세 개까지도 제시되고, 뒤이어 비예시가 두 개 또는 그 이상 제시될 수도 있다. 그 방법은 교사 판단에 달린 것이다.

이번에는 과일 개념의 예시와 비예시를 계열화하는 경우를 생각해 보자. 다음과 같은 것들이 예시 또는 비예시에 포함될 것이다.

 1. 사과(Y)
 2. 바위(N)
 3. 토마토(Y)
 4. 유리(N)
 5. 아보카도(Y)
 6. 판자(N)
 7. 샐러리(N)
 8. 복숭아(Y)
 9. 호박(Y)
10. 귤(Y)
11. 상추(N)
12. 아티초크(N)

사과, 토마토, 아보카도를 처음 세 예시로 선택하고, 바위, 유리를 처음 두 비예시로 선택한 것은 학생들로 하여금 찾는 개념이 먹는 것, 음식 또는 식물로부터 얻는 것이라는 것과 같은 가설을 제안할 수 있게 한다. 과일에 관련된 경험이 많지 않다면, 학생들이 처음에는 과일을 가설로 제안하지 않을 가능성이 높다. 수업이 진행됨에 따라 그들은 점차 토마토와 호박이 실제로 과일이라는 것을 알게 될 것이고, 따라서 이들의 과일 개념은 확장될 것이다.

실제 과일을 예시로 사용하는 것이 중요하다고 말한 바 있는데, 이런 식의 배열이 그 이유를 구체적으로 보여주고 있다. 예를 들어, 몇몇 학생들은 아보카도와 아티초크를 경험해 보지 못했을 수도 있다. 그러므로 학생들이 실제 예시를 보는 것 그리고 아보카도는 과일이고 아티초크는 과일이 아니라는 것을 보는 것은 개념에 대한 이들의 이해를 더 발전시킬 수 있다.

예시와 비예시의 신중한 선정과 계열화의 중요성을 좀 더 구체적으로 알아보기 위해, 완전 제곱근 개념을 생각하며, 아래에 제시된 그림 6.2의 계열을 보자.

| 그림 6.2 | 완전 제곱근을 나타내는 예시의 두 계열

| A계열 | | B계열 | |
|---|---|---|---|
| 4 | 예 | 1 | 예 |
| 5 | 아니요 | 1/2 | 아니요 |
| 9 | 예 | 81 | 예 |
| 15 | 아니요 | 7 | 아니요 |
| 16 | 예 | 64 | 예 |
| 2 | 아니요 | 12 | 아니요 |
| 25 | 예 | 9 | 예 |

A계열에서는 패턴이 빠르고 명백하게 파악된다. 많은 학생들이 두 개의 긍정 예시를 보면 찾는 개념에 대한 가설을 세울 수 있을 것이다. 반면에 B계열에서는 개념 파악이 모호할 것이지만 학생들이 가설을 검증해 볼 수 있는 연습 기회가 더 많다. B계열과 같이 예시를 계열화하는 경우에 교사가 학생들을 속이거나 정보를 숨기려고 하지 않는다. 대신, 학생들에게 최대의 도전감과 가설검증 연습 기회를 최대한 제공하려고 한다.

예시들을 계열화하는 방식은 여러 가지가 있을 수 있다. 그 계열의 조직은 교사의 판단과 수업목표 및 학생들의 배경지식에 달려 있다.

## 개념획득 모형을 사용한 수업실행

개념획득 모형을 활용한 수업은 교사가 예시와 비예시를 제시하는 것으로 시작되어 학생들이 하나의 가설을 찾아내어 그 가설을 새로운 예시에 적용할 수 있을 때까지 계속된다. 이 과정은 4단계로 진행되며, 그 개요가 표 6.1에 제시되어 있다. 여기에서는 개념획득 모형을 활용한 수업의 전개를 살펴본다.

### 1단계 : 도입

개념획득 모형은 전통적인 수업과 많이 달라서, 처음에는 진행이 혼란스러울 수 있다. 그러므로 학생들이 수업과정에 익숙해질 수 있도록 세심히 주의를 기울여 도입해야 한다. Jeff 선생님이 수업을 어떻게 도입했는지 살펴보자.

| **표 6.1** | 개념획득 모형의 실행단계

| 단계 | 설명 |
| --- | --- |
| **1단계** : 도입 | 교사는 수업을 소개하고 학습활동이 어떻게 수행될 것인지 설명한다. |
| **2단계** : 예시와 가설설정단계 | 하나(또는 두 개)의 예시와 하나의 비예시가 제시되고, 학생들은 이에 근거하여 찾을 개념의 용어에 대한 가설을 설정한다. |
| **3단계** : 분석 순환과정단계 | 추가적인 예시와 비예시들이 제시되고, 학생들은 기존 가설을 배제하고 새로운 예시와 비예시에 근거한 새로운 가설을 설정한다. |
| **4단계** : 정리 및 적용단계 | 한 개의 가설이 분리되어 정의되고, 이에 근거하여 추가적인 예시들이 분석된다. |

6학년 교사인 Jeff 선생님은 금요일에 "여러분이 주말을 고대하고 있다는 걸 알고 있어요. 그래서 평상시와 조금 다르게 수업하도록 하겠어요. 오늘 수업은 지난 시간까지 공부했던 내용을 복습하는 데 도움이 될 거예요. 또한 여러분이 훌륭한 비판적 사고를 하는 데 필요한 연습에도 도움이 될 거예요."라는 말로 6차시 수업을 시작한다.

선생님은 계속하여 "자, 이게 오늘 우리가 할 거예요. (실물화상기를 가리키면서) 내가 여기에 몇 문장을 제시할 거예요. 그중 몇 개는 내가 생각하고 있는 개념의 예시이고 나머지는 비예시예요. 'YES'를 나타내는 (Y) 표기가 있는 것은 예시이고, 'NO'를 의미하는 (N)이 표기된 것은 비예시예요. 여러분은 예시 문장과 비예시 문장을 보고 내가 생각하는 개념을 알아맞혀야 해요. 명심할 것은 모든 예시는 반드시 내가 생각하고 있는 그 개념을 보여주는 것이어야 하고, 비예시들도 어느 것도 개념을 보여주는 것이어서는 안 돼요. 모두 준비됐어요? 그럼 시작해요."라고 한다.

선생님의 이러한 설명은 학생들에게 개념획득 모형을 도입하는 데 도움이 된다. 이렇게 해도 학생들에는 어떻게 하는 것인지가 분명치 않을 수도 있겠지만, 학생들은 다음 단계로 나가면서 점차 그 방법을 분명하게 알게 될 것이다.

## 2단계 : 예시와 가설설정단계

학생들에게 개념획득 수업방법을 도입하고 나면 교사는 예시와 비예시들을 제시하고 학생들에게 자신이 생각하는 개념에 대한 가설을 세우게 할 수 있다.

Jeff 선생님은 이 단계를 어떻게 수행했는지 살펴보자.

Jeff 선생님이 계속하여 "시작할까요? 먼저 예시와 비예시를 하나씩 보여줄게요. Y(예시)들은 반드시 개념을 구체적으로 보여주는 것이어야 하고, N(비예시)들은 절대 개념을 구체적으로 보여주는 것이 아니어야 한다는 것을 기억하세요."라고 한다.

선생님이 실물화상기에 아래 문장을 제시한다.

1. Jeff 선생님의 Volkswagen Jetta는 멍청이이다.(Y)
2. 허리케인 카트리나는 뉴올리언스에 아주 막대한 피해를 입혔다.(N)

학생들이 잠시 동안 예들을 본다. 그리고 Carlos가 "차예요. 아마도 차에 관한 것인 것 같아요."라고 말한다. 선생님이 "좋아요. 잘했어요."라면서 고개를 끄덕인다. Jeff 선생님은 칠판에 차를 적으며 학생들에게 "예시는 차에 관한 것이고, 비예시는 차에 관한 것이 아니에요. 그래서 **차**가 찾는 개념일 수도 있어요. 다른 가능성은?" 하고 묻는다.

"······ 저는 **연결동사**라고 생각해요." Antonio가 덧붙인다.

"그러니까 너는 우리가 찾는 개념이 **연결동사**라고 생각한단 말이지?"

"네. 첫 번째 문장에는 연결동사가 있어요. 그렇지만 두 번째 문장에는 없었거든요."

"아주 좋아요, Antonio. 좋은 생각이에요. 자, 이것이 우리가 하려고 하는 것이에요. 우리는 예시 문장에서 **차**와 **연결동사**의 설명을 볼 수 있어요. 그렇지만 비예시 문장에서는 볼 수가 없었어요. 그래서 **차**와 **연결동사**가 우리가 찾는 개념일 가능성이 있어요." 이어서 Jeff 선생님은 칠판에 '연결동사'라 적는다.

"자, 계속해요. 또 있나요?"

"**현재시제**는 어때요?" Nancy가 궁금해한다.

"좋은 생각이에요, Nancy. 여러분, 현재시제는 타당한가요?"

"······"

학생들의 표정에 확신이 없어 보이자, Jeff 선생님은 "예시가 현재시제의 예를 보여주고 있나요?"라고 묻는다.

학생들이 그렇다고 고개를 끄덕이고, 선생님은 계속하여 "비예시도 현재시제의 예를 보여주고 있나요?"라고 묻는다.

수업과정이 어떻게 진행되고 있는지를 파악하기 시작한 Bruce가 재빨리 "아니요."라고 대답한다.

선생님은 미소를 지으면서 "아주 좋아요. 자, 계속합시다."라고 한다.

선생님은 칠판에 적힌 것들이 지금 찾아내려는 개념일 가능성이 있을 것으로 가정하고 있으며, 그 각각은 하나의 가설이었다는 것을 간략히 설명한다. 이어서 선생님은 칠판에 적힌 차, 연결동사 및 현재시제를 짚어 가면서 이것들을 가설이라고 하겠다고 말한다.

---

이 사례에서 보듯이, Jeff 선생님이 세심하고 주의깊게 모형을 도입했음에도 불구하고, 초기에는 수업이 어떻게 진행되고 있는지를 확실하게 파악하지 못하는 학생이 있을 수 있다. 그러나 수업이 진행됨에 따라, 학생들은 점진적으로 요령을 터득하게 된다. 예를 들어, 학생들이 혼란스러워하는 것처럼 보이자, Jeff 선생님은 "예시가 현재시제를 설명하고 있나요?" 그리고 "비예시에 현재시제가 있나요?"와 같은 질문을 하였다. 이러한 질문들은 학생들이 수업 진행방식에 익숙해질 수 있도록 돕는다.

이제, 다음 단계인 가설분석 과정에 대해 살펴보자.

### 3단계 : 분석 순환과정단계

개념획득 모형을 사용한 수업의 3번째 단계에서는 교사가 학생들이 개념을 정교화하고 비판적 사고를 연습할 기회를 가장 효과적으로 제공할 수 있는 방식으로 예시와 비예시들을 추가적으로 제시한다. 예시와 비예시를 각각 제시하고 나서 교사는 학생들로 하여금 새로 제공된 정보에 기초하여 기존 가설들이 여전히 타당한지를 분석하도록 하고, 자료에 의해 지지되는 가설들을 더 제안하도록 격려한다.

Jeff 선생님은 이 단계를 어떻게 수행했는지 살펴보자.

---

Jeff 선생님은 실물화상기로 두 개의 문장을 더 보여준다. 이제 제시된 문장은 다음 네 문장이 된다.

1. John의 Volkswagen Jetta는 멍청이이다.(Y)
2. 허리케인 카트리나는 뉴올리언스에 아주 막대한 피해를 입혔다.(N)
3. Mrs. Augilar의 Lexus는 보배이다.(Y)
4. 네 할머니의 모자는 데이지 꽃 정원이다.(Y)

잠시 동안 목록을 보고 나서 Adam이 "이제는 알았어요. **소유격**이에요. 예시 문장에는 모두 소유격이 있어요."라고 큰소리로 말한다.

Jeff 선생님이 "다른 생각은 없어요?"라고 묻고, 이어서 **가설**이란 말을 강조하면서 Adam의 **가설**을 받아들일 수 있나요?"라고 묻는다.

"2번 예시는 어떡해요?" Rachael이 궁금해한다.

"그건 아니야(비예시야)." Karla가 지적한다.

"어, 그래." Rachael이 Karla의 지적을 인정하며, 고개를 끄덕인다.

---

Rachael의 생각은 개념획득 수업에서 종종 나타난다. 그녀는 예시들을 살피면서 "허리케인 카트리나가 뉴올리언스에 아주 막대한 피해를 입혔다."는 비예시, 즉 이 문장은 Jeff 선생님이 생각하고 있는 개념을 보여주는 것이 아니라는 사실을 잠깐 잊었다. 학생들은 익숙해질 때까지 주기적으로 모든 예시는 가설을 뒷받침해야 하고 어떠한 비예시도 가설을 설명할 수 없어야 한다는 사실을 주기적으로 상기해야 한다. 학생들은 조금만 연습하면 금방 이에 적응하게 된다.

Jeff 선생님의 수업을 다시 보자.

---

Jeff 선생님이 계속하여 "좋아요. 다른 건 없어요? 좋아요, 지금까지 나온 가설들을 다시 살펴봐요. **차**는 어때요? 여전히 타당하나요? …… Heidi?"라고 묻는다.

"…… 나는 …… 그렇게 생각하지 않아요."

"이유를 설명해 보세요."

"…… 글쎄요 …… 4번 문장에는 차에 대한 게 없어요."

"그리고?"

Heide가 선생님이 의도하는 것을 알아차리고 "…… 그건 예시네요."라고 말한다.

"아주 좋아요, Heidi." 선생님이 고개를 끄덕이며 계속하여 **현재시제**는 어떻죠? 여전히 타당한가요? …… Lisa?"라고 묻는다.

"…… 네."

"설명해 보세요." 교사가 격려한다.

"…… **예시**는 모두 현재시제예요."
"그리고?" Jeff 선생님이 캐묻는다.
"…… **비예시**는 과거시제예요."
"아주 좋아요." 선생님이 미소 짓는다.

---

Jeff 선생님은 학생들에게 가설이 수용 가능한지 여부만 묻지 않았다는 점에 주목해야 한다. 선생님은 학생들이 내린 결론을 칠판에 제시한 다음, 학생들에게 이들이 타당한 가설이라고 믿거나 믿지 않는 이유를 설명하라고 하였다. 학생들이 자신의 생각을 말로 표현하도록 하는 과정은 개념에 대한 이해와 비판적 사고를 위한 연습 모두를 위해 중요하다.

다시 Jeff 선생님의 수업으로 돌아가 보자.

---

Jeff 선생님은 학생들에게 **차**와 **현재시제**에 대해 분석했던 방식으로 **연결동사**에 대해서도 분석하게 하고 나서, "이제 다른 게 더 있나요?"라고 묻는다.

제시된 문장들을 몇 초 동안 자세히 검토하고 나서 Remona "**은유**는 어때요?"라고 제안한다.

선생님이 칠판에 제시된 목록에 은유를 추가로 적으면서 어깨 너머로 "그래. **은유**도 가능할까요?"라고 묻는다.

학생들이 확신하지 못하고 문장들을 보기만 하자, 선생님은 "각각의 예시 문장들이 모두 은유인가요?"라고 묻는다.

몇몇 학생이 그렇다고 끄덕이자 선생님은 계속하여 "다른 가설은?"하고 묻는다.

Frank가 "…… **수사적 표현**은 어때요?"라고 제안한다.

"좋아요! …… **수사적 표현** 좋아요?"

"…… 좋아요." 대여섯 명이 이런 과정에 익숙해지기 시작하면서 일제히 말한다.

"또 다른 건?"

Jeff 선생님은 잠시 기다렸다가 "좋아요, 다른 예를 봅시다."라고 말하고 나서 한 문장을 더 제시한다. 이제 제시된 문장들은 다음과 같다.

1. John의 Volkswagen Jetta는 멍청이이다.(Y)
2. 허리케인 카트리나는 뉴올리언스에 아주 막대한 피해를 입혔다.(N)
3. Mrs. Augilar의 Lexus는 보배이다.(Y)
4. 네 할머니의 모자는 데이지 꽃 정원이다.(Y)
5. 내 침실은 녹색이다.(N)

"이제, 목록에 추가시킬 가설이 더 없나요?" 칠판에 제시된 목록은 다음과 같다.

차
연결동사
현재시제
소유격
은유
수사적 표현

학생들이 조용히 있자 Jeff 선생님은 "좋아요, 한번 볼까요? **연결동사**가 여전히 타당한가요? …… Amanda?"하고 묻는다.

"…… 아니에요."

"왜죠?"

"…… 다섯 번째 문장에도 연결동사가 있어요. 근데 그건 비예시예요."

선생님이 "아주 좋은 생각이에요. 그리고 설명도 완벽하게 잘했어요."라고 말하고 나서, 칠판을 가리키며 "그럼 **현재시제**는 어때요?"라고 묻는다.

Shannon이 자진해서 "그것도 아니에요. 비예시 문장에 **현재시제**가 있어요."라고 재빨리 대답한다.

"좋아요. **소유격**은 어때요?"

"탈락이에요." Danielle가 말한다.

"왜 그런지 설명해 보세요."

"마지막 문장에는 소유격이 없어요."

"잠깐, 그건 비예시 문장이야." David이 끼어들었다.

"계속하세요, David." Jeff 선생님이 격려했다.

"…… 그건 비예시 문장이에요. 그리고 그 문장엔 **소유격**이 없어요. …… 그래서 **소유격**은 여전히 괜찮아요."라고 David이 자기 생각을 천천히 말했다.

"동의하나요? Danielle?"

Danielle이 예시 문장들을 다시 살펴본 뒤 "…… 그런 것 같아요."라고 대답한다.

---

Danielle가 마지막 문장에는 소유격이 없으므로 소유격은 수용할 수 없는 가설이라고 추론한 것은 그녀도 앞에서 본 Racheal과 마찬가지로 "나의 침실은 녹색이다."는 문장이 비예시라는 것을 잠시 잊었기 때문이다. 다시 말하지만, 학생들은 연습을 통해 이러한 유형의 사고에 익숙해진다.

이제 다시 한 번 Jeff 선생님의 수업으로 돌아가 보자.

---

"아주 좋아요. 그럼 **은유**는 어때요?"

학생들은 5번 문장은 은유가 아니면서 비예시 문장이므로 **은유**는 여전히 타당하다고 결론을 내린다. 이들은 **수사적 표현**에 대해서도 이와 유사하게 추론한다.

Jeff 선생님은 목록에 다음 예시 문장을 다시 추가한다.

6. 가을의 낙엽은 나이와 더불어 주름져 가는 나무의 주름진 피부이다.(Y)

학생들은 이 문장은 예시 문장이지만 소유격이 없기 때문에 **소유격**이 제외되어야 한다고 결정하고, **은유**와 **수사적 표현**은 여전히 타당하다고 결론 내린다. 이어서 Jeff 선생님이 일곱 번째 문장을 제시한다.

7. 어젯밤 나는 숙제로 책 1,000,000페이지를 읽었다.(N)

학생들은 어느 정도 토론하고 나서 7번 문장이 수사적 표현-**과장**-이지만 비예시 문장이므로 **은유**는 타당하지만, **수사적 표현**은 제외되어야 한다고 결론 내린다.

Jeff 선생님이 "자, 잠시 멈춰서 우리가 지금까지 한 과정을 되돌아보기로 해요. 지금까지 어떤 과정을 거쳤는지 말해 볼까요? …… 어서요, 누가할래요."라고 하면서 끼어든다.

잠시 후에 Alandrea가 자신하여 "…… 글쎄요, 우리는 지금까지 선생님이 생각하시는 개념을 추측하려고 하는 것 같아요."라고 한다.

선생님이 "실제로 여러분은 추측해 온 게 아니에요. 그리고 나는 그걸 강조하고 싶어요. (칠판을 가리키며) 여러분은 정보에 근거하여 결정했어요. 정보는 내가 예시 형식으로 제공했지만, 그것을 적용한 사고는 거의 모두 여러분이 했어요. 예를 들어 볼까요? 왜 여러분은 **수사적 표현**이 타당한 가설이 아니라고 결정했죠?"라고 한다.

Sydney가 "…… '나는 어젯밤 엄청난 양의 숙제가 있었다.'라는 문장은 수사적 표현이에요. 그런데 그건 비예시 문장이에요."라고 말한다.

"맞아요. 여러분은 **수사적 표현**을 추측 아니라 자료에 근거하여 제외시킨 거예요."

Jeff 선생님은 다시 수업 주제로 돌아가서, 다음의 예시들을 하나씩 차례로 보여주면서 그때마다 학생들에게 **은유**라는 가설이 타당한지 생각해 보라고 한다.

8. 당신은 한밤중에 커튼을 젖히고 내 창문을 통해 떠다니는 달빛이다.(Y)
9. 지금까지 내 삶은 마치 표기되지 않은 칠판과도 같았다.(N)
10. 그는 태양이 장미를 스치듯 그녀의 뺨을 어루만졌다.(N)
11. 빈 종이는 내 책상에 비스듬히 누워 내가 연필로 그어주기를 기다리는 눈빛으로 나를 응시했다.(N)
12. 전투가 몇 시간째 격렬해지자 총은 우두둑거렸고, 총알은 깩깩 울어댔다.(N)

마지막 예시를 보여주고 분석한 다음 Jeff 선생님이 "이제 어떻게 생각해요? 개념이 **은유**라는 것이 증명됐어요?"라고 묻는다.

몇몇 학생이 동시에 "네."라고 대답하고, 나머지 학생들도 동의하는 뜻으로 고개를 끄덕인다.

선생님이 웃으며 **"은유**가 맞는 것 같죠. 그래요, 모든 예시 문장은 **은유**이고, 비예시 문장은 은유가 아니에요."라고 한다.

---

위 사례에서 보듯이, Jeff 선생님은 분석 순환과정 단계에서 예시와 비예시를 제시한 다음 이어서 예시와 비예시들을 하나씩 제시해 가면서 학생들에게 제시된 가설들의 수용가능성을 판단하게 하는 방식으로 수업을 진행하였다. 또 학생들이 각 가설의 수용여부를 결정할 때마다 그 이유를 설명하도록 한 것은 선생님이 생각을 말로 표현하는 것을 강조한 것이다. 추론과정을 말로 표현하도록 하는 것은 학생들이 자신의 사고를 전개시킬 수 있도록 도와주며, 또 다른 학생들도 그 말을 들음으로써 자신의 추론을 정교화하는 데 도움을 받는다. 예를 들어, 어떤 학생이 가설이 기각되어야 한다고 결정했을 때, 다른 학생들은 그 이유를 이해하지 못하거나 동의하지 않을 수도 있을 것이다. 이유를 설명하는 것은 가설 수용 또는 기각 논리를 가시화하고 다른 학생들이 그 논리를 이용하여 자신의 논리를 세울 수 있도록 함으로써 학생들이 이해를 공유할 수 있도록 도와준다.

분석 순환과정 단계에서 교사가 명심할 것은 가설에 대한 자신의 판단을 전달하지 말아야 한다는 것이다. 학생들이 교사가 생각하고 있는 개념을 가설로 제시했을 때 "바로 그거야!" 또는 "네가 맞았어!"라고 하는 것은 바람직하지 않다. 예를 들어, Ramona가 은유를 가설로 제안했을 때도 Jeff 선생님은 다른 가설이 제시되었을 때와 유사한 반응을 보이며 칠판에 쓰기만 했다. Jeff 선생님이 은유가 자신이 생각한 개념임을 인정했더라면, 이 수업은 학생들이 교사가 제시한 증거(예시와 비예시들)에 근거하여 결론을 내리는 비판적 사고를 연습하는 수업이기보다는 교사와 학생 간의 수수께끼 놀이로 전락되었을 것이다. Remona의 가설에 대해 Jeff 선생님처럼 담담하게 반응하는 것은 개념을 확인하고 입증해야 할 책임과 의무를 학생들에게 지우는 것이다. 이는 개념획득 모형에서 비판적 사고과정이 필수적인 학습목표로 강조되는 것과도 일맥상통한다.

 Jeff 선생님은 제안된 가설들을 칠판에 썼고, 기각되는 가설에 선을 그었다. 이 단순한 과정은 두 가지 이유에서 중요하다. 첫째, 학생들은 제안된 가설들을 기억하려고 애쓰지 않아도 된다. 둘째, 칠판에 제시된 내용은 전체 학생들의 일련의 사고과정을 기록한 것이므로 이미 토론되었거나 기각된 가설이 다시 제안되는 일이 일어나지 않도록 막아 준다.

 교사가 준비한 예시를 모두 제시했는데도 학생들이 교사가 염두에 두고 있는 개념을 나타내는 용어를 찾지 못하면 어떻게 할 것인가 하는 의문이 들 수 있을 것이다. 교사가 제공한 예시와 비예시가 완벽하다면, 학생들은 용어는 말하지 못하지만 개념의 필수 속성들을 찾아내거나 찾는 개념과 의미가 동일한 용어를 제안할 것이다. 이럴 경우에 교사는 의미가 같은 용어들은 그대로 두었다가 나머지 가설들이 모두 기각되었을 때 자신이 생각한 용어와 학생들이 제안한 용어가 어떻게 다른지 설명하면서 두 용어가 같은 의미라는 것을 설명한다.

 또, 준비한 예시와 비예시들을 제시해 나가는 도중에, 즉 준비된 예시와 비예시가 전부 제시되지 않고 일부만 제시되었는데도 하나를 제외한 나머지 가설들이 모두 기각되는 경우에 어떻게 해야 할지 고민하는 교사도 있을 수 있다. 이럴 경우에는 다음 단계인 정리 및 적용단계로 수업을 진행하여 나머지 예시들을 적용을 위한 자료로 활용한다. 이제 정리 및 적용단계로 넘어가 보자.

## 4단계 : 정리 및 적용단계

 학생들이 교사가 생각하는 개념을 찾아내면 수업을 정리단계로 진행할 수 있다. 교사는 이 단계에서 학생들에게 찾은 개념의 주요 속성을 확인하도록 하고, 그 개념에 대한 정의를 말하고 인접 개념들과 연결시킨다. Jeff 선생님 수업의 경우에는 수사적 표현들인 **직유, 과장, 의인화, 의성**이 인접 개념들이다. 개념(Jeff 선생님 수업의 경우에는 **은유법**)이 포함된 보다 일반적인 범주(수사적 표현)가 제시되고 그 개념의 속성들을 구체적으로 진술한 정의는 개념에 대한 학생들의 이해를 깊게 한다.

 Jeff 선생님이 수업을 정리한 방법을 살펴보자.

---

Jeff 선생님은 계속하여 "그러면, 이제 은유에 대해 정리해 봅시다. 예시들을 살펴보세요. 어떤 공통점이 있나요? …… Camilla?"라고 한다.
 "…… 모두 비유적 표현이에요."

"무슨 의미죠?" Jeff 선생님이 캐묻는다.

"글쎄요. 차를 예로 들면, 차 그 자체가 멍청이이거나 보배가 아니에요. 단지 생생하게 묘사하기 위한 방법이에요."

선생님이 "잘했어요."라고 하고, **은유법** 밑에 **비유적 언어**라고 쓰면서 "또 어떤 공통점이 있나요? …… Jaron?"

Jaron이 "모든 예시가 어떤 것이 다른 어떤 것과 같다고 하는 것이요."라고 대답한다.

몇몇 학생들이 Jaron의 대답이 분명치 않다는 듯 못마땅한 표정을 짓는 것을 본 Jeff 선생님은 "Jaron, 제시된 예시 중 하나를 예로 들어 더 설명해 보세요."라고 한다.

"음, **할머니의 모자** 같은 것은 그 자체가 **데이지 꽃 정원**이 아니에요. 단지 모자에 꽃이 많을 뿐이에요."

Jeff 선생님이 칠판에 제시된 속성을 열거하며 "좋아요. 우리는 어떤 것이 다른 유사하거나 비유적인 어떤 것을 상징한다고 말할 수 있겠네요."라고 한다. 이어서 선생님은 '수사적 표현'이라는 용어를 칠판에 쓰면서 "이외의 수사적 표현 방법도 있나요? 잠시 생각해 보세요. 이외의 수사적 표현을 공부했나요? …… Collin?" 하고 질문한다.

Jeff 선생님은 은유에 대한 이해를 강화시키기 위해 각각의 학생들에게 추가적인 예시들을 말하도록 한 다음 학생들이 제안한 예시에 대해 토론한다. 선생님은 학생들에게 은유, 직유, **의인화**, **과장**, **의성** 개념들을 서로 비교하게 한다.

---

뒤이어 Jeff 선생님은 예시를 몇 개 더 제시하며 학생들에게 은유인지 아닌지와 그 이유를 설명하게 하고 나서 예를 들어 보도록 하는 것으로 수업을 마무리한다. 이런 과정은 학생들이 자신이 이해한 것을 수업 중에 제시된 예시 이외의 예시에 적용할 수 있도록 도와준다. 이런 과정은 학생과 교사 모두에게 중요하다. 이 과정은 학생들에게 추가적인 예시를 통하여 자신의 이해 정도를 평가하도록 요구한다. 또 이 과정은 교사에게 학생들의 이해 정도에 대한 피드백을 제공한다.

개념도는 학생들이 학습하고 있는 개념을 인접 개념과 연결시키는 것을 도와주는 또 하나의 방법이다. **개념도**(concept mapping)란 학습자가 개념 간의 관계를 시각화할 수 있는 도와주는 전략이다. 개념획득 모형의 목적은 학습자가 개념을 발전·정교화시키고 중요한 인접 개념과의 연관성을 이해하도록 돕는 것이다. 개념도는 이런 과정을 돕는다. Jeff 선생님 수업을 위한 간단한 개념도가 그림 6.3에 제시되어 있다.

| **그림 6.3** | Jeff 선생님 수업을 위한 개념도

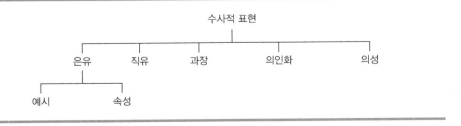

## 개념획득 수업 : 비판적 사고와 과학적 방법

비판적 사고력을 발전시키는 것은 이 책에 있는 모든 모형의 목표이지만, 개념획득 모형에서는 비판적 사고력 향상이 가장 중요한 목표이다. 질문하고, 질문에 대답하기 위해 가설을 설정하며, 자료를 통하여 가설을 검증하는 것을 강조하는 사고방식인 **과학적 방법**을 사용하는 것을 연습할 기회를 학생들에게 제공할 목적으로 고안된 모형은 개념획득 모형이 유일하다.

과학적 방법에 대한 일반적 개요가 그림 6.4에 제시되어 있다.

과학 교과서의 첫 부분에 과학적 방법이 기술되어 있긴 하지만, 학생들은 실제 과학적 방법 과정에 관련한 경험이 거의 없다. 사실상 학생들은 수업 첫 주에 과학적 방법의 단계를 외우고, 그 단계를 말하거나 진술하는 것을 요구하는 간단한 시험을 치르고 나서는 잊어버린다. 또 학생들은 과학을 제외한 이외의 교과에서는 과학적 방법을 경험할 기회가 사실상 없다. 개념획득 모형은 모든 교과와 주제에서 학생들에게 과학적 방법 사용경험을 제공하기 위해 활용될 수 있다.

Jeff 선생님이 어떻게 학생들에게 과학적 방법을 사용하는 연습 기회를 제공했는지 살펴보자. 선생님은 먼저 학생들에게 자료—예시와 비예시—를 제시했다. 이어서 선생님은 학생들에게 자신이 생각하고 있는 개념의 명칭에 대한 가설을 제안하도록 하였다. 학생들이 가설을 제안하고 난 후에 선생님은 학생들에게 추가자료들—다른 예시와 비예시들—을 제시하고, 이들에 근거하여 제안된 가설들을 분석하도록 지도했다. 이러한 Jeff 선생님의 수업과정은 과학의 정교한 연구과정에 비해 단순화되긴 했지만, 선생님은 과학적

| **그림 6.4** | 과학적 방법

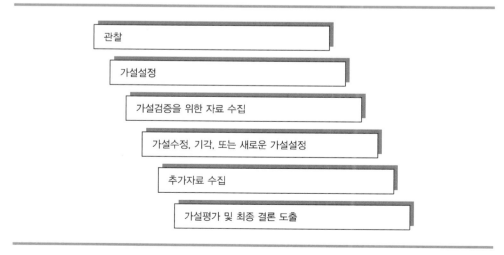

방법의 핵심을 파악하고 있었다.

이 과정은 일상생활에도 실제로 적용될 수 있다. 예를 들어, 당신이 하부요통에 시달리고 있고 물리치료사가 병을 치료하기 위해 일련의 운동을 처방했다고 가정하자. 물리치료사는 사실상 처방된 운동이 하부요통을 치료해 줄 것으로 가정하고 있는 것이다. 당신이 그 운동을 하지만 통증은 계속 지속된다. 그래서 물리치료사는 다른 운동을 처방하는데 이것이 효과가 있다. 처음 처방된 운동과 지속된 고통은 처음 가설을 기각시키며 새로운 가설을 설정하도록 만든 자료였다. 새로운 가설은 추가적 자료에 근거하여 만들어졌고 그것으로 인해 통증이 사라졌다.

이 과정을 좀 더 상세하게 논의하기 위해 Jeff 선생님이 수업을 마친 후 학생들과 나눈 대화를 다시 보자.

---

Jeff 선생님은 "지금 우리는 보다 명료하게 생각한 결과로 우리가 훨씬 나은 생활을 할 수 있도록 도와주는 기본 과정을 공부하고 있어요. 예를 들어 볼까요. 여러분 아버지가 아침식사로 밀수프에서 귀리수프로 바꾸려고 해요. 왜냐하면, 아버지가 귀리수프 포장지에서 밀수프에는 방부제를 비롯하여 지방과 나트륨이 들어 있지만 귀리수프에는 들어 있지 않다는 것을 보았기 때문이에요. 지금 여러분이 올바른 사고를 위해 정보를 이용한 것처럼 아버지도 밀수프에 지방과 나트륨이 들어 있다는 정보를 보고 그에 근거하여 아침식사를 밀수프에서 귀리수프로 바꾼 거예요. 이 귀리수프와 밀수프의 예를 기억하세요. 그러면 우리는 스스로 그것을 떠올리게 될 것이고, 수업시간에 한 다른 것도 떠올릴 수 있죠."라고 말한다.

---

Jeff 선생님은 이어서 학생들이 과학적 방법을 좀 더 깊이 이해할 수 있도록 돕는다. 그의 노력을 보자.

---

Jeff 선생님은 이어서 "다시 수업내용으로 들어가요. 예를 들어, 우리가 찾는 개념이 **은유법**이라는 가설로 설정되었고, 또 실제도 여러 예시들이 은유 문장들이었는데, 얼마 후에 우리가 예시 문장이라고 했던 한 문장이 아닌 것으로 밝혀지면 어떻게 하죠?" 하고 묻는다.

Wendy가 머뭇거리며 "…… **은유**를 지워야 할 것 같아요."라고 대답한다.

Jeff 선생님은 "그래요, 맞았어요."라고 대답한다. 이어서 선생님은 "하나의 가설은 모든 **자료**들—우리의 경우에는 개념의 예시들—이 지지하는 한 타당해요. 그러나 만약 **단 하나**의 자료라도 지지하지 않을 경우에는 가설을 기각해야 해요. 그래서 기술적으로는 여러분이 영원히 가설을 **증명**할 수는 없어요. 우리가 할 수 있는 것은 가설을 지지하는 자료들을 더 많이 모을 수 있는 것뿐이에요."라고 하고 나서 "우리가 이런 걸 많이 할수록 여러분은 가설을 분석하는 과정을 더 잘 이해하게 될 거예요."라는 말로 학생들을 납득시킨다.

---

Jeff 선생님은 이처럼 간단한 대화를 통하여 학생들이 과학은 내용영역이 아니라 사고의 패턴이라는 과학철학의 단순한 원리를 이해하도록 도왔다. 이러한 사고를 연습하는 것은 학생들이 21세기 미국 전역에서 강조되고 있는 목표를 성취하도록 한다(Partnership for 21st Century Skills, 2009).

## 개념획득 모형을 통한 학습동기 증진

동기와 성취는 상호의존적이다. 교사가 학습자의 동기를 촉진시키기 위해 할 수 있는 모든 것은 학습에 영향을 미친다. 개념획득 활동은 학생들이 단서(예시와 비예시)를 사용하여 교사가 생각하는 아이디어(개념)을 알아맞히는 지적 게임이기 때문에 학습동기를 증진시킬 수 있다. 이 과정은 흥미, 호기심, 도전의식을 자극한다. 그리고 문제해결(궁극적으로 개념을 찾는 것)은 지적으로나 정서적으로 만족감을 제공한다. 또한, 개념획득 모형은 학급활동을 다양화하는 데 사용될 수 있는데, 이런 특징 역시 학생들에게 학습동기를 증진시킬 수 있다(Stipek, 2002).

**모둠학습을 통한 학습동기 증진시키기**  개념획득 모형은 협력학습의 동기유발 효과를 이용할 수도 있다. 예를 들어, Jeff 선생님은 전체수업을 했다. 선생님은 첫 두 예시를 제시한 다음, 전체수업 대신에 2명이나 3명이 모여 가설 목록을 만들도록 하는 것도 어렵지 않았을 것이다. 모둠활동은 학생들의 수업 참여도를 높이며, 학습동기도 증진시킬 수 있었다.
　모둠 구성도 어렵지 않을 것이다. 교사는 학생들을 모둠별로 앉히고, 모둠별로 예시를 분석하여 생각을 공유할 수 있다. 이어서 교사는 각 모둠별로 설정된 가설을 전체수업에서 발표하도록 하여 전체 가설 목록을 모아 제시한다. Jeff 선생님은 다음 두 예시를 제시하고 나서, 각 모둠에 타당한 가설과 기각될 가설을 결정하도록 할 수도 있었을 것이다. 학생들이 책임감을 갖고 과제를 수행토록 하기 위해 선생님은 각 모둠에게 가설 수용 또는 기각 이유를 작성하도록 할 수도 있었을 것이다. 이런 과정은 학생들에게 비판적 사고를 하게 만들고, 학생 모두가 같이 비판적 사고를 연습할 기회를 제공하며, 교사의 추가적인 노력도 요구하지 않을 것이다.

## 개념획득 모형을 사용한 자기조절 증진

개념획득 모형은 학생들의 초인지와 자기조절 능력도 향상시킬 수 있다. **초인지**(meta-cognition)란 학생이 자신의 정신적 과정을 인식하고 통제하는 것을 말한다. 학생의 초인지 능력을 개발하는 것은 중요한 교육 목표이다. 왜냐하면, 초인지가 학생들을 자기조절적인 학습자가 될 수 있도록 도울 수 있기 때문이다. **자기조절**(self-regulation)이란 사고와 학습을 개선하기 위하여 정신적인 전략을 의식적으로 이용하는 것을 말한다. 자기조절적인 학습자는 자신의 학습 진행상황에 대해 스스로 책임을 지며, 학습 과제가 요구하는 사항을 충족시키기 위해 학습전략을 조정한다(Bruning et al., 2004). 개념획득 학습활동은 학생에게 내재된 비판적 사고를 강조하므로 학생들의 자기조절 능력을 증진시킬 수 있다.

Jeff 선생님이 수업에서 가설검증 과정을 밀수프 대신에 귀리수프에 포함된 단순한 의사결정 과정과 비교한 것은 학생들의 초인지 능력의 발달을 돕기 위한 시도였다. 이런 간단한 예시는 학생들이 일시적 기분, 감정, 신념 또는 편견과 같은 유해할 수도 있는 것에 근거하기보다는 정보에 근거해서 결론 내리고 결정하는 방법을 알도록 돕는 첫 단계이다. 게다가 자신의 사고에 대해 생각하도록 격려하는 것은 학생들로 하여금 자신이 수행한 과정이 실생활에도 유용하다는 것을 깨닫도록 도와준다.

물론, 초인지 능력과 자기조절 능력의 발달을 위해서는 Jeff 선생님의 수업에서 보았던 하나의 예시보다 훨씬 많은 예시가 필요하겠지만, 학생들에게 이러한 경험이 계속 제공된다면 학생들의 초인지 능력과 자기조절 능력이 점차 발달될 것이다. 이는 모든 유형의 지식과 기능의 구성에도 동일하게 적용된다.

## 다양한 학습환경에서의 개념획득 모형 적용

대부분의 교수모형과 마찬가지로, 개념획득 모형이 효과적으로 활용되려면 학습환경에 따라 다소 조정되어야 한다. 가장 중요한 것은 발달의 영향이다. 여기에서는 다음 부분에서 몇 가지 조정내용을 살펴보자.

### 발달수준에 적절한 실행 : 어린 학생들을 위한 개념획득 수업

일반적으로, 학생들이 어릴수록 더 구체적인 예시들이 필요하다(Eggen & Kauchak, 2010). 앞에서 논의되었던 과일 개념에 대한 수업을 예로 들어 보자. 그 수업에서는 먹을 수 있는 부분에 있는 씨가 과일 개념의 필수 속성으로 제시되었다. 이 수업은 어린 학생들에게 있어서, Jeff 선생님의 수업보다 더 적당할 것이다. 왜냐하면 은유의 속성, 즉 비유적 비교는 초등학교 교사가 설계한 과일 개념의 핵심 속성, 즉 식물의 먹을 수 있는 부분에 있는 씨보다 훨씬 더 추상적이기 때문이다.

또한, 어린 학생들의 경우에는 친숙한 개념과 구체적인 모형을 활용하여 개념획득 모형을 소개하는 것이 좋을 것이다. 생물, 목제품, 정사각형 물체 또는 심지어 빨강머리 같은 주제들은 간단하고 구체적인 주제이므로 학생들이 이 모형에 익숙해지게 하는 데 유용할 것이다.

단순한 주제를 사용하는 것은 학생들이 처음으로 가설을 설정하고 검증하는 것을 연습하는 기회도 제공한다. 이 활동은 특히 어린 학생들에게는 어렵게 느껴질 수 있다. 하나의 예로, 초등학생들을 대상으로 한 과일에 대한 수업을 다시 한 번 보자.

---

초등학교 2학년 교사인 Karl Haynes 선생님은 학생들에게 자신이 손에 들고 있는 가방에 주의를 집중시키는 것으로부터 **과일**에 대한 개념획득 수업을 시작한다. 선생님은 "오늘은 우리가 지금껏 해왔던 것과 조금 다른 것을 해볼 거예요. 선생님이 한 가지 생각을 갖고 있어요. 여러분이 할 일은 그게 무엇인지 알아내는 거예요. 여러분을 도와주기 위해 내가 생각하는 예시 몇 가지 물건을 보여줄 거예요. 또 예시가 아닌 몇 가지 물건도 보여줄 거예요. 여러분은 예시인 것과 예시가 아닌 것에 근거하여 내가 생각하는 것이 무엇인지 찾아내야 해요. 이 활동을 통하여 여러분은 생각을 잘하는 연습을 하게 될 거예요. 지금은 어떻게 하는 것인지 잘 몰라도 일단 시작을 하면 금방 알 수 있을 거예요. 준비됐죠? 시작합시다."라고 한다.

　　Karl 선생님은 가방에서 반으로 잘린 사과를 꺼내서 **예시**라고 적힌 종이 위에 올려놓는다. 그리곤 가방에서 돌을 꺼내어 **비예시**라고 적힌 종이 위에 올려놓는다.

　　선생님은 "사과는 내가 생각한 것의 한 예시이고, 돌은 내가 생각한 것의 예시가 아니에요. 내가 생각한 것이 무엇일까요?"라고 말한다.

　　"사과는 먹는 거예요."라고 Rasheed가 말한다.

　　선생님은 웃으며 "좋아요. 그래서 내가 생각하는 것은 ······ ?"이라고 질문한다.

　　Rasheed가 대답하지 못하자 선생님은 "······ 어떤 것 ······ 우리가? ······"라며 거들어 준다.

　　Rasheed가 머뭇거리며 "······ 먹는 것?"이라 말한다.

　　그러자 Karl 선생님은 칠판에 **먹는 것**이라 적는다.

---

　　여기서 Karl 선생님은 Rasheed가 사용한 단어를 가지고 학생이 가설을 진술할 수 있도록 도와준다. 어린 학생들은 처음에는 예시를 그대로 말하거나 다른 말로 바꾸어 진술할 가능성이 있으므로 이들이 가설설정이란 아이디어를 이해할 수 있게 도와주기 위해서는 단서가 필요할 것이다. 학생들은 이러한 지지와 단서를 통해 가설진술 방법을 점진적으로 학습할 것이다.

　　또한, 교사는 가능한 한 구체적인 말로 바꿀 것이다. Karl 선생님의 수업을 다시 보자.

---

Karl 선생님은 **가설**이란 단어를 칠판에 쓰고 밑줄을 긋고, 밑에 '먹는 것'이라고 쓰고 "가설이란 말의 뜻이 뭐죠? ······ 누구 아는 사람?"하고 묻는다.

　　아무 반응이 없자, 선생님은 "그건 일종의 논리적인 추측 같은 거예요 ······ **가설**은 그 생각이 무엇일까에 대한 논리적 추측이에요."

---

　　Karl 선생님은 학생들이 가설을 '논리적 추측'으로 재진술하여 학생들이 그 말을 이해할 수 있도록 도왔다. 선생님은 또 개념이라는 말을 쓰지 않고 대신에 그가 마음속에 가지고 있는 **생각**이라고 했다. 이와 같이 단순한 번안을 통하여 개념획득 활동이 어린 학생들에게 더욱 유의미할 수 있다.

　　예시를 더 강조하고 비예시를 거의 사용하지 않는 것도 어린 학생들에 대한 이 모형의 효과를 높이기 위한 노력이다. 왜냐하면 어린 학생들은 예시를 통해 어떤 것을 개념화할 수 있지만, 비예시를 사용하여 개념화하는 것은 더 추상적이기 때문에 어렵다고 느낀다 (Berk, 2008). 그러나 범주 추론을 연습하고 초보적인 수준에서 가설을 분석하는 것은 어린 학생들에게 바람직하며, 모형을 얼마간 수정함으로써 학생들은 이러한 전략을 능숙하게 수행할 수 있게 된다. 어린 학생들을 가르치는 교사는 개념획득 모형이 복습과 학습활동의 다양화에 효과가 있다는 것을 밝혀 왔다. 또한, 학생들은 이 모형에 대한 경험이 쌓이면서 능숙하게 자신만의 예시들을 만들어 내고 '놀이'처럼 수행하게 된다.

### 다양성 탐색 : 문화 소수자를 위한 개념획득 활동

문화 소수자들의 사전지식이 학교교육에서 중요한 쟁점이 되는 경우가 많다. 앞서 말했듯, 개념획득 모형을 활용한 수업이 성공하기 위해서는 학생들이 효과적인 가설을 설정하는 데 필요한 사전지식을 가지고 있어야 한다. 교사는 사전지식의 차이를 고려하여 예시의 수준을 달리할 수 있다. 구체적이고 좋은 예시는 모든 학생들에게 중요하지만, 문화 소수자들에게 있어서는 특히 필수적이다.

또한, 문화 소수자들은 다른 학생들의 반응에 대한 두려움이나 자신의 지식이나 언어능력에 대한 자신감 결여로 자발적으로 발표하는 것을 주저하는 경우도 있다. 이러한 사실은 초기에는 학생들을 소집단으로 조직하면 효과적일 수 있다는 것을 시사하고 있다. 문화 소수자가 있는 학급에 개념획득 모형을 활용할 때는 먼저 모둠별로 가설을 설정하고 분석하게 하는 것이 효과적일 수 있다.

학급분위기도 중요하다. 모든 학생들이 동료들의 비웃음이나 냉소적 비판에 두려움 없이 과감하게 가설을 제시할 수 있을 정도의 정서적인 안정감을 느껴야 한다. 교사가 학생들을 존중하고 학생들 역시 교사를 존중할 것을 요구하며 동시에, 학생들도 서로 공손하고 예의 바르게 대할 것을 요구할 때, 이런 분위기는 조성될 수 있다. 교사가 개념획득 모형과 같이 전통적 방법과 상당히 다른 모형을 적용할 때, 원래 학습에서 두각을 나타내지 않던 학생들이 빛나는 경우가 있다. 이것은 교사가 다양한 수업모형을 사용함으로써 얻을 수 있는 또 다른 장점이다.

문화 소수자들이 있는 수업과 관련된 주요 문제는 교사가 다양한 수업모형을 사용하여 가르칠 때 이들이 보이는 정서적 반응이다. 교사는 지금까지 간략히 소개된 수업 수정안을 사용함으로써 수업에서 생길 수도 있는 이러한 정서적 반응에 대처할 수 있을 것이다.

### 개념획득 II모형

지금까지 개념획득 수업의 기본 절차와 어린 학생들의 수준에 맞게 수정하기 위한 방안을 논의하였다. 교사는 비판적 사고를 더 강조하기 위해 기본 절차를 더 수정할 수 있다. 그러면 수정된 방안을 살펴보자.

개념획득 II모형은 수업에서 가설검증과 비판적 사고를 더 강조하기 위해 기본 절차를 수정한 모형이다. 개념획득 II모형도 기본 절차(개념획득 I모형이라 한다.)는 동일한 방식으로 수업이 시작된다. 즉, 개념획득 II모형에서도 예시와 비예시가 제공되고 나서 학생들이 개념에 대한 가설을 설정하면, 교사가 학생들이 설정한 가설들을 칠판이나 기타 매체를 통하여 제시한다. 이어서 교사는 개념획득 I모형에서처럼 예시를 한 번에 하나씩 순서적으로 제시하는 대신에 모든 예시를 한꺼번에 제시하고, 학생들에게 제시된 가설들을 입증하거나 논박할 예시들을 세밀하게 살피도록 한다. 학생들은 예시(비예시)를 하나 선정하여 그것이 예시인지 아니면 비예시인지를 표시한다. 또 학생들은 예시와 비예시 분류가 정확하다면 어떤 가설이 기각되어야 할 것인지도 진술한다. 이어서 교사는 학생들의 분류가 맞는지 아닌지 검증한다. 학생들의 분류가 정확한 경우에는 그에 맞게 가설 목록이 수정되고, 분류가 잘못된 경우에는 새로운 정보에 근거하여 가설이 재분석된다. 그리고 나서 학생들은 추가적인 예시들을 선정하며, 하나의 가설이 남을 때까지 이 과정을 계속한다.

예를 들어, 개념획득 II모형을 활용한 수업은 다음과 같이 시작될 것이다. 육식동물이라는 개념을 가르치려는 교사는 아래에 제시된 동물들의 사진을 제시할 것이다.

| 예시 | |
| --- | --- |
| 개 - 예 | 고양이 |
| 자동차 - 아니요 | 비버 |
| 나무 | 호랑이 |
| 소 | 햄스터 |
| 의자 | 쥐 |

학생들이 이 정보에 근거하여 다음과 같은 가설들을 세울 것이고, 가설들은 각 정보에 대응하여 다음과 같이 제시될 것이다.

| 예시 | | 가설 |
| --- | --- | --- |
| 개 - 예시 | 고양이 | 생물 |
| 자동차 - 비예시 | 비버 | 동물 |
| 나무 | 호랑이 | 가축 |
| 소 | 햄스터 | 포유류 |
| 의자 | 쥐 | 육식동물 |

　개념획득 II모형의 중요한 목표는 학생들이 가설을 능률적으로 검증하는 능력을 개발하는 것이다. 능률적인 가설검증은 하나의 예시(비예시)로 모든 가설 또는 여러 개의 가설을 검증할 수 있을 때 가능하다. 예를 들어, 모든 가설을 검증하는 한 가지 방식은 고양이로 검증하는 것이다. 고양이가 비예시라면 모든 가설이 기각될 것이다. 그런데 육식동물의 경우에 있어서 고양이는 예시이다. 그래서 어떤 가설도 기각되지 않는다. 이 예시로 배제된 가설이 없긴 해도 학생들에게 가설분석 과정을 연습할 수 있는 훌륭한 기회를 제공했다. 교사는 서로 선택 뒤에 숨어 있는 논리를 명료화함으로써 학생들의 비판적 사고 발달을 도울 수 있다.

　이제 학생들은 다음 예시로 비버를 선택할 것이다. 만약 비버가 예시라면, 육식동물과 가축을 제외한 모든 가설이 수용되지만 비예시라면, 육식동물과 가축만이 가설로 수용될 것이다. 비버는 육식동물이 아니기 때문에 교사는 비버가 비예시라고 할 것이다. 따라서 생물, 동물 및 포유류는 기각되어야 할 것이다. 비버는 비예시이고, 개와 고양이는 예시로 분류되었기 때문에 가축과 육식동물은 가능한 가설로 남을 것이다. 이제 목록을 보고 학생들이 가축이라는 가설을 조사하는 효과적인 방법을 결정할 수 있는지 알아보자.

| 예시 | | 가설 |
|---|---|---|
| 개 - 예시 | 고양이 - 예시 | 가축 |
| 자동차 - 비예시 | 비버 - 비예시 | 육식동물 |
| 나무 | 호랑이 | |
| 소 | 햄스터 | |
| 의자 | 쥐 | |

　소와 호랑이를 선정한 경우를 살펴보자. 이 둘이 제공하는 정보는 다소 다르며, 이러한 차이로 둘 중 하나가 다른 것보다 가설검증에 효과적이다. 먼저, 호랑이가 예시라면, 호랑이는 가축이 아니기 때문에 가축 가설은 기각되어야 한다. 만약 호랑이가 비예시라면, 이는 가축 가설이 기각될 수 없다는 것은 말해 주지만, 가축 가설을 지지하는 것도 아니다. 호랑이는 가설과 관련해서는 중립적이다. 왜냐하면, 호랑이는 가축이 아니라는 사실 때문만 아니라 다른 이유 때문에도 비예시일 수 있기 때문이다. 학생들은 예시를 선정하고 가설을 분석할 때, 개념이 무엇인지 모른다는 사실을 상기하라. 그들은 제공된 정보로부터 개념을 추리해야 한다.

　이번에는 소의 경우를 생각해 보자. 소는 가축이기 때문에 소가 비예시라면 가축 가설은 기각되어야 하며, 추론에 필요한 간명한 정보도 제공한다. 소가 예시라면 (소는 가축이기 때문에) 가축 가설은 기각되지 않을 뿐만 아니라 가축 가설을 직접적으로 지지한다. 소는 호랑이보다 가설에 대한 정보를 더 많이 제공한다. 따라서 소를 선정하는 것이 호랑이를 선정하는 것보다 훨씬 효율적이다. 검증하려는 가설이 육식동물이었다면 그 반대였을 것이다. 이 경우에는 호랑이를 선정하는 것이 훨씬 효율적이었을 것이다.

학생들은 개념획득 II모형을 활용한 가설검증 연습을 통해 보다 효율적으로 자료를 수집하고, 각각의 예시(비예시)에서 정보를 최대한 모을 수 있게 될 것이다. 이 모형의 주된 목적은 과학의 논리성에 대한 경험을 쌓아가는 것이다. 어떤 점에서 학생들은 자신의 조사와 실험을 설계하고 있다.

## 개념획득 III모형

개념획득 모형의 두 번째 수정안인 개념획득 III모형은 가설검증 과정을 훨씬 더 확장한 모형이다. 개념획득 II모형과 개념획득 III모형의 기본 전략과 사고과정은 본질적으로 동일하지만 실행 절차는 조금 다르다. 개념획득 II모형에서는 학생들이 처음 제시되는 예시와 비예시를 보고 나서 가설을 설정하고 이어서 나머지 예시(비예시)들이 제시된다. 개념획득 III모형에서도 (개념획득 II모형에서와 같이) 학생들이 처음 제시되는 예시와 비예시를 보고 가설을 설정하지만 그다음에 가설을 검증하기 위해 학생 자신의 예시를 제공해야 한다. 예를 들어, **뿌리를 먹을 수 있는 채소**라는 개념을 가르치기 위한 다음의 활동을 살펴보자. 교사가 아래와 같이 예시와 비예시를 제시하는 것으로 수업을 시작한다.

| | |
|---|---|
| 당근 | 예 |
| 옥수수 | 아니요 |

다음과 같은 몇 가지 가설이 설정될 수 있을 것이다.

> 오렌지색 채소
> 뿌리를 먹을 수 있는 채소
> 비타민 A가 풍부한 채소
> 날것으로 먹는 채소

이제 제시된 가설들을 검증하기 위한 예시를 제공하는 책임은 학생들에게 있다. 학생들은 제시된 예시(비예시) 이외의 채소들을 더 선정하여 가설들을 검증할 수 있을 것이다. 무를 선정하면 효율적일 수 있다. 무가 예시라면, 오렌지색 채소와 비타민 A가 풍부한 채소는 가설에서 제거된다. 그러나 무가 비예시라면, 뿌리를 먹을 수 있는 채소와 날것으로 먹는 채소가 가설에서 제거된다. 이 수업에서 무는 예시이며, 따라서 뿌리를 먹을 수 있는 채소와 날것으로 먹는 채소를 가능한 개념으로 남겨진다. 이제 학생들의 과제는 남아 있는 이 두 가설을 더 조사하는 것이다. 이번에는 감자를 선정한다고 가정하자. 감자가 예시라면, 뿌리를 먹는 채소라는 가설은 여전히 지지되고 날것으로 먹는 채소라는 가설은 기각되어야 할 것이다. 이 수업에서 가르치려는 개념을 고려할 때, 감자는 예시일 것이고, 따라서 날것으로 먹는 채소라는 가설은 기각되고, 뿌리를 먹는 채소라는 가설은 여전히 지지될 것이다. 학생들은 계속 가설을 검증할 것이고, 그러는 동안에 그 개념에 대한 그들의 생각을 보다 확실하게 넓히게 될 것이다.

교사는 학생들이 제시하는 예시들이 완벽하지 못할 경우를 대비해 수업에서 제시할 부가적인 예시들을 미리 준비하고 있어야 한다. 수업시간에 교사가 준비한 예시들을 사용하지 않아도 될 경우에는 예시들을 개념에 대한 학생들의 이해 정도를 평가하는 데 사용할 수 있을 것이다.

개념획득 III모형의 활용을 통하여 얻을 수 있는 또 하나의 이점은 학생들에게 자료를 수집하는 기회를 제공한다는 것이다. 과학적 사고의 연습이라는 관점에서 보았을 때, 개념획득 III모형이 다른 두 모형( I 과 II)보다 진정한 과학적 사고를 연습할 기회를 학생들에게 제공한다. 왜냐하면 이 모형에서 학생들은 자신이 충분히 이해하지 못한 개념을 보다 적극적으로 연구하기 때문이다. 또한 학생들이 교사가 제시한 예시들에만 구애받지 않기 때문에, 자신의 배경지식을 더 많이 활용하고 보다 주도적으로 가설을 연구할 수 있다. 이를 통하여 학생들은 학습활동에 대한 자기통제감이 증진되는데, 자기통제감은 학습자의 내재적 동기를 증진시키는 요인이다(Ryan & Deci, 2000). 다른 개념획득 모형도 마찬가지지만, 비판적 사고는 학생들이 답을 찾기 위해서 이용하는 사고과정을 공유하고 설명하는 연습을 통해서 가장 잘 개발된다.

## 공학과 교수 : 컴퓨터 프로그램을 활용한 개념획득 활동수행

개념획득 모형을 다소 수정하면, 공학을 활용하여 학생들이 혼자서 또는 소집단으로 참여하는 개념획득 활동을 만들 수 있다. 이를 위해서는 가설설정 시작과정만 조금 수정하면 될 것이다. 예시와 비예시가 제시된 후, 학생들 스스로 가설을 설정하게 하는 대신에 일련의 가설들이 제시될 것이다. 이어서 학생들은 어떤 가설을 수용하거나 기각할 것인지를 결정하고 그 이유를 제공된 기록란에 작성한 다음 피드백 아이콘을 클릭하면, 프로그램에서 학생들의 답에 대한 피드백이 제공될 것이다.

이어서 프로그램에서 또 다른 예시와 비예시가 제시되고, 학생들은 이전과 같은 과정을 반복할 것이다. 또 일련의 예시와 비예시를 제시한 다음 새로운 가설들이 추가적으로 생성되는 프로그램을 만들 수도 있다.

이러한 방법으로 공학을 이용함으로써 학생들에게 개별화된 환경에서 활동하며 개념에 대한 이해를 넓히고 비판적 사고를 연습할 수 있는 기회를 제공할 수 있다. 또 공학을 이용하면 전체 수업시간을 개념획득 활동에 배당하지 않고도 학생들이 비판적 사고를 연습할 기회를 제공할 수도 있다.

이런 프로그램을 처음 개발할 때는 많은 시간과 노력이 요구되기 때문에 기술적 지원이 반드시 필요하다. 그렇지만 앞으로 공학 활용이 빠르게 증가하게 되면 이러한 지원을 받을 수 있을 것이다. 또 학생들은 귀중한 사고기능을 연습할 수 있는 기회를 더 많이 제공받게 될 것이다.

## 개념획득 활동의 학습평가

개념획득 활동을 통해 두 가지 결과를 얻는다. 하나는 개념에 대한 보다 깊은 정교한 이해이며, 다른 하나는 비판적 사고능력의 발달이다. 여기에서는 이 두 결과에 대한 평가에 대해 살펴본다.

### 개념에 대한 이해도 평가

개념에 대한 학생들의 지식과 이해는 네 가지 방법으로 측정될 수 있다. 교사는 학생들에게 다음과 같은 것을 요구할 수 있다.

1. 개념을 정의한다.
2. 개념의 속성을 확인한다.
3. 개념을 다른 개념과 관련짓는다.
4. 개념의 새로운 예시를 확인하거나 제시한다.

학생들의 개념에 대한 지식을 측정하는 가장 간단한 방법은 학생들에게 개념을 정의한 선택지들 중에서 최선의 정의를 찾도록 하는 것이다. 이런 측정방법의 단점은 개념을 진정으로 이해하지 않고 기억한 정의를 회상하거나 재생하는 능력 이상을 측정하지 못하는 경우가 많다는 것이다.

학생들에게 개념의 속성을 확인하도록 하는 방법이 이해를 측정하는 두 번째 방법이다. 예를 들어, 포유류의 개념을 측정하는 문제는 다음과 같을 것이다.

---

다음 중 포유류의 특징을 나타내는 것에 모두 ○표 하시오.

    a. 털 없는 피부
    b. 난생
    c. 2심방 2심실
    d. 비늘
    e. 항온동물
    f. 새끼 젖먹이기

---

개념의 속성들이 이미 학습활동에서 확인되었기 때문에 이런 유형의 평가는 단순한 정의를 진술하거나 확인하는 것과 마찬가지로 지식의 회상 이상을 측정하지 못할 때가 많다.

개념에 대한 학생들의 이해는 학생들에게 다른 개념들과 연관시키도록 함으로써 측정할 수도 있다. 예를 들어, 다음 문제를 보자.

---

**수사적 표현**이 은유의 상위개념이라면, 다음 중 은유와 등위인 개념은?

    a. 직유법
    b. 의인법
    c. 두운법
    d. 비유적 표현
    e. 운율
    f. 약강격

---

보는 바와 같이, 이 문제는 은유 개념에 대한 학생의 이해 이상을 측정하고 있으며, 또 학생들이 직유, 의인, 두운과 같은 개념들도 수사적 표현으로 인식하고 있는 정도도 평가하고 있다. 이런 유형의 문제는 수업에서 이런 관계에 대해 논의했을 때 사용된다.

개념에 대한 학생들의 이해를 가장 효과적으로 측정할 수 있는 방법은 학생들에게 부가적인 예시를 확인하거나 제공하게 하는 것이다. 이런 측정방법은 출제가 비교적 용이하고, 교사가 독특한 예들을 사용한다면—정의나 속성을 진술하도록 하는 것과는 달리—개념에 대한 학생의 이해를 타당하게 파악할 수 있도록 한다. 예를 들어, 직접 목적어라는 개념을 평가하기 위한 다음 문제를 보자.

---

다음 문단을 읽고 직접 목적어에 밑줄을 그으시오.

Damon과 Kerri가 자전거를 타고 외출 중이었다. 가는 동안, Kerri가 수풀에서 우습게 생긴 동물을 발견했다.

"저거 잡자." 그녀가 제안했다.

"안 돼." Damon이 대답했다. "난 이상한 동물은 잡지 않을 거야. 물 수도 있단 말이야."

"빨리, 겁쟁이." 그녀가 비꼬았다. "해치진 않을 거야."

"어, 좋아. 근데, 그게 너를 덮쳐도, 난 도망갈 거다."

두 아이는 그 동물을 쫓았다. Kerri에게는 불행하게도, Damon에게는 운 좋게도, 그들은 그걸 잡지 못했다.

---

이런 문제도 문단의 맥락에서 직접 목적어의 예시가 제시되기 때문에 더욱 효과적이다. 예시를 이렇게 제시하는 것은 학생들이 자신의 지식을 새로운 사태에 전이시킬 수 있는 가능성을 높일 것이다.

교사가 만든 예시를 확인하게 하는 대신에 학생들이 스스로 개념에 대한 예시를 만들도록 하는 것은 변형문제이다. 이 경우에, 학생들은 일정 수의 직접 목적어가 포함된 문장을 직접 만들고 직접 목적어에 밑줄을 긋거나 ○표를 해서 예시를 확인해야 한다.

알다시피, 교사는 다양한 방법으로 학생들의 개념학습을 평가할 수 있고, 각각의 방식은 학생의 이해에 대한 여러 가지 정보를 제공한다. 독창적인 예시들을 확인하거나 제공하는 것이 가장 효과적이겠지만, 다른 형식의 평가와 결합하여 사용한다면 학생들의 이해 상황을 보다 완벽하게 파악할 수 있을 것이다.

### 비판적 사고능력 평가

개념획득 모형을 사용할 때, 학습자들의 비판적 사고능력을 평가하는 것이 개념 자체에 대한 이해도를 평가하는 것보다 훨씬 중요할 것이다. 이런 평가를 지필형식으로 하기는 어렵지만, 불가능한 것은 아니다. 예를 들어 다음 문제를 보자.

---

당신에게 다음과 같은 예들을 제시하였다.

| 예시 | 비예시 |
|------|--------|
| 36   | 5      |
| 81   | 111    |

다음과 같은 가설들이 목록에 열거되어 있다.

두 자리 숫자
합성수(소수가 아닌 수)
완전 제곱근
3의 배수

1. 모든 가설이 타당합니까? 예/아니요(하나에 동그라미 치시오). 설명하시오.

_____

_____

_____

2. 당신에게 두 개의 예시를 더 제시했습니다. 따라서 목록은 다음과 같이 나타납니다.

| 예시 | 비예시 |
|------|--------|
| 36   | 5      |
| 81   | 111    |
| 49   | 45     |

어떤 가설들이 타당합니까? 그리고 어떤 가설이 제거되어야 합니까?
각각의 경우를 설명하시오.

_____

_____

_____

이 문제에서 알 수 있듯이, 학생들은 가설들을 평가하기 위해 두 자리 숫자, 합성수, 완전 제곱근, 3의 배수를 이해하고 있어야 한다. 비판적 사고는 지식 없이 존재하지 않으며, 내용에 대한 이해도를 동시에 측정하지 않고는 비판적 사고에 대한 평가는 불가능하다.

## 요약

### 개념획득 모형의 학습목표

- 개념획득 모형은 이미 경험한 개념에 대한 학생들의 이해를 심화시키고 정교하게 하기 위해 고안되었다. 개념획득 수업은 학생들이 인접 개념에 대한 이해를 심화할 수 있도록 한다.
- 개념획득 모형은 학생들이 비판적 사고를 연습하고, 특히 과학적 방법을 사용하여 맥락 속에서 가설을 검증하는 연습을 해볼 수 있도록 고안된 유일한 모형이다.

### 개념획득 모형을 이용한 수업계획

- 교사들은 개념을 확인하고 개념의 예시나 비예시를 만들거나 발견함으로써 개념획득 모형을 위한 수업준비를 할 수 있다.
- 예시와 비예시에 대한 확인이 끝난 후, 교사들은 학생들이 가설검증을 하는 데 있어서 최대한의 연습을 할 수 있도록 예시들을 나열하는 것이 수업계획의 마지막 단계이다.

**개념획득 모형을 사용한 수업실행**

- 학습자들이 주로 개념획득 모형에 친숙하지 않기 때문에, 그 모형을 소개하기 위해서 그들에게 친숙한 주제를 사용하는 것이 효과적이다. 특히 어린 학생들에게는 더욱 효과적이다.

- 개념획득 모형을 사용할 때, 교사가 예시나 비예시를 제시함으로써 수업이 시작된다.

- 학생들이 가설을 만들고, 그런 다음 다른 예들을 제시하고, 다른 예들을 이용해서 가설들을 분석하고, 하나의 가설이 남을 때까지 가설검증을 계속한다.

- 그 개념과 속성이 정의되고, 관련 개념과의 연관성을 찾은 후 수업이 끝난다.

**다양한 학습환경에서의 개념획득 모형 적용**

- 어린 학생들을 대상으로 한 개념획득 활동은 주제와 예시를 구체적으로 제시하며 비예시의 강조점을 줄이면서 사용될 수 있다.

- 학생들의 사전지식을 신중히 고려하고 모둠학습을 증가시키는 것은 문화 소수자들을 대상으로 한 개념획득 수업에 효과적이다.

- 개념획득 II모형은 학생들이 가설을 검증하기 위해 교사가 제공한 목록에서 전략적으로 예시를 선택하는 변형된 형태이다.

- 개념획득 III모형은 학생들이 그들 스스로 예시를 만들고 가설을 검증하기 위한 보다 발전된 수정 형태이다.

- 공학은 학생들이 개인별 맞춤식으로 개념획득 활동에 참여하는 학습 프로그램을 만들기 위해 사용될 수 있다.

**개념획득 활동의 학습평가**

- 개념획득 모형을 사용할 때, 교사들은 학생들의 비판적 사고능력뿐 아니라 개념에 대한 이해도를 평가한다.

- 교사들은 학생들에게 개념을 정의하도록 하고, 개념의 속성을 확인하도록 하고, 인접 개념과 개념 사이의 관계를 확인하도록 하거나, 개념의 독특한 예시를 만들어 보게 함으로써 개념에 대한 이해도를 평가할 수 있다.

- 학생이 개념의 독특한 예시를 확인하거나 만들어 보도록 하는 것은 학생의 개념 이해를 평가하는 데 가장 효과적인 방법이다.

- 교사들은 학생들에게 추가 예시들을 제공하고 학생들이 가설들을 분석하게 함으로써 비판적 사고를 평가할 수 있다. 사고의 평가는 항상 내용 이해도의 평가와 동시에 이루어진다.

# 주요 개념

개념도(Concept mapping)
과학적 방법(Scientific method)
개념획득 모형(Concept attainment model)

비판적 사고(Critical thinking)
자기조절(Self-regulation)
초인지(Metacognition)

# 연습 문제

1. 다음 목록에 나타난 내용 목표들을 보고, 어떤 것이 개념획득 모형을 이용해 가르치기에 적당한가? 적당하지 않은 것에 대해서는 왜 그런지 설명하시오.

   a. 영어교사가 학생들이 **동명사**를 이해하기를 원한다.

   b. 초등학교 교사가 학생들이 **부드러움(soft)**을 이해하기를 원한다.

   c. 과학교사가 학생들이 왜 기울인 평면에서 굴린 커피 캔 두 개가 다른 속도로 굴러내려 가는지 이해하기를 원한다.

   d. 과학교사가 학생들이 혼화 가능 유채(섞일 수 있는 액체와 기체)를 이해하기를 원한다.

   e. 문학교사가 학생들이 Poe가 작품을 쓸 때의 시대적인 기간을 알기를 원한다.

---

Michele Scarritt 선생님은 학생들에게 가설검증 능력을 배양하기 위한 연습을 시키려고 한다. 이 과정에서 연습을 제공하기 위해서, 그녀는 개념 **캐이나인**(canine)에 중점을 둔다. 그녀는 학생들과 개념획득 활동을 여러 번 해왔다. 그래서 학생들은 이것을 '생각하는 게임'이라고 여기면서 이 과정에 아주 익숙하고 좋아한다.

그녀가 잡지에서 여러 동물과 식물 사진을 잘라 포스터 종이에다 붙인다.

"오늘 우리는 다른 개념획득 활동을 해볼 겁니다. 선생님이 여러분을 위해서 아주 좋은 걸 생각하고 있어요." 그녀가 학생들에게 소개하는 과정이다. "여러분은 이걸 생각해야 해요. 그래서 제가 지금 여러분이 어떻게 할지 정말 궁금해요."

"우리를 이길 수 없을걸요, 선생님. 우리가 다 맞혀 볼게요." 학생들이 말한다.

"우리는 ……" Michele 선생님이 웃으며 계속한다. "자, 시작합니다." 그녀는 예시로 독일산 셰퍼드 사진을, 비예시로 오크 나무를 보여준다.

1. "전 선생님이 뭘 생각하시는지 알아요." Mary가 말한다. "**동물**이에요."

2. "**애완동물**일 수도 있어요." Tabatha가 덧붙인다.

3. "전 포유류라고 생각해요." Phyllis가 끼어든다.

4. "자, 그 가설들을 잠깐 보도록 하죠." Michele 선생님이 가설들을 칠판에 쓴다. "우리는 같이하고 있다는 걸 확인하고자 해요. Phyllis, 어떻게 포유류라고 생각했니?"

5. "독일산 셰퍼드는 개예요, 그리고 개는 포유류예요."

6. "좋아요." Michele 선생님이 고개를 끄덕인다. "그리고 저는 우리 모두가 Mary와 Tabatha가 **애완동물**과 동물을 어떻게 생각했는지 다 알 거라고 생각해요. 계속해서 자료를 더 보도록 해요." 그녀가 콜리개(예시)와 매그놀리아 나무(비예시)를 보여준다.

7. "저는 **개**라고 생각해요." Judy가 말한다.

8. "좋아요, 그걸 칠판에 적도록 합시다. 자, 좀 더 해봅시다." Michele 선생님이 말한다. 그리고는 비글개(예시)와 시아 미스 고양이(비예시)를 보여준다.

9. "**애완동물**은 아니에요." 캐시가 빨리 말한다. "왜냐하면, 시아미스 고양이가 비예시이고, 그건 애완동물이에요."

10. "**동물**하고 **포유류**도 아니에요." Mike가 주지한다. "왜냐하면 고양이는 동물이고 포유류이니까요."

11. "계속합시다." Michele 선생님이 말한다. 그러고 나서, 그녀는 여우(예시)와 표범(비예시)을 보여준다.

12. "단순히 **개**는 아니에요." Don이 단언한다. "아마도 **갯과 동물**일 거예요."

13. "다른 사진을 보여줄게요." Michele 선생님이 이렇게 말하고 나서, 늑대(예시) 사진을 보여준다.

14. "**갯과 동물**이 틀림없어요." Denny가 말했다. "모든 예시가 **갯과 동물**이라는 생각을 지지해요."

15. Michele 선생님이 덧붙인다. "우리는 **갯과 동물**을 뭐라고 부르죠?" 아무런 대답이 없자, 그녀가 말한다. "**갯과 동물**을 '캐이나인'이라고 불러요."

16. 그러고 나서 Michele 선생님이 제안한다. "자, 이 예시 사진들을 봅시다. 그리고 공통점이 뭔지 봅시다."

17. "모두 다리가 네 개 있어요." Shoron이 주지한다.

18. "짖어요." Ann이 덧붙인다.

19. "날카롭고 튀어나온 이빨을 가지고 있어요." Jimmy가 말한다.

20. "털이 있어요." Jane이 말한다.

Michele 선생님이 반 학생들이 '캐이나인'에 대한 정의를 만들 수 있도록 도우면서 수업을 계속 진행한다. 그리고 나서 그들에게 몇 개의 그림을 더 보여주곤 학생들에게 그것들이 '캐이나인'인지 아닌지를 구분하도록 했다.

---

위의 일화로부터의 정보를 이용해서, 다음의 질문에 대해 답하시오.

a. 개념을 나타내는 모든 예시를 확인하시오.

b. 위 일화에 나타난 개념의 모든 특징을 확인하시오.

c. 위 일화에서 가설을 설명하는 모든 진술을 확인하시오.

d. Michele 선생님의 예 나열법이 개념획득 활동에서 어떻게 학생들의 사고능력 개발에 기여했는지 설명하시오.

e. Michele 선생님은 학생들이 이미 획득한 개념을 보다 풍부하게 하기 위해서 무엇을 할 수 있었는가?

f. Michele 선생님이 개념획득 활동의 절차를 그대로 따르지 않은 것은 무엇인가?

g. 위 일화 중 어디에서 Michele 선생님이 학생들의 사고 과정들을 분명하게 만들었는가?

## 토론 문제

1. 만약 예시만 사용한다면 개념획득 활동은 어떻게 될 것인가? 비예시만을 사용한다면 어떠한가? 예시와 비예시 최적의 혼합은 무엇인가?

2. 개념획득 활동에서 인접한 개념을 비예시로 사용하면 어떤 이점들이 있는가? 또 어떤 단점들이 있을 수 있는가? 그리고 이 단점들을 최소화하기 위해서 무엇을 할 수 있는가?

3. 교사가 학생들에게 질문을 하고 기다리는 시간이 학생들의 답변의 질에 있어서 결정적으로 영향이 있고 중요하다고 밝혀졌다(Rowe, 1986). 개념획득 활동에서는 기다리는 시간이 얼마나 중요한가? 또 언제 기다려야 하는가?

4. 학급에서 다양한 학생들과 개념획득 활동을 수행할 때, 보통 잘 참여하지 않는 학생들도 완전히 수업에 관여하게 된다. 그 이유는 무엇인가?

5. 교과과정 중 어느 부분에서 개념획득 활동을 위한 적절한 예를 제시하기가 가장 어려운가? 또 어느 부분에서 가장 쉬운가? 왜 그렇게 생각하는가?

6. 개념획득 Ⅰ, 개념획득 Ⅱ, 개념획득 Ⅲ모형을 어떤 순서로 학생들에게 소개해야 하겠는가? 학생들이 그 세 개의 다른 전략들의 유사점과 차이점을 이해할 수 있도록 하기 위해서 무엇을 할 수 있겠는가?

7. 개념획득 Ⅰ, 개념획득 Ⅱ, 개념획득 Ⅲ모형을 비교했을 때, 교실에서 수행하기에 가장 쉬운 것은 어느 것인가? 또 가장 어려운 것은? 그리고 가장 준비를 많이 해야 하는 것은 어느 것인가?

8. 개념획득 Ⅱ와 개념획득 Ⅲ모형에서 개발된 비판적 사고를 어떻게 평가할 수 있겠는가?

# 통합적 수업모형

| 개요 | 학습목표 |
|---|---|
| **통합적 수업모형의 학습목표**<br>■ 조직화된 지식체계 : 사실, 개념, 일반화 간의 관계<br>■ 비판적 사고개발 | 1. 통합적 수업모형을 활용하여 효과적으로 가르칠 수 있는 내용의 유형을 확인한다. |
| **통합적 수업모형을 사용한 수업계획**<br>■ 주제 확인하기<br>■ 학습목표 상세화하기<br>■ 제시자료 준비하기<br>■ 공학과 교수 : 통합적 수업모형에서 데이터베이스의 활용<br>■ 질문 구체화하기<br>■ 수업 범위 | 2. 통합적 수업모형을 사용하여 수업을 계획할 수 있다. |
| **통합적 수업모형을 이용한 수업실행**<br>■ 1단계 : 확산단계<br>■ 2단계 : 인과관계 설정단계<br>■ 3단계 : 가설설정단계<br>■ 4단계 : 정리 및 적용단계<br>■ 단계 계열화하기<br>■ 학습동기 증진을 위한 통합적 수업모형의 이용<br>■ Judy 선생님의 수업에 대한 비판 | 3. 통합적 수업모형을 이용하여 수업을 실행할 수 있다. |
| **학습환경에 따른 통합적 수업모형 적용**<br>■ 다양성 탐색 : 배경이 다양한 학생들을 위한 통합적 수업모형의 이용<br>■ 효율성 증진을 위한 기존 자료의 활용<br>■ 토론수업 중 행렬표 개발 | 4. 다양한 나이와 학습환경에 있는 학생들을 위해 통합적 수업모형을 수정하여 적용할 수 있다. |
| **통합적 수업모형에서의 학습평가**<br>■ 내용 이해에 대한 평가<br>■ 비판적 사고능력 평가<br>■ 학습 증진을 위한 평가 활용<br>■ 통합적 수업모형에 대한 비판 | 5. 통합적 수업모형을 통해 가르친 내용에 대한 학생들의 이해를 평가할 수 있다. |

중학교 사회교사 Judy Holmquist 선생님은 학생들이 미국 여러 주의 지리와 경제 간의 관계를 이해하기를 원한다.

선생님은 수업을 계획하면서 '작년과 다른 방식으로 접근해야겠어. 작년에 자세하게 설명하였는데도 학생들은 여전히 지루해했어. 이제 새 수업방법이 얼마나 효과적인지 봐야겠다.'고 생각한다.

선생님은 새로운 생각을 실천하기 위해 학생들에게 교과서와 인터넷을 통해 플로리다, 캘리포니아, 뉴욕, 알래스카의 지형과 이 주들의 지역 경제에 관한 정보를 탐색하여 수집하게 한다.

학생들은 수집한 정보를 제출하면서 선생님이 미리 교실 앞면에 게시해 놓은 커다란 차트에 내용을 채워 넣는다. 다음은 완성된 차트의 일부이다. (학생들이 차트의 내용을 어떻게 채워 가는지는 이후에 Judy 선생님의 수업을 상세하게 소개하면서 제시될 것이다.)

| | 지형 | 경제 |
|---|---|---|
| 플로리다 | 해안 평야<br>플로리다 고지대<br>허리케인 시즌<br>난류<br><br>　　　　 습도　 온도<br>12월　 69　 1.8″<br>3월　 72　 2.4″<br>6월　 81　 9.3″<br>9월　 82　 7.6″ | 감귤 산업<br>관광 산업<br>어업<br>임업<br>목축업 |
| 캘리포니아 | 해안 산악지대<br>작은 폭포들<br>시에라네바다 산맥<br>샌트럴 밸리<br>사막<br><br>　　　　 습도　 온도<br>12월　 54　 2.5″<br>3월　 57　 2.8″<br>6월　 66　 T<br>9월　 69　 .3″ | 감귤 산업<br>포도 농원<br>어업<br>임업<br>TV/할리우드(영화 산업)<br>관광 산업<br>기술집약 산업 |

Judy 선생님은 학생들이 모둠을 중심으로 각 주들의 지형과 경제활동에서의 유사점과 차이점 및 지형과 경제활동이 관계되는 이유를 찾고 지리적 환경이 달라진다면 경제활동이 어떻게 변할지도 알아보도록 하는 것으로 수업을 시작한다. 선생님은 학생들이 지형과 경제 간의 관계에 대해 일반화하도록 도와주는 것으로 수업을 마무리한다.

Judy 선생님은 수업에서 통합적 수업모형을 사용하였다. **통합적 수업모형**(integrative model)은 학생들이 비판적 사고기능을 연습하는 동시에 조직화된 지식체계를 깊이 이해할 수 있도록 도와주기 위해서 설계된 수업모형이다. (조직화된 지식체계에 대해서는 뒤에서 상세하게 논의한다.)

통합적 수업모형에서는 사실, 개념 또는 일반화가 행렬표 또는 지도나 세분화된 위계표 같은 여타의 조직 형식으로 제시하고, 학생들로 하여금 특정 패턴과 인과관계를 찾아내도록 한다. 여타 모형들과 마찬가지로 통합적 수업모형도 학습자는 이미 조직화된 형식의 내용을 암기하는 것이 아니라 자신의 이해를 구성한다는 관점에 기초하고 있다. 이 모형을 효과적으로 활용하기 위해서는 노련한 발문과 노련하게 학생들의 사고를 유도하는 기술이 필요하다.

이제 조직화된 지식체계와 통합적 수업모형의 학습목표에 대해 논의해 보자.

## 통합적 수업모형의 학습목표

통합적 수업모형은 학생들이 상호의존적인 두 목적에 도달하도록 돕기 위해 설계된다. 첫 번째는 목표는 학생들이 조직화된 지식체계에 대한 심층적 이해를 구성할 수 있도록 돕는 것이고, 두 번째 목표는 학생들의 비판적 사고능력의 발달을 돕는 것이다. 이 목표에 대해 살펴보자.

### 조직화된 지식체계 : 사실, 개념, 일반화 간의 관계

바로 앞에서 Judy 선생님이 사실, 개념, 일반화 및 이들 간의 관계가 결합된 주제인 **조직화된 지식체계**(organized body of knowledge)(Eggen & Kauchak, 2010)를 가르치는 수업사례를 간단히 소개하고 논의하였다. 이를 실제 맥락과 연결시켜 이해하기 위해 하이쿠, 은유 또는 과일과 같은 다른 주제들에 대해 생각해 보자. 예를 들어, 하이쿠는 세 가지의 분명한 속성, 즉 (1) 감정을 표현하고, (2) 자연에 대한 주제를 포함하며, (3) 1행은 5음절, 2행은 7음절, 3행은 5음절인 세 개의 문장으로 구성된다는 속성을 지닌 시의 한 형태이다. 은유나 과일도 구체적인 속성을 가진 개념이다. "열이 가해질수록 분자운동은 빨라진다."라는 일반화를 생각해 보자. 이 일반화도 분명하게 정의되어 있다. 이 일반화는 열과 분자운동의 빠르기 간의 관계를 진술하고 있다.

　Judy 선생님이 가르친 주제는 이들에 비해 구체적이지도 않으며 분명하게 정의되어 있지도 않았다. 예를 들어, Judy의 수업에서 4개 주의 월 평균온도와 같은 사실, 지형, 경제 및 산업과 같은 개념 그리고 주가 더 북쪽에 위치할수록, 월 평균기온이 더 낮아질 것이라는 일반화를 다루었다.

　Judy 선생님 수업의 목표는 학생들이 특정 사실이나 개념 또는 일반화를 기억하는 것이 아니라 이들 간의 관계를 찾아내어 이해하고, 설명하며, 다른 가능성(가설)에 대해서도 생각하는 것이었다.

　학교에서 가르치는 내용 중에는 조직화된 지식체계가 많이 있다. 예를 들어, 지리교사들은 Judy 선생님의 경우처럼 브라질, 아르헨티나, 베네수엘라의 기후, 문화, 경제를 서로 비교하는 것 같이 세계 여러 국가의 특징을 비교한다. 영어교사는 Faulkner, Fitzgerald와 Hemingway의 작품을 비교한다. 생명과학교사는 몸의 구조와 기능의 차이를 비교한다. 어린 학생을 가르치는 교사는 여러 유형의 지역사회 봉사자들을 서로 비교하거나 계절별 음식, 옷, 여가활동을 비교한다. 이외에도 다음과 같은 주제들이 조직화된 지식체계의 예로 들 수 있다.

- 건강—균형 잡힌 식사와 불균형한 식사의 비교
- 미술—시대에 따른 미술 양식의 비교
- 음악—바로크, 낭만주의, 고전음악의 비교
- 역사—독립전쟁 이전의 북부와 남부지역 식민지 정착 비교
- 수학—여러 가지 방정식과 각각의 방정식의 그래프 그리고 실생활에서 볼 수 있는 예의 비교
- 화학—원소의 전자 구조의 패턴

이러한 주제들은 모두 사실, 개념, 일반화를 하나의 조직화된 지식체계로 결합하려는 것이며, 교사는 이들 간의 관계를 학생들이 이해하기를 바란다.

### 비판적 사고개발

통합적 수업모형을 사용할 때 두 번째 학습목표는 학생들의 비판적 사고를 개발하는 것이다. 비판적 사고를 개발하려면 패턴을 찾고, 그에 대해 설명하고, 가설을 세우고, 일반화하고, 증거를 기록하는 연습이 필요하다. 이 책에서는 내용목표를 달성하는 것과 비판적 사고를 개발하는 것은 상호의존적임을 강조하고 있다. 학습자들은 주제에 대한 심층적 이해를 구성함과 동시에 비판적으로 사고하는 것을 연습한다. 교사는 학생들이 비판적 사고를 의도적으로 그리고 체계적으로 연습할 수 있도록 돕는다.

두 목표는 상호의존적이어야 한다. 불행하게도, 비판적 사고를 촉진하는 학습활동을 위한 시간은 거의 없으며, 그 결과 학생들은 비판적 사고를 잘하지 못한다(Willingham, 2007). 학생들은 비판적 사고활동을 거의 연습하지 않았기 때문에 이것은 놀랄 일이 아니다.

다행히 교사들은 조금만 연습하면 이 과정을 배울 수 있다. 먼저, 이 접근에서는 교수는 말해 주는 것이 아니라 안내하는 것이라는 사고의 전환이 필요하다. 이와 더불어 교사는 Judy 선생님의 경우처럼 학생들이 분석할 때 사용할 수 있는 정보도 제공해야 한다. 안내된 발견수업의 예시에서 볼 수 있듯이, 정보는 학생들이 지식을 구성하기 위해 사용할 경험이 된다. 교사가 이런 일을 어떻게 계획하는지를 함께 살펴보자.

## 통합적 수업모형을 사용한 수업계획

통합적 수업모형을 사용한 수업계획의 단계는 이 책에 소개된 다른 모형과 유사하다. 다만, 이 모형에서는 내용목표에 따라 수업계획이 달라질 수 있고 비판적 사고가 강조된다는 점에서 다른 모형들과 다소 다르다. 수업계획의 단계에 대한 개요가 그림 7.1에 제시되어 있으며, 이어서 이에 대해 논의한다.

### 주제 확인하기

모든 수업모형에서 수업계획은 일반적으로 주제를 확인하는 것으로부터 시작된다(Eggen & Kauchak, 2010). Judy 선생님의 수업주제는 지형과 경제의 관계로 조직화된 지식체계 −지역의 지형과 경제 간의 관계−에 관한 것이었다. 주제는 표준 교육과정, 교과서, 교육과정 지침 그리고 학생이나 교사 자신의 관심사를 비롯한 그 밖의 다른 원천으로부터 선정될 것이다. 주제가 조직화된 지식체계와 관련된 경우에는 통합적 수업모형이 효과적으로 사용될 수 있다.

### 학습목표 상세화하기

주제를 확인하고 나면 교사는 학생들이 주제에 대해 이해하길 바라는 것을 정확하게 결정해야 한다. 그 결정이 내용목표로 구체화된다.

**내용목표**  조직화된 지식체계는 개념이나 일반화의 명백한 속성이나 관계에 의해 정의되지 않기 때문에 통합적 수업모형에서는 내용목표를 구체화할 때 세심한 주의가 요구된다. 결론적으로 교사는 학생들이 알고, 이해하고, 기억하기를 원하는 관계를 분명하게 인

| **그림 7.1** | 통합적 수업모형을 사용한 수업계획

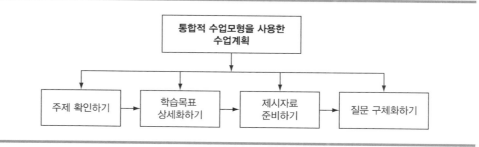

식하고 있어야 한다. Judy 선생님 수업의 경우, 그녀가 학생들이 4개 주 각각의 지형과 경제 간의 관계를 이해하길 원한다는 것을 아는 것만으로는 수업계획을 세우기가 어렵다. Judy 선생님은 자신이 원하는 것은 학생들이 "감귤 산업은 아열대 기후에서 번창한다.", "광산은 평원보다 산이 많은 지형에서 발달한다."와 같은 구체적인 관계라는 것을 인식하고 있어야 했다. 학생들은 정보에 접하면서, 교사가 예상하지 못했지만 바람직한 일반화를 우연히 확인할 수도 있다. 그러나 이러한 일반화나 설명, 혹은 가설들을 미리 확인하는 것은 수업이 보다 활발하고 원활하게 진행되도록 한다.

**비판적 사고를 위한 계획**    비판적 사고를 위해 계획하는 것은 일차적으로 인식의 문제이다. 모형의 실행단계에는 학생들이 증거에 입각하여 패턴을 발견하고, 설명하며, 가설을 설정하는 것이 포함된다. 이런 과정을 통하여 학생들의 비판적 사고기능이 발달된다. 학생들의 비판적 사고발달을 목표로 설정한 교사는 자신이 정보에서 찾아내고 싶은 마음을 참는 것은 물론 발문을 통하여 학생들이 패턴을 확인하도록 조장할 수 있는 기회를 마련하고 싶은 마음은 더더욱 참을 것이다.

이에 대해서는 모형실행에 대한 논의에서 상세히 다룰 것이다.

## 제시자료 준비하기

주제와 목표가 확인되면, 학생들이 내용목표에 도달하기 위하여 분석할 수 있는 정보를 준비해야 한다. Judy 선생님의 수업사례에서 보았듯이, 자료는 일반적으로 표 형식으로 조직된다. 다른 예로는 어린 학생을 위해 설계된 표 7.1의 행렬표를 들 수 있다. 교사는 학생들이 개구리와 두꺼비의 유사점과 차이점을 알기를 원하고 있다. 표 7.1에서 보듯이, 행렬표에는 글과 그림이 결합되어 있다. 발달수준을 고려할 때, 어린 학생들에게는 추상적 아이디어에 대한 구체적인 예가 필요하기 때문에, 이들에게는 행렬표에 그림을 포함시키는 것이 효과적이다.

나이 많은 학생들을 위한 행렬표의 예가 표 7.2에 제시되어 있다. 사회교사 Tony Horton 선생님은 이 수업에서 학생들이 "이주자들은 더 나은 삶을 찾기 위해 이주하는 경향이 있다.", "이주집단이 새로운 문화와 밀접히 관련되어 있을수록, 더 빠르게 동화된다."와 같은 이주자 집단에 대한 일반화를 형성하기를 원했다. 표 7.2는 학생들이 이러한 일반화를 형성하도록 돕기 위해 만든 행렬표이다.

각각의 예시에서, 행렬표는 둘 이상의 구성요소가 서로 다른 차원에서 비교되도록 조직되어 있다. 예를 들어, Judy 선생님의 수업에서 구성요소는 플로리다, 캘리포니아, 뉴욕, 알래스카이고 차원은 지형과 경제이다. 표 7.1에서 구성요소는 개구리와 두꺼비이고 차원

| 표 7.1 | 개구리와 두꺼비 비교 행렬표

| 두꺼비 | 특징 | 먹이 | 서식지 |
|---|---|---|---|
| 넓고 평평한 등<br>동작이 느림<br>꼬리가 없음 | 알  올챙이<br>검은색<br>짧은 뒷다리<br>울퉁불퉁한 피부<br>피부에 독이 있음 | 지렁이<br>곤충<br>거미 | 수중<br>육지 |

| 개구리 | 특징 | 먹이 | 서식지 |
|---|---|---|---|
| 좁은 등<br>동작이 빠름<br>꼬리가 없음 | 알  올챙이<br>다양한 색<br>긴 뒷다리<br>매끄러운 피부<br>피부 속에 독이 있음 | 곤충<br>거미<br>지렁이 | 수중<br>육지<br>나무 위 |

은 특징, 먹이, 서식지이다. 이주집단 예에서는 구성요소가 이탈리아인, 중국인, 푸에르토리코인, 쿠바인이고 차원은 이주 사유, 특징, 동화이다. 비교되는 구성요소의 수는 교사의 판단과 학습목표 및 학생의 발달수준을 고려하여 결정된다. 예를 들어, Judy 선생님의 수업에선 네 가지 구성요소가 비교되었지만, 표 7.1에서는 두 구성요소—개구리와 두꺼비—만 비교되었다. 일반적으로 학생이 어릴수록 행렬표의 구성은 덜 복잡하다.

미국의 주, 개구리와 두꺼비, 혹은 여러 이주집단과 같이 밀접하게 관련된 개념만 비교되어야 하는 것은 아니다. 예를 들어, 교사는 외골격 동물이 내골격 동물보다 작다는 사실을 보여주기 위하여 학생들로 하여금 절지동물과 포유류를 비교하도록 할 수도 있다.

비교될 구성요소와 비교가 이루어지는 차원에 대한 결정은 교사가 하거나 학생이 할 수 있으며 또 교사와 학생이 연합하여 할 수도 있다. 예를 들어, Judy 선생님과 학생들은

| 표 7.2 | 수집 정보가 정리된 행렬표

| | 이주 사유 | 특징 | 동화 |
|---|---|---|---|
| 이탈리아인 | 작은 농장만으로 가족을 부양하기 어려움<br>대지주가 국가 통제<br>인구의 증가<br>척박한 토지, 관개수로의 부족, 나무로 된 쟁기<br>작은 공장, 빈약한 산업<br>높은 과세<br>아메리칸 드림 | 다수가 빈곤 계층<br>종교 : 가톨릭<br>대가족<br>긴밀한 가족 구조<br>다수가 농민<br>대부분이 영어를 읽거나 쓰지 못함<br>이민 2세대는 영어를 빨리 배움 | 1세대는 교회 학교와 어울리지 않음<br>2세대는 집을 떠나 뉴욕에서 '작은 이탈리아'를 이룸<br>2세대는 '미국화'됨 |
| 중국인 | 많은 인구<br>군사 지도자가 국가 통제<br>높은 과세<br>경작의 실패<br>식량 부족<br>미국에서의 고임금 보장 | 초기에 노동자로 많이 미국에 감<br>종교 : 유교<br>대부분이 영어를 읽고 쓰지 못함<br>많은 사람이 전통적 관습 유지<br>긴밀한 가족 구조<br>영어 학습이 느림 | 초기에는 구직자인 남자들이 공동생활<br>주요 도시에 '차이나 타운'을 형성<br>1868~1890년까지 많이 유입<br>타인과 사회적 교류를 거의 하지 않음<br>많은 인구가 미 서부에 분포<br>전통적 관습 고수 |
| 푸에르토리코인 | 인구 증가<br>공장 극소수<br>좁은 토지<br>미국의 가까이에 위치<br>미국의 '유복한 삶'에 대한 소개<br>1917년 미국 시민이 됨 | 다수가 저소득자<br>종교 : 가톨릭<br>대가족<br>대부분이 영어를 읽고 쓰지 못함<br>이민 2세대는 영어를 빨리 배움<br>긴밀한 가족 구조 | 대다수가 1940년대에서 1950년대에 유입<br>뉴욕에 '스페인계 할렘' 형성<br>대다수가 미 북동부에 거주<br>처음에는 교회, 후에는 공립학교에 취학<br>2세대 '미국화'됨 |
| 쿠바인 | 바티스타 강의 범람<br>카스트로의 집권<br>쿠바로 돌아올 기회 보장 | 다수가 고소득자<br>종교 : 가톨릭<br>긴밀한 가족 구조<br>대부분이 영어를 읽고 쓰지 못함<br>플로리다의 남부에서는 정치적으로 힘이 있음<br>플로리다에서는 경제적으로 우세함<br>이민 2세대는 영어를 빨리 배움 | 대다수가 1960년대에 유입<br>대다수가 플로리다 남부에 거주<br>미국의 정치에 빨리 적응<br>미국 사업관행에 빨리 적응 |

서로 협력하여 플로리다, 캘리포니아, 뉴욕, 알래스카를 비교할 구성요소로 결정했다. 그러나 초등학교 교사는 단독으로 두꺼비와 개구리를 공부하기로 결정하고 생김새, 먹이, 특징, 서식지를 조사할 차원으로 정했다. Tony 선생님은 이민자에 관한 수업에서 이주 사유, 특징, 동화를 비교할 차원으로 결정했고 구성요소인 이민자 집단은 학생과 협력하여 구체적으로 선정했다. 행렬표의 설계와 구성에 학생들을 참여시킬 것인지의 여부도 교사의 결정에 달려 있으며, 도달하려는 학습목표와 시간과 정보에 대한 접근과 같은 전략적 관심 사항에 기초하여 결정될 것이다.

**자료 수집** 행렬표의 구성요소와 차원이 정해지면, 다음 단계인 실제적 자료 수집으로 넘어간다. 자료는 안내된 발견모형이나 개념획득 모형에서 사용되는 예시와 같은 기능을 한다. 자료는 학생들이 주제에 대한 지식을 구성하기 위해 사용하기 위한 가공되지 않은 상태여야 한다. 자료 수집에는 세 가지 방법이 있다.

- 행렬표의 각 칸에 들어갈 자료의 수집을 개인에게 분담시킬 수도 있고 2~3명 구성된 모둠별로 할당하는 방법이 있다. 정보를 조사하고 조직하는 것을 학습하는 것이 수업 목적의 일부라면 이 방법을 선택할 수 있을 것이다. 학생들은 자신이 직접 정보를 수집할 때 더 많은 시간과 노력을 투자하며 관심과 학습동기도 더 높아지는 경향이 있다.
- 학생들로 하여금 일부 자료를 수집하게 하고, 교사가 여기에 부가적으로 자료를 첨가하는 방법이 있다. Judy 선생님이 이 방법을 활용했다. 이런 방법을 통하여 학생의 관심과 학습동기를 조장할 수 있을 뿐 아니라 학습목표 달성에 반드시 필요한 정보를 포함시킬 수도 있다. 이 방법은 고학년 담당교사들이 가장 많이 사용한다.
- 교사가 완전한 행렬표를 준비하는 방법도 있다. 이 방법은 시간이 절약되고 행렬표의 내용이 바로 내용목표 달성과 연결된다는 장점이 있다. 이 방법의 단점은 학생이 자료를 구성하는 과정에 참여하지 못하기 때문에 결과적으로 주제에 대한 흥미가 떨어질 수 있다는 것이다. 그렇지만 어린 학생들의 경우에는 이 방법이 가장 효과적일 때가 많다.

자료를 모으고 조직하는 과정에 너무 많은 시간을 소비하는 것처럼 보일 수 있으며, 초기에는 교사 혼자서 모든 준비를 해야 할 수도 있다. 그러나 1차 정보 수집에서 학생들의 도움을 받는다면 준비시간을 줄일 수 있으며, 자료가 한 번 수집되면 컴퓨터에 저장하였다가 다음에 그 주제를 가르칠 때 신속하게 수정하여 사용할 수 있을 것이다. 그러므로 처음에 준비하는 것은 힘들지만, 한 번 행렬표가 준비되고 나면, 이후의 준비시간은 최소화될 것이다. 이제 효과적인 자료 제시 방법을 살펴보자.

**효과적인 자료 제시**　자료는 다양한 방법으로 제시될 수 있지만, 다른 방법보다 효과적인 방법들이 있다. 두 가지 지침이 이 과정에 도움이 된다. 첫째, 가능한 한 정보를 있는 그대로 제시한다. 이렇게 함으로써, 학생들이 정보를 분석하고 비판적 사고를 연습할 기회를 제공할 수 있다. 이것이 불가능하다면, 차선책으로 일반화를 세분하여 연속으로 제시하거나 세분된 일반화와 사실을 혼합하여 제시하는 것이다. 범위가 넓은 일반화를 제시하는 것은 별로 좋은 선택이 아니다. 예를 들어, 표 7.2의 행렬표를 다시 살펴보고 표 7.3의 것과 비교해 보자. 표 7.3의 정보는 이미 범위가 넓은 일반화 형식으로 제시되었기 때문에, 학생들이 자료를 분석하고 일반화할 기회가 줄었다. 사고와 심층적 이해 간의 상호의존성을 활용하기 위해서는 학생들에게 학습하고 있는 주제에 대해 생각하고 분석할 기회가 필요하다. 이 기회를 줄이는 것은 학생들이 학습에서 매우 중요한 심층적 이해는 물론이고 비판적 사고능력을 발달시킬 가능성을 줄이는 것이다.

　　둘째, 학생들이 행렬표의 한 부분의 정보를 다른 부분의 결론에 증거로 사용할 수 있을 정도의 **충분한 자료**를 제시한다. 예를 들어, 표 7.1을 다시 보면서, 교사가 학생에게 "왜 개구리와 두꺼비가 같은 먹이를 먹는다고 생각하나요?"라고 질문했다고 가정하자. 학생은

| 표 7.3 | 확장된 일반화를 포함한 행렬표

| 이주 사유 | 특징 | 동화 |
|---|---|---|
| **이탈리아인**<br>경제적 문제<br>정치적 문제<br>인구과잉 | 사회경제적 지위가 낮음<br>종교적 | 비교적 빠른 동화 |
| **중국인**<br>인구과잉<br>경제적 기회<br>정치적 문제 | 사회경제적 지위가 낮음<br>종교적 | 비교적 느린 동화 |
| **푸에르토리코인**<br>인구과잉<br>경제적 기회 | 종교적<br>사회경제적 지위가 낮음 | 비교적 빠른 동화 |
| **쿠바인**<br>정치적 문제 | 사회경제적 지위가 높음 | 비교적 빠른 동화 |

행렬표에서 이 둘은 유사한 서식지에서 산다는 것을 알 수 있다. 만약 서식지 차원이 제시되지 않았다면, 학생들은 질문에 대한 답을 하거나 결론에 대한 증거를 제시하기 위하여 행렬표를 사용할 수 없었을 것이다.

표 7.2의 행렬표에도 동일한 종류의 정보가 담겨 있다. 이 행렬표에 근거하여 이루어질 수 있는 Tony 선생님과 학생들 간의 대화를 보자.

**교사**　　우리가 만든 행렬표를 다시 봅시다. 다른 이주집단에 비해 중국인은 늦게 동화되었다고 되어 있죠. 여러분은 왜 그렇다고 생각했나요?

**Christine**　중국 문화가 …… 다른 문화에 비해서 많이 달라요.

**교사**　　중국 문화가 다른 문화에 비해 많이 다르다는 어떤 증거가 행렬표에 있나요?

**Christine**　중국인의 종교인 것 같아요. 이탈리아인, 푸에르토리코인, 쿠바인은 대부분 미국인처럼 가톨릭이지만, 중국인들은 유교가 많아요.

**Estella**　행렬표에서도 알 수 있듯이 중국인 이주집단의 영어학습 속도도 다른 나라 이주집단보다 느려요.

이주집단의 종교나 영어학습 속도에 대한 정보가 행렬표에 제시되지 않았다면, 학생들은 관찰 가능한 자료에 근거한 증거를 제시하지 못했을 것이다. 학생들이 관찰을 통하여 반응들을 연결시키고 입증할 수 있을 정도의 충분한 정보를 행렬표에 포함시키는 것이 매우 중요하다. 통합적 수업모형을 사용한 수업실행에 대해 논의할 때 이 과정을 보다 상세하게 살펴볼 것이다.

## 공학과 교수 : 통합적 수업모형에서 데이터베이스의 활용

공학은 교사가 자료를 준비하고 저장하기 위해 사용할 수 있는 도구의 하나이다. 공학을 사용하는 가장 효과적인 방법 중 하나는 **데이터베이스**를 활용하는 것이다. 데이터베이스란 사용자가 정보를 저장하고, 조직하고, 조작하는 것을 가능하게 하는 컴퓨터 프로그램으로, 문자자료와 숫자자료를 모두 포함한다. 예를 들어, 사회교사는 학생들이 대통령 관련자료를 만들도록 할 수 있다. 이 자료는 대통령의 출생일과 출생지, 거주지, 가족 배경, 키와 몸무게, 종교, 취미, 정당, 당선 이전의 직업, 최종 학력, 사망 당시 나이, 사망 원인 등의 개인적 자료에 포함된다. 또한 대통령 임기 동안에 일어난 세계적 사건이나 역사가들에 의해 검증된 중요한 성취들도 자료가 될 수 있다. 학생들은 직업, 가족 배경, 거주지 등의 요소에서 존재하는 패턴을 찾을 수 있을 것이다. 다른 예시로, 생명과학교사는 학생들에게 나무에 관한 데이터베이스를 만들도록 할 수 있다. 이 자료에는 나무의 종류, 색깔, 잎의 너비, 나무의 크기, 나무가 발견되는 지역, 나무의 이용 형태 등이 포함된다.

| 표 7.4 | 태양계에 관련된 정보의 행렬표

| 이름 | 이름의 기원 | 지름 (miles) | 태양으로부터의 거리(miles) | 1년의 길이 (궤도) | 하루의 길이 (자전) | 지구비교 중력 |
|---|---|---|---|---|---|---|
| 태양 | 로마의 태양신 Sol | 865,000 | | | | |
| 수성 | 로마신의 전령 Mercury | 3,030 | 35,900,000 | 88지구일 | 59지구일 (반시계방향) | 0.38 |
| 금성 | 로마의 사랑과 미의 여신 Venus | 7,500 | 67,200,000 | 225지구일 | 243지구일 (반시계방향) | 0.88 |
| 지구 | 로마 대지의 어머니 Terra Mater | 7,900 | 98,000,000 | 365$\frac{1}{4}$일 | 24시간 (반시계방향) | 1 |
| 화성 | 로마 전쟁의 신 Mars | 4,200 | 141,500,000 | 687지구일 | 24$\frac{1}{2}$시간 (반시계방향) | 0.38 |
| 목성 | 로마 신 중의 왕 Jupiter | 88,700 | 483,400,000 | 12지구년 | 10시간 (반시계방향) | 2.34 |
| 토성 | 로마 수확의 신 Saturn | 75,000 | 914,000,000 | 30지구년 | 11시간 (반시계방향) | 0.92 |
| 천왕성 | Saturn의 아버지, Jupiter의 할아버지인 로마 신 Uranus | 31,566 | 1,782,400,000 | 84지구년 | 24시간 (반시계방향) | 0.79 |
| 해왕성 | 로마 바다의 신 Neptune | 30,200 | 2,792,900,000 | 165지구년 | 17시간 (반시계방향) | 1.12 |

(계속)

　세 번째 예시로, 표 7.4에 제시된 태양계와 관련된 데이터베이스를 살펴보자. 여기에는 행성의 지름, 태양으로부터의 거리, 평균온도, 1년과 하루의 길이, 지구와 비교한 중력 등의 내용이 포함된다. 이러한 데이터베이스는 풍부한 분석의 기회를 제공한다. (이 장의 연습 문제 12번에 이 데이터베이스에 있는 정보를 검토하는 과제가 제시되어 있다.)

　이 장에서 지금까지 예시되었던 행렬표들도 일종의 데이터베이스이다. 컴퓨터 기반 데이터베이스가 가진 중요한 장점은 전통적인 행렬표보다 자료들을 손쉽게 저장하고 조작할 수 있다는 것이다. 예를 들어, 화성 탐사와 관련된 정보는 조직방법이나 저장방법에 상관없이 화성에 관한 여타 자료와 함께 자동적으로 저장된다. 그리고 데이터베이스가 일단 구축되면, 이후 수업을 위한 준비시간이 현저히 짧아진다.

| **표 7.4** | 태양계에 관련된 정보의 행렬표 (계속) |

| 이름 | 위성 | 평균 표면 온도(°F) | 다른 특징 |
|---|---|---|---|
| 태양 | | 10,000 | 태양은 항성이다. 지구의 항성이다. 매우 크며 타고 있는 가스의 공 모양이다. 지구는 태양으로부터 100만 마일 이상 떨어져 있어야 적합하다. 태양의 중력은 8개 행성의 궤도를 일정하게 유지하도록 한다. 태양은 행성들에게 빛과 열을 제공한다. |
| 수성 | 0 | 영하 300°에서 영상 800 | 대기와 물이 없다. 분화구가 많다. |
| 금성 | 0 | 평균 900 | 대기는 보통 이산화탄소와 독성 유황산으로 이루어져 있다. 물이 없다. 가장 밝은 행성이다. 가장 뜨거운 행성이다. 사막이다. 강한 번개와 섬광이 있다. 두꺼운 구름이 대기를 뒤덮고 있다. 강한 바람이 분다. |
| 지구 | 1 | 평균 57 | 대기는 78%의 질소와 21%의 산소, 1%의 다른 가스로 이루어져 있다. 물이 표면의 70%를 덮고 있다. 식물, 동물, 사람이 살고 있다. |
| 화성 | 2 | 평균 영하 67 | 대기는 얇은 이산화탄소로 이루어져 있다. 물이 없다. 극에 얇은 막이 있다. 주황빛 하늘이다. 자주 먼지 폭풍이 일어난다. 붉은 암석으로 되어있다.(붉은 행성) 생명체가 없는 듯 보인다. 지구인의 첫 번째 우주 식민지이다(?). |
| 목성 | 16 또는 이상 | 평균 영하 162 | 수소와 헬륨, 암모니아로 대기가 구성되어 있다. 물이 없다. 색의 띠(band)가 있다. 대적점(허리케인)이 있다. 엷은 수평 고리가 있다. 거대한 번개가 있다. |
| 토성 | 21 또는 이상 | 평균 영하 208 | 수소와 헬륨으로 대기가 구성되어 있다. 물이 없다. 최소한 4개의 기울어진 수평 고리가 있다. 대체로 가스덩어리이며, 자욱하다. 노란색의 옅은색 띠가 있다. 대부분이 가스다. 작은 고체 핵이 있다. |
| 천왕성 | 15 또는 이상 | 평균 영하 355 | 수소와 헬륨으로 대기가 구성되어 있다. 물이 없다. 녹색 빛이다. 최소한 9개의 수직 고리가 있다. 아마 물에 뜰 것이다. |
| 해왕성 | 2 또는 이상 | 평균 영하 266 | 수소와 헬륨으로 대기가 구성되어 있다. 물이 없다. 파란색 띠가 형성되어 있다. |

※ 지구일(다른 천체상의 시간을 환산하는 데에 쓰이는 지구상의 24시간의 하루), 지구년(1년을 365일 기준으로 한 시간)

## 질문 구체화하기

특히 통합적 수업모형을 처음으로 사용하는 경우에는 수업계획의 마지막 단계에서 수업시간에 물어볼 질문을 구체화해야 한다. 특히 도입 초기에는 이 모형을 적용하는 것이 복잡하고 많은 노력이 요구된다. 따라서 수업의 각 단계에서 질문할 사항들을 미리 생각하여 계획을 세우고, 더 나아가 수업계획서에 적어두는 것이 좋다. 통합적 수업모형을 사용하는 데 익숙해짐에 따라, 이런 질문을 하는 것이 거의 자동화될 것이고, 미리 계획을 세울 필요성도 줄어들 것이다.

### 수업 범위

어떤 수업은 개구리와 두꺼비의 유사점과 차이점을 분석하는 것처럼 한 차시로 구성될 수도 있다. 반면에, 태양계에 대한 정보를 담고 있는 방대한 데이터베이스는 몇 차시나 심지어 한 단원 전체에 걸쳐 진행될 수도 있다. 이런 경우에 학생들이 첫 차시에는 도표의 첫 부분을 분석하도록 하고, 둘째 차시에는 두 번째 부분을 분석하도록 하는 식으로 분석해 나가도록 안내할 수 있다. 수업 범위는 학습목표와 도표에 포함된 정보의 양에 따라 결정된다. 일반적으로 학생이 어릴수록, 수업 범위는 좁아지는 경향이 있다.

## 통합적 수업모형을 사용한 수업실행

주제를 정하고, 학습목표를 구체화한 후 자료를 수집하여 행렬표를 조직화하였다면, 이제 수업을 시작할 준비가 되었다. 통합적 수업모형을 사용한 수업실행은 학생들의 사고와 학습동기를 증진시키기 위한 전략을 강조하는 네 단계로 이루어진다. 표 7.5에 실행단계들이 간단히 소개되어 있으며 여기에서는 이들을 구체적으로 살펴볼 것이다.

    이제 각 4단계를 살펴보고 Judy 선생님이 어떻게 이 단계들을 실행에 옮겼는지 보자.

### 1단계 : 확산단계

1단계에서 학생들의 분석이 시작된다. 이 단계에서 학생들은 자료를 기술하고, 비교하고, 패턴을 찾는다. 이 단계에서 교사는 학생들이 자료에 익숙해지고 자료분석을 시작하도록

| 표 7.5 | 통합적 수업모형을 사용한 수업실행의 단계

| 단계 | 설명 |
| --- | --- |
| **1단계 :** 확산단계 | 학습자는 자료를 기술하고, 비교하고, 패턴을 찾는다. |
| **2단계 :** 인과관계 설정단계 | 학습자는 유사점과 차이점에 대한 설명을 한다. |
| **3단계 :** 가설설정단계 | 학습자들은 다른 조건에서 일어날 결과에 대한 가설을 설정한다. |
| **4단계 :** 정리 및 적용단계 | 학습자들은 학습한 내용을 일반화한다. |

돕는다. 1단계는 다음의 두 가지 중 한 가지 방법으로 시작한다.

- 학생들로 하여금 행렬표의 칸에 주의를 기울이도록 하고 정보를 관찰하고 기술하도 록 한다.
- 학생들로 하여금 둘 이상의 칸에서 유사점과 차이점을 찾아내도록 한다.

이 두 가지 시작방법은 모두 개방적 방법이며, 개방적 질문의 이점을 활용하고 있다. 개방적 질문들은 딱딱한 분위기를 누그러뜨리고, 학생들의 성공을 보장하며, 신속하고 용이하게 많은 질문을 함으로써 성취를 증진하는 한 요인인 학생의 참여를 촉진한다 (Good & Brophy, 2008).

행렬표의 어느 지점에서 시작할 것인지는 판단의 문제이다. 대부분의 사람은 왼쪽 상 단부터 읽기 시작하는 습관이 있기 때문에, 일반적으로는 왼쪽 가장 위 칸부터 시작된다. 그러나 반드시 왼쪽 상단부터 시작해야 할 필요는 없다. 모든 지점이 학습에 효과적일 수 있다.

한 칸(또는 한 행)에 소요하는 시간 역시 판단의 문제이다. 대부분의 교사는 학생들에 게 한 번에 한 칸씩만 관찰하고 비교하게 하거나 이 칸 저 칸을 오가며 관찰하거나 비교 하게 하지는 않을 것이지만, 수업 속도를 저해할 정도로 차트의 어느 한 부분에 지나치게 많을 시간을 소비하게 하지도 않을 것이다.

교사는 첫 열의 정보를 기술하거나 첫 행의 정보들을 둘째 행, 셋째 행을 비교해 나가 는 방식으로 행렬표의 모든 정보를 검토해 나갈 것이다.

Judy 선생님이 이 단계를 어떻게 실행했는지 살펴보자.

Judy 선생님은 이 단계에 상당히 많은 시간을 들였다. 그 이유는 통합적 수업모형에 대한 학생들의 경험이 많지 않고, 처음에는 유사점과 차이점을 확인하는 것에 대한 확신 이 다소 부족했기 때문이다. 이는 놀라운 일이 아니다. 그동안 학생들은 특정 답이 옳은 지 여부나 사실적 정보의 회상이 요구되는 질문을 받는 경우가 많았다. 그래서 학생들에 게는 개방형 질문에 대해 대답하는 것에 편안해지는 데 얼마간의 시간이 필요하다.

흥미로운 것은 Judy 선생님의 수업을 촬영한 동영상에 있는 이 단계의 영상을 보면 Judy 선생님이 학생들에게 행렬표의 지형 정보를 비교하게 했을 때(1단계임), 학생들이 대답하려는 시도가 현저히 증가되었다는 것이다. 학생들은 이 과정에 빠르게 적응하였으 며, 결과적으로 수업 참여도도 높아졌다.

**정보 기록**  학생들이 정보를 분석해 갈 때, 교사는 일반적으로 학생들이 관찰하거나 비교 한 사항을 칠판이나 실시간 영상기록기(document camera)에 기록한다. 이런 사항들은 학생들이 앞으로의 분석을 위한 참조물을 제공한다. Judy 선생님은 학생들이 기술, 유사점과 차이점을 발표하면, 그것을 칠판에 기록했다. 이와 같은 공개적인 기록이 없었다면 학생들은 분석할 때 중요 사항의 일부를 잊어버릴 수도 있으며, 결과를 완벽하게 이해하지 못할 수도 있을 것이다. 정보 기록과정은 일반적으로 2, 3, 4단계에서도 계속된다.

---

수업 시작종이 울리자, Judy 선생님은 학생들이 지난 이틀에 걸쳐 만들어서 교실 앞면에 걸어 놓은 행렬표에 주목하도록 한다. 선생님은 주(州)들에 관한 정보에서 유사점과 차이점을 찾아내야 한다고 알린 다음 학생들을 두 명씩 짝짓게 하고 "짝꿍과 같이 이 표의 지형 부분에서 볼 수 있는 차이점과 유사점을 각각 세 가지씩 작성하세요."라는 말로 수업을 시작한다.

　Judy 선생님의 표는 다음과 같다.

　학생들의 활동이 시작되자, 선생님은 교실을 돌아다니며 학생들의 질문에 대답을 해주고 간단한 힌트를 제시한다.

　몇 분 후, 선생님은 학생들이 제자리로 돌아가게 한다. "여러분 모두 활동을 열심히 했어요. 좋아요. 준비가 된 것 같군요."

| | 지형 | | | 경제 |
|---|---|---|---|---|
| **플로리다** | 해안 평야<br>플로리다 고지대<br>허리케인 시즌<br>난류<br><br>　　　　**습도**　**온도**<br>12월　　69　　1.8″<br>3월　　72　　2.4″<br>6월　　81　　9.3″<br>9월　　82　　7.6″ | | | 감귤 산업<br>관광 산업<br>어업<br>임업<br>목축업 |
| **캘리포니아** | 해안 산악지대<br>작은 폭포들<br>시에라네바다 산맥<br>샌트럴 밸리<br>사막<br><br>　　　　**습도**　**온도**<br>12월　　54　　2.5″<br>3월　　57　　2.8″<br>6월　　66　　T<br>9월　　69　　.3″ | | | 감귤 산업<br>포도 농원<br>어업<br>임업<br>TV/할리우드(영화 산업)<br>관광 산업<br>기술집약 산업 |

| | | |
|---|---|---|
| 뉴욕 | 대서양 연안 평원<br>뉴잉글랜드 고원<br>애팔레치아 산맥 고원<br>애디론댁 산맥<br><br>            **습도**    **온도**<br>12월    37     3.9〞<br>3월     42     4.1〞<br>6월     72     3.7〞<br>9월     68     3.9〞 | 채소<br>어업<br>사과<br>임업<br>제조업<br>오락/TV<br>금융중심 |
| 알래스카 | 로키 산맥<br>브룩스 산지<br>팬핸들 지역<br>산맥들 사이의 고원<br>나무가 없는 섬<br>난류 | 광업<br>어업<br>사냥<br>임업/산림<br>석유/알래스카 파이프라인<br>관광 산업 |

Judy 선생님이 표를 가리키며 "그러면 시작해요, Jackie."라고 말한다.

"음, 플로리다를 제외한 모든 지역에는 산맥이 있습니다."

Judy 선생님은 "그래요. 플로리다를 제외한 모든 지역에는 산맥이 있네요."라고 학생의 말을 반복하며 칠판의 '유사점' 란에 그 정보를 쓴다.

"또 다른 것은 어떤 것이 있나요 …… Jeff?"

"모두 해안을 끼고 있어요."

"좋아요. 또 다른 것은 어떤 것이 있나요? …… Missy?"

"뉴욕과 플로리다는 모두 해안 평야가 있어요."

수업은 몇 분 동안 계속 유사점을 확인하며 진행된다. 그리고 나서 Judy 선생님이 "차이점에는 어떤 것이 있나요? …… Chris?"

"온도 차이가 커요."

"맞아요. …… John?"

"기후대가 달라요."

"알래스카는 평균 기온이 영하인 유일한 지역입니다." Kiki가 끼어든다.

"Carnisha, 덧붙일 말이 있나요?"

"알래스카를 제외한 모든 지역은 겨울에 4〞 미만의 온도를 유지합니다." Carnisha가 덧붙여 말한다.

학생들이 몇 가지의 차이점을 더 말한 후에, Judy 선생님이 "이제 덧붙일 것이 없나요? 더 추가할 것이 있는 학생 있어요?"

잠시 뒤에 선생님이 "이제, 경제 칸을 보세요. 방식은 같습니다. 3분 동안 유사점과 차이점을 각각 경제란에서 찾아 기록하세요."라고 한다.

학생들은 다시 그룹으로 돌아가고, Judy 선생님은 방금 했던 방식으로 학생들을 관찰한다.

학생들의 활동이 끝난 후, 선생님은 학생들에게 경제란의 정보를 바탕으로 유사점과 차이점에 대해 발표하도록 한다.

## 2단계 : 인과관계 설정단계

인과관계 설정단계는 학생들이 1단계에서 찾아낸 유사점과 차이점을 설명하려 할 때 시작된다. 즉, 학생들은 정보에서 가능성 있는 인과관계를 찾는다. 이러한 시도는 교사가 가르친 조직화된 지식체계에서 추가적인 연결고리들을 더 만들어 내며, 학생들이 정보에 있는 연관점들을 이해할 수 있도록 도와준다. 일반적으로, 인과관계 설정단계에서의 질문은 "왜⋯⋯?"로 시작된다. 예를 들어, Judy 선생님의 행렬표를 바탕으로, "왜 감귤 산업이 플로리다와 캘리포니아에서는 발전했지만, 뉴욕이나 알래스카에서는 발전하지 않았을까요?" 또는 "왜 알래스카에서는 광업이 발달했지만, 다른 3개의 주(州)에서는 발견되지 않을까요?" 등의 질문을 할 수 있다.

　Judy 선생님이 수업에서 이 단계를 어떻게 실행했는지 살펴보자.

---

학생들이 행렬표의 지형 행과 관련된 비교를 모두 마치고 난 후, Judy 선생님은 "아주 좋아요. 이번에는 지형과 경제를 연결시킬 수 있는지 살펴봅시다. 예를 들어, 왜 모든 주(州) 경제의 중요한 부문이 어업일까요? ⋯⋯ John?"이라는 말로 수업의 방향을 바꾼다.

　"4개 주(州)가 모두 해안가에 있어요."

　"왜 임업이 중요 산업일까요? ⋯⋯ 좋아요. Jeremy?"

　Jeremy가 "네 지역 모두 사막이 없습니다. 그렇기 때문에 나무가 많습니다."라고 대답한다.

　"그렇다면 기후는 어떤가요?"

　"네 지역 모두 적절한 온도를 가지고 있습니다. 그리고 토양 ⋯⋯ 나무가 살아갈 수 있을 만큼 충분한 비가 옵니다."

　선생님이 미소 지으며 "잘했어요. Jeremy."라고 말한다. 선생님은 "다시 도표를 살펴볼까요. 캘리포니아와 플로리다에서는 감귤 산업이 발달했어요. 왜 그럴까요?"

　Jackie가 망설이며 "⋯⋯ 기후 때문입니다."라고 대답한다.

　"좋아요. 어떤 기후가 감귤 사업에 적합할까요? ⋯⋯ Tim?"

　"⋯⋯ 습한 아열대 기후요."

　"습한 아열대 기후라는 게 무슨 말이에요? ⋯⋯ 계속해 보세요."

　Tim이 잠시 생각하고 나서 "⋯⋯ 여름이 길고 습해요 ⋯⋯ 그리고 겨울은 짧고 따뜻해요."라고 대답한다.

　Judy 선생님이 계속하여 "이번에는 관광 산업에 대해 살펴보도록 해요. 왜 각 지역은 모두 관광 산업이 발달했을까요? 좋아요. Lance?"라며 이어간다.

　"모두가 널리 펼쳐 있기 때문이에요. 네 주(州)는 각각 미국의 네 모퉁이에 있어요. 그리고 이들은 좋은 계절이 서로 달라요."

---

　Judy 선생님 수업에서 학생들은 처음에 다소 정교하지 못한 분석을 했다. 이것은 학생들의 발달수준 때문이며, 나이 많은 학생들도 일반적으로 행렬표의 정보를 설명하는 경험을 많이 하기 전에는 피상적으로 결론 내릴 것이다. 그렇지만 경험이 쌓이면서 결론을 정교화하는 학생들의 능력이 빠르게 향상될 것이고, 교사는 학생들의 통찰력에 놀라게 될 것이다.

통합적 수업모형에 익숙해짐에 따라 인과관계 설정단계에서의 질문은 1단계에서 이루어진 관찰과 비교에서 나오는 자연스러운 산물이 될 것이다. Judy 선생님의 수업을 예로 들어 보자. 예를 들어, "왜 각 주(州)에서는 어업이 중요한 활동이 되었나요?" 그리고 "임업이 왜 중요한가요?"같은 질문은 1단계에서 어업과 산림이 네 주(州) 경제의 중요한 원천이라는 것을 관찰한 학생으로부터 거의 자동적으로 이어졌다.

그렇지만 모든 비교가 자동적으로 '설명 가능한' 것은 아니다. 이 문제에 대해 살펴보자.

**설명 가능한 비교** 1단계와 2단계는 밀접한 관련이 있고 매끄러우면서도 편안하게 1단계에서 2단계로 이행되긴 하겠지만, 이행을 효과적으로 관리하기 위해서는 교사의 판단이 필요하다. 예를 들어, Judy 선생님의 수업에서, Jackie는 "플로리다를 제외한 모든 지역에는 산이 있어요."라고 말했다. 이런 비교는 본질적으로 '설명 불가능'하며, 이에 대해 "왜 플로리다는 산이 없는 유일한 지역이니?"라고 질문하는 것은 무의미하다. 플로리다에 산이 없는 '이유'를 묻는 것은 "왜 중력이 물체를 땅에 떨어지게 하니?"라고 묻는 것과 별반 다르지 않다. 이는 중력의 한 특징을 기술한 것일 뿐이며 쉽게 설명되지 않는다.

이와는 대조적으로, 학생들에게 각 주(州)에서 어업이 경제의 중요한 부문인 이유를 묻는 것은 분명히 '설명 가능'하며, 이는 지형과 경제가 관계있다는 것을 구체적으로 보여주고 있다. 학생들은 주(州)가 해안에 있으며, 어업은 분명히 경제의 원천이란 것을 쉽게 알 수 있을 것이다.

학생들에게 정보분석을 안내할 때, 교사는 타당하게 설명될 수 있는 비교와 패턴을 인식하고 학생들에게 설명하도록 한다. 이때 '설명 불가능한 비교'는 단순한 비교로 남겨둔다.

통합적 수업모형의 다른 측면들도 마찬가지지만, 설명 가능한 비교를 인식하는 것은 조금만 연습하면 어려운 일이 아니다.

## 3단계 : 가설설정단계

3단계는 학생들의 정보분석 능력이 더 진전하는 단계이며 2단계에서 바로 발전된다. 이 단계의 질문은 학생들에게 가설적으로 사고할 것을 요구하며, 일반적으로 "만약 ~라면 어떻게 될까요?" 또는 "~을 보고 우리는 무엇을 예상해 볼 수 있나요?"와 같은 식으로 시작된다. 이런 질문들은 학생들이 새로운 정보에 대해 보다 깊이 생각하고 새로운 상황에 이를 적용할 기회를 제공한다. 예를 들어, 다음은 Judy 선생님이 3단계에서 했던 몇 가지 질문이다.

"만약 해안가에 위치하지 않았더라면 플로리다의 경제는 어떻게 달라졌을까요?"

"미국 중부에 위치한 캔자스 주(州)의 경제는 어떨까요?"

"플로리다가 더 북쪽에 위치했다면 경제는 어떻게 달라졌을까요?"

이외에도 가능한 예시들이 많다. 이 단계에서 편안하게 질문할 수 있기 위해서는 연습하는 길밖에 없다.

### 4단계 : 정리 및 적용단계

4단계인 정리 및 적용단계에서, 학생들은 관계를 확장시켜 일반화한다. 또 학생들은 학습 내용을 요약하고 나서 이해한 것을 새로운 상황에 적용한다. 일반화는 수업이 끝난 후에 학생들에게 기억되어 있기를 기대하는 '큰 아이디어'란 점에서 학생들이 이 단계에서 일반화하는 것은 매우 중요하다. 학생들은 수업 중에 토론한 내용 전부를 기억할 수는 없지만, 일반화를 통하여 모든 정보를 자신이 이해하는 형식으로 요약하여 기억한다.

Judy 선생님은 이 단계를 어떻게 실행했는지 살펴보자.

---

Lance가 각 주(州)가 좋은 계절이 서로 다르기 때문에 관광 산업이 발달했다고 말하고 난 뒤, Judy 선생님이 "잘했어요. Lance."라고 고개를 끄덕이며 말한다.

이어서 선생님은 "좋아요. 이 지역들의 기후가 경제에 어떤 영향을 미쳤는지 간단하게 요약해 보세요."라고 한다.

Judy 선생님은 학생들에게 짝끼리 함께 활동할 시간을 2분 정도 주고 나서, "이제 여러분이 생각한 것을 말해 볼까요. Braden부터 시작할까요?"라고 말한다.

"그 지역에 산맥이 있다면, 농장을 조성하기 어려워요."라고 Braden이 말한다.

"좋아요. 또 다른 것이 있나요? …… Becky?"

"기후가 작물 재배에 영향을 미쳐요."

"그래요. 기후가 그 지역의 작물 재배에 영향을 미쳐요. 마지막 내용이 무엇이었죠?"

학생들이 Judy 선생님의 안내에 따라, 지역의 기후가 경제 양상을 결정짓는 주요 요인이라는 것을 보여주는 요약문을 작성한다. 이어서 적용을 위하여 Judy 선생님은 학생들에게 미국의 지형도에서 몬태나 주와 텍사스 주를 찾도록 한 다음에 이 두 주의 경제에 어떤 유사점과 차이점이 있을 것으로 생각하는지를 문장으로 요약하도록 한다.

---

Judy 선생님은 수업에서 몬태나 주와 텍사스 주의 경제에 대해 논의하지 않았다. 선생님은 학생들이 캘리포니아, 알래스카, 뉴욕, 플로리다의 지형과 경제에 대한 분석을 토대로 몬태나와 텍사스의 경제에 대해 결론 내리기를 기대했다. 선생님은 학생들이 두 지역 모두 넓고 평평한 평원을 가지고 있기 때문에 농업이 중요한 경제 원천이라는 점을 제안하길 기대했다. 그리고 서부지역은 큰 산맥이 많기 때문에, 서부에 위치한 몬태나의 주요 산업은 산림업과 광업인 반면, 주요 산맥지대가 아닌 텍사스는 그렇지 않다는 결론을 학생들이 내리기를 기대했다.

## 단계 계열화하기

단계는 순서대로 제시되어 있고, Judy 선생님도 제시된 순서에 따라 수업을 진행했다. 대부분의 교사도 1단계부터 시작하여 2단계, 3단계, 4단계의 순서로 수업을 진행하겠지만, 항상 그래야 되는 것은 아니다. 단계는 위계적이지 않으며 엄격한 순서가 있는 것도 아니다. 예를 들어, 교사는 1단계의 비교에서 바로 3단계의 가설설정으로 넘어간 다음 다시 1단계로 돌아와 학생들에게 비교하도록 할 수도 있다. 3단계의 가설설정 능력이 있는 학생에게 2단계의 설명을 요구할 필요는 없다. 수업 순서는 학습목표와 학생의 반응에 따라 달라질 수 있다. 예를 들어, 학생이 각 주(州)에서 어업이 주요 산업이라고 말했을 때, Judy 선생님은 학생에게 "만약 그 주(州)가 서쪽이나 동쪽 해안가에 위치하지 않았다면 어땠을까요? 경제에 어떻게 영향을 미쳤을까요?"라고 질문했다. 이 질문은 2단계를 건너뛰어 바로 3단계로 넘어간 것이다. 교사가 제시된 순서대로 학생들을 안내할 것인지의 여부는 개인적 판단의 문제이다.

## 학습동기 증진을 위한 통합적 수업모형의 이용

지금까지 수업실행의 단계들을 살펴보았다. 이제 통합적 수업모형이 참여, 성공 및 도전의 동기효과와 유능감 증진에 대한 지각을 어떻게 이용할 수 있는지에 대해 알아볼 때가 되었다. 수업실행의 각 단계에서 학생들의 참여가 크게 조장되며, 특히 1단계는 개방적이므로 학생들은 이 단계에서 성공감을 경험한다. 2단계의 인과관계에 대한 설명과 3단계의 가설설정은 학생들의 도전의식을 자극하며, 4단계에서 수업내용과 실생활이 어떻게 연결되는지 아는 것은 학생, 심지어 수업에 열심히 참여하지 않는 학생에게도 세상이 어떻게 돌아가는지를 이해하게 되었다는 느낌을 준다. 이런 느낌은 동기를 크게 높일 수 있다. 예를 들어, 지형이 어떻게 지역 경제에 영향을 미치는지를 이해하는 것은 학생들 자신이 살고 있는 지역의 경제를 이해하는 데 도움이 되며, 학습내용을 개인화하는 것은 학습동기 촉진을 위해 중요하다.

통합적 수업모형에서는 협력학습의 이점도 이용될 수 있다. 예를 들어, Judy 선생님은 학생들에게 행렬표에 포함된 정보를 수집할 때 같이하도록 하였으며, 잘 조직된 집단 작업은 학습자의 참여와 동기를 증진시킬 수 있다(Schunk, Pintruch, & Meece, 2008). 게다가 제시된 표에서 자신의 노력의 산물을 보았을 때 학생들은 정보에 대한 관심이 높아진다. 이는 주제에 대한 내재적 흥미를 증진시킬 수 있다. 이러한 이유로 특히 고학년 학생들의 경우는 행렬표에 제시될 정보를 얼마간이라도 책임지고 수집하게 하는 것이 중요하다.

마지막으로 전체학습 형태로 수행했어도 효과적일 수 있었음에도 불구하고, Judy 선생님은 학생들이 행렬표의 지형과 경제 행에서 유사점과 차이점을 함께 찾도록 함으로써 협동의 동기화 효과를 이용하였다. 모든 학생, 특히 중학생은 친구들과의 상호작용을 통하여 동기화된다.

## Judy 선생님의 수업에 대한 비판

수업을 완벽하게 하는 교사는 없다. 그리고 수업을 반성하고 더 효과적인 방법을 숙고하는 능력은 교사의 반성과 발달에 반드시 필요하다. 더 나아가 수업모형이 구체적으로 제시되는 경우에도 교사가 모형을 있는 그대로 실행하는 경우는 매우 드물다. 이를 염두에 두면서 보다 효과적인 수업을 위하여 선생님이 할 수 있었던 일에 대해 생각해 보자. Judy 선생님의 수업계획이 그림 7.2에 제시되어 있다.

첫째, 각 주(州)에 대한 정보가 더 있었으면 도움이 되었을 것이다. 예를 들어, 미국의 상세 지형도가 더 제공되었다면, 학생들이 행렬표를 더 유의미하게 구성할 수 있는 정보

---

**| 그림 7.2 | Judy 선생님의 수업계획**

---

**주제:**
지형과 경제 간의 관계

**목표:**
지형이 그 지역의 경제에 영향을 미치는 것을 이해할 수 있다.

**수업 절차:**

**1단계:**
학생들에게 행렬표의 지형 행에서 유사점과 차이점을 찾도록 한다.
학생들에게 행렬표의 경제 행에서 유사점과 차이점을 찾도록 한다.

**2단계:**
학생들에게 지형 행과 경제 행에서 찾은 유사점과 차이점에 대해 설명하게 한다.
질문 예:
각 주(州)에서는 왜 어업이 주요 산업이 되었을까?
지형이 각양각색인 주에서는 왜 임업이 주요 산업이 되었을까?

**3단계:**
해안가에 위치하지 않았더라면 주(州)의 경제는 어떻게 달라질까?
캔자스나 네브래스카와 같이 중부에 위치한 주에서는 어떤 산업이 발달했을까?
플로리다가 더 북쪽에 위치했더라면 플로리다의 경제의 모습은 어떻게 되었을까?

**4단계:**
학생들에게 기후가 경제에 미치는 영향에 대해 문장으로 요약하도록 한다.
학생들에게 미국의 지형도에서 몬태나 주와 텍사스 주를 찾도록 하고 나서 두 주(州)의 경제에서 어떤 유사점과 차이점이 있을지를 문장으로 설명하게 한다.

---

를 제공할 수 있었을 것이다. Judy 선생님은 학생들에게 몬태나 주와 텍사스 주의 경제를 분석하게 할 때 지도를 제공하였다. 그래서 수업에서 쉽게 활용할 수 있었다.

각 주(州)의 대표적 사진들이 있었다면 학생들에게 더 도움이 되었을 것이고, 학생들이 더 정교하게 분석하도록 이끌 수 있었을 것이다. 예를 들어, 알래스카의 산맥 사진, 플로리다의 해변 사진, 캘리포니아의 센트럴 밸리 사진을 보여주는 것은 학생들의 주의를 집중시키고 흥미를 더 유발할 수 있었을 뿐만 아니라 추가적인 정보를 더 제공할 수 있었을 것이다. 사진자료는 인터넷에서 쉽게 내려 받아 파워포인트로 보여줄 수 있다. 이 작업은 시간이 조금 더 걸리긴 하지만, 이 파워포인트와 Judy 선생님이 사용했던 행렬표를 다음에도 사용한다면 다음 수업을 위한 준비시간은 훨씬 줄어들 것이다.

Judy 선생님 수업의 주된 강조점은 1단계에 있었고, 선생님은 이 단계에 가장 많은 시간을 할애했다. 이럴 경우에 어떤 한 단계에서 다음 단계로의 이행이 다소 불분명해지는 결과를 초래할 가능성이 있다. 앞으로 더 연습한다면, 단계 이행이 자동적으로 매끄럽게 이루어질 것이며, Judy 선생님도 앞으로 학생들이 2 · 3 · 4단계에서 보다 더 철저하게 분석하도록 안내할 수 있게 될 것이다.

처음으로 통합적 수업모형을 이용한 수업을 할 경우에는 수업을 계획할 때 각각의 단계에서 사용할 때보다 상세한 일련의 질문을 미리 준비해 두는 것이 좋다. 예를 들어, Judy 선생님은 수업계획을 세우면서 2단계에서 할 질문 2개와 3단계에서 할 질문 3개를 미리 준비했다. 이 모형에 익숙해질 때까지는 수업계획을 세우면서 단계별로 4~5개 정도의 질문을 생각해 두는 것이 수업에서 생각할 사항을 줄이는 데 도움이 된다. Judy 선생님도 이렇게 했더라면 좋았을 것이다.

마지막으로, Judy 선생님은 수업에서 필수 교수기술을 매우 잘 적용하였다. 학생들과의 상호작용과 수업의 정서적 분위기도 매우 긍정적이었다. 선생님은 체계적으로 수업을 조직하였다. 선생님은 수업을 시작하기 전에 행렬표를 제시하였고, 수업 시작종이 울리자 바로 시작했다. 선생님이 제시한 행렬표는 학생들의 주의를 효과적으로 집중시킬 수 있는 형태로 제공되었고, 사용한 언어는 매우 분명했다. Judy 선생님은 질문을 통하여 학생들을 수업에 적극 참여시켰고, 토론이 이루어지는 동안에는 학생들을 효과적으로 모니터하였다. 수업내용에 대한 상기가 충분히 이루어지지 않았고, 다소 정리를 서둘렀지만, 이는 수업 종료가 임박했기 때문이다. 이 점은 Judy 선생님이 다음부터는 보다 철저하게 검토해야 한다는 것을 시사하고 있다.

지금까지 통합적 수업모형을 사용한 수업실행에 대해 논의하고, Judy 선생님의 수업도 분석하였다. 이제 통합적 수업모형을 다양한 학습환경에 적용하는 방법을 살펴보도록 하자.

## 학습환경에 따른 통합적 수업모형 적용

이 책의 여타 모형과 마찬가지로, 모형을 다양한 학습맥락에 맞게 변형시키는 능력은 모형의 적용 가능성과 효과성 모두를 제고시킬 수 있다. 여기에서는 다음 세 가지 수업 환경에 따른 모형 변형 방안을 논의할 것이다.

- 학생 배경의 다양성에 따른 통합적 수업모형의 이용
- 기존 자료를 활용한 효율성 제고
- 토론 중 행렬표 개발

### 다양성 탐색 : 배경이 다양한 학생들을 위한 통합적 수업모형의 이용

다양한 배경의 학생—나이 어린 아동도 포함될 수 있다—들에게 통합적 수업모형 사용에는 세 가지 변형이 포함된다. 첫째, 행렬표 또는 다른 제시자료에 나이 많은 학생들이나 배경이 동질적인 학생들을 위한 행렬표에 들어 있는 것보다 시각자료를 더 포함시키는 방법이 있다. 예를 들어, 앞에 표 7.1을 다시 살펴보자. 이 표에는 개구리와 두꺼비에 대한 정보가 그림과 언어 두 가지 형식으로 제시되어 있다. 다른 예로, 초등학교 저학년들에게 제시된 표 7.6을 보자. 여기에는 모든 정보가 사실상 시각적으로 제시되어 있다. 어린 학생들과 다양한 배경의 학생들을 대상으로 통합적 모형수업을 성공적으로 실행하기 위해서는 조직화된 지식체계를 이런 방식으로 표현하는 것은 필수적이다. 왜냐하면 이런 방식은 학생들의 배경지식을 최소한으로 요구하기 때문이다.

둘째로, 다양한 배경의 학습자, 특히 어린 학습자들을 대상으로 이 모형을 적용할 때는 교사 혼자서 행렬표의 정보를 전부 또는 거의 대부분을 수집해야 할 가능성이 높다. Judy 선생님의 수업에서는 학생들이 행렬표에 포함된 정보를 수집했다. 그러나 Judy 선생님의 학생들은 9학년이었다. 예를 들어, 1학년 학생들은 아마도 표 7.6에 제시된 것과 같은 양질의 정보를 수집할 수 없을 것이다.

실제 사물을 접하거나 사람을 만난 후 교사가 학생들과 함께 행렬표를 만드는 경우도 있을 것이다. 예를 들어, 교사가 공동체 조력자들에 대한 수업을 하는 경우에 실제 소방관이나 경찰관을 손님으로 초대할 수 있다. 손님이 교실을 방문하고 간 후, 학생들에게 손님이 발표한 정보를 정리하도록 하고 행렬표로 조직하여 분석을 위한 기초로 활용할 수도 있을 것이다.

셋째, 다양한 배경의 학습자들을 대상으로 이 모형을 적용할 때, 각 단계에서의 토론이 보다 구체적이고 구조화되어야 한다. 이는 특히 어린 학생들의 경우에 더욱 중요하다.

| 표 7.6 | 겨울과 여름에 대한 정보를 담고 있는 행렬표

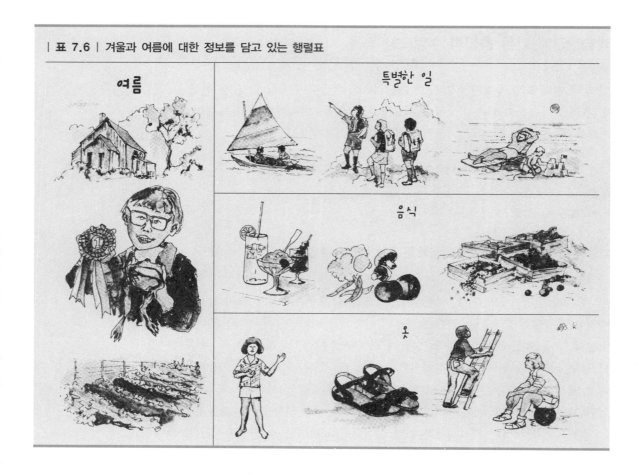

하나의 예로 1학년 교사인 Gina Davis 선생님과 학생들이 표 7.6의 정보를 기초로 대화한
내용을 보자.

| | |
|---|---|
| 교사 | 여름에 먹는 음식과 겨울에 먹는 음식이 어떻게 다른가요? ······ Alexandria? [1단계] |
| Alexandria | 여름에는 얼음을 넣은 음식을 먹어요. |
| Katrina | 겨울에는 뜨거운 걸 마셔요. |
| 교사 | 왜 겨울에 뜨거운 걸 마신다고 생각하나요? ······ Irvin?[2단계] |
| Irvin | 밖이 추워서요. |
| 교사 | 밖이 추운지 어떻게 알 수 있나요?[증거를 요구한다.] |
| Irvin | [대답이 없다.] |
| 교사 | 표를 보면 겨울에 밖이 춥다는 것을 알 수 있나요? |

| 표 7.6 | 겨울과 여름에 대한 정보를 담고 있는 행렬표 (계속)

| Irvin | [표를 가리키며] 코트를 입어요. |
|---|---|
| 교사 | 좋아요, Irvin. 겨울에 밖이 춥다는 걸 또 어떻게 알 수 있을까요 …… Monica? |
| Monica | 나무에 잎이 없어요. |
| 교사 | 1년 내내 따뜻한 곳인, 남쪽에 산다고 상상해 봐요. 겨울에 먹는 음식이 표에서 보는 것과 어떻게 달라질까요? …… Kaleb?[3단계] |
| Kaleb | 마시는 것이 뜨겁지 않을 거예요. |
| 교사 | 음식에 관해 우리가 배운 것은 무엇인가요? …… Rudy? |
| Rudy | 다른 음식을 먹는 거요. |
| 교사 | 어떻게 다른가요? …… Dante? |
| Dante | 추울 때는 따뜻한 음식을 먹어요. |

| 교사 | 왜 그렇게 할까요? …… Leroy? |
|---|---|
| **Leroy** | 따뜻한 음식은 몸을 따뜻하게 해줘요. |

특별한 일과 옷에 대해서도 이와 같은 방식으로 분석되고 요약된다. 이 대화에서 알 수 있듯, 학생들이 1학년이었지만, Gina 선생님이 정보를 제시하고 질문을 하는 방식이 바람직했기 때문에 학생들은 각 단계의 질문에 대답할 수 있었다. 학생들의 상호작용 기능이 발달되어 가면서 교사는 교사-학생-교사-학생의 전통적인 상호작용에서 벗어나 교사-학생-학생-학생의 토론 형식으로 나갈 수 있을 것이다.

**학생들의 언어능력**  다양한 배경의 학생들을 대상으로 통합적 수업모형을 적용할 때, 언어능력도 고려해야 할 요소이다. 학급에 영어가 모국어가 아닌 학생들이 있을 가능성이 있으며, 비교, 인과관계 설정 그리고 가설설정이 모두 언어로 기술된다. 1단계가 관찰과 비교에 초점을 맞추기 때문에 다른 단계보다 이 단계에서 모형을 변형시킬 것이 더 강조될 것이다. 그러나 Gina 선생님과 1학년 학생들의 대화에서 보았듯이, 어린 학생들도 경험을 통해서 인과관계를 설명하고 가설적 질문에 대답하는 것을 학습하게 될 것이다. 통합적 수업모형을 사용했을 때 얻을 수 있는 가장 큰 이점은 언어와 사고의 발달을 조장하는 경험을 제공하는 것이다. 특히 모국어가 영어가 아닌 아동들에게 더욱 그렇다. 학생들이 영어 사용을 많이 연습할수록, 이들의 영어 사용 기능이 더 나아질 것이다(Zehr, 2009).

### 효율성 증진을 위한 기존 자료의 활용

가르치는 사람은 누구나 가르치는 것이 매우 복잡하고 힘들다는 것을 안다. 학습을 희생시키지 않으면서 수업계획에 투자하는 시간을 줄여 주는 것은 교사에게 도움이 되고 유용하다. 수업계획 시간을 줄이는 한 가지 방법은 통합적 수업모형의 단계에 직접 적용될 수 있는 방식으로 조직된 기존 자료를 활용하는 것이다.

이 방법을 활용하기 위해 분석에 적합하도록 이미 조직되어 있는 정보를 찾아볼 수 있다. 교과서에 있는 도표, 그래프와 지도는 통합적 수업모형의 분석에 많이 사용될 수 있다. 표 7.7에 예가 제시되어 있다.

표 7.7에 있는 정보는 전형적인 화학 교과서에 있는 자료이다. 교사는 이 부분을 화상기로 제시해 주고 학생들이 분석하도록 안내하기만 하면 된다. 화학교사인 Trish Gillespie 선생님이 이 도표를 수업에서 활용한 방법을 살펴보자.

| 표 7.7 | 화학책에서 얻은 이온 반경표

| IA | IIA | IIIA | VIA | VIIA |
|---|---|---|---|---|
| $Li+$ | $Be^{2}+$ | | $O^{2}+$ | $F-$ |
| 0.60 | 0.31 | | 1.40 | 1.36 |
| $Na+$ | $Mg^{2}+$ | $Al^{3}+$ | $S^{2}-$ | $Cl-$ |
| 0.95 | 0.65 | 0.50 | 1.84 | 1.81 |
| $K+$ | $Ca^{2}+$ | $Ga^{3}+$ | $Se^{2}-$ | $Br-$ |
| 1.33 | 0.99 | 0.62 | 1.98 | 1.95 |
| $Rb+$ | $Sr^{2}+$ | $In^{3}+$ | $Te^{2}-$ | $I-$ |
| 1.48 | 1.13 | 0.81 | 2.21 | 2.16 |
| $Cs+$ | $Ba^{2}+$ | $Ti^{3}+$ | | |
| 1.69 | 1.35 | 0.95 | | |

* 반경 단위는 옹스트롬임.

## 1단계

| | |
|---|---|
| 교사 | IA 이온집단에서 어떤 경향을 찾을 수 있나요? …… Vernon? |
| **Vernon** | 아래 칸으로 갈수록 더 커져요. |
| **Carlos** | 모두 플러스 1이에요. |
| 교사 | 다른 칸들은 어떤가요? …… Andrea? |
| **Andrea** | 아래 칸으로 갈수록 모두 커져요. |
| 교사 | 각 칸의 이온들의 반경을 비교해 보면 어떤가요? …… Amelia? |
| **Amelia** | 양이온은 더 작아지고, 음이온은 더 커져요. |
| 교사 | 무슨 뜻인가요? |
| **Amelia** | 마그네슘(Mg)은 나트륨(Na)보다 작고, 알루미늄은 마그네슘보다 더 작지만, 황과 염소는 마그네슘보다 더 큽니다. |

## 2단계

| | |
|---|---|
| 교사 | 왜 마그네슘이 나트륨보다 작다고 생각했나요? …… Josh? |
| **Josh** | 마그네슘은 2개의 전자를 잃었기 때문에, 전자를 1개 잃은 나트륨 이온 반경보다 줄었을 거예요. |

| 교사 | 그러면 왜 염소의 반경이 황의 반경보다 크지 않다고 생각하나요? …… Brandie? |
| --- | --- |
| Brandie | 염소는 단지 한 개의 전자를 얻었기 때문에, 황이 증가하는 만큼 증가하지 않을 거예요. |

## 3단계

| 교사 | 황이 반응하는 동안 사실상 전자를 얻기보다는 잃게 된다고 상상해 보세요. 이온 반경에 어떤 영향을 줄까요? …… Hajar? |
| --- | --- |
| Hajar | 이온 반경은 커지기보다는 오히려 알루미늄보다는 작아질 것 같아요. |
| 교사 | 확실해요? |
| Hajar | 아니요. 그런 패턴을 따르지는 않을 것 같습니다. 확신을 갖기 위해서는 더 많은 자료가 필요해요. |

## 4단계

| 교사 | 이온 반경에서 얻은 일반화는 무엇일까요? …… Mistee? |
| --- | --- |
| Mistee | 원자가 전자를 잃으면, 이온 반경이 작아지고, 전자를 많이 잃으면 잃을수록 이온 반경이 더 작아져요. |
| Ellis | 양이온으로 바뀌면 음이온으로 바뀌는 것보다 반경은 작아지는 경향이 있어요. |

상호작용 과정을 명료하게 보여주기 위해 활동 내용이 압축되었고, 대화 내용도 여기에서 보는 것처럼 매끄럽지는 않다. 선생님은 학생들이 일정한 패턴을 인지하도록 하기 위해 즉석 질문형식으로 많은 도움을 주었을 것이다. 그러나 결론 도출에 필요한 대부분의 정보들은 도표 안에 제시되어 있기 때문에, 선생님은 학생들이 활동을 시작할 때만 안내하고 격려했으면 되었을 것이다. 또한 학생들은 이런 식의 대화를 통해 강의식 화학수업을 듣는 것보다 훨씬 더 깊은 이해수준에 도달할 수 있었을 것이다.

앞의 대화에서 보았듯이, 교과서에 있는 도표도 비판적 사고를 촉진하기 위해 사용될 수 있다. 실제로 여기에 패턴, 설명, 가설과 일반화가 많이 첨가될 수 있을 것이다. 이런 경우에는 통합적 수업모형을 활용하기 위해 더 준비해야 할 필요가 없다. 교사는 기존 자료를 이용할 기회만 인식하고 있으면 된다.

**| 그림 7.3a |** 아프리카의 산림지대

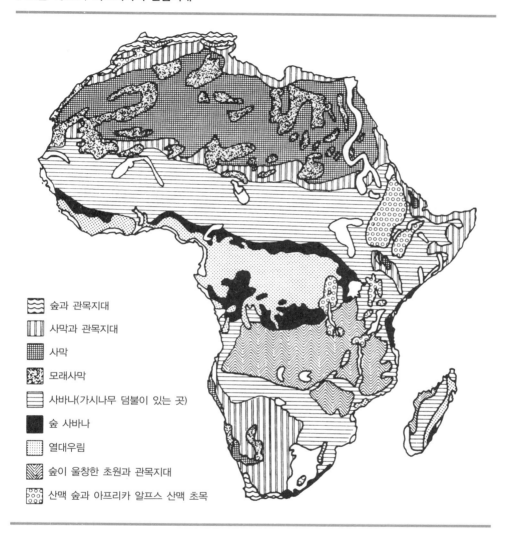

숲과 관목지대

사막과 관목지대

사막

모래사막

사바나(가시나무 덤불이 있는 곳)

숲 사바나

열대우림

숲이 울창한 초원과 관목지대

산맥 숲과 아프리카 알프스 산맥 초목

또 다른 예로 그림 7.3a와 7.3b 지도를 보자. 다른 수업에서 지도를 기초로 지리교사인 Judy 선생님과 학생들 간에 이루어진 상호작용을 살펴보자.

| 그림 7.3b | 아프리카의 연간 평균 강수량

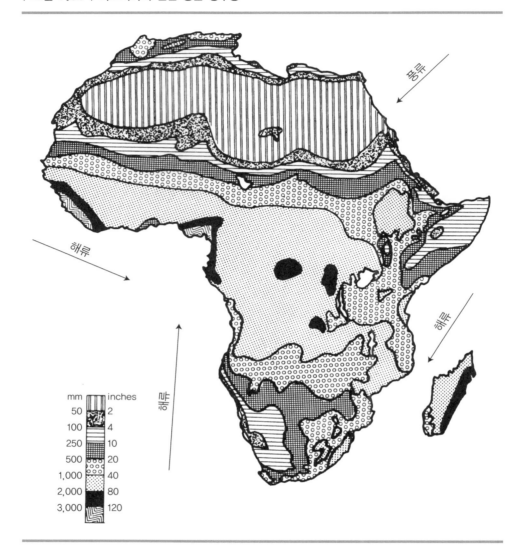

## 1단계

교사    두 지도의 북부지역을 보세요. 어떻게 다른가요? …… Carnisha?

**Carnisha**  첫 번째 지도의 북부는 대부분 사막이에요.

교사    두 번째 지도는 어떤가요? …… Lance?

| | |
|---|---|
| **Lance** | 비가 거의 오지 않아요. 1년 강수량이 2인치에 불과해요. |
| 교사 | 다른 지역은 어떻지요? …… Ola? |
| **Ola** | 적도 가까이에는 열대우림이 있고, 거기에는 비가 많이 오는 지역이에요. |

## 2단계

| | |
|---|---|
| 교사 | 왜 대륙 북부의 많은 지역이 사막일까요? …… Jackie? |
| **Jackie** | 비가 적게 오기 때문이에요. |
| 교사 | 왜 그렇게 비가 적게 온다고 생각하나요? …… Jeremy? |
| **Jeremy** | 바람의 방향과 관련 있을 것 같아요. 거대한 대륙으로부터 불어오는 대륙풍에는 비가 많이 포함되어 있지 않아요. |
| 교사 | 비가 오는 지역과 관련하여 그 밖에 다른 영향은 없나요? 지도를 보고 무엇을 알 수 있나요? Tim? |
| **Tim** | 아마도 해류의 방향과 관련이 있을 것 같아요. |

## 3단계

| | |
|---|---|
| 교사 | 아프리카 북부지역에 부는 바람이 서쪽에서 불어온다고 가정해 봅시다. 이것은 그 지역의 기후에 어떤 영향을 미칠까요? …… Missy? |
| **Missy** | 아마 사막이 없어질 거예요. |
| 교사 | 그렇게 생각한 이유의 증거를 지도를 보며 찾아볼 수 있나요? |
| **Missy** | 그 바람은 서쪽에서 불어와서 대륙의 중앙으로 간다는 걸 알 수 있어요. |

## 4단계

| | |
|---|---|
| 교사 | 지도를 가지고 우리가 알아낸 것을 요약해 보면 어떤 것이 있을까요? …… Katrina? |
| **Katrina** | 해류와 바람의 방향은 그 지역의 강수량에 큰 영향을 주는 것 같아요. |

　　이 대화는 가능한 사례 중 하나에 불과하다. 지도에 대한 분석이 더 이루어질 수 있었고, 아프리카 대륙의 자연 지도를 추가적으로 보여줌으로써 이 과정을 확장시킬 수 있었을 것이다. 그랬더라면 학생들은 고도, 위도, 풍향 및 해류의 흐름을 기후에 영향을 주는 요소로 고려할 수 있었을 것이다.

　　이 모든 것은 교사가 자료를 따로 준비하지 않아도 가능하다. 교사는 학습목표를 분명하게 설정하고 가능한 기회를 인식하고 있기만 하면 된다. 교사가 이런 과정에 익숙해질수록, 교과서에 있는 도표나 지도, 여타 형태의 자료들을 학생들의 분석을 조장하기 위한 기초로 이용할 기회가 더 많아질 것이다.

　　마지막으로, 이런 유형의 분석은 반드시 전체수업에 초점을 맞추어야 하는 것은 아니다. 예를 들어, 화학 도표의 예시는 원자구조 단원에 포함될 수 있고, 전체 분석에는 몇 분도 채 걸리지 않을 것이다. 지도를 이용한 수업의 경우도 마찬가지이다. 앞서 보았듯, 이미 제시된 도표와 지도는 통합적 수업모형을 활용한 수업의 기초로 효과적으로 사용될 수 있으며, 그래프와 표는 자료의 출처가 될 수 있다. 기존 자료를 이용함으로써 교사는 시간과 에너지를 상당히 절약할 수 있으며, 학생들도 내용을 심도 있게 이해할 수 있다.

### 토론수업 중 행렬표 개발

교사는 토론에서 수집된 정보를 '즉석' 자료를 포착하기 위해 이용할 수 있으며, 이 자료는 나중에 학습 주제를 더 깊이 분석하는 데 이용될 수 있다. 로미오와 줄리엣의 토론수업을 실시한 영어교사 Vicki 선생님의 수업을 살펴보자.

| | |
|---|---|
| **교사** | 극본에서 알아낸 것을 생각해 봅시다. 읽은 것을 바탕으로, 생각나는 것을 모두 말해 보세요. …… Serena? |
| **Serena** | 몬테규가와 캐플릿가는 불화 중이었어요. |
| **David** | 에스칼루스 왕자는 만약 몬테규가와 캐플릿가가 불화를 멈추지 않는다면, 죽음을 면치 못할 것이라고 경고했어요. |
| **Lisa** | 어떤 사람은 성(性)에 집착하고 있어요. |
| **교사** | 왜 그렇게 말하지요? 예를 들 수 있나요? |
| **Lisa** | 샘슨과 그레고리는 항상 여자에 대한 환상을 가지고 있어요. |
| **Michael** | 그리고 간호사와 머큐쇼도 성에 집착하는 것 같아요. |
| **교사** | 좋아요, 또 다른 것은요? …… Lee? |
| **Lee** | 티볼트는 머큐쇼를 죽였어요. 그리고 로미오는 티볼트를 죽였고요. |
| **Ling** | 로미오와 줄리엣은 자살했어요. |

| 교사 | 등장인물에 좀 더 초점을 맞춰 볼까요. 로미오는 어떤 사람인가요? …… Marvin? |
|---|---|
| **Marvin** | 정말 어린아이 같은 사람이에요. |
| **Rita** | 그는 때 묻지 않은 순수한 사람이에요. |

Vicki 선생님은 학생들이 발표할 때, 그 내용을 차트에 기록해서 토론을 마친 후 둘둘 말아서 보관했다. 선생님은 "로미오는 어떤 사람인가요?"라고 질문하여 정보를 더 찾도록 자극했고, 이 연극의 주제에 관한 자신의 정보를 덧붙였다. 이어서 선생님은 학생들이 햄릿과 율리우스 카이사르를 읽고 나서 다시 정보를 분석할 것이라고 하면서 차트를 보관한다. 선생님은 로미오와 줄리엣에 사용한 것과 같은 과정을 햄릿과 율리우스 카이사르에서도 반복했다.

학생들이 세 개의 극본을 모두 읽고 기록한 후에, 선생님은 모든 정보를 제시하고, 이들을 서로 비교하는 것으로 세 작품을 보다 광범위하게 분석하기 시작했다. 자료는 표 7.8에 제시되어 있다.

이 사례에서 Vicki 선생님은 학생들이 작품을 읽으면서 수집한 정보를 행렬표에 정보로 포함시켰다. 선생님은 이렇게 함으로써 수업 준비시간을 줄여서 학생들에게 공연 녹화 영상을 보여주었다.

요약하면, 지금까지 제시된 대화나 행렬표에 있는 정보는 예일 뿐이며, 정보를 어떻게 조직하고 학생들을 어떻게 안내할 것인지는 전문적 판단에 따라야 한다는 사실을 기억해

| 표 7.8 | 셰익스피어의 비극 작품 비교표

| 줄거리 | 주요 인물 | 주제 |
|---|---|---|
| **로미오와 줄리엣** | | |
| 몬테규와 캐플릿의 불화 | 로미오 : | '별처럼 엇갈린 연인들' |
| 에스칼루스 왕자는 몬테규와 캐플릿에게 경고함 | 낭만적인 | 의 상징 |
| 샘슨과 그레고리는 여자에 대한 환상을 가지고 | 사랑투쟁 | 증오 속에서의 사랑 |
| 있음 | 교활하지 않은 | 외설 속에서의 순수함 |
| 로미오와 줄리엣은 사랑에 빠짐 | 젊음 | 자기 자신과 집안의 충 |
| 티볼트는 머큐쇼를 죽임 | 즉흥적인 | 성 사이에서 갈등 |
| 로미오는 티볼트를 죽임 | 순수한 | |
| 줄리엣은 독약을 먹음 | 줄리엣 : | |
| 로미오는 자살함 | 낭만적인 | |
| 줄리엣은 자살함 | 사랑투쟁 | |
| 몬테규와 캐플릿의 불화가 끝남 | 교활하지 않은 | |
| | 젊음 | |
| | 순수한 | |

(계속)

| 표 7.8 | 셰익스피어의 비극 작품 비교표 (계속)

| 줄거리 | 주요 인물 | 주제 |
|---|---|---|
| **햄릿**<br>햄릿왕이 죽음<br>클라우디우스는 거트루드와 결혼함<br>햄릿은 클라우디우스와 거트루드의 결혼을 유감<br>　스럽게 생각하며 분개함<br>햄릿은 클라우디우스에게 복수할 기회를 노림<br>햄릿은 오필리아를 잘못 다룸<br>레어티즈는 결투에서 햄릿에게 상처를 입힘<br>햄릿은 결투에서 레어티즈에게 상처를 입힘<br>햄릿은 클라우디우스를 죽임<br>거트루드는 햄릿에 의해 독살됨<br>레어티즈 죽음<br>햄릿 죽음 | 햄릿 :<br>　감성적 몽상가<br>　재치 있는<br>　감각적인<br>　충실한<br>　약한<br>　지적인<br>　낭만적인<br>　우유부단한<br>　야망이 있는<br>클라우디우스 :<br>　강한<br>　위선적인<br>　정치적으로 능숙한<br>　기만적인<br>　교묘한 | 천진난만함과 기만<br>도덕적 혼란<br>자연정의 갈구<br>충성과 복수<br>사적인 것과 공적인 것<br>　의 갈등<br>내면적 갈등<br>용기와 겁쟁이<br>적의 제거<br>도덕성 회복 |
| **율리우스 카이사르**<br>카이사르는 폼페이를 함락시킴<br>카이사르는 독재자가 됨<br>카이사르는 브루투스를 용서함<br>로마인은 카이사르의 권력과 야망이 자라는 것<br>　을 걱정함<br>카이사르의 전진을 방해하는 음모<br>카시우스는 브루투스에게 영향을 줌<br>브루투스는 카이사르를 제지해야 한다고 느낌<br>브루투스는 카이사르를 죽임<br>안토니우스는 시민들이 분노를 일으키게 함<br>로마는 혼돈에 빠짐<br>브루투스와 카이사르의 군사는 안토니우스와 옥<br>　타비우스 군사와 계약함<br>카시우스는 그의 하인에게 찔려 죽음<br>브루투스는 떨어진 칼에 맞아 죽음 | 카이사르 :<br>　훌륭한 군인<br>　좋은 정치가<br>　훌륭한 학자<br>　오만한<br>　야망이 있는<br>브루투스 :<br>　조용한<br>　이상주의적인<br>　카이사르의 친구<br>　카이사르의 야망을 걱정<br>카시우스 :<br>　허약한<br>　다혈질의<br>　노련한<br>　카이사르를 샘냄 | 권력<br>야망<br>질투<br>복수<br>이상주의 |

두어야 한다. 예를 들어, 어떤 영어교사는 표 7.8에 있는 일부 정보에 대해 다른 의견을 가질 수 있으며, 지리교사 중에는 Judy 선생님의 행렬표를 조직한 방식이 마음에 들지 않을 수도 있다. 교사들은 학생들이 학습목표에 도달하도록 효과적으로 돕기 위해 수업 방법을 지속적으로 개선해 나갈 것이다. 이는 모든 정보와 대화의 예의 경우에도 적용된다.

## 통합적 수업모형에서의 학습평가

조직된 지식체계에 대한 학생의 이해를 평가하는 것은 하나의 개념이나 일반화에 대한 이해를 측정하는 것보다 훨씬 복잡한 작업이다. 결과적으로 통합적 수업모형에서의 평가는 다른 모형에서 보다 훨씬 힘들다. 다음의 예들은 평가과정에 대한 사고과정을 자극하기 위해 설계된 몇 가지 방안들이다.

### 내용 이해에 대한 평가

내용 목표가 어떻게 평가될 수 있는지를 알아보기 위해 Judy 선생님이 수업에서 학생들이 도출한 일반화에 대한 이해를 어떻게 측정했는지 살펴보자. 다음의 문제를 보자.

---

결론을 생각해 보시오 : "지역의 기후는 그 지역의 경제 주요 산업이 무엇이 되는가에 큰 영향을 미칠 것이다." 이 일반화에 근거했을 때, 경제 양상이 가장 유사할 것으로 생각되는 주(州)로 짝지어진 것은?

   a. 펜실베이니아와 루이지애나
   b. 네브래스카와 미주리
   c. 조지아와 아이다호
   d. 웨스트버지니아와 앨라배마

---

이 문항은 학생들이 답을 진술하도록 작성될 수도 있다. 다음 문제가 한 예이다.

---

수업에서 이루어진 토론에 근거하여, **펜실베이니아, 루이지애나, 네브래스카, 미주리, 조지아, 아이다호, 웨스트버지니아, 앨라배마** 중에서 경제 양상이 가장 유사할 것으로 생각되는 두 주(州)를 제시하고 설명하시오.

---

이 문제는 앞의 문제보다 어렵고 내용에 대한 더 깊은 이해와 자신의 생각을 글로 표현할 수 있는 능력이 요구된다. 이 문제는 출제가 쉽다는 장점이 있으나 채점이 어렵다는 단점이 있다.

두 경우 모두, 학생들이 각 주(州)에 대해 폭넓은 지식을 가지고 있다는 것을 확신하지 못한다면, 지형도를 학생들에게 제공하는 것이 중요할 것이다. 그렇지 않으면 이 문제들은 주(州)의 지형에 대한 학생들의 지식을 평가하게 될 것이고, 오답은 "기후는 지역의 경제 양상에 영향을 미치는 주요 요인이다."는 일반화를 새로운 상황에 적용시키는 능력의 부재가 아니라, 주(州)의 지형에 대한 지식이 부족하다는 것을 보여줄 것이다.

## 비판적 사고능력 평가

학생들의 비판적으로 사고하는 능력을 평가할 때, 교사는 내용에 대한 지식도 평가하게 될 것이다. 모든 수업이 그러하듯, 학생이 비판적으로 사고하는 능력은 학습한 주제에 대한 학생의 지식에 의해 결정되기 때문이다. 이는 교사가 항상 문제의 내용을 고려해야 한다는 것을 의미한다.

교사가 학생들의 비판적 사고능력을 평가할 때, 학생들이 증거에 근거하여 결론을 내리거나 확인할 수 있는지를 평가한다. 예를 들어, Judy 선생님의 행렬표를 다시 보고 다음 문제에 대해 생각해 보자.

---

도표에 제시된 정보에 근거할 때, 가장 옳은 결론은?
　높은 온도와 습도를 요구하는 농작물은 다음의 어느 지역에서 가장 잘 자랄 것인가?

　　a. 플로리다
　　b. 캘리포니아
　　c. 뉴욕
　　d. 알래스카

---

도표의 증거들은 답지 a를 가장 잘 뒷받침한다. 도표에서 매월 평균기온이 가장 높은 곳은 플로리다이고, 전체 강우량도 가장 많다. 따라서 자료에 의하면 답지 a가 최선의 답지이다.

학생들의 내용 지식을 평가할 때와 마찬가지로 학생들에게 선다형 문제에서 최선의 답지를 고르는 대신에 답을 진술하도록 할 수도 있다. 예를 들어, 다음 문제를 살펴보자.

---

도표의 자료에 근거하여, 높은 온도와 높은 습도가 요구되는 농사를 짓기에 가장 적합한 어떤 주(州)를 밝히고, 자료에서 근거를 찾아 설명하시오.

---

문제는 정교화 정도를 다양하게 하여 출제할 수도 있다. 예를 들어, 다음 문제를 살펴보자.

---

도표의 자료들에 근거할 때, 가장 타당한 결론은?

　　a. 어업은 북쪽 지역보다 남쪽 지역에서 더 경제의 주요 산업이 된다.
　　b. 산림은 산맥이 없는 지역보다 산맥 지대에서 더 경제의 주요한 산업이 된다.
　　c. 와인 제조업은 덥고 습한 기후의 지역에서만 가능한 사업이다.
　　d. 허리케인과 같은 심한 폭풍우는 북쪽 지역에서보다 남쪽 지역에 더 잘 일어난다.

---

학생들이 이 문제를 해결하기 위해서는 첫 번째 문제보다 더 확장된 추론을 해야 한다. 그러나 답지 a, b, c는 도표의 자료와 모순된다. 그러므로 d가 정답이다.

이번에는 앞서 보았던 표 7.1과 7.2에 근거한 문제의 예를 살펴보자. 표 7.1의 자료에 근거한 문제는 다음과 같다.

---

도표의 정보에 근거할 때, 가장 타당한 결론은?

  a. 개구리는 두꺼비보다 더 잘 적응한다.
  b. 두꺼비의 먹이는 개구리보다 더 다양하다.
  c. 두꺼비는 개구리와 경주에서 아마 이길 것이다.
  d. 개구리를 잡았을 때가 두꺼비를 잡았을 때보다 더 위험하다.

---

이 문제에서 도표의 정보는 다른 답지보다 답지 a를 더 지지한다. 이 문제 역시 매우 정교하여 학생들의 해석이 상당히 요구된다.

이번에는 표 7.2의 앞부분에 제시된 여러 이주집단에 대한 표에 제시된 정보에 기초한 문제의 예를 살펴보자.

---

다음 중 도표의 자료가 가장 지지하는 결론은?

  a. 푸에르토리코인은 고향에서는 희망이 없기 때문에 이민한 반면에 중국인은 대부분 모험심 때문에 이민을 왔다.
  b. 중국인과 이탈리아인은 농업 이민을 한 반면에 푸에르토리코인은 대부분 인구문제로 오게 되었다.
  c. 네 집단 모두 모국의 산업에 문제가 있었기 때문에 이민을 왔다.
  d. 네 집단 모두 일부분은 모국보다 미국에서 더 많은 기회를 얻을 수 있기 때문에 이민을 왔다.

---

마지막 예로, 표 7.2에 근거한 짧은 논술형 문제를 살펴보자. 이 문제는 학생들의 비판적 가설검토 능력을 측정하기 위한 것이다.

---

이주집단을 생각해 보자. 파키스탄, 그리스, 케냐에서 미국으로 이주한 집단을 생각해 보자. 표의 정보를 기초로 했을 때, 세 집단 중 어느 집단이 빨리 동화되었고, 어느 집단이 늦게 동화되었겠는가? 표의 정보, 이주집단에 대한 여러분의 이해를 바탕으로 답하시오.

---

이 문제는 다음과 같은 여러 가지 능력을 측정하고 있다.

- 이주집단과 그들의 문화에 대한 학생의 지식

- 새로운 이주집단의 동화에 대한 일반화를 적용하는 능력
- 증거에 기초하여 주장을 펼치고 방어하는 능력
- 분명하게 상호 의사소통하는 능력

교사가 이런 능력의 발달을 돕고 평가가 교사의 목표와 일치한다면, 이 모두가 당연한 결과이다.

비판적 사고능력의 측정에서는 교사의 신중한 계획과 판단이 요구된다. 예를 들어, 문제가 수업에서 사용된 도표 및 수업에서 토론된 주제와 관련된 정보를 기초한 것이라면, 이 문제는 주제에 대한 지식을 측정하는 것이지 사고능력을 평가하는 것이 아니다. 평가목적이 학생의 지식을 측정하는 것이라면 이런 문제가 타당하지만 목적이 비판적 사고능력을 측정하는 것이라면 타당하지 않다. 교사가 성취하고자 하는 목적을 분명하게 하는 것이 중요하다.

이를 해결하는 한 가지 방법은 수업시간에 다루지 않은 내용에 기초하여 출제하는 것이다. 이것 또한 주의해야 하는데, 모든 정보는 결론이 도표에 포함되어 있어야 하고, 도표의 내용은 학생들이 이해할 수 있어야 하기 때문이다. 만약 그렇지 않으면 그 문제는 학생들의 내용 지식이나 독해력을 측정하게 된다.

지금까지 예로 든 것과 같은 문제를 작성하기 위해서는 많은 노력과 연습이 필요하다. 그렇지만 문제가 한 번 작성되면, 필요할 때 수정하여 컴퓨터에 저장하였다가 계속 사용할 수 있다. 교사는 점차적으로 내용에 대한 학생들의 심층적 이해와 비판적 사고능력을 측정할 뿐만 아니라 학습을 향상시킬 수 있는 훌륭한 문제들을 개발할 수 있게 될 것이다. 이 문제에 대해 검토해 보자.

## 학습 증진을 위한 평가 활용

지금까지 효과적인 평가는 학습 증진의 중요한 도구가 될 수 있음을 계속해서 강조해 왔다. 이것은 이 책에 소개된 모든 모형에 적용되며, 복잡성 때문에 특히 통합적 수업모형에서는 더욱 그렇다. 예를 들어, Judy 선생님의 수업과 도표에 근거한 문제를 다시 살펴보자. 쪽지시험 후 출제된 문제에 대한 논의에는 결론을 지지하거나 부정하는 증거에 대한 검토가 포함될 수 있다. 결론을 지지하는 증거와 결론에 위배되는 증거 모두, 학생들의 비판적 사고능력의 발달에 도움이 되며, 내용에 대해 심층적인 이해도 촉진한다. 양질의 평가와 그 후에 제공되는 피드백의 결합으로 수업에서 가장 의미 있는 학습이 이루어질 수 있다(Bransford, Brown, & Cocking, 2000).

## 통합적 수업모형에 대한 비판

여타의 수업모형과 마찬가지로, 통합적 수업모형도 강점과 약점이 있다. 예를 들어, 교사들의 의견을 들어 보면, 처음에는 이 모형은 실행하기가 굉장히 힘들고 어렵다고 한다. 더 나아가 Judy 선생님의 행렬표의 정보와 개구리와 두꺼비를 비교한 행렬표, 다양한 이주집단, 태양계에 대한 정보, 셰익스피어의 비극, 계절에 대한 정보 등의 행렬표에서 보듯이 통합적 수업모형을 사용한 수업을 처음으로 계획할 때는 상당한 시간이 소요된다.

　반면에 통합적 수업모형은 학생들이 비판적 사고능력을 발달시키는 동시에 학습하는 주제를 심층적으로 이해하도록 돕는다. 일단 행렬표가 준비되면, 추가적인 계획을 거의 하지 않고도 재사용이 가능하다. 더 나아가 교사가 통합적 수업모형에 익숙해지면, 교과서에 있는 자료나 여타 자료를 이용할 수 있는 기회도 알아차리게 될 것이다. 이렇게 할 때, 교사는 세상에서 가장 값진 것을 갖게 될 것이다. 교사는 추가적인 준비를 거의 하지 않고도 학생들의 심층적인 이해를 촉진할 수 있을 것이다. 교사는 성취하고자 하는 목표를 명료화하기만 하면 된다.

## 요약

### 통합적 수업모형의 학습목표

- 통합적 수업모형은 조직화된 지식체계와 사실, 개념, 일반화, 이들 사이의 관계를 결합한 주제를 가르치기 위해서 고안되었다.
- 통합적 수업모형은 학생들에게 비판적 사고를 연습하기 위한 기회를 제공하기 위해 고안되었다.

### 통합적 수업모형을 이용한 수업계획

- 통합적 수업모형을 이용한 수업계획은 주제를 확인하고, 학습목표를 명확히 정의하고, 학습자가 목표에 도달할 수 있도록 도와줄 수 있는 자료를 준비하는 과정을 포함한다.
- 일반적인 자료의 형태로 도표가 이용되지만 그래프, 지도, 그림 형태의 표도 포함된다.

### 통합적 수업모형을 이용한 수업실행

- 통합적 수업모형 수업은 4단계로 되어 있다. 1단계인 확산단계에서는 학습자가 관찰하고, 비교하고, 경향을 찾는다.
- 2단계인 인과관계 설정단계에서는, 그들이 발견한 비슷한 점과 다른 점을 설명한다.
- 3단계인 가설설정단계에서는, 조건에 따른 가능성들을 고려해 본다. 그리고 마지막 4단계인 정리 및 적용단계에서는, 자료의 분석에 근거하여 전반적인 일반화를 형성한다.
- 가능한 한 자주, 학생들은 제시된 자료로부터 그들의 결론을 옹호하기 위한 이유를 제시함으로써 그들의 생각을 정당화할 것을 요구받는다.
- 통합적 수업모형은 참여와 성공, 도전, 기록물에 대해 설명하는 능력과 가설을 설정하는 능

력이 향상됨에 따라 학생들의 역량이 증가하고 있다는 인식과 관련된 동기부여 효과를 활용한다.

■ 통합적 수업모형은 사회적 상호작용의 이점을 유발하는 협동학습과 잘 어울린다.

### 학습환경에 다른 통합적 수업모형 적용

■ 통합적 수업모형은 그림으로 된 자료를 제시함으로써 어린 학생들에게는 더 효과적일 수 있다.

■ 그림 형태의 정보를 조직하는 것은 주제에 대한 정보가 결여된 학습자나 영어가 모국어가 아닌 학습자들의 학습 효과성을 증진시킨다.

■ 교과서에 제시된 도표, 그래프, 지도처럼 이미 만들어져 있는 자료는 통합적 수업모형에서 교

실 토의수업 시간에 분석을 위해 사용될 수 있다.

### 통합적 수업모형에서의 학습평가

■ 주제에 대한 학습자의 이해와 비판적으로 사고할 수 있는 능력은 학생들이 이미 학습했거나 학습하지 않은 자료를 가지고 결론을 만들고 평가하도록 함으로써 동시에 측정될 수 있다.

■ 모든 강의에서 평가는 교수-학습 과정의 필수적인 부분이어야 한다. 평가가 빈번히 일어나고 그것에 빈틈이 없으며 학생들이 그들의 수행에 대한 구체적인 피드백을 제공받을 때, 평가는 학습을 증진시키는 강력한 도구가 될 수 있다.

## 주요 개념

데이터베이스(Database)
조직화된 지식체계(Organized bodies of knowledge)

통합적 수업모형(Integrative model)

## 연습 문제

셰익스피어의 로미오와 줄리엣, 햄릿, 율리우스 카이사르에 대한 자료가 있는 표 7.8을 포함한 수업내용에 관한 다음의 대화를 보아라. 교사의 각 질문을 단계 1, 2, 3, 4 또는 학생의 생각을 명료하게 하는 질문으로 분류하여 보아라.

1. _____   T : 세 연극의 '사건'을 보세요. 사건에서 비슷한 점들은 무엇인가요?

S : 극중 인물들이 죽거나 살해당합니다.

2. _____   T : 그밖에는요?

S : 투쟁과 싸움이 있습니다.

3. _____   T : 그 예는요?

S : 로미오와 줄리엣에서는 몬테규와 캐플릿가의 불화가 있었고, 햄릿

은 클라우디우스에게 복수할 기회를 찾았고, 율리우스 카이사르에서 브루투스와 카시우스의 군사는 안토니우스와 옥타비우스의 군사와 싸웠어요.

4. _____ T : 세 연극은 비극으로 알려져 있습니다. 세 연극 중 하나 또는 그 이상이 희극이었다고 가정해 봅시다. 사건들이 다르게 진행되었을까요? 만약 그렇다면 어떻게 달라졌을 것이라고 생각하나요?
S : 그렇게 많은 투쟁과 죽음을 볼 수는 없었을 거예요.

5. _____ T : 왜 그렇게 생각하나요?
S : 투쟁과 죽음은 모두 다 불행해요. 그래서 희극에서는 어울리지 않아요.

6. _____ T : 두 번째 칸을 봅시다. 무엇이 비슷하고 무엇이 다른가요?
S : 햄릿과 율리우스 카이사르의 인물들이 로미오와 줄리엣의 인물보다 서로 더 싫어해요.

7. _____ T : 왜 그렇게 생각했나요?
S : 로미오와 줄리엣은 서로 순수하고 죄가 없지만, 햄릿에서 클라우디우스는 기만적이고 위선적이며, 율리우스 카이사르에서 카이사르는 거만하고 카시우스는 다혈질이에요.

8. _____ T : 율리우스 카이사르의 주제를 보세요. 우리는 주제로 야망, 질투, 복수를 찾을 수 있고, 부정적이지만

이상주의를 볼 수 있어요. 왜 주제로 이상주의가 표현되었다고 생각하나요?
S : 브루투스는 이상주의자예요. 브루투스는 자신이 생각한 것이 로마와 로마인의 최대 관심사였기 때문에 그렇게 행동했어요.

9. _____ T : 셰익스피어의 작품 중 비극의 일반적인 경향에 대해 말해 봅시다.
S : 주제가 복합적이고 매우 다양해요.

10. _____ T : 그 밖에는요?
S : 인물이 모두 좋거나 모두 나쁘지는 않아요. 인물들은 선과 악의 양면성을 모두 가지고 있어요.
S : 연극에 나오는 사람들 사이에 대립이 많았어요.
S : 인물들 모두 내적인 갈등을 가지고 있었어요.

11. _____ T : 무슨 뜻인지 예를 들어줄 수 있나요?
S : 햄릿은 감성적이고 예민한 성격의 소유자인 동시에 야망이 있는 인물로 묘사되고 있어요.
S : 브루투스는 카이사르에 대한 충성심과 카이사르의 야망에 대한 두려움에 사로 잡혀 있어요.

12. 태양계에 대한 정보를 포함한 표 7.4를 다시 보자. 네 단계마다 각각 최소한 두 가지 질문을 쓰고 그 질문에 수용 가능한 답이 무엇인지 나타내어라.

13. 이 문제는 표 7.1에 근거하여 학생들이 '비슷한 특징을 가진 동물은 비슷한 습성을 가진다.'라

는 일반화 내용을 두꺼비와 개구리 이외에 다른 동물에게 적용하는 능력을 평가하기 위해 만들었다.

---

개구리와 두꺼비의 서식지에 대해 내린 결론을 근거로 해서 생각해 보자. 이 결론에 기초하여, 다음의 동물 중 가장 습성이 비슷한 동물끼리 짝지어진 것은 무엇인가?

   a. 사슴과 곰
   b. 사슴과 고라니
   c. 사슴과 토끼
   d. 토끼와 곰

---

학생들이 일반화 내용을 적용하는 능력을 측정하는 문항의 효과성을 측정해 보아라. 만약 문제가 효과적이라고 판단한다면, 왜 그렇다고 생각하는지를 설명하여라. 만약 효과적이지 않다고 판단한다면 왜 효과적이지 않다고 생각하는지를 설명하여라.

# 토론 문제

1. 통합적 수업모형에 맞는 주제를 정해 보아라. 또한 모형에 부적절한 주제를 정하고 왜 적절하지 않는지에 대해 설명해 보아라.

2. 통합적 수업모형이 유용한 특정 내용 분야가 있는가? 만약 그렇다고 생각한다면 그 이유를 설명해 보아라. 만약 그렇지 않다면 그렇지 않은 이유를 설명하라.

3. 통합적 수업모형의 4단계는 안내된 발견모형과 개념획득 모형의 정리 및 적용단계와 비슷하다. 어떻게 비슷한지를 설명하라. 또한 어떤 면에서 다른 점이 있는가?

4. 제3장에서 논의한 필수적 교수기술 중 어떤 것이 통합적 수업모형에 사용되었는지를 설명하라. 이 장에서 제시된 사례연구의 구체적인 예

시를 들어 보아라.

5. 통합적 수업모형은 일반적으로 '귀납적' 모형으로 표현된다. 이것은 무엇을 의미하는가? 귀납적 모형의 과정과 '연역적' 모형의 과정에서 생기는 차이점은 무엇인가?

6. 미술, 음악, 체육수업에서 통합적 수업모형을 사용한다고 생각해 보자. 이 과목들에 맞게 어떻게 수업을 구성할 수 있을지에 대해 논의해 보자. 또한 이런 분야에서 비판적 사고능력을 키우기 위해 어떻게 수업을 구성할지 논의해 보자.

7. 표, 차트, 지도나 다른 자료를 수용하는 것보다 다른 방법으로 자료를 모으는 방법이 있을까? 선택한 내용에 따른 예를 들어 보자.

# 문제중심 학습

| 개요 | 학습목표 |
|---|---|
| **문제중심 학습계획**<br>■ 주제 확인하기<br>■ 학습목표 상세화하기<br>■ 문제 확인하기<br>■ 자료 접근하기 | 1. 문제중심 학습을 활용하여 수업을 계획한다. |
| **문제중심 학습실행**<br>■ 1단계 : 복습 및 문제제시<br>■ 2단계 : 전략 고안하기<br>■ 3단계 : 전략 실행하기<br>■ 4단계 : 결과 토의 및 평가하기<br>■ 공학과 교수 : 문제중심 학습을 돕는 공학 활용 | 2. 문제중심 학습을 활용하여 수업을 실행한다. |
| **탐구**<br>■ 탐구수업 계획하기<br>■ 탐구수업 실행하기<br>■ 다른 내용 분야에 탐구모형 사용<br>■ 자발적 탐구<br>■ 탐구와 개념획득 | 3. 탐구모형을 활용하여 수업을 계획하고 실행한다. |
| **문제중심 학습을 다른 학습환경에 적용**<br>■ 발달수준에 적절한 실행 : 연령별 문제중심 학습<br>■ 다양성 탐색 : 다양한 배경의 학생을 위한 문제중심 학습<br>■ 문제중심 학습에서의 동기 증진 | 4. 문제중심 학습을 다양한 연령과 배경지식을 가진 학생들에게 적용시킨다. |
| **문제중심 학습활동에서의 학습평가**<br>■ 대안평가와 문제중심 학습<br>■ 탐구수업에서 학생들의 이해를 평가하기 위한 사례 사용 | 5. 문제중심 학습을 이용하여 학생의 이해와 기능을 평가한다. |

중학교 과학교사인 Scott Sowell 선생님은 학생들에게 문제해결, 실험설계와 실행의 경험을 제공하고 싶다. Scott 선생님은 단진자가 구체적이고 만들기도 쉽기 때문에 학생들에게 추의 진동수에 영향을 주는 것이 무엇인지 알아보도록 했다.

다음 그림에서 보는 것과 같이, Scott 선생님은 줄에 추(클립)를 연결하기 시작한다.

Scott 선생님은 진동수의 개념을 설명한 다음 줄의 길이와 추의 무게와 같은 어떤 요인들이 진동수에 영향을 주는지 결정하는 실험을 설계하도록 4개의 모둠을 조직한다. 학생들은 모둠으로 활동을 하고 Scott 선생님은 학생들의 노력을 점검한다. 그리고 학생들은 활동을 마친 후에 반 전체와 결과를 토의한다.

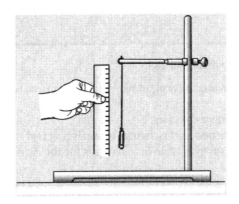

5학년 교사인 Laura Hunter 선생님은 학생들이 문제를 잘 풀게 하려고 교실에 카펫이 깔린 부분의 넓이를 찾도록 문제를 정했다. 여기에 보는 것과 같이, 카펫이 깔린 부분은 불규칙한 모양이고, 컴퓨터 아래 바닥과 싱크는 리놀륨으로 덮여 있다.

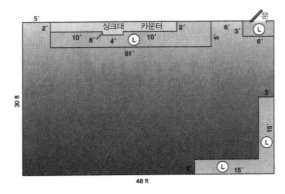

　　학생들을 모둠으로 만든 Laura 선생님은 문제를 해결하기 위한 전략을 고안해 보도록 하고, 전체에게 발표하도록 한다. 학생들이 발표한 후에, 전략을 실행해 보도록 하고, 전략실행이 끝나면 다시 전체에게 발표하도록 한다.

　　Scott 선생님과 Laura 선생님은 수업에 문제중심 학습을 적용했다. **문제중심 학습**은 문제해결 기능, 내용, 자기 주도적 학습(self-regulation)을 발달시키는 초점으로 문제를 사용하는 교수모형의 하나이다(Hmelo-Silver, 2004; Serafino & Cicchelli, 2005). 문제중심 학습 수업은 Scott 선생님과 Laura 선생님의 두 수업에서 묘사된 것처럼 세 가지 특징을 가진다. 그 특징들은 그림 8.1에 개략적으로 나타나 있고 다음에서 간단하게 논의된다.

　　첫째, 수업은 문제로부터 시작되고, 문제를 해결하는 것이 목표다. 추의 진동수에 영향을 주는 것을 정하는 것이 Scott 선생님의 학생들의 문제였고, 교실에 카펫이 깔린 부분의 넓이를 구하는 것이 Laura 선생님의 학생들의 문제였다. 문제중심 학습활동은 문제로부

| 그림 8.1 | 문제중심 학습의 특징

수업은 문제해결에 초점을 둔다.

문제를 해결하는 책무가 학생들에게 있다.

교사들은 학생들이 문제를 해결하는 과정을 도와준다.

터 시작하고, 문제해결이 수업의 초점이다(Krajcik & Blumenfeld, 2006).

둘째, 학생들은 문제를 해결하고 전략을 설계하는 데 책임이 있다. 문제중심 학습은 보통 모든 학생들이 그 과정에 포함될 수 있을 정도로 작은(4명보다 많지 않은) 모둠으로 행해진다. Scott 선생님과 Laura 선생님은 학생들이 문제를 해결하고, 전략을 발전시키는 데 책임감을 가지게 한다.

셋째, 교사들은 학생들이 문제를 풀려고 시도할 때 질문과 다른 교육적 도움(support)으로 학생들의 성과를 이끌어 낸다. 이 특징은 필수적이고, 문제중심 학습이 성공적이도록 하는 데 상당한 전문적 기능과 판단력을 필요로 하는 것이다. 만약 여러분이 충분한 안내와 도움을 제공하지 않는다면 학생들은 갈팡질팡할 것이고, 시간을 낭비하고, 아마도 오개념을 발달시킬 것이다. 만약 여러분이 너무 많이 제공한다면, 학생들은 충분히 가치 있는 문제해결의 경험을 얻지 못할 것이다. 적당한 곳에서 선을 긋는 것은 주의깊은 전문적 판단력을 필요로 한다. 여러분이 나중에 이 장에서 볼 것처럼, 특히 Laura 선생님은 처음에 학생들에게 충분한 안내를 제공하지 않았다. 그래서 학생들은 문제를 푸는 데 고군분투했다. Laura 선생님은 다음 수업에서는 더 구조화하여 제공함으로써 적용했다.

우리는 이 장에서 논의한 것처럼 더 자세하게 Scott 선생님과 Laura 선생님의 수업을 검토할 것이다. 그러나 지금은 문제중심 학습을 계획하는 것을 살펴보자.


## 문제중심 학습계획

문제중심 학습 계획하기는 다른 모형의 수업계획과 유사하다. 그 과정이 그림 8.2에 개략적으로 제시되어 있고 다음에서 간단하게 논의된다.

| **그림 8.2** | 문제중심 학습 계획하기

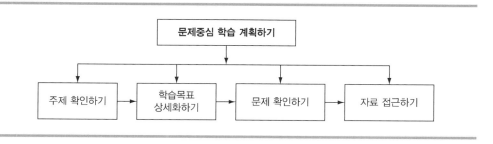

## 주제 확인하기

어떤 모형이든지 수업을 계획하는 첫 단계는 주제를 확인하는 것이며, 문제중심 학습을
계획할 때도 마찬가지이다. 그러나 여러분의 '주제'는, 과학에서 힘 또는 국어에서 주제와
같은 개념이나 사회학에서 어떤 지역의 지리와 경제의 관계와 같은 조직화된 지식 및 수
학에서 공통 분모(equivalent fractions)의 덧셈과 같은 절차보다 훨씬 더 복잡하고 추상적
이다. 예를 들어, Scott 선생님의 주제는 실험설계였고, Laura 선생님의 주제는 불규칙한 도
형의 넓이를 구하는 것이었다. 이런 주제들은 공통 분모 개념처럼 분명한 특징이 없기 때
문에 수업을 계획하는 일이 덜 구체적이다. 이런 특징을 더 자세하게 알아보자.

## 학습목표 상세화하기

문제중심 학습을 계획할 때, 두 가지 형태의 학습목표를 보았다. 예를 들어, Scott 선생님
은 학생들이 추의 진동수에 영향을 주는 요인을 이해하기를 원했다. 그것이 하나의 목표
였고, Scott 선생님은 학생들이 한 차시 수업에서 그 목표에 도달하기를 기대할 수 있었
다. 그러나 Scott 선생님은 또한 학생들이 문제해결 기능을 발달시키고, 자기 주도적(self-
direction) 학습을 발달시키기를 원했다. 문제해결 능력과 자기 주도적 학습은 장기간의
목표이고, 학생들은 그런 능력에 도달하는 계속적인 경험을 필요로 한다.

　　Laura 선생님 수업의 경우도 마찬가지이다. Laura 선생님은 학생들이 불규칙한 도형의
넓이를 구하는 방법을 이해하기를 원했고, 또한 5학년 학생들에게 비교적 복잡한 문제를
해결하는 능력을 발달시키기를 원했다. 나중에 이 장에서 보듯이, 학생들은 그런 목표에
도달하기 위해 애를 썼다.

　　문제해결 능력을 발달시키고 자기 주도적 학습자가 되는 것은 중요한 목표이다. 설사
학생들이 고군분투하고, 실수를 하고, 이해되지 않는 해답을 받아들일지라도 끈기 있게
연구하는 것은 가치가 있다. 만약 학생들이 발달을 촉진시키는 경험이 없다면 결코 그

능력들을 습득할 수 없을 것이다. 이것은 문제중심 학습을 적용할 때 필수적인 목표이다.

## 문제 확인하기

만약 선수가 농구하는 방법을 배운다면, 농구공을 필요로 하는 것처럼, 학생들이 문제중심 학습을 하려면 문제가 있어야 한다. 그러나 농구공만 있다고 해서 전문적인 선수가 되지 않는 것처럼 학생들이 문제를 말한다고 해서 숙련된 문제 해결자는 아니다.

문제가 뚜렷하고, 구체적이고, 개인의 필요를 고려한 것이라면, 어리고 경험이 없는 학생들에게 문제는 가장 효과적이다. 특히 Laura 선생님의 문제는 이런 기준에 적합하다. Laura 선생님의 학생들은 카펫이 깔린 넓이를 볼 수 있었고, 카펫이 깔린 넓이는 교실 안에 있고, 학생들이 그 넓이를 구할 수 있을 거라고 생각할 만큼 그 과제는 뚜렷했다. Scott 선생님의 문제는 개인적인 필요가 덜하지만 구체적이고, 그 과제는 뚜렷했다.

문제를 선택할 때, 여러분은 또한 학생들이 문제를 해결하기 위한 전략을 효과적으로 설계할 충분한 사전지식을 가지고 있는지를 알아내려고 노력해야 한다. 예를 들어, Laura 선생님의 학생들이 넓이와 둘레, 그 둘 사이의 차이를 이해하지 못했다면 문제를 해결할 전략을 발전시키지 못했을 것이다.

## 자료 접근하기

문제해결 학습이 순조롭게 가고 있다면, 학생들은 성취하려는 것(비록 학생들이 처음에 성취할 수 없을지라도)과 문제를 해결하는 데 필요한 자료에 접근해야만 하는 것 둘 다를 이해해야 한다. 예를 들어, Laura 선생님은 방의 넓이를 알기 위해 필요한 미터자와 다른 도구들을 제공했고, Scott 선생님의 학생들은 스탠드, 줄, 종이 클립을 필요로 했다. 미리 자료를 가질 필요가 있다는 것은 단순하고 분명한 것처럼 보이지만, 학생들이 도구를 나누어 사용해야 한다면 많은 수업들이 추진력을 잃게 된다. 학생들이 시간이 흐름에 따라 책임이 가중되는 상황에 처하고, 과제를 중지하거나 심지어 지장을 줄지도 모른다.

여러분이 이용할 자료들은 모둠의 크기에 영향을 줄 것이다. 보통 두세 명의 모둠이 가장 효과적이다. 더 큰 모둠에서는, 일반적으로 다른 학생들이 단지 보고만 있는 동안 두세 명의 학생들만이 활동의 대부분을 한다. 그러나 작은 모둠은 더 많은 도구를 필요로 하기 때문에 여러분은 이러한 제한점을 수용해야만 한다. 그런 다음 각 모둠의 모든 구성원이 활동에 관여하고, 책임 있는 역할을 맡고 있는지를 교사가 세심하게 점검해야 한다. 협동학습의 형태를 살펴보면, 모둠은 능력, 성별, 인종이 혼합되어야 한다.

주제를 확인하고, 학습목표를 상세화하고, 문제를 확인하고, 필요한 자료에 접근했다면 여러분은 이제 수업을 실행할 준비가 되었다.

## 문제중심 학습실행

효과적인 문제중심 학습은 이 모형을 사용할 때 학습목표에 해당하는 두 단계가 존재한다. 첫째는 학생들이 구체적인 문제를 풀고 그것과 관계있는 내용을 이해하는 것이고, 두 번째는 학생들이 문제해결 능력을 발전시키고 자기 주도적인 학습자가 되는 것이다. 학생들이 이런 목표에 도달하는 것을 돕기 위해, 문제중심 학습실행은 4단계를 거친다. 4단계는 표 8.1에 개략적으로 제시했으며 다음에서 간단하게 논의된다.

### 1단계 : 복습 및 문제제시

문제중심 학습 실행하기는 문제를 해결하기 위해 필요한 사전지식을 복습(review)하고 문제를 제시하면서 시작한다. Scott 선생님이 수업에서 이번 단계를 실행하는 방법을 살펴보자.

Scott 선생님은 줄에 부착한 종이 클립으로 단진자를 묘사함으로써 수업을 시작한다. Scott 선생님은 스탠드에 줄을 걸고, 끝에 추(클립)를 연결한다. 그런 다음 추를 한쪽으로 당기고 괘종시계에 있는 추처럼 좌우로

| 표 8.1 | 문제중심 학습을 실행하는 단계

| 단계 | 목적 |
| --- | --- |
| **1단계 : 복습 및 문제제시**<br>교사는 문제를 해결하는 데 필요한 지식을 복습하고 학생들에게 해결할 분명하고 구체적인 문제를 제시한다. | ■ 학생들의 주의를 끌고 수업으로 학생들을 이끈다.<br>■ 비공식적으로(informally) 학생들의 사전지식을 평가한다.<br>■ 수업에 구체적인 초점을 제공한다. |
| **2단계 : 전략 고안하기**<br>학생들은 문제를 해결하기 위한 전략을 고안하고, 교사는 학생들에게 전략에 관해 조언(feedback)을 한다. | ■ 학생들이 문제를 해결하는 데 유익한 접근법을 사용하도록 가능한 범위 내에서 보장한다. |
| **3단계 : 전략 실행하기**<br>교사가 학생들의 노력을 세심히 점검하고 조언을 제공하는 동안 학생들은 고안한 전략을 실행한다. | ■ 학생들에게 문제를 해결하는 경험을 제공한다. |
| **4단계 : 결과 토의 및 평가하기**<br>교사는 학생들의 노력과 찾아낸 결과를 토의하도록 안내한다. | ■ 학생들에게 노력에 대한 조언을 제공한다. |

왔다 갔다 운동하는 것을 지켜본다. Scott 선생님은 진동수가 일정한 시간(5초) 동안 좌우로 왔다 갔다 한 수를 의미함을 설명하고, 학생들에게 진동수에 영향을 주는 요인이 무엇일지 물어본다. 약간의 토의 후에 학생들은 그 가능성으로 길이, 무게, 추를 당긴 후 놓는 각도 등을 제안했다. (실제로는, 추의 길이만이 진동수를 결정한다.)

"좋아요, 모둠으로 여러분이 해야 할 것은 여러분만의 실험을 설계하는 것입니다." Scott 선생님은 계속한다. "각각의 것들이 진동수에 어떻게 영향을 주는지 시험해 볼 방법을 생각해 보세요. 책상 위에 있는 도구들을 사용해서 설계하고 실험을 해보세요."

---

이제 Laura 선생님이 수업을 소개하는 방법을 살펴보자.

---

Laura 선생님은 넓이와 둘레를 복습하는 것으로 시작하고, 그런 다음 실물화상기 위에 아래 그림을 제시한다.

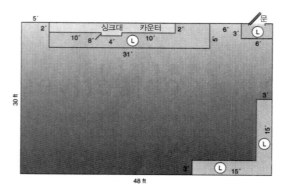

"우리가 문제를 해결하려고 할 때, 우리는 먼저 실제로 문제가 무엇인지 확인할 필요가 있어요." Laura 선생님은 말한다. "우리는 이 교실에 카펫을 깔려고 합니다. 그러나 주문을 얼마나 많이 해야 할지 몰라요. 실물화상기 위에 있는 그림(diagram)을 보세요. 그것은 우리 교실이고, L이라고 표시된 넓이는 리놀륨으로 덮여 있어요. 그래서 여러분은 교실에 카펫이 깔린 부분의 넓이만 구하는 방법을 계산할 필요가 있어요. 그것이 이 부분입니다." Laura 선생님은 실물화상기 위에 그 부분을 가리키며 말한다.

---

이상적으로는, 학생들이 발달단계가 높아지면, 차츰 문제를 확인할 수 있을 것이다. 그러나 초기에 문제중심 학습에서는 학생들에게 문제를 구체적으로 명시하는 것이 가장 효과적일 것이다.

추가적인 쟁점은 대부분의 학생들은 한 가지 정답을 가지고 있고 특정한 순서가 있는 잘 정의된 문제를 풀어보는 경험을 했다는 사실이다(Mayer & Wittrock, 2006). 사실상 학생들이 수학책에서 접하는 모든 문장제 문제(word problem)들은 잘 정의되어 있다. 그러나 현실에서 우리가 접하는 문제들은 대부분 하나 이상의 수용 가능한 해결책과 애매모호한 목표를 가진, 잘 정의되지 않은 문제이기 때문에 해결책에 도달하는 합의된 전략이 없다(Mayer & Wittrock, 2006). 게다가 문제해결 능력은 개인적이고, 경험에 강하게 의존한다. 예를 들어, 교실에 필요한 카펫의 넓이를 구하는 것은 능숙한 문제 해결자에게는 잘 정의된 문제일 것이다. 그들은 간단히 바닥 전체의 넓이를 알아내고 리놀륨으로 덮인 넓이를 뺄 것이다. 단 하나의 정답만이 존재하고, 그 해결책은 간단한 것이다. 그러나 Laura 선생님의 학생들에게 그 문제는 잘 정의되어 있지 않다. 목표에 대한 학생들의 이해는 전체적으로 명확하지 않았고, 일부 학생들은 넓이와 둘레의 차이에 대해 잘 모르고, 목표에 도달하기 위해 서로 다른 전략을 사용했다. 학생들이 잘 모른다는 증거는 상당히 다른, 학생들의 대답으로 나타난다.

유일한 선택은 학생들에게 문제를 해결하는 많은 연습을 제공하는 것이다. 학습과 발달은 학습자의 경험에 의존하고, 문제를 해결하는 데 있어 이보다 더욱 분명한 원칙은 어디에도 없다. 학생들이 더 많은 경험을 쌓을수록, 더 많은 학습과 발달을 이룰 것이다.

또한 이 단계를 하는 동안 모둠을 구성할 것이다. 여러분은 복습하고 문제를 제시하기 전, 시작이나, 모둠을 모으고 문제를 해결하는 전략을 고안하기 시작하기 바로 전, 그 단계의 끝에 모둠을 구성할 수도 있다.

## 2단계 : 전략 고안하기

2단계에서 학생들은 문제를 해결할 전략을 고안한다. 여러분은 학생들이 전략을 고안하는 경험을 너무 많이 제한하지 않으면서도 가망 없는 일을 실행하는 데 많은 시간을 소비하지 않도록 충분한 안내를 제공하기 위해 이 단계에서 신중한 판단을 해야 한다.

Scott 선생님이 수업에서 이 단계를 어떻게 실행하는지 보기 위해 Marina, Paige, Wenseley, Jonathan 모둠의 생각을 살펴보자.

---

그 모둠은 아래와 같이, 먼저 스탠드에 줄을 묶고, 줄의 끝에 고리를 만들어 클립을 걸고, 그 길이를 재어 봄으로써 문제를 해결해 보고자 했다.

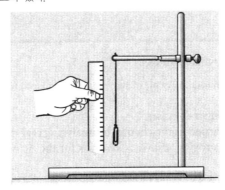

그런 다음 그 모둠은 줄의 길이와 고리에 매달린 클립의 수를 바꿔 보고, 각각의 변화를 준 후에 좌우로 왔다 갔다 흔들린 왕복운동(swing)의 횟수를 측정해 보기로 계획했다.

---

이런 부분은 문제중심 학습에서 2단계의 결정적인 성격을 분명히 보여준다. Scott 선생님의 학생들은 같은 시험에서 길이와 무게 둘 다를 바꾸는 것은 길이가 진동수에 변화를 주는지, 또는 무게가 진동수에 변화를 주는지, 또는 둘 모두가 진동수에 변화를 주는지 확인할 수 없게 만드는 것을 이해하지 못했다. 이것은 Scott 선생님에게 판단을 내리게 한다. Scott 선생님이 개입을 하고, 다른 변인은 통제한 상태에서 한 번에 오직 무게, 길이 또는 각도만 바꾸어야 한다는 것을 지적해야 할까? 또는 Scott 선생님은 학생들이 전략을 실행하고, 어떤 요인이 그 변화를 일으키는지 정할 수 없다는 것을 알고, 그런 다음 그 과정에 대해 학생들에게 안내해야 할 것인가? 필수적인 질문이 바로 "어떤 교육적 결정이 가장 장기적인 학습을 초래할 가능성이 있는가?"이다. 우리는 그 수업의 다음 단계를 토의할 때 Scott 선생님이 어떤 결정을 했는지 살펴볼 것이다.

이제 Laura 선생님이 수업에서 이 단계를 어떻게 실행하는지 살펴보자.

---

문제를 확인하면서, Laura 선생님은 학생들을 모둠으로 만들고, 학생들에게 문제를 재확인하는 방법을 물었다. 학생들은 먼저 교실의 크기를 알 필요가 있다고 정했고, 다른 모둠들은 두 가지 전략 중 하나를 정했다. 어떤 모둠은 교실 전체 넓이를 구하고 리놀륨으로 덮인 넓이를 빼주기로 했고, 다른 모둠은 안쪽 직사각형의 넓이를 구하고 나머지 카펫 부분의 넓이를 더하기로 했다.

---

넓이를 구하는 것은 겉보기에 쉬운 과정이다. 그래서 Scott 선생님의 학생과는 달리, Laura 선생님의 학생들은 전략을 고안하는 데 어떤 확실한 오개념을 보여주지 않았다.

또한 수업의 이 단계에서 두 가지 추가적인 선택을 할 수 있다. 모둠이 전략을 고안한 후에, 여러분은 학생들이 즉시 전략을 실행하면서 문제를 해결해 보도록 할 수 있고, 또는 여러분이 반 전체를 다시 모으고 모둠은 전략을 발표하고, 반 친구들과 여러분으로부터 조언(feedback)을 받을 수 있다. Scott 선생님은 첫 번째 선택을 했고, Laura 선생님은 두 번째를 선택했다. 예를 들어, Laura 선생님은 각 모둠이 하기로 계획한 것을 발표하게 했고, 그런 다음 학생들의 계획을 실행해 보도록 했다.

### 3단계 : 전략 실행하기

이 단계에서 학생들은 전략을 실행한다. 이 단계는 처음 두 단계로부터 자연스럽게 연결되어야 하지만, 때때로 그렇지 않다. 그래서 여러분은 학생들이 스스로 완성할 수 없는 과제를 완성시키도록 도와주는 교육적 도움(instructional support), 즉 **비계설정**(scaffolding)을 제공해야 한다(Puntambekar & Hübscher, 2005). 학생들에게 안내(guidance)를 제공하는 질문을 하는 것은 비계설정의 가장 일반적인 형태이다.

Scott 선생님이 수업에서 이 단계를 어떻게 진행하는지 살펴보기 위해서, 우리는 Marina, Paige, Wenseley, Jonathan이 속해 있는 모둠을 되돌아보자.

---

학생들은 스탠드에 줄을 묶고 길이를 측정한다.

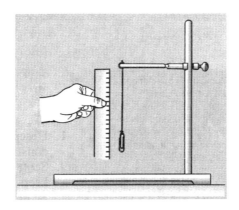

"49cm", Wenseley가 측정한 줄의 길이를 기록한다.

그 모둠은 15초 동안 재기로 하고 49cm 길이와 무게로 하나의 클립을 사용해서 첫 시험을 한다.

몇 분 후에, Scott 선생님은 모둠으로 가서, 결과를 검토하고 말한다. "그래서, 여러분은 지금까지 첫 시험을 했어요. 다음은 무엇을 할 거예요? …… 나는 여러분의 다음 시험 후에 돌아올 거고, 그것을 볼 거예요." Scott 선생님은 그런 다음 다른 모둠으로 간다.

그 모둠은 줄을 짧게 하고, 두 번째 클립을 추가하여 두 번째 시험을 실시한다(다른 변인을 유지하면서 단지 길이, 무게 떠는 각도만 바꿔 주는 원칙을 위반하면서).

"좋아요, 무엇이 추의 진동수를 결정하나요?" Scott 선생님은 그 모둠을 돌아보며 묻는다.

"길이요." Marina가 대답한다.

"무게요." Jonathan이 추가한다(무게가 진동수에 영향을 주지 않기 때문에, 오개념을 나타내며).

"여러분은 이유를 말할 수 없나요?" Scott 선생님이 묻는다.

학생들은 잠시 동안 결과를 생각하지만, Scott 선생님의 질문에 대답할 수 없다.

"여러분이 했던 것을 살펴봅시다." Scott 선생님이 계속한다.

Scott 선생님은 그런 다음 무게와 각도라는 변인을 통제하는 동안 길이를 바꾸는 과정을 통해서 학생들을 안내한다. "자, 이제 여러분은 무게로 같은 것을 해보세요." Scott 선생님이 제안한다. "길이와 각도 변인을 유지하면서 무게를 바꿔 보세요. 그다음에는 각도로 같은 것을 해보세요. 그리고 여러분이 발견한 것을 살펴보세요."

Scott 선생님은 그런 다음 다른 모둠으로 이동한다.

---

위에서 보듯이, 학생들은 한 번에 한 가지 요인만 바꾸어 주는 오개념을 유지하고 있었고, Scott 선생님이 개입하여 다른 변인은 일정한 값을 유지하면서 다른 한 가지 양을 변

화시키는(추의 개수와 각도를 똑같이 유지하면서 길이를 바꾸는) 과정을 시범 보이는 비계설정을 제공했다. 그러나 이런 비계설정이 제공되었어도 학생들은 추의 무게와 각도가 진동수에 영향을 주는지를 고민하였다.(물론 학생들은 그렇게 하지 않았다.)

Scott 선생님이 개입할 때의 결정은 전문적 판단의 문제이다. Scott 선생님은 잠시 동안 학생들이 고민했지만, 학생들이 비생산적인 걷잡을 수 없는 옆길로 너무 멀리 가버리기 전에 개입했다.

Scott 선생님의 개입은 또한 추가적인 문제를 일으킨다. Scott 선생님이 Marina, Paige, Wenseley, Jonathan과 시간을 보내는 동안, 다른 모둠들 또한 비슷하게 고민하는데, 각 모둠에게 적절한 시간을 충분히 주는 것이 운영상 어렵다. 이런 문제 때문에 마지막 단계가 더욱 중요하게 된다. 다음 절에서 이 문제를 다시 다룬다.

이제 Laura 선생님이 수업의 세 번째 단계를 어떻게 실행하는지 살펴보자.

---

모둠은 활동을 하러 모인다. 먼저 학생들은 교실의 크기를 재고, 리놀륨으로 덮인 부분을 잰다. 마지막으로 교실 전체 넓이에서 리놀륨으로 덮인 넓이를 뺀다. Laura 선생님은 모둠들로 가서 그 과정에 대해 묻지만, 개입하지는 않는다.

---

Scott 선생님과는 달리, Laura 선생님은 학생들이 전략을 실행하는 시도에 개입하지 않는다. 우리는 다음 절에서 결과를 검토할 것이다.

## 4단계 : 결과 토의 및 평가하기

이 마지막 단계에서 교사는 학생들에게 해결책의 타당성을 평가하도록 요구한다. Scott 선생님이 이 단계를 어떻게 실행하는지 살펴보자.

---

Scott 선생님은 학생들에게 결론을 쓰도록 몇 분을 준다. 그런 다음, 교실 앞으로 가서 반 전체에게 알리는 종을 친다.

"내가 여러분 모둠을 부를 때, 나는 반 전체에게 결과를 발표할 모둠의 발표자를 원합니다." Scott 선생님은 반 전체에게 말한다.

한 명씩, 각 모둠의 발표자는 교실 앞으로 가서 결과를 발표한다. 몇몇 모둠은 길이, 무게, 각도와 같은 각 요인들이 진동수에 영향을 준다고 (틀리게) 결론을 내린다.

오개념에 대하여, Scott 선생님은 반 전체에게 시범실험(demonstration)을 보여준다. "여기를 보세요." Scott 선생님이 실험대 위에 스탠드를 놓으면서 말한다. Scott 선생님은 추에 클립을 걸고, 움직임을 주면서 학생들에게 왔다 갔다(swing)하는 수를 세도록 한다. Scott 선생님은 무게가 진동수에 영향을 주지 않는다는 것을 설명하기 위해 두 번째 클립을 걸고 다시 학생들에게 세도록 한다. 그리고 칠판에 그것을 적는다. 그런 다음 Scott 선생님은 각도 또한 진동수에 영향을 주지 않는다는 것을 보여주기 위해 두 번째 시연을 하고, 칠판에 쓸 수 있도록 다시 학생들에게 결론을 내리도록 한다.

시범 후에 Scott 선생님은 "이제 나는 누군가가 우리가 실험설계에 관해 무엇을 배웠는지 결론을 내려 주기를 원해요. 누가 말해 볼까요? …… Wenseley? 나에게 우리가 실험을 설정하는 방법에 관해 무엇을 배웠는지 말해 보세요. 이것으로부터 우리는 무엇을 배웠나요?"라고 말한다.

"매 시간 단 한 가지만 변화시키면서 실험의 서로 다른 부분을 했어요." Wenseley가 설명한다.

"왜 그렇지요?"

"한 번에 단 한 가지만 점검하지 않고 두 가지를 한다면 실험에서 오류가 생겼을 거예요."

"좋아요, 만약 여러분이 한 번에 한 가지 이상 변화시킨다면, 왜 그것이 어려울까요?"

"왜냐하면 …… 만약 두 가지 다른 것을 변화시킨다면, 한 가지가 다른 변화를 야기시킨다고 말할 수 없어요." Wenseley가 계속한다.

"좋은 생각이에요, Wenseley. 예를 들면, 만약 여러분이 무게와 길이를 시험하고 있었다면, 여러분의 모둠은 마침내 우리가 길이를 변화시키면서 동시에 무게를 변화시킬 수 없음을 결정 내려야만 해요. 왜냐하면, 우리가 그것을 시험했을 때 ……"

"우리들은 그것들을 비교할 수가 없었어요." Marina가 대답한다.

"맞아요, 여러분은 그것들을 비교할 수가 없었어요. 여러분은 하나가 변화를 야기시키는지 말할 수 없었어요. 그렇죠? …… 갑자기 더 빠르다고 말하고 싶겠지만, 글쎄요, 정말 무게일까요 아니면 길이일까요?"

---

앞 절에서 언급했듯이, 교사들이 모든 모둠에게 적절한 비계설정을 제공할 충분한 시간을 가지고 있지 않을 수 있다. Scott 선생님의 경우에서 보듯이, 그 결과는 여러분 모둠의 일부가 오개념을 유지하거나 타당하지 않은 결과를 얻을 것이라는 것이다. 이것이 마지막 단계가 중요한 이유이다. 여러분은 가능하다면, 수업을 완성하기 전에 오개념을 없애고 싶다. Scott 선생님은 길이만이 추의 진동수에 영향을 준다는 것을 설명하기 위해 전체 모둠활동으로 안내함으로써 이 어려움을 수용했다.

자, 이제 Laura 선생님이 수업에서 이 단계를 어떻게 실행하는지 살펴보자.

---

학생들이 모둠을 만들고, 활동을 한 후에, Laura 선생님은 반 전체에게 발표하게 한다. 다른 모둠은 카펫이 깔린 부분의 넓이를 아래와 같이 구했다.

1,173/1,378/1,347/1,440/1,169/1,600제곱미터

학생들이 모둠들이 모두 다른 답을 갖고 있다는 사실을 수용할 수 있는지 물었을 때, 학생들 대부분은 아니라고 한다. 하지만 일부는 그렇다고 말한다.

---

비록 일부 학생들이지만 그 결과를 수용할 수 있다는 사실은 답이 이치에 맞는지 아닌지를 받아들이는 학생들의 사고와 경향에 관한 의문을 일으킨다. 예를 들면, 교실의 크기가 48×30m이고, 교실 전체 넓이가 1,440m²이다. 한 모둠은 교실의 카펫이 깔린 부분의 넓이가 전체 교실 넓이보다 더 큰 1,600m²라고 계산했다! 이것은 교사를 난감하게 만드는 사고의 한 종류이다. 그러나 그것은 문제를 해결하는 전략을 고안하고 실행하는 경험의 부족과 얻은 결과가 이치에 맞는지 계속적으로 학생들 스스로 물어볼 필요가 있다는 것

을 나타낸다.

이런 경향은 다양한 책에서 여러 번 언급된 대표적인 예에 의해 설명된다.

매우 훌륭한 학생인 한 소년이 문제를 풀고 있다. "만약 네가 물병 6개를 가지고 있고, 각각의 물병에 레모네이드를 2/3파인트씩 담으려고 한다면, 레모네이드가 얼마나 필요할까?" 소년의 대답은 18파인트였다.

내가(Holt) "각각의 물병에 얼마나 담으려고 하지?"라고 말했다.

"2/3파인트씩이요."

"2/3파인트는 1파인트보다 많니, 적니?"라고 나는 물었다.

"적어요."

"물병은 몇 개지?"라고 내가 물었다.

"6개요."

"그렇다면 그것은 말이 되지 않는구나."라고 나는 말했다.

소년이 어깨를 으쓱하며 말했다. "음, 그 문제는 그런 방법으로 푸는 거군요."

(Holt, 1964, p.18)

이런 사고의 종류는 일반적이다. 교사로부터의 상당한 유도(prompting)와 도움 없이, 학생들이 해결책이 현실에서 이치에 맞는지를 한 걸음 물러나 생각하고 스스로에게 물어보는 것은 드물다.

Scott 선생님이 학생들의 오개념에 대해 어떻게 행동하는지 보았다. Laura 선생님이 이 쟁점에 대해 어떻게 반응하는지 살펴보자.

---

Laura 선생님은 "다시 그림을 살펴봅시다."라고 말하며 다음 날 수업을 시작한다. 그리고 Laura 선생님은 실물화상기 위에 그림을 보여준다.

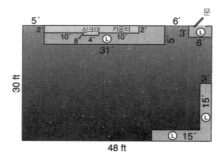

반 전체는 교실의 넓이를 구하고 리놀륨으로 덮인 부분(L로 표시)을 빼는 전략을 해보기로 했다. 그래서 Laura 선생님은 학생들에게 먼저 교실의 넓이를 계산하도록 했다.

Laura 선생님은 학생들이 1,440m²라고 구하는 것을 보았다. 그런 다음 "다음에는 무엇을 할까요?"라고 물었다.

학생들은 L로 표시된 부분을 빼야 한다고 동의했고, 그림의 윗부분부터 시작하기로 했다.

"이 부분의 넓이는 얼마일까요? …… Fred?" Laura 선생님이 물었다.

"…… 31 곱하기 5를 해요."

Laura 선생님은 Fred의 생각을 설명하고, 학생들은 넓이를 계산한다. 그리고 Laura 선생님은 학생들이 모두 155m²를 구하는 것을 점검했다. 그런 다음 Laura 선생님은 문(door) 부분도 그 과정을 반복하게 해서, 18m²라고 구했다.

그다음 Laura 선생님은 오른쪽 아래에 리놀륨을 가리켰다. Laura 선생님은 몇 가지 불확실한 것을 찾고, 제안에 대해 학생들에게 묻고, 칠판으로 가서 쓴다.

$15 \times 3 = 45m^2$
$12 \times 3 = 36m^2$
$45 + 36 = 81m^2$

Laura 선생님은 몇 초를 기다린 다음 "누가 이 숫자들이 어디서 왔는지 설명해 보세요."라고 말한다.

"15는 저 부분의 길이에요", Nephi가 그림의 아래를 가리키며 제안한다. "그리고 3은 폭이 얼마인지를 말해요 …… 그래서 넓이가 15예요."

"45 뭐라고요?" Laura 선생님이 캐묻는다.

"제곱미터요." Nephi가 빠르게 덧붙인다.

"자, 이제는 훌륭한 사상가처럼 생각해 봅시다. 우리는 두 번째 문장이 15×3 대신에 12×3이라는 것을 어떻게 알까요?"

"…… 알았어요!" Anya가 소리쳤다.

"나와서 우리에게 보여주세요."

Anya는 실물화상기로 가서 그림을 보여준다.

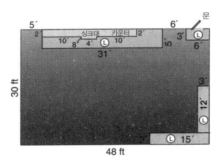

"보세요, 우리는 벌써 이것을 구했어요." Anya가 그림의 오른쪽 아래 모퉁이를 가리키며 말한다. "그래서 길이는 15가 아니라 12 …… 그래서 12×3이에요."

Laura 선생님은 Anya의 생각이 이치에 맞는지 반 전체에게 묻고, 학생들은 이치에 맞다고 했다. 그런 다음 Laura 선생님은 학생들에게 다음에 무엇을 할 필요가 있는지를 묻는다. 학생들은 45와 36을 더해야 하고 81m²를 구했다.

반 전체는 115, 15, 81을 더한 후 총 254m²를 구하고 1,440에서 254를 빼야 한다고 결론 내린다. Laura 선생님은 왜 그런지 학생들에게 설명하도록 하고, 학생들은 카펫이 깔린 부분은 1,186m²라고 계산한다.

그다음 Laura 선생님은 "숙제로 여러분이 카펫이 깔린 부분의 넓이를 두 번째 전략을 사용해서 계산해

오세요."라고 말한다. Laura 선생님은 학생들에게 안쪽 넓이의 크기를 보여주는, 다른 그림을 건네준다. 그리고 "자, 우리는 전략을 시도할 때 우리 스스로에게 항상 무엇을 묻나요?"라고 묻는다.

"그것이 이치에 맞을까?" Shayna가 몇 초 동안 생각한 후에 대답한다.

"네, 맞아요." Laura 선생님이 웃는다. "우리가 시작할 때 여러분이 답을 얻었는지 설명할 준비가 되어 있을 거예요. 내일 만나요."

---

두 수업의 주된 차이는 둘째 날의 수업이 훨씬 더 구조화되었다는 것이다. 학생들이 첫 전략을 사용하기로 동의한 후에, Laura 선생님은 전략을 실행하는 과정을 통해 학생들에게 발판이 되는 구체적인 질문을 사용했다. 그런 다음 그녀는 학생들이 확실하게 과정을 만들어 가도록 학생들의 활동을 세심하게 점검했다.

Scott 선생님과 Laura 선생님의 경험과 Holt가 언급했던 예는 문제중심 학습에 관한 또 다른 질문을 일으킨다. "여러분 스스로가 그 과정을 간단하게 설명할 수 있을 때 왜 학생들은 모둠활동을 하는 것으로 시간을 소비할까?"라고 여러분은 스스로에게 물어볼지 모른다. 이것은 좋은 질문이다. 그러나 그것은 또 다른 추가적인 질문을 만든다. 학생들이 스스로 전략을 고안하고 실행해 보도록 유발하지 못한다면, 수업의 마지막 단계에서 Scott 선생님의 설명은 학생들에게 유의미한 것인가? 또 이와 유사하게, Laura 선생님의 수업도 학생들이 스스로 문제와 고민하지 않는다면 학생들에게 유의미한 것인가? Laura 선생님의 처음 수업은 수업시간의 낭비였나? 문제중심 학습을 옹호하는 사람들은 이런 질문에 "아니요."라고 대답할 것이다. 학생들이 허둥대는 시간을 소비한다 하더라도, 학생들은 문제와 함께 싸우는 경험을 필요로 한다고 주장한다.

더욱 교사중심적인, 직접교수법의 옹호자들은 아마도 동의하지 않을 것이다. 이것이 우리가 이 책에 다양한 모형을 포함시킨 이유이다. 여러분은 목표에 가장 부합하는 것으로 모형을 선택할 수 있다.

### 공학과 교수 : 문제중심 학습을 돕는 공학 활용

문제중심 학습의 성공은 자기 주도적인 학습이 되도록 문제해결 기능과 능력을 발달시키는 것을 돕는 현실적인 문제를 학습자들에게 제시하는 능력에 달려 있다. 이 모형을 사용할 때 중요한 목표는 조사와 분석을 위해 교실로 현실세계를 가져가는 것이다.

그러나 교과서에 제시된 대부분의 문제는 잘 정의되어 있고, 틀에 박혀 있고(routine), 일반적으로 단지 문제를 해결하는 데 필요한 정보만이 포함되어 있다(Jonassen et al., 2003). 심지어 연산조차도 종종 뺄셈을 제안하는 "얼마나 더 많나요?"와 같은 질문처럼, 문장으로 제시된다(Jitendra et al., 2007). 경험의 부족은 왜 학생들이 더 나은 문제 해결자가 되지 못하는지 설명해 주고, 또한 Scott 선생님과 Laura 선생님의 학생들이 해결하려고 하는 문제와 씨름하는 이유를 이해하도록 해준다.

이 문제들을 다루기 위하여, 전문가들은 호감이 가고 현실세계의 문제를 제시하도록 하는 공학 활용을 시도해 왔다(Schwartz et al., 2005). 가장 잘 알려진 노력 중 하나가 밴더빌트의 인식과 기술 그룹(Cognition and Technology group at Vanderbilt)에 의해 만들어진(1992), 제스퍼 우드베리의 모험(The Adventures of Jasper Woodbury)이라는 시리즈이다. 그 시리즈는 문제발견과 해결에 초점을 두는 모험에 중심을 둔 12개의 비디오로 구성되어 있다. (제스퍼 시리즈에 관한 정보는 http://peabody.vanderbilt.edu/projects/funded/jasper/jasperhome.html 참조)

아래는 '시더 크리크로 가는 여행(Journey to Cedar Creek)'이라는 한 문제의 일부이다.

---

제스퍼는 지금 막 새로운 배를 구입해서 집으로 타고 가려고 한다. 그 배는 시간당 5갤런의 연료를 소모하고 시속 8마일로 나아간다. 가스 탱크의 용량은 12갤런이다. 그 배는 현재 156마일 지점에 위치해 있고, 제스퍼의 정박장은 132마일 지점에 있다. 집으로 가는 길에 두 군데의 가스 충전소가 있다. 하나는 140.3마일 지점에 있고, 다른 하나는 133마일 지점에 있다. 그곳에서는 각각 1갤런 당 1.109달러와 1.25달러의 요금을 부과한다. 그들은 카드를 취급하지 않는다. 제스퍼는 그날 20달러를 갖고 출발했다. 그는 1갤런당 1.25달러의 요금으로 가스 5갤런을 샀고(현금 지불 시, 갤런당 4센트씩 할인되는 금액을 포함하지 않고) 그 배를 수리하는 비용으로 8.25달러를 지불했다. 지금 시간은 오후 2시 35분이다. 일몰 시간은 저녁 7시 52분이다. 과연 제스퍼가 해가 지기 전에 연료가 바닥나지 않은 채로 집에 도착할 수 있을까?

---

위 문제는 학생들에게 상관없는 정보는 무시하고, 문제를 해결하는 데 필수적인 정보를 정리할 연습을 제공하기 위해 의도적으로 복잡하게 만들어졌고, 덜 정의된 채로 남겨져 있다. 학생들은 또한 제스퍼가 집으로 가는 여행에서 얼마나 많은 돈을 남겼는지를 계산하는 것과 같은 하위 목표를 확인하는 경험을 얻을 것이다. 학생들은 여러 수준(며칠에서 한 주 이상에 이르는)의 기간 동안 모둠으로 이런 문제들을 해결하려고 노력한다. 학생들은 생각을 공유하고, 사고를 개선하기 위한 조언을 받고, 반 전체에게 해결책을 발표한다.

그뿐만 아니라, 소프트웨어 설계자는 다른 분야에서 문제해결 상황을 개발했다(Krajcik & Blumenfeld, 2006). 예를 들어, 'The Geometric Supposer'와 같은 프로그램(http://www.cet.ac.il/math-international/software5.htm)은 학생들이 기하학 문제를 해결하는 동안에 컴퓨터로 숫자를 조작할 수 있다. 또 다른 프로그램인 상호작용 물리학(www.interactivephysics.com)은 학생들이 힘, 가속도, 운동량과 같은 개념을 사용해서 문제를 해결하도록 하는 목표와 도구를 제공한다.

일부 연구가 이런 상황들이 구체적인 자료로 직접해 보는 경험만큼 많은 학습을 생산한다고 나타내지만(Triona & Klahr, 2003), 더 많은 연구가 이 결론을 확인해 줄 필요가 있다.

두 번째 문제는 이런 기술을 사용하는 데 교사에게 요구되는 노력의 양을 포함한다. 예를 들어, 복잡하지 않은, 잘 정의된 문제에 익숙한 학생들은 제스퍼 시리즈와 같은 문제들을 해결하려는 시도에서 고군분투하고 좌절감을 느낄 수 있을 것이다. 만약 여러분이 이런 종류의 공학을 사용하기로 선택한다면, 여러분의 역할이 매우 요구될 것이다. 여러분은 잘 정의되지 않은 문제를 해결할 학생들의 경험을 빼앗을 것이 아니라, 학생들이 전진하도록 돕는 충분한 비계설정을 제공해야 한다. Scott 선생님과 Laura 선생님 모두에게서 발견한 것처럼, 이것은 매우 정교한 교수(sophisticated instruction)이다. 그리고 학생들이 풀려고 했던 문제들은 제스퍼 시리즈의 문제들보다 더 간단했다. 우리는 제스퍼 시리즈와 같은 공학의 사용을 확실하게 막지는 않는다. 그러나 우리는 여러분이 참여의 요구를 인식하기를 바란다. 반면에, 학생들이 이와 같은 문제들을 해결하는 활동에 참여하는 경험은 복잡한 문제해결에 대한 극적인 발달로 나아갈 수 있다.

지금까지 문제중심 학습의 일반적인 접근법을 검토해 왔고, 문제중심 학습의 또 다른 형태이면서 더욱 특정한 형태인 **탐구**를 살펴보자.

## 탐구

이 절을 시작하기 전에 7학년 가정교사인 Karen Hill 선생님의 수업을 살펴보자.

Karen 선생님은 과학교육 표준을 살펴보면서 초점을 맞춘다.

SC.8.N.1.1 : 과학적 이해를 돕는 적합한 참고자료를 이용해서 8학년 교육과정으로부터 문제를 정의하라. 체계적인 관찰, 실험, 변인 확인, 자료 수집 및 조직, 도표, 표, 그래프로 자료 해석하기, 정보 분석, 예상하기, 결론 내리기와 같은 다양한 형태의 과학적 연구를 계획하고 수행하여라(Florida Department of Education, 2008).

Karen 선생님은 빵 굽기 단원에 그 표준을 포함시키기로 정했다. Karen 선생님이 빵을 만들기 위해 반죽을 주무르면, 일부 학생들은 반죽을 주무르는 시간에 대해 질문을 한다. 다른 학생들은 반죽을 철저히 주무르지 않으면 재료들이 완전히 섞이지 않아서 빵이 부풀지 않을 거라고 대답한다.

학생들은 반죽을 세 부분으로 나눠서 각 부분에 반죽을 하는 시간을 다르게 해봄으로써 생각을 점검해보기로 한다. 학생들은 같은 반죽을 사용해서 같은 방법으로 빵을 만들고, 같은 오븐에서 빵을 굽는다.

그런 다음 학생들은 실험을 수행하고, 시간을 초과해서 반죽을 하는 것이 중요한 것이 아니라, 빵을 충분히 부풀게 하기 위해서는 적절한 반죽이 필수적이라는 결과를 점검한다.

| **그림 8.3** | 과학적 방법

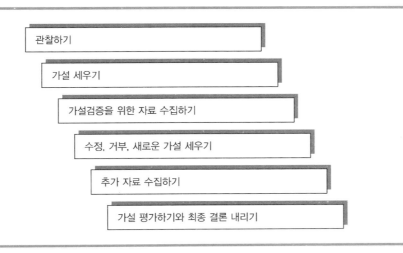

관찰하기

가설 세우기

가설검증을 위한 자료 수집하기

수정, 거부, 새로운 가설 세우기

추가 자료 수집하기

가설 평가하기와 최종 결론 내리기

Karen 선생님은 수업에 탐구모형을 사용했다. 때때로 **과학적 탐구**라고 불리는 **탐구**는, 학생들에게 과학적인 방법을 경험하도록 고안된 교수모형이다. **과학적 방법**은 질문을 하고, 질문에 대답하기 위한 가설을 설정하고, 자료로 가설을 검증하는 것을 강조하는 사고의 한 형태이다. 예를 들어, Karen 선생님의 학생들은 빵을 만드는 데 필요한 반죽시간에 관한 질문을 했고, 반죽을 더 많이 주무르는 것이 빵을 더 잘 부풀게 할 것이라는 가설을 세웠다. 그런 다음 학생들은 같은 상태에서 같은 양의 반죽으로, 서로 다른 시간 동안 반죽함으로써 가설을 검증했다. 마지막으로, 학생들은 가설의 타당성을 평가하기 위해 자료를 사용했다.

과학적 방법을 기술한 것이 그림 8.3의 개략적 그림이다.

과학적 방법은 많은 과학교재의 초반부에 서술되어 있다. 그러나 학생들은 그 실제 과정을 경험하는 것이 적다. 사실 학생들은 종종 학교의 첫 주 동안 과학적 방법의 단계를 암기하고, 그 단계를 확인하고 써보도록 하는 퀴즈를 풀기도 한다. 그리고는 그 해의 나머지 동안 그것을 잊어버린다. 탐구모형은 학생들이 비판적 사고, 자기 주도적 학습, 구체적인 주제에 대한 이해를 발전시키는 동안 과학적 방법의 깊이 있는 이해를 획득하도록 돕기 위해 고안되었다.

이제 탐구수업을 어떻게 계획하는지 살펴보자.

## 탐구수업 계획하기

탐구수업을 계획하는 것은 안내된 발견모형 또는 통합적 모형과 같은, 많은 내용중심 모형 계획하기와는 적어도 세 가지 면에서 차이가 있다. 첫째, 탐구문제, 가설, 가설을 검증하기 위해 사용한 자료들은 이상적으로 말하면, 학생들에게서 나오기 때문에, 여러분은 그 과정이 진행되도록 학생들의 자주성과 경험을 방해할 정도로 지나치지 않은, 충분한 안내를 제공하는 수업을 설계해야 한다. 이런 균형을 유지하는 것은 교수적 판단에 달려 있다. 둘째, 대부분의 탐구수업은 계속적으로 이어져야 하는데, 대개 한 시간 이상이 필요하다. 그래서 교사는 계획할 때 이런 요인을 고려해야 한다. 셋째, 탐구수업은 학생들이 과학적 방법을 조직적으로 지원하고, 자기 주도적으로 학습하도록 돕기 위해 설계된다. 그래서 여러분의 계획은 이런 목표들을 포함해야 한다.

탐구모형 수업계획에는 (1) 탐구 질문이나 문제를 확인하고 여러분의 학습목표를 상세화하기와 (2) 자료 수집 계획하기라는 두 가지 단계가 필수적으로 포함된다.

**탐구 질문과 학습목표 확인하기**  탐구 계획하기의 첫 번째 단계는 탐구에 적절한 질문/문제를 확인하는 것이다. 이전 절에서 말했듯이, 문제는 이상적으로 학생들에게서 나오고, Karen 선생님의 수업에서도 마찬가지였다. 그러나 대부분의 교실에서 문제는 아마도 교사에게서 나올 것이고, 여러분의 학생들도 마찬가지일 것이다.

그래서 탐구수업 계획하기 첫 번째 단계는 적절한 문제를 확인하는 것이다. 탐구에 적절하기 위해서는, 질문은 통제할 수 있는 변인과 측정할 수 있는 결과를 포함해야 한다. **변인**은 다른 값을 가질 수 있는 양이다. 예를 들면, Karen 선생님의 수업에서 반죽시간이 변인이었다. 예를 들어, 1분, 2분, 또는 임의의 숫자 등으로 반죽될 수 있다. 반죽하는 시간은 양이고, 1분 또는 2분은 변인값이다. 학생들은 반죽하는 시간을 서로 다르게 하는 것과 같이 변인을 통제할 수 있고, 빵이 얼마나 많이 부풀어 오르는 것인지는 측정할 수 있는 결과였다.

Scott 선생님이 그와 같이 정확하게 안내하지 않은 반면에, 이 장의 초기에 Scott 선생님의 수업은 쉽게 탐구수업으로 변할 수 있었다. 각 모둠의 추의 길이는 20, 25, 30, 35cm와 같이 통제할 수 있는 양이었고, 학생들은 추의 진동수라는 결과를 측정할 수 있었다. 그 수업이 형식적인 탐구수업이 되기 위해서, Scott 선생님은 가설과 변인과 같은, 과학적 방법의 정의된 개념을 강조해야 했고, 학생들이 더욱 체계적인 방법으로 실험을 수행하도록 해야 했다. Scott 선생님의 수업은 다른 무엇보다도 더 강조의 문제였다. 즉, Scott 선생님은 단순히 탐구수업의 구체적인 요소를 강조하지 않았다. 탐구에 적절한 문제의 일부 추가적인 예는 표 8.2에 개략적으로 나온다.

이와 대조적으로 Laura 선생님의 수업은 탐구에 도움이 되지 않았다. Laura 선생님의 학생들은 통제할 수 있는 변인을 포함하지 않는, 교실의 카펫이 깔린 부분의 넓이를 구하

| 표 8.2 | 탐구 문제의 예

| 문제 | 설계 |
|---|---|
| 물이 증발하는 양에 영향을 주는 요인은 무엇인가? | 다른 상태에서 그릇에 같은 양의 물을 담고 매일 그릇에 남은 물의 양을 측정한다. |
| 식물의 성장에 영향을 주는 물의 양은 어떻게 되는가? | 같은 형태의 토양에 콩의 씨앗을 심고, 각각의 콩에 1/4컵, 1/2컵, 3/4컵, 1컵 등과 같이 다른 양의 물을 준다. 그리고 콩의 성장을 측정한다. |
| 심장 박동에 영향을 주는 운동의 양은 어떻게 되는가? | 학생들이 휴식하고 있을 때 심장 박동수를 측정하고, 1분이나 2분 등 특정한 시간 동안 달린 다음 심장 박동수를 측정한다. |
| 학생들의 문제해결 능력에 영향을 주는 문장제 문제의 수는 어떻게 되는가? | 비슷한 능력을 가진 세 모둠의 학생들에게 숙제로 서로 다른 수의 문장제 문제를 주고, 문제의 내용을 다루는 평가에서 문제해결 능력을 측정한다. |

는 문제를 해결해야 했다.

탐구모형을 사용할 때 학습목표를 상세화하는 것은 매우 간단하다. 구체적인 탐구 문제를 해결하고 비판적 사고능력을 학습하는 것은 탐구가 언제나 학습목표일 것이라는 것과 결부된다. 그러나 비록 내용목표가 이차적으로 탐구기능을 발달시키는 것에 비유된다 하더라도, 탐구수업은 학생들이 내용목표를 중요하게 생각하는, 관계를 발견하도록 도울 수 있다. 예컨대, Karen 선생님의 수업에서 학생들은 반죽을 하는 시간과 반죽이 부풀어 오르는 양의 관계를 찾았다.

**자료 수집 계획하기** 문제 확인과 마찬가지로, 자료 수집을 위한 전략도 이상적으로는 학생들로부터 나올 것이다. 그러나 어린 학생들과 실험을 설계하고 수행하는 경험이 부족한 학생들을 위해, 여러분은 상당한 양의 안내를 제공할 필요가 있을 것이고, 그래서 그것을 위한 계획이 필요하다. 예를 들어, 학생들이 표 8.2의 첫 번째 탐구 문제를 조사한다면 물의 온도와 노출된 표면적과 같은 가설을 예상한다. 첫 번째 가설을 실험하기 위해서, 그릇들을 창가, 방의 모퉁이, 냉장고처럼 온도가 다양한 곳에 위치시켜야 한다. 두 번째 가설을 실험하기 위해서, 면적이 각기 다른 입구를 가진 그릇들을 찾을 필요가 있다. 또한 학생들이 그릇을 준비하고 증발하는 물의 양을 측정하는 동안 필수적인 안내를 계획할 필요가 있다. 증발은 직접적으로 측정될 수 없기 때문에 학생들은 그릇에 남아 있는 물의 양을 측정할 필요가 있다. 그래서 눈금 실린더나 정밀한 계량컵이 필요하다.

| 표 8.3 | 탐구학습의 실행단계

| 단계 | 목표 |
|---|---|
| **1단계 : 문제 확인하기**<br>학생들이 답을 해야 할 질문을 교사 혹은 학생들이 찾는다. | ■ 학생들의 관심을 이끌어 수업에도 관심을 갖게 한다.<br>■ 수업의 초점을 제공한다. |
| **2단계 : 가설 설정하기**<br>학생들은 질문에 대답하기 위한 가설을 만들려고 시도한다. | ■ 자료를 수집하는 기준틀을 제공한다. |
| **3단계 : 자료의 수집과 제시**<br>학생들은 가설과 관련된 자료를 모으고 분석할 수 있는 형태로 조직하고 제시한다. | ■ 학생들에게 가설을 증거로 검증하는 경험을 시킨다. |
| **4단계 : 가설검증 및 일반화**<br>교사는 결과가 가설을 지지하는지를 토론하도록 안내하고 학생들은 가설의 평가에 바탕을 두고 일반화한다. | ■ 학생들에게 과학적 방법을 활용하는 경험을 시켜준다.<br>■ 증거를 바탕으로 결론을 내리는 능력을 개발시킨다.<br>■ 새로운 상황에 전이시키도록 도와준다. |

또한 엎지르거나 결과를 무효화하지 않게 물의 양을 측정하는 방법을 설명할 필요가 있다. 이것은 한 가지 예에 불과하지만, 학생들이 어떤 탐구 질문을 연구하도록 조사할 때도 이와 유사한 계획을 세울 것이다.

## 탐구수업 실행하기

탐구가 문제중심 학습의 한 형태이기 때문에, 탐구수업을 실행하는 것은 탐구중심 학습을 실행하는 것과 유사하다. 그 과정은 4단계이고, 표 8.3에 개략적으로 나타내고 있으며 아래에서 논의한다.

**1단계 : 문제 확인하기**  학생들의 관심을 위하여 질문을 던지면서 탐구를 시작하며 학생들에게는 어떤 도전을 해야 하는가를 확인시켜 준다. 그 질문은 자연스럽게 학습활동에서 나오기도 하며 교사가 미리 질문을 생각하여 학생이 찾아내도록 안내할 수도 있으며 또는 질문을 바로 제시하는 것도 좋다.

질문을 명확하게 하기 위하여 칠판에 쓰거나 실물화상기에 보여주어 학생들이 그 질문 안에 들어 있는 개념을 이해하도록 하라. 학생들에게 자신의 말로 그 질문을 다시 설명하도록 시키거나 토론을 통해 그 질문이 명확하게 이해되었는가를 확인시켜 줄 필요가 있다.

Karen 선생님이 자신의 수업에서 1단계를 어떻게 실행했는가를 살펴보자.

　Karen 선생님이 수업을 시작하면서 빵을 굽는 과정을 논의하기 위해서 교실 앞에서 흰빵을 반죽하면서 전체 빵 굽는 과정을 개괄하고 있다.

　설명 중에 José가 손을 들고 "왜 그렇게 오래 반죽해야 합니까?"라고 질문한다.

　"좋은 질문이야, José. 왜 그렇게 해야 할까요? 누구 다른 사람이 말해 볼까?"

Karen 선생님은 José의 질문으로 수업을 시작하는데, 이런 상황은 매우 이상적이지만 실제 교실수업에서는 거의 일어나지 않을 것이다.

이제 4학년 교사인 Jim Donovan 선생님이 증발에 대한 수업에서 1단계를 실행하고 있다.

"지금까지 증발에 대해서 배우고 있는데, 어떤 걸 배웠는지 기억해 볼까요. …… 증발이 뭐죠, Tanya?"

　"…… 액체가 기체로 변할 때 일어나는 것을 말합니다."

　"좋아요, 그럼 액체에서 증발이 일어날까요? …… 우리가 볼 수는 없죠. …… Carlos?"

　"…… 컵에 (액체를) 담아 놓으면 나중에는 줄어들어요. …… 그래서 일부가 증발했다는 걸 알 수 있죠."

"잘했어요." Jim 선생님은 웃으면서, "이제 이걸 생각해 봐요. 물이 어떻게 하면 빨리 증발할 수 있을까요? …… 여러분 생각은 어떻습니까?"

Jim 선생님은 4학년 학생들이 탐구 질문을 만들어 내는 경험이 별로 없다는 걸 알고 질문을 바로 제시하였다. 이것은 어린 학생이나 경험이 부족한 학생들에게 탐구수업을 시작할 때 상당히 타당한 방법이다.

**2단계 : 가설 설정하기**　질문이 명확해지면 그 학급은 질문에 대답을 할 준비가 된 것이다. 그러나 그 대답은 가설이며, **가설**이란 어떤 문제에 대한 잠정적인 대답이거나 자료가 지지하거나 반박할 수 있는 해답 같은 것이다.

　Karen 선생님이 두 번째 단계를 어떻게 실행하는가를 살펴보자.

José가 "왜 흰빵을 오래 숙성해야 합니까?"라고 물었다.

　"매우 좋은 질문이에요. José. 왜 그런 생각을 했죠? 누구 다른 사람은?"

　"…… 아마 그 안의 성분이 잘 섞이게 하려고요."라고 Jill이 말했다.

　Ed는 "네, 재료가 충분히 섞이지 않으면 효모가 작용하는 데 영향을 줘요. 빵을 충분히 숙성하지 않으면, 부풀지 않을 거예요."라고 덧붙였다.

　Karen 선생님은 학습목표를 확장시키기 위해서 학생들의 생각을 칠판에 적으면서 "Jill과 Ed가 말한 것은 José의 질문에 대한 잠정적인 대답이에요. 사람들은 질문에 잠정적인 대답을 하거나 순간적인 해답을 하려고 할 때 그걸 가설이라고 불러요. 완전하게 섞으면 효모에 영향을 주어 빵이 부풀게 하는 데 영향을 주기 때문에, 숙성시간이 빵의 부풀기에 영향을 준다고 가설을 세울 수 있어요."라고 말한다.

어떤 경우에 탐구 질문은 학생들이 제기할 수도 있지만 이런 경우를 기대하기 어려우면 수업을 계속 진행하거나 약간 바꿔서 그 다음날 자료를 수집하도록 계획하는 것도 좋은 방법이다.

Jim 선생님이 4학년 수업에서 이런 단계를 어떻게 실행했는지를 살펴보자.

---

Jim 선생님은 "물이 빨리 증발하는 데 영향을 주는 게 어떤 것이 있을까요? …… 자기 생각을 말해 볼래요?"라고 물었다.

Jim 선생님이 잠시 기다려 주지만 아무도 말하지 않자, "여러분 생각에 따뜻한 물이 차가운 물보다 빨리 증발될까 아니면 차가운 물이 빨리 증발될까요? …… 아니면 아무 차이가 없을까요? 어떻게 생각해요?"라고 다시 질문을 했다.

어떤 학생은 따뜻한 물이 빨리 증발한다고 말하고, 다른 학생은 차이가 없다고 말하지만, 일부 학생만 차가운 물이 더 빨리 증발한다고 말했다.

"자, 여기 세 가지 생각이 있어요." Jim 선생님이 정리하면서 그중 하나는 '따뜻한 물이 더 빨리 증발할 것이다', 두 번째 생각이 '물이 증발하는 건 온도와 관계없이 동일하다', 그리고 세 번째로 '차가운 물이 더 빨리 증발할 것이다'는 것이죠. 이런 진술을 가설이라고 말하는데, 이건 증발에 대한 문제에 대해서 잠정적으로 대답한 것이며, 그 대답은 검증할 수 있어요. …… 그런데 우리는 어떻게 대답을 검증할 수 있을까요?"라고 말했다.

---

Jim 선생님이 가르치는 학생들은 Karen 선생님의 학생보다 어리고 경험이 부족하기 때문에 Jim 선생님은 이런 경험 부족의 문제를 대처하기 위해서 조정한 것이다. 학생들은 증발에 영향을 주는 요인을 생각하기 어려웠기 때문에, 안내를 더 많이 하고 가설을 진술하도록 이끌어 갔다. 물론 이런 과정이 학생에 의해서 일어날 수도 있다. 학생의 지식과 경험이 많다면 안내를 줄여도 좋다.

여기서 Karen 선생님과 Jim 선생님은 가설이라는 용어를 수업에서 사용하면서 가설이라는 개념을 정의했다는 것에 주목해야 한다. 매우 중요한 가치를 갖고 있다. 어휘발달도 수업의 일부이기 때문에 새로운 용어를 많이 사용해서 학생들에게 익숙해지게 만들어 주어야 한다.

학생들이 가설의 정의를 알게 되면 그 가설을 검증할 수 있는 자료를 수집할 준비가 된 것이다.

**3단계 : 자료의 수집과 제시**  가설은 자료 수집과정을 안내해 주기 때문에 가설을 명확하게 진술하게 되면 학생들은 자료를 수집할 준비가 된 것이다. 그러나 먼저 **변인 통제**라는 개념을 이해할 필요가 있다. 한 가지 변인만 제외하고 다른 모든 변인을 일정한 값으로 유지하는 과정을 말한다. 일정하게 유지되지 않은 변인 하나는 탐구하려는 조작 변인이다. Karen 선생님이 이런 과정을 어떻게 실행하는지를 살펴보자.

학생들은 완전히 섞으면 효모에 영향을 주고, 효모는 빵이 부풀게 하는 데 영향을 줄 거라고 생각하기 때문에 Karen 선생님은 "이제 이런 생각이 올바른지 검사하는 방법을 말해 볼 친구 있나요?"라고 물어본다.

"······ 흰빵을 덩어리로 만들어서 ······ 대략 세 개 정도 ······로 나눈 다음에 시간을 다르게 해서 숙성을 시켜 봅니다."라고 Chris가 몇 초간 생각한 후에 머뭇거리며 말한다.

"아주 좋은 생각이에요, Chris" Karen 선생님은 웃으면서, "다른 친구들은 어때요? ······ 그렇게 해볼까요?"

Amid가 "확실해요", "좋아요", "왜 안 되겠어요?"라고 말하고 많은 학생들이 고개를 끄덕였다. Karen 선생님은 "우리가 더 생각할 건 없나요?, 책에서는 10분을 제시했어요."라고 말한다.

"첫 번째는 5분, 두 번째 것은 10분, 세 번째 것은 15분으로 해요."라고 Naomi가 제안한다.

"······ 글쎄요, 빵을 구울 때는 똑같이 구워야죠."라고 Natasha가 덧붙인다.

"가설을 검증하는 방법이 맞습니까?"라고 Karen 선생님이 "또 다른 건 생각할 게 없을까요?"라고 계속 물었다.

"똑같은 흰빵을 사용해야 합니다. 그러니까 빵의 양이 똑같아야 해요."라고 Jeremy가 말한다.

Andrea는 "또 빵을 숙성시킬 때 똑같은 방식으로 숙성시켜야 하는데"라면서 활동의 핵심을 알아채기 시작한다. "숙성이 달라지면 빵의 배합이 달라져서 그게 우리가 검증하려는 것이죠, 그렇죠?"

Karen 선생님은 "Andrea, 아주 좋은 생각을 했어요.", "또 다른 건 없나요?"

맨디는 "······ 제 생각에 이 오븐은 다른데, 빵을 구울 때 동일하게 구워야 해요, 그렇지 않으면 망치게 되지 않을까요?"

"모두 좋은 생각을 했어요. 이제 잠시 되돌아보면, 우리는 똑같은 빵을 사용하고 동일하게 숙성시키고 똑같은 오븐에 구워야 합니다. ······ 왜 우리가 그렇게 해야 할까요?"

"······ 글쎄요, 우리가 만약 ······ 빵이 다르면 다른 결과를 얻게 되고 ······ 우리는 숙성시킨 시간 때문인지 아니면 흰빵 때문인지 알 수 없게 돼요."라고 Talitha가 불확실하게 말을 한다.

"Talitha, 좋은 생각입니다. 우리는 그런 것들을 일정하게 유지하고, 빵의 숙성시간만을 다르게 할 거예요. 우리가 동일하게 유지하는 것을 변인을 통제했다고 말해요. 우리가 통제한 변인을 써 볼 사람 없나요? 누가 해볼까요?"

"빵의 형태"라고 Adam이 말한다.

"잘했어요 ······ 다른 건?"

"숙성하는 방법이요."

"잘했어요 ······ 또 다른 건?"

"오븐"

"잘했어요. 훌륭한 생각입니다."

학생들은 자신의 제안을 따라서 커다란 흰빵을 5개의 동일한 크기로 나누어서, 각각을 동일한 방식으로 숙성하고, 한 개는 3분간, 두 번째는 5분, 나머지는 10분, 15분, 20분을 숙성시켰다. 또한 각 빵은 똑같은 오븐에 동일한 시간 동안 구웠다.

학생들은 오븐에서 구운 빵을 꺼내서 각각의 빵에 막대기를 꽂아서 가장 높은 지점의 높이를 잰다. 그런 다음에 보고하면 Karen 선생님은 구운 빵의 종류, 구운 시간, 빵의 높이 등을 기록하였다.

변인을 통제하는 것은 직관적인 면이 있고, Karen 선생님의 학생들은 이런 과정에 금방 적응했다. 그러나 모든 학생이 변인 통제의 개념을 빨리 이해하거나 알지 못할 수 있기 때문에 학생들에게 더 자세한 안내를 제공할 필요가 있다.

이런 과정은 두 가지 방식을 선택할 수 있다. 변인 통제과정을 토론하면서 학생들에게 토론에 바탕을 두고 변인 통제를 이해시키는 방법이다. 이것은 직접적인 방식이긴 하지만 다소 추상적이다. 다른 방식으로는 학생들이 하나 이상의 변인을 통제하지 못했을 때 교사가 개입하는 것이다. 이런 과정은 더 구체적이며 학생들에게 유의미할 것이다. 왜냐하면 변인 통제를 당연하게 다루고 취급하는 것은 교사만큼 편하게 생각되지 않기 때문이다. 이런 방식을 선택할 때는 교사의 전문적 판단과 탐구수업을 수행하는 자신감에 달려 있다.

Jim 선생님이 이런 단계를 수행하는 과정을 살펴보자.

---

학생들에게 가설을 제시한 다음에 Jim 선생님은 "그러면 이런 가설을 검증하려면 무엇을 해야 할까요?"

"컵에 물을 붓고 서로 다르게 가열하면, 물이 얼마나 증발하는지를 알 수 있어요."라고 Gabrielle이 말한다.

"어떻게 가열하는 양을 다르게 할 수 있을까?"라고 교사가 물어본다.

"스토브에 올려놓으면 되죠."라고 Li가 제안한다.

"아주 좋은 생각인데, 여긴 스토브가 없어요. …… 어떻게 하면 좋을까요?"라고 교사가 다시 물어본다.

몇 초가 지난 후에 Seleina는 "한 개는 따뜻한 장소에 놓아 두고 다른 하나는 차가운 곳에 놓아 두죠."라고 말한다.

"다른 친구들은 어떻게 생각해요?"라며 Jim 선생님이 물어본다.

학급 전체가 좋은 생각이라고 동의하면서 Jim 선생님의 안내를 받은 후에 플라스틱 컵에 물을 담아서 햇빛이 많이 드는 창가에, 다른 컵은 방의 구석에 두어 햇빛을 전혀 못 받게 하였고, 또 다른 컵은 에어컨 근처의 구석에 두고 마지막 한 개의 컵은 작은 냉장고 안에 놓아 두기로 결정했다. 교사는 4명의 학생들에게 물을 붓게 하고 아래 그림처럼 전체 학급이 볼 수 있게 전시하였다.

"컵에 담긴 물이 어떻습니까?"라고 교사가 물었다.

Anna는 몇 초 동안 생각한 후에 "컵은 모두 같아요."

"좋아요, 또 다른 건?"

Jeremy가 "컵 안의 물이 똑같지 않은데요."라고 말한다.

교사는 "잘 관찰했네요.", "물의 양이 똑같지 않으면, 컵에 무슨 일이 일어난 걸까요?"라고 다시 웃으면서 물어본다.

Kaila는 "증발이 다르게 일어났어요."라고 말한다.

"좋아요. …… 그러면 어떻게 해야 하죠?"

"각각 물의 양을 똑같이 해야 합니다."

Jim 선생님은 변인 통제라는 생각을 도입하면서 같은 컵을 사용하는 건 통제된 변인이고, 물의 양을 같게 하는 것도 또 다른 통제된 변인이라고 설명한다.

학생들은 각 컵에 200밀리리터의 물을 정확하게 그리고 조심스럽게 따르고 정해 놓은 장소에 놓아 두었다. 그리고 매일 점심 후에 컵에 남은 물의 양을 측정하기로 결정했다.

---

| **표 8.4** | 증발 현상에 대한 자료 수집

| 위치 | 시작(초기) | 첫째 날 | 둘째 날 | 셋째 날 | 넷째 날 | 다섯째 날 |
|---|---|---|---|---|---|---|
| 창가 | 200ml | | | | | |
| 구석 | 200ml | | | | | |
| 에어컨 근처 | 200ml | | | | | |
| 냉장고 안 | 200ml | | | | | |

앞에서 보는 바와 같이 Jim 선생님의 접근방식은 Karen 선생님의 접근방식보다 다소 간접적이다. Jim 선생님은 학생들에게 컵 안에 물을 넣고, 컵 안의 물의 양이 다름을 이해하도록 안내한다. 이것은 학생들에게 변인 통제의 의미를 이해시키기 위해 구체적인 (통제되지 않은 변인) 예시를 제공한 것이다.

**자료조직 및 자료제시** 자료 수집단계가 필요한 단원은 또한 학생들에게 자료를 조작하고 제시하고, 가설의 타당성을 검증하는 데 익숙한 경험을 제공한다. Karen 선생님의 수업에서 자료는 간단명료하고 조직화되기를 요구받는다. 예를 들어 Karen 선생님은 칠판에 다음과 같이 자료를 적어서 나타낸다.

| 덩어리/반죽시간 | 길이 |
|---|---|
| 1번 덩어리(3분) | 5.3cm |
| 2번 덩어리(5분) | 5.6cm |
| 3번 덩어리(10분) | 6.1cm |
| 4번 덩어리(15분) | 6.6cm |
| 5번 덩어리(20분) | 6.5cm |

Jim 선생님의 수업에서 자료는 쉽게 만들 수 있다. 표를 만들어 교실 게시판에 붙여 놓은 후에 학생들이 1, 2, 3, 4, 5일 후에 컵 속의 물의 양을 측정하여 기록하도록 했다. 표 8.4가 그 자료이다.

**4단계 : 가설검증 및 일반화** 자료를 수집하고 조직하여 얻은 정보는 원래의 가설을 검증하는 데 사용되고 결과를 일반화시킨다. 이상적으로 탐구수업의 이 단계는 학생이 얻은 자료에 근거하여 가설을 검증하고 평가해야 한다. 하지만 현실적으로 그렇지 못할 경우에는 교사가 분석을 통해서 학생의 결론이 자신들이 수집한 자료와 연관되는 것을 보여주도록 안내한다.

수업 중에 이 단계를 지도하는 Karen 선생님의 방법을 살펴보자.

---

학생들은 칠판 위에 자료를 수집하고 정보를 살펴본다.

"숙성하는 시간이 길수록, 빵이 더 높이 부푼 것처럼 보여요."라고 Annalea가 결론을 내린다.

"다른 사람은 어떻습니까?" Karen 선생님이 물어본다.

몇 명의 학생들이 머뭇거리다가 "네"라고 말하면서 고개를 끄떡이면서 긍정하다가, 잠시 후 James가 칠판을 가리키면서 "마지막 숫자를 보면요? …… 커지지 않았고, 반대로 내려갔는데요."라고 물어본다.

"잘 관찰했어요, James"라면서 Karen 선생님은 웃으면서 "다른 친구들은 어떤가요?"

학생들은 침묵하고 있는데, 다른 친구 Zeng이 "빵을 숙성하는 데 어떤 일정한 시간이 있는데, 그 이상의 시간 동안 숙성하는 바람에 빵이 다친 것 같아요."라고 말한다.

"흥미로운 생각이네요, 다른 생각은 없나요?"

학생들은 좀 더 그 결과를 논의하면서 최종적으로 결론을 내렸다. 즉, 적당한 숙성시간이 필요하고, 너무 길면 좋지 않다.

Karen 선생님은 "우리가 내린 결론은 어디까지나 잠정적이에요."라고 조심하면서, "숙성을 너무 많이 하면 빵에 좋지 않다는 결정적인 증거가 있나요?"라고 묻는다.

"마지막 빵이 많이 부풀지 않았죠."라고 Madalina가 말한다.

"큰 차이는 없는데, 그런 일이 일어났죠."라고 Mike가 덧붙인다.

"모두 좋은 생각을 했습니다."라면서 Karen 선생님은 "이것은 좋은 경험입니다. …… 가령 우리가 측정한 것에 따르면 마지막 빵이 많이 부풀지 않았어요. …… 확신할 수는 없지만, 이런 게 세상이 작동하는 방식입니다. 즉, 분명한 결론을 얻기 위한 증거가 충분하지 못한 경우가 많이 있고, 따라서 우리 생활에서 몇 개의 사건만으로 성급하게 결론을 내리는 일은 조심해야 한다는 걸 배운 겁니다."라고 결론 내린다.

---

Jim 선생님이 이 단계를 어떻게 진행시켰는지 보자. 선생님은 칠판에 정보를 표의 형태로 만들고 모든 학생이 분명하게 자료를 볼 수 있게 실물화상기에 올려놓았다.

---

"좋아요, 모두 표에 있는 정보를 살펴봅시다. …… 무엇을 찾아냈나요?"

"창문 옆에 있는 컵에는 물이 많이 없어요."라고 Maiko가 관찰한 걸 말한다.

"그게 무엇을 알려줍니까?"

"가장 많이 증발했다는 걸 알려줘요."

"또 더 알 수 있는 건?"

"……"

"온도는 어떻게 되죠?"라고 Jim 선생님이 물었다.

"아하, 거기가 제일 따뜻하지."라고 Serena가 잽싸게 말하면서 Jim 선생님이 무얼 말하고 싶은지를 알아챘다.

"좋아요. …… 또 다른 건 없나요?"

"냉장고에 넣어 둔 컵은 물이 거의 그대로입니다."라고 Rick이 말한다. "그로부터 어떤 결론을 내릴 수 있나요?"

"증발이 가장 적게 일어났다는 거요."

Serena의 지적을 기억하면서 Jeff가 "또 가장 차가웠어요."라고 말한다.

이 학급은 결과를 계속 논의하였고 최종 결론으로 물이 차가울 때보다는 따뜻할 때 빨리 증발한다고 생각했다. 학생들은 "물이 따뜻할수록, 더 빠르게 증발한다."라는 진술에 도달했다.

---

Jim 선생님의 수업에서 얻은 자료가 Karen 선생님의 수업자료보다 더 분명했기 때문에 학생들은 더 신뢰하는 일반화를 이끌어 낼 수 있었다. 학생의 인지발달에서 확고한 결론을 내릴 수 없는 일반화를 경험하는 것은 학생들에게 매우 가치로운 일이다. 삶은 딱부러지거나 분명하지 않으며, 애매한 것들이 교실 밖 세상에 가득하다는 걸 인식해야 한다. 이런 관점에서 Karen 선생님의 수업은 가치 있는 경험이다. 그리고 Jim 선생님의 학생들이 경험을 쌓고 인지적으로 발달함에 따라 그들이 다소 모호한 결과를 다루는 활동들이 가치를 발휘하게 될 것이다.

이러한 경험들을 제공하는 것은 탐구수업의 기본 가치를 부여하는 것이다. 사실 이러한 경험들은 일상생활에 있어서 그들의 경험을 반영하게 된다. 학생들은 기술적인 비판적 사고자가 될 수 없고, 탐구수업에 기초하는 결론을 건너뛰는 것을 피하기 위해 학습하려는 경향이 있다. 하지만 만약 학생들이 증거에 기반을 두고 결론을 연구하고 도출하는 일련의 경험들을 갖게 된다면, 점차적으로 그들의 비판적 사고가 발전될 것이고 결국에는 일상생활에 존재하는 예상 밖의 변화를 보다 효과적으로 제공할 수 있음을 발견하게 될 것이다.

## 다른 내용 분야에 탐구모형 사용

탐구모형이 과학적 방법을 사용하는 경험을 학생들에게 제공하기 위해 고안되었기 때문에, 과학교사가 아닌 입장에서는 수업모형은 상관없다는 관점을 가질지도 모른다. 이는 바람직하지 못한 이야기이다. 예를 들어, 당신을 대수학을 가르치는 선생님으로 가정하고 방정식과 직선 그래프를 조사하는 학생들이 있다. 직선에 대한 일반적인 방정식은 $y = mx + b$이고, 이 방정식에서 $m$은 직선의 기울기를 의미하며 $b$는 $y$절편(직선이 $y$축을 통과하는)을 나타낸다. 예를 들어, $y = 2x + 1$이라는 방정식을 생각해 보자. 그래프는 다음과 같이 나타낼 수 있다.

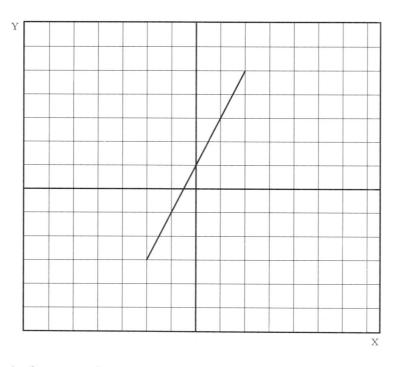

(그래프 y=2x+1)

y축에 +1(y절편)만큼 올라가 있는 선을 볼 수 있다. x값이 하나씩 증가함에 따라 y값은 2만큼 증가하게 된다. 따라서 직선의 기울기는 2가 된다.

　'y=2x+1'과 같은 방정식에 대한 탐구조사를 수행하기 위해 다음과 같은 일련의 물음을 제기할 수 있다.

---

1. y=3x+1과 같이 x 앞의 숫자가 커지면 어떻게 될까?
2. y=2x+2와 같이 방정식의 끝 항의 값이 커지면 어떻게 될까?
3. y=−2x+1과 같이 계수가 −로 바뀌게 되면 어떻게 될까?
4. y=2x−1과 같이 방정식의 끝 항의 값이 −로 바뀌게 되면 어떻게 될까?

---

　그렇게 되면 학생들은 직선 그래프가 어떻게 나타날지 가설을 세우고, 가설에 대한 이유를 제안할 수 있다. 그때 학생들은 그래프 계산기와 결과값에 대한 논의를 바탕으로 자신의 가설을 쉽게 확인할 수 있게 된다. 직선 그래프는 다음과 같이 나타난다.

y=3x+1

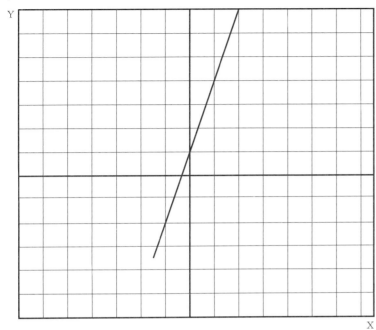

y=−2x+1

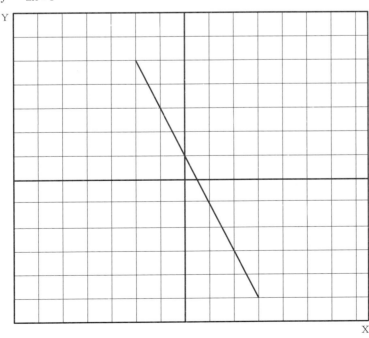

y=2x+2

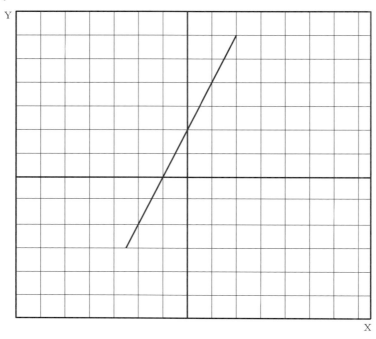

y=2x-1

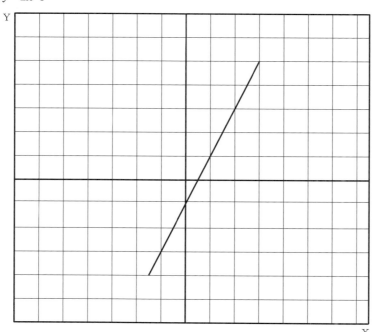

| 표 8.5 | 내용영역별 탐구 질문과 자료 수집 절차

| 탐구 질문 | 자료 수집 절차 |
|---|---|
| 작가들의 작품은 그들의 개인적인 생활과 얼마나 관련되어 있을까? (영어) | 학생들이 작가의 개인적 생활과 관련된 정보를 수집하게 하라. 그 작가의 작품들을 발췌해서 읽게 하라. 그리고 위의 두 가지 사이의 관계를 논의하라. |
| 도시에서의 도로 시스템은 도시의 교통 패턴과 얼마나 관련되어 있을까? (사회) | 교통 흐름 패턴에 관한 교통 레포트를 입수하게 하라. |
| 조약돌의 형태가 그것의 내구성과 얼마나 관련되어 있을까? (공학) | 다양한 형태의 조약돌 샘플을 발견하게 하고, 같은 형태의 모습으로 정리하게 하라. |
| 시민혁명의 이유는 무엇인가? (세계 역사) | 미국, 프랑스, 러시아, 쿠바 혁명에 대해 조사하게 하고, 각각의 경우의 원인에 대해 탐구하게 하라. |
| 박자표는 악곡의 구조와 음악 연주 소리와 얼마나 관련되어 있을까? (음악) | 3/4박자를 사용하는 왈츠 음악과 5/4박자를 사용하는 Dave Brubeck의 유명한 음악 'Take Five'처럼 다양한 박자표가 쓰인 음악을 듣게 하라. 그리고 평화롭게 연주되는 음악을 듣게 하라. |

위와 같은 수업은 두 가지 장점이 있다. 첫째, 학생들은 탐구과정과 관련된 경험을 획득한다. 둘째, 이와 같은 경우에 보다 중요하게 작용하는, 전통교수법으로 학생들이 공부하는 것보다 방정식과 그래프에 대한 보다 깊이 있는 이해를 얻을 수 있다. 학생들이 추측하고 그들이 이해한 것에 대해 토의하는 것은 '학생들의 방법을 통해 기억하는' 수학학습 과정을 학생들이 밟을 수 있도록 도움을 주는 가장 효과적인 방법 중의 하나이다. 서로 다른 내용영역에서의 탐구 질문의 또 다른 예와 질문을 조사하기 위해 자료를 수집하는 체계는 표 8.5에 제시되어 있다.

인정하건대 영어 교과와 같은 내용영역에서 탐구방법을 사용하는 것은 탐구모형에 적응하게 되는 것이다. 예를 들어, 작가들의 개인 일상과 그들의 작품 사이의 관계를 조사하는 것은 우리가 조작할 수 있는 기술적 변화를 가할 수 없는 것이다(Karen 선생님의 수업에서의 반죽하는 데 걸리는 시간의 양과 Jim 선생님의 수업에서의 물의 온도처럼). 표 8.5의 다른 예시들 또한 같은 경우이다. 하지만 탐구과정의 본질에는 변함이 없다. 예를 들어 학생들은 작가들의 일상생활과 그들의 작품 사이의 관계에 대한 가설을 세울 수 있다. 그들의 작품에서 인용한 부분과 일대기(전기)를 파악하여 조사하는 것은 자료 수집의 타당한 형태인 것이다. 그리고 학생들은 자료를 수집한 이후 자료를 통해 가설을 평가하고, 자료를 사용하여 확장된 형태의 일반화를 할 수 있다.

이전에 논의한 대수학의 경우처럼, 탐구적 접근을 시도하는 것은 전통적 교수법에 의한 것보다 특정 주제에 대한 보다 깊이 있는 이해를 얻는 결과를 가져올 수 있다. 탐구과정을 사용하는 경험을 획득하는 것은 교수 레퍼토리에 탐구모형을 추가하는 가치 있는 일이 될 것이다.

## 자발적 탐구

지금까지 우리는 탐구수업에 대해 신중하게 계획되고 체계적인 접근을 해왔다. 그러나 탐구를 학습함으로써 얻을 수 있는 가장 큰 장점은 탐구활동이 자발적으로 질문한 것에서 시작될 수 있다는 사실을 인식하는 것이다. 이 장의 초기에 Karen 교사의 수업에서 이런 경우를 볼 수 있었다. 그런 경우 탐구는 바로 그 지점에서 발달되어 나왔다. 질문은 학생들로부터 나왔고, Karen 선생님은 그 질문이 나왔을 때, 모든 면에서 민첩하게 그 기회를 포착했다. 결과적으로 모든 면에서 탐구수업이 되었다.

교사들이 그 가능성에 대해 안다면, 다른 기회도 많다. 자발적인 탐구 기회는 일반적으로 학생들이 분명한 해답을 갖지 못하는 어떤 상황에 마주쳤을 때 생기게 된다. 예를 들어, 다음과 같은 과학수업의 예가 있다고 생각하자. 그 수업에서 학생들은 카드로 덮은 물컵을 뒤집는 것을 보고 있고, 그 카드는 그림 8.4에서와 같이 컵에 붙어 있으며 물이 새지 않는다. 우리는 이 수업을 초등학생들에게 가르치는 것을 보았고, 학생들이 다음과 같은 질문을 하는 것을 들어왔다.

---

"컵이 완전히 차 있지 않으면 어떻게 돼요?"
"컵 안에 물이 조금밖에 없으면 어떡해요?"

| 그림 8.4 | 간단한 과학실험수업 예

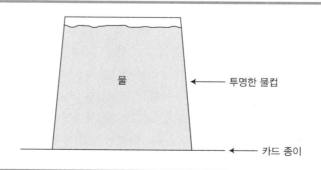

"그 컵을 90°로 뒤집으면 어떻게 돼요?"
"물 말고 다른 액체를 사용하면 어떻게 돼요?"

이 각각의 질문들은 작은 탐구수업을 위한 출발점이 될 수 있는 질문들이다. 학생들에게 그 질문들의 답을 추측해 보도록 하고 왜 그들이 그런 식으로 믿는지 설명하도록 할 수 있을 것이다. 그리고 나서 각각의 질문들을 체계적으로 분석할 수 있을 것이다. 예를 들면, 학생들은 물의 양이라는 변인에 따라 달라지는지 알기 위해 물의 양을 조절할 수 있을 것이다. 그렇게 해도 카드가 컵에 붙어서 떨어지지 않는 것을 발견하고서, 학생들은 카드가 컵에 붙어 있게 하는 변인에서 '물의 양'을 제외하고 다른 변인들을 탐구할 것이다.

자발적인 탐구수업은 여러 가지 이점을 가지고 있다. 첫째, 학습동기를 높여 준다. 학생들은 교사가 제시한 질문보다 자신이 의문스러워하는 질문에서 탐구를 하게 마련이기 때문이다. 둘째, 학생들은 문제를 탐구하기 위한 창의적인 방법들을 제안하고 교실 분위기가 팀워크와 협동으로 고조된다. 셋째, 탐구정신이 효과적으로 구현되기 때문에 노력이나 시간이 줄어든다. 교사는 학생들의 질문을 격려하고 그 질문을 향한 사고를 안내해 주면 학생들은 탐구할 방법을 찾게 된다. 마지막으로 자발적 탐구학습은 학생들에게 학습주제와 그 과정을 직접적으로 연관되는지를 스스로 알게 한다는 것이다. 교사가 제기한 질문과 학생들이 한 질문 사이의 차이는 미묘하지만 큰 차이를 준다.

학생들이 다른 사람들이 제기한 질문들만 탐구한다면, 그들에게 지식은 기능적이고 통합적이기보다는 외부적이고 비개인적이라고 배우게 된다. 다른 연구(Goodland, 1984)에 따르면 내용은 이미 확증된 진실로서 제시되어 반복해서 기억해야 할 것으로 자주 제시된다. 학생들은 좀처럼 자기문제를 탐구하고 만들어 내라는 요구를 받지 못했다. 학생이 자발적으로 만든 탐구를 사용하면, 어떻게 지식이 만들어지고, 그 만들어진 지식과 자신과의 관계를 이해하는 데 많은 도움을 줄 수 있다.

### 탐구와 개념획득

제6장에서 개념획득 모형에 대해 논의했을 때 그 모형이 학생들이 탐구과정과 과학적인 방법을 이해하도록 도움을 주는 데 사용될 수도 있다고 제안한 바 있다. 첫 번째 제공되는 긍정적인 예시와 부정적인 예시에 근거해서, 학생들은 그 개념에 대한 가능한 명칭으로 가설을 만들고, 그 가설들은 부가적인 예시에 입각해서 분석된다. 그리고 나서 예시와 비예시들은 가설들을 분석하는 데 이용될 자료의 역할을 하게 된다. 표 8.6에서 탐구활동과 개념획득 활동의 비교를 볼 수 있다.

개념획득 모형은 학생들에게 탐구과정들을 소개할 수 있는 유용한 도구가 될 수 있다.

| 표 8.6 | 탐구 활동과 개념획득 활동의 비교

| 탐구 | 개념획득 |
| --- | --- |
| 1. 문제 또는 질문 | 개념이란 무엇인가? |
| 2. 가설설정 | 그 개념의 이름은 아마 …… 일 겁니다. |
| 3. 자료 수집 | 학생들에게 긍정 예시와 부정 예시를 제공한다. |
| 4. 가설의 분석 | 예시가 지지하지 않는 가설들은 제거된다. |
| 5. 일반화 | 개념을 정의한다. |

수업을 하는 데 아주 많은 시간이 걸리지 않고, 교사는 단지 예시와 비예시만 준비하면 된다. 그러나 이것만으로는 학생에게 탐구과정에 대한 완전히 타당한 개념을 알려주지는 못한다. 왜냐하면 교사가 학생들에게 모든 자료 예시와 비예시들만 제공하기 때문이다. 그러나 개념획득은 학생들이 '완전한(full-blown)' 탐구를 스스로 하기 전에, 탐구가 무엇에 대한 것인지에 대한 생각을 발전시키는 데 효과적인 하나의 방법이 될 수 있다.

## 문제중심 학습을 다른 학습환경에 적용

이 책에서 논의하는 다른 모든 모형과 같이, 문제중심 모형을 사용하는 것은 다양한 배경을 가진 학생들 사이에 적용될 때 새로운 상황에 맞추는 어떤 각색을 요구한다. 이 장에서는 이러한 각색에 대해 확인해 보려고 한다.

### 발달수준에 적절한 실행 : 연령별 문제중심 학습

다른 연령의 학습자들에게 탐구과정을 사용할 때에는 탐구 질문의 본질과 자료 수집의 방법을 각색함에 있어 기본에 맞추어야 한다. 예를 들어, 어린 아이들에게 탐구과정을 사용할 때 질문은 간단하고 구체적이어야 한다. 다음의 예를 살펴보자.

어떤 선생님은 사과 안에 몇 개의 씨가 들어 있는지를 학생들에게 질문함으로써 학생들에게 예상이라는 것을 만들고 확인하도록 안내하고, 그런 후 사과를 쪼개어 자신의 예상을 확인시킬 수 있다. 수업은 1주일 동안 매일 진행되었다. 경험의 형태로 제시되는 예상은 보다 합리적이고, 학생들은 다른 아이들에 대해 보다 신중하게 경청하며 '맞다'라고 성급하게 말하지 않는다. 그리고 다음 주에 선생님은 4세 반 학생들과 함께 수업하며 이 방법을 적용한다. 점심시간에 사과와 자를 준비를 하고, 씨의 개수를 예상하게 하였다.

  **교사**  선생님은 8개의 씨가 있을 거라고 예상해요.

**학생** 5개가 있을 것 같아요.

**교사** 아니야. 8개일 거야.

**학생** 선생님이 이 문제를 맞히고 싶으면 5개라고 해야 해요.

**교사** 이런 경우에는 "나는 다른 생각을 가지고 있어요."라는 말로 함께 논의를 해야 한다고 선생님은 생각하는데.

**학생** 저와 다른 예상을 선생님이 할 수 있다고 생각해요. 좋아요. 하지만 선생님이 꼭 맞히고 싶다면 5개라고 말해야 해요.(Gelman, Brenneman, Macdonald, & Roman, 2010. p.34)

예상하는 것을 배우고 데이터로 그것을 검증하는 데 어린이들은 그들의 인지적인 발달로는 값으로 계산할 수 없는 경험을 하게 된다. 그래서 모든 교사는 매일매일 사과를 자르는 것과 같은 것을 해야만 한다. 이런 활동은 실제적으로 어떤 준비나 큰 수고가 필요하지 않다.

학생들이 경험을 할수록 좀 더 노력을 요하는 문제를 다룰 준비가 되고 탐구의 경우 더 정교하게 자료를 수집하는 과정과 가설을 분석할 수 있게 된다. 하지만 Scott 선생님의 학생들에게서 본 것과 같이 만약 학생들이 문제해결과 탐구에 대한 경험이 부족하다면, 과정을 통하여 그들을 도울 수 있는 상당한 비계설정이 필요하다. 학생들에게 문제해결과 탐구기능의 발달을 돕는 것은 교사가 학생들에게 제공할 수 있는 최고 가치 있는 경험이다. 그래서 어떤 면에서는 문제중심 학습이 이 책에서 우리가 토의한 모델 중에서 가장 중요한 것 중의 하나이다.

### 다양성 탐색 : 다양한 배경의 학생을 위한 문제중심 학습

문제해결과 탐구활동에 수반되는 기본적인 과정은 모든 학생에게 있어 본질적으로 동일하다. 하지만 학생들의 문화적 배경지식, 문제해결을 위한 접근방법, 태도와 믿음 등은 다양할 것이다. 예를 들어, 알래스카 서쪽의 베링 해협에서 생활하는 유피크(Yup'ik) 사람들은 얼음에 대해 매우 다양한 개념을 가지고 있다. 물건 모양의 얼음을 기술하는 개념, 빠르게 흐르는 해안가의 얼음, 조약돌처럼 중첩된 얇은 무늬를 가진 얼음(Block, 2007) 등 다양한 개념들이 있다. 이러한 개념들은 그 민족의 문화에 있어 유피크 의식을 돕는다. 그리고 그 개념들은 유피크 사람들이 문제를 해결하는 방법에도 영향을 미친다. 우리 문화에서 컴퓨터, 아이팟, 인터넷 등 많은 기술이 우리들이 효과적으로 생활하도록 돕는 진정한 도구인 것처럼 말이다.

태도와 신념은 문화 차이에 의해 또한 영향을 받는다. 예를 들어, 학습과 관련된 태도와 신념은 일본 학생들의 괄목한 만큼 문제해결을 통한 성취력이 높아진 것으로 설명될 수 있다. 성취를 향한 태도는 타고난 능력이 아니라 고된 학습으로부터 성공적으로 이끌어진다고 강조한다. 교사들은 학생들의 실수가 해당 그룹에 학습 도구로써 사용된다는 것처럼 심도 있게 논의하기보다는 피상적으로 많이 다루는 몇 가지 문제들에 대한 실험을 해보았다(Rogoff, 2003, pp.264~265). 예를 들어, 대수학에서 이전에 우리가 제시한 탐구문제는 몇 가지 문제들은 심도 있는 데 반해 대부분의 많은 문제들은 피상적으로 실험하는 조사방법의 특징이 있다. 피상적으로 문제를 실험하는 데 익숙한 학생들은 왜 자기들이 간단한 문제를 이토록 철저히 조사해야 하는지에 대해 의구심을 품게 될 것이다. 하지만 학생들의 이해가 커지는 만큼 본질적인 흥미 또한 높아질 것이다.

흥미롭게도 기억력의 작용에 있어 수행해야 할 과업이 현실세계의 내용에 포함되어 있을 때에는 문화 차이가 거의 발견되지 않는다. 가령, 판매인, 목수, 다이어트 중인 사람들은 실질적인 목적으로 수학을 이용한다. 그들은 유용하지 않는 답을 좀처럼 얻지 않는다. 하지만 학교교육 내용에서의 계산기 사용은 대개 터무니없는 실수를 범하게 한다(Rogoff, 2003, p.262). 이는 Laura 선생님의 수업에서 확인할 수 있다. 만약 교실에 깔린 카펫 면적이 학생들이 수행해야 하는 실생활의 문제라는 것을 발견하게 되면, 설사 틀릴지언정 그 문제의 답을 다양한 방법으로 해결하기를 요구받게 된다. 이 결과는 학생들에게 그들이 지금 하고 있는 것과 문화적 배경과 상관없이 모든 학습자들에게 많은 부분에 있어 적용되는 비계설정과 연관되어 그들이 도출한 답의 타당성에 대해 생각하도록 요구하는 필요성이 제시된다.

경험과 문화적·종교적 신념은 비판적 사고에 또한 영향을 미친다. 도시지역에서 일상적으로 과업을 수행한 많은 경험을 가진 조기교육 학습자들은 다른 경험을 가진 다른 학습자들보다 비판적으로 사고하는 능력이 다소 부족한 경향이 있는 것으로 보인다. 또한 연장자를 존경해야 한다는 가르침을 받거나 권위주의적인 종교적 신념을 가진 문화적 배경을 지닌 구성원은 비판적 사고를 하려는 경향이 다소 적다(Qian & Pan, 2002 ; Kuhn & Park, 2005).

이러한 차이점들은 실제적 내용에 있어 학습자들의 경험이 내포되어야 함을 시사하고, 높은 수준의 상호작용을 촉진하며 학생들의 다양한 경험을 이해하는 것을 돕는 비계설정을 제공한다. 이는 문화적 배경과는 상관없이 모든 학생들에게 적용된다.

## 문제중심 학습에서의 동기 증진

문제중심 학습모형은 호기심, 도전의식, 참과제, 관련성, 자율성 등 학습자의 학습동기와 연관되는 모든 요인을 자극하기 때문에 학생들의 학습동기를 향상시키는 데 효과적이다(Schunk, Pintrich, & Meece, 2008). 연구가들은 호기심을 불러일으키고, 도전의식을 표현하는 능력이 본질적으로 업무 처리를 위한 과업 수행을 자극하는 두 가지의 본질적 특성임을 발견했다(Lepper & Hodell, 1989). 일처리 방법을 이해하기 위한 사람들의 내재된 욕구를 불러일으킨다. 즉각적이고 명확한 해결책을 보이지 않는 문제는 문제중심 학습활동의 핵심이기 때문에, 그들은 본질적으로 동기를 향상시키는 능력을 활용한다.

문제중심 학습은 또한 교실 밖 세상에서 곧 잘 이용되지만 학습활동에 대한 이해가 요구되는 참과제에 대한 동기부여 효과를 활용한다(Eggen & Kauchak, 2010). **참과제**(authentic task)는 실제 세계와 관련된 개념 및 방법을 학생들이 어떻게 추출하는지를 돕기 때문에 동기부여가 된다. Laura Hunter 선생님은 교실 내에서 카펫의 면적을 발견하는 참과제를 사용했다. 면적에 대한 학생들의 동기를 불러일으키기 위해 효율적으로 가르치는 선생님들은 실생활과의 연결 고리를 그들의 수업에서 항상 준비한다.

게다가 문제중심 학습은 관련성 및 자율성에 관한 동기유발 효과를 활용하기도 한다. 학생들이 무엇을 해야 하고, 어떻게 해야 하는지에 대한 결정을 할 때, 학생들의 자율성은 향상되고 학생들이 자신의 조사를 수행할 때 관련성은 높다(Schunk et al., 2008). 학생들의 선택이 최소화되고, 모든 학생이 동시에 같은 일을 수행할 때 수업은 때때로 1차원적 수업이 된다. 교사들은 학생의 자율성과 다음과 같은 요인에 대한 학생들의 선택을 통해 문제중심 활동을 하는 동안 관련성을 향상시킬 수 있다.

- 추구하는 문제는 무엇인가?
- 어떤 가설을 설정하는가?
- 문제를 어떻게 탐구할 것인가?
- 결과를 어떻게 보고할 것인가?

동기유발과 더불어 학생들의 자율성과 관련성은 자기 관리의 핵심인 자기 주도적 학습능력의 향상도 이끌 수 있다.

## 문제중심 학습활동에서의 학습평가

모든 수업모형에서와 마찬가지로 평가가 취하는 형태는 그 수업의 목표에 따라 결정된다. 문제중심 학습에는 다음과 같이 상호 연관된 세 가지 목표가 있다.

- 문제중심 학습과 관련된 과정들에 대한 이해 증대하기
- 학습자의 자기 주도적 학습능력 개발하기
- 특정 주제에 대한 깊이 있는 이해력 획득하기

이러한 모형들에 있어서의 내용 획득에 대한 평가는 다른 모형들의 평가과정들과 유사하다. 따라서 이 평가의 측면에 대해서는 더 이상 논의하지 않겠다. 대신 문제중심 학습활동의 처음 두 가지 목표에 대한 평가방법에 관심을 기울이고자 한다.

### 대안평가와 문제중심 학습

선다형 평가 형태가 가장 일반적인 전통적인 평가들은 인위적이고 학습의 실제에 있어서 다소 동떨어져 있다는 비판을 받아왔다(Corcoran, Dershimer, & Tichenor, 2004). 이러한 비판들에 대한 반응으로, 학교 밖 생활과 관련된 중요한 과제에 맞추어 학생의 수행을 직접적으로 평가(Frey & Schmitt, 2005)하는 **대안평가**의 사용을 주장한다. 대안평가는 다음과 같은 학생들의 능력을 평가하는 데 사용된다.

- 문제해결 전략을 설계하는 능력
- 탐구 조사를 수행하는 능력
- 가설을 설정하는 능력
- 가설과 관련이 있는 자료 수집능력
- 문제중심 사례를 해결하기 위해 모둠으로 협동하여 작업하는 능력

하나의 문제에 대한 대답이나 해결책 같은 결과물 이외에도, 대안평가를 사용하는 교사들은 학생들이 결과물들을 준비하기 위해 사용하는 과정들에도 역시 관심을 둔다(Gronlund, 2003). 이런 과정들에 대한 통찰력은 교사들에게 학생들의 지식을 평가하고 학생들의 잘못된 개념들을 바로잡기 위한 기회들을 제공한다(Stiggins, 2007).

**수행평가**  수행평가는 학생들이 결과물이나 활동을 수행함으로써 그들의 능력 혹은 지식, 자신감의 수준을 나타내는 과제이다(Popham, 2005). 그들은 학생들을 가능한 한 실제상황과 같은 상황에 놓이게 하고, 미리 준비한 평가기준에 맞춰 학생들의 성과를 평가함으로써 타당도를 높이려고 한다. 수행평가라는 용어는 과학과 같은 내용영역에서 기원한 것인데, 학생들은 해당 영역에서 교사가 만든 시험이나 표준화된 시험에서 정답을 찾아내기보다 실험상황에서 요구되는 어떤 기능을 발휘해야 한다. 예를 들어, 중학교 과학교사가 학생들이 과학법칙들을 일상적인 문제에 적용시키는 데 어려움을 겪는 것을 알게 되었다. 이 능력을 향상시키기 위해서 매주 금요일에 사각 얼음은 왜 맑은 액체가 든 컵에서는 뜨고, 그렇지 않은 컵에서는 가라앉는가와 같은 일상적인 문제들에 중점을 두고 학생들을 모둠별로 구성하여 문제를 해결하게 하고, 학급 전체를 대상으로 토의를 하게 한다. 또 다른 예로 같은 부피의 두 맑은 액체를 저울로 무게를 쟀을 때 왜 서로 다른 질량을 갖는가라는

문제를 제시하고, 학생들은 그 문제를 설명하게 한다. 학생들이 과제를 수행할 때 선생님은 교실을 궤간순시하며 평가와 피드백에 필요한 내용을 기록한다(Stiggins, 2005). 수행평가는 학생들이 실제적인 문제해결 상황에서 교사들이 학생들의 활동을 평가할 수 있도록 돕는다.

**체계적인 관찰**  체계적인 관찰은 학생들이 문제중심 학습에 참여할 때 그들이 사용하는 과정을 평가하기 위한 또 다른 방법 중 하나이다. 체계적인 관찰은 교사들이 그들이 평가하려는 과정으로 준거를 결정하고 그 준거에 입각해서 기록하는 것이다. 예를 들어, 학생들에게 과학적인 문제해결 방법을 가르치려는 과학 교사는 다음과 같은 평가준거들을 만들 것이다.

1. 문제 혹은 질문을 진술한다.
2. 가설을 진술한다.
3. 독립 변인, 종속 변인, 그리고 통제 변인을 확인한다.
4. 자료 수집방법을 제시한다.
5. 자료를 체계화하고 표현한다.
6. 자료에 근거하여 가설을 평가한다.

학생들이 신뢰성 있는 학습활동에 임하고 있는 동안 자료를 체계적으로 수집함으로써 교사들은 학생의 강점 및 약점을 파악하여 평가하고, 피드백을 제공할 보다 나은 위치에 있게 된다.

**점검표**  수행해야 할 과제 형태로 제시된 점검표는 학생들의 사고를 보다 체계적으로 평가할 수 있는 또 다른 방법의 하나이다. 체계적인 관찰을 함에 따라 점검표를 사용할 때, 과제수행이 바람직하면 노트에 기록을 하지 않고 점검표에 '표시'하면 된다. 예를 들어 과학적인 문제해결 능력을 평가하기를 원하는 과학교사는 그림 8.5와 같이 점검표를 사용하면 될 것이다.

점검표와 체계적인 관찰을 연결시켜 보다 바람직한 결과를 얻기 위해 각 면에 기록을 추가할 수 있다.

**평정 척도**  점검표의 한계는 평가자가 '예/아니요' 형태의 반응만 표시할 뿐 성공의 정도를 고려하지 못하는 것이다. **평정 척도**는 평가되는 면을 적어 놓은 서술이고, 각각의 평가되는 면의 척도를 담고 있다. 평정 척도는 수치화된 값의 의미를 제공함으로써 보다 많은 정보를 제공하도록 고안될 수 있다. 예를 들어, "문제나 질문을 명확하고 정확하게 말한다."라는

| **그림 8.5** | 과학적 문제해결을 평가하기 위한 점검표

**안내 : 각 단계를 수행하면 빈칸에 표시를 하라.**

_____ 1. 보고서의 가장 위에 문제를 적는다.
_____ 2. 가설을 진술한다.
_____ 3. 통제 변인의 값을 명시한다.
_____ 4. 종속 변인의 값을 측정하는 도구를 적어도 두 가지 준비한다.
_____ 5. 자료를 표로 제시한다.
_____ 6. 표의 자료와 일치하게 결론을 도출한다.

평정 척도에서 3 혹은 4의 평가를 어떻게 보장할 수 있는가? 보다 나은 피드백을 제공하기 위해서 값에 대하여 다음과 같은 정의를 포함시킬 수 있다.

평정 척도=4
　문제를 분명하고, 완전하고 관찰 가능한 언어로 진술한다. 읽는 사람과 명확하게 의사소통한다. 문제의 의미와 중요성을 말할 정도로 내용의 이해를 나타낸다. 가설을 해결하기 위한 기초를 분명하게 제공한다.

유사한 정의는 각각의 다른 값에도 쓰이며 적용될 수 있다. 이와 같이 숫자의 의미를 표시하면 교사들이 더 체계적으로 평가하고 학생들에게도 자신의 성과에 대해 더 나은 피드백을 제공할 수 있게 도와준다.

**모둠 대 개인평가**　위의 내용을 바탕으로 우리는 교사들에게 학생들의 상호작용을 학습도구로 사용할 것을 격려해 왔다. 그러나 모둠활동은 평가영역에서 특별한 과업을 제시한다. 연구에 따르면 협동평가를 하는 동안의 모둠구성은 평가과정뿐만 아니라 결과의 질에까지 상당한 영향을 미친다. 예상한 바와 같이 뛰어난 능력의 학생들은 모둠의 수행을 증진시키는 경향이 있는 반면에 낮은 능력의 학생들은 수행을 부진하게 하는 경향이 있다. 모둠평가의 수행은 평가가 개인의 평가수행에 대한 왜곡된 시각을 제공할 뿐만 아니라 그 결과는 특정 개인들이 자신의 수행을 향상시키기 위해 사용할 수 있는 도움과 교육적인 피드백을 제공할 수도 없기 때문이다. 이는 교사는 가능한 한 학생들을 개인적으로 평가해야 함을 제시하는 것이다(Su, 2007).

### 탐구수업에서 학생들의 이해를 평가하기 위한 사례 사용

탐구수업은 교사들에게 새롭고 도전적인 평가방식이다. 탐구수업에 있어서의 가장 중요한 평가목표 중 하나는 학생들이 가설을 형성하고, 자료를 연관지어 설명할 수 있는지 여부이다. 이 목표를 달성할 수 있는 한 가지 방법이 사례연구이며, 대안적 평가방법이 곤란하거나 시간이 부족할 때 지필평가 방식으로 학생을 평가할 수 있는 방법이다. 사례 연구는 학생들에게 하나의 문제가 주어지면, 적절한 가설을 만들고, 자료 수집을 위한 질문을 하고, 그 문제와 관련된 관찰이나 자료를 만들어 내야 한다.

한 예로, 다음 문제를 생각해 보자. 다음 문제의 상황을 읽고 Joe의 행동에 대한 가설을 만들고, 그 가설을 검증할 수 있는 자료 수집을 위한 두 가지 질문을 쓰고, 그리고 세 가지 관찰 결과를 적어라.

---

어린 시절 좋은 친구 사이인 두 명의 소년이 있었다. 어느 날 소년들이 나무에 서서 강물 웅덩이로 다이빙을 하고 있었다. Lionel이 나뭇가지 끝까지 기어가서 다이빙 준비를 하고 있었다. 그때 Joe가 나뭇가지를 흔들어서 Lionel이 땅으로 떨어졌는데, Lionel은 그때 엉덩이를 다쳐 상처가 남게 되었다. 왜 이런 일이 일어났을까?

  a. 가설 :
  b. 자료 수집용 질문 :
  c. 관찰 결과 :

다음 항목들이 그 질문의 답일 것이다.
  a. 가설 : Joe가 Lionel의 뛰어난 운동 신경을 질투했다.
  b. 자료 수집용 질문 :
    (1) 두 소년 중 Joe의 키가 더 작은가?
    (2) Lionel과 Joe가 같은 운동 팀에 소속되어 있나?
  c. 관찰 결과 :
    (1) 소년들은 좋은 친구 관계이다.
    (2) 소년들은 같이 수영하러 갔다.
    (3) Joe가 나뭇가지를 흔들었다.
(이 문제는 John Knowles의 소설, *A Separate Peace* (1959)에서 인용)

---

학생들의 탐구기능을 평가하는 또 다른 방법은 탐구수업에서 제시한 자료를 제공하여 가능한 설명하게 하고, 가능한 한 자료와 관련지어 설명하도록 하는 것이다. 이런 형식의 한 예시로, 두 도시가 각각 다르게 성장하게 된 사회과 연구문제를 생각해 보자.

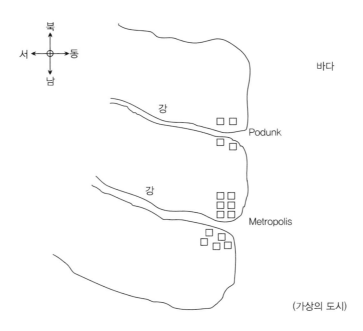

(가상의 도시)

---

두 도시는 해안에 위치해 있고, 강 어귀에 있다. 그러나 Metropolis는 거대하고 아주 부산한 운송 중심지인 반면에, Podunk는 작고 보잘것없는 도시이다. 다음은 두 도시 간에 크기와 중요도의 차이가 왜 생겼는지에 대한 설명이다.

　Podunk와 Metropolis 두 도시가 해안에 있고 강 어귀에 있지만, Podunk 항으로 통하는 입구는 매우 작다. 그리고 항해 선박들이 사용되던 옛날에, 거센 바람과 거친 해류가 출입을 위험하게 했다. 게다가 해안을 따라 펼쳐진 산들이 Podunk를 육지와 고립시켰다. 그러나 그 산들이 Metropolis에까지 다다르면 작은 산기슭이 됐다. Metropolis를 육상 선박들이 자유로이 접근할 수 있는 곳으로 만든 것이다.

다음 자료를 읽고 각각의 질문 옆에 있는 괄호 안에, 자료들이 각각 그 설명을 지지할 경우에 S를, 지지하지 않을 경우에 NS를, 아니면 그 설명과 관련되지 않은 경우는 U를 써넣어라.

　　a. 해안을 따라 흐르는 해류가 북쪽에서 남쪽으로 흐른다.(　　)
　　b. Metropolis의 항구가 Podunk의 항구보다 크다.(　　)
　　c. Metropolis와 Podunk가 100마일 이상 떨어져 있다.(　　)
　　d. 항해 시대 당시, Podunk 주변은 Metropolis 주변만큼 많은 배가 지나다녔다.(　　)
　　e. Metropolis 근처 강은 Podunk 옆의 강보다 더 큰 배가 지날 수 있다.(　　)
　　f. Podunk 주위의 산들이 Metropolis 주위의 산보다 더 험하다.(　　)
　　g. Metropolis와 Podunk 둘 다 편서풍대에 속해 있다.(　　)
　　h. Metropolis 주변보다 Podunk 주변에서 지역풍이 자주 변한다.(　　)

학생들의 탐구기능을 부가적으로 평가하려면, 학생들에게 그 설명(가설)을 다시 작성하고 그에 따른 자료도 추가하도록 요구함으로써 측정방법을 확장시킨다.

어떤 비판적 사고기능을 측정하더라도 교사는 측정에서 사용된 상황이 분명히 이전에 제공되지 않았던 것임을 확인해야 한다. 그렇지 않으면 학생들은 단순히 이전의 정보를 회상하기 때문이다.

교수 및 학습에서 평가는 필수적인 과정이다. 질 높은 평가와 피드백을 상세하게 제공한다면 학생들의 학습은 필수적으로 좋아질 것이다.

# 요약

## 문제중심 학습계획

- 문제중심 학습은 문제를 활용하여 문제해결 기능, 내용, 자기조절을 개발시키기 위한 수업모형이다.
- 문제중심 학습에서는 특정한 문제를 푸는 것이 학습목표이며 문제를 푸는 책임은 학생에게 있으며, 교사는 문제풀이 과정을 안내할 뿐이다.
- 문제중심 학습을 계획하는 첫 단계는 주제를 찾아내고 학습목표를 진술하면서 시작한다.
- 수업의 초점이 될 문제를 선택하고 학생들이 작업할 자료가 문제를 푸는 데 도움이 되게 하면 수업계획은 완결된다.

## 문제중심 학습실행

- 문제중심 학습모형의 첫 단계는 학생들이 문제를 푸는 데 필요한 이전 지식을 복습하고 학생들에게 문제를 제시한다.
- 교사가 학생들이 문제를 푸는 전략을 고안하고 그대로 실행하도록 도와준다.
- 문제중심 학습모형은 학생들에게 문제를 푼 결과를 제시하고 논의하면서 끝난다.

## 탐구

- 탐구는 증거에 바탕을 두고 체계적으로 문제를 푸는 과정이다.
- 탐구수업모형은 과학적 방법에 기초를 두고 있으며 학생들은 과학적 탐구의 실제를 경험할 수 있다.
- 탐구수업은 학생들이 잠정적인 대답을 해야 하는 질문(가설)을 제시하면서 시작한다.
- 학생들은 자료를 모으고 가설을 평가한다.
- 학생들이 가설의 평가 결과를 일반화하면 수업은 종결된다.
- 탐구수업모형은 다른 내용영역에 효과적으로 변형되어 적용될 수 있다. 그러나 근본적으로 가설을 탐구하기 위하여 자료를 수집하는 방식만 다를 뿐이다.

## 문제중심 학습을 다른 학습환경에 적용

- 문제중심 학습을 저학년 학생들에게는 문제를 구체적으로 제시하고 문제를 성공적으로 해결하도록 안내할 수도 있다.
- 문제중심 학습활동을 다양한 배경의 학생에게

적용할 때는 학생들이 그 문제를 성공적으로 탐구하는 데 필요한 지식을 갖추고 있는가를 확인할 필요가 있다.

■ 문제중심 학습은 호기심과 도전을 하도록 동기 부여하고 자발적으로 참여하게 만들어 주는 특성이 있다. 어떤 문제로 활동을 시작하게 되면 호기심과 도전의식이 생겨나게 하며 참과제는 추상적인 내용을 실제세상과 연결시켜 주며, 활동이 진행될 때 자율성과 참여가 높다.

**문제중심 학습활동에서의 학습평가**

■ 문제중심 학습에서는 대안평가가 가치 있으며 교사에게 과정을 평가하는 방법을 제공하기 때문이다.

■ 수행평가, 체계적 관찰, 점검표, 평정 척도를 활용하여 교사와 학생은 학습과정에 도움을 주는 피드백을 할 수 있다.

■ 사례연구는 탐구학습에서 활용할 수 있는 평가 방법이다. 탐구에 바탕을 둔 사례를 학생들에게 제공함으로써 교사는 탐구과정의 다른 성분을 평가할 수 있다.

## 주요 개념

가설(Hypothesis)
과학적 방법(Scientific method)
대안평가(Alternative assessment)
루브릭(Rubric)
문제중심 학습(Problem-based learning)
변인 통제(Controlled variable)
변인(Variable)
비계설정(Scaffolding)

수행평가(Performance assessment)
잘 정의되지 못한 문제(Ill-defined problem)
잘 정의된 문제(Well-defined problem)
점검표(Checklist)
참과제(Authentic task)
체계적 관찰(Systematic observation)
탐구(과학적 탐구)(Inquiry (Scientific inquiry))
평정 척도(Rating scale)

## 연습 문제

1. 다음의 수업 일화를 살펴보고, 다음에 나오는 문제중심 학습수업 단계 중 어느 단계인지 확인하라.

   a. 문제를 복습하고 제시한다.
   b. 전략을 고안한다.
   c. 전략을 실행한다.
   d. 결과를 토의하고 평가한다.

   길 잃은 개가 며칠 동안 학교 주위를 맴도는 것을 볼 수 있었다. 그리고 아이들은 점심을 먹고 남은 음식 조각들을 개에게 주었다. 그런데 어느 춥고 비 오는 날, 그 개가 4학년의 Sherry Myers 선생님의 사회과 반으로 걸어 들어오는 일이 벌어졌다.

"우리가 애완동물로 키울 수 있을까?"

"우리 반의 마스코트로 할 수 없을까?"

수업을 마친 다음, Sherry 선생님과 학생들은 교실 모퉁이에서 조용히 움츠리고 있는 개를 어떻게 할지 얘기한다. 반 학생들은 개가 인식표가 없기 때문에 길을 잃은 것이라고 결론지었다. 학교가 영원히 개의 집이 될 수는 없다고 결론 내린 다음에 반 학생들은 다음과 같은 대안들을 생각한다. "원래 주인을 찾는다, 새 주인을 찾아준다, 다른 도움을 찾아본다."

동물 애호회와 동물 통제국이라는 이름들이 나왔는데, 학생들은 그게 무엇을 의미하는지 확실히 알지 못한다.

며칠이 지나서 개를 임시로 맡아줄 집이 나타났다. 그러나 길을 잃거나 버려진 동물들에 대한 문제는 그 반에게 여전히 흥미로운 주제로 남아 있다. Sherry 선생님은 그 문제를 연구하기 위해서 반 학생들을 넷 또는 다섯 명으로 모둠을 나누었다. 첫 번째 모둠은 미국 내에서의 애완동물에 관한 일반적인 주제에 중점을 둔다. 두 번째 모둠은 동물 애호회에 대한 연구를 하는데 주요 출처로서 그 단체로부터의 인쇄된 정보를 사용해서 연구한다. 세 번째 모둠은 정부의 시각에서 나오는 문제를 비난하고, 주 동물 통제국 대변인이 직접 방문하도록 준비한다. Sherry 선생님은 다양한 모둠들을 조화시키고 그들이 모둠 과제를 잘하도록 도우면서 학생들을 보조한다. 몇 주가 지난 후 각각의 모둠이 반 전체에게 결과를 보고하고 그 내용들에 대해 반 전체 회의에서 좋은 점들을 분석한다. 이 회의에서 학생들은 버려지거나 길 잃은 애완동물의 참상과 문제에 대해 공공 캠페인을 하기로 결정한다.

그 후 Sherry 선생님은 그들이 했던 것들을 격려하고 그들의 행동을 평가하였다.

2. 다음에 나오는 목표 목록을 살펴보고, 탐구활동을 이용해서 달성될 수 있도록 문제를 기술하라.

a. 음악교사가 학생들이, 어떤 소리는 음악이라고 생각되고 다른 소리들은 소음이라고 생각되는 이유를 이해하기를 원한다.

b. 문학교사가 전통성에 대해 연구하기를 원한다. 그리고 연구를 위한 매개체로 소설 *The Lottery*를 선택했다.

c. 사회교사는 히로시마에 최초의 원자폭탄을 떨어뜨린 결정에 영향을 준 요인들을 학생들이 알기를 원한다.

d. 사회교사가 1948년에 듀이를 이긴 트루먼의 놀라운 승리와 관련된 요인들을 학생들이 이해하기를 원한다.

e. 과학교사가 물체는 액체보다 밀도가 작을 경우, 그 액체 위에 뜬다는 사실을 학생들이 이해하기를 원한다.

f. 미술교사가 페인트의 가격에 영향을 주는 요인들을 학생들이 이해하기를 원한다.

3. 탐구모형을 이용하여 교사가 수업하는 일화를 읽고, 다음 질문에 답하시오.

---

Renee Stanley 선생님은 고등학교 신문방송 수업에서 신문에 관한 단원을 시작하고 있다. 선생님은 학생들이 신문의 형태를 구성하는 요인들과 언론 전체적인 측면에서 신문들이 하는 역할을 이해하기를 원한다. 선생님은 다음과 같이 말하며 수업을 시작한다. "여러분, 오늘은 신문에 관한 단원을 시작할 거예요. 수업에 들어가기 전의 활동으로 먼저 제가 지난 몇 주 동안 모아둔 신문들을 보고, 우리가 무엇을 발견할 수 있는지 알아봅시다." 그러면서, 선생님은 학생들 앞의 책상에 지난주 일간신문을 놓고는 각각의 날짜에 표시를 한다.

"여러분, 이 신문들을 보고 무엇을 알 수 있죠? Jill?"

"주말 쪽으로 갈수록 주 초 쪽보다 더 두꺼워져요."

"좋아요, 또 다른 사실은 없나요? Todd?"

"일요일 게 제일 두껍고요, 컬러사진이 제일 많은 것 같아요."

"모두들 동의하나요? 다른 관찰 결과는 없나요? Mary?"

"수요일과 목요일 판에 기사들이 더 많아요."

"아주 좋은 관찰들이었어요, 여러분. 이제 신문의 크기와 관련해서 한 단계 더 나아가 봅시다. 일간신문의 크기와 구성에 영향을 주는 요인들을 조사했으면 해요."

그렇게 말하면서 칠판에 다음과 같이 쓴다.

"일간신문의 크기와 구성에 영향을 미치는 요인에는 무엇이 있는가?"

선생님은 계속해서 다음과 같이 말한다. "어떤 생각이 드나요, 여러분? 어때요, Josh? 생각나는 가설이 있나요?"

"아마 특별기사일 거예요. 주말이나 여행에 관한 것 같은 거요. 아마도 그것 때문에 일요일 신문이 다른 날보다 두꺼운 거 같아요."

"좋아요, 칠판에 가설 항목에 올리도록 하죠. 다른 생각 없나요, Sally?"

"광고일 수도 있어요. 사람들은 주말에 쇼핑할 시간이 보다 많아요."

"좋아요, 그것도 가설에 올리도록 하죠. 또 다른 건 없나요, Dave?"

"다른 요소로 스포츠가 있어요. 주말에 스포츠 경기가 더 많아요. 그래서 일요일 신문이 더 두꺼울 거예요."

"역시 좋은 생각이에요. 가설에 대해서는 이쯤에서 그만하죠. 그리고 우리의 가설과 관련된 자료들을 어떻게 모을 수 있을지에 대해 잠시 생각하도록 하죠. 좋은 생각 있나요, Susan?"

"이게 맞는지는 모르겠어요. 하지만 신문에 실려 있는 다른 주제들의 페이지 수를 셀 수 있을 거예요."

"흥미로운 생각이에요. Jim, 할 말 있었나요?"

"한 페이지에 한 가지 이상의 기사를 싣고 있는 페이지는 어떡하죠? 거기서는 무엇을 해야 하죠?"

반 학생들은 신문을 분석할 과정들에 대해 계속 논의한다. 그리고 마침내 다음과 같은 결론에 이른다.

국내와 국제 뉴스
지역 뉴스
페이지 숫자
특집기사
스포츠
광고
전체 중에서의 비율

이제 Renee 선생님은 학생들을 7개의 모둠으로 나누고 각 모둠에게 일주일 중의 하루 신문을 분석할 책임을 준다. 각각의 모둠이 과업을 마친 뒤 모두들 같이 볼 수 있게 칠판에다 표의 형태로 그 정보를 쓴다. 모든 모둠이 그 과정을 끝내고 나자 Renee 선생님이 계속해서 다음과 같이 말한다.

"자, 여러분 여기에 뭐가 있죠? 그건 확실히 엄청난 양의 자료들이에요. 일을 좀 더 쉽게 하기 위해서 선생님은 자료들을 체계적으로 분석할 필요가 있다고 봐요. 가설들을 하나씩 차례대로 보고 우리가 알아낸 것을 봅시다. 먼저 '특집기사' 가설을 볼까요? 어떤 경향이 보이죠. Jackie?"

"일요일에 가장 많은 특집기사가 실린 페이지가 많다는 것에 관한 것 같아요."

"모두들 찬성하나요? 왜 우리가 그런 경향을 본다고 생각해요, Sam?"

"전 그게 사람들이 일요일에 특집기사를 읽을 여가시간이 보다 많기 때문이라고 생각해요."

"모두들 동의하나요? Joe, 할 말 있나요?"

"근데 일요일에 난 특집기사에 관한 비율란을 보세요. 다른 날보다 높지 않아요. 전 그걸 도무지 이해할 수 없어요."

"다른 생각 없나요, 여러분 마칠 시간이 얼마 남지 않았어요. 칠판에다 그 정보를 적어 두고, 내일 Joe의 질문부터 논의를 계속해요."

---

위의 시나리오에 있는 정보에 근거해서 다음 질문들에 답하시오.

a. Renee 선생님의 탐구수업은 자발적 탐구수업인가 아니면, 미리 준비된 것인가?

b. 수업의 어느 부분에서 다음에 나타난 각각의 단계들이 발생했는지 확인하라.

 (1) 문제 확인하기

 (2) 가설설정하기

 (3) 자료조직 및 자료제시

 (4) 가설검증 및 일반화

**4.** 다음 일화를 읽고, 다음에 나오는 질문에 답하시오.

---

어느 날 Susan과 Bill 두 선생님이 다른 두 선생님 사이에서 일어난 사건에 대해 논의하며 라운지에 앉아 있다.

"저는 Joan 선생님이 그렇게 화내는 걸 본 적이 없어요." Susan 선생님이 빌에게 말한다.

"그녀가 Mary 선생님을 왜 그토록 비난했다고 생각해요?"

"확실히는 모르겠어요." Bill 선생님이 대답한다. "하지만 그녀가 집에서 문제가 좀 있는 것 같아요. 그녀가 아침에 출근했을 때 날카로운 걸 알아챘죠. 하지만 점차 진정되더군요. 게다가 어제 아침에 남편 흉을 보기도 했어요."

"그래요 나도 들었어요." Susan 선생님이 고개를 끄덕인다. "하지만 그건 모두 재미로 그런 거예요. 게다가 그녀는 지난주에 자신이 너무 행복하고, 집에서나 학교에서나 모든 일이 잘 된다고 그랬는걸요. 저는 가정생활이 그녀가 Mary 선생님을 그렇게 비난하도록 했다고 생각하지 않아요."

Joe 선생님도 역시 그 라운지에 있었다. 그도 그 사건을 봤고, Susan 선생님과 Bill 선생님이 하는 말을 듣고 있었다. Joe 선생님은 "저는 단지 그녀는 지쳤고, 신경이 날카로웠어요. 교사 외에도 대학에서 두 강좌를 맡고 있어요. 그녀는 해마다 한

번씩 발간되는 학교 신문의 지도교사이기도 해요. 그리고 이제 봄이니까 그녀는 여학생들의 테니스 팀도 도와야 하죠. 너무 많아요."라고 말한다.

"아마 그게 맞겠는데요." Susan 선생님이 동의한다.

"그녀는 테니스 코치를 한 뒤로 잠을 다섯 시간밖에 못 잤다고 했었죠. 3주째죠. 그녀는 아마 지쳤을 거예요."

"게다가 그녀의 남편은 세일즈맨이에요." Bill 선생님이 덧붙였다. "그래서 두 사람은 잠재 구매력이 높은 고객들에게 접대를 엄청 많이 했죠."

a. 위 일화에서의 탐구문제/질문을 확인하라.

b. 그 질문에 대답하기 위해 만들어지는 두 가설을 확인하라.

c. 위 일화에서 자료 항목으로 부를 수 있는 최소한 네 가지의 말을 찾아내라.

d. 각각의 자료 항목에 대해서, 그것이 어떤 가설과 관련이 있는지, 그 자료 항목이 그 가설을 지지하는지, 아니면 기각하는지 확인하라.

# 토론 문제

1. 교과과정 중 문제중심 학습에 적합한 적어도 두 영역을 확인하라. 교과과정 중 문제중심 학습을 이행하는 데 어려움이 있는 영역을 적어도 두 영역을 확인하라. 두 내용영역 사이의 차이점에 대해서 설명하라.

2. 문제중심 학습활동들은 단원의 시작 혹은 끝 중 어디서 보다 효과적으로 가르쳐지는가? 왜 그런가?

3. 발달이라는 측면에서 볼 때, 탐구모형, 사례중심 모형, 그리고 개념획득 모형 Ⅰ, Ⅱ, Ⅲ을 소개하는 가장 적합한 순서는 어느 것인가?

4. 학생들에게 탐구모형을 이용하여 **독립적으로** 연구 주제를 추구하도록 하는 것의 장점과 단점은 무엇이겠는가? 여러분이 그렇게 하려면 개

인적인 탐구보다 무엇을 우선시해야 하겠는가?

5. 이 장에서 Laura 선생님의 학생들은 그들의 문제에 대해서 다양한 답을 가지고 있는 것을 보았다. Laura 선생님은 첫 수업에서 이런 일이 일어나지 않도록 개입해서 예방했어야 하는가? 그래서 두 번째 수업부터는 그녀가 하는 대로 가르칠 필요가 없게 했어야 하는가? 혹은 첫 번째 수업이 학생들에게 의미 있는 경험인가? 왜 그런지 생각하는 바를 설명해 보아라.

6. Scott 선생님의 수업은 일반적으로 탐구라기보다는 문제중심 학습이다. 즉, 문제중심 학습의 하나의 특별한 형태이다. 왜 Scott 선생님의 수업이 그렇다고 생각하는가?

# 직접교수 모형

| 개요 | 학습목표 |
|---|---|
| **직접교수 모형을 사용한 수업계획**<br>■ 주제 확인하기<br>■ 학습목표 상세화하기<br>■ 예시와 문제 준비하기 | 1. 직접교수 모형을 사용한 수업을 계획한다. |
| **직접교수 모형을 사용한 수업실행**<br>■ 1단계 : 도입과 복습<br>■ 2단계 : 제시<br>■ 3단계 : 안내된 실행<br>■ 4단계 : 독자적 실행<br>■ 직접교수 모형의 수업실행 : 사고와 이해 강조<br>■ 직접교수 모형의 수업실행 : 학습동기 증진 | 2. 직접교수 모형을 사용한 수업을 실행한다. |
| **다양한 학습환경에 직접교수 모형 적용**<br>■ 발달수준에 적절한 실행 : 다양한 연령대의 학습자를 위한 직접교수 모형 활용<br>■ 다양성 탐색 : 다양한 언어와 문화를 가진 학습자들을 위한 직접교수 모형<br>■ 공학과 교수 : 직접교수 모형의 공학 활용 | 3. 공학을 범주화하는 다양한 언어와 문화를 가진 학생들을 위한 직접교수 모형을 적용한다. |
| **직접교수 모형에서의 학습평가** | 4. 직접교수 모형을 사용할 때 학생의 이해와 기능을 평가한다. |

Tim Hardway 선생님은 다음의 수학 교육과정을 바탕으로 1학년 학생들을 지도하고 있다.

MA.1.A.1.1 : 덧셈과 뺄셈은 '부분에서 전체', '더하기', '빼기', '비교하기', '덧셈에서의 미지수(잃어버린 가수)'와 같은 개념을 사용한다.

MA.1.A.2.2 : 십의 자리와 일의 자리 형태로 두 자릿수를 나타낸다(Florida Department of Education, 2008).

학생들은 6+2나 9+5와 같은 문제를 풀어 왔었다. 이제 Tim 선생님은 학생들이 좀 더 나아가 13+14와 같은 두 자릿수의 문제를 풀기를 원한다. 그는 실물화상기를 사용하여 다음의 문제를 보여주었다. (Sonya와 Willy는 Tim 선생님의 학생이다.)

Sonya와 Willy는 청량음료 캔을 모으는 일을 하고 있다. 그러면 그들은 축구공을 공짜로 얻을 수 있다. Sonya는 13개, Willy는 14개를 모았다. 두 사람이 같이 모은 것은 모두 몇 개인가?

학생들의 책상 위에는 많은 양의 낱개 강낭콩과 10개씩 묶은 강낭콩 모형막대(앞으로 이 장에서는 낱개 강낭콩은 일 모형으로, 10개씩 묶은 강낭콩 모형막대는 십 모형으로 칭하겠다.)가 들어 있는 상자가 있다. Tim 선생님은 일 모형과 십 모형으로 5+4나 7+2와 같은 문제를 풀어 보게 하여 한 자릿수의 덧셈을 복습한다. 그런 다음 학생들에게 6+8을 풀도록 한 후에, Antonio에게 그 문제를 어떻게 풀었는지 설명하도록 하였다.

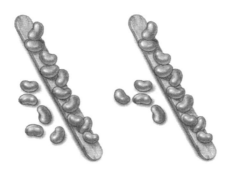

　Antonio의 설명을 들은 후, Tim 선생님은 실물화상기를 사용하여 학생들에게 문제와 그 문제를 푸는 방법을 보여주고 설명을 한다. 그리고 그 문제가 요구하는 것이 무엇인지를 확실하게 알도록 하고, 추가적인 문제를 더 제공하고 이 과정을 반복한다. 학생들이 문제를 푸는 과정을 살펴보고 좀 더 연습을 할 수 있도록 문제를 제공한다. 그리고 한 명의 학생을 선택해 어떻게 그 문제를 풀었는지 설명하게 하고, 이러한 과정을 다른 문제를 통해 다시 반복한다.

　학생들이 대부분 이 과정을 이해했다면, 교사는 학생들이 문제를 풀 때 이 과정을 이해했는지를 점검할 수 있도록 추가적으로 4개의 문제를 제공한다. (이 장이 끝날 때 이 수업의 확장판을 제시할 것이다.)

　Tim 선생님은 이 수업에서 **직접교수 모형**을 사용했다. **직접교수**(Direct Instruction)는 교사의 시범과 설명을 사용하는 모형으로, 학습자가 실행을 하고 교사는 잘 정리된 지식과 후속 학습에 필요한 기능을 습득할 수 있도록 피드백을 해준다(Kuhn, 2007; Rosenshine & Stevens, 1986). 직접교수는 크게는 연구에 기반을 두고 있는데, 특히 성취도가 낮은 학습자들이나 특수 아동에게 효과적이다(Flores & Kaylor, 2007; Leno & Dougherty, 2007).

　두 자릿수의 덧셈은 후속 학습에 필요한 기능이다. 직접교수 모형을 사용하여 Tim 선생님은 먼저 설명을 한 후에, 두 자리 숫자를 더하는 과정을 모형화했다. 다음으로 피드백과 단서가 들어 있는 추가적인 문제를 제공하여 학생들을 연습시켰다. 이 과정을 반복한 후에 학생들이 스스로 기능을 수행할 수 있다고 생각되었을 때, Tim 선생님은 학생들에게 추가적인 문제를 다시 제공하였고 스스로 풀 수 있도록 연습시켰다. 이러한 과정은 직접교수 모형을 사용함에 있어서 필수적이라고 할 수 있다.

　우리는 이번 장이 끝날 때 Tim 선생님의 수업을 더 자세히 다룰 것이고, 지금은 이 모형을 사용한 수업계획과 실행에 대한 논의로 돌아가 보도록 하자.

| 그림 9.1 | 직접교수 모형을 사용한 수업계획

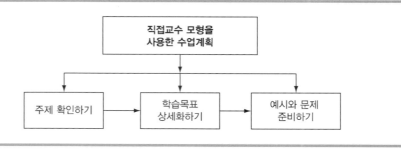

## 직접교수 모형을 사용한 수업계획

직접교수 모형을 사용한 수업계획은 그림 9.1에 제시된 3단계를 거친다. 이 단계에 대해 논의해 보자.

### 주제 확인하기

이 책에서 다루고 있는 모든 모형처럼 직접교수 모형을 사용한 수업계획 역시 주제를 확인하는 것부터 시작한다. 이 모형은 절차적 기능(procedural skill)을 가르치기에 가장 적합하다. 다음을 보자.

**절차적 기능**  다음에 제시된 문제를 살펴보자.

$$2 + 5(7 - 4) - 6 =$$

우리는 이 문제를 풀기 위해 먼저 괄호 안에 있는 문제(7−4=3)를 계산해야 하는 것과 같이 미리 정해진 일련의 절차를 따른다. 그리고 다음 순서에 맞게 곱하고, 나누고, 더하고, 뺀다. 5×3=15; 2+15=17; 17−6=11. 위와 같이 정해진 절차를 따르지 않으면 오답이 나온다. 이와 같은 과정을 통해 문제를 푸는 것이 **절차적 기능**이다. 이것은 아래의 특징을 가지는 일종의 인지 조작이다.

- 식별 가능한 조작이나 절차를 가진다.
- 다양하고 수많은 예시로 설명될 수 있다.
- 연습을 통해 발달된다(Flores & Kaylor, 2007).

우리는 문제를 푸는 데 있어 일련의 특정한 단계를 따른다. 그 단계에서 위 문제와 같은 예시는 무한히 많고, 우리는 이러한 문제들을 많이 풀어 볼수록 더욱 숙달될 것이다.

절차적 기능은 교육과정 전반에 걸쳐 여러 교과와 학년 수준에서 다루어지며 복잡한 정도는 차이가 있다. 예를 들어, Tim 선생님은 간단한 절차적인 기능을 1학년 학생들에게 가르쳤다. 그리고 국어에서는 철자법, 문법, 구두법, 구조와 같은 쓰기기능이 다루어진다. 수학은 덧셈과 뺄셈 같은 기초기능에서부터 인수분해, 이차방정식 풀이 같은 복잡한 기능에까지 다양한 범위의 기능을 습득한다. 사회와 과학에서도 역시 많은 기능영역이 포함된다. 예로, 학생들은 사회과에서 지도 읽기, 차트나 그래프에서 정보 제시하기가 다루어지고, 과학과에서는 방정식과 문제를 해결한다. 직접교수 모형은 이렇게 모든 영역에 적용된다.

## 학습목표 상세화하기

이 절을 시작하기 위해, 다음의 목표를 고려하라.

1. 학생들은 **경도와 위도**를 이해한다.
2. 학생들은 세계의 다른 도시들의 위도와 경도를 찾는다.
3. 학생들은 **동치분수**(equivalent fraction)를 이해한다.
4. 학생들은 분모가 다른 경우의 분수풀이의 기능을 추가할 수 있다.

첫 번째와 세 번째 목표는 위도, 경도 그리고 동치분수와 같은 지식의 개념을 수반한다. 두 번째와 네 번째 목표는 절차적인 기능이다. 예를 들어, 학생들이 다양한 도시들의 위도와 경도의 결과를 연습하고, 마찬가지로 분모가 다른 경우의 분수 개념에 더욱 능숙해진다.

개념 지식과 기능 사이의 관계는 중요하다. 예를 들어, 학생들이 만약 그들이 학습을 할 때 처음 배우는 개념을 제대로 이해하지 못했다면 도시들의 경도와 위도를 찾는 것에 능숙해질 수 없다. 그리고 동치분수도 마찬가지이다. 만약 Tim 선생님의 학생들이 더하기의 기본 개념과 두 자릿수를 더하는 것에서 일의 자리와 십의 자리의 차이를 이해하지 못했다면 그들에게는 이러한 과정이 암기이고 의미 없는 활동이 될 것이다. 그래서 기능의 기초를 제공하는, 개념 지식의 완전한 이해의 개발은 기능의 과정을 가르칠 때 학습목표의 필수적인 요소이다. 직접교수 모형은 이러한 이해의 발달을 위한 분명한 준비를 포함한다.

또한 가르칠 때 **자동성**과 **전이**라는 두 개의 장기적인 목적을 가지고 있다. **자동성**(Automaticity)은 근본적으로 그것에 대한 생각 없이 기능을 행할 수 있는 능력이다. 만약 학생들이 '$2+5(7-4)-6=$'과 같은 문제들을 충분히 연습한다면, 거의 의식적인 노력 없이 풀 수 있을 것이다. 그리고 기능과정의 개발이 목표일 때는 Tim 선생님의 학생들과 일반적인 학생들도 마찬가지이다. 직접교수 모형은 자동성이 자연스럽게 이루어지는 데 필요한 연습을 제공하는 것으로 구성된다.

**전이**(transfer), 하나의 맥락 안에서 다른 맥락으로 습득된 지식의 적용은 기능교수의 두 번째 목표이다. 예를 들어, 전이는 학생들이 물리 문제를 풀기 위해 대수학을 적용할 때, 혹은 언어 교육과정에서 적절한 구조, 문법적 언어 사용, 구두법, 그리고 사회의 수필 쓰기를 위한 맞춤법을 사용할 때 일어난다. 교사는 세 가지 방법으로 전이를 가르칠 수 있다. 첫째, 학생들이 기능을 확실히 이해하도록 해야 한다. 그리고 다양한 상황 안에서 더 많이 능숙하게 사용할 수 있도록 충분한 연습을 제공해야 한다. 예를 들어, Tim 선생님은 학생들이 두 자릿수의 덧셈과 자릿값을 좀 더 쉽게 이해하도록 수모형을 사용하게 했다. 학생들에게 실생활 문제를 해결하는 기회를 제공함으로써 기능이 습득되도록 교사는 기능이 요구되는 다양한 문제를 제공할 수 있다.

학생이 배우기를 원하는 기능을 확인했다면 교사는 반드시 예시와 문제를 준비해야 한다.

## 예시와 문제 준비하기

예시와 문제를 준비하는 것은 직접교수 수업의 준비에 있어서 최종단계이다. 예시는 학생들이 처음에 기능을 이해하는 것에 도움을 주는 데 있어 필수적이다. 그리고 문제는 학생들이 자동성을 개발하는 연습을 하고 전이를 증진시키는 데 필요하다.

어떠한 유형에서는 예시와 문제가 간단하고 쉽다. 예를 들어, Tim 선생님은 예시로 수모형을 이용해서 두 자리 덧셈에 관한 간단한 문제를 설명했고, 좀 더 많고 다양한 문제로 연습을 시켰다. 다른 수업들은 이것보다 더 부담이 크다. 예를 들어, 학생들이 다른 도시들의 위도와 경도를 찾도록 한 것의 목표를 다시 고려해 보아라. 기능을 익히기 전(도시의 경도와 위도를 찾음), 그들은 스스로 **경도**와 **위도** 개념을 이해할 수 있어야 하고, 그 개념을 이해하기 위해 수준 높은 사례를 요구할 것이다.

이 과정을 설명하기 위해, 시카고 근처의 Indiana Hammond에 사는 6학년 교사 Judy Nelson 선생님의 생각을 살펴보자. Judy 선생님은 학생들이 이러한 개념들을 이해하기 쉽게 하기 위해 예시를 준비했다.

---

준비를 위해서 Judy 선생님은 비치볼을 사고, 여기 보듯이 주위에 경도와 위도의 선을 그렸고, 위도를 명확하게 볼 수 있게 하기 위해 지구본 대신에 이 공을 사용했으면 했다. 위도는 북쪽과 남쪽의 거리 측정 없이 동쪽과 서쪽을 잇는 각각의 선이다. 그녀는 또한 학생들이 동쪽과 서쪽의 거리 측정 없이 북쪽과 남쪽을 잇는 선인 경도를 이해하길 원했다.

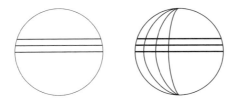

지도는 2차원의 표면에 구체에 가까운 구를 재현하려고 하고 있기 때문에 기능의 본질적 개발과 같은 사례는 경도와 위도에 대한 이해에 있어 학생들을 다소 혼동케 한다. 6학년은 말할 것도 없이 현대의 많은 어른들 역시 도시의 정확한 위치를 찾는 과정을 충분히 이해할 수 없다.

일단 학생들이 기능을 이해하도록 돕는 예시를 확인했고, 만들어진 문제는 바로 제공되었다. 예로, Tim 선생님은 쉽게 학생들을 위한 문제를 만들었고 Judy 선생님은 학생들을 위해 사용될 몇 개의 도시들을 확인했다. 적도의 북쪽과 남쪽, 본초자오선(경도를 측정하는 기준이 되는 자오선)의 동쪽과 서쪽에 있는 도시들이 이를 위해 사용할 것들이다.

문제를 선택하고 연속적으로 제공함에 앞서, 먼저 간단한 문제를 제시한다. Tim 선생님의 수업은 이 과정을 설명한다. 그는 먼저 '5+4='처럼 받아올림 없는 한 자릿수의 덧셈을 포함하는 문제를 사용했다. 그리고 나서 '7+6='처럼 받아올림 있는 한 자릿수의 덧셈으로 옮겼다. 그는 '13+14='처럼 받아올림 없는 두 자릿수의 덧셈을 연습시킨 후 '15+19='처럼 받아올림 있는 두 자릿수의 덧셈으로 나아가는 것을 계획했다.

일단 주제를 확인하고, 학습목표를 명시화하고, 예시와 문제를 찾거나 만들었다면 당신은 수업을 할 준비가 된 것이다.

## 직접교수 모형을 사용한 수업실행

직접교수 모형을 사용한 수업실행은 4개의 상호연관된 단계로 구성된다. 각 단계는 표 9.1에 간략히 서술되어 있고, 다음 절에서 논의된다.

### 1단계 : 도입과 복습

1단계에서는 교사가 학생들의 주의를 환기하고, 학생들이 그 기능을 이해하고 행하는 데 필요한 사전지식을 가지고 있는지 알기 위해 비공식적으로 이해력을 평가한다.

어떻게 Tim 선생님이 이 단계를 수행하는지 살펴보자. Tim 선생님의 수업계획은 그림

| 표 9.1 | 직접교수 모형을 사용한 수업실행의 단계

| 단계 | 목적 |
|---|---|
| **1단계 : 도입과 복습**<br>교사는 수업을 소개하고 전시학습을 상기시킨다. | ■ 학생들의 주의를 환기하고, 그들을 수업으로 이끈다.<br>■ 그들이 그 기능을 이해하기 위한 필수적인 이해력을 가지고 있다는 것을 알기 위해 학생들 현재의 이해력을 비공식적으로 평가한다. |
| **2단계 : 제시**<br>새로운 기능을 소개·설명하고, 설명을 위해 질 높은 예시를 이용한다. | ■ 학생들의 참여를 촉진한다.<br>■ 학생들이 기능을 위해 개념의 틀을 이해하는 것을 확실히 한다. |
| **3단계 : 안내된 실행**<br>학생들은 교사의 안내 아래 기능을 연습한다. | ■ 기능 개발 전개를 시작한다.<br>■ 학생의 성공을 확실하게 한다. |
| **4단계 : 독자적 실행**<br>학생들은 독자적으로 기능을 연습한다. | ■ 기능을 자동적으로 개발한다.<br>■ 새로운 상황으로 전이를 촉진한다. |

9.2에 간략히 서술되어 있다.

---

Tim 선생님은 수업을 시작한다. "여러분의 읽기 책을 넣고 수모형을 꺼내세요. 오늘 우리는 더하기의 새로운 방법을 공부하려고 합니다. 오늘 배울 새로운 덧셈 방법은 우리에게 이와 같은 문제를 푸는 데 도움을 줄 거예요." 그는 아래 문제를 보여준다.

---

Sonya와 Willy는 청량음료 캔을 모으는 일을 하고 있다. 그러면 그들은 축구공을 공짜로 얻을 수 있다. Sonya는 13개, Willy는 14개를 모았다. 두 사람이 같이 모은 것은 모두 몇 개인가?

---

학생들에게 잠시 문제를 읽도록 한 후, Tim 선생님은 계속 수업을 진행한다. "이런 문제는 우리의 일상생활에 도움을 주기 때문에 수학에서 중요합니다. 우리가 오늘 수업을 끝냈을 때, 여러분은 이와 같은 문제를 해결할 수 있을 겁니다."

"자, 잠시 복습합시다. 모두 이 문제를 풀기 위해 강낭콩을 사용하세요." 그는 칠판에 아래 문제를 쓴다.

$$5 + \underline{4}$$

Tim 선생님은 강낭콩을 사용해서 문제를 해결하는 학생들에게 이와 비슷한 문제를 보여준다.
"이제 이것을 풀어 봅시다."

$$6 + \underline{8}$$

다시, Tim 선생님은 모든 학생들이 문제를 바르게 풀었다고 확신하며 교실을 돌아다닌다.
그리고 교실 앞쪽으로 되돌아와서 말한다. "이 문제를 어떻게 풀었는지 칠판에 나와 보여줄 사람?

| **그림 9.2** | Tim 선생님의 수업계획

**주제 :**
받아올림 없는 두 자릿수 더하기

**교육과정 :**
MA.1.A.1.1 : 덧셈 그리고 뺄셈은 '부분에서 전체로', '더하고', '빼고', '비교하고', '가수를 없애는' 개념을 사용한다.
MA.1.A.2.2 : 십의 자리와 일의 자리 형태로 두 자릿수를 나타낸다.

**학습목표 :**
1학년 학생들이 성취해야 할 목표 :
두 자릿수와 두 자릿수를 받아올림 없이 더한다.
일의 자리와 십의 자리 숫자 사이의 차이의 특징을 설명한다.

**학습활동 :**

도입과 복습 :
1. 학생들이 하나의 두 자릿수와 다음의 두 자릿수를 더해야 하는 문제상황을 제시한다. 그리고 오늘 배울 내용임을 상기시킨다.
2. 한 자릿수를 더하는 것을 복습하고, 학생들에게 수모형(일 모형과 십 모형)으로 과정을 나타내게 한다.
3. 학생들에게 수모형으로 12와 같은 숫자를 나타내게 한다.

제시 :
4. 학생들에게 다시 원래의 문제상황을 상기시키고 학생들이 질문과 모델링을 통한 과정을 통해서 풀게 한다. 그리고 두 번째 문제에서 과정을 반복한다. 필요하면 세 번째 문제도 한다.
5. 일의 자리와 십의 자리의 숫자 사이의 다른 점을 학생들에게 설명하게 한다.

안내된 실행 :
6. 학생들에게 스스로 풀어 볼 문제를 제공한다.
7. 학생들 중 한 명에게 문제에 대한 해결방법을 설명하게 하고, 각 단계마다 말로 설명하도록 한다. 학생들에게 일의 자리와 십의 자릿수 사이의 다른 점을 설명하게 한다. 학생들에게 두 번째 문제를 풀게 하고 이 과정을 반복한다. 만약 필요하면 세 번째 문제도 한다.

독자적 실행 :
8. 학생들에게 스스로 풀어 볼 추가적인 문제를 제공한다.

**평가 :**
학생들에게 풀어 볼 문제를 줘라.
수모형으로 일의 자리와 십의 자리를 나타내게 한다.

---

Antonio? 좋아!"
　(교실 앞에서 Tim 선생님은 칠판 대에 칠판에 붙는 수모형을 둔다.)
　Antonio는 교실 앞에 나가서 칠판에 일 모형을 정렬하기 시작한다. 6+8=14
　"Antonio, 그것을 푸는 동안 크게 이야기하세요. 그리고 모두가 이해할 수 있도록 푸는 것을 설명해 보세요."
　"…… 여기 6개가 있어요. 그리고 여기 8을 더하면 14가 돼요. 그래서 14를 얻을 수 있어요. 그것이 답이에요."
　"아주 잘했어요, Antonio. 모두 어떻게 풀었는지 보았지요? 그럼 Antonio, 우리가 10개의 일 모형을 가지고 있을 때 할 수 있는 것을 기억하니? 어떻게 하면 더 간단하게 답을 구할 수 있을까?"

"우리는 하나의 십 모형과 일 모형 10개를 바꿀 수 있어요." [10개의 일 모형을 한 개의 막대모형에 붙여 만든 십 모형]

"자, 모두 자기 책상에서 해보도록 하세요." Tim 선생님은 지시하였고, 아래에 보이는 것과 같이 그는 학생들이 10개의 일 모형을 붙여 만든 1개의 십 모형과 4개의 일 모형을 책상 위에 올려두는 것을 지켜본다.

"모두 다 끝났나요? 각각의 일 모형 10개를 십 모형 하나와 거래합니다." 그는 십 모형(강낭콩을 붙인 막대)을 들어올린다. "모두 매우 잘했어요."

---

Tim 선생님은 문제에 두 명의 학생 이름을 넣어 친근하고 현실적인 현실적 예시를 사용하여 학생들의 주의를 끌었다. 그리고 한 자릿수의 덧셈을 통해 13이라는 숫자가 나오면 1개의 십 모형과 3개의 일 모형으로 묶어 보는 것을 통해 복습을 했다.

자, 우리는 이제 Judy Nelson 선생님이 자신의 수업에서 경도와 위도를 소개하는 방법을 살펴보자. 그녀의 수업계획은 그림 9.3에서 간략히 서술되어 있다.

---

Judy 선생님은 그녀의 수업을 학생들이 벽지도에서 자신들이 사는 곳을 찾아보는 것에서부터 시작을 한다. "이번에는 여름방학에 새로운 친구들을 사귀었다고 가정을 합시다. 그리고 여러분은 그 친구들에게 여러분이 사는 곳을 정확하게 알려주려고 해요. 그렇다면 우리는 어떻게 해야 할까요?"

이 문제를 제시한 뒤, Judy 선생님은 학생들이 모두 좋은 아이디어를 말하였으나 아무도 위치를 정확히 나타내지 못한다고 적는다. 그리고 나서, 말한다. "오늘 우리는 우리가 어디에 사는지 정확히 나타내는 방법을 배울 것입니다. 우리가 그것을 할 수 있게 된다면 우리는 전 세계의 어느 도시든지 정확히 찾아낼 수 있어요. 오늘 우리가 배우는 것을 잘 기억하도록 하세요. 좋아요, 준비되었나요?"

---

Judy 선생님의 경우에는 사전지식이 거의 요구되지 않았기 때문에, 첫 번째 단계에서 그녀의 주된 노력은 학생들의 주의를 환기시키는 것과 그들을 수업으로 끌어당기는 것을 목표로 했다.

이제 다음 단계로 넘어가 보자.

| **그림 9.3** | Judy 선생님의 수업계획

**주제 :**
경도와 위도의 다양한 위치

**교육과정 :**
SS.6.G.1.1 : 경도선과 위도선을 이용해 위치를 확인하고 여러 지역의 기후와 시간대를 확인한다.

**학습목표 :**
6학년 학생들이 성취해야 할 목표 :
경도와 위도를 이해시킨다.
경도와 위도의 지역 차이를 찾아본다.
경도와 위도 좌표의 가까운 주요 도시를 확인한다.

**학습활동 :**

도입과 복습 :
1. 학생들이 지도에서 그들이 사는 곳을 확인하게 한다.
2. 학생들에게 유명한 건물들이 위치하는 곳을 어떻게 정확하게 묘사할 수 있는지에 대한 생각을 물어본다.

제시 :
3. 비치볼 위에 경도와 위도의 특징을 묘사한다. 이때, 학생들이 특징을 간략하게 묘사하도록 한다.
4. 본초자오선 지역, 국제 날짜 변경선, 지구본 위의 적도의 정확한 위치를 찾는다.
5. 우리 도시의 경도와 위도를 확인하는 과정을 모형화한다.

안내된 실행 :
6. 학생들이 지도에서 리우데자네이루 지역이 어디에 있는지 찾고, 그 도시의 경도와 위도를 찾아 확인하도록 한다.
7. 학생 중 한 명이 그 도시의 좌표를 찾는 과정을 보여주면서 말로 설명하도록 한다. 싱가포르로 다시 그 과정을 되풀이한다.
8. 세트의 좌표를 학생에게 주고, 좌표에서 가장 가까운 주요 도시를 확인하게 한다.

독자적 실행 :
9. 그들 스스로 실행할 수 있도록 추가 문제를 학생들에게 제공한다.

**평가 :**
학생들에게 일련의 위치를 주고, 각각의 경도와 위도를 확인하게 한다.
학생들에게 일련의 좌표를 주고, 좌표에서 가장 가까운 주요 도시를 확인하게 한다.

## 2단계 : 제시

2단계는 가능한 한 학생들이 기능 이해를 통해 발달시키도록 돕는 시도를 하는 단계이다. 이 단계는 세 가지 이유로 교사들에게 가장 어려운 단계다. 먼저, 두 자릿수의 덧셈과 같은 기능을 터득하는 것은 어려울 수 있다. 우리에게는 쉽게 보이지만 학생들에게는 이해되기 어려운 것이다. 한 교사가 이 단계에서의 어려움에 대해 토로했다.

나는 [인지되는 기능을 어떻게 가르쳐야 하는가]에 대해 생각해 보지도 않았다. 가장 어려운 것은 생각하는 것이다. [기능]이 어떻게 모형화되는지 알아차리는 것은 나에게 어려운 것이다. 나는 실제로 앉아서 그것을 세세하게 적어야 한다. 이 말의 의미는 내가 여전히 저러한 것들을 가지고 매일 같이 꽤 많은 것을 여전히 하고 있다는 것을 의미한다(Duffy & Roehler, 1985, p.6).

이런 기능은 우리에게는 너무 자동적이어서 우리가 학생들에게 그것들을 말로 나타내거나 모형화하기에 어려움이 있다. 다른 예로써, 어린이에게 신발끈 묶는 것을 어떻게 설명하고 모형화할지를 생각해 보라. 우리는 다음과 같이 말할 것이다. "자, 먼저 각 손에 신발끈의 한 자락을 가지고, 그런 다음 다른 신발끈 위에 한 신발끈을 놓아라 ……" 우리의 모형화는 매끄럽지 못하고 혼란스러울 것이다. 우리는 학생들이 이해할 수 있도록 기능을 보여주는 방법을 주의깊게 생각해야 한다.

두 번째는, 아마 첫 번째 어려움에 대한 반작용인데, 교사는 이 단계를 피상적인 설명으로 급히 지나가 버리는 경향이 있다. 그것은 학생들에게 그 기능을 충분히 이해하지 못하고 연습해야 하는 어려움을 주는 결과를 낳는다. 학생들이 기능을 용이하게 수행할 수 없을 때 좌절할 수 있고 수업 운영에 문제가 생기기도 한다. 만약 몇몇 학생들이 연습 문제를 풀려고 하다가 좌절하고 있는 것을 보면, 이 단계에서 더 많은 학습이 요구된다. 대다수 학생들이 성공적으로 문제를 해결할 수 있어야 한다. 그래야 교사가 학습부진 학생들에게 따로 시간을 낼 수 있다.

세 번째 문제는 직접교수에 대한 오개념과 관련된다. 이것은 '교사중심' 모형으로 보여지기 때문에 교사들은 종종 질문과 학생들과의 상호작용이 다른 모형과 비교해서 중요하지 않다고 여긴다. 가르침에 관하여 어떠한 것도 진실과 멀리 떨어져 볼 수 없다. 사회적 상호작용의 필요성은 직접교수 모형을 포함하여 모든 모형의 학습 형태에 적용되는 학습의 기본 원리이다. 그리고 수준 높은 상호작용은 이 단계에서 필수적이다.

Tim 선생님이 제시단계에서 어떻게 하는지 살펴보자.

---

"자, 여러분. 우리는 오늘 새로운 것을 배울 거예요. 오늘 우리는 십의 자리를 갖는 숫자를 어떻게 더하는지 배울 것입니다. 우리가 십의 자리와 일의 자리의 숫자를 더할 때, 우리는 간단하게 일의 자릿수는 일의 자릿수와 더하고 십의 자릿수는 십의 자릿수와 더한다는 것을 기억해야 합니다. 문제를 다시 봅시다." 그는 학생들이 그가 제시해 놓은 문제에 주목하게 한다.

---

Sonya와 Willy는 청량음료 캔을 모으는 일을 하고 있다. 그러면 그들은 축구공을 공짜로 얻을 수 있다. Sonya는 13개, Willy는 14개를 모았다. 두 사람이 같이 모은 것은 모두 몇 개인가?

---

"지금 우리에게 묻는 문제가 무엇입니까? Shalinda?"
"그들이 가진 것은 모두 몇 개인가?" Shalinda는 주저하며 대답한다.

"좋아요. 그러면 우리는 이 문제를 어떻게 풀면 될까요? Lakea"

"저는 그것을 더해야 한다고 생각합니다."

"좋아요." Tim 선생님이 웃는다. "왜 그렇게 생각하지요?"

"그들이 모두 몇 개를 가졌느냐고 적혀 있어요. 그래서 우리가 …… 더한다면 그것을 알 수 있어요."

"아주 좋아요." Tim 선생님은 고개를 끄덕인다. "이제 칠판에 문제를 적어 봅시다." 그리고는 그는 칠판에 문제를 적는다.

"우리가 더한 하나의 숫자는 무엇이지요? …… Carlos?"

"13이요."

"좋아요, Carlos. 우리가 더한 다른 숫자는, Cheryl?"

"14요."

"좋아요. 이와 같이 칠판에 문제를 적어 봅시다." Tim 선생님은 계속해서 칠판에 아래와 같이 쓴다.

$$\begin{array}{r} 13 \\ +14 \\ \hline \end{array}$$

"자, 이 13은 뭐지요?" Tim 선생님은 칠판의 13을 가리키며 묻는다.

"Sonya가 캔을 얼마나 가졌나 하는 거요." Leroy가 대답한다.

"지금 십 모형과 일 모형 둘 다 이용하여 책상 위에 13을 만드세요."

Tim 선생님은 수모형을 나열하는 학생들을 본다.

"그리고 이 14는 무엇입니까? Henry?"

"Willy가 가진 캔의 수요."

"좋아요. 지금 여러분 책상 위에 수모형을 가지고 14를 만들어 보세요." 다시 그는 학생들이 하는 것을 지켜본다.

"좋아요. 지금부터 우리는 그것들을 더해볼 거예요. 3과 4를 더하면 얼마가 얻어지죠? 이것에 대해 생각해 봅시다. 3과 4는 7. 칠판에 7을 씁시다." Tim 선생님은 칠판으로 걸어가서 아래와 같이 7이라 쓰고 말한다.

$$\begin{array}{r} 13 \\ +14 \\ \hline 7 \end{array}$$

"이제 우리는 십 모형을 더해야 합니다. 두 개의 십 모형을 더하면 무엇이 되나요? 1개의 십 모형과 1개의 십 모형을 더하면 2개의 십 모형이 됩니다. 여러분, 2를 어디에 써야 하는지를 보세요. 여기서 2가 의미하는 것은 2개의 십 모형을 뜻하기 때문에 십의 자리 칸 아래에 씁니다." 그러면서 그는 칠판에 아래와 같이 2를 쓴다.

$$\begin{array}{r} 13 \\ +14 \\ \hline 27 \end{array}$$

"Sonya와 Willy는 모두 몇 개의 캔을 가집니까? Alesha?"

"27이요."

"좋아요, Alesha. 그들은 모두 27개를 가졌습니다. 수모형을 가지고 이 수를 선생님에게 보여주세요."

Tim 선생님은 아래와 같이 학생들이 일 모형 중 7개를 놓고 그것들 옆에 십 모형 2개를 놓는 것을 본다.

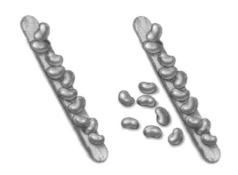

"지금" 그는 계속한다. "12의 2가 가리키는 2와 27의 2가 가리키는 2의 다른 점은 무엇이지요? Abdul?"

"12의 2가 가리키는 2는 두 개의 일 모형이고, 27의 2가 가리키는 2는 2개의 십 모형입니다."

"훌륭한 생각이에요, Abdul." Tim 선생님은 웃는다. "매우 잘했어요. 자, 모두 다른 문제를 풀어 봅시다."
그는 처음 낸 문제와 비슷한 다른 문제를 낸다.

---

위의 예시에서 볼 수 있듯이, Tim 선생님은 이 단계에서 매우 철저하고 이해를 강하게 강조한다. 그의 물음 "12의 2가 가리키는 2와 27의 2가 가리키는 2의 다른 점은 무엇이지요?"는 특히 중요하다. 많은 아이들이 세심한 주의를 주지 않거나 어쩌면 숫자들의 위치에 주의조차도 하지 않고 단순하게 2를 본다. 언어적 차이점을 그들에게 묻는 것은 그들의 이해를 위해 상당히 중요한 것이다.

---

Judy 선생님은 비치볼을 들고 시작한다. "네가 알아차린 건 무엇이죠? Calvin?"

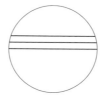 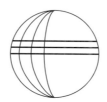

"그들은 모두 평행해요."[가로선(위도)을 가리키며]

"평행하다는 것의 뜻은 무엇이죠?"

"…… 그들은 서로 교차하지 않아요." Calvin이 손을 움직이며 답한다.

"훌륭해요, Calvin." Judy 선생님은 웃는다.

"다른 것은요? Detra?" Judy 선생님은 계속한다.

"그들은 꼭대기와 맨 아래에서 교차해요." [세로선(경도)을 가리키며]

"우리가 뜻하는 '꼭대기'와 '맨 아래'는 무엇이죠? 그것들은 무엇인가요? Yvonne?"

"……"

"여기를 보세요." Judy 선생님은 즉시 지구본을 들고 남과 북의 극을 가리킨다.

"아 …… 극이요." Yvonne가 답한다.

Judy 선생님은 학생들이 아래와 같은 결론을 낼 때까지 학생들에게 질문을 계속한다.

1. 경도선은 적도에서 가장 멀리 떨어져 있다. 동시에 위도선은 어디서든지 같은 거리로 떨어져 있다.
2. 경도선은 같은 길이이다. 위도선은 적도의 남과 북보다 더 짧다.
3. 경도선은 극에서 서로 교차한다. 그리고 위도선과 경도선은 서로 교차한다.
4. 경도선은 남과 북을 지나고 동과 서의 길이를 측정한다. 위도선은 동과 서를 지나고 남과 북을 측정한다.

Judy 선생님은 지구본을 잡는다. 그녀는 학생들에게 본초자오선을 보여주고 이것은 경도 0°라고 설명한다. 그리고 그녀는 학생들에게 날짜 변경선을 보여주고 이것은 경도 180°라고 설명한다. 그녀는 또한 학생들에게 적도를 보여주고 이것은 위도 0°라고 설명한다.

"이제, 지도를 꺼내 보세요." Judy 선생님은 지시한다. "여러분은 약간은 왜곡된 대륙과 해양들을 볼 수 있어요. 왜냐하면 우리의 공과 지구본은 구이지만 지도는 평평하기 때문이에요. 그러니 그것을 기억하세요. 지금, 우리는 Hammond에 삽니다. 모두 지도에서 Hammond를 찾아봅시다." 선생님은 모든 학생이 지도에서 그 도시를 찾을 때까지 기다린다.

"좋아요. 여러분, 지구의 꼭대기를 보고 경도선을 찾아보세요. 어떤 선이 Hammond와 가장 가까워 보이지요? Josh?"

"…… 90° 선이요."

"좋아요. 그건 실제로 87°이지만 90°에 가까워요." Judy 선생님은 고개를 끄덕인다.

"자, 그것은 본초자오선의 동쪽일까요, 서쪽일까요? Shanda?"

"서쪽이요."

"좋아요. 그래서 Hammond의 경도는 얼마죠? Mark?"

"서경 87°요." Mark는 머뭇거리며 답한다.

"정확해요! 매우 잘했어요, Mark." Judy 선생님은 미소 짓는다.

Judy 선생님은 학생들에게 위도에 대해서도 같은 방법으로 지도한다. 그리고 그들은 Hammond가 적도의 북쪽이므로, 약 북경 40°라고 결론짓는다.

이와 같이 Judy 선생님은 또한 이 단계에서 매우 철저하고 학생들이 질문에 대한 현상을 이해할 수 있도록 인도한다. 우리가 빨리 말하는 것만큼, 제시단계는 높은 수준의 학생 참가를 포함하고 있다. 학생들이 다음 단계에서 불편 없이 공부할 수 있게 충분한 이해를 완벽히 발달시키는 것이 상당히 중요하다.

### 3단계 : 안내된 실행

3단계에서 학생들의 시도를 신중하게 관찰해 학생들에게 그 기능을 실행하게 하고, 그들이 필요할 때 피드백과 함께 도움을 줘라.

Tim 선생님이 어떻게 이 단계에서 1학년 학생들을 지도하는지 살펴보자.

Tim 선생님은 실물화상기로 아래 문제를 보여준다.

우리 교실에는 22개의 책상이 있다. Timmons 선생님의 교실에는 17개의 책상이 있다. 두 교실의 책상을 같이

놓으면 모두 몇 개일까? [Timmons 선생님은 Tim 선생님의 옆 반 교사이다.]

---

"좋아요. 모두 문제를 풉시다. 종이에 숫자들을 적어요. 그리고 책상 위에 수모형을 사용해서 해결책을 보여주세요." Tim 선생님은 아직 해결책이나 수모형을 가지고 해결책을 나타내는 방법에 대해 헷갈리는 학생들에게 주기적으로 의견을 제시하면서 학생들이 문제를 푸는 것을 본다.

학생들이 모두 푼 것을 보고, Tim 선생님은 말한다. "좋아요. Cassie, 여기 나와서 문제를 어떻게 풀었는지 설명해 보세요."

Cassie는 교실 앞에 나가 칠판에 아래와 같이 쓴다.

$$\begin{array}{r} 22 \\ +17 \\ \hline 39 \end{array}$$

그리고 그녀는 말한다. "우리 교실에는 22개의 책상이 있고, Timmons 선생님의 교실에는 17개의 책상이 있습니다. 그래서 저는 이렇게 썼어요. 그다음에 저는 2와 7을 더해서 9를 얻었고, 2와 1을 더해서 3을 얻었어요. 그래서 모두 합쳐서 39개의 책상이 있어요."

"여기서 9는 무엇인지 설명해 보세요." Tim 선생님은 지시한다.

"낱개 9입니다."

"좋아요, 그리고 3은 어떻지요?"

"…… 그것은 10개로 된 3묶음이에요."

"십 모형과 일 모형을 모두에게 보여주세요."

Cassie는 39임을 증명하기 위해 3개의 십 모형과 9개의 일 모형을 집어 올린다.

"아주 좋아요, Cassie." Tim 선생님은 웃는다.

"자, 모두 이 문제를 풀어 보세요."

Tim 선생님은 다른 문제를 제시하고 학생들이 첫 문제를 풀었을 때 그가 했던 것처럼 지켜본다. 그리고 Cody에게 어떻게 그 문제를 풀었는지 설명해 보라고 한다.

---

이제 이 단계에서 Judy 선생님의 행동으로 넘어가 보자.

---

"모두 잘했어요." Judy 선생님이 시작한다.

"세계 지도에서 리우데자네이루를 찾으세요. 브라질에 있어요."

그녀는 모든 학생이 그것을 찾을 수 있는지 지켜본다.

"이제 경도와 위도를 찾아보세요."

Judy 선생님은 학생들이 지도를 공부할 때 지켜보고, Tim 선생님 역시 성공을 확신하지 못하는 학생들에게 충분한 단서를 제공했다.

모든 학생이 칠판에 경도와 위도를 적고[Judy 선생님의 학생들은 책상에 개인 칠판을 가지고 있다.], 칠판을 들어올렸을 때 Judy 선생님은 이야기한다.

"Taylor, 어떻게 경도와 위도의 위치를 찾았는지 설명해 줄래?"

"저는 이것과 같은 지도를 보았고[지도의 맨 위를 가리킴], 리우데자네이루가 어디에 있는지 봤고요, …… 약 12°에 있습니다."

"동경이니? 서경이니?" Judy 선생님이 묻는다.

"…… 서경이요."

"어떻게 알았죠?"

"…… 그것은 본초자오선의 서쪽에 있어요."

Taylor는 위도가 22°라고 설명했다. Judy 선생님의 질문에 대한 답으로 적도의 남쪽에 있기 때문에 남위 22°라고 설명했다.

그다음 Judy 선생님은 학생들에게 싱가포르의 좌표를 나타내게 하고 Taylor가 했듯이 자신의 생각을 설명하도록 하였다. 그리고 그녀는 3번째 문제를 약간 바꾸어, 학생들에게 북위 37°, 서경 122°에 가장 가까운 도시가 어디에 있는지 찾아보도록 하였다.

그녀는 학생들이 이 좌표들과 가장 가까운 도시인 샌프란시스코를 찾기를 기다린다.

Tim 선생님과 Judy 선생님의 수업에서 보듯이, 교사의 역할은 이 단계에서 바뀐다. 교사는 학생들이 연습을 통해 숙달되는 것을 이해할 수 있도록 설명하기, 모델링, 안내하기에서 점점 벗어난다. 교사는 학생들이 기능을 숙달하기 위해 점차적으로 책임을 전이함으로써 그들이 성공할 수 있게 더 많은 지원을 제공해야 한다.

여러분은 또한 이 단계가 왜 '안내된' 실행이라고 불리는지 알 수 있다. 학생들은 교사의 주의깊은 관찰 아래에서 기능을 연습하고, 교사는 학생들이 어떻게 문제를 해결했는지 설명하게 함으로써 그들의 이해를 상기하게 하고 보강해 준다. 학생의 설명은 기능의 수행이 조금 불확실한 학생들에게는 추가적인 모델링을 제공해 준다.

제공되는 안내된 실행 양은 교사의 전문적인 판단에 달려 있다. Tim 선생님과 Judy 선생님은 각각의 학생에게 연습 문제 3개를 주었다. 만약 대다수가 2개 이상을 성공한다면, 그것으로 충분하다. 3문제를 줬는데도 여전히 불확실하다면 그들에게 1개 또는 2개의 연습 문제를 더 주어야 한다.

교사는 학생들이 적어도 두 가지 방법을 사용해서 학생이 독자적 실행을 할 준비가 되었는지 안 되었는지 결정할 수 있다.

방법 중 첫 번째는 성공률이다. 안내된 실행 동안 학생의 80~90%가 옳게 반응하면 그 학급은 독자적 실행을 할 준비가 되었다는 것이다. 두 번째 척도는 학생 대답의 질이다. 빠르고, 자신감 있고, 정확한 대답은 학생들이 준비되었다는 신호이다. 머뭇거리거나 부분적으로 맞는 답은 안내된 실행이 필요하다는 뜻이다.

교사와 학생 간의 수준 높은 상호작용은 제시단계의 학습이 일어나는 동안 중요하다. 교사는 학생이 실제 새로운 내용을 이해했는지 또는 기억된 일련의 순서를 따르고만 있는지를 결정하기 위해 명확하고 엄밀히 알아보는 질문을 할 필요가 있다. 직접교수의 이 단계에서 유능한 교사는 유능하지 못한 교사보다 3배나 많은 질문을 한다고 한다. 유능한 교사는 간략한 설명을 먼저 제공한 다음 학생들이 독자적으로 실행하도록 한다(Evertson, Anderson, & Brophy, 1980). 교사와 학생 간의 상화작용은 교사가 학생의 사고에 접근할 수 있도록 한다. 그리고 교사가 학생들의 실수와 오개념을 이해하고 '제거하도록' 도와준다.

    대다수의 학생들이 성공적으로 기능을 수행할 수 있게 만족되면, 학생들은 독자적 실행을 할 준비가 되는 것이다.

### 4단계 : 독자적 실행

독자적 실행은 직접교수 모형의 마지막 단계이다. 이 단계 동안 학생들은 새로운 기능을 스스로 연습한다. 이상적인 독자적 실행은 두 가지 단계로 나타난다. 첫 번째 시간 동안 수업 중에 본 것과 같이 학생들은 성공적으로 실행한다. 나중에는 학생들이 스스로 과제를 한다.(어린 학생이라면 교실에서 독자적 실행을 끝마칠 수 있도록 해야 한다.)

    독자적 실행은 두 가지 중요한 기능을 제공한다. 첫째는 학생들이 기능을 자동적으로 발달시킬 수 있고 또 새로운 내용을 이해할 수 있는 전이력을 높인다(Gersten et al., 1999). 독자적 실행의 두 번째 기능은 대부분의 학생이 성공적으로 실행하고 있다면 교사가 다른 학생들보다 뒤처지는 학생에게 안내된 실행을 제공할 수 있다. 이런 관점에서 보면 독자적 실행은 수업을 개별화할 수 있도록 한다. 대부분의 학생이 그들 스스로 실행하지만 교사가 소그룹을 만들고 특별한 지도를 더 할 수 있다.

    독자적 실행의 성공여부는 제시단계와 안내된 실행단계의 질에 달려 있다. 독자적 실행단계에서 많은 학생들이 어려워한다면 제시단계에서 기능에 대해 올바르게 이해를 하지 못했거나, 안내된 실행단계가 충분하지 못했을 수도 있다. 아니면 둘 다의 이유일 수도 있다. 많은 수의 학생이 이와 같은 문제를 보이면 학급 전체가 다시 이해하지 못하는 부분으로 돌아오게 한 뒤, 다시 가르치는 것이 좋다(Good & Brophy, 2008).

    Tim 선생님은 독자적 실행단계에서 학생들에게 몇 가지의 풀 만한 문제가 있는 학습지를 제공하였다. Judy 선생님도 두 가지 유형의 문제가 있는 학습지를 학생들에게 주었다. 첫 번째는 몇몇 지역의 경도와 위도를 찾는 것이다. 두 번째로 선생님이 주는 자료에서 동위도상의 주요 도시를 찾았다.

    독자적 실행단계의 완성에 있어서 수업 중에서든 과제로든 문제에 대한 토의, 피드백의 제공이 필수적이다. 여기에 인지학습이론이 적용된다. 학습은 연습과 피드백에 달렸다.

### 직접교수 모형의 수업실행 : 사고와 이해 강조

다른 모든 모형에서처럼 비판적 사고는 직접교수 모형의 중요한 요소이며, 가르칠 때 추가적인 노력이 필요한 것은 아니다. 교사는 학습활동 중, 학생의 결론을 지지하는 증거에 관한 간단한 질문으로도 비판적 사고를 촉진시킬 수 있다. 직접교수 모형을 사용할 때, 제시 및 안내된 실행단계에서 비판적 사고 촉진의 기회가 존재한다. 예를 들어 Judy 선생님과 학생들 사이의 대화를 살펴보자.

> **교사** Taylor, 리우데자네이루의 경도와 위도를 어떻게 구했는지 설명해 줄래?
>
> **Taylor** 지도를 이렇게 봤어요[지도의 윗부분을 가리키며]. 그리고 아래로 보면서 리우데자네이루가 어디 있는지 봤고요, …… 약 12°입니다.
>
> **교사** 동경일까? 서경일까?
>
> **Taylor** …… 서경이요.
>
> **교사** 어떻게 알았지?
>
> **Taylor** …… 본초자오선에서 서쪽에 있어요.

질문에서 리우데자네이루가 서경 12°에 있다는 Taylor의 결론에 관한 증거가 뭔지 Judy 선생님이 묻고 있다. Judy 선생님의 질문은 학습활동 전반에 관한 매끄럽고 수월한 질문이다. Judy 선생님은 추가적인 계획을 할 필요가 없다. 수업단계에서 자연스럽게 질문할 기회를 얻는 것이 필요할 뿐이다. 비판적 사고의 촉진을 위해 추가로 무언가를 할 필요는 없다. 비판적 사고는 사실상 추가적 노력이 필요 없는 전체 수업의 일부이다.

또한 Judy 선생님과 Tim 선생님의 수업처럼 이해의 증진은 직접교수 모형에 중요한 본질이다. 이 모형은 인지학습이론을 바탕으로 하여 각 모형을 지원하는 중요한 교수전략으로 사용된다.

### 직접교수 모형의 수업실행 : 학습동기 증진

흔히 직접교수 모형은 '교사중심'이라고 말하지만 이는 학생의 학습동기가 중요하지 않다는 말은 아니다. 직접교수 모형은 학생의 학습동기를 높이기 위해 많은 기회를 제공하며, 높은 학습동기는 일반적으로 학습태도를 증진시키며 이 모형의 사용을 통해 개선된 학습 결과와 태도가 나타난다.

몇몇 학생들의 학습동기를 증진시키는 요인이 있다. 그것들 중 몇몇은 다음과 같다.

- 학생의 학습활동을 성공적으로 돕기
- 학생들의 도전의식 생성
- 개별화되고 구체적인 예시의 사용
- 학습활동에서 학생의 참여 유도

이러한 요소는 직접교수에도 적용할 수 있다. 예를 들어, 제시와 안내된 실행단계가 효과적으로 이행되었다면 학생들은 성공적일 것이고, 더 어려운 기능의 수행이 가능할 것이다. 도전과 성공의 조합은 일반적으로 모든 사람에게 강력한 동기가 되며 특히 학생에게는 더 강력한 동기가 된다.

   셋째, 직접교수 모형을 사용하면 상대적으로 개별화하기 쉽다. Tim 선생님과 Judy 선생님이 학생들을 위해 어떻게 개별화하는지 보았다. 사실상 개별화에는 특별한 노력을 들이지 않는다.

   마지막으로 우리가 이 논의에서 계속 말해 왔던 것처럼 직접교수 모형이 효과적으로 수행된다면 제시와 안내된 실행단계에서 높은 수준의 학생 참여가 가능하다. 그러므로 학습자의 동기를 촉진하는 각각의 요소들이 직접교수 모형 사용 시 적용되어야 한다.

## 다양한 학습환경에 직접교수 모형 적용

직접교수 모형은 모든 학년, 절차적 기능이 목적인 모든 내용, 문화적 · 언어적 다양성을 지닌 학습자에게 모두 성공적으로 사용할 수 있다. 이 모형은 공학에서 효과적인 사용도 가능하다. 이러한 것들을 함께 살펴보자.

### 발달수준에 적절한 실행 : 다양한 연령대의 학습자를 위한 직접교수 모형 활용

Tim 선생님이 1학년 수학에, Judy 선생님이 6학년 지리시간에 직접교수 모형을 어떻게 활용하는지 보았다.

   이 모형의 많은 부분이 모든 학년에 적용된다. 예를 들어 학생의 주의를 끌고 유지하는 것은 중요하며 제시단계에서 깊이 있는 이해가 될 수 있도록 주의집중하게 한다. 놀랍게도 제시단계에서 구체적 예시는 학생들의 연령에 상관없이 무척 중요하다. 만약 학생들이 주제에 관해 경험이 부족하다면 그들이 고등학생이더라도 구체적으로 사고하는 경향이 있다(Alesznder, 2006).

   이 모형은 유연하게 적용이 가능하고 그 예로 협동학습과 함께 사용할 수도 있다. 예를 들어 보자.

   고등학교 화학교사인 Erin Taylor 선생님이 샤를의 법칙의 이해를 돕기 위해 이 모형의 특징을 어떻게 보여주는지 같이 보자. 샤를의 법칙은 기체(공기 같은)의 부피는 압력이 일정하면 기체의 온도에 따라 증가한다. Erin 선생님의 수업계획은 그림 9.4에 간략히 서술되어 있다.

Erin 선생님은 말한다. "우리는 기체에 대해서 공부해 왔어요. 오늘은 샤를에 법칙에 대하여 조사해 보도록 하겠어요. 그리고 이런 문제를 풀 수 있어야 합니다." 다음에 나오는 것을 실물화상기를 통해 보여준다.

## | 그림 9.4 | Erin 선생님의 수업안

**주제 :**
샤를의 법칙

**교육과정 :**
SC.912.P.10.4 : 온도, 압력, 구성과 같은 부피 변화에 영향을 주는 요인을 설명한다.
SC.912.P.10.5 : 온도와 분자의 평균적 운동 에너지의 관계를 안다.

**학습목표 :**
화학교과에서 학생이 성취해야 할 목표 :
기체의 온도와 부피와의 관계를 이해한다(샤를의 법칙).
샤를의 법칙 문제를 푼다.

**학습활동 :**
1. 샤를의 법칙이 적용되는 문제를 보여준다.
2. 얼음에 있는 풍선, 상온의 물에 있는 풍선, 뜨거운 물에 있는 풍선을 통한 샤를의 법칙을 보여준다. 모형으로 분자운동의 변화를 보여준다.
3. 샤를의 법칙의 수학적 공식을 보여준다. 질문을 통해 각 기호의 의미를 이해하도록 안내한다.
4. 모델링과 질문을 통하여 문제의 답을 보여준다.
5. 답을 보여준 문제와 유사한 문제를 풀어 본다.
6. 학생들에게 문제의 해답을 발표하도록 하고 각 단계에서 왜, 어떻게 그렇게 되는지 설명하도록 한다. 필요하다면 추가 문제나 3번째 문제를 제시하고 그 과정을 반복한다.
7. 학생에게 5문제의 추가 문제를 수업 안에 혹은 과제로 제시하고 문제를 해결하도록 한다.

**평가 :**
학생들이 해결해야 할 문제를 준다. 기억해서 바로 푸는 문제가 되지 않게 낱말을 적절히 수정한다.

---

　−50℃의 냉장고 안에 1.5L의 공기가 든 풍선이 있다. 냉장고에서 풍선을 꺼내서 주변 온도가 30℃인 창문에 갖다 놓는다. 풍선이 30℃로 따뜻해지면 부피는 어떻게 될까?

---

　Erin 선생님은 풍선에 바람을 넣으며 이야기한다. "이 풍선이 문제 속에 있는 풍선이라고 상상해 봅시다. 우리가 하고 있는 것을 잘 기억하도록 하세요."
　그리고 나서 Erin 선생님은 풍선을 두 개 더 불었는데, 가능한 한 공기의 양은 비슷하게 했다. 그리고는 "풍선에서 알 수 있는 점은 무엇인가요?"라고 물었다.
　학생들은 풍선의 크기가 비슷하다고 결론을 내렸다. 그리고 나서 Erin 선생님은 첫 번째 풍선은 끓는 물이 담긴 비커에 두 번째는 상온의 물이 있는 비커에 세 번째는 얼음이 담긴 비커에 그림 9.5처럼 넣었다.
　Erin 선생님은 학생들을 위해 그림 9.6과 같은 그림을 보여주었다.
　Erin 선생님은 학생들을 짝지어 앉게 했다. "짝이랑 같이 관찰하고 신중하게 비교해 보세요. 풍선을 비교해 보고 비교한 풍선을 그려 보세요. 가능한 한 여러 가지 결론을 내보고 그 결론을 뒷받침할 증거를 찾아보세요. 5분을 주겠어요. 학습지에 결론과 증거를 적도록 하세요."
　교실은 금세 풍선을 관찰하고 그리는 학생들 때문에 시끄러워졌다. 학생들이 활동하는 동안 Erin 선생님은 교실을 돌며 격려의 말을 하거나 설명해 주었다.
　5분이 지나자 수업을 시작한다. "자. 결론은 무엇인가요? …… Steve와 Barbara?"
　"각 풍선은 질량이 같아요."

| 그림 9.5 | 바람을 불어넣은 풍선이 든 비커

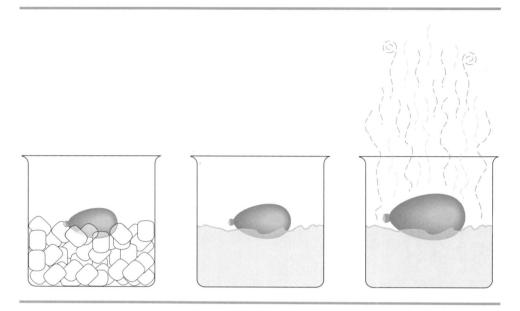

| 그림 9.6 | 다양한 온도의 풍선모형

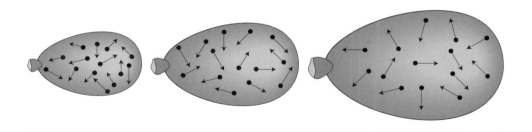

"좋아요." Erin 선생님이 고개를 끄덕이며 물었다. "왜 그렇게 생각하나요?"

"풍선 속 분자의 점의 개수가 세 풍선 모두 같아요."

"좋은 생각이에요. 둘 다 잘했어요." Erin 선생님이 웃었다.

Erin 선생님은 표 9.2처럼 결론과 그 증거가 완성될 때까지 학생들에게 질문을 계속했다.

Erin 선생님은 아래와 같이 칠판에 썼다.

$$\frac{T_1}{V_1} = \frac{T_2}{V_2}$$

Erin 선생님이 물어본다. "첫 번째는 뭐고 두 번째는 뭐죠, Debbie?"

| 표 9.2 | 결론과 증거

| 결론 | 증거 |
| --- | --- |
| 풍선 안 공기의 질량은 같다. | 세 그림의 풍선에 점의 개수가 같다. |
| 뜨거운 풍선에 분자운동이 늘어난다. | 화살표가 세 번째 풍선에서 제일 길다. |
| 뜨거운 풍선의 부피가 늘어나며, 차가운 풍선의 부피는 줄어든다. | 첫 번째 그림에서 분자의 거리가 가까워지고 제일 멀리 떨어지는 그림은 세 번째 그림이다. |

"첫 번째는, 음 …… 온도와 부피고 두 번째는 다른 온도와 부피를 의미하는 것 같아요."

"모두들 정말 잘했어요. 저건 샤를의 법칙을 수학적으로 적은 것이에요. 오늘 우리가 배울 것입니다."

Erin 선생님은 계속했다. "우리는 온도가 부피에 어떤 영향을 미치는지 샤를의 법칙을 통해 알아보았어요. 질량에 대해서 우리가 알고 있는 것과 관련해서 생각해 봅시다. …… 온도가 올라가면 기체의 질량은 어떻게 되나요, Raul?"

"변하지 않아요."

"좋아요. 어떻게 알 수 있죠?"

"양은 변하지 않아요. 부피만 변하지."

"공기의 압력은 어떻게 되나요, Demon?"

"같아요."

"매우 잘했어요. 우리는 압력이 일정하면 공기 같은 기체는 샤를의 법칙에서 온도에 비례하여 부피가 증가하는 것을 알게 되었어요. 이건 말로 한 거고 공식은 이건데[칠판을 가리키며] 이렇게 등식으로 나타냅니다."

"문제를 한번 다시 보죠." Erin 선생님이 학생들이 원래 문제를 보도록 한다. "$T_1$은 몇 도죠, Kim?"

"영하 50℃요."

Erin 선생님이 섭씨온도는 켈빈온도로 바꾸어야 한다고 말하고 나서 물었다. "그럼 켈빈온도로는 얼마인가요?"

"…… 223°K." [켈빈온도 0°K는 섭씨온도로는 −273℃이니까 섭씨온도 −50℃는 켈빈온도로는 223°K]

"잘했어요. 그럼 $T_2$는 얼마죠 …… Delta?"

"…… 30℃는 …… 음 …… 293°K요."

Erin 선생님은 학생들이 공기의 부피를 알 수 있게 식을 다음과 같이 썼다.

$$\frac{223}{1.5} = \frac{293}{x}$$

"그럼 Jackson, 이거 한번 풀어 볼래요?"

"…… 양변에 1.5를 곱해요."

"잘했어요. Jackson." Erin 선생님이 칠판에 쓴다.

$$(1.5)\frac{223}{1.5} = \frac{223(1.5)}{x}$$

"이제 어떻게 할까요, Kaitlyn?"

"…… 양변에 x를 곱하면 돼요."

"아주 좋아요. Samuel, x는 뭐죠?"

"…… 새로운 부피요. 293°K에서의 부피요."

Erin 선생님은 계속해서 Jackson, Kaitlyn, Samuel에게 질문하고 실물화상기로 다음 문제를 보여준다.

---

창문가에 0.5리터의 공기가 든 풍선이 놓여 있다. 날씨가 더워 풍선 안의 공기 온도가 40℃까지 올라갔다. 그리고 온도가 23℃인 교실로 풍선을 가지고 왔다. 창문에서의 부피보다 교실에 가져온 풍선의 부피는 커질까, 작아질까? 교실에 있는 풍선의 부피는 얼마나 될까?

---

"문제를 풀어 보세요." Erin 선생님이 지시했다.

Erin 선생님은 학생들이 문제 푸는 것을 관찰한다. Erin 선생님은 식에다가 40℃와 23℃라고 적은 두 명의 학생에게 켈빈 온도로 적어야 한다는 것을 알려주었다. 학생들이 끝내자 Erin 선생님은 질문했다. "교실의 풍선은 창문에서보다 커지나요 작아지나요? …… Serena?"

"…… 작아져요."

"왜 그렇게 생각했는지 설명해 보세요."

Serena는 온도가 낮아지면 부피가 줄어든다고 설명했고 Erin 선생님은 그녀가 구한 부피 값과 어떻게 문제를 풀었는지 확인했다.

Erin 선생님은 학생에게 다른 문제를 주고 같은 방법으로 풀어 보라고 했다. 추가로 5문제를 숙제로 내주었다.

"시작하세요. 종치기 전까지 두 문제는 풀고 나머지는 숙제로 해오도록 하세요."

---

Erin 선생님의 수업을 자세히 살펴보자.(이 장 끝에 있는 연습 문제 2번은 이 단계를 구분할 수 있는지 묻는 평가문항이다.) 적어도 세 가지 요소가 중요하다. 첫째, Erin 선생님은 식을 외우는 것보다 이해하는 것을 강조한다. 예를 들어, 창문에 있는 풍선에 대한 문제를 제시할 때, 첫 번째로 문제에 대하여 다음과 같이 질문하였다. "풍선 안 공기의 부피는 창문에 있을 때보다 커질까요, 작아질까요?" 이런 유형의 질문은 중요하다. 왜냐하면 숫자 조작 없이 문제에 대하여 이해할 수 있게 해주기 때문이다.

둘째로, Erin 선생님은 고등학생에게 화학을 가르치지만 샤를의 법칙에 관한 구체적인 예시를 삽화를 통해 제시하였다. Erin 선생님은 추상적으로 법칙을 제시하지 않았다. 셋째, Erin 선생님은 연습할 때 단순히 문제의 해답을 제시하지 않았다. 그녀는 학생에게 '다가가서' 문제에 대한 질문을 했다. 고학년을 가르치는 교사는 샤를의 법칙을 추상적으로 가르치는 경향이 있다. 그리고 이런 교사는 학생들과 상호작용하기보다는 단지 문제의 해결방법을 보여주려는 경향을 보인다. 결과적으로 문제와 그 해결방법에 대한 깊이 있는 이해보다는 깊지 못한 이해이고 단순한 문제해결 방법의 암기에 그친다. 문제해결 방법을 안내하는 것은 단기적으로는 시간이 많이 걸리지만, 장기적으로는 이것이 더 효과적이고 학생들의 확실한 이해가 가능하다.

Tim 선생님이 십 모형과 일 모형을 제공하고 Judy 선생님이 중학생에게 풍선을 준 것처럼 어린 학생들은 구체적 예시자료가 필요하다. 고등학생에게도 구체적 예시와 높은 수준의 상호작용이 필요함을 Erin 선생님의 수업이 보여준다.

### 다양성 탐색 : 다양한 언어와 문화를 가진 학습자들을 위한 직접교수 모형

일반적으로 직접교수 모형은 효과적이지만 특히 문화적·언어적으로 다양한 학습자에게 더욱 효과적이다(Flores & Kaylor, 2007). 이러한 분명한 접근을 통한 절차적 기능에 관한 교수법은 문화적·언어적으로 다양한 학습자에게 학습에 효과를 높이는 추가적인 체계를 제공한다. 게다가 직접교수를 활용한 수업에서 상호작용의 본성은 학생의 다양한 배경 지식과 지속적인 학습상황에 대한 평가와 교사의 새로운 생각을 연결할 수 있는 기회를 제공한다. 어떻게 하는지 보자.

체계(structure)는 모든 학생에게 중요하다. 체계는 생각과 절차를 조직하도록 한다. 이는 학생들이 이해할 수 있고 예측 가능하게 만들며 감각의 균형을 확립할 수 있도록 돕는다. 체계는 문화적·언어적으로 다양한 학습자에게 중요하다. 왜냐하면, 학교는 그들에게는 혼란스럽기 때문이다(Peregoy & Boyle, 2008). 읽기, 수학 같은 기초기능에 관한 다른 연구에 따르면 직접교수와 같은 체계적 접근은 기초기능을 촉진시킨다(Gersten et al., 1999; Leno & Dougherty, 2007).

직접교수는 교사와 학생의 학문적 상호작용의 기회를 제공한다. 이러한 상호작용은 문화장벽, 언어장벽을 줄여주는 역할을 하기에 중요하다(Gersten et al., 1999). 교사들은 문제와 예시를 왜 선택했는지 이해해야 한다. 그러나 이런 문제와 예는 학생들에게 의미 있게 다가가지 못할 수도 있다. 직접교수 모형의 상호작용은 학생들로부터 명확한 예시의 기회와 문화적으로 적절한 예시를 제공한다.

직접교수 모형은 영어보다 다른 모국어를 말하는 학생에게 더욱 효과적일 수도 있다. 교사는 이 수업에서 영어능력 향상과 가르치는 내용에 대한 두 가지를 목표로 삼아야 한다. 전문가들은 이런 학생을 위해 아래의 수업요소를 추천한다(Merisuo-Storm, 2007).

- 중요 개념과 기능에 초점을 맞추기
- 사전지식 활성화하기
- 폭넓은 시연과 모형의 사용
- 학생의 활동 참여 강조
- 폭넓은 연습 기회 제공

이러한 추천요소는 직접교수의 전반적 요소이고, 다양한 언어환경의 학생에게 최선의 전략이 된다.

## 공학과 교수 : 직접교수 모형의 공학 활용

북동부 도시지역의 중학교 교장인 Mary Banks 선생님은 학교 복도를 걸어가고 있다. '난 복도 순시를 즐겨. 교실에서 뭐 하는지 아는 것이 좋지.' 그녀는 생각에 잠겨 걷고 있다.

그녀는 Conchita Martine 선생님의 교실로 간다. Conchita 선생님의 학생들은 분수의 덧셈과 뺄셈의 기능 향상을 위해 고안된 개별화 프로그램을 사용하고 있다.

"학생들은 어떻게 하고 있나요?" Mary 교장 선생님은 학생들의 기초수학 기능이 약하다는 것을 알고 질문하였다.

"잘하고 있어요." Conchita 선생님이 대답하였다. "몇몇 학생들은 연초에 1/4이 1/8보다 크다는 것을 초기에는 알지 못했지만 지금은 많이 발전했어요. 학생들이 발전하는 것이 즉각적으로 보이는데, 이는 상당히 도움이 됩니다. 게다가 수업시간에 컴퓨터를 활용하면 다양성이 늘어나며, 예전처럼 학습동기가 많이 문제되지는 않습니다."

"멋지군요." Mary 교장 선생님은 웃었다. "계속 잘해 주세요."

'다음 달 수학시험이 어떨지 무척 기대되는군.' Mary 교장 선생님은 곰곰이 생각하며 문을 나섰다.

Conchita 선생님의 학생들이 분수의 덧셈을 연습하는 것처럼 모형으로서 직접교수는 기초기능 영역에서 특히 공학의 활용이 용이하다.

양질의 **개별화 프로그램**(tutorials), 즉 완전한 통합적 학습 절차를 제공하는 교육용 소프트웨어는 매우 효과적일 수 있으며, 사실상 직접교수 모형의 '살아 있는' 적용과 같은 방법으로 많이 작용한다. 개별화 프로그램은 학생에게 질문과 잘못을 즉각적으로 피드백 해줄 수 있는 유능한 교사의 활동처럼 학습 프로그램으로 만들려고 시도를 하고 있다(Alexander 2006). 개별화 프로그램은 특별한 학습목표, 학습목표에 도달하는 다양한 방법, 목표에 관련된 피드백에 관한 평가를 포함하고 있다. 예를 들어, Conchita 선생님은 학생들을 돕기 위해 분수학습에서 개별화 프로그램을 사용했다. 이 장에 소개된 삽화에서 볼 수 있듯이, 이것은 1/4의 양이 1/8의 양보다 크다는 것에 대한 이해를 바탕으로 한다. 이는 분수의 덧셈과 뺄셈의 기능이 발달할 때까지 계속되어야 하며, 모형의 제시단계에서 반복되어야 한다. 이 모형을 진행하는 중에 개별화 프로그램은 학생들에게 연습의 기회와 피드백을 안내된 실행단계에서처럼 유사하게 제공한다.

**카네기 학습인지교본**(Carnegie Learning's Cognitive Tutor)은 한 예이다(Carnegie Learning, 2010). 이 프로그램의 시리즈는 학생들의 사전검사 후 복잡한 수학 문제이더라도 평가와 피드백이 빈번히 일어나도록 교육이 조합되어 있다. 예를 들어, $-2.3+0.5=?$에 대한 답을 2.8이라고 대답하면 이 프로그램은 "숫자의 기호를 생각하세요."라고 말한다. 도전은 'Skillometer'라는 학습 진도에 따라 증가하고 힌트를 요구하면 줄어드는 막대 그래프를 통하여 제공된다.

개별화 프로그램은 다양한 기능영역에서 존재한다. 예를 들어, **일반물리**(MCH Multimedia,

2009)는 고등학교에서 이해할 수 있는 멀티미디어, 미적분이 사용되지 않는 대학 물리에서 개별화 프로그램으로 사용되는데, 이것은 모의실험, 시각적 시연, 영화, 애니메이션, 효과음, 음성 설명 등을 포함하여 핵심 개념을 강조한다. 또한 이러한 개별화 프로그램은 연습 문제, 퀴즈 등을 통하여 다양한 물리적 주제에 관한 도움을 제공하는 피드백을 포함하며 벡터, 운동역학, 뉴턴의 법칙, 전자기 이론 등도 포함한다.

워드프로세서 사용기능을 가르쳐 주는 프로그램은 가장 대중적인 개별화 프로그램이다. 그 프로그램은 출력, 저장, 철자 점검, 폰트 변경, 크기와 스타일 변경을 포함한다. 가장 좋은 동기유발을 할 수 있는 특징은 시간을 제한하는 도전적이고 자동적으로 이끄는 평가와 기술의 습득 정도를 보여주는 차트와 같은 것이다.

개별화 프로그램은 초기학습, 완전한 이해가 되지 않은 학생에게 추가적 지원, 수준 높은 성취자를 위한 심화학습, 교사중심의 학습의 대안으로의 몇 가지 욕구를 완전히 충족시킬 수 있다. 이것은 선형적(linear)이지만, 학습자의 답변에 적합한 의미를 가진 가지형(branched)이 좋다(Roblyer & Doering, 2010). 예를 들어 다지선다형 검사에서 학생이 잘못된 답변을 택한 경우 프로그램은 왜 틀렸는지 설명하고 다시 학습을 반복한다. 효과적인 개별화 프로그램은 기존의 이해를 바탕으로 하여 새로운 기능이 체계적으로 발달하도록 주의깊게 배열되어야 한다.

모든 학습의 유형에서 개별화 프로그램의 효과는 학습자와 프로그램과(교사)의 상호작용에 달려 있으며, 가장 좋은 것은 학습자의 반응을 수시로 요구하는 것이 좋다. 학생이 답할 때 프로그램은 정확한 답의 변화 가능성을 받아들이고 필요하면 적절한 피드백도 한다. 또한, 프로그램은 필요 시 개별 학생의 수행 정도를 교사가 감시하고 개입할 수 있도록 기록하고 보고한다.

## 직접교수 모형에서의 학습평가

직접교수 모형은 절차적 기능을 가르치기 위해 고안되었다. 학생의 기능에 대한 이해도 평가는 간단하다. 학생들은 스스로 풀어야 할 문제를 받는다. 하지만 이 과정이 표면에 나타난 것처럼 단순하지는 않다. 평가에 사용되는 문제의 표현은 수업에서 사용되는 것과 매우 유사해서 학생들이 진정한 이해보다는 단순히 절차를 암기하는 능력을 보일 수도 있다. 이것은 교사가 평가를 위해서 문제를 선정할 때 신중해야 함을 의미한다.

예를 들어, Tim 선생님의 학생이 푼 아래 두 문제를 보자.

Sonya와 Willy는 청량음료 캔을 모으는 일을 하고 있다. 그러면 그들은 축구공을 공짜로 얻을 수 있다. Sonya 는 13개, Willy는 14개를 모았다. 두 사람이 같이 모은 것은 모두 몇 개인가?

우리 교실에는 22개의 책상이 있다. Timmons 선생님의 교실에는 17개의 책상이 있다. 두 교실의 책상을 같이 놓으면 모두 몇 개일까?

위에서 보이는 것처럼 문제의 진술방식은 비슷하다. 첫 번째의 질문은 "두 사람이 가진 것은 얼마나 될까?"이고 두 번째는 "두 교실의 책상을 같이 놓으면 몇 개나 될까?"이다. 학생들은 더하기를 할 때 자동적으로 '같이'와 같은 중요 단어에 반응하는 경향이 있다. 학생들은 더하기를 할 때 자동적으로 '모두'와 같은 중요 단어에 반응하는 경향이 있다. 그래서 학생들은 주제에 대한 완전한 이해 없이도 평가도구에 성공적으로 반응할 수 있다. 이러한 평가도구는 타당도가 떨어진다(Miller, Linn, & Gronlund, 2009).

Tim 선생님은 평가문항으로 사용될 문제 진술에 신중했어야 함을 제안하는 것이다. 예를 들어 진술방식은 약간의 변경으로 타당도를 높일 수 있다.

우리 교실의 책상은 22개이고, Timmons 선생님의 방에는 17개가 있다. 두 방의 책상은 총 몇 개인가?

나중에 Tim 선생님의 학생들이 뺄셈을 배울 때 Tim 선생님은 아래와 같은 문제를 이용할 수 있다.

Lopez 선생님은 책상을 26개를 그녀의 방에 가지고 있다. 우리가 3개를 빌려 우리 방으로 가지고 왔다. 그렇다면 Lopez 선생님은 책상을 총 몇 개를 가지고 있나?

'총'이라는 말은 두 문제에서 모두 사용된다. 하지만 첫 번째는 덧셈이 필요하고, 두 번째는 뺄셈이 요구된다. 이런 방식의 진술 문제는 완전히 이해한 학생이 정확히 답할 가능성이 단순히 진술에 반응하는 학생보다 높아진다.

다른 영역의 문제에서도 마찬가지다. 예를 들어 Erin 선생님이 샤를의 법칙에 대한 수업에 사용한 두 가지 문제를 보자.

−50℃의 냉장고 안에 1.5L의 공기가 든 풍선이 있다. 냉장고에서 풍선을 꺼내서 주변 온도가 30℃인 창문에 갖다 놓는다. 풍선이 30℃로 따뜻해지면 교실에서의 부피는 어떻게 될까?

---

창문가에 0.5L의 공기가 든 풍선이 놓여 있다. 날씨가 더워 풍선 안에 공기 온도가 40℃까지 올라갔다. 그리고 온도가 23℃인 교실로 풍선을 가지고 왔다. 창문에서의 부피보다 교실에 가져온 풍선의 부피는 커질까, 작아질까? 교실에 있는 풍선의 부피는 얼마나 될까?

---

Tim 선생님의 문제처럼 위 두 문제는 진술이 비슷하다. Erin 선생님의 학생들은 수업에서 선생님의 시범을 통해 절차적으로 쉽게 기억한다. 그래서 Erin 선생님 또한 평가에 사용되는 문제를 기술할 때 주의하는 것이 좋다. 아래 가능한 예이다.

---

여러분은 같은 압력에서 같은 부피의 풍선을 가지고 있다. 하나는 3L, 온도가 35℃이고 다른 하나는 4.5L이다. 온도는 얼마일까?

---

이 문제는 풍선을 언급하지 않고 풍선의 부피 대신에 학생들에게 온도를 물어보고 있다. 이것은 샤를의 법칙의 적용이지만 이 문제는 학생들이 단순한 수식의 암기나 숫자의 대입 그 이상을 요구한다. 적절한 어휘를 통한 진술은 평가의 질을 향상시킨다. 모든 교수의 관점에서 지적이고 유능한 교사의 능력과 판단을 교수전략이나 모형이 대신할 수 없다. 학생의 학습평가에서도 마찬가지다. 궁극적으로 교사는 평가문항 제작 시 학생의 이해를 가장 정확히 측정할 가능성이 가장 높은 것을 판단할 필요가 있다.

## 요약

### 직접교수 모형을 사용한 수업계획

- 직접교수 모형의 계획은 학생들이 이해하고 사용하길 원하는 특별한 기능을 교사가 확인하는 것에서 시작된다.
- 학생들이 숙련되어야 할 학습목표의 확인이 뒤따른다.
- 계획의 세 번째 단계는 학생의 개념 형성의 발달을 위해 실행할 기능, 실행단계에서 그들이 풀 문제와 함께 제시할 양질의 예시를 찾거나 만드는 것이다.

### 직접교수 모형을 사용한 수업실행

- 직접교수 모형은 도입, 제시, 안내된 실행, 독자적 실행, 4개의 순차적인 단계로 이루어져 있다.
- 잘 고려된 예와 문제의 사용은 어떤 모형이 사용되더라도 학습활동을 성공으로 이끄는 핵심이 된다.
- 비록 직접교수 모형이 교사중심이라 할지라도 이 모형의 효과적인 사용을 위해 교사와 학생 사이의 높은 수준의 상호작용을 요구한다.
- 상호작용의 양식은 수업이 전개됨에 따라 달라진다. 처음에 교사는 정보를 제시하고 예와 문

제로 공부하도록 학생들을 철저하게 안내한다. 나중에 학생들은 교사의 도움 없이 문제를 풀고 예를 분석할 수 있을 때까지 더욱 독자적으로 공부한다.

■ 비록 직접교수 모형이 절차적 기능을 가르치기 위해 고안되었다 하더라도 비판적 사고의 발달은 어떤 모형과 전략에서든 중요하다.

### 다양한 학습환경에 직접교수 모형 적용

■ 직접교수 모형에서 학생의 동기를 유발시키는 것은 효과적일 수 있다. 왜냐하면 문제해결에 있어서 도전의 동기를 유발시켜 성공하도록 촉진시키는 역할을 하기 때문이다.

■ 직접교수 모형의 사용에서 제시단계에서는 구체적이고 개별화된 예시의 제시가 중요하다.

■ 비록 직접교수법이 교사중심이지만 모형이 적용될 때 학생의 높은 수준의 참여를 요하며, 이러한 참여는 학습의 동기로 작용한다.

■ 상호작용의 체계나 기회 때문에 직접교수 모형은 학생의 배경이 다양할 때 특히 효과적이다. 체계는 학생의 학습에 조망을 제공하고, 상호작용은 학생과 교사 간의 의미 있는 예시에 대한 인식의 기회를 제공한다.

■ 직접교수 모형에서 공학기반 개별화 프로그램을 용이하게 사용할 수 있다. 그리고 많은 영역에서 다양한 개별화 프로그램 내용이 존재한다.

### 직접교수 모형에서의 학습평가

■ 직접교수 모형으로 절차적 기능에 대한 이해를 평가할 때, 교사는 학생들이 자신이 습득한 지식을 적용하여 문제를 풀 수 있도록 해야 한다.

■ 교사는 평가 문제 기술에 조심해야 한다. 수업 시간에 사용한 진술을 그대로 쓰면 이해가 아닌 진술을 바탕으로 문제를 풀 수 있기 때문이다. 진술 표현은 교사의 전문적인 판단에 달려 있다.

## 주요 개념

자동성(Automaticity)                    절차적 기능(Procedural skill)
전이(Transfer)                           직접교수(Direct Instruction)

## 연습 문제

1. 아래의 목표를 고려해 보고 직접교수 모형을 사용하기 가장 적절한 것이 무엇인지 골라 보시오.

   a. 소수(prime number)의 이해

   b. 프렌치-인디언 전쟁과 미국독립전쟁과의 관계 설명하기

   c. 아래의 규칙에 따라 간단한 식으로 나타내기 "왼쪽에서 오른쪽으로 곱하고 나누기, 그런

다음 왼쪽에서 오른쪽으로 더하고 빼기"

   d. 섞이지 않는 물질에서 밀도가 낮은 물질이 높은 물질 위로 떠오르는 것 이해하기

   e. 남북전쟁 이전에 남과 북의 경제적 지리적 관계 확인하기

2. Erin Taylor 선생님의 샤를의 법칙에 관한 수업을 직접교수 모형의 단계로 나누어 보시오.

3. 가르치는 분야에서 절차적 기능을 택하라. 그리고 (1) 직접교수에서 학생들의 기능에 관한 이해를 도울 제시단계에 사용할 예시를 비교해 보라. (2) 어떤 방식으로 수업을 도입하고 제시단계로 넘어가며, 어떻게 제시에서 안내된 실행단계로 넘어갈 것인지를 기술하라.

## 토론 문제

1. 직접교수 수업의 어느 단계가 가장 중요하다고 생각하는가? 왜 그렇게 생각하는가?

2. 직접교수 모형과 안내된 발견모형을 비교해 보아라. 어떤 것이 비슷하고 다른가? 각각의 장단점은?

3. 직접교수 모형은 전형적인 강의의 어떤 점과 구분되는가? 직접적 강의와 비교되는 장점은 뭐가 있나?

4. 직접교수 모형은 교사중심이라고 여겨진다. 진실인가? 어떤 면에서 진실이 아닌가?

5. 학습내용 목표를 다시 고려하라. 직접교수 모형과 안내된 발견모형 중 어느 것을 결정할지에 목표들이 어떠한 영향을 미치는가? 주제의 추상성과 학생들의 사전지식은 교사의 결정에 어떠한 영향을 미치는가?

6. 직접교수 모형과 안내된 발견모형에서 교사와 학생의 대화의 양을 비교하라. 어떠한 조건이 이러한 대화의 차이를 만드는가?

| 개요 | 학습목표 |
|---|---|
| **강의와 강의-토의 모형** | 1. 설명에 접근하며 강의와 강의-토의의 중요한 차이점을 설명한다. |
| **강의-토의 모형을 사용한 수업계획**<br>▪ 주제 확인하기<br>▪ 학습목표 상세화하기<br>▪ 내용 구조화하기<br>▪ 수업 도입 준비하기 | 2. 강의-토의 모형을 사용한 수업을 계획한다. |
| **강의-토의 모형을 사용한 수업실행**<br>▪ 1단계 : 복습과 도입<br>▪ 2단계 : 제시<br>▪ 3단계 : 이해 점검<br>▪ 다양성 탐색 : 다양한 언어와 문화를 가진 학생들의 이해 점검<br>▪ 4단계 : 통합<br>▪ 5단계 : 정리 | 3. 강의-토의 모형을 사용한 수업을 실행한다. |
| **다양한 학습환경에 강의-토의 모형 적용**<br>▪ 개념과 일반화를 가르치기 위한 강의-토의 모형의 사용<br>▪ 발달수준에 적절한 실행 : 연령이 다른 학생들에게 강의-토의 모형 활용<br>▪ 강의-토의 모형을 사용할 때 학생들의 동기유발<br>▪ 공학과 교수 : 강의-토의 모형에서 공학 활용 | 4. 다른 상황과 학습환경에서 강의-토의 모형을 적용한다. |
| **강의-토의 모형에서의 학습평가** | 5. 강의-토의 모형에 대해 가르친 내용에 대한 학생의 이해도를 평가한다. |

8학년 미국 역사교사인 Diane 선생님은 학생들에게 미국독립전쟁에 대해서 수업을 한 후 시험을 쳤다. Diane 선생님은 왜 프랑스어를 사용하는 캐나다인의 일부가 미국 역사에 있어서 1607년의 제임스타운의 설립과 같은 중요한 사건들을 되새기는지 학생들에게 물었다. 그리고 현재의 미국과 캐나다의 땅이 된 영국과 프랑스 식민지 확장과 같은 정보를 제시하고 경제적인 요인들에 대해서도 물었다.

선생님은 정보를 제시하는 것을 멈추고, 제시한 정보를 이해했는지 확인하기 위해서 학생들에게 질문을 몇 개 던졌다. 그리고 영국인과 프랑스인과 관련된 더 많은 자료를 제공하였다. 이때 원주민들과의 관련성, 근본적으로 갈등이 일어난 영토의 지형, 영국의 분쟁비용과의 관계에 대해 자세하게 설명하였다.

선생님은 두 번째로 정보를 제시하는 것을 멈추고 다시 학생들에게 일련의 질문을 던졌다. 이는 학생들이 영국인과 프랑스인의 탐구와 북미 원주민과의 관계, 지역의 지형, 1754년부터 1763년에 있었던 프렌치-인디언 전쟁과 관련된 정보를 통합하도록 도와주기 위한 시도를 하였다. Diane 선생님은 학생들이 이 전쟁이 독립전쟁에 어떻게 기여했는지 알기를 원한다.

　　Diane 선생님은 수업에서 학생들이 조직화된 지식체계를 이해하는 데 도움을 주는 교수모형인 **강의-토의 모형**(Lecture-Discussion Model)을 사용했다. **조직화된 지식체계**는 사실, 개념, 그리고 일반화를 연결시키는 주제이며, 그것들 사이의 관계를 명백하게 만들어 준다(Eggen & Kauchak, 2010; Rosenshine, 1987). 예를 들어 1607년 제임스타운의 설립은 하나의 사실이고, 식민지 확장은 개념이고, 식민지 확장이 경제적인 것과 연결되어 있다는 것은 일반화이다. 그녀의 수업목표는 학생들이 개개의 사실, 개념, 일반화를 분리하여 이해하는 것을 원하는 것이 아니었다. 그녀는 학생들이 다른 형태들의 지식과 그것들이 어떻게 서로 연결되어 있는지를 이해하기를 원했다.

　　부가적인 예를 들면 학생들이 **모비딕**(*Moby Dick*)과 같은 문학작품의 구성, 등장인물 그리고 상징들 사이의 관계를 조사할 때, 또한 지리학에서 여러 나라의 지형, 기후, 경제를 공부할 때 또는 생물학에서 기생동물과 기생하지 않는 동물들을 비교할 때, 그리고 그것들이 신체구조에 따라 어떻게 다른지를 비교할 때 역시 그들은 조직화된 지식체계를 공부하는 것이다.

　　강의-토의이란 용어가 이 모형의 진행과정을 잘 말해 준다. 예를 들어, Diane 선생님은 그들이 전날 배운 것을 복습한 후 학생들에게 정보를 제시하는 시간을 가진다. 그 후 학생들이 정보에 대해 받아들이고 이해했는지를 알기 위해서 질문을 한다. 그것이 통과되면, 그녀는 추가적인 정보를 제시한다. 그리고 다시 학생들의 이해를 확인한다. 이 순환(정보를 제공하고 그녀의 학생들이 이해를 했는지를 확인하는)은 수업 전체에서 계속된다. 그리고 학생들이 수업목표에 도달하는 것을 돕기 위해서 필요한 만큼 이 순환은 계속된다.

　　왜냐하면 이 강의-토의 모형은 전통적인 수업을 변형한 것이며, 강의는 학교에서 사용되는 가장 일반적인 수업방법이기 때문이다. 우리가 이 강의-토의 모형을 수업에서 계획하고 사용하는 방법을 논의하기 전에 이 두 가지(강의와 강의-토의 모형)를 간단히 비교해 보도록 하자.

## 강의와 강의-토의 모형

강의가 교수법으로서 널리 활용되는 것은 역설적이다. 이 교수법은 모든 교수법 중에 가장 비난받음에도 불구하고 가장 흔하게 사용되며 계속되고 있다(Cuban, 1993). 이 모형이 유행하는 것은 아래와 같은 이유 때문이다.

- 이 모형은 학생들이 다른 방법으로는 접근하기 어려운 정보를 획득하는 데 도움을 준다. 만약 목표가 학생들에게 학생들이 스스로 찾는다면 몇 시간이 걸릴 정보들을 제공하는 것이라면 강의는 효과적이다(Ausubel, 1968).
- 학생들이 다양한 출처로부터 정보를 통합하는 데 도움을 준다.
- 다양한 관점에 학생들을 노출시킨다.

만약 여러분이 위와 같은 목표들을 성취하고자 한다면 강의는 효과적일 수 있다.

강의는 다음과 같은 장점이 있다. 첫째, 만약 내용을 구조화시키기 위해 계획한 시간이 부족하다면 이것은 효과적이다. 둘째, 내용이 실질적으로 다른 내용영역에 적용될 수 있을 만큼 유연하다면 그것은 효과적이다. 셋째, 내용들이 간단할 때 효과적이다. 학생들을 참여시키기 위한 방법을 계획하거나 다른 학습과 동기유발 요소들을 고려하는 대신 교사는 내용을 구조화하고 제시하는 데 노력을 집중하면 된다. 심지어 신규 교사도 만족스러운 강의를 하는 것을 배울 수 있지만, 인지학습이론과 더 일치하는 교수법이 훨씬 세련되고 많은 것을 요구한다.

이와 같이 쉽고 효과적이고 널리 사용된다는 장점에도 불구하고 강의는 단점도 많다.

- 강의는 학습자들을 인지적으로 수동적으로 만든다. 이것이 인지이론과 불일치하기 때문에 논란의 여지가 있는 주요한 단점이다.
- 강의는 효과적으로 학생들의 주의를 끌기가 어렵고 오랫동안 유지하기도 어렵다. 학생들은 지루하고 심심한 강의를 단순히 앉아서 시간이 빨리 가기만을 기다린다.
- 강의는 교사들이 학생들의 이해와 인식을 체크하기 어렵다. 교사는 학생들이 정보를 정확하게 해석했는지 안 했는지 확신할 수 없다.
- 강의는 교사가 수업준비를 많이 하지 않는다면, 학생들의 제한된 작업기억 용량에 큰 짐을 부과할 것이다. 따라서 장기기억에 저장되기 전에 정보는 학생들의 작업기억으로부터 손실될 것이다.

강의는 특히 짧은 집중력과 제한된 어휘를 가진 어린 학생들에게 문제를 일으키고, 그리고 고등사고력이 목표일 때도 강의는 효과적이지 않다. 7개의 연구에서 강의와 토의를 비교해 보았다. 이때, 고등사고력과 기억을 측정해 보았는데 토의는 7개의 모든 연구에서 강의보다 우수했다. 게다가 토의방식은 학생들의 태도와 동기를 측정한 9개의 연구 중 7개 부분에서 강의보다 우수했다(McKeachie & Kulik, 1975).

강의-토의 모형은 인지학습이론에 기반을 둔 모형으로서 강의의 약점을 극복하기 위해서 고안되었다. 세 가지 특징이 특히 중요하다. 첫째, 강의-토의 모형은 학습원리의 요구 중 하나인 사회적 상호작용을 촉진하기 위하여 설계되었다. 둘째, 강의-토의 모형은 학생들의 주위를 유지시키는 데 단순한 강의보다 훨씬 효과적이다. 셋째, 강의-토의 모형은 정확하게 이해할 수 있는 정보에 어느 정도 비공식적으로 접근하도록 허용해 준다. 마지막으로, 정보를 제시하는 동안 질문과 대답을 함께함으로써 학생들의 작업기억에 과부하를 주는 것을 피할 수 있다.

강의-토의 모형이 잘못 이끌어질 수도 있다. 표면적으로는 이것은 꽤 간단해 보이는데 이것은 정보를 제시할 때 학생들에게 질문을 막 하는 것처럼 보이기 때문이다. 그러나 이것은 보이는 것처럼 간단하지 않다. 그리고 강의-토의 모형은 근본적으로 순수한 강의를 쉽게 분열시킬 수 있으므로 이 모형을 이용하는 것은 주의깊은 계획이 요구된다. 이제부터는 계획하는 방법을 보도록 한다.

## 강의-토의 모형을 사용한 수업계획

강의-토의 모형을 이용하여 수업을 계획하는 것은 4개의 필수 단계가 포함된다. 그림 10.1에 제시되어 있으며 아래에서 토의해 보도록 한다.

### 주제 확인하기

어떠한 수업이라도 그렇듯이, 강의-토의 모형에 대한 계획에서 교사는 먼저 주제를 고려한다. 만약 주제가 조직화된 지식체계라면 강의-토의 모형을 사용하는 것이 적절하다. 예를 들어, 미국독립전쟁을 야기한 요인들이 Diane 선생님의 주제였다. 이 요인들은 식민지의 지리적 요인, 그들의 독립심, 프렌치-인디언 전쟁이 끝난 후 영국의 빚으로 매겨진

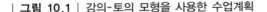

| 그림 10.1 | 강의-토의 모형을 사용한 수업계획

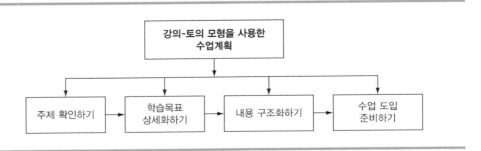

세금을 포함하는데, 이 요인들은 한 수업에서 가르치는 것보다 큰 조직화된 지식체계를 이루고 있다. Diane 선생님은 이 수업에서 영국과 프랑스 사이의 갈등에 초점을 맞추었다.

## 학습목표 상세화하기

주제를 확인한 후, 학생들이 무엇을 이해하길 원하는지 결정해야 한다. 사실, 개념, 일반화 또는 절차적 기능을 가르치는 과정은 간단하다. 예를 들어 학습주제가 갑각류의 개념이라면, 학습목표는 그 주제를 똑바로 따라야 한다. 학생들이 갑각류의 특징 그리고 게, 가재, 바다가재, 새우와 같은 종류를 명확하게 알아야 한다. 또한 만약 학습주제가 두 자릿수의 덧셈이면 학습목표는 학생들이 간단히 두 자릿수의 덧셈을 할 수 있어야 한다.

교사가 조직화된 지식체계를 가르친다면 개별적 사실, 개념, 일반화들을 더해야 하는데, 이런 것들은 내용의 구체적 형태 속에서 관계를 맺기 때문에 수업목표를 구체화하는 것이 간단하지 않다. 그 결과, 교사는 학생들이 필요한 것을 배우도록 하는 학습목표를 결정하기 위해서 더욱 많이 생각해야 한다.

준비단계에서 어떤 것이 시작점인지 언급해야 한다. 예를 들면, Diane 선생님의 학생들이 배우길 원하는 기준은 아래와 같다.

---

SS.8.A.2.6 : 프렌치-인디언 전쟁의 원인, 과정, 결과에 대해 조사하시오.

---

SS.8.A.3.1 : 1763년부터 1774년까지, 미국인들을 식민지화하려던 영국의 정책 속에서 프렌치-인디언 전쟁은 어떤 결과를 가져왔는지 설명하시오(Florida Department of Education, 2005).

---

보다시피, 이 기준들은 광범위하고 일반적인 진술이다. 그래서 교사는 이 수업에서 학생들이 무엇을 이해하길 원하는지, 어떻게 이 주제가 대단원에 포함되는지 구체적으로 결정했어야 했다. 예를 들어, Diane 선생님은 이 수업에서 중요한 두 개의 학습목표를 결정했다. 그것들은 Diane 선생님이 학생들이 이해했으면 하는 것이었다.

---

1. 지리적 요인과 북미 원주민과의 관계가 영국과 프랑스 간의 분쟁에 어떻게 기여하였는가?
2. 영국의 분쟁비용이 미국독립전쟁에 어떻게 기여하였는가?

---

교사는 목표를 결정하였고, 내용을 구조화할 준비가 되었다.

## 내용 구조화하기

학생들의 유의미한 학습을 촉진시키기 위해, 내용의 모든 형태는 잘 조직화되어야만 한다(Bruning, Shraw, Norby, & Ronning, 2004). 그 이유는 조직화된 지식체계는 다른 정보의 형태에 비해 광범위하고 많은 것을 아우르기 때문이다. 만약 잘 정의된 주제(및 개념, 일반화 또는 절차적 기술)를 가르치기 원한다면, 그 주제를 조직하고 구조화하는 방법에 대해 더 많은 결정이 필요할 것이다. 예를 들어, 미국독립전쟁을 야기한 요인은 광범위한 주제이다. 그래서 학생들을 위해 Diane 선생님은 유의미하게 내용 구조화를 결정해야 했다.

내용은 다양한 방법으로 조직화될 수 있다. 예를 들어, Diane 선생님은 표 10.1처럼 표로 주제를 조직화하고 나열했다.

미국독립전쟁을 야기한 요인의 대부분이 지리적 요인과 프렌치-인디언 전쟁의 결과물들이기 때문에 Diane 선생님은 그 주제들로 시작하기로 선택했다. 그리고 이것은 그녀가

| 표 10.1 | Diane 선생님의 내용 구조화 표

| 요인 | 영향 |
| --- | --- |
| 지리 | 영국에서 식민지까지의 거리가 식민지인들에게 독립심을 주었지만, 영국을 이기기에는 어려워졌다. |
| 프렌치-인디언 전쟁 (1754~1763) | 승리를 거둔 영국인들에게 심각한 빚이 남아서, 그들은 식민지들로부터 더 많은 국가의 세금을 요구하였다.<br>프랑스는 남겨진 식민지들이 자신들에게 덜 의존할 수 있도록 보호하기 위해 영국을 물리쳤다. |
| 선언(1763) | 애팔래치아 산맥의 서쪽에 식민지인의 정착을 금지하였는데, 이것은 식민지인들의 기분을 상하게 했다. |
| 설탕조례(1764) | 프렌치-인디언 전쟁이 끝날 무렵에, 서인도로부터 필요한 수익을 올리기 위해 설탕 수입세를 부과했다. |
| 인지조례(1765) | 방어를 하기 위한 세입을 올리기 위해 많은 물건에 직접세를 지불하도록 했다. 미리 부과한 세금은 숨겨졌다. |
| 보스턴 학살사건(1770) | 영국 군인과 식민지인의 충돌이 일어났고 영국의 잔인함이 드러났다. |
| 차조례와 보스턴 차사건(1773) | 영국은 미국과의 차 거래에 독점권을 줌으로써 동인도회사가 수익을 올리도록 도왔다. 식민지인들은 보스턴 다리에서 차를 바다에 빠트림으로써 반항했다. |
| 렉싱턴과 화합, 그리고 벙커힐 | 영국 군인과 식민지인의 충돌이 일어났다. 벙커힐에서의 식민지인의 승리는 영국의 왕 조지 3세가 식민지인의 반란이라고 선언하는 결과를 가져왔다. |

| 그림 10.2 | 포유동물에 대한 정보를 조직하기 위한 위계

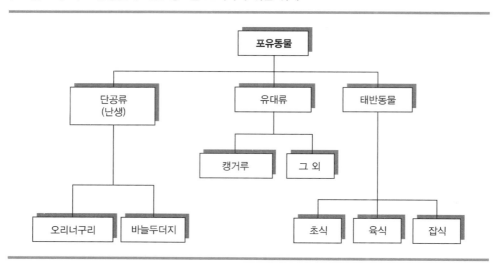

강의-토의 모형을 사용하여 수업을 진행했음을 보여준다.

Diane 선생님은 표로 내용을 조직화하였지만 다른 형태로 조직하는 것도 괜찮다. 예를 들어, 위계는 내용을 준비하는 것이 상당히 쉽고, 그들의 관계를 명확하게 보여줌으로써 효율적으로 사용될 수 있다. 포유류에 대한 수업이 분류 설명에 따라 구조화된 것으로 이에 속한다고 할 수 있는데, 이것은 그림 10.2에서 볼 수 있다. 강의-토의 모형에서 내용을 조직화할 때, 종종 그림 10.2의 예로 나온 유대류 같이 특정 포유류의 특성을 가르치지 않기를 강조하며, 대신에 수업목표는 학생들이 포유류의 하위 요소들의 공통점, 차이점을 이해하는 것이다.

어떤 경우에는 수업을 조직화시키기 위해 다른 구조들을 합칠 수도 있다. 예를 들어, 만약 남북전쟁 단원을 준비한다면, 전쟁의 이유, 중요한 전투와 사건들, 전쟁의 결과, 그리고 전쟁이 오늘날 우리에게 어떻게 영향을 미쳤는지와 같은 요소가 포함된 위계를 하나의 구조로 사용할 수 있다. 전쟁의 원인을 배우는 수업에서는 남북의 주(states)를 보여주는 지도를 사용할 수 있는데, 이때 남과 북의 지형과 경제에 대한 정보가 포함된 표(matrix)도 함께 이용할 수 있다. 중요한 전투와 사건들은 또한 표로 구조화될 수 있고, 전쟁의 결과는 표로 구조화되거나 약술할 수 있다. 내용을 구조화시키는 최고의 방법은 없으며, 여러분의 전문적인 판단에 따라 사용할 수 있다. 아이디어들을 가능한 명쾌하게 관련짓는 것이 학생들을 이해시킬 수 있는 비결이다.

모든 경우에서 자료를 구조화시킬 때, 학생들의 배경지식을 내재화시킬 수 있다. 예를 들어, 만약 '자본주의적 민주주의 국가'들이 내용의 일부이고 학생들이 자본주의와 민주주의 개념을 이해하지 못한다면 이 개념을 설명하는 방식으로 수업을 계획해야 한다. 그렇지 않으면 그 수업은 학생들에게 덜 유의미해지고, 이해하지 못한 정보들을 기억하려고만 애쓸 것이다.

## 수업 도입 준비하기

우리가 수업을 시작하거나 어떤 수업에서 다른 수업으로 전환할 때, 학생들이 쉽고 빠르게 주제에 초점을 맞출 수 있다고 가정한다. 이것은 사실이 아니며 교사들은 이 사실에 동의하지 않는다. 예를 들어, 초등학교 수업에 대한 어떤 연구에서 조사자들은 단지 5%의 교사들만이 수업을 도입하는 명백한 노력을 한다는 것을 발견하였다(Anderson, Brubacker, Alleman-Brooks, & Duffy, 1985).

수업을 도입하는 것은 교사가 선택한 수업모형에 상관없이 학생들의 주의를 유지하고 이끌기 위한 중요한 방법이다. 그것은 조직화된 지식체계를 확장하고 다른 형태의 내용들을 포함하기 때문에 강의-토의 모형을 사용할 때 특히 더 중요하다. 선행조직자는 이 과정을 도울 수 있다.

**선행조직자 만들기** 선행조직자(Advance organizer)는 수업의 첫 부분에서 제시해 주는 수업자료를 미리 보여주거나 그 내용을 구조화시킨 것으로 학생들의 배경지식과 연결시키는 음성이나 글로 된 진술을 말한다. 선행조직자는 인지지도와 같다. 그것은 학생들이 무엇을 배웠는지 그리고 무엇을 배울지 알 수 있다. 효율적인 선행조직자는 다음과 같다.

- 더 큰 정보체계를 배우기 전에 제시된다.
- 배울 내용보다 더 일반적인 용어로 서술된다.
- 문단의 형태로 제시된다.
- 삽화로 된 구체적인 예를 학습자가 조직자와 제시될 정보에 대한 생각들 사이의 관계를 명확하게 하도록 도와준다(Corkill, 1992).

예를 들어, 다음은 Diane 선생님이 그녀의 수업에서 계획한 선행조직자이다.

---

프렌치-인디언 전쟁은 영국이 많은 돈과 자원을 지불해야 했는데, 이는 식민지에게 부담을 주었으며 결국 식민지인은 견디지 못하고 반란을 일으켰다. 이것이 바로 미국독립전쟁의 직접적인 원인이 되었다.

---

Diane 선생님은 수업의 도입에서 이것을 제시하였고, 이것은 문단의 형태로 그녀가 보여주려고 계획했던 정보보다 일반적인 내용이었으며, 또한 이것은 예−식민지에게 과도한 부담을 준 전쟁비용−를 포함한다.

포유동물의 경우 그림 10.2의 조직화된 구조로, 여러분은 다음에 설명할 내용과 같은 선행조직자를 사용할 수 있다.

---

포유동물은 공기 호흡을 하며 척추동물의 일종이고, 항온동물이며 털을 가지고 있으며 암컷은 새끼를 위한 젖샘을 가지고 있다. 개와 고양이 같은 우리에게 친숙한 애완동물, 바다에 사는 고래부터 유일하게 날 수 있는 박쥐까지 모두 포유동물이다.

---

내용들이 낯설거나 추상적일 때, 유추는 선행조직자로서 효과적으로 사용될 수 있다. 다음의 예를 보자.

---

전기회로는 가정집의 수로 구조와 비슷하다. 전선은 파이프 관, 건전지는 펌프, 물이 파이프를 따라 흘러가는 것은 전류와 같다. 회로가 작동하려면 모든 부분이 반드시 연결되어 있어야 한다. 마치 가정에서 물을 사용할 때 파이프까지 연결되어 있어야 하는 것과 같다.

---

유추(Analogy)는 학생들이 이미 알고 있는 것과 낯선 내용들을 연결하도록 도와주는 데 사용된다. 이 점에 있어서는 완전한 선행조직자는 구체적인 예의 형태이며, 그래서 그것은 필수적으로 구체적이고 부가적인 것을 포함하지 않는다.

수업의 내용을 위한 틀을 제공하는 각각의 선행조직자들은 연결될 것이며, 이 연결은 학생들에게 내용을 더 의미 있게 만들고 더 많이 학습하게 한다.

선행조직자들은 또한 주목(forms of focus)의 역할을 한다. **주목**은 수업의 초기에 학생들의 주의를 끌고 유지시키는 일단의 교사행동이다. 주목은 필수적 교수기능으로서 사용된 교수모형과 상관없이 중요하다.

Diane 선생님이 수업을 하기 위해 어떻게 계획하였는지 그녀의 수업계획에 대한 각각의 단계를 그림 10.3에서 서술하였다.

## | 그림 10.3 | Diane 선생님의 수업계획

**주제 :**

미국독립전쟁을 야기한 요인들

**교육과정 :**

SS.8.A.2.6 : 프렌치-인디언 전쟁의 원인, 과정, 결과에 대해 조사하시오.

SS.8.A.3.1 : 1763∼1774년, 미국을 식민지화하려던 영국의 정책에 대해 프렌치-인디언 전쟁은 어떤 결과를 가져왔는지 설명하시오.

**학습목표 :**

8학년 학생들을 이해시키기 위한 것 :

지리적 요인과 북미 원주민과의 관계가 영국인과 프랑스인 간의 분쟁에 어떤 기여를 하였는가?

영국의 분쟁비용이 미국독립전쟁에 얼마나 기여하였는가?

**학습활동 :**

도입과 복습 :

1. 1700년대 중반에 미국 식민지 역사를 간단하게 복습한다.
2. 동부 캐나다에서는 프랑스어를 주로 사용하는데 왜 우리는 영어를 사용하는지 묻는다.
3. 선행조직자를 제시한다.

제시 :

4. 오늘날의 미국과 캐나다에 있어서 영국과 프랑스에 대한 탐색정보를 제시한다.

이해 점검 :

5. 교사가 제시한 정보들을 학생들이 요약했는가?

통합 :

6. 프랑스와 북미 원주민과의 관계, 그 영토의 지리, 프랑스의 영주제도, 영국과 프랑스 간의 갈등 원인에 대한 정보를 제공한다.
7. 학생들은 프렌치-인디언 전쟁에서 프랑스와 북미 원주민 간의 관계와 프랑스 영주제도가 어떤 영향을 주었는지 서술한다.
8. 학생들에게 미국독립전쟁에 대한 프렌치-인디언 전쟁의 영향을 서술하여 시사점을 준다.

**평가 :**

학생들이 프렌치-인디언 전쟁, 그 이후 영국이 수익을 올리는 행동, 그리고 미국독립전쟁 간의 관계를 설명한다.


# 강의-토의 모형을 사용한 수업실행

학습목표, 구조화된 내용, 그리고 준비된 학습 도입을 확인하는 것은 여러분이 지금 수업을 시작할 준비가 되어 있다는 것이다. 강의-토의 모형은 5개의 단계로 이것은 표 10.2에 약술되어 있다.

| 표 10.2 | 강의-토의 모형의 단계

| 단계 | 설명 |
|---|---|
| 1단계 : 복습과 도입 | 교사는 지난 수업을 복습하고 이번 수업을 위한 선행조직자를 제시한다. 교사는 또한 수업에 조금 더 초점을 맞출 수 있는 추가적인 질문을 제시할 수 있다. |
| 2단계 : 제시 | 교사는 조직화된 지식체계를 구성하는 정보를 제시한다. |
| 3단계 : 이해 점검 | 교사는 학생들이 제시된 정보를 기억하고 이해하는 정도에 대해 비형식적으로 접근하는 질문을 한다. |
| 4단계 : 통합 | 교사는 추가적인 정보를 제시하고 학생들이 이미 제시된 정보와 새로운 정보를 통합하도록 도와주는 질문을 한다. 제시-통합순환은 수업 내내 계속된다. |
| 5단계 : 정리 | 교사는 수업에서 배운 정보들을 복습하고 요약하도록 안내한다. |

### 1단계 : 복습과 도입

강의-토의 모형 1단계는 제시할 새로운 지식과 연관지을 사전지식을 활성화시키기 위해 복습하는 것으로부터 시작된다. 또한 수업을 위한 선행조직자와 수업 동안 학생들의 주의를 집중시키고 유지하기 위한 방법을 제시한다. 또한 수업을 위한 선행조직자를 제시하고 수업 내내 학생들의 주의를 유지하고 잡아둘 목적으로 의도한 주안점의 다른 형태를 제시한다.

Diane 선생님이 수업 도입을 어떻게 실행하는지 보도록 하자.

---

"연표를 눈여겨 보세요." 그녀는 게시판 위의 큰 연표를 가리킨다.

"대략 지금 우리는 어디에 있나요?"

"약 1700년대 중반이라고 생각합니다." Josh는 몇 초 동안 생각한 후 자진하여 답하였다.

"좋아요." Diane 선생님이 웃는다. "정확히 …… 기억해, 우리는 제임스타운이 첫 번째 지속적인 정착지들 중 하나였다고 말했습니다. 그래서 우리는 거의 150년의 흐름에 대해 말하고 있습니다."

Diane 선생님은 그 시기 동안 중요한 역사적 사건들을 복습하는 데 더 시간을 할애하였고 학생들이 분석한 사건과 미국독립전쟁의 원인들을 상기시키도록 하였다. "좀 더 생각하면……, 우리는 무슨 언어를 말하죠?"

"영어" 여러 학생이 재빠르게 말한다.

"하지만 그들은 여기서 무슨 언어로 말했죠?" 그녀가 벽에 걸려 있는 북미 지도 위에 퀘백을 가리키며 물었다.

"……, 프랑스어?" Demitri가 응답한다.

"정확히 …… 지금, 왜 우리 북쪽 가까이 이웃해 있는 캐나다에 프랑스어로 말하는 큰 지역이 있는지 생각해 봅시다. 나중에 우리는 그 질문에 대답할 수 있을 거예요. 답은 오늘 주제의 일부에 있어요."

그녀는 실물화상기에 다음의 내용을 제시한다.

프렌치-인디언 전쟁은 영국이 많은 돈과 자원을 지불해야 했는데, 이는 식민지에게 부담을 주었으며 결국 식민지인은 견디지 못하고 반란을 일으켰다. 이것이 바로 미국독립전쟁의 직접적인 원인이 되었다.

"이 내용들을 모두 마음속에 새겨놓으세요." Diane 선생님이 강조했다. "캐나다 일부 지역과 여기의 언어는 다르며, 어떻게 프렌치-인디언 전쟁이 영국에 저항을 한 식민지가 반란을 일으키도록 했는지."

　　Diane 선생님은 미국독립전쟁이 발발하기 전 20년간, 1700년대 중반에 앞서 일어난 역사적 사건을 복습함으로써 수업을 시작하였다. 그녀의 목적은 학생들이 프렌치-인디언 전쟁을 이해하길 바라고, 궁극적으로 그것이 어떻게 미국독립전쟁에 기여했는지 아는 것이었다.

　　Diane 선생님의 언어에 대한 질문은 학생들의 호기심을 자극하도록 의도한 것이었으며, 그녀의 선행조직자는 수업의 틀을 제공했다. 그리고 그녀는 2단계로 들어갈 준비가 되었다.

## 2단계 : 제시

수업의 도입 후에, Diane 선생님은 학생들의 배경지식을 발달시키기 위해 계획된 정보를 제시한다.

　　Diane 선생님이 이 단계를 어떻게 실행했는지 보도록 하자.

Diane 선생님은 언어에 대한 질문을 하고, 선행조직자를 제시했다. 그리고 그녀는 "우리는 영국이 1607년에 제임스타운을 설립한 것을 알아요. 하지만 프랑스가 새로운 세계로 확장을 하였는지에 대해서는 조사해 보지 않았어요. 지도를 다시 볼까요. 우리가 보고 있는 여기 제임스타운, 같은 시대에 Chanplaim이라는 프랑스인 탐험가가 세인트로렌스 강 쪽으로 내려왔고 퀘백을 형성했어요. 여기 …… 수년 동안 적어도 55개의 주 중에서 35개의 주가 프랑스인에 의해 발견되었고, 그들은 디트로이트, 세인트루이스, 뉴올리언스, 디모인, 아이오와 같은 우리의 큰 도시들을 설립했어요."라고 말한다.

　　Diane 선생님은 지도에 표시한 위치들을 가리키며 그 시대의 프랑스인과 영국인의 탐험과 정착에 대한 부가적인 정보를 제공하는 것을 몇 분 더 계속했다.

　　Diane 선생님이 제시하는 것을 보면, 매우 짧다는 것을 알 수 있다. 글자 그대로 몇 분이 채 걸리지 않았다. 교사들은 흔히 학생들의 듣기능력을 과대평가한다. 예를 들어, 최근 슈퍼볼(미식축구 결승전)이 열리기 전에 광고주들은 90초 동안의 광고로 시청자들의 주의를 끄는데, 이것조차도 너무 길지는 않은지에 대해 고민한다. 단 90초인데도! 이것과 많은 수업시간과 비교해 보아라. 만약 사람들의 관심을 끌도록—이때는 성인이 대상이다—주의깊게 구상된 광고가 90초 동안 주의를 유지하지 못한다면, 전통적인 수업에서 학생들의 주의력이 얼마나 빨리. 저하될지 상상해 보아라.

주의력과 기억력의 특성은 왜 이런 일이 일어나는지에 대해서 우리가 이해할 수 있도록 도와준다. 첫째, 주의력은 수업 중 빠르게 저하되고, 학생들은 수업을 이해하기 위해서 확실하게 정보에 주의를 기울여야 한다. 둘째, 수업에 몰입하는 것을 제외하고는, 우리의 집중력은 쉽게 분산되는데, 우리가 말했던 것으로부터 주의력이 조금 흐트러진 것조차도 학생들의 주의를 다른 데로 돌리는 것과 같다. 셋째, 학생들의 작업기억의 용량은 제한적이고 너무 긴 설명은 작업기억이 빨리 과부하가 걸리도록 한다.

교사의 질문을 통한 이해 점검은 이 논점을 해결하기 위한 방식이다. 다음으로 넘어가자.

### 3단계 : 이해 점검

이해 점검은 강의-토의 모형에서 비공식적으로 학생들을 평가하는 과정이며 교사의 질문을 통해 가장 흔히 성취된다. 이해 점검은 필수적인데, 이것이 학생들의 참여를 촉진시키고 학생들이 이해한 것에 대한 피드백을 제공해 주기 때문이다.

Diane 선생님이 수업의 이 단계를 어떻게 진행했는지 살펴보자.

---

Diane 선생님은 초기의 프랑스와 영국의 정착과 관련된 정보를 제공하는 것을 멈추고 질문을 하며 수업의 방향을 바꾼다. "자, 두 그룹의 위치에 대해 무엇을 알 수 있나요?" Diane 선생님이 묻는다.

"…… 프랑스인들은 캐나다 지역의 많은 부분을 차지했어요 …… 이것은 나라처럼 보이기도 해요." Alfredo는 지도에서 북쪽과 서쪽을 가리키며 말한다.

"동쪽은 영국인, 서쪽은 프랑스인의 것으로 보여요." Troy는 덧붙인다.

Diane 선생님은 몇 개의 질문을 더 던지고, 학생들에게 더 많은 정보를 제시할 준비를 한다.

---

살펴본 것처럼, Diane 선생님의 이해 점검은 짧기도 했고, 정보를 제공하는 과정에서의 자연스러운 휴식기에 시작되었다.

이해 점검은 얼마나 자주 일어나야 할까? 여러분은 이것을 판단해야 하고 대답은 내용의 어려움과 학생들의 발달상황에 따라 달라진다. 그러나 모든 의도와 목적에 있어서, 이해 점검은 아무리 해도 지나치지 않는다. 먼저, 강의-토의 모형은 교사의 독백으로 해체되는 경향이 있는데 이해 점검은 이런 일이 일어나는 것을 막아준다. 다음으로, 학생들이 수업에 지나칠 정도로 참여한다는 것은 사실상 불가능한데, 질문하기는 학생들로 하여금 인지적으로 참여할 수 있게 하는 기회를 제공한다. 마지막으로, 학생들은 이해 점검이 제공해 주는 계속적인 피드백을 필요로 한다.

비록 질문하는 것이 학생들의 이해를 점검하는 가장 흔한 방법이고 이것이 바로 Diane

선생님이 사용한 방법이기도 하지만, 다른 방법들도 존재한다. 다른 방법들을 살펴보자.

- **질문/쓰기** : 교사는 질문을 하고 모든 학생들에게 답을 쓰도록 한다. 그러고 나서 자진하는 학생에게 대답을 하도록 한다.
- **사례제시** : 내용이 구체적인 사례에 적합하다면 학생들로 하여금 사례를 제시하게 하거나 이미 제공한 것에 대해 설명해 보도록 한다.
- **생각하고 짝과 토의하고 공유하기** : 교사는 질문을 하고 모든 학생들이 개별적으로 답을 마련하도록 한다. 그 생각을 짝과 토의하고 난 뒤에 교실 전체와 답을 공유하도록 한다.
- **투표하기** : 질문에 논란의 여지가 있거나 판단이 필요한 경우, 학생들이 의견을 형성하도록 하고 나서 손을 들어 투표하고, 그들의 생각을 모둠과 공유하도록 한다.
- **전체 응답** : 질문에 하나의 정답만이 있을 때에는 전체 응답이 학급 전체를 참여시키기 위해 이용될 수 있다.

이러한 반응에 대한 변수들은, 학생들이 내용에 대해 얼마나 이해했는지의 정도에 대한 피드백을 제공해 줄 수 있고 학생들의 깊이 있는 정보의 처리 또한 촉진시킬 수 있다.

### 다양성 탐색 : 다양한 언어와 문화를 가진 학생들의 이해 점검

많은 양상의 다양성이 존재하지만 학생들의 배경지식의 차이가 그중에서 가장 중요하다. 이 차이점들은 특히 강의-토의 모형을 사용한 수업에서 이해 점검단계를 중요하게 한다. 예를 들어 Diane 선생님의 교실에 러시아, 이라크, 캐리비안 섬 등과 같은 곳에서 최근에 이민을 온 학생들이 있다고 가정해 보자. 제임스타운과 퀘백이 만들어진 사건과 애팔래치아 산맥의 위치는 그들에게 익숙하지 않을 것이고 본질적으로 아무런 의미가 없을 것이다. 이해 점검을 할 때에 이러한 사건들과 그 지역에 대한 쉽고 간단한 질문을 묻는 것은 그 차이점들을 수용하는 데에 큰 도움이 된다. 예를 들어, 다이애너는 비이민자 학생 중 한 명에게 다음과 같이 질문할 수 있다.

---

"우리에게 제임스타운에 대해 설명할 수 있겠니? …… Christie?"
  "애팔래치아 산맥이 어디에 있니? …… Jeff? …… 지도상의 어디에 위치해 있는지 우리에게 보여줄래?"

---

이 질문들은 시간이 얼마 걸리지 않고 대부분의 학생들과 매우 다른 배경지식을 가진 학생들을 지원하는 데 좋은 성과를 가져올 수 있다.

교사는 또한 한두 개의 질문을 하고 학생들이 답을 쓰게 하는 전략을 통해 학생들의 배경지식을 비공식적으로 평가할 수 있다. 그리고 다른 배경을 가진 학생들을 포함하는 몇 명에게 답을 발표하게 할 수 있고, 그것은 그들의 이해에 대한 통찰을 제공해 준다. 이것이 질문/쓰기의 한 형태이다. 다양한 학생들에게 발표하게 함으로써 어떠한 학생도 곤혹스럽게 하지 않으며 "우리는 모두 함께하고 있다."라는 것을 암시하는 정서적 분위기를 만든다. 이러한 종류의 교실환경은 다양한 배경을 지닌 학생들과 수업할 때 필수적이다.

### 4단계 : 통합

교사가 정보를 제시하고 학생들의 이해를 점검하고 나면, 두 번째 주기를 시작할 준비가된 것이다. 이 주기는 첫 번째 주기와 유사하지만 같지는 않다. 실례를 보기 위해, Diane 선생님의 수업을 다시 한 번 살펴보자.

---

학생들의 이해를 확인하기 위해 일련의 질문을 하고 난 뒤, Diane 선생님은 다시 정보를 제시한다. "그래요, 그리고 기억하세요. 이것은 모두 같은 시기에 일어나고 있었어요." Diane 선생님은 계속한다. 그녀는 학생들에게 애팔래치아 산맥의 위치를 상기시키고 영국인들이 현재 미국의 동쪽 해안경계 영역의 대부분을 장악했었고, 프랑스는 더 서쪽 영토의 많은 부분을 통제하고 있었다는 점을 지적하면서, 그 지역의 지리에 대한 정보를 제공한다. 또한 형성된 갈등은 대체로 북아메리카에 대한 지배권을 얻기 위한 영국과 프랑스 양쪽의 노력이었음을 알려준다. 그녀는 그 전쟁이 유럽에서 일련의 국가들 간에 벌어진 더 큰 갈등의 일부분이었음을 설명하면서 이야기를 계속한다.

"이쯤에서 애팔래치아 산맥 근처의 큰 길을 지배하던 아메리카 원주민들은", Diane 선생님은 지도를 가리키며 말을 잇는다. "이러한 상황에서 중요한 부분이었습니다. 프랑스인들은 영국인들보다 더 광범위하게 아메리카 원주민들과의 관계를 얻으려고 했고, 따라서 프랑스는 아메리카 원주민들과 동맹관계를 맺게 되었습니다. 또한 프랑스인들에게는 그들이 영주체계라고 불렀던 것이 있어서 정착자들은 군대에서 복무를 하면 토지가 주어졌습니다. 이 모든 것들은 영국인들에게 엄청난 양의 돈을 지불하게 하고 있었습니다." 그녀는 덧붙인다.

"이것은 프랑스의 군력에 대해 어떠한 것을 알려주나요?"

"아마 강력한 것 같아요" Josh가 제안한다. "입대를 하는 사람들은 땅을 얻었어요."

"그리고 아메리카 원주민들은 아마 프랑스 사람들을 도와주었을 거예요. 왜냐하면 그들은 프랑스 사람들과 우호적이었거든요." Tenisha가 덧붙인다.

"자, 여기서 또 무엇을 알 수 있나요?" Diane 선생님은 지도에서 그녀의 손을 위아래로 움직이며 묻는다.

"산맥들이요?" Danielle은 자신 없이 대답한다.

"맞아요. 그것들이 왜 중요하죠?"

"…… 영국인들은 사방이 울타리와 같이 둘러 막히다시피 했고 프랑스인들은 그들이 원하는 대로 할 수 있었어요."

"잘했어요. 이제 상황이 복잡해집니다. 영국인들은 영토를 원했고 확장을 하고 싶어 했습니다. 그래서 그들은 산을 넘어 서쪽으로 향했고, 누구와 마주쳤을까요? …… Sarah?"

"프랑스인들요?" Sarah가 응답한다.

"맞아요! 그리고 갈등이 일어났습니다. 자, 프랑스인들과 영국인들이 싸우고 있었을 때, 왜 처음에 프랑스인들이 영국인들보다 더 유리했을 것이라고 가정하죠? …… Dan?"

"음, 그들에게는 그 영 …… 영주체계가 있었어요, 그래서 그들은 영토를 비롯한 모든 것들 때문에 싸우는 데에 더 열심이었어요."

"다른 생각을 가진 사람? …… Bette?"

"저는 아메리카 원주민들이 전쟁에 관여했다고 생각해요. 프랑스인들은 그들과 더 잘 어울렸고, 그래서 원주민들은 프랑스인들을 도왔어요."

"좋아, 잘했어요. 이제 우리가 시작할 때 보았던 글로 다시 돌아가 봅시다." Diane 선생님은 학생들에게 선행조직자를 상기시키고 실물화상기에 선행조직자를 다시 보여준다.

---

프렌치-인디언 전쟁은 영국이 많은 돈과 자원을 지불해야 했는데, 이는 식민지에게 부담을 주었으며 결국 식민지인은 견디지 못하고 반란을 일으켰다. 이것이 바로 미국독립전쟁의 직접적인 원인이 되었다.

---

"이 모든 것은 영국인들에게 엄청난 양의 돈을 지불하게 했어요." Diane 선생님은 쓴웃음을 짓는다. "그래서 우리는 이것이 어디로 향하는지 알 수 있어요."

---

여기에서 여러분은 Diane 선생님이 정보를 제공하고 학생의 이해를 점검하는 두 번째 주기를 행한 것을 볼 수 있다. 두 주기는 비슷해 보이지만, 아주 중요한 차이점이 있다. 첫 번째로, Diane 선생님은 이해를 점검하고 있었다. "이제, 두 집단의 위치에 대해 무엇을 알 수 있나요?"와 같은 질문에 대한 학생의 반응은 그녀가 첫 번째 주기에서 제시한 것에 대한 학생들의 인지를 평가하는 것을 도와주었다. 두 번째로, 그녀는 단순히 정보에 대한 학생들의 인지를 점검하는 것을 넘어서, 학생들이 그녀가 첫 번째 주기에서 제시한 정보와 두 번째 주기에서 제시한 정보를 통합하는 것을 돕는 시도를 했다. 예를 들어, 다음과 같은 질문이다.

---

"이것은 프랑스의 군력에 대해 어떠한 것을 알려주나요?"

"자, 여기서 또 무엇을 알 수 있나요?" (학생들에게 애팔래치아 산맥을 주목시키며) "그것은 왜 중요한가요?"

---

그리고,

---

"프랑스인들과 영국인들이 싸우고 있었을 때, 왜 처음에 프랑스인들이 영국인들보다 더 유리했을 것이라고 가정하죠?"

---

이것 모두 학생들이 통합을 이루는 것을 돕기 위한 시도들이었다. 전체 수업을 위한 Diane 선생님의 목표는 프렌치-인디언 전쟁과 미국독립전쟁 간의 인과관계를 나타내는 복잡한 지식체계를 학생들이 이해하는 것이다.

Diane 선생님이 "이제 우리가 시작할 때 보았던 글로 다시 돌아가 보자."라고 말을 하고 그것을 실물화상기로 다시 보여주었을 때, 그녀가 수업의 이 단계에서 선행조직자로 학생들을 주목시켰다는 것 또한 주목해야 한다. 교사들은 보통 수업을 시작할 때에 선행조직자를 제공해 주고는 수업이 진행됨에 따라 그것을 무시해 버린다. 이것은 실수하는 것이다. 여러분의 목표는 학생들이 다른 정보 항목들 사이에서 관계를 이해하게 하는 것이기 때문에 이러한 관계는 수업 전체를 통해서 강조되어야 한다. 학생들에게 선행조직자를 주기적으로 주목시키는 것은 그들이 궁극적으로 무엇을 향하고 있는지를 상기시켜 준다.

통합이 여기에서 보여지는 것처럼 항상 매끄럽거나 노력이 필요하지 않은 것이 아니기 때문에 학생들이 주제에 대해 타당한 이해를 형성시켜 가고 있다는 것을 보장하기 위해 다양한 지점들에서 학생들을 자극시켜야 할 것이다. 이것은 모두 실제적인 지도의 일부이다.

**강의-토의 주기 : 수업의 구성요소**  장의 앞부분에서 여러분이 살펴본 것은 **정보를 제공하고,** 통합과 결합된 이해 점검이 되풀이되는 연속적인 하나의 **강의-토의 주기**이다. 이것은 강의-토의 모형의 핵심이다. 한 주기가 끝이 나면 두 번째 주기가 일어나고, 그러면 세 번째 주기가 일어나며 이것은 수업이 완결될 때까지 계속된다. 각각의 주기는 이해 점검과 또 다른 제시와 통합이 뒤따라오는 간략한 제시를 포함한다. 첫 번째 주기 이후에는, 이해 점검과 통합이 근본적으로 같은 것이 된다. 여러분은 직전에 제시한 정보에 대한 학생의 이해를 점검하는 것과, 학생의 이해를 이전의 주기에서 제공된 정보와 통합하는 것을 동시에 하게 될 것이다. 각각의 주기에서, 이전의 주기들에서 얻은 내용들과 한 주기에서의 정보가 통합되면서, 학생의 통합은 점점 더 넓고 깊어진다.

## 5단계 : 정리

**정리**는 학습에서 배운 내용들을 요약하고, 중요한 점을 강조하며, 다음 시간에 이어질 내용을 연결짓는 과정이다. 정리는 특히 강의-토의 모형을 사용할 때 중요하다. 왜냐하면 구조화된 지식은 정보의 범위가 넓고, 정보들을 가능한 한 통합할 필요가 있기 때문이다. Diane 선생님이 어떻게 수업을 정리하는지 살펴보자.

---

"그래서 우리는 지금까지 뭘 알았나요? 어서 말해 봅시다. Jerome?"
  "영국과 프랑스 중 누가 북아메리카를 다스릴 것인가로 싸웠습니다."
  "좋습니다. 또 다른 의견은 없습니까? Juanita?"
  "그것은 유럽에서 일어난 큰 전쟁의 한 부분이었습니다."
  "훌륭해요. 또 다른 의견은? Chu 발표해 봐요."

"그 전쟁으로 영국은 많은 돈을 지불해야 했습니다."

"그 사실이 왜 중요할까요?"

"영국은 돈을 벌어야 할 필요가 있었고, 그래서 식민지 국가에게 더 많은 부담을 지우기 시작했습니다. 그리고 그 부담은 식민지 국가와의 갈등으로 이끌었습니다."

"여러분 모두 잘했습니다. 방금 내용을 잘 기억해 두세요. 내일 공부할 내용입니다. 내일은 그러한 부담의 예시들을 살펴보고, 그것이 어떻게 독립전쟁에 기여하였는지 살펴봅시다."

Diane 선생님은 학습에서 배운 정보들을 질문을 통해 다른 학생들에게 요약하여 말하게 함으로써 수업을 정리했다. 이것은 아마도 수업을 정리하는 가장 일반적인 방법이지만 다른 효과적인 전략들도 있다. 예를 들어, 학생들 개별적으로 학습에서 배운 것들을 요약하여 쓰게 한 뒤, 전체에게 그들이 쓴 내용을 공유하게 할 수도 있다. 이 과정은 모든 학생들이 인지적으로 활동할 수 있게 한다는 장점이 있다. 세 번째로, 학생들을 짝지어 요약하게 한 후, 짝 활동으로 그들의 생각을 공유하는 방법도 있다. 이것은 우리가 전에 논의했던 사고공유 짝 학습에 적용될 수 있다. 선택방법은 교사의 전문적인 판단에 달려 있다. 어떤 방법에서도 교사는 학생들이 잘 조직된 내용의 이해를 얻고, 다음 학습의 기반을 만들 수 있도록 시도할 것이다.

## 다양한 학습환경에 강의-토의 모형 적용

지금까지 보았던 강의-토의 모형과정은 학생들이 기존 지식구조와 관련지어 이해하는 데 도움을 주도록 설계되었다. 하지만 인지구조의 수정과 더불어 개념과 일반화를 가르치는 것에도 강의-토의 모형은 효과적이다. 다음 담화를 살펴보자.

### 개념과 일반화를 가르치기 위한 강의-토의 모형의 사용

수정된 강의-토의 모형은 학생들에게 정의를 설명하거나(개념을 가르칠 때) 일반화를 진술하거나, 개념과 일반화의 예시를 사용하는 것을 통해 개념과 일반화를 가르칠 수 있다. 이것은 개념과 일반화를 가르치는 데 가장 일반적인 방법이다. 그리고 수업의 일련의 과정들은 발견식 수업모형을 사용할 때와 같이 교사가 따르는 수업모형에 맞게 순서가 바뀐다. 이런 방법들을 사용하여 개념과 일반화를 가르칠 때, 학생의 흥미와 학업 성취에 유익한 다양한 교수방법들을 추가하여 가르칠 수 있다.

개념과 일반화를 가르치기 위한 강의-토의 모형의 계획과 시행과정은 조금의 수정이 필요하다. 이때 개념의 특성과 관련지어 수정된다. 예시를 살펴보자.

**개념과 일반화를 가르치기 위해 사용되는 강의-토의 모형의 계획** 앞 장에서 강의-토의 모형의 계획은 네 단계로 이루어진다고 하였다. 그 과정을 보면 다음과 같다.

- 주제 확인하기
- 학습목표 상세화하기
- 내용 구조화하기
- 수업 도입 준비하기

개념과 일반화를 가르치기 위한 계획과 다른 과정은 세 번째 과정뿐이다. 왜냐하면—지식을 구조화할 때와 다르게—개념과 일반화는 이미 잘 정립되어 있어서 내용을 구조화하는 것이 주된 활동이 아니기 때문이다. 대신 계획을 세울 때, 학생들의 이해를 돕기 위해 개념과 일반화를 명료하게 해주는 고급 예시를 찾거나 만들어내는 데 더 초점을 둔다.

**개념과 일반화를 가르치기 위해 사용되는 강의-토의 모형의 실행** 또한 앞 장에서 강의-토의 모형의 실행은 5단계로 이루어진다고 하였다. 그 단계를 보면 다음과 같다.

- 1단계 : 복습과 도입
- 2단계 : 제시
- 3단계 : 이해 점검
- 4단계 : 통합
- 5단계 : 정리

개념과 일반화를 가르치기 위해 모형을 사용할 때는, 제시단계 개념을 정의하거나 일반화를 명시할 때 사용할 수 있으며, 이해 점검과 통합단계는 합해진다. 다음 8학년 수학 선생님인 Jared Davis 선생님의 수업을 통해 수업이 어떻게 실행되는지 살펴보자.

---

Jared 선생님은 표준수준을 조사하고 학년 기대수준 1을 살펴보았다.

*M.A.A.2.3.2 : 학생들은 10진법 이외의 수 체제구조를 이해할 수 있고, 8학년 기대 수준기준은 다음과 같다.*

1. 10진법을 2진법, 5진법, 8진법과 같은 진법과 등가수로 표현한다(Florida Department of Education, 2005).

학생들을 표준수준에 도달시키기 위해, 그는 수업을 계획할 때, 수업에서 사용할 일련의 예시를 만드는 작업에 힘을 쏟았다. 그의 수업상황을 함께 보자.

초기 수업과정이 끝난 후에 그는 칠판에 다음과 같이 적었다.

$$24 = 30$$

학생들의 어리둥절한 표정을 본 그는 웃으며 물었다. "이상하게 보일지라도 이것은 사실입니다. 그리고 오늘은 왜 그런지 공부해 보겠습니다. 자, 24를 봅시다. 이 숫자는 어떤 의미를 가지고 있습니까? 4는 무엇입니까? Gabrielle?"

"…… 4, 혹은 4개입니다."
"잘했습니다. 그럼 2는 무엇일까요? Rafa?"
"…… 20입니다."
"그렇습니다. 매우 잘했어요. 그렇다면 24는 20과 4이군요. 자, 이것을 보세요."
그는 실물화상기에 다음과 같이 보여주었다.

---

수 체계에서, **진법**은 숫자들을 표현하기 위해 0을 포함한 고유한 숫자들을 말한다. 예를 들어 십진법 체계에서 진법은 10이다. 왜냐하면 10진법은 0, 1, 2, 3, 4, 5, 6, 7, 8, 9의 10가지 숫자를 사용하기 때문이다.

---

"우리가 사용하는 체계에서 **고유한** 숫자 10을 사용하지 않는다는 것에 주목하세요."라고 말하며 Jared는 **고유한**이라는 단어를 말할 때 목소리에 힘을 주었다. "고유한의 의미는 오직 한 가지 종류라는 것입니다." 계속해서 말했다. "그리고 우리는 10을 고유한 숫자 1과 0으로 나타냅니다. 10진법이 자연스럽게 보이는 이유는 우리가 아주 어릴 때부터 사용해 왔고 전 세계가 그렇게 쓰고 있으며, 아마도 우리의 손가락이 10개이기 때문일 것입니다." 그는 웃으며 계속 말했다. "하지만 우리가 한 손에 4손가락밖에 없는 아바타 세계에 살고 있다고 가정한다면, 우리의 진법은 8입니다. 그렇다면 고유한 숫자들은 어떤 것이 있을까요? Kristie?"

"…… 0, 1, 2, 3, 4, 5, 6, 7, 그리고 8입니다."
"몇 개의 숫자가 있나요?"
"이런 …… 9개 …… 다시, 0, 1, 2, 3, 4, 5, 6, 7일 것입니다."
"잘했어요. 그러면 숫자 8은 무엇이죠? Ken?"
"…… 10?" Ken이 몇 초 생각한 후에 대답했다.
"정확해요. 아주 좋은 생각입니다. 우리가 쓰는 체계에서 10은 열 개와 0개였다면, 8진법에서 숫자 10은 여덟 개와 0개입니다. 자, 다시 칠판을 봅시다." 그는 칠판에 써놓은 24=30을 보도록 했다.
"24를 10진법에서는 무엇이라고 합니까? Danielle?"
"20과 4입니다."
"그렇다면 모두 생각해 봅시다. 24는 8진법에서는 무엇으로 나타낼 수 있을까요?"
"…… 알겠어요!" 몇 초 뒤 Stefan이 거의 외치듯 말했다. "30이에요. 24는 8이 3개, 그리고 1이 없어요."
"훌륭해요." Jared는 주먹을 들어올리며 말했다. "매우 좋은 생각이에요." Jared는 몇 가지 예시를 더 제시하였고, 학생들에게 오늘 무엇을 했는지 요약해 보라고 시켰다. 그리고 말했다. "내일은 더 흥미로울 거예요. 우리는 2진법을 살펴볼 것입니다. 왜 2진법이 흥미로울까요? 아무도 없나요?"

그는 대답을 들어 보지 않고 말했다. "2진법은 컴퓨터의 기본이 되기 때문입니다. 그리고 모두 알다시피 정보화 시대는 점점 가속화되고 있습니다. 그래서 우리가 2진법에 대해 알수록 우리는 더욱 편리한 삶을 살 것입니다."

---

Jared 선생님의 수업을 우리가 조사한 강의-토의 모형의 렌즈를 통해 살펴보자.

그는 24=30이라고 칠판에 적으면서 수업을 시작했다. 이 간단한 행동으로 학생들의 관심과 무엇을 배울 것인지 시작했다. 그리고 그는 선행조직자로 숫자 24의 의미(20과

4)를 복습하였다. 이 과정에서 선행조직자는 **진법**의 개념을 정의했다.

선행조직자를 보인 다음, 그는 10진법에 대한 설명과, 8이 기본이 된 진법에서는 어떻게 될지에 대한 추가적인 정보를 제공했다. 그런 다음 그는 재빨리 학생들에게 질문을 함으로써 8진법에 대한 개념 이해를 넓히고자 했다. 예를 들어 그가 Kristie에게 8진법의 고유한 숫자가 무엇이냐고 물었을 때, 사실 그는 강의–토의 모형의 이해 점검단계를 시작한 것이다. 그다음 그는 다시 24=30이라고 적힌 칠판으로 돌아갔다. 그리고 몇 가지 질문을 더 하면서 10진법에서의 24가 8진법에서 30(삼영, 십진법에서는 '서른'의 의미를 가짐)을 나타낸다는 학생의 이해를 도왔다. 이 과정은 학생들이 정보를 통합할 수 있도록 도왔다.

Jared 선생님이 수업한 과정은 일반화를 가르칠 때의 과정과 유사하다. 예를 들어 당신이 언어교사이고, 학생들에게 소유 명사를 만드는 규칙을 가르치고 싶어 한다고 가정해 보자. 당신은 다음과 같은 선행조직자를 준비할 것이다.

---

단수 명사일 때는 apostrophe에 s를 붙인다. 복수 명사이고 끝이 S로 끝날 때는 apostrophe를 붙인다. 복수 명사이지만 끝이 S로 끝나지 않을 때는 apostrophe s를 붙인다.

---

이 경우 선행조직자는 규칙에 대한 언급일 것이다.

강의의 제시단계는 예시를 제시하는 것이다. 다음과 같다.(Jana와 Damon은 Riverside 중학교의 학급 학생이다.)

---

Jana's and Damon's school, Riverside Middle, is the vest school in the district. The school's mascot is the otter, because otters have been found in the river near the school. Many school's mascots are connected in some way to the area in which they live. A children's park is located near both the school and river, and several of the teachers' students have seen otters in the river when they've visited the park.

---

이해 점검단계에서 당신은 학생들에게 왜 "The school's mascot is the otter ……"와 "Many school's mascots are connected ……"에서 apostrophe가 다르게 쓰였는지 설명하라고 할 것이다. 또한 "A children's park is ……"와 "…… when they've visited the park"에서의 apostrophe의 쓰임에 대해서도 설명하게 할 것이다.

만약 학생들이 예시에서 apostrophe의 쓰임에 대해 이해하고 있다면, 당신은 다른 문장을 제시하여, 학생들에게 분석해 보게 함으로써 소유격 형태를 완성할 것이다.

## 발달수준에 적절한 실행 : 연령이 다른 학생들에게 강의-토의 모형 활용

이번 장의 제목은 어느 정도 오해의 소지가 있다. "다른 양의 배경지식을 가진 학생들에게 강의-토의 모형의 활용"이 더 나은 제목일 것이다. 우리는 발달수준이라고 하면 일반적으로 나이에 따른다고 생각하지만 경험과 선행지식의 차이라는 것이 종종 더욱 적절하다.

강의-토의 모형 또한 잘못 해석될 수 있다. 강의라는 용어를 볼 때, 소집단의 나이 많은 학생들에게 하는 교사의 말하기라고 생각하는 경향이 있다.

위 두 단락에서 우리의 초점은 이것이다. 강의-토의 모형은—우리는 토의라는 단어에 더 강조점을 둔다—다른 수업모형보다, 특히 개념과 일반화를 가르칠 때 어린 학생들과 선행지식이 부족한 학생들이 더 효율적으로 배울 수 있는 모형이다. 예를 들어 Jared의 학생들이 수 진법에 대한 경험이 전혀 없었기 때문에, 그가 안내된 발견모형을 사용하여 강의를 하려 했다면 더 어려웠을 것이다. 이 경우에 예시를 도입했던 그의 수업과 같이 수정된 강의-토의 모형은 효율적인 대안이다.

두 가지 요인을 통해 왜 그런지 살펴보자. 첫째, 선행조직자가 학습의 연결고리로 작용한다. 예시가 연결될 수 있도록 하는 뼈대가 된다. 둘째, 안내된 발견모형에 비해 강의-토의 모형은 교사가 설명을 더 많이 하기 때문에 학생들의 선행지식의 차이를 좁힐 수 있다.

하지만 우리는 주의하라는 단어도 함께 제시하고 싶다. 일반적인 학생들과 특히 어린 학생들은 집중시간이 짧다. 그래서 설명(강의-토의 모형의 제시단계)을 매우 짧게 해야 한다. 그렇지 않으면 그들의 집중시간의 한계를 초과할 것이다. 또한 경험이 부족한 학생들은 자신의 경험과 교사의 설명 속의 정보들을 연결하는 것이 적으므로 풍부한 배경지식과 경험을 가진 또래보다 오래 주의를 기울이지 못한다. 이것은 수업에서 학생의 상호작용을 돕는, 강의-토의 모형의 이해 점검과 통합단계가 강조되어야 한다는 것을 의미한다.

## 강의-토의 모형을 사용할 때 학생들의 동기유발

학생들을 학습활동에 참여시켜야 한다는 요구는 동기유발의 기본 원칙이다. 그리고 이 책의 모든 수업모형에서 강조되는 점이기도 하다. 이것은 특히 이번 장에서 매우 중요한데, 왜냐하면 강의-토의 모형은 머리가 아파지기 쉽고, 제시단계가 길어지기 쉽기 때문이다. 그리고 학생들을 긴 시간 동안 인지적으로 수동적인 역할로 두는 것은 주제, 학년, 수업모형의 종류에 관계없이 학생들의 동기를 급격하게 떨어뜨린다.

이것은 강의-토의 모형에서 이해 점검단계와 통합단계가 중요하다는 것을 말해 준다. 학생을 관련시키는 것은 학생의 동기를 촉진하고 유지시키는 가장 효과적인 방법 중 하나이다.

소집단 활동도 이해 점검과 통합단계에서 학생을 관련시켜 사용될 수 있다. 예를 들어 Diane 선생님은 이 단계에서 전체 학급 토의를 안내하면서 또한 짝과 제시단계에서 중요하다고 생각한 점이 무엇인지 확인하게 한 다음, 반 전체에 발표하게 했다. 전체 학급 토의와 소집단 활동을 결합하는 것은 다양한 학습활동을 더해 주고 학생들이 흥미를 지속시킬 수 있는 가능성을 높여주었다.

소유 명사를 만드는 규칙을 설명하기 위해 사용된 예시를 다시 살펴보자.

---

Jana's and Damon's school, Riverside Middle, is the vest school in the district. The school's mascot is the otter, because otters have been found in the river near the school. Many school's mascots are connected in some way to the area in which they live. A children's park is located near both the school and river, and several of the teachers' students have seen otters in the river when they've visited the park.

---

Jana와 Damon은 이 학급의 학생이고, Riverside 중학교가 학생들의 학교이다. 이와 같은 개인적인 예시는 어떤 수업모형을 사용하는지에 관계없이 학생들의 흥미를 일으키는 효과적인 방법이다.

### 공학과 교수 : 강의-토의 모형에서 공학 활용

강의-토의 모형이 학생들의 지식 구조화의 이해를 돕기 위해 설계되었기 때문에 이 모형은 과학기술, 특히 인터넷과 양립될 수 있다. 인터넷은 정보가 많은 자료이기 때문에 사람들은 "당신은 Google에서 무엇이든지 찾을 수 있어요."라는 농담을 하기도 한다. 예를 들어 Diane 선생님은 수업에서 쉽게 '독립전쟁의 이유'를 검색하고 이미 조직화된 세부정보들을 즉시 띄웠다. 이것은 학생들을 위한 정보조직 과정을 매우 효율적이게 하고, 그녀의 귀중한 시간을 절약하게 한다. 대부분 우리는 역사수업에서 원인-결과의 관계가 전혀 없는 정보, 즉 프렌치-인디언 전쟁은 1754부터 1763년까지 일어났고, 보스턴 차사건은 1773년에 일어났다와 같은 사실 위주의 연대표 중심의 교육을 받았다. 정보를 구조화하여 서로 간 관계를 연결시키는 것은 지식 '구조화'의 핵심이며, 역사수업뿐 아니라 다른 지식 구조화를 의미 있고 흥미 있게 만들어 준다. 인터넷은 이러한 목표를 달성하기 위한 가치 있는 도구 중의 하나이다.

다른 예시로서, Diane 선생님은 수업의 제시단계에서 일반 주제의 다른 측면들을 소집단 학생들에게 분담하여, 학생들이 인터넷을 사용하여 정보를 모으고 준비해서 학급에 발표하도록 대체할 수도 있었다. 학생들이 발표할 때, Diane 선생님은 컴퓨터를 사용해 전체 자료를 편집, 종합하여 학생들이 주목할 수 있도록 사용할 수 있다. 그다음 진정한 지식의 '구조화'를 만드는 강의-토의 모형의 통합단계로서 전체 토론을 안내할 수 있다.

덧붙여 이 과제는 학생들이 정보를 찾는 기술을 기를 수 있게 도와준다. 오늘날 어린 학생들은 과학기술을 사용하는 데 많은 시간을 소비한다. 그러나 대부분은 페이스북이나 트위터와 같은 소셜 네트워킹을 하거나, 비디오 게임을 하고, 휴대전화를 통해 문자를 보내고 전화하는 데 소비한다. 정보에 접근하거나 좋은 정보를 많이 알고 있는 사람이 되기 위해 과학기술을 사용한다는 소리는 들리지 않는다. 학생들에게 정보원으로서 과학기술을 사용하는 경험을 제공하는 것은 과학기술에 대한 이해와 사용을 확장시켜 주는 데 도움이 될 것이다.

## 강의-토의 모형에서의 학습평가

강의-토의 모형은 지식의 구조화를 가르치기 위해 설계되었다. 이 점은 통합 수업모형과 유사하지만 귀납 수업모형, 개념 수업모형, 직접 수업모형과 같이 개념, 일반화, 절차적 기술의 특정 주제를 가르치기 위해 설계된 수업모형과는 차이점을 가진다.

구체적 내용의 이해 평가는 지난 장에서 많이 다루었으므로, 더 이상 설명하지 않겠다. 대신 강의-토의 모형은 내용 간의 관계를 가르치기 위해 설계되었으므로, 이번에는 내용 간 관계 이해의 평가에 초점을 두어 살펴보자.

주제의 관계를 발견하는 능력은 주제 자체에 대한 이해를 기본으로 하기 때문에 평가는 주제에 대한 이해와 그들 사이의 관계에 대한 이해 두 가지 모두 포함해야 한다. 예를 들어 Diane 선생님의 수업 구성에서 학생들의 내용 이해를 평가하기 위해 사용되었던 다음의 항목들을 고려해 보자.(이 항목은 독립전쟁의 이유와 관련된 일련의 수업을 마친 후 사용되는 것이지 프렌치-인디언 전쟁 수업 자체만으로 사용되는 것은 아니다.)

---

1764년 설탕조례 사건과 1773년 보스턴 차사건이 1754년에서 1763년에 발생한 프렌치-인디언 전쟁과 어떤 관련이 있는지 서술해 보시오.

---

당신은 아마 학생들이 두 사건 모두 프렌치-인디언 전쟁 후 영국이 지불해야 할 비용과 관련지어 서술할 것이라고 기대할 것이다. 전쟁 후 수익을 올리기 위해서 영국은 설탕조례를 통과시켰고, 돈을 벌기 위한 또 다른 방법으로 영국이 차 관세를 통과시키자 그에 대한 식민지 주민들의 반발로 보스턴 차사건이 일어나게 되었다.

응답은 하나의 문단으로 제시해야 한다. 그래서 8학년 학생들은 내용을 이해했다면 그렇게 할 수 있어야 한다.

새로운 상황에서 정보를 적용해 보도록 물어본 항목은 학습동기와 전이의 측면에서 중요하다. 이러한 항목은 우리가 오늘날 살아가는 세계가 어떤 관련이 있는지 보여줄 뿐 아니라 학생들이 새로운 상황에서 정보를 적용할 수 있도록 용기를 심어준다. 새로운 상황에서 정보를 적용하기 위한 예시로서 다음 항목을 살펴보자

---

미국은 2000년 후반과 2010년 초반에 걸쳐 불경기를 경험했다. 동시에 미국은 이란과 아프가니스탄과 전쟁을 하였다. (1) 이 사건들이 어떻게 연결될 수 있는지 설명하시오 그리고 (2) 프렌치-인디언 전쟁과 독립전쟁 사이의 사건이 어떻게 연결될 수 있는지 설명하시오.

---

인정하건대, 전문가들이 불경기가 전쟁의 원인이 되었다고 서술하듯, 전쟁은 정치적 대립이었다. 하지만 이 항목에서 당신의 목표는 정치적 설명을 말하는 것이라기보다는 학생들이 역사적 사건과 오늘날 세계의 사건들을 비교하여 연결지을 수 있는가를 평가하는 것이다. 오늘날 학교에서는 이런 능력의 평가를 거의 하지 않는다.

이번 장에서 내내 강조해 왔듯, 지식의 구조화를 이해하는 핵심은 각각의 정보의 관계를 알아차리는 것이다. 학생들에게 개념 리스트를 제시하고 개념들 간 위계적으로 구조화하게 하는 것은 개념 간 관계에 대해 이해하는가를 평가하는 가치 있는 방법이다(Winitzky, Kauchak, & Kelly, 1994). 예를 들어 당신은 생물교사이고 척추동물에 대한 수업을 완성하였다. 당신은 학생들에게 척추동물과 관련된 개념 항목들을 다음과 같이 제시하였고, 개념들을 위계적으로 구조화한 다음 설명해 보도록 했다.

| | | |
|---|---|---|
| 파충류 | 조류 | 척추동물 |
| 어류 | 항온동물 | 뱀 |
| 단공류 | 태반동물 | 개구리 |
| 포유류 | 유대류 | 변온동물 |
| 거북이 | 도마뱀 | 양서류 |
| 개 | 캥거루 | 송어 |

학생들이 만든 위계는 그림 10.4와 같이 나타날 것이다.

우리가 제시한 예시들은 학생들의 지식 간 관계의 이해 정도를 평가할 수 있는 몇 가지의 방법에 지나지 않는다. 더 많은 방법이 있다. 당신이 노력하고 학습 초점에 관심을 가진다면, 평가와 학생들의 학습의 질까지 지속적으로 향상시킬 수 있을 것이다.

**| 그림 10.4 |** 척추동물을 조직화한 위계도

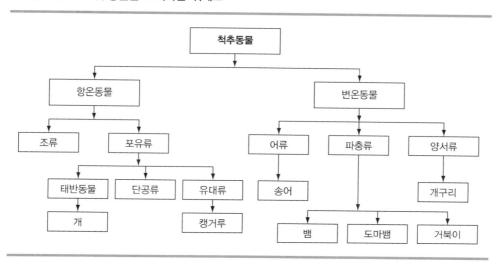

## 요약

### 강의와 강의-토의 모형

■ 강의는 인기 있다. 왜냐하면 강의는 계획하기 쉽고, 유연하며, 실행하기가 간단하기 때문이다.

■ 강의는 종종 효과적이지 않다. 특히 어리고 동기가 부족한 학생들을 수업할 때 그렇다. 왜냐하면 강의는 학습자를 수동적인 역할로 두고, 일반적으로 학습 기억능력에 과하도록 제공하며, 비공식으로 교사가 학습과정에서 평가하는 것을 허락하지 않기 때문이다.

■ 강의-토의는 전체학습과 모둠학습 모두에서 정보가 제시될 때 학생 참여를 높은 수준으로 향상시키게 함으로써 강의의 약점을 극복할 수 있도록 돕는다.

### 강의-토의 모형을 사용한 수업계획

■ 강의-토의 모형을 계획하는 것은 네 단계로 진

행된다. 주제 확인하기, 학습목표 상세화하기, 내용 구조화하기, 수업 도입 준비하기

■ 지식을 구조화하는 것이 광범위하고 복잡하기 때문에, 주제를 확인할 때에는 개념, 일반화, 절차적 기능과 같은 구체적 형태의 내용을 가르칠 때와 비교하여 더 많은 결정력이 필요하다.

■ 지식을 구조화하는 범위 때문에 한 차시로 부족할 수 있다. 그러므로 지식은 학생들에게 의미 있게 구조화되어야 한다.

■ 선행조직자는 강의-토의 모형에서 초기에 제공되며 학생들의 관심과 앞으로 공부할 내용을 연결하는 뼈대가 된다.

### 강의-토의 모형을 사용한 수업실행

■ 강의-토의 모형은 학생들이 수업에 들어올 수 있도록 도입으로 시작되고 선행조직자를 제시

하여 학습의 뼈대를 제공한다.

- 제시단계에서, 교사는 학생들에게 새로운 정보를 제공하고 전형적인 질문을 함으로써 학생들의 이해 정도와 선행 개념을 확인한다.

- 또 다른 정보 제시단계에서는 이해 점검을 수반한다. 학생들의 이해 정도를 확인하고 새로운 지식과 기존 지식이 통합될 수 있도록 돕는다.

### 다른 학습환경에 강의-토의 모형 적용

- 지식을 구조화하기 위해 설계된 강의-토의 모형은 개념과 일반화를 가르치는 데 쉽게 적용될 수 있다. 제시단계에서 정의를 제시하거나 일반화를 진술할 수 있고 이해 점검과 통합단계는 예시를 분석한다.

- 강의-토의 모형에서 제시단계가 짧거나 높은 수준의 상호작용이 이루어진다면 어리거나 경험

이 부족한 학습자들에게 적합한 수업모형이다.

- 공학은 강의-토의 모형에서 중요한 정보자료로 이용될 수 있다.

### 강의-토의 모형에서의 학습평가

- 이 모형에서의 평가는 학생들이 공부한 주제 간 관계와 새로운 상황에서의 적용에 초점을 둔다. 이것은 구체적 사실, 개념, 일반화의 이해를 평가하는 것을 넘어선다.

- 학생들에게 관계를 서술하라는 짧은 에세이 항목이나 새로운 상황에서 학생들의 이해를 적용하는 위계적 항목은 강의-토의 모형을 통해 가르친 주제를 평가하는 데 효과적이다.

- 개념 리스트를 제공하고 그것을 위계적으로 조직하도록 물어보는 것은 강의-토의 모형을 통해 가르친 내용들을 평가하는 데 효과적이다.

## 주요 개념

강의-토의 모형(Lecture-discussion model)
강의-토의 주기(Lecture-discussion cycle)
선행조직자(Advance organizers)
이해 점검(Comprehension monitoring)

정리(Closure)
조직화된 지식체계(Organized bodies of knowledge)
중점(Focus)

## 연습 문제

**1.** 다음 사례연구를 읽고 이어지는 질문에 대답하시오.

Iris Brown 선생님은 영어수업 시간에 말하기를 가르치고 있다. 그녀는 전체 의사소통 과정에서 다른 품사의 기능을 학생

들에게 가르치고 싶어 한다.

그녀는 또한 다른 품사 간 관계를 가르치고 싶어 한다. 그녀는 학생들에게 질문하면서 수업을 시작했다. "누가 의사소통과 품사에 대해 말해 볼까요?"

"의사소통은 주로 언어를 사용해서 상호 간 정보를 교환하

는 것이고, 품사와 구두점을 찍는 방법은 전체 과정의 부분이라고 배웠습니다." Steve가 머뭇거리며 말했다.

"Steve, 잘했어요. 어제 품사가 무엇이라고 배웠습니까?" Iris는 계속해서 물었다.

몇 초간 시간이 흐른 뒤, Quiana가 대답했다. "품사는 집을 지을 때 벽돌과 같습니다. 품사는 의사소통을 하기 위한 벽돌과 같고, 덩어리를 놓는 방법은 메시지의 형태와 의미를 결정합니다."

"단어는 또한 정의어(naming words), 행동어(action words), 서술어(describing words), 그리고 다른 단어로 나눌 수 있다고 배웠어요."라고 Evelyn이 덧붙였다.

"최고예요." Iris 선생님이 웃으며 말했다. "그렇다면 어떻게 이 집단들을 설명할 수 있을까요?"

수업은 각각의 품사에 대한 토의로서 진행된다.
  a. 이번 수업에서 교사의 계획 범위를 서술하라.
  b. 사례연구에서 두 가지 선행조직자를 확인하고 서술하라.
  c. 이 이야기에서 나타난 주제들을 조직하여 도식화하라.

**2.** 다음은 대학수업에서 수업모형에 대해 논의한 것을 기술한 것이다. 3일 간의 수업 중 마지막 날이다.(여러분이 대답할 수 있도록 단락에 번호를 붙였다.)

1. Phyllis Confrey 교수는 지난 두 시간의 수업 내용을 복습하며 금요일 강의를 시작했다.

2. "월요일 수업은 어떻게 시작했죠?" 그녀가 말했다,

3. "음" Ron이 대답했다 "교수님께서 수업모형은 개념의 청사진이라고 하셨어요. 그래서 둘은 같은 목적을 가지고 있습니다. 청사진이 기계 공학적인 목적을 안내하는 데 사용되는 반면에 수업모형은 내용과 과정을 달성하려는 목적의 안내자입니다."

4. Arlene이 덧붙였다. "교수님께서는 수업모형들이 인지적이냐, 정의적이냐, 심동적인가의 강조에 따라서, 혹은 정보처리과정이라고 불리는 특별한 정의적 목적에 따라 묶일 수 있다고 하셨습니다."

5. "교수님은 여기서 강조될 것은 정보처리과정이라고 말씀하셨죠." Mary가 덧붙였다.

6. "수요일에 교수님은 정보처리과정을 다루기 시작하셨어요." Bob이 끼어들었다.

7. "그리고 교수님은 각각의 모형을 따로 다루어서 저희에게 분명하게 구별되길 바라셨어요." Martha가 덧붙였다.

8. 그런 다음 George가 말했다. "그리고 교수님은 학생들이 환경으로부터 얻는 정보를 잘 다루고 그것을 의미 있는 형태로 바꾸는 것을 돕기 위해 정보처리과정 모형이 설계되었다고 말씀하시며 수업을 시작했습니다."

9. "그리고 강의-토의 모형처럼 설명이 중심인지 혹은 안내된 발견모형처럼 귀납이 중심인지에 따라 수업모형을 구분지으셨습니다." Kay가 말했다.

10. "더 나아가 귀납적인 수업모형으로 안내된 발견모형, 개념획득 모형, 그리고 통합적 수업모형으로 나누고 설명적인 수업모형으로 직접교수 모형, 강의-토의 모형으로 나누었습니다." Russ가 말했다.

11. "또한 강의-토의 모형은 설명적 · 연역적이고, 통합적 수업모형은 귀납적이지만 둘은 생각한 것처럼 관련이 없지 않습니다. 둘 다 많은 양의 정보처리과정을 사용하기 때문이죠. 하지만 그 방법은 달랐습니다."

12. "통합적 수업모형이 강의-토의 모형보다 과정 지향적이라고 덧붙이셨어요." Carol이 말

했다.

13. "훌륭해요!" Phyllis 교수가 말했다. "여러분은 지금까지 개념들을 잘 정립한 것 같군요. 오늘은 새로운 모형을 생각해 보도록 합시다. 그것은 정보처리 수업모형인 문제해결 수업모형입니다. 이것은 학생들이 학급에서나 실제상황에서의 문제들을 해결할 수 있는 능력을 돕도록 설계되었습니다."

14. "이 수업모형은 귀납적·연역적 방법을 합했습니다. 모형의 첫 과정은 설명하는 부분으로 문제를 확인하고, 나머지 과정은 문제를 해결하기 위해 정보를 모으는 부분을 포함합니다."

15. Wayne은 손을 들고 질문했다. "우리는 지금까지 지식을 가르치기 위한 세 가지 형태의 개념, 일반화, 사실을 배웠습니다. 문제해결 수업모형은 어떤 것을 가르치기 위한 수업모형입니까?"

16. "좋은 질문입니다." Phyllis 교수가 말했다. "그러나 내가 설명하기 전에 실제 문제해결 수업모형이 실행되는 예시를 보여주겠습니다. 그리고 스스로 답해 보세요."

17. 학급은 제시된 예시를 분석하기 시작했고 최종적으로 Wayne의 질문에 대한 답을 얻을 수 있었다.

   a. 수업에서 선행조직자를 확인하라.(몇몇은 지난 시간에 배운 것일 것이다.)
   b. 수업에 담긴 내용의 위계를 그려라.
   c. 수업에서 통합이 이루어진 곳을 확인하라.

## 토론 문제

1. 안내된 발견, 개념획득, 그리고 통합적 모형과 대조적으로 강의-토의 모형은 '교사 중심적'으로 기술되지만, '학생 중심적'이라고도 기술된다. 이것에 차이가 있는가? 여러분은 이것이 옳다고 생각하는가? 그렇지 않다고 생각하는가?

2. 여러분이 이 책에서 공부한 다른 모형과 비교하여 제2장에서 제시된 학습모형과 강의-토의 모형은 조금 더, 조금 덜, 혹은 똑같은 근거를 둔 모형인가?

3. 강의-토의 모형의 특별한 장점은 무엇인가? 또한 그것의 주된 단점은 무엇인가?

4. 어떤 조건이 선행조직자의 효과성에 영향을 미칠 수 있는가? 어린 학생 혹은 나이든 학생 중 어떤 집단에서 더 효과적인가? 그들은 새로운 주제나 오래된 주제 중 어느 것에 더 효과적인가? 그들은 추상적 혹은 구체적인 주제 중 어느 것에 더 효과적인가?

5. 강의-토의 모형과 통합적 모형은 꽤 다른 것으로 보이지만, 중요한 유사점이 일부 있다. 둘 사이의 유사점을 적어도 두 가지를 찾아라.

6. 강의-토의 모형과 직접교수 모형 사이의 유사점과 차이점을 적어도 두 가지 찾아라.

7. 학생들에게 강의-토의 모형을 시행할 때의 어려움에서 이 책에서 학습한 다른 모형들과 비교하여 쉬울까, 어려울까, 똑같을까?

Abedi, J., Hofstetter, C., & Lord, C. (2004). Assessment accommodations for English language learners: Implications for policy-based empirical research. *Review of Educational Research, 74*(1), 1-28.

Alder, N. (2002). Interpretations of the meaning of care: Creating caring relationships in urban middle school classrooms. *Urban Education, 37*(2), 241-266.

Alexander, P. (2006). *Psychology in learning and instruction.* Upper Saddle River, NJ: Merrill/Pearson.

Alonzo, M., & Aiken, M.(2004). Flaming in electronic communication. *Science Direct-Decision Support Systems.* Retrieved from http://www.sciencedirect. om/science?_ob=ArticleURL&_udi=B6V8S-47GHW2 H-1&_user=10&_coverDate=01%2F31%2F2004&_rdo c=1&_fmt=high&_orig=search&_sort=d&_docanchor =&view=c&_searchStrId=1254318171&_rerunOrigin= google&_acct=C000050221&_version=1&_urlVersion =0&_userid=10&md5=56c0d24bb2222512a2fd8d8ae7 a27065

Anderson, L., & Krathwohl, D. (Eds.). (2001). *A taxonomy for learning, teaching, and assessing: A revision of Bloom's taxonomy of educational objectives.* New York: Addison Wesley Longman.

Anderson, L., Brubaker, N., Alleman-Brooks, J., & Duffy, G. (1985). A qualitative study of seatwork in first-grade classrooms. *The Elementary School Journal, 86,* 123-140.

Antil, L., Jenkins, J., Wayne, S., & Vadasy, P. (1998). Cooperative learning: Prevalence, conceptualizations, and the relation between research and practice. *American Educational Research Journal, 35*(3), 419-454.

Ash, K. (2008). Student moviemakers: Digital filmmaking moves into K-12 art classrooms. *Education Week.* Retrieved from http://www.edweek.org/dd/articles/ 2008/06/05/04art_web.h01.html

Ausubel, D. (1968). *Educational psychology: A cognitive view.* New York: Holt, Rinehart & Winston.

Babad, E., Bernieri, F., & Rosenthal, R. (1991). Students as judges of teachers' verbal and nonverbal behavior. *Amercian Educational Research Journal, 28*(1), 211-234.

Bauerlein, M. (2008). *The dumbest generation: How the digital age stupefies young Americans and jeopardizes our future (or, don't trust anyone under 30,* New York: Tarcher/Penguin.

Bental, B., & Tirosh, E. (2007). The relationship between attention, executive functions and reading domain abilities in attention deficit hyperactivity disorder and reading disorder: A comparative study. *The Journal of Child Psychology and Psychiatry and Allied Disciplines, 48,* 455-463.

Bereiter, C., & Scardamalia, M. (2006). Education for the knowledge age: Design-centered models of teaching and instruction. In P. A. Alexander & P.

H. Winne (Eds.), *Handbook of educational psychology* (2nd ed., pp. 695-714). Mahwah, NJ: Lawrence Erlbaum Associates.

Berk, L. (2008). *Infants & children* (6th ed.). Boston: Allyn & Bacon

Berliner, D. (1994). Expertise: The wonder of exemplary performances. In J. Mangieri & C. Collins (Eds.), *Creating powerful thinking in teachers and students* (pp. 161-186). Fort Worth, TX: Harcourt Brace.

Berliner, D. C. (2000). A personal response to those who bash education. *Journal of Teacher Education, 51*, 358-371.

Bielenberg, B., & Fillmore, L. W. (2005). The English they need for the test. *Educational Leadership, 62*(4), 45-49.

Block, M. (2007). Climate changes lives of whalers in Alaska. All Things Considered. National Public Radio. Retrieved from http://www.npr.org/templates/story/story.php?storyId=14428086

Bloom, B., Englehart, M., Furst, E., Hill, W., & Krathwohl, O. (1956). *Taxonomy of educational objectives: The classification of educational goals: Handbook 1. The cognitive domain*. White Plains, NY: Longman.

Blumenfeld, P., Kempler, T., & Krajcik, J. (2006). Motivation and cognitive engagement in learning environments. In R. K. Sawyer (Ed.), *Cambridge handbook of the learning sciences* (pp.475-488). Cambridge, MA: Cambridge University Press.

Bohn, C. M., Roehrig, A. D., & Pressley, M. (2004). The first days of school in the classrooms of two more effective and four less effective primary-grades teachers. *Elementary School Journal, 104*(4), 269-288.

Borko, H., & Putnam, R. (1996). Learning to teach. In D. Berliner & R. Calfee (Eds.), *Handbook of educational psychology* (pp.673-708). New York: Macmillan.

Bransford, J., Brown, A., & Cocking, R. (Eds.). (2000). *How people learn: Brain, mind, experience, and school*. Washington, DC: National Academy Press.

Brophy, J. (2004). *Motivating students to learn* (2nd ed.). Boston: McGraw-Hill.

Brophy, J. (2006) Graham Nuttall and social constructivist teaching: Research-based cautions and qualifications. *Teaching and Teacher Education, 22*, 529-537.

Brophy, J., & Good, T. (1986). Teacher behavior and student achievement. In M. Wittrock (Ed.), *Handbook of research on teaching* (3rd ed., pp. 328-375). New York: Macmillan.

Brouwers, A., & Tomic, W. (2001). The factorial validity of the Teacher Interpersonal Self-Efficacy Scale. *Educational and Psychological Measurement, 61*, 433-445.

Bruner, J. (1990). *Acts of meaning*. Cambridge, MA: Harvard University Press.

Bruning, R. H., Schraw, G. J., Norby, M. M., & Ronning, R. R. (2004). *Cognitive psychology and instruction* (4th ed.). Upper Saddle River, NJ: Prentice Hall.

Burke, L. A., Williams, J. M., & Skinner, D. (2007). Teachers' perceptions of thinking skills in the primary curriculum. *Research in Education, 77*, 1-13.

Bushweller, K. (2010). Technology's role in motivation. *Education Week*. Retrieved from http://blogs.edweek.org/edweek/motivation/2008/06/the_role_of_technology_in_moti.html

California State Board of Education. (2008). *Content standards*. Retrieved from http://www.cde.ca.gov

/be/st/ss/

Caprara, G. V., Barbaranelli, C., Borgogni, L., & Steca, P. (2003). Efficacy beliefs as determinants of teachers' job satisfaction. *Journal of Educational Psychology, 95,* 821-832.

Carnegie Learning. (2010). *Cognitive tutor® software demonstrations.* Retrieved from http://mathrelief. carnegielearning.com/demoproblem.cfm

Carter, A. (2009). Mickey Andrews leaving legacy of great players, great relationships at FSU. *The Orlando Sentinel.* Retrieved from http://www. orlandosentinel.com/sports/college/seminoles/os-fsu-andrews-1119-20091118,0,163237.story

Cenamo, K. S., Ross, J. D., & Ertmer, P. A. (2010). *Technology integration for meaningful classroom use: A standards-based approach.* Belmont, CA: Wadsworth, Cengage.

Clarke, A. (2006). The nature and substance of cooperating teacher reflection. *Teaching and Teacher Education, 22,* 910-921.

Cohen, E. (1994). Restructuring the classroom: Conditions for productive small groups. *Review of Educational Research, 64,* 1-35.

Common Core State Standards Initiative. (2010a). *Fifty-one states and territories join Common Core State Standards Initiative.* Retrieved from http://www.corestandards.org/

Common Core State Standards Initiative. (2010b). Common Core State Standards for mathematics. Retrieved from http://www.corestandards.org/Files/ K12MathStandards.pdf

Common Core State Standards Initiative. (2010c). *Common Core State Standards for English language arts and literacy in history/social studies & science.* Retrieved from http://www.corestandards.org/Files/ K12ELAStandards.pdf

Conti-Ramsden, G., & Durkin, K. (2007). Phonological short-term memory, language and literacy: Developmental relationships in early adolescence in young people with SLI. *The Journal of Child Psychology and Psychiatry and Allied Disciplines, 48,* 147-156.

Corcoran, C. A., Dershimer, E. L., & Tichenor, M. S. (2004). A teacher's guide to alternative assessment: Taking the first steps. *The Clearing House, 77*(5), 213-216.

Corkill, A. (1992). Advance organizers: Facilitators of recall. *Educational Psychology Review, 4,* 33-67.

Council of Chief State School Officers. (2007). Interstate New Teacher Assessment and Support Consortium (INTASC). Retrieved from http://www. ccsso.org/Projects/interstate_new_teacher_assessment_and_ support_consortium/

Cuban, L. (1993). *How teachers taught: Constancy and change in American classrooms: 1890-1990* (2nd ed). New York: Teachers College Press, Teachers College, Columbia University.

Curtindale, L., Laurie-Rose, C., & Bennett-Murphy, L. (2007). Sensory modality, temperament, and the development of sustained attention: A vigilance study in children and adults. *Developmental Psychology, 43*(3), 576-589.

Darling-Hammond, L., & Bransford, J. (Eds.) (2005). *Preparing teachers for a changing world: What teachers should learn and be able to do.* San Francisco: Jossey-Bass.

Dempster, R., & Corkill, A. (1999). Interference and inhibition in cognition and behavior: Unifying themes for educational psychology. *Educational Psychology Review, 11,* 1-88.

Douglas, N. L. (2000). Enemies of critical thinking:

Lessons from social psychology research. *Reading Psychology, 21,* 129-144.

Duffy, G., & Roehler, L. (1985). *Constraints on teacher change.* East Lansing: Michigan State University Institute for Research on Teaching.

Duke, N. (2000). For the rich it's richer: Print experience and environments offered to children in very low-and very high-socioeconomic status first-grade classrooms. *American Educational Research Journal, 37,* 441-478.

Eggen, P. (1998, April). *A comparison of urban middle school teachers' classroom practices and their expressed beliefs about learning and effective instruction.* Paper presented at the annual meeting of the American Educational Research Association, San Diego.

Eggen, P., & Kauchak, D. (2010). *Educational psychology: Windows on classrooms* (8th ed.). Upper Saddle River, NJ: Pearson.

Emmer, E. T., & Gerwels, M. C. (2006). Classroom management in middle and high school classroom. In C. M. Evertson & C. S. Weinstein (Eds.), *Handbook of classroom management: Research, practice, and contemporary issues* (pp.407-437). Mahwah, NJ: Erlbaum.

Evertson, C., Anderson, C., Anderson, L., & Brophy, J. (1980). Relationships between classroom behaviors and student outcomes in junior high mathematics and English classes. *American Educational Research Journal, 17,* 43-60.

Feldon, D. F. (2007). Cognitive load and classroom teaching: The double-edged sword of automaticity. *Educational Psychologist, 42,* 123-137.

Flores, M. M., & Kaylor, M. (2007). The effects of a direct instruction program on the fraction perfor-

mance of middle school students at-risk for failure in mathematics. *Journal of Instructional Psychology, 34,* 84-94.

Florida Department of Education. (2005). *Next generation Sunshine State Standards.* Retrieved from http://www.floridastandards.org/Standards/FLStandardSearch.aspx

Florida Department of Education. (2007). *Grade level expectations for the Sunshine State Standards: Science Grades 6-8.* Retrieved from http://etc.usf.edu/flstandards/sss/pdf/science6.pdf

Florida Department of Education. (2007). Sunshine state standards. Retrieved from http://etc.usf.edu/flstandards/sss/index.html

Florida Department of Education. (2008). *Grade level expectations for the Sunshine State Standards: Science Grades 6-8.* Retrieved from http://etc.usf.edu/flstandards/sss/pdf/science6.pdf

Florida Department of Education. (2008). *Next generation Sunshine State Standards, Mathematics, Grade 1.* Retrieved from http://www.floridastandards.org/Standards/FLStandardSearch.aspx

Florida Department of Education. (2009). *Sunshine state standards 9-12, Language arts.* Retrieved from http://www.fldoe.org/bii/curriculum/sss/pdf/9-12g.pdf

Frey, B., & Schmitt, V. (2005, April). *Teachers' classroom assessment practices.* Paper presented at the annual meeting of the American Educational Research Association, Montreal, Canada.

Gao, H., Losh, S. C., Shen, E., Turner, J. E., & Yuan, R. (2007, April). *The effect of collaborative concept mapping on learning, problem solving, and learner attitude.* Paper presented at the annual meeting of the American Educational Research Association,

Chicago.

Gathercole, S. E., Pickering, S. J., Ambridge, B., & Wearing, H. (2004). The structure of working memory from 4 to 15 years of age. *Development Psychology, 49*(2), 177-190.

Gay, G. (2006). Connections between classroom management and culturally responsive teaching. In C. Evertson, & C. Weinsten (Eds.), *Handbook of classroom management: Research, practice, and contemporary issues* (pp. 343-370). Mahwah, NJ: Erlbaum.

Gazzaniga, M. S. (2008). *Human: The science behind what makes us unique.* New York: HarperCollins.

Gelman, R., Brenneman, K. Macdonald, G., & Roman, M. (2010). *Preschool pathways to science.* Baltimore: Paul H. Brookes Publishing.

Gersten, R., Taylor, R., & Graves, A. (1999). Direct instruction and diversity. In R. Stevens (Ed.), *Teaching in American schools* (pp. 81-106). Upper Saddle River, NJ: Merrill/Pearson.

Gewertz, C. (2010). Proposed standards go public: Math and English draft elicits kudos and doubts. *Education Week, 29*(25), 1, 14-15.

Gimbel, P. (2008). Helping new teachers reflect. *Principal Leadership (High School Ed.), 8,* 6-8.

Ginsburg, A., Leinwand, S., & Decker, K. (2009). I*nforming grades 1-6 standards development: What can be learned from high-performing Hong Kong, Korea, and Singapore?* Washington, DC: American Institutes for Research.

Goldstein, R. A. (2004). Who are our urban students and what makes them so different? In S. R. Steinberg & J. L. Kincheloe (Eds.), *19 Urban questions: Teaching in the city* (pp. 41-51). New York: Peter Lang.

Gollnick, D. M., & Chinn, P. C. (2009). *Multicultural education in a pluralistic society* (8th ed.). Upper Saddle River, NJ: Merrill/Pearson.

Gonzales, P., Guzman, J. C., Partelow, L., Pahlke, E., Jocelyn, L., Kastberg, D., & Williams, T. (2004). *Highlights from the trends in international mathematics and science study (TIMSS) 2003 (NCES 2005-2005).* U.S. Department of Education. Washington, DC: National Center for Educational Statistics.

Good, T. L., & Brophy, J. E. (2008). *Looking in classrooms* (10th ed.). Boston: Allyn & Bacon.

Goodlad, J. (1984). *A place called school.* New York: McGraw Hill.

Gray, T., & Fleischman, S. (2005). Successful strategies for English language learners. *Educational Leadership, 62*(4), 84-85.

Green, E. (2010). Building a better teacher. *The New York Times.* Retrieved from http://www.nytimes.com/2010/03/07/magazine/07Teachers-t.html?th=&emc= th&pagewanted=print

Greeno, J., Collins, A., & Resnick, L. (1996). Cognition and learning. In D. Berliner & R. Calfee (Eds.), *Handbook of educational psychology* (pp. 15-46). New York: Macmillian.

Gronlund, N. (2003). *Assessing student achievement* (7th ed.). Needham Heights, MA: Allyn & Bacon.

Hadjioannou, X. (2007). Bringing the background to the foreground: What do classroom environments that support authentic discussions look like? *American Educational Research Journal, 44*(2), 370-399.

Hanich, L., Jordan, N., Kaplan, D., & Dick, J. (2001). Performance across different areas of mathematical cognition in childen with learning difficulties.

*Journal of Educational Psychology, 93*(3), 615-626.

Hardman, M., Drew, C., & Egan, W. (2008). *Human exceptionality* (9th ed.). Needham Heights, MA: Allyn & Bacon.

Hattie, J. (2003). Teachers Make a Difference: What is the research evidence? *Australian Council for Educational Research Annual Conference on Building Teacher Quality.* Retrieved from http://www.visionschools.co.nz/assets/documents/john_hattie.PDF

Hattie, J., & Timperley, H.(2007). The power of feedback. *Review of Educational Research, 77*(1), 81-112.

Heath, S. B. (1989). Oral and literate traditions among Black Americans living in poverty. *American Psychologist, 44*, 367-373.

Helsing, D. (2007). Regarding uncertainty in teachers and teaching. *Teaching and Teacher Education, 23*, 1317-1333.

Henson, R. K., Kogan, L. R., & Vacha-Haase, T. (2001). A reliability generalization study of the Teacher Efficacy Scale and related instruments. *Educational and Psychological Measurement, 61*, 404-420.

Heward, W. (2009). *Exceptional children* (9th ed.). Upper Saddle River, NJ: Merril/Pearson.

Hinduja, S., & Patchin, J. W. (2009). *Bullying beyond the schoolyard: Preventing and responding to cyberbullying.* Thousand Oaks, CA: Corwin Press.

Hmelo-Silver, C. E. (2004). Problem-based learning: What and how do students learn? *Educational Psychology Review, 16*, 236-266.

Howard, T. (2001). Poweful pedagogy for Afican American Students: A case of four teachers. *Urban Education, 36*(2), 179-202. http://www.champaign

schools.org/index2.php?header=./science/&file=MSCurriculum/astronomy

Huan, V. S., Yeo, L. S., & Ang, R. P. (2006). The influence of dispositional optimism and gender on adolescents' perception of academic stress. *Adolescence, 41*, 533-546.

Illinois State Board of Education. (2008a). Illinois learning standards: Mathematics, State Goal 6: Number sense. Retrieved from http://www.isbenet/ils/math/pdf/goal6.pdf

Illinois State Board of Education. (2008b). Illinois Science Assessment Framework Standard 12F-Astronomy (Grade 7). Retrieved from: http://www.champaignschools.org/index2.php?header=./science/&file=MSCurriculum/ astronomy

International Reading Association & National Council of Teachers of English. (2008). Standards for the English language arts. Retrieved November 2008 from http://www.ncte.org/library/files/Store/Books/Sample/StandardsDoc.pdf

International Society for Technology in Education. (2007). National educational technology standards for students. Retrieved from http://www.iste.org/Content/NavigationMenu/NETS/ForStudents/2007Standards/NETS_for_Students_2007.htm

International Society for Technology in Education. (2008). National educational technology standards for teachers. Retrieved from http://www.iste.org/Content/NavigationMenu/NETS/ForTeachers/2008Standards/NETS_for_Teachers_2008.htm

Interstate New Teacher Assessment and Support Consortium. (2009). The INTASC standards. Retrieved from http://www.wresa.org/Pbl/The%20INTASC%20Standards%20overheads.htm

Iyengar, S., & Lepper, M. (1999). Rethinking the role

of choice: A cultural perspective on intrinsic motivation. *Journal of Personality and Social Psychology, 76,* 349-366

Jackcon, P. (1968). *Life in classrooms.* New York: Holt, Rinehart & Winston.

Jalongo, R., Rieg, S., & Hellerbran, V. (2007). *Planning for learning.* New York: Teachers College Press.

Jetton, T., & Alexander, P. (1997). Instruction importance: What teachers value and what students learn. *Reading Research Quarterly, 32,* 290-308.

Jitendra, A., Haria, P., Griffin, C., Leh, J., Adams, A., & Kaduvettoor, A. (2007). A comparison of single and multiple strategy instruction on third-grade students' mathematical problem solving. *Journal of Educational Psychology, 99*(1), 115-127.

Johnson, D. W., & Johnson, R. (2006). *Learning together and alone: Cooperation, competition, and individualization* (8th ed.). Needham Heights, MA: Allyn & Bacon.

Jonassen, D., Howland, J., Moore, J., & Marra, R. (2003). *Learning to solve problems with technology* (2nd ed.). Upper Saddle River, NJ: Merril/Pearson.

Judson, M. (2004, April). *Smaller learning communities in urban high schools: Increasing communication among teachers and students.* Paper presented at the annual meeting of the American Educational Research Association, San Diego.

Juvonen, J. (2007). Reforming middle schools: Focus on continuity, social connectedness, and engagement. *Educational Psychologist, 42,* 197-208.

Kagan, S. (1994). *Cooperative learning.* San Juan Capistrano, CA: Resources for Teachers.

Kastens, K., & Liben, L. (2007). Eliciting self-explanations improves chidren's performance on a field-based map skills task. *Cognition and Instruction, 25*(1), 45-74.

Kauchak, D., & Eggen, P. (2007). *Learning and teaching: Research-based methods* (5th ed.).

Kauffman, J., McGee, K., & Brigham, M. (2004). Enabling or disabling? Observations of changes in special education. *Phi Delta Kappan, 85*(8), 613-620.

Kerman, S. (1979). Teacher expectations and student achievement. *Phi Delta Kappan, 60,* 70-72.

Kindler, A. L. (2002). *Survey of the states' limited English proficient students and available educational programs and services, 2000-2001 Summary Report.* Washington, DC: National Clearinghouse for English Language Acquisition and Language Instruction Educational Programs.

Klausmeier, H. (1992). Concept learning and concept thinking. *Educational Psychologist, 27,* 267-286.

Kober, N. (2006). *A public education primer: Basic (and sometimes surprising) facts about the U.S. education system.* Washington, DC: Center on Education Policy.

Kozol, J. (2005). *The shame of the nation: The restoration of apartheid schooling in America.* New York: Crown.

Krajcik, J., & Blumenfeld, P. (2006). Project-based learning. In R. K. Sawyer (Ed.), *Cambridge handbook of the learning sciences* (pp. 317-334). Cambridge, NY: Cambridge University Press.

Kuhn, D. (2007). Is direct instruction the right answer to the right question? *Educational Psychologist, 42,* 109-113.

Kuhn, D., & Park, S.-H. (2005). Epistemological understanding and the development of intellectual values. *International Journal of Educational Research,*

*43,* 111-124.

Kukla-Acevedo, S. (2009). Do teacher characteristics matter? New results on the effects of teacher preparation on students achievement. *Economics of Education Reveiw, 28,* 49-57.

Lee, C. D., & Spratley, A. (2010). *Reading in the disciplines: The challenges of adolescent literacy.* New York: Carnegie Corporation of New York.

Lee, V. (2000). Using hierarchical linear modeling to study social contexts: The case of school effects. *Educational Psychologist, 35,* 125-141.

Leinhardt, G. (2001). Instructional explanations: A commonplace for teaching and location for contrast. In V. Richardson (Ed.), *Handbook of research on teaching* (4th ed., pp. 333-357). Washington, DC: American Educational Research Association.

Leinhardt, G., & Steele, M. (2005). Seeing the complexity of standing to the side: Instructional dialogues. *Cognition and Instruction, 23*(1), 87-163.

Lemke, M., Sen, A., Pahlke, E., Partelow, L., Miller D., Williams, T., Kastberg, D., & Jocelyn, L. (2004). *International Outcomes of Learning in Mathematics Literacy and Problem Solving: PISA 2003 Results from the U.S. Perspective (NCES 2005-003).* U.S. Department of Education. Washington, DC: National Center for Education Statistics.

Leno, L. C., & Dougherty, L. A. (2007). Using direct instruction to teach content vocabulary. *Science Scope, 31,* 63-66.

Leonard, L. B., Weismer, S. E., & Miller, C. A. (2007). Speed of processing, working memory, and language impairment in children. *Journal of Speech, Language, and Hearing Research, 50,* 408-428.

Lepper, M., & Hodell, M. (1989). Intrinsic motivation in the classroom. In C. Ames & R. Ames (Eds.), *Research on motivation in education* (Vol. 3, pp. 73-105). San Diego: Academic Press.

Li, Y., Anderson, R., Nguyen-Jahiel, K., Dong, T., Archodidou, A., Kim, I., Kuo, L., Clark, A., Wu, X., Jadallah, M., & Miller, B. (2007). Emergent leadership in children's discussion groups. *Cognition and Instruction, 25,* 75-111.

Linnenbrink, E. A., & Pintrich, P. R. (2004). Role of affect in cognitive processing in academic contexts. In D. Y. Dai & R. J. Sternberg (Eds.), *Motivation, emotion, and cognition: Integrative perspectives on intellectual functioning and development* (pp. 57-87). Mahwah, NJ: Erlbaum.

Luna, B., Garver, K. E., Urban, T. A., Lazer, N. A., & Sweeny, J.A. (2004). Maturation of cognitive processes from late childhood to adulthood. *Child Development, 75,* 1357-1372.

Lutz, S., Guthrie, J., & Davis, M. (2006). Scaffolding for engagement in elementary school reading instruction. *Journal of Educational Research, 100*(1), 3-20.

Macpherson, R., & Stanovich, K. E. (2007). Cognitive ability, thinking dispositions, and instructional set as predictors of critical thinking. *Learning and Individual Differences, 17,* 115-127.

Martone, A., & Sireci, S. (2009). Evaluating alignment between curriculum, assessment, and instruction. *Review of Educational Research, 79,* 1332-1361.

Marzano, R. J. (2003). *What works in schools: Translating research into action.* Alexandria, VA: Association for Supervision and Curriculum Development.

Mayer, R. (2002). *The promise of educational*

*psychology: Volume II. Teaching for meaningful learning.* Upper Saddle River, NJ: Merrill/Pearson.

Mayer, R. (2008). *Learning and instruction* (2nd ed.). Upper Saddle Fiver, NJ: Pearson.

Mayer, R. E., & Wittrock, M. C. (2006). Problem solving. In P. A. Alexander & P. H. Winne (Eds.), *Handbook of educational psychology* (2nd ed., pp.287-303). Mahwah, NJ: Erlbaum.

McCombs, J. (2005, March). *Progress in Implementing Standards, Assessment for Highly Qualified Teacher Provisions of NCLB: Initial Finding from California, Georgia, and Pennsylvania.* Paper presented at the annual meeting of the American Educational Research Association, Montreal.

McDermott, P., Mordell, M., & Stoltzfus, J. (2001). The organization of student performance in American schools: Discipline, motivation, verbal learning, and nonverbal learning. *Journal of Educational Psychology, 93*(1), 65-76.

McDougall, D., & Granby, C. (1996). How expectation of questioning method affects undergraduates' preparation for class. *Journal of Experimental Education, 65,* 43-54.

MCH Mutimedia. (2009). Physics. Retrieved from http://www.mchmultimedia.com/store/General-Physics-Non-Calculus.html?NO_COOKIE_WARNING=2&ti=bdc0e31f933455a6cd41d25ab9c15f3 9&xid=c8416f7b0ddb22738a2b82e90130fee2

McKeachie, W., & Kulik, J. (1975). Effective college teaching. In F. Kerlinger (Ed.), *Review of research in education* (Vol. 3, pp. 24-39). Washington, DC: American Educational Research Association.

Medin, D., Proffitt, J., & Schwartz. H. (2000). Concepts: An overview. In A. Kazdin (Ed.), *Encyclopedia of psychology* (Vol. 2, pp. 242-245).

New York: Oxford University Press.

Merisuo-Storm, T. (2007). Pupils' attitudes towards foreign- language learning and the development of literacy skills in bilingual education. *Teacher & Teacher Education, 23,* 226-235.

Miller, M. D., Linn, R. L., & Gronlund, N. E. (2009). *Measurement and assessment in teaching* (10th ed.). Upper Saddle River, NJ: Merrill/Pearson.

National Board for Professional Teaching Standards. (2002). What teachers should know and be able to do. Arlington VA: Author.

National Board for Professional Teaching Standards. (2006). Retrieved August 16, 2006, from http://www.nbpts.org

National Commission on Excellence in Education. (1983). *A nation at risk: The imperative for educational reform.* Washington, DC: Government Printing Office.

National Council of Teachers of Mathematics. (2008). *Math standards.* Retrieved November 2008 from http://www.nctm.org/standards/

National Joint Committee on Learning Disabilities. (1994). Learning disabilities: Issues on definition. A position paper of the National Joint Committee in Learning Disabilities. In *Collective perspectives on issues affecting learning disability: Position papers and statements.* Austin, TX: Pro-Ed.

Nelson, C., Thomas, K., & de Haan, M. (2006). Neural bases of cognitive development. In D. Kuhn, & R. Siegler (Vol. Eds.), *Handbook of child psychology: Vol. 2. Cognition, perception, and language* (6th ed., pp.3-57). Hoboken, NJ: John Wiley & Sons.

Noddings, N. (2001). The caring teacher. In V. Richardson (Ed.), *Handbook of research on teaching* (4th ed., pp. 99-105). Washington, DC: American

Educational Research Association.

Nucci, L. (2006). Classroom management for moral and social development. In C. Evertson & C. Weinstein (Eds.), *Handbook of classroom management: Research, practice, and contemporary issues* (pp. 711`731). Mahwah, NJ: Erlbaum.

Odom, A. L., Stoddard, E. R., & LaNasa, S. M. (2007). Teacher practices and middle-school science achievements. *International Journal of Science Education, 29,* 1329-1346.

Osterman, K. F. (2000). Students' need for belonging in the school community. *Review of Educational Research, 70,* 323-367.

Padilla, A. (2006). Second language learning: Issues in research and teaching. In P. Alexander & P. Winne (Eds.), *Handbook of educational psychology* (2nd ed., pp. 571-592). Mahwah, NJ: Erlbaum.

Partnership for 21st Century Skills. (2009). *Critical thinking and problem solving.* Retrieved from http://www.p21.org/index.php?option=com_content&task=view&id=260& Itemid=120

Peregoy, S., & Boyle, O. (2008). *Reading, writing, and learning in ESL* (5th ed.). New York: Longman.

Perkins, D. (1992). *Smart schools.* New York: Free Press.

Perry, N. (1998). Young children's self-regulated learning and contexts that support it. *Journal of Educational Psychology, 90,* 715-729.

Perry, N. E., Turner, J. C., & Meyer, D. K. (2006). Classrooms as contexts for motivating learning. In P. A. Alexander & P. H. Winne (Eds.), *Handbook of educational psychology* (2nd ed., pp. 327-348). Mahwah, NJ: Erlbaum.

Piaget, J. (1959). *Language and thought of the child* (M. Grabain, Trans.). New York: Humanities Press.

Piaget, J. (1965). The *moral judgment of the child.* New York: Free Press. (Original work published 1932.)

Popham, W. J. (2005). *Classroom assessment: What teachers need to know* (4th ed.). Boston: Pearson.

Puntambekar, S., & Hübscher, R. (2005). Tools for scaffolding students in a complex learning environment: What have we gained and what have we missed? *Educational Psychologist, 40*(1), 1-12.

Putnam, R., & Borko, H. (2000). What do new views of knowledge and thinking have to say about research on teacher learning? *Educational Researcher, 29*(1), 4-15.

Qian, G., & Pan, J. (2002). A comparison of epistemological beliefs and learning from science text between American and Chinese high school students. In B. K Hofer & P. R. Pintrich (Eds). *Personal epistemology: The psychology of beliefs about knowledge and knowing* (pp. 365-385). Mahwah, NJ: Erlbaum.

Reys, B., Reys, R., & Chávez, O. (2004). Why mathematics textbooks matter. *Educational Leadership, 62*(5), 61-66.

Roberts, S. (2007). In name count, Garcias are catching up to Joneses. *New York Times.* Retrieved November 17, 2007, from http://www.nytimes.com/2007/11/17/us/17surnames.html?th&emc=th

Roblyer, M & Doering, A. (2010). *Integrating educational technology into teaching* (5th ed.). Upper Saddle River, NJ: Pearson.

Rogoff, B. (2003). *The cultural context of human development.* Oxford, England: Oxford University Press.

Rosenshine, B. (1987). Explicit teaching. In D. Berliner & B. Rosenshine (Eds.), *Talks to teachers,*

New York: Random House.

Rosenshine, B., & Stevens, R. (1986). Teaching functions. In M. Wittrock (Ed.), *Handbook of research on teaching* (3rd ed., pp. 376-391). New York: Macmillan.

Roseth, C. J., Johnson, D. W., Johnson, R. T., Fang, F., Hilk, C. L., & Fleming, M. A. (2007, April). *Effects of cooperative learning on elementary school students' achievement: A meta-analysis.* Paper presented at the annual meeting of the American Educational Research Association, Chicago.

Roth, W., & Lee, Y. (2007). "Vygotsky's neglected legacy:" Cultural-historical activity theory. *Review of Educational Research, 77*(2), 186-232.

Rowe, M. (1974). Wait-time and rewards as instructional variables, their influence on language, logic, and fate control: Part I. Wait-time. *Journal of Research in Science Teaching, 11,* 81-94.

Rowe, M. (1986). Wait-time: Slowing down may be a way of speeding up. Journal of Teacher Education, 37(1), 43-50. Royer, J. (Ed.) (2005). *The cognitive revolution in educational psychology.* Greenwich, CT: Information Age Publishing.

Ryan, R., & Deci, E. (2000). Intrinsic and extrinsic motivations: Classic definitions and new directions. *Contemporary Educational Psychology, 25,* 54-67.

Saleh, M. Lazonder, A. W., & Jong, Ton de. (2007). Structuring collaboration in mixed-ability groups to promote verbal interaction, learning, and motivation of average-ability students. *Comtemporary Educational Psychology, 32,* 314-331.

Sawyer, R, K. (2006). Introduction: The new science of learning. In R. K. Sawyer (Ed.), *The Cambridge handbook of the learning sciences* (pp. 1-18). New York: Cambridge University Press.

Schraw, G., & Lehman, S. (2001). Situational interest: A review of the literature and directions for future research. *Educational Psychology Review, 13*(1), 23-52.

Schunk, D. H., Pintrich, P. R, & Meece, J. L. (2008). *Motivation in education: Theory, research, and applications* (3rd ed.). Upper Saddle River, NJ: Merrill/ Pearson.

Schwartz, D., Bransford, J., & Sears, D. (2005). Efficiency and innovation in transfer. In J. Mestre (Ed.), *Transfer of learning from a modern multi-disciplinary perspective* (pp. 1-51). Greenwich, CT: Information Age Publishing.

Serafino, K., & Cicchelli, T. (2005, April). *Mathematical problem-based learning: Theories, models for problem solving and transfer.* Paper presented at the annual meeting of the American Educational Research Association, Montreal, Canada.

Shaywitz, S. E., & Shaywitz, B. A. (2004). Reading disability and the brain. *Educational Leadership, 61*(6), 7-11.

Shermer, M. (2002). *Why people believe weird things: Pseudoscience, superstition, and other confusions of our time.* New York: Freeman.

Short, D., & Echevarria, J. (2004/2005). Promoting academic literacy for English language learners. *Educational Leadership, 62*(4), 8-13.

Shuell, T. (1996). Teaching and learning in a classroom context. In D. Berliner & R. Calfee (Eds.), *Handbook of educational psychology* (pp. 726-764). New York: Macmillan.

Sivin-Kachala, J., & Bialo, E. (1994). *Report on the effectiveness of technology in schools, 1990-1994.* Washington DC: Software Publishers Association.

Skiba, R. J., Michael, R. S., Nardo, A. C., & Peterson,

R. L. (2002). The color of discipline: Sources of racial and gender disproportionality in school punishment. *The Urban Review, 34*, 317-342.

Slavin, R. (1986). Using student team learning (3rd ed.). Baltimore, MD: Johns Hopkins University, Center for Research on Elementary and Middle School.

Slavin, R. (1995). *Cooperative learning: Theory, research, and practice* (2nd ed.). Needham Heights, MA: Allyn & Bacon.

Song, J., & Felch, J. (2009). Judging teachers: Much of what you thought you knew is wrong. *Los Angeles Times.* Retrieved from http://latimesblogs. latimes.com/lanow/2009/10/challenging-classroom-myths.html

Southerland, S. A., & Sinatra, G. M. (2003). Learning about biological evolution: A special case of intentional conceptual change. In G. M. Sinatra & P. R. Pintrich (Eds.), *Intentional conceptual change* (pp. 317-345). Mahwah, NJ: Erlbaum.

Stahl, R., DeMasi, K., Gehrke, R., Guy, C., & Scown, J. (2005, April). *Perceptions, conceptions and mis-conceptions of wait time and wait time behaviors among pre-service and in-service teachers.* Paper presented at the annual meeting of the American Educational Research Association, Montreal, Canada.

Staples, M. (2007). Supporting whole-class collaborative inquiry in a secondary mathematics classroom. *Cognition and Instruction, 25*, 161-217.

Stiggins, R. (2005). *Student-centered classroom assessment* (4th ed.) Upper Saddle River, NJ: Merrill/Pearson.

Stiggins, R. (2007). Assessment through the student's eyes. *Educational Leadership, 64*(8), 22-26.

Stiggins, R. J., & Chappuis, J. (2006). What a difference a word makes: Assessment FOR learning rather than assessment OF learning helps students succeed. *Journal of Staff Development, 27*, 10-14.

Stipek, D. (1996). Motivation and instruction. In D. Berliner & R. Calfee (Eds.), *Handbook of educational psychology* (pp. 85-113). New York: Macmillan.

Stipek, D. (2002). *Motivation to learn* (4th ed.). Boston: Allyn & Bacon.

Su, A. Y-L. (2007). The impact of individual ability, favorable team member scores, and student perception of course importance on student preference of team-based learning and grading methods. *Adolescence, 42*, 805-826.

Surdin, A. (2009). In several states, a push to stem cyber-bullying. *The Washington Post.* Retrieved from http://www.washingtonpost.com/wp-dyn/content/article/2008/12/31/AR2008123103067.html

Sweller, J., van Merrienboer, J., & Paas, F. (1998). Cognitive architecture and instructional design. *Educational Psychology Review, 10*, 251-296.

Tennyson, R., & Cocchiarella, M. (1986). An empirically based instructional design theory for teaching concepts. *Review of Educational Research, 56*, 40-71.

Texas Education Agency. (2008a). *Texas essential knowledge and skills.* Retrieved from http://www.tea.state.tx.us/teks/.

Texas Education Agency. (2008b). *Chapter 111. Texas essential knowledge and skills for mathematics: Subchapter A. Elementary.* Retrieved from: http://www.tea.state.tx.us/rules/tac/chapter111/ch111a.html

Texas Education Agency. (2010). Chapter 112. Texas Essential Knowledge and Skills for Science Subchapter A. Elementary. Retrieved from http://ritter.tea.state.tx.us/rules/tac/chapter112/ch112a.html#112.4

Thomas, E., & Wingert, P. (2010). Why we can't get rid of failing teachers. *Newsweek,* March 15, 2010, 24-27.

Triona, L., & Klahr, D. (2003). Point and click or grab and heft: Comparing the influence of physical and virtual instructional materials on elementary school students' ability to design experiments. *Cognition and Instruction, 2*(2), 149-173.

Tschannen-Moran, M., Woolfolk-Hoy, A., & Hoy, W. (1998). Teacher efficacy: Its meaning and measure. *Review of Educational Research, 68*(2), 202-248.

U.S. Bureau of Census. (2003). *Statistical abstract of the United States* (123rd ed.). Washington, DC: U.S. Government Printing Office.

U.S. Bureau of Census. (2004). *The foreign-born population in the United States: 2003.* Washington, DC: U.S. Government Printing Office.

U.S. Department of Education. (2005). *Education for homeless children and youth.* Washington, DC: U.S. Printing Office. Retrieved July, 12, 2006, from www.ed.gov//programs/homeless/index.html

U.S. Department of Education. (2008). *Thirtieth annual report to Congress on the implementation of the Individuals With Disabilities Education Act.* Washington, DC: U.S. Government Printing Office.

van Gelder, T. (2005). Teaching critical thinking: Some lessons from cognitive science. *College Teaching, 53,* 41-46.

Vaughn, S., & Bos, C. S. (2006). *Strategies for teaching students with learning and behavior problems* (6th ed.). Boston: Allyn & Bacon.

Vaughn, S., Bos, C., Candace, S., & Schumm, J. (2006). *Teaching exceptional, diverse, and at-risk students in the general education classroom* (3rd ed.). Boston: Allyn & Bacon.

Vedantam, S. (2010). *The hidden brain: How our unconscious minds elect presidents, control markets, wage wars, and save our lives.* New York: Spiegel & Grau.

Ware, H., & Kitsantas, A. (2007). Teacher and collective efficacy beliefs as predictors of professional commitment. *Journal of Educational Research, 100*(5), 303-310.

Way, N., Reddy, R., & Rhodes, J. (2007). Students' perceptions of school climate during the middle school years: Associations with trajectories of psychological and behavioral adjustment. *American Journal of Community Psychology, 40,* 194-213.

Weinstein, R. (1998). Promoting positive expectations in schooling. In N. Lambert & B. McCombs (Eds.), *How students learn: Reforming schools through learner-centered education* (pp.81-111). Washington, DC: American Psychological Association.

Weinstein, R. S. (2002). *Reaching higher: The power of expectations in learning.* Cambridge, MA: Harvard University Press.

Weiss, I., & Pasley, J. (2004). What is high-quality instruction? *Educational Leadership, 61*(5), 24-28.

Wigfield, A., Guthrie, J., Tonks, S., & Perencevich, K. (2004). Children's motivation for reading: Domain specificity and instructional influences. *Journal of Educational Research, 97*(6), 299-310.

Willingham, D. T. (2007). Critical thinking: Why is it so hard to teach? *American Educator, 31,* 8-19.

Wilson, B. L., & Corbett, H. D. (2001). *Listening to urban kids: School reform and the teachers they want.* Albany, NY: State University of New York Press.

Winitzky, N., Kauchak, D., & Kelly, M. (1994). Measuring teachers' structural knowledge. *Teaching and Teacher Education, 10*(2), 125-139.

Woolfolk Hoy, A., Davis, H., & Pape, S. J. (2006). Teacher knowledge and beliefs. In P. A. Alexander & P. H. Winne (Eds.), *Handbook of educational psychology* (2nd ed., pp. 715-737). Mahwah, NJ: Erlbaum.

Zahorik, J. (1996). Elementary and secondary teachers' reports of how they make learning interesting. *The Elementary School Journal, 96*(5), 551-564.

Zehr, M. A. (2009). Scholars say students need chances to speak in class. Education Week. Retrieved from http://www.edweek.org/ew/articles/2009/10/21/08ell.h29.html?tkn=UUVFOLrRyoUActz1LogLk8LcpRuAEq3FB%2Fo9

Zhou, Q., Hofer, C., & Eisenberg, N. (2007). The developmental trajectories of attention focusing, attentional and behavioral persistence, and externalizing problems during school-age years. *Developmental Psychology, (43)*, 369-385.

# 찾 아 보 기

### Paul D. Eggen

38년여 동안 대학 교육에 종사했으며, 지금은 North Florida 대학에서 공립학교와 대학을 위한 컨설턴트의 역할을 하며 교사를 위한 지원을 하고 있다. 그는 또한 아프리카, 남아시아, 중동, 중앙아메리카, 남아메리카, 그리고 유럽 등을 포함하는 23개 나라에서 국제학교 교사들과 함께 일하고 있다. 국내 학술지에 여러 편의 논문을 게재하였으며, 6권의 책의 공동저자이자 편집자이며, 국내외적인 학회에 정기적으로 논문을 발표하고 있다.

현재 공교육에 전념하고 있으며 그의 아내도 공립학교의 중학교 교사이다. 두 아이는 공립학교와 주립대학을 졸업하였다.

### Donald P. Kauchak

9개의 주에서 35년여 동안 교사와 교수를 했으며, *Journal of Educational Research, Journal of Teacher Education, Teaching and Teacher Education, Phi Delta Kappen, 그리고 Educational Leadership* 등과 같은 여러 학술지에 논문을 게재하였다. 또한 이 책 외에도 6권의 책의 공동저자이자 편집자이다. 연방정부나 주정부의 지원으로 연구하는 교사발달과 실습평가에 대한 가장 주요한 연구자이며, 미국교육연구협회에 정기적으로 논문을 발표하고 있다. 현재 지방에 있는 초등학교에서 자원교사를 하고 있다.

그는 공립학교가 민주주의를 구현하는 데 기여할 수 있다고 강하게 믿고 있으며, 두 아이도 공립학교와 공립대학의 경험으로부터 얻은 게 많다고 생각한다.

# 역 자 소 개

**임청환**

한국교원대학교 대학원 과학교육과 졸업(교육학 박사)

미국 오리건주립대학교 객원교수 역임

현재 대구교육대학교 과학교육과 교수


**강영하**

충남대학교 대학원 교육학과 졸업(교육학 박사)

현재 공주교육대학교 교육학과 교수


**권성기**

서울대학교 대학원 물리교육과 졸업(교육학 박사)

미국 라스베이거스 네바다주립대학교 객원교수 역임

현재 대구교육대학교 과학교육과 교수